Gunnar Heinsohn / Otto Steiger

Die Vernichtung der weisen Frauen

Beiträge zur Theorie
und Geschichte von Bevölkerung
und Kindheit

Mit einem ausführlichen, aktualisierten
und nochmals erweiterten Nachwort sowie einem
Register zur Neuausgabe

WILHELM HEYNE VERLAG
MÜNCHEN

HEYNE SACHBUCH
Nr. 19/18

5., erweiterte Auflage
3. Auflage dieser Ausgabe
Früher als Heyne Taschenbuch unter der Nr. 01/7291 erschienen.

Genehmigte, ungekürzte Taschenbuchausgabe
Copyright © 1985 by Gunnar Heinsohn und Otto Steiger
Copyright © 1987 und 1989 des Nachwortes und des Registers
by Gunnar Heinsohn und Otto Steiger
Copyright © 1987 und 1989 dieser Ausgabe by Wilhelm Heyne Verlag
GmbH & Co. KG, München
Umschlagbild: »Hebammen und Schwangere«. Nach einem Holzschnitt aus:
Der Swangern Frawen und Hebammen Rosengarten
von Eucharin Rösslin (1. Auflage 1513)
Umschlaggestaltung: Atelier Ingrid Schütz, München
Printed in Germany 1992
Gesamtherstellung: Presse-Druck Augsburg

ISBN 3-453-02987-9

»Zwei Hexen« von Hans Baldung, genannt Grien, Straßburg 1523 (Städelsches Kunstinstitut, Frankfurt am Main). Im Unterschied zum Umschlagmotiv, das bereits die domestizierte Hebamme festhält, malt Grien, ein Gegner der Hexenverfolgung, die Apotheose der weisen Frau, die als Tränkekundige, Donarspriesterin und sexuell selbstbewußte Persönlichkeit in Erinnerung gehalten werden soll.

Inhalt

Editorische Notiz 10
Vorrede 11

Teil A
Gunnar Heinsohn und Otto Steiger
Hexenverfolgung, Menschenproduktion, Bevölkerungswissenschaft 21

I. Irrationale Frauen und wahnsinnige Verfolger oder staatliche Bevölkerungspolitik gegen Geburtenkontrolle: Warum sind Hexen verbrannt worden? 23

II. Was haben die Geburtenkontrollverfahren der Stammesgesellschaften und des Altertums mit »Magie« zu tun? 34

III. Warum werden die unter Zaubersprüchen verabreichten empfängnisverhütenden und abtreibenden Tränke während des Mittelalters bereits mißbilligt, ohne daß es doch zur Verfolgung der weisen Frauen kommt? 48

IV. Was wollen die Hexenverfolger ausrotten, wenn sie gegen das »Maleficium« vorgehen? 64

V. Fällt das »Universalgenie der Neuzeit« Jean Bodin (1530–1596) als Hexenjäger in eine mittelalterliche Umnachtung zurück oder verschärft dieser Begründer der modernen Staatsidee lediglich eine ganz weltlich begründete Bevölkerungsgesetzgebung? 86

VI. Welche ganz weltlichen Probleme treiben die klerikalen Hexenverfolger zur Menschenproduktion? 95

VII. Wie setzen die europäischen Staatsregierungen die klerikale Hexenverfolgung als zentrale Maßnahme ihrer eigenen Bevölkerungspolitik durch Strafgesetze und Polizeiverordnungen für die Hebammen fort? 114

VIII.	Wie viele und welche Menschen werden getötet, um das »Maleficium« der Geburtenkontrolle auszurotten?	132
IX.	Welchen Verlauf nimmt die Geschichte der Bevölkerung in Europa und der Welt nach Vernichtung der weisen Frauen?	157
X.	Warum bleiben Bevölkerungsexplosion und Geburtenrückgang für die ökonomischen und historisch-demographischen Wissenschaften nicht minder rätselhaft als die Vernichtung der weisen Frauen für die Hexenforschung?	184

Teil B · Gunnar Heinsohn
Hexenverfolgung, Kinderwelten, Erziehungsprobleme . 213

I.	Wie sehen die demographischen Fakten zu den Kinderscharen der frühen Neuzeit aus, deren Vernachlässigung dann Gesetze und Institutionen des Staates zum Schutz des Nachwuchses erforderlich machten?	215
II.	Was haben die weisen Frauen mit der Geburtenkontrolle zu tun und warum erweist sich eine den Kindern versprochene Zukunft in den traditionalen Gesellschaften als höchste pädagogische Tugend?	218
III.	Welche Gründe führen in der römischen Spätantike zu ersten Ansätzen einer Bevölkerungspolitik des Staates gegen die Interessen der Eltern?	221
IV.	Warum bleibt das Kinderleben des Mittelalters von der spätantiken Bevölkerungspolitik weitgehend unberührt?	229
V.	Warum werden ab dem 14. Jahrhundert die Kinder durch Hexenverfolgung zahlreich und dadurch die Generationsbeziehungen schwierig gemacht?	235
VI.	Stellt sich die »Zivilisation« tatsächlich als evolutionärer Prozeß ganz langsam ein oder geht es ihr wie dem Onanieverbot, das schnell und klar begründet in die Welt kommt?	245

VII. Kommt die strenge Sexualerziehung von der
»Kultur«, für die sie aufrechterhalten werden
muß, oder stammen die Sexualneurosen aus der
Bevölkerungspolitik, mit der sie auch untergehen
können? 253
VIII. Welchen Einfluß übt die neuzeitliche deutsche
und europäische Kindheitsentwicklung auf die
übrige Welt aus? 258
IX. Versagen die neuzeitlichen Erziehungseinrichtungen pädagogisch, weil sie in Wirklichkeit bevölkerungspolitische Instrumente und als solche durchaus erfolgreich sind? 261
X. Wie kommt es zum Kampf um die Wiederzulassung der Geburtenkontrolle und damit zur Abnahme des Kinderelends durch Nichtgeborenwerden und warum gibt es Frauenemanzipation? . . . 273
XI. Kommt die Kinderlosigkeit von der »modernen
Gesellschaft« und kann die schlechte Erziehungsqualität in den Institutionen durch mehr Ausbildung gebessert werden? 277
XII. Wie mogelt sich eine Kindheitsforschung à la de
Mause um die Wirklichkeit herum und warum ist
sie so populär? 285
XIII. Wie stellen sich die Perspektiven der Institutionen
für Kindheit und Erziehung am Beispiel der Bundesrepublik dar? 298
XIV. Anhang: Erklärung der UNO über die Rechte des
Kindes vom 20. November 1959 311

Teil C
Gunnar Heinsohn und Otto Steiger
*Schlußfolgerungen für die Entproblematisierung von
Bevölkerung und Kindheit* 315
Anmerkungen (Teil A). 321
Anmerkungen (Teil B) 342
Anmerkungen (Teil C) 351
Literaturverzeichnis (für alle drei Teile) 354

Erweitertes Nachwort zur Neuausgabe
Gunnar Heinsohn und Otto Steiger
Feminismus, professionelle Hexenforschung, Rechtsgeschichte und Sexualwissenschaft. Antwort an unsere Kritiker 369
Vorbemerkung 369
I. Der Feminismus:
    a) Claudia Honegger und Sibylla Flügge 370
    b) Erika Wisselinck 374
II. Die professionelle Hexenforschung:
    a) Gerd Schwerhoff und Gerhard Schormann . 376
    b) Wolfgang Behringer und die Frankfurter geisteswissenschaftliche Methode – nebst Larissa Leibrock und Heide Wunder 385
    c) Kuriosa: Gerhard Prause, Hans Sebald und Heide Gerstenberger 399
    d) Perspektiven für Hexenhistoriker 401
III. Die Rechtsgeschichte:
    Günter Jerouschek 402
IV. Die Sexualwissenschaft:
    Gunter Schmidt 412
Schlußbemerkung 414
Anmerkungen (Nachwort) 415
Literaturverzeichnis (für das Nachwort) 424
Register 428
Verzeichnis der Abbildungen 451
Verzeichnis der Schaubilder 453
Verzeichnis der Tabellen 454

Editorische Notiz

Die beiden ersten Teile des vorliegenden Buches erscheinen unter dem Titel *Die Vernichtung der weisen Frauen* als zusammengehörige »Beiträge zur Theorie und Geschichte von Bevölkerung und Kindheit«, weil die gewaltsame Auslöschung der Geburtenkontrolle durch Hexenverfolgung nicht nur die Anzahl der Kinder in die Höhe getrieben, sondern auch die Behandlung des so ins Leben gezwungenen Nachwuchses grundlegend geändert hat. Damit nun beide Texte auch unabhängig voneinander gelesen werden können, ist teilweise dort parallel vorgegangen worden, wo es um die Entwicklung der zentralen These über die jahrhundertelangen Massaker an den »Hexen-Hebammen« geht. Gleichwohl wird diese These für die Gewinnung einer zureichenden Bevölkerungstheorie in der gebotenen Ausführlichkeit nur im ersten Text behandelt, während sie im zweiten den sehr viel knapper skizzierten Hintergrund bildet, auf dem die Geschichte der Kindheit neu formuliert wird. Für eine umfassende Einschätzung der menschheitsgeschichtlich so einschneidenden Vernichtung der weisen Frauen, insbesondere der im letzten Teil skizzierten Schlußfolgerungen für die Entproblematisierung von Bevölkerung und Kindheit, empfiehlt sich jedoch die Lektüre sowohl des ersten als auch des zweiten Textes.

Vorrede

Die in diesem Buch ausgeführte These über die Vernichtung der weisen Frauen haben wir ursprünglich in einem Rundfunkgespräch, zu dem das »Vormittags-Magazin« von Radio Bremen einlud, am 3. Okt. 1978 unter der Fragestellung »Droht die Familie zu zerfallen?« vorgestellt. Schriftlich haben wir sie erstmals im *European Demographic Information Bulletin* (Nr. 3, Sept. 1979) am Beispiel des französischen Rationalisten, Staatsdenkers, Bevölkerungspolitikers und Hexenverfolgers Jean Bodin (1530–1596) dargelegt. Ende desselben Jahres ist die These durch unsere – zusammen mit dem Rechtswissenschaftler Rolf Knieper – bei Suhrkamp veröffentlichte Studie *Menschenproduktion – Allgemeine Bevölkerungstheorie der Neuzeit* unter dem Abschnitt »Wie durch ›Hebammen-Hexen‹-Verfolgung die Menschenproduktion der Neuzeit beginnt« auf lediglich zehn Seiten einem breiten Publikum zugänglich geworden. (Dänische und schwedische Übersetzungen sind 1981 bzw. 1982 erschienen.)

In den anschließenden Jahren haben wir zusätzlich gewonnene Forschungsergebnisse in den nordischen Zeitschriften *Ord och Bild* (Stockholm, 1979 u. 1980), *Kontext* (Kopenhagen, 1980) sowie *Tiede & Edistys* (Helsinki, 1981) veröffentlicht. Ein vorläufiger Abschluß unserer Ermittlungen zur Hexenverfolgung ist dann als »The Elimination of Medieval Birth Control and the Witch Trials of Modern Times« im kanadischen *International Journal of Women's Studies* (Nr. 3, Mai 1982) sowie im Nachwort zur schwedischen Fassung der *Menschenproduktion* erschienen. Eine auszugsweise deutsche Fassung des kanadischen Textes ist im letzten Frühjahr im *März-Mammut* veröffentlicht worden.

Hervorzuheben ist nun, daß uns die Hexenverfolgung als solche ursprünglich gar nicht beschäftigt hat. Wir arbeiteten vielmehr an ungelösten Rätseln der europäischen Bevölkerungsentwicklung. Eine These, die Gunnar Heinsohn und Rolf Knieper in ihrer *Theorie des Familienrechts – Geschlechtsrollenaufhebung, Kindesvernachlässigung, Geburtenrückgang* (Frankfurt/M. 1974) zum Rückgang der Geburtenrate in der Bundesrepublik Deutschland seit 1965 formulierten, besagt, daß die Kinderzahl in entscheidendem Maße vom *individuellen ökonomischen Interesse* der Eltern abhängt, dieses Interesse selbstredend aber nur verwirklicht werden kann, wenn den Menschen Verfahren zur Verhinderung von Nachwuchs zugänglich sind. Ein solches individuelles ökonomisches Interesse fehlt nun bei den Lohnabhängigen, weshalb sie dazu tendieren, kinderlos zu sein: Über ein vererbbares Vermögen, aus dessen Nutzung ihre Kinder sie bei Alter oder Arbeitsunfähigkeit versorgen, verfügen sie ja nicht. Gleichwohl sind es gerade die Lohnabhängigen, die im Gegensatz zu ihrem ökonomischen Desinteresse an Vermehrung lange Zeit in Europa die meisten Kinder in die Welt setzten. Dieser auffällige Widerspruch nötigte zur Frage nach den Ursachen für die großen Kinderscharen des 18. und 19. Jahrhunderts, also für die *europäische Bevölkerungsexplosion*. Ihre Rätselhaftigkeit führte zur weiteren Frage, warum die Fähigkeit zur Geburtenkontrolle, ohne die das ökonomische Interesse in der Vermehrung nicht verwirklicht werden kann, scheinbar erst gegen Ende des 19. Jahrhunderts zu einer verbreiteten Praxis geworden ist. Der Glaube der Neomalthusianer, die seit den 20er Jahren des 19. Jahrhunderts von ihnen propagierte Empfängnisverhütung sei auch von ihnen erstmals in der Menschheitsgeschichte erfunden worden, hält nun bereits einem auch nur flüchtigen Blick in die historische Literatur zu Antike und Mittelalter sowie in die völkerkundlichen Studien nicht stand. Dennoch sind die Neomalthusianer nicht gänzlich im Unrecht, da vor ihrer Zeit die Empfängnisverhütung zumindest in Veröffentlichungen so gut wie nie behandelt worden ist. Die für das Mittelalter so reichhaltig belegbare Geburtenkontrolle in all ihren Varianten mußte also auf irgendeine Weise verdrängt, wenn nicht gar weitgehend verlorengegangen sein, damit die Neomalthusianer in gutem Glauben von ihrer welthistorischen Pionierrolle bei der Empfängnisverhütung reden konnten. Für den rätselhaften Untergang einer so elementaren menschlichen Praxis wie der Geburtenkontrolle besaßen wir nun keine Erklärung.

Eher zufällig stießen wir da auf eine Reihe von Studien zur Hexenforschung, die gegen Ende der 70er Jahre einen populären Aufschwung erlebte. Auch diese Forschung ist mit einer unerklärlichen Begebenheit konfrontiert, nämlich mit dem »großen historischen Rätsel« (Delumeau) der *nach* dem Mittelalter einsetzenden europäischen Hexenverfolgung. Während wir also nicht wußten, wie die Geburtenkontrolle nach dem Mittelalter beseitigt worden ist, können die Hexenforscher immer noch nicht verständlich machen, warum die weisen Frauen vernichtet worden sind. Wir haben uns daraufhin lediglich dafür interessiert, ob und wie weit die drei rätselhaften Vorgänge – das Verschwinden des Verhütungswissens, die Hexenverfolgung und die Bevölkerungsexplosion – zusammenhängen. Dabei fiel uns auf, daß der Ausrottungsfeldzug gegen die weisen Frauen sich auf Hebammen konzentrierte, die ausdrücklich und immer wieder als die eigentlichen Hexen identifiziert wurden. Die Hebammen nun wirkten im Mittelalter nicht nur als Geburtshelferinnen, sondern auch als gefragte Spezialistinnen für die Geburtenkontrolle, also für die Verhinderung von Nachwuchs. Eben nach den Gründen für das Verschwinden dieses Spezialwissens hatten wir aber gesucht, um die Bevölkerungsexplosion der späteren europäischen Neuzeit verstehen zu können.

Im *Teil A* dieses Buches legen wir nun eine ausführliche Erklärung dafür vor, daß die Geburtenkontrolle nicht nur durch die Hexenverfolgung weitgehend beseitigt worden ist, sondern daß die Vernichtung der weisen Frauen ausdrücklich in bevölkerungspolitischer Absicht zur Unterbindung der Geburtenkontrolle von Kirchen und Staat ins Werk gesetzt wurde. Die Parallelität beider Ereignisse erwies sich also keineswegs als ein zufälliges Zusammentreffen. Das Verschwinden der Geburtenkontrolle ergab sich demnach nicht als unbeabsichtigtes Nebenprodukt einer aus ganz anderen und bisher lediglich noch nicht verstandenen, über Jahrhunderte hinweg betriebenen Massentötung, sondern verdeutlicht erst die politische Rationalität hinter diesen Massakern. Eher läßt sich die neuzeitliche Hexenverfolgung als Nebenprodukt der Geburtenkontrollbekämpfung fassen.

Erst die Unkenntnis dieser auf entsetzliche Weise schlichten Absicht, aus den Frauen mehr Kinder herauszuholen, als sie eigenverantwortlich gebären würden, macht wohl das tragische Paradox verständlich, daß ausgerechnet von feministischen

Forscherinnen die Hexenverfolgung als Kampf gegen weibliche Irrationalität gedeutet wird. Nicht weniger hilflos bleiben aber auch die verschiedenen Schulen der etablierten Hexenforschung, die mit ihrer Rede vom »Hexenwahn« die furchtbare Rationalität der keineswegs wahnsinnigen Hexenjäger ebenso verfehlen. Der für die Wahn-These herangezogene Zauberei-Vorwurf gegen die der Hexerei Verdächtigten, der heute tatsächlich verrückt anmuten muß, wenn man nicht auf die wirklich irrationale Idee verfällt, die Frauen hätten über Kräfte zur Aufhebung von Naturgesetzen verfügt, läßt sich nun aus einer Analyse der Geburtenkontrolle in Stämmen, Altertum und Mittelalter ebenfalls rational auflösen: In diesen Kulturen werden nämlich die verhütenden und abtreibenden Tränke, deren Herstellung und Gebrauch bereits im frühen Christentum zwar als »Maleficium« (= schlechte Tat) mißbilligt, aber weder als abergläubische Magie noch gar als Hexerei aufgefaßt wird, in der Regel mit Erfolgsbeschwörungen oder auch mit für hilfreich gehaltenen Amuletten zusammen verabreicht. Deshalb interessieren sich die Hexenverfolger für alle Arten faulen Zaubers, die zur herrschenden Religion in Konkurrenz treten, keineswegs. Auch der im Volk schon immer – und übrigens weltweit – betriebene, aber auch bekämpfte Schadenzauber nach *Voodoo*art, der auf Unfruchtbarkeit von Äckern, Vieh und auch Menschen *gegen* den Willen der Betroffenen zielt, liefert den neuzeitlichen Massakern nicht das primäre Motiv, obwohl er von der Obrigkeit in die Hexenverfolgung der Neuzeit ausdrücklich einbezogen wird.

Insbesondere die klimatisch verstärkten Mißernten, Hungersnöte und Seuchen zwischen 1580 und 1620 führen zu einer starken Zunahme der traditionellen Schadenszaubervorwürfe und entsprechend zu einem bemerkenswerten Anstieg der Hexenprozesse. »Abgesehen« – wie es in der Zentralschrift zur Anleitung der Verfolgung, dem *Hexenhammer* von 1487, unmißverständlich heißt – von diesem Schadenzauber jedoch soll von jetzt an etwas Neues bekämpft werden.

Daß nun aber *Unfruchtbarkeit* von Menschen gerade dann bei den Betroffenen *nicht* als Schadenzauber aufgefaßt wird, wo sie eigenem Interesse entspringt, ist der Hexenforschung allerdings bis heute entgangen. Insofern führt der jüngst ergangene eindringliche Appell des englischen Historikers Peter Burke (»Good Witches«, *New York Review of Books,* Nr. 3 vom 28.2.1985, S. 34), daß »wir die Geschichte der europäischen Hexerei niemals verstehen werden, solange nicht gezeigt wird, wie sich bei der Hexenverfolgung die Interessen von Obrigkeit und Volk berühren«, schon auf die richtige Fährte. Dieser Appell kann aber nicht zu einer Lösung des Rätsels der europäischen Hexenverfolgung beitragen, solange die moderne Hexenforschung – ganz im Sinne der feudalen Grundherren der frühen Neuzeit – *jede* Unfruchtbarkeit von Menschen als einen Schaden für Obrigkeit *und* Volk identifiziert. Was sich zwischen Untertanen und Herren tatsächlich berührt, erweist sich als Zusammenstoß gegensätzlicher Interessen. Da die Hexenforschung diesen Gegensatz nicht erkannt hat, mußte ihr entgehen, daß auch die Geburtenkontrolle mit »Magie *und* Drogen« (Noonan), also mit zauberischen Beschwörungen *und* Medikamenten arbeitet, ohne deshalb vom Volk gefürchtet zu werden. Eben dieser gewünschte Zauber – fürs Volk auch weiterhin Heilzauber, für die Obrigkeit aber, so unsere These, ab der Mitte des 14. Jahrhunderts Schadenzauber – trägt den weisen Frauen eine historisch neue Art von Hexereivorwurf ein. Hingegen läßt sich das im populären Verständnis bis heute als Prototyp der Zauberei aufgefaßte Fliegen der Hexen auf Besenstielen zum Hexensabbat, wie auch ihre Verwandlung in Tiere etc., als halluzinatorisches Resultat von Rauschmitteln dechiffrieren, deren Hersteller nunmehr deshalb verfolgt werden, weil sie zugleich – und das erst macht sie zum Ziel der Verfolgung – die verhütenden und abtreibenden Tränke brauen.

Wenn die jetzt verfolgten Hexenkünste ganz eindeutig die verschiedenen Verfahren der Geburtenkontrolle darstellen, so ist damit der historische Zeitraum ihrer Verfolgung, die um 1360 doch sehr plötzlich in die Menschheitsgeschichte eintritt, noch keineswegs durchsichtig. Aus der Bevölkerungsgeschichte wissen wir aber, daß in eben dieser Zeit die sogenannte *europäische Bevölkerungskatastrophe* ihren Höhepunkt erreicht. Ihre Gründe sind durchaus verständlich: Schwere Ernterückschläge ab etwa 1300 und die große Pest von 1348–52 kosten in Europa ungefähr 25 Millionen Menschenleben bei einer Gesamtbevölkerung von lediglich 80 Millionen Einwohnern. Die um 1300 einsetzende Krisenzeit geht zugleich mit heftigen Erschütterungen der feudalen mittelalterlichen Wirtschaft einher. Die Leibeigenen gehen nicht nur allenthalben zum Aufstand über, sondern werden für ihre kirchlichen und weltlichen Herren auch auf dramatische Weise knapp. Diese Knappheit soll durch die Ausrottung des Verhütungswissens überwunden werden. Die Frauen sollen die Mittel verlieren, mit denen sie ihre traditionell geringen Geburtenzahlen zu halten wissen.

Die Maßnahme des langjährigen Tötens und Überwachens erweist sich als in jeder Hinsicht erfolgreich. Die Bevölkerung wächst und geht sogar in die obengenannte und bis heute rätselhafte Bevölkerungsexplosion über. Die Menschenquelle sprudelt sogar so reichlich, daß auch noch das Siedlungspersonal für die Eroberung der Welt aus Europa ohne Schwierigkeiten rekrutiert werden kann – und längst ist aus der europäischen eine Weltbevölkerungsexplosion geworden. Global zeigen sich jetzt die furchtbaren Erscheinungen des Kinder- und Massenelends, die den Herren Europas von den Menschenfreunden jener Zeit bereits im späten 18. Jahrhundert zum Vorwurf gemacht worden sind.

Im Gefolge der gegen Ende des 15. Jahrhunderts auf ganz Europa sich ausweitenden Menschenproduktion durch Hexenverfolgung entsteht nun auch eine Wissenschaft von der Bevölkerung, die sich in ihrer ersten – merkantilistischen – Pionierphase noch ganz mit dem Kalkül der klerikalen und weltlichen Herrscher, daß mehr Menschen auch mehr Reichtum erbringen, identifiziert. Bereits die klassische Nationalökonomie versteht den Sinn dieser Formel nicht mehr, blickt sie doch einer Woge elender Menschen entgegen, deren reichtumsschaffende Potenz für die Reichtumsschaffung zunehmend gar nicht erst herangezogen und eben deshalb wie eine konstante, aber doch irgendwie einzudämmende Naturgewalt betrachtet wird. Noch heute lebt diese Einschätzung bei den modernen Bevölkerungsökonomen und der neuen Disziplin der historischen Demographie als wissenschaftlicher Glaube an einen naturhaften Wunsch des Menschen, zu heiraten und sich zu vermehren, fort. Diese biologistische Position trägt entschieden mit dazu bei, daß den Bevölkerungswissenschaftlern der schlichte Anlaß ihrer eigenen Existenz unverändert dunkel geblieben ist.

Nicht minder dunkel stellt sich den mit Erziehung befaßten Disziplinen die merkwürdige Tatsache dar, daß im neuzeitlichen Europa eine vom Leben der Erwachsenen weitgehend abgetrennte Kindheit entsteht. Ihre Verknüpfung mit der Ausrottung des Verhütungswissens in der Hexenverfolgung wird nun im *Teil B* des vorliegenden Buches einer genaueren Analyse unterzogen. Eine etwas kürzere Fassung dieses Teils ist in englischer Sprache für die »*Unitar*-Vorlage über die Rechte des Kindes« geschrieben worden. In dieser Bestandsaufnahme der Vereinten Nationen sollen Darstellungen und Schlußfolgerungen von etwa 60 Staaten über die Erfahrungen mit ihren Institutionen und Schutzgesetzen zur Gestaltung von Kindheit daraufhin überprüft werden, wie weit die – im Kapitel XIV von Teil B abgedruckte – Erklärung der UNO über die Rechte des Kindes vom 20. November 1959 einer Revision unterzogen werden muß.

Dem Autor ist schon bald nach Ablieferung des Textes bedeutet worden, daß er sich für die Berücksichtigung *seiner* Schlußfolgerungen in der Vorlage der *Unitar* nicht einmal die Chance einer Minderheitsposition ausrechnen dürfe. Alle den Überlegungen des Autors ohnehin nicht Wohlgesonnenen werden das gewiß mit Erleichterung oder gar Befriedigung zur Kenntnis nehmen. Aus solcher Genugtuung wird aber den nun weiterhin hier und andernorts mit der Aussicht auf Sinnlosigkeit und Armut oder – vielmillionenfach – gar auf frühen Tod in die Welt gesetzten Kindern kaum ein Vorteil erwachsen. Der Autor hat deshalb die Hoffnung nicht aufgegeben, daß seine Schlußfolgerungen jenseits einer UNO-Kompromißformel, der Staatsführungen und nicht etwa Betroffene zuzustimmen haben, doch einmal vernommen werden könnten.

Der knappe – und zugleich essayistische – Umfang des Teiles B verdankt sich der *Unitar*-Auflage, 75 Seiten nicht zu überschreiten. Der Autor mußte mithin aus der Fülle des grundsätzlich präsentierbaren Stoffes auswählen, was ihm für die Erklärung der entscheidenden Brüche zwischen den verschiedenen Kindheiten unerläßlich dünkte. Er beschränkt sich dabei auf die Stammesgesellschaft, die Antike und das Mittelalter sowie die besitzenden Bürger der Neuzeit, die bloß lohnarbeitenden Bevölkerungsteile derselben Epoche und die moderne Produktions- und Lebensgenossenschaft. Die Formulierung *Hexenverfolgung* im Titel bleibt insofern ein wenig problematisch, weil diese staatsterroristische Bevölkerungspolitik, der eine staatliche Erziehungspolitik dann folgt, auch Männer trifft, die sich nicht fortpflanzen wollen oder – wie manche Homosexuelle – nicht ohne weiteres können. Dennoch zeigt die Forschung, daß weit mehr als achtzig Prozent der während der Neuzeit bis in die jüngste Vergangenheit Opfer dieser Bevölkerungspolitik werdenden Menschen Frauen gewesen sind, so daß der Titel jenen Sachverhalt doch trifft, der auch für die erst in der Neuzeit überwältigend werdenden *Erziehungsprobleme* den geheimen Hintergrund bildet.

Die Rede von *Kinderwelten* als Mittelstück des Titels will eine populäre Mode, also eine unbegriffene Tendenz nicht fortsetzen, sondern – sie anklingen lassend – verstehbar machen. Über Kinderwelten bzw. Kindheiten wird ja erst geforscht, seitdem über eine von Beginn an brutale Gestaltung der neuzeitlichen Nachwuchsaufzucht endlich offen gesprochen werden darf: Nach der durch Hexenverfolgung ausgerotteten und schärfste Gesetze dauerhaft kriminalisierten Geburtenkontrolle müssen verwahrloste Kinderscharen nämlich als unhinterfragbarer Segen Gottes hingenommen werden, und alle Überlegungen, solchem Segen entgegenzutreten, sind mit Strafen bedroht. Erst gegen Ende des 19. Jahrhunderts, als Europa längst menschenübervoll ist und heftig siedelnd auch auf andere Kontinente überschwappt, darf sich die lange verbotene Neugier, ja Gier auf andere Formen des Kindseins artikulieren. Noch in der so wortreich wiedergegebenen Verblüffung – etwa eines Malinowski oder einer Mead – über den gewaltarmen Umgang mit Kindern in den materiell doch soviel ärmeren Stammesgesellschaften verrät sich einmal mehr die Ratlosigkeit über die Vorgänge, die im zivilisierten Europa das Kindsein so furchtbar vieler Menschen zu einer Drangsal machen. Und in der jüngst populär werdenden Doktrin (etwa eines de Mause) vom evolutionär immer glücklicher werdenden Kinderleben fällt diese Verblüffung wieder auf eine entschiedene Verdrängung der furchtbaren, im »Kindersegen« kulminierenden Verfolgungen der frühen Neuzeit zurück.

Die *Erziehungsprobleme,* mit denen der Titel schließt, führen selbstredend in das eigentliche Gewerbe des Autors. Sie werden am Ende aufgeführt, weil sie üblicherweise in der Erziehungswissenschaft den Ausgangspunkt bilden. In dieser akademischen Disziplin sind Kinder also von Anfang an immer schon vorausgesetzt. Die in der Neuzeit so auffällig werdenden Erziehungsprobleme werden aber erst ganz verständlich, wenn die Kinder nicht mehr als Gottesgeschenk oder gar als Naturprodukt mystifiziert werden. Zwar hat sich auch unter Pädagogen die bedeutungsvolle Rede über »Gesellschaft« längst eingebürgert, aber die Motive und Strategien, aus denen eine Gesellschaft Nachwuchs erzeugt, gilt nicht als Teil der pädagogischen Disziplinen. So können wir sogar erleben, daß nicht allein die Bevölkerungspolitiker, sondern auch die zahllosen Lehrer und Sozialpädagogen ohne Arbeit ausgesprochen unglücklich darüber sind, daß wegen des Rückganges der Geburten auch die Erziehungsprobleme ausbleiben, für deren Verwaltung sie in Brot und Lohn zu gelangen dachten. Die Verminderung von Erziehungsproblemen durch schlichtes Nichtgeborenwerden wird hier nun nicht als nationales Unglück bedauert. Statt dessen werden Existenzweisen mit passabel gelingender Erziehung ganz ohne Erziehungswissenschaft und das von ihr herangezogene Personal in Erinnerung gerufen.

Versuche hingegen, durch Geld, Propaganda oder gar Schlimmeres zur Fortpflanzung anzuhalten, wird man in unseren beiden Studien nicht finden. Ihr einziger – in *Teil C* verfolgter – Optimismus besteht darin, daß nach einer vollständigen Überwindung jeder Art von stimulierender Bevölkerungspolitik die dann in bewußter persönlicher Verantwortung ins Leben gebrachten Kinder auch im Dialog mit ihren Eltern – nicht aber unter der Aufsicht staatlicher Instanzen – den Entwicklungsweg beschreiten, der ihnen der angemessene sein wird.

Bremen, den 28. Februar 1985
Gunnar Heinsohn und Otto Steiger

Teil A

Gunnar Heinsohn und Otto Steiger

Hexenverfolgung, Menschenproduktion, Bevölkerungswissenschaft

I.

Irrationale Frauen und wahnsinnige Verfolger oder staatliche Bevölkerungspolitik gegen Geburtenkontrolle: Warum sind Hexen verbrannt worden?

»Der Modernisierungsprozeß des abendländischen Rationalismus« am Beginn der europäischen Neuzeit und die »Unterdrückung der Natur als Bedingung dieser Modernisierung« sei »mit den Seelen und Körpern der weiblichen Hexen« bezahlt worden. Die angeblich bemerkenswerte Naturbeeinflussung durch Hexenkunst habe der rationalen »Wissenschaft« und »Technologie«[1] im Wege gestanden und sei deshalb mit ihren Trägerinnen ausgerottet worden. Als naturverhaftete und nicht auf die wissenschaftliche Naturbeherrschung einzuschwörende Wesen der »Unvernunft« seien – so eine populäre These der jüngeren feministischen Forschung – zwischen 1360 und 1700 Hekatomben von Frauen massakriert worden.

Eine ältere und noch keineswegs überwundene These der Hexenforschung des 19. Jahrhunderts besagt das glatte Gegenteil der feministischen These unserer Tage: Die naturwissenschaftliche Rationalität habe nicht etwa den Hexen, sondern gerade den Hexenmassakern und der Hexenverfolgung das Ende bereitet. Die »epidemische Hexenverfolgung«, die »räthselhafte Entwicklung des Hexenwahns« die »wahnerfüllte Hexenverfolgung« sei »erst unter dem Einfluß der modernen, naturwissenschaftlich, nicht theologisch begründeten Weltanschauung bekämpft worden«.[2] Irrational seien also nicht die verfolgten Frauen, sondern ihre Henker gewesen. Die Verrücktheit der Verfolger wird in der jüngsten Forschung noch dahingehend spezifiziert, daß bis dahin lediglich beim gemeinen Volk gängige Vorstellungen im 15. Jahrhundert – auf allerdings unerklärte Weise – zu »Phantasien« des »Establishments« wurden: »Die massenhaften Hexenjagden spiegeln die Dämonenobsession der Autoritäten im kirchlichen und weltlichen Bereich wider. Erst nachdem diese Autoritäten an die Realität des Hexensabbats glaubten und überdies die Folter anwandten, um diesen Glauben zu bestätigen, konnten die großen Hexenverfolgungen stattfinden.«[3]

Die optimistische Sicht, daß erst der heilsame Einfluß der Naturwissenschaft die Irrationalismen und Obsessionen der Hexenverfolger überwunden hätte, hält nun der Forschung nicht gut stand. Zwar habe sich – so ein renommierter britischer Historiker – nach der Mitte des 17. Jahrhunderts eine »philosophische Umwälzung in der gesamten Auffassung von der Natur und der in ihr wirkenden Kräfte« tatsächlich durchgesetzt und so die Angriffe auf Hexen obsolet erscheinen lassen, es sei aber unverändert »rätselhaft«, warum man erst so spät und nicht schon in der Renaissance das damals bereits sehr fortgeschrittene naturwissenschaftliche Weltbild gegen die furchtbaren Hexenmassaker ins Feld geführt hat. Seinem Ausweg, daß »im 16. Jahrhundert ... nur wenige zu dieser geistigen Anstrengung« bereit gewesen seien, mißtraut der Autor aber sogleich selber, da etwa »das Universalgenie seines Zeitalters« – Jean Bodin (1530–1596), neben anderen großen naturwissenschaftlichen, naturrechtlichen und historischen Denkern des 16. und 17. Jahrhunderts – die geistige Anstrengung für die Anfeuerung der Hexenverfolgung durchaus aufzubringen vermocht hat. »Warum die größten Denker der Zeit ... [den Hexenwahn] nicht offen angriffen und warum einige von ihnen, wie Bodin, ihn geradezu unterstützten«, bleibt also auch für diesen Forscher »unbegreiflich«.[4]

Ungeachtet dieser doch bemerkenswert offen eingestandenen Ratlosigkeit vor dem Phänomen der Hexenverfolgung heißt es noch in jüngster Zeit aus psychoanalytischem Blickwinkel zum Beispiel von Bodin: »›Subjektiv‹ war er im System des Hexenwahns befangen.«[5] Von einem klinischen Vorwurf dieser Art sollte man nun erwarten, daß eine genaue Beschreibung des Wahns, der dann psychologisch zu rekonstruieren wäre, vorgelegt würde. Eine andere psychoanalytische Betrachtung charakterisiert den »Hexenwahn« sogar als »einen Projektionsmechanismus«, der als »geifernder Haß des Klerus«[6] zutage trete. Charakteristiken wie »Wahn« oder »geifernder Haß« bleiben merkwürdig vage und überdies ganz ohne Beweismaterial aus den Quellen, weshalb sie eher etwas über die Schwierigkeiten der Autoren mit ihrem Thema als über die Hexenverfolger selbst aussagen.

Wir werden also bei den klinisch Beschuldigten selbst nachschauen müssen, was denn ihren »Wahn« ausmachen könne. Schließlich haben sie sich wortreich geäußert. Das »Universalgenie der Neuzeit« Jean Bodin z. B. tut recht genau kund, wofür die Chiffre »Teufel« steht, mit dem die als Hexen bezeichneten Frauen im Bunde seien: »Der Teufel haßt den Spruch ›Wachset und mehret euch und erfüllet die Erde‹ ... Er hindert ... die Mehrung und Fortsetzung des Menschengeschlechts, welches er nach all seinem Vermögen auszurotten versucht ... Jungfernschaft liebt der Teufel, denn er liebt den Tod.«[7] Und in einem anderen Werk aus derselben Zeit lesen wir: »Der *Teufel* bewirkt durch die Hebammen nicht nur die Abtreibung von Foeten ..., sondern bringt sie auch dazu, ihm heimlich Neugeborenen zu opfern.« In einer dritten Abhandlung heißt es: »Nach der Geburt trägt die Hexen-Hebamme ... das Kind aus der Kammer und ... opfert es dem Fürsten aller *Teufel,* d. h. dem *Luzifer.*«[8] Zwar haben wir es hier mit einer Diktion zu tun, die eher christologisch als psychopathisch oder auch politisch-eifernd geprägt ist, würden aber doch den Wahnvorwurf nicht gut daran knüpfen können, daß man vor 400 Jahren ein anderes Vokabular als heutzutage benutzt hat. Wir müssen uns überdies in Erinnerung rufen, daß von einem »Wahn« Bodins nur gesprochen werden kann, wenn man sein Publikum, das sein Buch dann in praktische Politik umwandelt, in diesen Wahnvorwurf miteinbezieht. Als Berater und Beisitzer des französischen Parlaments adressiert Bodin seine Schrift nun nicht etwa an Obskuranten oder religiöse Eiferer, sondern an »Monseigneur M. Chrestofle de Thou Chevaliers Seigneur de Coeli, Parlamentspräsident und Berater im Kabinett des Königs«.[9] Von einem überzogenen Fanatismus kann bei Bodin ebenfalls keine Rede sein. Gegen Kritiker der Hexenprozesse – wie etwa seinen Zeitgenossen Johannes Weyer (dazu Kap. III unten) – tritt er keineswegs als gestörte Persönlichkeit, sondern mit dem Spott des souveränen Wissenschaftlers auf, der weiß, welche »Übeltaten und Laster nicht ungestraft bleiben sollen«, während Weyer ganz parteilich in »die größte Absurdität verwickelt« sei, über die er sich lustig macht: »Daß aber dem Weyer am Schluß seines Buches der Kopf vor Zorn dermaßen hitzig wird, daß er die Richter greuliche Scharfrichter und Henker schilt, gibt wahrlich zu der Vermutung Anlaß, er sei besorgt, daß ein Zauberer oder Hexenmeister zu viel ausplaudern könnte. Auf diese Weise verhält er sich wie kleine Kinder, die aus Furcht in der Nacht singen.«[10]

Der im Teufelsvorwurf steckende Angriff auf die Schwangerschaftsverhütung und die Widmung des Buches an eine – wie wir zeigen werden – Bevölkerungspolitik treibende Regierung sollte daran denken lassen, daß hier vielleicht nicht so sehr ein rätselhafter Wahn zum Zuge kommt als eine für die Zeitgenossen durchaus nicht schwer zu verstehende Politik. Und schauen wir nun in die wissenschaftliche Rechtfertigung für die am 5.12.1484 erlassene »Hexenbulle«[11], also in den sogenannten *Hexenhammer,* dann finden wir auch dort eine Bestätigung für unseren Verdacht, daß mit den *teuflischen* Mächten Talente bezeichnet werden, die bei der Vermehrungsbehinderung zum Einsatz gelangen: »Da die Macht des Teufels größer ist als die des Menschen, und der Mensch die Zeugungskraft verhindern kann, sei es durch stark erschlaffende Mittel, sei es durch andere Hinderungsmittel etc., wie sich jeder vorstellen kann, deshalb kann der Dämon, der genaueres Wissen besitzt, solches um so mehr tun.«[12] Die für einen Kontakt mit Dämonen Beschuldigten werden hier als Leute aufgefaßt, die besondere Spezialisten für ansonsten allgemein verbreitete Praktiken seien.

Um einer Verfolgung der falschen Personengruppe vorzubeugen, achten die Autoren des *Hexenhammers* – die deutschen Dominikaner Jakob Sprenger (1436–1495) und Heinrich Institoris (1430–1505) – sehr genau darauf, daß ihr Dämonenvorwurf nicht etwa mit Angriffen auf Zauberei oder den tatsächlich verbreiteten Aberglauben verwechselt wird. Von den als Hexen Beschuldigten heißt es deshalb ausdrücklich: »*Ohne* gauklerische Vorspiegelung bewirken sie nach der Empfängnis eine Frühgeburt, oft mit unzähligen anderen Übeln.«[13] Und um ganz unmißverständlich deutlich zu machen, daß in keinem Falle die Hexenverfolgung zu Übergriffen gegen den Aberglauben führt, werden seine Varianten in souverän-spöttischer Manier genau aufgelistet und für irrelevant erklärt. Auf den Aberglauben bezogen, lesen wir dann: »Es ist klar, daß der Vergleich mit den Hexen und ihren Werken müßig ist, die ja ... nach der Ruchlosigkeit ihrer Taten und der Erschrecklichkeit ihrer Verbrechen so benannt sind.

Daher frommt es, der Kürze halber, nicht, dasselbe von den übrigen geringeren Arten des Aberglaubens zu beweisen, da man sieht, daß *schon die hervorragenderen den Hexenwerken nachstehen*. Wenn es nämlich einem Prediger gefällt, noch die anderen Arten anzubringen, wie die Geomantie, die sich auf Erdenkörper bezieht, wie Eisen oder Edelstein *(lapis politus)*; die Hydromantie, die am Wasser oder Eis geschieht; die Aeromantie, die an der Luft geschieht; die Pyromantie am Feuer; der (Kult der) Ariolen, der an den Eingeweiden der auf den Altären der Dämonen geopferten Tiere geschieht – so ist doch, mag das alles unter ausdrücklicher Anrufung der Dämonen geschehen, *kein Vergleich mit den Schandtaten der Hexen, da jene auf keine Schädigung der Menschen oder Tiere oder Feldfrüchte direkt abzielen*, sondern auf Erkennen der Zukunft. Bezüglich der anderen Arten der Weissagungen, die mit schweigender Anrufung und auch durch schweigenden Pakt mit den Dämonen geübt werden, wie die Genealitiker oder Astrologen, so genannt wegen der Beobachtung der Geburtssterne; Haruspices, welche Tage und Stunden beobachten; Auguren, die Gebärden und Gackern der Vögel betrachten; Vorzeichendeuter, die auf die Worte der Menschen achten; Chiromantiker, die aus den Linien der Hand oder den Schulterblättern der Tiere weissagen – über all dies mag, wer Lust hat, nachsehen bei Nider, *Praeceptorium*, in der zweiten Vorschrift, wo er vieles finden wird, wie es erlaubt sei und wie nicht: *die Werke aber der Hexen sind niemals erlaubt.*«[14]

Weder der faule Zauber der Gaukelei noch das breite Panoptikum der Irrationalität und des Aberglaubens wird also den Hexen vorgeworfen. Den modernen Thesen vom Irrationalismus in den Hexenmassakern, der je nach ideologischer Richtung einmal den Opfern, ein andermal den Verfolgern zugesprochen wird, haben die Berater des Papstes der »Hexenbulle« mithin schon vorab allerhand entgegenstellen wollen.

*»Nachtfahrende vom Schleswiger Dom« (um 1300).
Besenstielhexe aus der Zeit vor der Hexenverfolgung auf
Donnerbesen und mit roter Haarkorona als Insignien der
Priesterin des Sturmgottes und Blitzeschleuderers Donar (aus
F. H. Hamkens, »Heidnische Bilder im Dome zu Schleswig«, in
Germanien, 1938, S. 178).*

Als ob sie ihre späteren Ausdeuter antizipiert hätten, machen sie nun überdies deutlich, daß die Hexerei auch mit der religiösen Ketzerei nichts zu tun habe, »weil dies Verbrechen der Hexen nicht rein geistig, sondern im Gegenteil wegen der *zeitlichen* Schädigungen, die [von den Hexen] angetan werden, mehr *bürgerlich* ist«.[15] Der Hinweis auf die »mehr bürgerlichen« Verbrechen der Dämonen bzw. Hexen wird noch dadurch unterstrichen, daß »die Taten der Hexen *ohne Ketzerei* geschehen können«, d. h. »ohne Irrtum des Glaubens, wenn auch nicht ohne große Sünde« vollzogen werden, die Hexen mithin »nicht als Ketzer«[16] gelten. Um nun wirklich keinerlei Fehlinformationen über den zu bedrohenden Personenkreis in Umlauf zu bringen, wird der Unterschied zwischen religiöser Abweichung und Hexerei noch deutlicher gemacht: »Denn wohlgemerkt: Diese Hexenketzerei ist nicht nur von anderen Ketzereien *darin* verschieden, daß sie nicht bloß durch ausdrückliche, sondern auch freiwillig geschlossene Pakte, auf jede Schmähung und Schädigung des Schöpfers und seiner

Geschöpfe rasend begierig ist, während doch alle anderen, einfachen Ketzereien ohne stille und ausdrückliche mit den Dämonen geschlossene Pakte, wenn auch nicht ohne Anspornung des Säers allen Neides [des Teufels], den Irrlehren anhangen, wegen der Schwierigkeit des zu Glaubenden; sondern diese Hexenketzerei unterscheidet sich auch von jeder anderen schädlichen und abgläubischen Kunst *darin,* daß sie von allen Arten der Weissagungen den höchsten Grad von Bosheit besitzt.«[17]

Die bewußte Abgrenzung der Hexen von den Häretikern machen Sprenger und Institoris bereits dadurch sichtbar, daß sie den Titel ihres Werkes so gestalten, daß jeder die darin angezielte Verfolgungskampagne versteht und zugleich weiß, daß es gegen eine *neue* Gruppe geht. In Analogie und gerade nicht als Imitation des *Malleus Haereticorum* (Ketzerhammer) vom heiligen Hieronymus (ca. 400 u.Z.) oder des *Malleus Iudeorum* (Judenhammer)[18] des Inquisitors Johann von Frankfurt (1420) wählen sie den Titel *Malleus Maleficarum.* Auf deutsch spricht Institoris auch vom »Unholdenhammer«. Die Differenz zwischen Häretikern und Hexen wird überdies dadurch unterstrichen, daß erstere bei Reue begnadigt werden können, während die Hexe in jedem Fall vernichtet wird. Somit ist, wie auch Prozeßakten zeigen, nicht ausgeschlossen, daß der zum Tode verurteilten Hexe auch noch ein Ketzereivorwurf ins Jenseits mitgegeben wird. Die entschiedene Absetzung der Hexenverfolgung von der Ketzerverfolgung ist selbst einem der gewissenhaftesten Hexenforscher der Gegenwart so sehr verborgen geblieben, daß er nicht zuletzt aus der Analogie des *Malleus Maleficarum* zum *Malleus Haereticorum,* die er als Ableitung des ersteren aus dem letzteren deutet, seine These bekräftigt sieht, daß die Hexen wegen Ketzerei gejagt worden sind.[19]

Der Blick in die entscheidenden Quellen für die zentral angeleitete Hexenverfolgung kann also weder die Behauptung stützen, daß die Hexenverfolger geifernde Wahnsinnige gewesen seien, noch kann sie die Überzeugung untermauern, daß die Verfolgten für irrationale Zauberei, religiöse Extratouren oder schlichten Aberglauben ihr Leben verloren hätten. Aber auch die Empörung und die fatalistische Klage der humanistischen Hexenforscher des 19. Jahrhunderts, daß »man gegenüber einem so unglaublichen Monstrum voll geistiger Sumpfluft, wie es dieser Hexenhammer darstellt, vollends die Waffen strecken«[20] müsse, bringt uns im Verständnis der Hexenverfolgung nicht weiter. Sehen wir uns daher diese Empörung näher an:

»Der Malleus wandelt zwar im allgemeinen auf dem schon ausgetretenen Weg seiner Vorgänger weiter ... Aber zu der schonungslosen und unerbittlich konsequenten Brutalität dieser Vorgänger, ihrer an Stumpfsinn grenzenden, aber mit theologischer Eitelkeit durchsetzten Dummheit tritt hier noch ein kaltblütiger und geschwätziger Zynismus, ein erbärmlicher und nichtswürdiger Hang zur Menschenquälerei, der beim Leser immer wieder den Grimm und die äußerste Erbitterung über die Väter dieser eklen Ausgeburt religiösen Wahns wachruft.«[21] Gewiß verfahren die Hexenverfolger schonungslos, brutal und kaltblütig. Die Rede aber, daß es ihnen dabei ganz allgemein um Menschenquälerei gehe, die überdies von Stumpfsinn, Eitelkeit, Dummheit und Geschwätzigkeit gekrönt werde, die Annahme also, daß die Hexenverfolgung nur noch als »bodenlose Verranntheit«[22], d.h. als ekelhafter religiöser Wahn zu fassen sei, kann nur aufrechterhalten werden, wenn man ganz unverstellt und zahlreich aufgeschriebene Motive der Hexenverfolger ausblendet.

Nicht auf gauklerische Zauberer, nicht auf Astrologen und auch nicht auf Häretiker, die gleichwohl alle des Teufels sein können, zielen die Hexenverfolger. Beim Vorgehen gegen Personen, die lediglich genauer wissen, was ansonsten allenthalben praktiziert wird, zielen sie auf die *Hebammen*. Sie sind »immer ältere Frauen und brachten die seit den ältesten Zeiten von Frauen gepflegte Heilerfahrung in Anwendung, denn die Niederkunft wurde als Krankheit angesehen. Daher übernahm die Hebamme von jener ältesten primitivsten Heilkunst die volksmedizinischen und abergläubischen Mittel. Deshalb heißt sie *die weise Frau, die weise Mutter* (vgl. das franz. *sage-femme*).«[23] Gegen diese weisen Frauen wird in der entscheidenden Kapitelüberschrift des *Hexenhammers* die Anklage erhoben, daß sie als »*Hexen-Hebammen die Empfängnis im Mutterleibe auf verschiedene Weisen verhindern, auch Fehlgeburten bewirken und, wenn sie es nicht tun, die Neugeborenen den Dämonen opfern«.*[24] In der hundert Jahre nach dem *Hexenhammer* publizierten Arbeit des gefürchteten Trierer Hexenverfolgers und Weihbischofs Peter Binsfeld (1540–1603) verrät bereits der lateinische Titel *Tractatus de Confessionibus Maleficorum et Sagarum* von 1589 (Traktat über die Bekenntnisse der Hexer und der weisen Frauen) die Gleichsetzung der Hexen mit den weisen Frauen bzw. Hebammen. Auch andere Ausdrücke dieses Traktats für die Opfer betonen die Expertenstellung und Könnerschaft der Verfolgten und nicht etwa ihre Irrationalität oder gar einen hinterwälderischen Aberglauben. Die »femina saga« (weise Frau) erscheint da ebenso wie die »lamia« oder »strix«, die im semantischen Verständnis der Zeit immer auch mit Weisheit assoziiert werden. Auch die »veneficia« (Medizin- und Giftmischerin) verweist nicht minder auf spezielle Kenntnisse wie die Namen »magus« (weiser Mann) oder »incantator« (kräuterkundiger Beschwörer) für die verfolgten Männer.[25] Schon die Einbeziehung beider Geschlechter erhellt, daß die Hexenverfolgung gegen ein *Wissen* und *nicht* gegen ein *Geschlecht* gerichtet ist. Nur ist eben das mit Ausrottung bedrohte Wissen bei Frauen – und dort wieder bei den Hebammen – viel häufiger anzutreffen gewesen als bei Männern.

Nun ist in der vorrangig von verständlicher humaner Empörung getragenen Forschung zur Hexenverfolgung die Konzentration auf die in der Empfängnisverhütung besonders spezialisierte Hebamme keineswegs gänzlich übergangen worden. So wird etwa gesehen, daß »das Maleficium immer der eigentliche Mittelpunkt des Wahns und seiner Verfolgung« gewesen ist. Verstanden wird auch, daß zum Maleficium »Unfruchtbarkeits- und Abortivtränke«[26] gehören. Als verfolgungsrelevant erscheint aber nur »die häufige Anwendung zauberischer Abortiv- und Liebestränke, durch welche *nicht selten der Tod der Frauen herbeigeführt werde*«.[27] Die Beobachtung, daß »die Sterilitätstränke ... gegeben und genommen wurden entweder zur Beschränkung der Kinderzahl oder weil die Frauen ihren Begierden frönen wollten, ohne die Last der Schwangerschaft auf sich zu nehmen«, wird lediglich beiläufig erwähnt, als irrelevante »alte Unsitte«[28] abgetan und für die weitere Analyse nicht mehr herangezogen. Wie noch zu zeigen sein wird, dürfte diese Scheu, in Erörterungen der Empfängnisverhütung einzutreten, selbst als Ergebnis der Hexenverfolgung aufzufassen sein, die zur Wende ins 20. Jahrhundert, als diese Aussage formuliert worden ist, ihre Wirkung noch keineswegs verloren hat.

In der jüngsten historischen Forschung, der immerhin auffällt, daß man mit den gängigen Irrationalitätskonzepten in der Hexenforschung nicht vorankommt, ist vom ganz zentralen Kampf der frühneuzeitlichen Hexenverfolger gegen die Empfängnisverhütung, um die die Forscher des späten 19. Jahrhunderts noch wissen, dann aber gar nichts mehr zu finden. Um die Ausrottung von Hebammen wird dabei zwar auch gewußt, aber diese Vernichtung der weisen Frauen wird daraus erklärt, daß sie »die zuverlässigsten Feinde in den Gemeinden« haben: »Genauer gesagt sind es Feindinnen, nämlich jene Patientinnen, bei deren *Niederkunft ein Mißgeschick* geschehen ist ... In solchen Fällen bietet die Hebamme das nächstliegende Ziel für eine personifizierte Schuldzuschreibung.«[29] Man könnte eine solche Sicht, derzufolge die weibliche Landbevölkerung für die Ausrottung ihrer Heilerinnen ausgerechnet deshalb gesorgt habe, um die Schwangerenversorgung zu verbessern, damit entschuldigen, daß hier ein jüngerer Autor die Engelmacherin der späteren Neuzeit, die, wie noch zu zeigen sein wird, als tatsächlich wenig qualifizierte Gynäkologin gerade ein *Ergebnis* der Vernichtung der weisen Frauen darstellt, auf die Vergangenheit projiziert. Das würde diesen Historiker aber immer noch nicht von dem Vorhalt entlasten, daß er die deutlichen und keineswegs lückenhaften Aussagen zur Empfängnisverhütung in den zentralen Dokumenten der Hexenverfolger schlicht übergeht.

Da nun die Hexenverfolgung aus Kunstfehlern von Hebammen bei der Geburtshilfe ebensowenig erklärbar ist wie aus Zauberei, Sterndeutung, Ketzerei und verranntem Wahn, müssen wir nun dazu übergehen, die Dokumente wirklich ernst zu nehmen, also fragen, *warum* mit der Verfolgung der »Hexen-Hebammen« die Geburtenkontrolle ausgerottet werden soll. Wir gehen mithin im weiteren davon aus, daß den Hexenverfolgern nicht quellenfremde und überdies von ihnen ausführlich als irrelevant erörterte Motive nachträglich unterschoben werden dürfen, sondern ihre Texte zum Aussagewert genommen werden müssen. Papst Innozenz VIII. wird also zugestanden, daß er weiß, was er tut, wenn er sich mit seiner ›Hexenbulle‹ vom 5. Dezember 1484 richtet gegen »sehr viele Personen beyderley Geschlechts..., die... mit ihren Bezauberungen... die Geburten der Weiber umkommen machen und verursachen, ... daß die [die Menschen] nicht zeugen und die Frauen, daß sie nicht empfangen, und die Männer, daß sie denen Weibern, und die Weiber, daß sie denen Männern, die ehelichen Werke nicht leisten können, verhindern«.[30] Diesem Papst wird darüber hinaus unterstellt, daß er sich darüber klar ist, warum im Kampf gegen die »Bezauberungen« nur die strengsten Bestrafungen helfen, er also die Inquisitoren immer wieder zur »Bestraffung, Inhaftnehmung und Besserung« auffordert. Keineswegs aus religiösem Fanatismus sollen sie »züchtigen, ... am Leib und am Vermögen straffen« und »noch schröcklichere Urtheile, Ahndungen und Straffen« verhängen, sondern um die tief im Volk verankerte Geburtenkontrolle auszumerzen: »Es solle also gar keinem Menschen erlaubt sein, ... Unserer Verordnung ... entgegenzuhandeln. Wenn aber jemand sich dieses zu erkühnen unternehmen würde, der soll wissen, daß er den Zorn des allmächtigen Gottes ... auf sich laden würde.«[31]

II.

Was haben die Geburtenkontrollverfahren der Stammesgesellschaften und des Altertums mit »Magie« zu tun?

Der Kampf der Hexenverfolger gegen die »Geburtenverhinderung« wird überall dort Verwunderung, ja Skepsis hervorrufen, wo die Empfängnisverhütung als Erfindung der wissenschaftlich geprägten europäischen Neuzeit gilt, in der bis dahin abgelaufenen Menschheitsgeschichte also gefehlt haben müsse. In der bis heute als Standardwerk geltenden Arbeit zur Geschichte der Empfängnisverhütung wird der Gebildete für seine Skepsis überdies ausdrückliche Bestätigung finden: Zwar sei es immer ein »universales Ziel« gewesen, die Fruchtbarkeit zu steuern, »aber erst im letzten Jahrhundert begegnen wir organisierten und geplanten Anstrengungen, die Massen über Empfängnisverhütung aufzuklären«.[32] Bestenfalls wird noch für möglich gehalten, daß bei einigen städtischen Oberschichten eine rudimentäre Geburtenkontrolle bereits »in den letzten Jahrzehnten des 18. Jahrhunderts« eingesetzt habe. Diese Entwicklung wird nun nicht als *Wiedergewinn* eines verdrängten Wissens gesehen, sondern als »Ausbruch aus dem System«[33] bisheriger Menschheitsgeschichte gedeutet.

In der jüngeren Bevölkerungswissenschaft – der *historischen Demographie* – wird nun aber nicht mehr durchgängig bestritten, »daß die Kenntnisse über antikonzeptionelle und abortive Methoden und Techniken weit verbreitet waren«.[34] Diese Verbreitung der Geburtenplanung, so hören wir dann, sei aber eigentlich nicht sonderlich interessant, denn wesentlicher scheine die Frage, inwieweit der Mensch »sie nutzte, das heißt, ob und in welchem Ausmaß er es für sich in Anspruch nahm, davon Gebrauch zu machen; ob die kollektive Einstellung, die den Rahmen für das individuelle Handeln bildete, einen solchen Gebrauch zuließ, ihn gar förderte, oder ob auch nur der

Gedanke daran z. B. als unverzeihliche Einmischung in die *göttliche Vorsehung* ›verboten‹ war. Und falls *mentalitätsmäßige Schranken* nicht bestanden oder sie niedrig und Überschreitungen nicht mit *Sanktionsandrohung* verbunden waren, ist die nächste Frage, was den *Alltagsmenschen* veranlaßte, nicht länger einfach *die Natur walten zu lassen*, sondern einen Teil seines Schicksals selbst in die Hand zu nehmen, *Passivität* aufzugeben, nach eigenen Vorstellungen vorausplanend zu handeln und nicht erst im nachhinein das ›Himmeln‹ der Überzähligen zu fördern.«[35]

Ein Leser nun, der gerne wissen möchte, wie denn der sogenannte passive Alltagsmensch, der Schranken einer göttlichen Vorsehung unterworfen ist und einerseits die Natur walten läßt, dann merkwürdigerweise bei der Vermehrung aber doch wohl auch unnatürlichen Sanktionsandrohungen zu gehorchen hat, zustande kommt, wann er noch nicht da ist und warum er dann herbeisanktioniert wird, wird ohne Antwort gelassen. Welche Vorstellungen die Vermehrung bestimmen, als die »eigenen Vorstellungen« noch nicht verschlagen, könnte ebenfalls interessieren und bleibt doch so im Raume stehen. Welche Macht gegen die »eigenen Vorstellungen« vorgeht und welche Mittel dabei angewendet werden, interessiert den demographischen Historiker kaum. Wie es um den Widerstand der ja nicht von Geburt an passiven Alltagsmenschen gegen die fremden Vorstellungen aussieht, kann bei so großzügigem Hinwegsehen über die wirklich *mächtigen* Vorstellungen dann gar nicht mehr gefragt werden.

Gleichwohl hören wir von einem anderen Vertreter der historischen Demographie, daß neben den rätselhaften Alltagsmenschen doch wenigstens eine Personengruppe schon vor der Zeit einer angeblich erstmals weit verbreiteten Verhütungsfähigkeit existiert hat, die aktiv und sehr erfolgreich Geburtenkontrolle betrieb und dieses deshalb getan habe, weil sie über einen Grund verfügte, der bei der übrigen Bevölkerung anscheinend gefehlt haben soll: Die »Quellen [über das Vorhandensein von Präventivmitteln] belegen in den Familien *keine* massenhafte Geburtenkontrolle zur *Kleinhaltung der Kinderscharen* ... Offensichtlich wurde die Geburtenkontrolle hingegen von den Prostituierten gepflegt, die ja allen Grund hatten, eine Schwangerschaft zu vermeiden.«[36] Interessanterweise wird die Unterstellung von großen »Kinderscharen« in jenem Zeitalter einer angeblich nicht massenhaften Anwendung der Geburtenkontrolle gar nicht erst bewiesen, sondern es wird aus den unbestreitbar hohen Kinderzahlen des 17. bis 19. Jahrhunderts einfach auf die Vergangenheit zurückgeschlossen. Das trotz angeblich fehlenden Verhütungswissens geringe Bevölkerungswachstum etwa des europäischen Mittelalters, um das ja auch diese Demographen wissen, erklären sie sich daraus, daß diese armen verhütungsunfähigen Frauen eine Geburt nach der anderen durchlebt hätten und ihnen dann jeweils die Mehrzahl der Kinder weggestorben sei. Obwohl Quellen über das angeblich Jahrtausende währende Säuglingsmassensterben und eine permanente ›Trächtigkeit‹ des weiblichen Geschlechts für die menschliche Geschichte bis zum 17. Jahrhundert in Europa *nicht* vorliegen, hat sich die historische Demographie um den Zusammenhang von Interessenlagen und Vermehrung – außer nun bei Prostituierten – ausdrücklich nicht gekümmert und für den Umgang mit den Fakten statt dessen ihre Lehre von einem quasi gesetzmäßigen »demographischen Übergang« (vgl. die untenstehende Darstellung) entwickelt. Gemäß dieser wie ein Dogma gepredigten Überzeugung wird der Mensch gewissermaßen zwangsläufig aus einem passiv kinderreichen Naturbefolger in ein Wesen umgewandelt, das seine »Geburtlichkeit an die durch die zivilisatorische Errungenschaft der Hygiene gesunkene Sterblichkeit«[37] anpaßt.

»In traditionalen Gesellschaften [die gesamte Menschheitsgeschichte bis etwa 1700] sind Fruchtbarkeit und Sterblichkeit hoch. In modernen Gesellschaften sind Fruchtbarkeit und Sterblichkeit niedrig«[38], haben wir also gemäß der Definition vom demographischen Übergang zu glauben. Dabei ist dem ersten Versuch zur Formulierung dieses Modells durch den Holländer H. W. Methorst auf der ersten Weltbevölkerungskonferenz von 1927 in Genf immerhin noch zugute zu halten, daß die damaligen Verfechter der Geburtenkontrolle unvermindert heftigen Angriffen ausgesetzt und aus reinem Selbstschutz darauf angewiesen sind, auf einer geradezu gesetzmäßigen Entwicklung zu beharren, für die niemand zur Verantwor-

Darstellung des demographischen Übergangs[38]

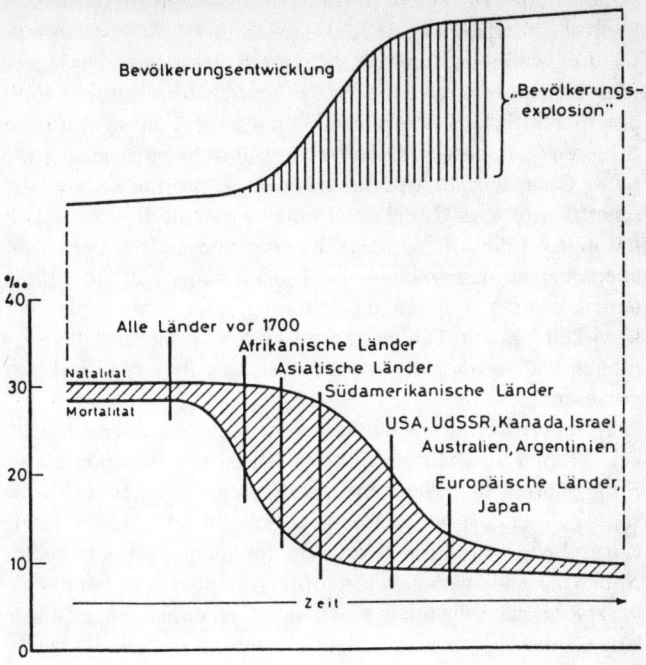

tung gezogen werden könne. Die amerikanische Organisatorin dieser Konferenz der neo-malthusianischen Liga, Margret Sanger, aber wird noch mit einem Buch berühmt, das den Titel *Zwangsmutterschaft* trägt und damit von den ganz politischen Mächten, denen der demographische Übergang abzuringen ist, eine Ahnung sehr wohl durchscheinen läßt: »Die Befreiung jener Frauen« nämlich, die nicht »zu den Bevorrechteten gehören«[40], will sie durchsetzen.

Schauen wir nun in die Geschichte, so stellen wir fest, daß in den Jahrtausenden angeblicher Dauerschwangerschaften und extremer Säuglingssterblichkeit die »bevorrechtigten« Frauen keineswegs nur in der Gruppe der Prostituierten zu finden sind: Die weibliche Souveränität über die Fortpflanzung ist gerade in der für besonders unentwickelt gehaltenen stammesgesellschaftlichen Epoche der Menschheitsgeschichte so selbstverständlich, daß von einem zu verleihenden Recht auf Geburtenkontrolle überhaupt keine Rede sein kann. Die Stammesgesellschaften waren und sind nämlich durch viel niedrigere Geburtenzahlen gekennzeichnet als das neuzeitliche Europa. Eine durchschnittliche Geburtenzahl von 4,5 pro Frau wird für die früheren Stammesgesellschaften für wahrscheinlich gehalten.[41] Diese Geburtenzahl wird durch ein ausgeklügeltes Schwangerschaftsverhütungswissen der Frauen erreicht. Beispielsweise hat man an die 210 Wurzeln, Kräuter und andere Verfahren allein bei nordamerikanischen Indianerinnen gefunden, mit denen sie die Empfängnisverhütung oder Aborteinleitung bewirken können. Davon haben sich bei klinischen Überprüfungen acht als weitgehend und fast sechzig als partiell wirksam erwiesen.[42]

Wenn die Verhütung mißlungen ist, steht also ein reichhaltiges Arsenal von Mitteln und Verfahren zur Bewirkung von Frühgeburten und Aborten[43] zur Verfügung. Selbst die vollständige Sterilisation stammesgesellschaftlicher Männer durch chirurgische Verfahren wird nicht für unmöglich gehalten.[44] Neben diesen künstlichen Eingriffen wird aber auch der *Coitus interruptus* ganz allgemein praktiziert.[45] Überdies erweisen sich lange Stillperioden von 2½ bis 3½ Jahren trotz eines aktiven Sexuallebens in der zweiten Hälfte dieses Zeitraumes als durchaus effektive Verhütung.[46]

Das umfangreiche Instrumentarium für Verhütung und Abtreibung zeigt sich mithin als wesentlicher Faktor für die vergleichsweise geringe Geburtenrate von Stammesgesellschaften. Gleichwohl ist diese Rate von 4,5 Kindern noch nicht identisch mit der Zahl der aufgezogenen Kinder. Das absolute Nullwachstum der Bevölkerung eines lange stammesgesellschaftlichen Kontinents wie Ozeanien z. B., wo die Einwohnerschaft zwischen 1750 und 1850 unverändert bei 2 Millionen liegt (1982: 24 Millionen)[47], wäre bei durchschnittlich 4,5 *aufgezogenen* Kindern pro Frau selbstredend unerklärlich. Das todsichere Verfahren für die Vermeidung einer dauernden Zunahme an Menschen oder gar einer Bevölkerungsexplosion bleibt deshalb in den Stammesgesellschaften die *Kindestötung*[48]: Selbst für die australischen Ureinwohner, die landläufig als besonders unentwickelt gelten, ist – ungeachtet der Tatsachen, daß dort junge Mädchen (sicher nicht ganz aus eigenem Willen) mit älteren Männern verehelicht werden – die Entscheidungsfreiheit der Frauen, über das Schicksal ihrer Neugeborenen zu bestimmen, eine unantastbare Selbstverständlichkeit: »Die Beobachtungen über die Australneger bestätigen *nicht* die Vorstellung, daß ihre Bevölkerung durch extrem hohe Fruchtbarkeit bei extrem hoher Sterblichkeit bestimmt wurde. Das Bevölkerungswachstum wurde durch eine Reihe von Mechanismen in Schach gehalten. Einige ergaben sich aus biologischen und ökologischen Faktoren, andere resultierten aus bewußten individuellen Entscheidungen der Frauen, ob sie ein bestimmtes Kind nun aufziehen wollten oder nicht.«[49]

Nun wird die der Lehre vom demographischen Übergang so deutlich widersprechende ethnologische Forschung in der historischen Demographie neuerdings durchaus zur Kenntnis genommen. So wird erwähnt, daß selbst die bereits in christlicher Umgebung lebenden südafrikanischen »!Kung-Frauen selten mehr als 5 Kinder zur Welt bringen«, »Geburtenabstände von durchschnittlich mehr als 4 Jahren« haben und die Mütter »sich stets höchstens um einen Säugling intensiv ... kümmern«.[50] Dieses Wissen um die Frauen von Stammesgesellschaften provoziert interessanterweise nicht die Frage, warum die Frauen der angeblich doch soviel zivilisierteren und aufgeklärteren europäischen Neuzeit soviel unwissender und unfreier und soviel kinderreicher sind als ihre Schwestern in den ›primitiven‹ Stämmen. Statt dessen wird kühn spekuliert, daß beim Übergang von Jäger- und Sammlerkulturen zur Seßhaftigkeit mit Viehzucht und Ackerbau die Sterbeziffern deutlich hochgegangen sein müßten, weil man jetzt »in Dörfern und Städten in immer größerer Zahl auf immer engeren Räumen« zusammengelebt habe, wodurch »ideale Ansteckungs-›Reservoire‹« entstanden seien: »Eine Zunahme der Fruchtbarkeit wurde bei unseren Vorfahren offensichtlich erst *notwendig*, nachdem es aufgrund veränderter Lebensumstände zu einem Anstieg der Sterblichkeit gekommen war. Die erhöhte Mortalität *mußte* durch eine erhöhte Natalität ausgeglichen werden. Eine erste, oder sagen wir vorsichtiger: eine frühere demographische Transition scheint somit im umgekehrten Sinne verlaufen zu sein: Von einer ›Tiefebene‹ mit niedrigen Geburten- und Sterbeziffern zu einem ›Hochplateau‹ mit hohen Werten.«[51]

Die angebliche Massensterberei und der dagegen verspürte Zwang zur Steigerung der Geburtenzahlen in den ersten seßhaften Stämmen wird nun genausowenig bewiesen wie der angeblich zahllos gezeugte und dahingeraffte Nachwuchs des europäischen Mittelalters.

Schauen wir aber auf die historisch nachvollziehbare Wirklichkeit in den Dörfen und Städten der Antike. Hören wir tatsächlich von den hohen Geburtenraten, mit denen eine extrem hohe Säuglingssterblichkeit kompensiert wird? Ist also belegbar, daß sich die Geburtenkontrolle aufgrund dieser hohen Sterblichkeit schlichtweg erübrigt und deshalb auch unbekannt ist? Unstrittig ist selbstredend, daß es in den Städten der Antike Epidemien bis hin zur Pest gibt. Sie resultieren aber eher in einem dann nur sehr langsam wieder aufgeholten Bevölkerungsrückgang als in extrem hohen Geburtenzahlen. Zur *Kinder*sterblichkeit in der Antike liegen brauchbare Daten überhaupt nicht vor. Sehr hoch gehende Schätzungen, die aber wiederum aus Rückschlüssen von der Neuzeit auf die Antike konstruiert werden, halten eine Sterblichkeit der 0- bis 5jährigen Kinder von 20 bis 25 Prozent für möglich.[52]

Um solche Quoten historisch einordnen zu können, sei darauf verwiesen, daß seit dem Ende des 17. Jahrhunderts für Europa bereits Säuglingssterblichkeiten (also von Kindern unter einem Lebensjahr) bis zu 40 und 55%[53] verzeichnet werden, die der Bevölkerungszunahme allerdings keinerlei Einhalt gebieten, da nun die Geburtenraten tatsächlich extrem hoch liegen. Im 19. Jahrhundert wird etwa in Sachsen für die Säuglingssterblichkeit eine Quote von fast 30%[54] ermittelt. Ungeachtet solcher Sterblichkeit vollzieht sich in diesem Jahrhundert die Bevölkerungsexplosion des modernen Europa und darüber hinaus noch eine millionenstarke Auswanderung nach Übersee. Stockholm – um noch auf eine einzelne Großstadt einzugehen –, über das wir im 19. Jahrhundert die genauesten demographischen Zahlen überhaupt besitzen, verzeichnet für die Mitte dieses Jahrhunderts eine Säuglingssterblichkeit von ca. 50 Prozent.[55] Für die Zeit vor der eigentlichen Bevölkerungsexplosion – für die Periode *vor* 1750 also – wird für

Westeuropa eine Säuglingssterblichkeit zwischen 15,4 und 28,3 Prozent ermittelt. Für die Zeit der Bevölkerungsexplosion selbst verzeichnet dieselbe Studie aber gerade eine (bis zu 38,8 Prozent) *ansteigende* Säuglingssterblichkeit.[56]

Nich allein aus der vergleichsweise geringen Kindersterblichkeit im Altertum, sondern auch »aus der besonderen Sorge, die man der *bewußt beschränkten* Geburtenziffer der herrschenden Schicht zuwandte, geht zweifellos hervor, daß man schon damals das Problem nicht als bloße Folge von Krieg und Seuchen ansah«.[57]

Wie hat man nun die Geburtenziffer bewußt beschränkt? Das sicherste Mittel dafür bleibt auch in der Antike die Kindestötung. Allerdings wird den Frauen dieses in der Stammesgesellschaft weibliche Vorrecht in den auf Privateigentum beruhenden Patriarchaten genommen. Es geht dabei nicht allein auf die Männer über, sondern die Frauen können – etwa in Rom – sogar getötet werden, wenn sie mit der Kindestötung fortfahren, also in das Recht ihres Gatten eingreifen. Die Angst der jungen Patriarchate vor Sabotage ihrer neuen Sozialordnung durch weibliche Beseitigung der Erben bringt diese Todesstrafe für das weibliche Geschlecht in die Welt. Das väterliche Recht auf Kindestötung wird nun vorrangig an Töchtern vollstreckt: »Fünf Kinder, d. h. im Idealfall vier Jungen und *eine* Tochter, für deren Überleben sich etwa die römischen Errichter des Patriarchats entscheiden, um wenigstens jeweils dem Erbsohn eine Gattin zu sichern, forderte das älteste römische Gesetz von der Römerin.«[58] In der späteren Zeit sind »drei Kinder für eine Freie, vier Kinder für eine Freigelassene ... das Äußerste ..., was man in Rom von Amts wegen erwarten konnte«. Der Fall eines Freigelassenen mit acht Kindern wird von Plinius – dem bedeutendsten Gesellschaftstheoretiker Roms – wie »ein kleines Wunder«[59] berichtet.

Auch in der Antike ist nun bekannt, daß die Kindestötung ein für die Frauen ungewöhnlich aufwendiges Verfahren der Geburtenkontrolle bedeutet, weshalb Verhütung und Abtreibung ebenfalls eine reiche Entwicklung erfahren. Der Arzt Soranos (98–138 u. Z.) etwa liefert »die brillanteste Darstellung der Empfängnisverhütung«, die bis in die späte europäische Neuzeit hinein vorgelegt wird. Er erörtert »dreißig oder vierzig verschiedene Kombinationen ... von kontraktierenden Mitteln und Fruchtsäuren« für die Schwangerschaftsverhütung. Dioskorides aus dem 1. Jahrhundert u. Z. erläutert mit sterilisierenden Medikamenten behandelte Pessare und führt allein »sechs Tränke und sieben sterilisierende Drogen« auf. So kann denn auch der Pionier der Geschichte der Geburtenkontrolle, N. E. Himes, seinen medizinischen Zeitgenossen 1936 zurufen: »Heutzutage versuchen viele Menschen einen Arzt, der für Empfängnisverhütung eintritt, dadurch einzuschüchtern, daß sie ihn als ›Radikalen‹ diffamieren. Tatsächlich ist es aber eine schlichte Tatsache, daß Ärzte unserer Zeit, die sich für Verhütung zu interessieren beginnen, lediglich zum Stand der klassischen Zeit zurückkehren. Im Altertum hatten antikonzeptionelle Techniken einen festen Platz in der vorbeugenden Medizin.«[60] Noch an einem so mutigen Aufklärer wie Himes, der nicht verstehen kann, warum das Wissen des Altertums verschwunden ist und seine Erwähnung noch im 20. Jahrhundert zum Skandal führen kann, erweist sich einmal mehr, wie erfolgreich in der frühen Neuzeit das Wissen über Geburtenkontrolle ausgerottet worden ist.

Neben Kindestötung, Verhütung und Abtreibung wird in der Antike der *Coitus interruptus* ebenso verwendet wie der Verkehr in der unfruchtbaren Phase des weiblichen Zyklus.[61] Am beeindruckendsten bleibt aber sicherlich die durch medikamentöse Tränke erreichte zeitweilige Unfruchtbarkeit der Frau. In der europäisierten Welt wird erst in der zweiten Hälfte des 20. Jahrhunderts – auf dann allerdings höherem wissenschaftlichem Niveau – mit der Pille dieses Verfahren von Stammesgesellschaft, Antike und Mittelalter wieder erreicht: »Unter den empfängnisverhütenden Mitteln werden von den griechisch-römischen Autoren [solche] *Tränke* ... am häufigsten genannt ... Von über 100 Pflanzen ist im Laufe der Geschichte behauptet worden, sie enthielten Bestandteile, die auf die menschliche Fruchtbarkeit einwirken. Berichte über solche Pflanzen kommen aus allen Erdteilen. Man hat etwa 60 Arten bestimmt und Versuche angestellt, um ihre empfängnisverhütenden Eigenschaften zu ermitteln. Einige dieser Pflanzen scheinen gewisse Eigenschaften zu haben, die zeitweilige

Sterilität hervorrufen; sie dürften richtige empfängnisverhütende Mittel sein. Andere sind Abtreibungsmittel, da sie die Einnistung oder die Schwangerschaft beeinträchtigen ... Die Experimente zeigen ..., daß Empfängnisverhütung mit Hilfe von destillierten oder ausgepreßten Pflanzen möglich ist. Wenn sich die Wirksamkeit der Tränke, die von einer bestimmten Gesellschaft gebraucht wurden, auch nicht mit Exaktheit ermitteln läßt, kann man doch feststellen, daß der Gebrauch von Pflanzensäften zur Beschränkung der Fruchtbarkeit eine praktisch-experimentelle Methode war, zeitweilige Sterilität zu erreichen.«[62]

Die Tatsache, daß in der Antike eine medikamentöse Kultur der Empfängnisverhütung weit verbreitet ist, führt uns nun zu einer genaueren Betrachtung des antiken »Schlüsselworts ›Medizin‹ – auf griechisch *pharmakeia,* auf lateinisch *veneficium*«, dessen zweifache Bedeutung zum Verständnis des *Maleficium* der Hexen unerläßlich ist: »In beiden Sprachen bezeichnet der Terminus den Gebrauch von Magie oder Drogen. Die Mehrdeutigkeit des Terminus ... ist bewußt und verrät eine Grundhaltung der griechisch-römischen Kultur. Diese Kultur verbindet *Drogen eng mit der Magie;* wer diese Sprachen benutzte, sah keine Notwendigkeit, Magie *und* Drogen durch zwei verschiedene Wörter voneinander zu unterscheiden. Die Mehrdeutigkeit liegt also im Begriff selbst. Eine Übersetzung, die ein Wort mit nur einer einzigen Bedeutung angibt, unterschlägt eine der beiden Bedeutungen, die in den meisten Textstellen gemeinsam anklingen. In bezug auf Kinder bezeichnet der Begriff ›Medizin‹ zunächst Abtreibungsmittel ... Das Wort *medicamenta* ist so allgemein, daß sowohl empfängnisverhütende als auch abtreibende Mittel gemeint sein konnten.«[63]

Die unlösbare Verbindung des magischen Rituals mit dem Medikament im Terminus »Medizin« rührt nun daher, daß die stammesgesellschaftlichen und die antiken Geburtenkontrolltechniken medikamentöse Mittel fast durchweg mit Amuletten und/oder Beschwörungsformeln kombinieren. In den Kompendien antiker und spätantiker Autoren, wie etwa Plinius, Dioskorides und Aetios – jedoch nicht bei Soranos – werden die Verhütungsmedikamente mit bestimmten Amuletten und magischen Beschwörungsformeln für den Erfolg der Verhütung oder Abtreibung *zusammen* abgehandelt. Das Medikament wird nicht ohne magische Beschwörung verabreicht und erhält dadurch selbst einen geheimnisvollen und zauberischen Glanz. Da die Wirkung der Medikamente zwar beobachtet, aber naturwissenschaftlich doch nicht rekonstruiert werden kann, gelten auch sie dem einfachen Volk durchaus als Zaubermittel: »Kräuter ... waren die eigentlichen Mittel des Zauberers. Der Volksmeinung ... schienen die Kräutertränke in ihrer Wirkung ebenso geheimnisvoll und zauberisch zu sein wie irgendein Amulett.«[64]

Wenn wir also im Einleitungskapitel zu dieser Arbeit hervorheben mußten, daß moderne Autoren die Hexenverfolger vorschnell als wahnsinnige Eiferer bezeichnen, obwohl diesen – wie etwa bei Bodin – der Terminus »Teufel« als Chiffre für Geburtenkontrolle gilt, so bestätigt sich am antiken Terminus »Medizin« eben die Ausdeutung dieser Chiffre. Und wir verstehen nun auch schon ein wenig besser, warum die Hexenverfolger den nur faulen Zauber souverän übergehen können und warum sie betonen, daß es sich im Unterschied dazu beim Hexenzauber um einen wirklichen, Schaden erzeugenden weltlichen Zauber handele. Dieser Zauber (Magie) bedeutet nichts anderes als die mit Erfolgsbeschwörungen und gläubig angenommenen Amuletten kombinierte Verabfolgung sterilisierender und abtreibender Medikamente. Der Terminus für diese – Medizin und Beschwörung umfassende – Magie, der so viele Verständnisschwierigkeiten in der Hexenforschung verursacht, wird später eben *Maleficium* lauten, also lediglich in einem anderen Ausdruck wiederum die Verbindung von Beschwörung mit verhütenden oder abtreibenden Tränken ausdrücken. Im gesamten Mittelalter wurde denn auch »der Terminus für die Magie, *maleficium,* häufig als Synonym für einen empfängnisverhütenden Akt gebraucht, und in diesem Begriff lebte der alte Widerstand gegen die ›Medizin‹, gegen das *veneficium*, weiter«.[65]

Die Kombination von Medikamenten mit Beschwörungen, die in ihrer Anwendung für die Geburtenkontrolle als Hexerei verfolgt wird, findet sich nun nicht allein dort, wo Hebammen bei Verhütung und Abtreibung tätig werden, sondern durchzieht ihre gesamte Heilkunst. Auch bei der Geburtshilfe also verabreicht die Hebamme nicht nur lindernde Tränke und Einreibmittel, sondern betätigt sich auch »segnend, fluchend, schicksalwirkend«, und »mit zahlreichen Mitteln ist [sie] bestrebt, den Geburtsakt auf magische Weise zu *erleichtern*«.[66] Mithin gibt keineswegs jede in Heilung eingewobene Magie Anlaß zur Hebammenverfolgung. Erst die an die Geburtenkontrollmedizin gekoppelte Magie wird der historisch neue Stein des Anstoßes. Der erfolgreiche »*Gebärzauber*«[67] aber stellt ja gerade das Gegenteil des jetzt verfolgten weltlichen Schadens dar. Auch die Magie, die für die Kräftigung der Neugeborenen eingesetzt wird, stört nicht: »Wie das erste Bad zugerichtet werden muß, damit es die Zukunft des Kindes richtig fördere, ist das Berufsgeheimnis der Hebamme. Sie weiß die richtige Zeit und die *zauberkräftigen Ingredienzien*, an manchen Orten darf es nur von ihr bereitet werden.«[68]

Bei den Versuchen, das Hexenphänomen zu verstehen, ist nun der »Gebärzauber« von einer englischen Ägyptologin als Bestandteil einer seit archaischen Zeiten bestehenden weiblichen und geheimen Fruchtbarkeitssekte identifiziert worden.[69] Entsprechend hat man auch den Zauber zur Schadensabwendung bei Vieh und Feldfrüchten, den es ja ebenso gibt wie die auf Schaden zielenden Verfluchungen (dazu Kapitel IV u.), als konstituierende Praxis dieser angeblichen Sekte aufgefaßt. Die Hexen erscheinen so als Fortsetzerinnen eines uralten *heidnischen* »Fruchtbarkeitskultes«, der auf einmal von den *christlichen* Verfolgern als »diabolische Perversion« gedeutet worden sei. Diese Deutung ist ganz allgemein auf Widerspruch gestoßen. Ihr ist immerhin aber von einem italienischen Historiker zugute gehalten worden, daß tatsächlich nur über das Fruchtbarkeitsphänomen eine »*umfassende* Interpretation des im Volk verwurzelten Hexenwesens« zu gewinnen sei, »und eine solche fehlt ... noch heute«. Die Fruchtbarkeitssektenthese enthalte zwar ein »Quentchen Wahrheit«, sei aber »völlig unkritisch formuliert worden«, weil sie nicht erklärt, »weshalb die Hexen, die Priesterinnen dieses mutmaßlichen Fruchtbarkeitskultes, von Anfang an ... als Gestalten auftreten, die den Ernten feindlich gesonnen sind, Hagel und Unwetter heraufbeschwören und Männern, Frauen und Tieren Unfruchtbarkeit bringen«.[70]

Gerade dieser Einwand gegen die These von der Existenz einer geheimen Fruchtbarkeitssekte hätte nun zum Verständnis der Hexenverfolgung führen können. Diese bleibt aber unverstanden, weil die entscheidende Differenz zwischen »Unfruchtbarkeit« bei Männern und Frauen und Schaden an »Ernten und Tieren« nicht erfaßt wird. *Es wird also übersehen, daß die wirtschaftlichen Interessen des Volkes an Vieh und Ernte sehr wohl mit den nicht minder wirtschaftlichen Interessen an zeitweiliger Unfruchtbarkeit der Frauen zusammengehen.* Deshalb weiß man auch sehr genau zu unterscheiden, wann eine Hexe die gewünschte Dienstleistung erbringt und wann sie – vielleicht gedungen von einem persönlichen Feind oder auch eigenen Groll agierend – auf gewiß unerwünschten Schaden aus ist. Denn – wie wir aus einer englischen Untersuchung hören – nur »wenige Hexen waren so ausschließlich auf Schaden spezialisiert, daß sie niemals etwas Hilfreiches unternahmen. Die meisten boten schwarze und weiße Magie [d. h. Schaden- *und* Heilzauber] gleichzeitig an, ohne die eine der anderen vorzuziehen. Sie richteten sich nach den Erfordernissen der jeweiligen Situation.«[71]

Allein vom Kundenwunsch her kann also eindeutig entschieden werden, wann die Magie »schwarz« und wann sie »weiß« ist. Wird Sterilität gewünscht, betreibt die dazu verhelfende Spezialistin weiße Magie, stellt sich der dringend benötigte Stammhalter nicht ein, wird hingegen schnell nach Leuten Ausschau gehalten, die durch schwarze Magie dieses Unglück beabsichtigt haben könnten. Die Hexenverfolger sind sich dieser Vertracktheit sehr wohl bewußt und stellen immer wieder heraus, daß es nun – in der europäischen Neuzeit also – gerade gegen die weiße, gegen die vom Volk gewollte Magie gehe. Noch vor dem eigentlichen Höhepunkt der Hexenverfolgung bemängelt der päpstliche Hexenrichter zu Rom, Paulus Grillandus (ca. 1525), daß im weltlichen Gesetz *wohltätige* Zauberei – wie die Heilung von Krankheiten und das Vertreiben eines Unwetters – *nicht* bestraft werde. Entsprechend stellt der Mailänder Hexenrichter Francesco-Maria Guazzo (ca. 1608) ausdrücklich fest, daß die Kunst des Heilzaubers eine böse Tat und damit ungesetzlich werde, wenn sie für einen »bösen Zweck« zur Anwendung käme. Deshalb wird gerade die wohltätige Hexe, deren Könnerschaft in ihren erfolgreichen Aktivitäten ja viel unzweifelhafter bezeugt ist als vielleicht diejenige einer *Voodoo*praktikerin, als »schrecklicheres und abscheulicheres Monster«, so der englische Hexentheoretiker William Perkins (1608), eingestuft als die »böse Schadenhexe«. Überhaupt herrscht in dieser Zeit bei allen – der Forschung zugänglich gewordenen – englischen Hexenautoritäten Einmütigkeit in der Verurteilung der guten Hexen. So schreibt Fuller, daß »die weiße und die schwarze Hexe gleich schuldig ist«, und Gifford (1593) fordert, daß »zur Abschreckung anderer gerade die guten Hexen ausgerottet werden sollten«.[72]

Wir sehen nun, daß der Bedarf an »Magie *und* Drogen« (Noonan) von der guten Hexe und *für* die Geburtenkontrolle mit einem agrarischen Fruchtbarkeitskult, zu dem auch die Abwehr eines Unwetters gehören kann, keineswegs in Widerspruch steht. Dieses individualökonomische Interesse steht aber – wie in den Kapiteln VI und VII unten noch näher gezeigt wird – in diametralem Gegensatz zu den bevölkerungspolitischen Interessen der feudalen Grundherren nach der Bevölkerungskatastrophe des 14. Jahrhunderts. Mit dem Volk teilen diese Herren das Interesse an fruchtbaren Äckern und gesundem Vieh durchaus. Deshalb wird ihnen die Einbeziehung des Schadenzaubers gegen Tiere und Feldfrüchte in die große Hexenverfolgung auch nicht verübelt. Das gilt nicht minder für herbeigezauberte Krankheiten und eine tatsächlich gefürchtete Impotenz oder Sterilität *gegen* den eigenen Willen. Strafen für solchen Schadenzauber hat es jedoch immer gegeben, und gegen ihn ist eine plötzliche Hexenverfolgung keineswegs erforderlich. Die Interessen von Herren und Volk treten aber unweigerlich auseinander, wo die *überall* praktizierte Geburtenkontrolle, bei der die guten Hexen mit Rat und Tat zur Seite stehen, plötzlich wie der »böse Zweck« von schwarzen Hexen bekämpft wird. Und erst dieser Angriff auf eine allgemeine Praxis kann auch die europaweiten Massenverfolgungen verständlich machen.

III.

Warum werden die unter Zaubersprüchen verabreichten empfängnisverhütenden und abtreibenden Tränke während des Mittelalters bereits mißbilligt, ohne daß es doch zur Verfolgung der weisen Frauen kommt?

Wir können nun festhalten, daß die gesamte antike Welt, aus der das Christentum hervorgeht, die Geburtenkontrolle mit beträchtlicher Kunstfertigkeit betreibt: »Das Alte Testament, der *Talmud,* Aristoteles, Plinius, die Ärzte und das Gesetz des Imperiums beweisen, daß ... empfängnisverhütende Mittel vorhanden waren. Der *coitus interruptus,* Tränke, Pessare, spermatozide Mittel, Genitaliensalben, postkoitale Körperhaltungen, die sterile Periode – eine sehr umfangreiche Skala denkbarer Techniken war bekannt.«[73]

Nun ist zum Kulturkreis des *Talmud* die später außerordentlich wichtig werdende Ergänzung nachzutragen, daß zwar auch die Juden das ganze Arsenal der Schwangerschaftsverhütung beherrschen, nach der babylonischen Gefangenschaft – gegen Ende des 6. Jahrhunderts v. u. Z. also – aber als erstes Volk dazu übergehen, die Kindestötung auch durch den Vater konsequent zu unterbinden. Indem die Israeliten das Kindesopfer an Himmelskörper überwinden und dabei auch einem als Infantizid kaschierten Opfer den Boden entziehen müssen, legen sie die Fundamente für das heute als höchstes Menschenrecht anerkannte innergesellschaftliche *Recht auf Leben.*[74] Gleichwohl gibt es beim Einsatz für dieses noble Recht keinerlei fortpflanzungswütiges Eifertum. Die neue Ethik richtet sich *gegen die Tötung von Kindern, nicht aber gegen die Verhütung ihrer Zeugung:* »Das talmudisch-rabbinische Recht betrachtet die Anwendung von Verhütungsmitteln weder als unmoralisch noch als ungesetzlich.«[75] Das »Seid fruchtbar und mehret euch« wird ganz im Jahrtausende währenden Verständnis elterlicher Verantwortlichkeit gesehen, die eine Aufzucht von Kindern, denen eine Zukunft nicht versprochen werden kann, als schwere Rücksichtslosigkeit einstuft. Das talmudische Recht verlangt also von einem Juden lediglich eine Mindestzahl von zwei Kindern. Aber auch von diesem Gebot sind durch eine Geburt in ihrer Gesundheit bedrohte Frauen ebenso befreit wie in Religion und Wissenschaft aufgehende und auch solche Männer, die aus Hilfsbereitschaft eine unfruchtbare oder eine alte Frau ehelichen.[76] Als wichtiger Punkt am talmudischen Recht hervorzuheben ist die Selbstverständlichkeit, mit der bereits zwei Kinder – also eine die biologische Reproduktion gerade ermöglichende Fortpflanzung – als ausreichende Erfüllung der Gebote gilt. Gleichwohl verdeutlicht der schlichte Umstand, daß auch diese zwei Kinder immerhin noch vorgeschrieben werden, wie wenig selbstverständlich oder gar »natürlich« man die Vermehrung im Altertum genommen hat.

Die aus der apokalyptischen Fraktion des Judentums entstehende christliche Bewegung erweist sich ursprünglich als ausgesprochen fortpflanzungsfeindlich. Im Neuen Testament steht das »Lob der Jungfräulichkeit« neben der »Gleichgültigkeit über die Zeugung«. Vom Verkehr zum Zwecke der Zeugung »ist kein Wort gesagt«.[77] Die *pharmakeia* wird lediglich in der textgeschichtlich späten Apokalypse (*Offenbarung des Johannes*, 9, 21; 18, 23; 21, 8; 22, 15) und einmal im *Paulusbrief* an die Galater (5, 20) erwähnt: »Obwohl die *pharmakeia* Drogen einschließt, kann man nur dann behaupten, der Begriff enthalte auch empfängnisverhütende Tränke, wenn man voraussetzt, daß die frühen Christen solche Tränke als ein Übel ansahen. Es gibt vielerlei Arten von Tränken, die dazu dienten, zu töten und Liebe oder Haß zu erwecken.«[78]

Als auch noch geraume Frist nach der Zeitenwende die – aus der Projektion vergangener Großkatastrophen gebildete – Weltuntergangserwartung der apokalyptischen Christen sich nicht erfüllt, fraktioniert sich diese Bewegung sehr schnell in einen Flügel, der den Kampf gegen die Fortpflanzung und für die Askese beibehält, und in einen weltlichen Flügel, der sich im ja nun doch offensichtlich weitergehenden Leben einzurichten beginnt. Auf dem Konzil von Gangra im Jahre 341 u. Z. wird die Ehelosigkeit erstmals von einer – allerdings noch knappen – Mehrheit der Delegierten nicht mehr als besonders zu preisende Lebensform anerkannt. Diese Entscheidung schließt einen Prozeß ab, in dem sich die weltliche Fraktion allmählich der Bevölkerungspolitik der römischen Kaiser, die um 14 v. u. Z. begonnen hat[79], anpaßt. Bereits im Jahre 176 u. Z. hat der – später heiliggesprochene – Athenagoras dem Kaiser Mark Aurel seine Glaubensgenossen als fortpflanzungswillige Leute, die man nicht verfolgen, sondern als brave Bürger ansehen solle, ans Herz gelegt: »Jeder von uns, der ein Weib nimmt, tut es nur in der Absicht, Kinder zu erzeugen. Er ist wie der Landmann, der der Erde sein Saatkorn anvertraut und dann geduldig die Ernte erwartet.«[80]

Im Jahre 318 u. Z. schließlich verbietet Konstantin der Große, der 313 u. Z. mit dem Toleranzedikt von Mailand die völlige Religionsfreiheit und Gleichberechtigung des Christentums dekretiert, die Kindestötung durch den Vater.[81] Die jetzt reichsgesetzlich als Verwandtenmord *(parricidium)* verfolgte Kindestötung gilt allerdings einigen christlichen Autoren bereits im 2. und 3. Jahrhundert als durchaus moralisch schwer zu verurteilende, ja als verbrecherische Tat. Diese moralische Anwendung des Terminus *parricidium* für die Kindestötung schließt bei Lactantius (260–340 u. Z.) sogar bereits Homosexuelle mit ein: »Es stimmt durchaus mit dieser Auffassung überein, auch diejenigen als Verwandten- und Menschenmörder anzusehen, die empfängnisverhütende Mittel gebrauchen. Die Bezeichnung liegt weder auf der biologischen noch auf der juristischen, sondern auf der moralischen Ebene.«[82] Bereits der Kirchenvater Tertullian (160–230 u. Z.) greift die allgemein herrschende Abtreibungspraxis wie einen Mord an: »Eine Geburt verhindern, heißt eine Tötung vorverlegen, und es besteht kein Unterschied, ob einer eine Seele nach der Geburt hinwegrafft, oder eine, die geboren wird. Ein zukünftiger Mensch ist ein Mensch, gerade wie jede Frucht jetzt schon im Samen enthalten ist.«[83]

Mit Konstantins Gesetz von 318 u. Z., das die zwecks Geburtenkontrolle vorgenommene Kindestötung als Verwandtenmord verfolgt, ist eine nicht mehr nur moralisch geforderte, sondern eine todesstrafenbewehrte Verankerung des später kurz als *Heiligkeit des Lebens* gefaßten Prinzips in der Welt.

Nach dem Konzil von Gangra wird dieses Prinzip erstmals in Massaker umgesetzt. Die *Manichäer,* welche die Fortpflanzung als bloße Fortsetzung der im Menschen verankerten Sünde verwerfen, also die frühchristliche Moral nicht aufgegeben haben, sondern als Bewegung sich sogar über das ganze Reich verbreiten, werden dabei das Opfer. Sie bedienen sich des gesamten klassischen Arsenals der Geburtenkontrolle außer der Kindestötung, halten also Sexualität und Fortpflanzung entschieden auseinander. Zwischen 372 und 444 u. Z. wird im ganzen römischen Imperium eine »hartnäckige Kampagne zur Ausrottung der Manichäer«[84] durchgeführt. Der heilige Augustin (354–430 u. Z.) – selbst ein Schüler der Manichäer und persönlich bestens mit ihren empfängnisverhütenden Praktiken vertraut – formuliert in seinem Buch *Ehe und Begierlichkeit* unter der Überschrift »Aliquando« die entscheidende Passage gegen Personen, »die überhaupt keine Kinder haben wollen«: »Manchmal *[Aliquando]* geht diese wollüstige Grausamkeit oder grausame Wollust so weit, daß sie sich sogar Gifte für die Unfruchtbarkeit *[sterilitatis venena]* beschaffen und, wenn diese unwirksam sind, den Fötus auf irgendeine Weise im Mutterleib ersticken und vernichten.«[85]

Zwischen dem Ende der Manichäerverfolgung um 450 u. Z. und dem Beginn der Hexenverfolgung ab 1360 u. Z. bleibt gleichwohl das im 4. Jahrhundert geschmiedete gesetzliche und terroristische Instrumentarium gegen die Geburtenkontrolle weitgehend ungenutzt. Von eifernden Autoren wird die gesetzlich-moralische Position der Spätantike zwar tradiert und ist entsprechend auch in Schriften – besonders in den sogenannten *Bußbüchern* – zwischen dem 5. und dem 14. Jahrhundert nachweisbar, beeinträchtigt das Alltagsleben der mittelalterlichen Land- und Stadtbevölkerung aber kaum. Diese Bußbücher für die besonders Frommen ahnden dabei überdies raffinierte Sexualgenüsse ungleich schärfer als etwa die Abtreibung eines Fötus unter 40 Tagen und erwähnen Tränke zur Empfängnisverhütung fast gar nicht: »Diese unterschiedliche Behandlung läßt vermuten, daß die Verfasser der Bußbücher weniger auf den Schutz des Lebens als auf die Kontrolle der Sinnenlust bedacht waren ... Keines der ... Bußbücher sieht das Fehlen des Zeugungszweckes als Sünde an.«[86]

Die von der Bevölkerungswissenschaft bis in die Gegenwart unterstellte Elendslage mit hoher Säuglingssterblichkeit und noch höherer Geburtenzahl der Frauen läßt sich also auch für das Mittelalter nicht belegen: »Es wird oft behauptet, daß das Mittelalter eine Epoche ... hoher Geburtenraten gewesen sei ... Dafür aber gibt es wenig Belege: Schätzungen über die Familiengröße der Lehnsbauern in einer Reihe englischer Dörfer legen einen Durchschnitt von 3,35 lebenden Kindern im 10. und 4,85 im 11. Jahrhundert nahe. Die durchschnittliche Familiengröße war 5,0 – die durchschnittliche Anzahl von Söhnen in aristokratischen Familien der Pikardie lag bei 2,4; kinderlose Paare sind dabei nicht berücksichtigt. Nichts in diesem Material deutet auf sehr große Familien hin.«[87] Ähnlich wird für das Frühmittelalter eine durchschnittliche Zahl von zwei bis drei Kindern für Paare in Norditalien und Hessen nachgewiesen.[88] Eine andere Schätzung für England kommt für die Durchschnittsgröße der Haushalte – einschließlich der kinderlosen – auf nur 3,5 Personen. Für südfranzösische Städte schätzt man diese Haushaltsgröße auf 5,5 Personen.[89] Ausgesprochen gut ist die Quellenlage für die französischen Pyrenäendörfer Axat und Caramany. Im Jahre 1306 haben 63% aller Familien zwei bis vier Kinder. 10% sind kinderlos und je 7% haben eins, fünf oder sechs Kinder.[90] Für eine Siedlung der Katharer, Montaillou in Südfrankreich, werden »4,5 legitime Geburten pro Familie« ermittelt. Zugleich kann nachgewiesen werden, daß »Empfängnisverhütung« mit Hilfe von »magischen Kräutern« praktiziert wird.[91]

Von den Scharen *verwahrlosten* Nachwuchses, die die historischen Demographen annehmen müssen, hören wir nichts. Im Gegenteil: »Die namentlich von Philippe Ariès, aber auch von anderen gemachte Behauptung, derzufolge Kindesliebe eine vergleichsweise neue Erfindung der bürgerlichen Kultur wäre«[92], ist für die mittelalterlichen Katharer gerade nicht belegbar. Sie achten genau auf Gesundheit und gute Ernährung der Kinder und »selten wurde das Kind eines Bauern zu einer Amme gegeben... Säuglinge wurden gesäugt und verbrachten überhaupt mehr Zeit in den Armen der Mutter als die Babies des 20. Jahrhunderts.«[93] Die von den Demographen angenommenen Seuchen, welche die Säuglinge dahingerafft hätten, erweisen sich als Projektion der Lage in den Dörfern des 18. und 19. Jahrhunderts auf das Mittelalter. Für diese von der Geburtenkontrolle ›gereinigten‹ Gebiete finden wir tatsächlich die für die Vergangenheit nur beschworenen Schwangerschaften ohne längere Unterbrechung und ein entsprechendes Wegsterben – wiederum am genauesten in den schwedischen Statistiken – gut belegt: So berichtet ein Provinzialarzt aus dem Jahre 1797: »Ein Bauer in dem Dorf Seivits hatte von 13 Kindern 11 im zartesten Alter verloren, ein anderer hatte nur 3 von 23 behalten ... Ein dritter hatte zu seiner großen Betrübnis keins von 7 Kindern übrigbehalten ... Die Ursache liegt in Unsauberkeit und (schwer verträglicher) Sauermilch; da es aber auch einige Kinder gibt, die bei dieser Aufzucht feist werden, kann man die Bauern nicht überzeugen, daß es sich um Ernährungsfehler handelt. Auch trifft man hier auf ungewöhnlich viele rachitische Kinder ... Durchfall und Erbrechen bei Kindern als Folge der Nahrung sind allgemein verbreitet.«[94]

Im Mittelalter dagegen ist die Säuglingssterblichkeit nicht höher als in den zuvor erörterten Stammesgesellschaften.[95] Die vergleichsweise geringen Kinderzahlen in dieser Epoche bedürfen also wiederum einer nicht aus Hygienemangel und Infektionskrankheiten hergeleiteten Erklärung. Wir sind deshalb auch *nicht* mehr überrascht, hier ein mindestens so reichhaltiges Geburtenkontrollarsenal vorzufinden wie in Stammesgesellschaften und in der Antike. Unverändert gilt auch im Mittelalter, daß »ein wirtschaftliches Motiv für die Geburtenbeschränkung« selbstverständlich anerkannt wird, »Empfängnisverhütung« also sogar zur gänzlichen Kinderlosigkeit eingesetzt werden kann, wo man »wegen Armut« dem Nachwuchs keine Zukunft versprechen mag.[96]

Die uns bereits in Stamm und Antike begegnete *Empfängnisverhütung* durch Tränke und Kräuter in Verbindung mit Magie nimmt im Mittelalter ebenfalls einen hervorragenden Platz ein: »Die Hinweise auf Tränke sind mit Hinweisen auf Zauberei verflochten, und die magischen Mittel, von denen die Rede ist, sind anscheinend in der Regel Kräutertränke. Die Bedeutung dieser Zaubertränke für die Praxis der Empfängnisverhütung läßt sich vielleicht durch eine Auslegung des Begriffs *maleficium* näher bestimmen. Etymologisch bedeutet *maleficium* ›die

»Kräuterkundige Frauen«. Titelbild des Hortulus *von Wahlafried Strabo (Hochmittelalter), Kloster Reichenau (nach T. Hauschild, H. Staschen, R. Troschke,* Hexen. Katalog zur Ausstellung, *Hamburg 1979, S. 29).*

böse Tat‹. Es wird oft im Sinne von *Magie* gebraucht, und *malefici,* das heißt diejenigen, die das *maleficium* verüben, werden als Zauberer angesehen. Wo auch immer die Begriffe *maleficium* und *maleficus* gebraucht werden, schließen sie stillschweigend magische Mittel ein. Aber abgesehen von dieser allgemeinen und unscharfen Bedeutung *Magie* bezieht sich *maleficium* manchmal sehr viel präziser auf eine Handlung, die mit zauberischer, das heißt diabolischer Hilfe die Leibesfrucht abtreibt oder Sterilität verursacht ... Kurz, *maleficium* hat die Mehrdeutigkeit von *veneficium* im klassischen Latein und erhält manchmal die präzise Bedeutung von Abtreibung oder Empfängnisverhütung.«[97] Noch in einem hexentheoretischen Werk des 17. Jahrhunderts wird ausdrücklich hervorgehoben, daß das »Wörtlein *veneficium* nicht von dem Giftbereiten [als solchem] auszulegen ist«, d.h., daß »Ärzte und Apotheker, welche oft besser als die Weiber über das Gift Bescheid wissen, wenn sie Gifte eingeben, ungestraft bleiben sollen«. Der Autor betont darüber hinaus, daß die als Totschlägerinnen zu verfolgenden Frauen, die er ansonsten als niedere Wesen beschimpft, durchaus »*nicht aus Blödigkeit des weiblichen Geschlechts*« handeln, also keineswegs irrational agieren, wenn es um das Hantieren mit den »veneficia« gehe.[98]

Bereits Bodin, von dem dieser Hexenverfolger hier fast wörtlich abschreibt[99], hat in »Die Widerlegung der Meynungen und Opinionen Johannis Weyer« (1515–1588), des ersten bedeutenden Kritikers der Hexenprozesse, eindringlich, ja erregt klarzustellen versucht, daß man die zu bekämpfende Hexerei überhaupt nicht verstehe, wenn man ihr Hauptmerkmal, das *veneficium*, falsch deute. Weyer hatte 1563 in seinem Werk *De Praestigiis Daemonum* (Über die Magie – im Sinne von Vortäuschungen – der Dämonen) behauptet, daß der Schadenzauber allein vom Teufel bewerkstelligt werden könne, während die als Hexen angeklagten Menschen bestenfalls harmloses »Narrenwerk« zustande brächten. Ob dieser weltfremden Ansicht, verzweifelt Bodin, »gehen mir die Haare zu Berge«[100], und er nennt sein eigenes Hexenbuch in bewußter Absetzung von Weyer *De la démonomanie des sorciers*[101]. Seinen Haupteinwand gegen Weyers Auffassung der Hexerei formuliert er dahingehend, daß dieser »den Unterschied zwischen Vergiftung und Zauberei« nicht erkennen wolle: »Das eine wie das andere wird durch das Wort *Pharmakeia* bzw. das lateinische Wort *Veneficium* ausgedrückt, wobei beides natürliches Gift *und* Zauberstücke bedeutet.«[102] Selbstverständlich kennt auch Weyer das *Veneficium*, reserviert es aber ausschließlich für die Mittel des gemeinen Giftmordes, mit dem seine »närrischen« Hexen gewöhnlich aber nichts zu schaffen hätten. Aus dieser engen Auslegung des Begriffes *Veneficium* zieht Bodin den Schluß, daß Weyer die eigentliche Gefahr »fälschlich umgezogen und gebogen« habe: »Das Wörtlein *Veneficium* ist nicht von jenem Giftbereiten auszulegen.« Denn was die eigentlich anzugreifende Fähigkeit der Hexen angehe, dies »vermöge alles jenes Gift auf der ganzen Welt nicht zu tun«.[103] Bodin nimmt hier mit bemerkenswerter Klarheit Noonans Erklärung (dazu oben Kapitel II) vorweg, daß *Pharmakeia* bzw. *Veneficium* in der Antike so allgemein verstanden wird, »daß sowohl empfängnisverhütende als auch abtreibende Mittel gemeint sein konnten«.

Bodin weiß also sehr gut, daß Magie und Tränke des *Maleficium,* zu dem sich im Mittelalter das *Veneficium* wandelt, empfängnisverhütende und abtreibende Mittel sind. Obwohl – unter seiner aktiven Mithilfe – diese Mittel so grausam und erfolgreich unterdrückt werden, daß ihre Vielfalt heute nur noch mühsam rekonstruiert und ihre Wirksamkeit nicht in jedem Falle mehr getestet werden kann, läßt sich doch – mit Noonan – sagen: »Wenn bei den Hebräern, den Römern und den nordamerikanischen Indianern Kräuter auf die weibliche Fruchtbarkeit wirken, dann hatten sie bei den Franken, Kelten und Angelsachsen vermutlich keine geringere Wirkung.«[104] Die heute bekannten 142 empfängnisverhütenden Substanzen[105] für diese Tränke stammen ganz überwiegend aus mittelalterlichen Werken und können teilweise gewiß als echte Fortentwicklung des antiken Bestandes angesehen werden.

Wie sich in der Antike der Gesetzgeber um verhütende und abtreibende Tränke nicht geschert hat und nur auf Gifte ausgewesen ist, die »das Leben der Erwachsenen«[106] bedrohen, so gilt für das Mittelalter, daß selbst die prominentesten Kirchenmänner ohne Ruf nach dem Gesetzgeber und selbst ohne den Anschein auch nur moralischer Empörung die Geburtenkontrolle nicht minder souverän und erlaubt abhandeln wie die weltlichen Ärzte, deren Kenntnisse im klassischen Lehrbuch des Mittelalters – Avicennas *Canones der Heilkunde* – offen dargeboten werden. An Albertus Magnus (1206–1280), dem führenden spätmittelalterlichen Kleriker, der das Kirchengesetz sehr wohl zu respektieren hat, sei die Unbekümmertheit gegenüber der Geburtenkontrolle beispielhaft gezeigt: »Kein Leser seiner theologischen Abhandlung über empfängnisverhütende Mittel könnte daran zweifeln, daß er die Empfängnisverhütung für eine schwere Sünde hält..., aber niemals deutet er auf die sittliche Gefahr hin, die dem Benutzer eines Abtreibungs- oder empfängnisverhütenden Mittels droht; niemals bedient er sich moralischer Kategorien, wenn er Abtreibung oder Empfängnisverhütung beschreibt. In der Art, wie er die empfängnisverhütenden Mittel aufzählt, verkörpert er den unvoreingenommenen, enzyklopädischen Geist.«[107]

Wiewohl man nun bei den Kirchengelehrten keine Billigung der *Kindestötung* finden wird – die spätantiken Gesetze ab dem christlichen Kaiser Konstantin dem Großen hat man ja nicht kassiert –, gilt für die praktische Geburtenkontrolle aber auch im Mittelalter, daß der Infantizid nicht nur praktiziert, sondern auch relativ unversteckt gehandhabt wird.[108] Insgesamt also läßt sich festhalten, »daß der Zeitabschnitt zwischen 400 und 1600 in einem bemerkenswerten Ausmaß empfängnisverhütende Mittel besaß und benutzte, eine Tatsache, auf die frühere Darstellungen nicht hingewiesen haben«.[109] Zugleich gilt das *wirtschaftliche Motiv* für die Geburtenkontrolle als schlichte Selbstverständlichkeit: Versucht beispielsweise ein moralisch übereifriger Frommer – wie der Dominikaner und bedeutendste Prediger Englands im 14. Jahrhundert, Johannes Bromyard, – das fortpflanzungslose Geschlechtsleben als »Unzucht« zu diffamieren, so antworten ihm die so Zurechtgewiesenen, »daß sie ›arm sind und deshalb keine Frau haben können‹. Andere sagen, sie würden heiraten, ›wenn sie ein Haus hätten, in das sie eine Frau führen könnten‹. Wieder andere sagen, sie hätten nicht genug, um mit Kindern davon leben zu können.«[110] Die neuzeitliche Wirklichkeit von Armen, die nicht nur kein Haus, sondern nicht einmal eine brauchbare Wohnung besitzen und dennoch mit Kinderscharen konfrontiert sind, ist dem Mittelalter fremd.

Das gilt nicht minder für die in der Neuzeit als ›ewig‹ hingestellte Forderung, bei Ehelosigkeit gefälligst auch auf den Sexualgenuß zu verzichten. Keineswegs alle, die im Mittelalter »der Ehe aus dem Wege gingen, lebten im Zölibat. Wenn Hurerei oft die Alternative zur Ehe war, dann muß wohl gelegentlich Empfängnisverhütung praktiziert worden sein, wenn faktisch eine Bevölkerungsbeschränkung erreicht wurde. Wieso blieben die von Bromyard erwähnten Hurer ohne Nachkommen? Innerhalb einer Ehe würden die gleichen wirtschaftlichen Motive, die Veranlassung waren, die Eheschließung zu verschieben, zu einer empfängnisverhütenden Praktik geführt haben. Wiederum können wir, wenn sich solche Motive auswirkten und ein Mittel wie der *coitus interruptus* zu Gebote stand, nicht annehmen, daß alle Ehepaare dem Gesetz der Kirche folgten. Die gleichbleibenden Bevölkerungen der Städte sind vielleicht nicht ganz ohne Zusammenhang mit den Urteilen, die der heilige Bernhardin und die heilige Katharina über das bürgerliche Familienleben im vierzehnten und fünfzehnten Jahrhundert aussprachen. Zum allermindesten lassen die Bevölkerungszahlen des vierzehnten und fünfzehnten Jahrhunderts darauf schließen, daß eine Bevökerungskontrolle, deren Methoden für die Kirche annehmbar waren oder nicht, vorhanden war.«[111] Entgegen einer geradezu fälschenden Zusammenfassung Noonans, daß im Mittelalter »Geburtenkontrolle selten praktiziert wurde«[112], stellt er selbst unmißverständlich fest: »Ich habe Zeugnisse vorgelegt, aus denen der Gebrauch der Empfängnisverhütung im späten Mittelalter hervorgeht – die Art und die Verfügbarkeit der Information, Hinweise auf die Verbreitung der Empfängnisverhütung, Motive für ihre Anwendung, die kirchliche Diskussion ihrer Formen und schließlich Bevölkerungsveränderungen, die möglicherweise durch die Empfängnisverhütung bedingt waren ... Die Empfängnisverhütung war, wo sie vorkam, die Entscheidung einzelner. Man praktizierte sie hauptsächlich, um der Schande oder der Verarmung zu entgehen. Ohne ein umfassendes soziales Problem zu sein, war die *Empfängnisverhütung eine Gegebenheit der mittelalterlichen Kultur*. Die mittelalterlichen Theologen befaßten sich nicht nur mit den Texten einer Tradition, sondern auch mit einem Verhalten, das die Ehen in der Gesellschaft betraf, in der sie lebten.«[113]

Der im Mittelalter kaum versuchten Überwachung der Fortpflanzung durch Außenstehende entspricht nun eine weitgehende *Souveränität der Frauen* in sexuellen Belangen überhaupt. Diese weibliche Unabhängigkeit korrespondiert wiederum mit der verhältnismäßig großen Selbständigkeit im Beruf.[114] Auch in der Eheschließung entscheiden sie weitgehend ohne die Kirche, die sich auf die Legitimität adliger Familien konzentriert.[115] Die armen Bauern hingegen leben häufig im Konkubinat (= nichteheliches Zusammenleben) oder treffen ohne Einfluß der Kirche private Eheabmachungen.[116] Die kenntnisreiche Verhütungskultur zeigt sich wiederum daran, daß im Konkubinat sehr wenige Kinder[117] –

*»Badestubenleben«. Kupferstich von Aldegrever
(16. Jahrhundert) nach einer Zeichnung von Virgil Solis (aus
E. Fuchs,* Illustrierte Sittengeschichte. Ergänzungsband
Renaissance, *München 1909, Faltblatt hinter S. 144)*

häufig nur ein einziges – geboren werden. Zugleich bedeutet diese Unehelichkeit des Kindes keine Schande.[118]

Die weibliche Unabhängigkeit zeigt sich überdies in den heterosexuellen Vergnügungen der Badehauskultur. Sie ist »im 12./13. Jahrhundert selbst in den Dörfern eine allgemein verbreitete Erscheinung«[119] und gibt einen weiteren Hinweis auf die gelungene Kombination von Hygiene und Sexualkultur, in der den Frauen eine höchst initiative Rolle zukommt: »Der Mann trug höchstens einen knappen Lendenschurz, die sogenannte Niederwadt, oder auch nur eine sogenannte Wadel – kleines Reisigbüschel – in der Hand, zum Bedecken der Geschlechtsteile, wenn er aus dem Bade stieg. Die Bekleidung der Frau war gleich negativer Art, sie bestand in der sogenannten Badehr, einem Schurz, der sie nur notdürftig bedeckte; ja die Frau zeichnete sich sogar dadurch aus, daß sie sich den Blicken viel häufiger völlig nackt zeigte als der Mann. Dafür unterließ jedoch die Frau nicht, sich in anderer Weise anzuziehen: sie pronozierte ihre Nacktheit, indem sie sie zur Ausgezogenheit machte. Das erreichte sie durch den sorgfältigsten Aufbau ihrer Frisur und indem sie blitzendes kostbares Geschmeide im Bad anlegte: Halsketten, Armbänder und ähnliches; jetzt war sie die ausgekleidete pikante Dame. Aus der ursprünglichen Not hatte man so zu eigener und fremder Ergötzung eine Tugend gemacht. Diese Sitte des gemeinsamen Badens beider Geschlechter und der häufigen völligen Nacktheit der Frau herrschte ungemindert bis ins 13. und 14. Jahrhundert ... Daß dabei der erotische Witz in Wort, Scherz und Spiel die oberste Note bildete, ist die von allen Zeitgenossen gemeldete Regel ... Bei vielen [Badestuben] befanden sich eine oder mehrere Kammern, in die ein genügend erhitztes Paar sich nach Belieben zurückziehen konnte, um das im Bad begonnene Spiel dort zum beiderseits erwünschten Ende zu führen.« Bis in den Höhepunkt der neuzeitlichen Hexenverfolgung hinein lebt die sexuelle bewußte Frau fort: »Anders als die viktorianischen Frauen, von deren Norm das weibliche Geschlecht sich erst heute – allerdings höchst unvollkommen – befreit hat, waren die Frauen vermutlich noch im 16. und 17. Jahrhundert sexuell aggressiv und lasziv. Der Geschlechtsverkehr war den Frauen ein ausgesprochenes Vergnügen. [...] Allein dieser Hintergrund machte die Rede vor der Verführung durch den Teufel, die in den Geständnissen [der Hexenprozesse] endlos wiederholt wurde, überhaupt erst psychologisch plausibel. Offensichtlich bereitete den Richtern die Vorstellung keine Schwierigkeiten, daß sich eine Frau einem attraktiven Mann beim ersten Treffen hingab, da eine solche Praxis sehr wohl mit den Ansichten zur weiblichen Natur übereinstimmte.«[120]

Das Bild einer relativ souveränen Stellung der Frauen im Mittelalter rundet sich auch dadurch ab, daß *vor* der Mitte des 14. Jahrhunderts die *Prostituierten* ihren Heimatgemeinden zur Ehre gereichen und nicht – wie seit der frühen Neuzeit – ghettoisiert und obrigkeitlich drangsaliert werden. In der mittelalterlichen Kirche gibt es dabei sowohl Verurteilungen der Prostitution als auch lukrative Beteiligungen an den Bordellen. In eigenen Berufsangelegenheiten stimmen vor der Jahrtausendwende die Delegierten der Prostituierten auf den Konzilien (etwa Toledo, 750 u. Z.) noch mit. In den Gemeinden stehen die »Frauenhäuser ... als ›befriedete Orte‹ unter ganz besonderem Schutz, und die Bewohnerinnen, höchstens fünfzehn, genossen ein ausschließliches Gewerberecht, was den städtischen Behörden ermöglichte, gegen die ›heimlichen Prostituierten‹ vorzugehen und die offiziellen Dirnen unter Kontrolle zu halten. Die Frauenhäuslerinnen wählten sich jährlich eine Vorsteherin, die unter anderem darauf zu achten hatte, daß jährlich eine Prozession abgehalten wurde. Bei öffentlichen Festlichkeiten, zum Beispiel bei Fürstenempfängen, waren die Dirnen wie die anderen Zünfte als eigene Standesgruppe vertreten. Auch bei Tanzveranstaltungen und Festschmäusen der ehrbaren Bürger waren die Dirnen gerngesehene Gäste. Bei der Durchreise hoher Herren wurden ihre Häuser besonders geschmückt und herausgeputzt; ja die Dirnen selbst wurden bei solcher Gelegenheit, oft auf städtische Kosten, neu eingekleidet. Die Dirnen standen nicht nur unter besonderem Schutz, sondern darüber hinaus trugen die städtischen Behörden auch noch Sorge, daß die öffentlichen Frauen nicht von ihren Wirtsleuten übervorteilt oder gar roh behandelt wurden.«[121]

Wir sehen nun, daß – sowohl in der Fortpflanzung wie auch im Sexualleben und selbst im Beruf – die Frauen des Mittelalters eine Stellung einnehmen, die sie in der frühen Neuzeit dann verlieren. Wiewohl sie sich selbstverständlich im insgesamt engen Rahmen einer wirtschaftlich weitgehend stationären Feudalgesellschaft zu bewegen haben und insofern mit den

Möglichkeiten der Frauen in der jüngsten Gegenwart nicht konkurrieren können, verfügen sie in der mittelalterlichen Gesellschaft über eine vergleichsweise prominente Stellung. Insbesondere in der praktischen Heilkunde, die in der späteren Neuzeit zu einem der nobelsten und ganz überwiegend männlich dominierten Berufsfelder avanciert, handeln die hochangesehen weisen Frauen des Mittelalters im Volke weitgehend ohne männliche Konkurrenz. Da das Haupteinsatzgebiet der Heilkunde in der Gynäkologie und Geburtshilfe liegt, braucht es auch nicht zu wundern, daß »sich eine strikte Unterscheidung zwischen weisen, heilkundigen Frauen einerseits und Hebammen andererseits kaum vornehmen läßt«.[122] Erst im Ergebnis der Hexenverfolgung wird die Heilerin auf den nun männlich überwachten Beruf der bloßen Geburtshelferin zurückgedrängt: »Bevor sich eine besondere, geregelte medizinische Versorgung in den mittelalterlichen Städten etabliert hatte, war die Hebamme, die weise Frau, die ›gute‹ oder ›weise‹ Hexe, wahrscheinlich ein und dieselbe Person. Die gesamte Heilkunde scheint ihr Bereich gewesen zu sein und ist es, vor allem auf dem Lande, geblieben, dort nämlich, wo sich keiner der ›studierten‹ Laienärzte hinverirrte, und wo die Kirche, wie Michelet treffend schreibt, als Heilmittel nichts außer Wasser anzubieten hatte. Hier half sich die Bevölkerung selbst und griff auf Strukturen der medizinischen Versorgung zurück, die sie aus der vorchristlichen Gesellschaftsordnung noch besaß – auf die (germanische) Volksmedizin. Träger dieser medizinischen Versorgung waren in erster Linie die Frauen.«[123] Mehr als »tausend Jahre hindurch war die Hexe der einzige Arzt des Volkes. Die Kaiser, Könige, Päpste, die reicheren Barone hatten einige Doktoren aus Salerno, Mauren und Juden, aber die Masse jeden Standes, ja man könnte sagen, in der Welt, fragte nur die *Saga* oder *kluge Frau* um Rat. Wenn sie nicht heilte, beschimpfte man sie und nannte sie Hexe. Aber gewöhnlich belegte man sie aus einem mit Furcht gemischten Respekt mit dem Namen ›gute Frau‹ oder ›schöne Frau‹ (bella donna), derselbe Name, den man den Feen gab [und] ihrer Lieblingspflanze, der Tollkirsche.«[124]

Um nun die weisen Frauen nicht durch Rachsucht schlecht bedienter Klienten zu gefährden, werden sie gelegentlich aus-

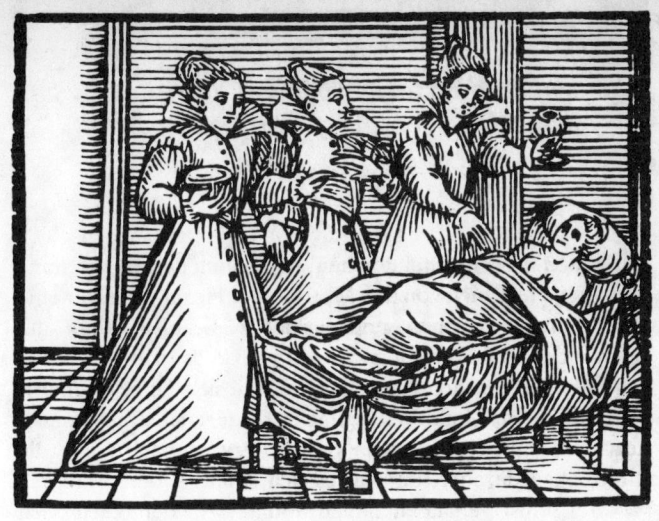

*»Von Ärztinnen induzierter Heilschlaf«.
Aus dem* Compendium Maleficarum *(Mailand 1608[1]) des
Hexenjägers Francesco-Maria Guazzo.*

drücklich unter den Schutz der Obrigkeit gestellt. So läßt Karl der Große um 787 u. Z. »den Glauben an Werwölfe und Hexen, aber auch volkstümliche Lynchjustiz mit der Todesstrafe bedrohen. Kirchliche und weltliche Rechtsauffassungen waren in diesen Jahrhunderten noch weitgehend identisch.«[125] Noch Ende des 11. Jahrhunderts werden gemäß einer Chronik des Klosters Weihenstephan Frauen, die eine Volksmenge wegen Zauberei verbrannt hatte, als Märtyrerinnen verehrt. Auch in den skandinavischen Gebieten ist noch im späten 12. Jahrhundert der Hexenvorwurf strafbar. Ähnliches gilt für eine ganze Reihe der germanischen Volksgesetze.[126] Schauen wir nun, was sich an der Stellung der weisen Frauen in der frühen Neuzeit ändert.

IV.

Was wollen die Hexenverfolger ausrotten, wenn sie gegen das »Maleficium« vorgehen?

Wir haben im I. Kapitel gesehen, daß die moderne Forschung daran scheitert, sich von den Motiven der Hexenverfolger eine Vorstellung zu machen, und deshalb z.B. auf »Wahn« und »geifernden Haß« verfällt, um die Massaker der frühen Neuzeit begreifbar zu machen. Der Sorglosigkeit und Unbekümmertheit, mit der die Hexenverfolgung etikettiert, aber nicht analysiert wird, entspricht nun in ganz zu erwartender Weise die Ratlosigkeit darüber, um was es sich denn bei der verfolgten Hexerei selbst gehandelt haben könnte. An den Verfassern »des fraglos wichtigsten Buches«[127] zur Anleitung der Hexenverfolgung – an Johannes Sprenger und Heinrich Institoris als Verfasser des *Hexenhammers* – haben wir zeigen können, wie genau sie die gerade heute in der Wissenschaft gehandelten Definitionen von Hexerei von ihrer Definition ausgeschlossen wissen wollen: Fauler Zauber, Gaukelei, Astrologie, alle Arten von Weissagungen oder Abweichungen von der Religion (Häresie) nehmen sie von dem zu verfolgenden Deliktkreis bewußt aus. Auch um ein angeblich »heftiges Aufflackern der Sinnlichkeit«[128] unter den Frauen des 14. Jahrhunderts, das gelegentlich als Grund für ihre Verfolgung angeboten wird, kümmern sich die Anleiter der Hexenverfolgung keineswegs. Die solcher Sexualverfolgungsthese hurtig noch angefügte Zusatzthese, die Hexerei »schläferte die Vernunft ein«, da sie als Auswirkung »bewußtseinsverändernder Drogen«[129], die das Christentum verurteilt habe, verstanden werden müsse, hat ebenfalls mit den sehr deutlichen Ausführungen der Hexenverfolger nichts gemein.

Damit soll nun der *halluzinatorische* Drogengebrauch in Stämmen, Altertum *und* Mittelalter in keiner Weise bestritten werden. Es ist auch richtig, daß im Ergebnis der Hexenverfolgung die Kunst der Rauschmittelherstellung weitgehend verschwindet. Sie ist jedoch kein primäres Ziel der Verfolgung. Ihr Verschwinden muß vielmehr als unvermeidliches Abfallprodukt der Verfolgung ganz anderer Tränke und ihrer Brauerinnen gesehen werden. Die Rauschmittel als Ziel der Hexenverfolgung zu behaupten, käme der These gleich, daß in Deutschland die Juden ausgerottet wurden, um die Spitzenleistungen in Physik und Mathematik zu eliminieren, die im Ergebnis von Vertreibung und Holocaust ja tatsächlich verschwanden. Die *Rauschmittelherstellung* gehört also unstreitig zum professionellen Repertoire der weisen Frauen, und wir müssen diesen Teil ihres Berufes sogar näher ins Auge fassen, wenn wir das populäre Bild der auf einem *Besen* oder einem *Bock* über den Himmel reitenden Frau verstehen wollen. Die *Besenhexe* wird tatsächlich erst aus der Rauschmittelwirkung erklärbar: Wie der heutige Konsument bestimmter Drogen Halluzinationen durchlebt, die ihn ausrufen lassen, er sei auf einem ›Trip‹, ›high‹ oder ›flying‹, so haben auch unsere mittelalterlichen Vorfahren bei ihren Räuschen ganz ähnliche Flugerlebnisse empfunden.

Die spezialisierten Mischer und Verabreicher der Drogen sind nun sehr oft die weisen Frauen. Nicht unbedingt sicher ist jedoch, daß diese Mittel ausschließlich um des Rausches willen verabreicht werden. Dafür stehen ja auch Bier und Wein zur Verfügung. Wahrscheinlich sind Schmerzen der Hauptgrund, die Heilerin um eine starke Droge anzugehen: »Neben den Epidemien waren [nämlich] Zahnschmerzen und Rheumatismus die allgemeinen Geißeln. *Bilsenkraut* wurde gegen beide verwendet.«[130] Diese Verwendung eines superstarken Rauschmittels als Schmerzstiller kann nun keineswegs überraschen, wird doch selbst in Gesellschaften mit schärfster Rauschgiftgesetzgebung der wirklich schwere Schmerzen Leidende mit Morphium beruhigt und das Risiko entsprechender Halluzinationen dabei ohne weiteres in Kauf genommen. Der weisen Frau obliegt es nun, die bestmögliche Dosierung der Schmerzmittel im Selbstversuch zu ermitteln. Sie wird also rein beruflich häufiger Drogen konsumiert haben als das übrige Volk, und unter den Heilerinnen wird eventuell auch der Typus des Gewohnheitsdrogenbenutzers bzw. des Süchtigen überrepräsentiert gewesen sein. In jedem Fall aber kann sich die Behandlung des Schmerzkranken für alle Anwesenden zu einem beeindruckenden und ›dämonisierenden‹ Erlebnis auswachsen: »Sie fielen ... in einen ... *hypnotischen Zustand, in dem sie glaubten, das erlebt zu haben, was sie halluzinierten.*«[131]

Die Kombination von Heil- und Rauschmittel, insbesondere seine überstarke Wirkung bei Frauen, und unter diesen wiederum bei seinen Herstellerinnen resultieren erst im Bild der fliegenden Heilerin, der Hexe: »Ein in Schweden erhaltener Text zeigt, daß die ›weisen Personen‹ einen Bilsenkrautextrakt von solcher Kraft herstellen konnten, daß weniger als ein halbes Gramm kranke Leute in tiefe, realistische Träume versinken ließ. Sie träumten, daß sie durch die Luft, über das Wasser und über Kirchtürme flogen. Hunde, die von diesem Extrakt fraßen, träumten, daß sie nach Wild jagten. Der Autor dieses Textes, Erik Anell, ein schwedischer Propst, entdeckte gegen Ende des 18. Jahrhunderts, daß die Probanden sich nicht wirklich bewegten, sondern lediglich halluzinierten, dies zu tun.

In Schweden haben wir darüber hinaus einen wohlerhaltenen Bericht über einen Besuch bei einer Hexe. Die Besucher tanzten um ein Feuer, auf dem Bilsenkrautsamen verbrannt wurden, und hüpften auf Besenstielen, die sie zwischen ihre Beine gesteckt hatten, umher. Zugleich rieben sie in Wasser gelösten Bilsenkrautextrakt auf ihre Schläfen. Daraufhin stellten sich lebensechte Träume über das Fliegen durch die Luft und erotische Sensationen ein, die als vom Leibhaftigen bewirkt gedeutet wurden. Die Alkaloide des Bilsenkrauts werden von der Haut aufgenommen. Aus den Protokollen über schwedische Hexenprozesse können wir erkennen, daß die *Besenstiele,* auf denen die sogenannten Lufttritte stattfanden, mit dieser Mixtur eingerieben wurden. Diese präparierten Besenstiele wurden von Männern und Frauen gleichermaßen benutzt. Die Wirkung bei den Frauen fiel aber stärker aus als bei den Männern, weil die Schleimhäute von After *und* Scheide bei diesen wilden Bewegungen mit der Hexensalbe in Berührung kamen. Daher fanden Prozesse gegen Frauen häufiger statt als gegen Männer. Die Frauen träumten sogar, daß sie Kinder gebaren, wenn auch von kleiner und rattenähnlicher Gestalt. Sie hallizunierten auch, daß diese sogenannten *Blocks-*

Bilsenkraut.
Hyoscyamus vulgaris.

In teutscher Sprach wird es auch genant Bilsamen / Bilsamkraut / Schlaffkraut / Säwbonen / Rindswurtzel vnd Zigeünerkraut.

Das gemeine Bilsenkraut wachst auff vngebauten Orten / neben den Strassen vnd Acker-remen.

»Bilsenkraut«. Aus B. Verzascha, Neu vollkommenes Kräuter-Buch, *Basel 1678, S. 635.*

bergkinder mit Hilfe Satans zur Herstellung ihrer Hexensalbe verwandt wurden und daß sie ihre ›Hörner‹ [abgesägte Ochsenhörner, die als Behälter dienten] mit dieser teuflischen Salbe füllten, wenn sie vom *Hexensabbat* wegritten. Wir erkennen also aus diesen Protokollen, daß die Träume über erotische Sensationen in der Tat sehr realistisch waren. In Wirklichkeit war es natürlich nicht der Teufel, der die Hexensalbe zusammenbraute, sondern die Hexen und Zauberer, die lediglich die antiken Gebräuche von Beschwörungen bei der Zubereitung übernommen hatten.«[132]

Wir sehen also, daß *eine* typische Anklage gegen die Frauen in den Prozessen tatsächlich erst aus dem Drogengebrauch verständlich wird. Versuche, die Fluggeschichten der Angeklagten als hysterische Machinationen oder als primitiven Dämonenglauben abzutun, gehen an den sehr handfesten Wirkungen der Rauschmittel schlicht vorbei. Auch bestimmte Zeugenaussagen über Verhexungen durch weise Frauen finden in den Rauschzuständen eine doch recht simple Erklärung. Gerade dort, wo sich nach Verabreichung der Mittel nicht die erhoffte Wirkung, sondern eben auch mal ein ›Horrortrip‹ einstellt, wird die Bereitschaft der davon Betroffenen hoch gewesen sein, sich als Zeugen gegen weise Frauen zur Verfügung zu stellen. Die rauschhalluzinierten Fliegereien geben aber gerade *nicht* den Prozeßanlaß. Noch auf dem Höhepunkt der Hexenverfolgung gegen Ende des 16. Jahrhunderts machen auch ihre eifrigsten Anhänger deutlich, daß die unter Rauschmitteln zustande gekommenen ›Erlebnisse‹ keineswegs zu bestrafen seien. So sagt der Rostocker Jurist Johann Georg Godelmann in seinen 1590 veröffentlichten Vorlesungen über die »Peinliche Gerichtsordnung Karls V. und des heiligen römischen Reichs« (dazu mehr Kapitel V unten): »Die Hexen gestehen entweder Mögliches, nämlich daß sie Menschen und Vieh durch ihre magische Kunst und Zauberei getötet haben, und wenn sich dieses so erfindet, so sind sie nach Art. 109 der *Carolina* zu verbrennen; oder sie gestehen Unmögliches, z. B. daß sie durch einen engen Schornstein in die Luft geflogen seien, in Tiere sich verwandelt, mit dem Teufel sich vermischt haben, und dann sind sie nicht zu strafen, sondern vielmehr mit Gottes Wort besser zu unterrichten.«[133]

Ein anderer Kommentar zur *Carolina* aus dem Jahre 1590, der in die deutsche Übersetzung von Bodins Hexenbuch als Anhang eingefügt ist, hebt ebenfalls hervor, daß es nicht darum gehe, bloße »Phantasien und Verblendungen« zu strafen: Leute, die sich »rühmen, viele Dinge angerichtet zu haben, die den Menschen zu vollbringen aber unmöglich sind«, interessieren den Kommentator nicht. Wenn sie aber, »durch *natürliche* Mittel – also durch Gift, Salben, Kräuter etc. – den Menschen und dem Vieh schaden und den Tod zufügen ..., dann ist das *mehr* als ein Totschlag: denn es ist schlimmer, einen Menschen durch Gift als durch das Schwert umzubringen«.[134] Beim Gift oder *veneficium* geht es nun nicht – wie in den Kapiteln II und III gezeigt wurde – um jedes beliebige Gift, sondern in erster Linie um die *Medicamenta* der Geburtenkontrolle.

Neben den »Phantasien und Verblendungen«, wie sie an der *Besenstielhexe* festgemacht werden, gibt es mit dem *Hexensabbat* ein weiteres populäres Bild von den weisen Frauen, das aber widerum *nicht* zum Anlaß der Hexenverfolgung, sondern erst während der Verfolgung gegen die Frauen gerichtet wird. Einen ersten Hintergrund für diesen »Sabbat« findet man selbstverständlich im antisemitischen Ressentiment, das hier auf eine andere Gruppe von Verfolgten gerichtet wird. Ursprünglich werden die Versammlungen mehrerer Tränkebrauerinnen deshalb auch »Synagoge«[135] genannt. Der materielle Hintergrund findet sich aber wiederum darin, daß nicht nur die Verabreichung, sondern auch die Herstellung der verschiedenen *Medicamenta* mit Beschwörungsformeln, Ritualbewegungen und besonderen Arrangements kombiniert wird: Wie die Medizinmänner in Stammesgesellschaften bis heute ihre Tränke und sonstigen Drogen mit ausführlichen Zeremonien und ausgeklügelten Zeitpunktfestsetzungen (Gestirnskonstellationen, Mitternacht, erster Hahnenschrei etc.) verbinden, so verzichten auch die weisen Frauen auf diese magische Seite der Medizin keineswegs. Da es sich um eine Versuch-und-Irrtum-Medizin handelt, ist die Magie auch nicht nur ein beliebiges Beiwerk, sondern Ausdruck für das Nichtverstehen der Wirkung der *Medicamenta*. Das Fehlen naturwissenschaftlich-gesetzmäßiger Kenntnisse macht jede Herstellung oder Verabreichung von Tränken zu einer unsicheren

Angelegenheit, weshalb dann mit Beschwörungen ›nachgeholfen‹ werden muß. Geht es nun bei einer Zubereitung direkt um Rauschmittel, unter deren Wirkung dann ein ›Trip‹ absolviert wird, und handelt es sich zugleich um eine alljährliche Messe (wie die Walpurgisnacht) der besten Heilerinnen, dann versteht man auch, daß von solchen Zusammenkünften – unter Mitnahme von *Kindern* – zum orgiastischen Hexensabbat zur Spitze eines berühmten Berges in einer weit entfernten Gegend[136] – heiße er Brocken, *Blocksberg* oder Blåkulla oder wie auch immer – aufgefahren wird.

Nun gehen Besenstiel und Hexensabbat, Blocksbergkinder

»Kindsopfer auf Hexensabbat an Donar, der christlich als Teufel dargestellt wird«. Stich (Ausschnitt) nach einer Federzeichnung des 17. Jahrhunderts (aus G. Henningsen, The Witches' Advocate, *Reno/Nevada, S. 77 i. V. m. E. Fuchs,* Ergänzungsband Renaissance, *S. 157).*

»Hexenpriesterin- bzw. Wetterhexenimago auf Ziegenbock als Sinnbild von Donars blitzdurchzuckter Wetterwolke«. Aus dem Compendium Maleficarum *(1608) des Hexenjägers Francesco-Maria Guazzo.*

und Bergeshöhenrituale in den hier vorgelegten Erklärungen noch keineswegs auf. In der vorchristlichen Zeit gelten die Höhen als Heimstätten vergotteter Naturgewalten, zu deren Besänftigung geopfert wird. Im Gefolge der Christianisierung werden diese alten Planetengötter zu Teufeln und Dämonen negiert, denen im Volk gleichwohl immer noch viel zugetraut wird. Der germanische Sturm- und Donnergott *Donar* etwa – dem Zeus oder Jupiter analog – erhält im Angesicht entfesselter Naturgewalten, die seinem *Donnerbesen* zugeschrieben werden, ursprünglich wohl auch *Kinder-* und später gewiß *Ziegenbock*opfer, wobei der Bock als Sinnbild der blitzdurchzuckten Wetterwolke als dem Rang der Gottheit angemessene Speise gilt. Die dafür erforderliche Priesterinnenfunktion lebt im Bilde der Kinder auf Höhen verschleppenden *Wetterhexe* fort. Auch der *Sabbat,* der in antisemitischer Projektion verspeiste Christenkinder enthält, verweist auf die Menschenopferpraxis der alten Naturkulte. Die Angst vor den nach wie vor aktiven Naturgewalten verschiebt sich auf die *Priesterinnen*,[136] die mit ihnen kommunizieren. Ihre zerstörerischen Wirkungen werden auch in Reichweite der priesterlichen Macht gesehen. In dieser Linie ergibt sich die Verbindung zwischen Hexe und Kindestötung längst vor der Geburtenkontrollbestrafung, die nach der großen Pest aus der Mitte des 14. Jahrhunderts als die Hexenverfolgung der Neuzeit massakröse Dimensionen annimmt.

In deutlicher Absetzung zu den nahezu beliebigen Versuchen, die große Hexenverfolgung der frühen Neuzeit aus jeweils einer Besonderheit der Prozeßakten zu erklären, sich dabei um die zentralen Dokumente für die Verfolgung *und* um die wirtschaftlichen Umstände jener Zeit kaum zu kümmern, begegnen uns jedoch auch sehr vorsichtige Einschätzungen. So kritisiert bereits im Jahre 1970 ein Anthropologe einen – vor allem in feministischen Zirkeln als Gewährsmann geschätzten (s. a. Kapitel I oben) – Hexenforscher: »Der entscheidende Fehler seines Essays besteht im Grundtenor, daß wir sehr viel über ›Hexenkunst‹ wüßten und lediglich noch eine Synthese zu formulieren sei. Tatsächlich wissen wir bei weitem zu wenig.«[137] Und auch zwischen 1971, als ein Historiker feststellt, daß »die Ursprünge dieser [im 14. Jahrhundert] neuen Idee des Hexenunwesens niemals völlig enthüllt worden sind«[138], und einer 1980 erschienenen Übersicht zu Hexentheorien wird kein bedeutender Fortschritt erzielt. Dort heißt es: »Trevor Ropers langer Aufsatz (1967) ist der erste Versuch, die Hexenverfolgungen des 16. und 17. Jahrhunderts in einen größeren historischen Kontext einzufügen. Seine Abhandlung ist faszinierend und enthält eine Fülle brauchbarer Gedanken. Sie führt uns zu der Erkenntnis, wie *wenig* tatsächlich über den Hexenwahn des sogenannten aufgeklärten Zeitalters *bekannt* ist.«[139] Wir sehen also, daß Kennzeichnungen der Hexenverfolgung als »Geheimnis der Weltgeschichte« oder als »großes historisches Rätsel«[140], wie sie von der einschlägigen Forschung formuliert werden, den populären Thesen, die auf den Stoff keine Rücksicht nehmen, doch vorzuziehen sind.

Ungeachtet der Unentschiedenheit über die Gründe der Hexenverfolgung sind sich die kritischen Historiker aber immerhin bewußt, daß die in der frühen Neuzeit verfolgten Hexen genauestens von Personen in Stammesgesellschaften oder auch in Antike und Mittelalter unterschieden sind, die ebenfalls häufig als Zauberinnen oder Hexen bezeichnet werden und für die angebliche Ewigkeit und Unveränderlichkeit der unter Hexerei gefaßten Phänomene in Rechnung gestellt werden.[141] Die Forschung hebt ausdrücklich hervor: »Zauberei muß von Hexerei unterschieden werden ... Zauberei ist zeitlos und weltweit anzutreffen, während die Hexerei im wesentlichen auf ungefähr drei Jahrhunderte von 1450 bis 1750 und auf das christliche Westeuropa begrenzt ist.«[142]

Gehen wir nun zur Aussage der Hexenverfolger des 15. Jahrhunderts zurück, »daß die Hexen-Hebammen die Empfängnis im Mutterleibe auf verschiedene Weisen verhindern, auch Fehlgeburten bewirken, und wenn sie es nicht tun, die Neugeborenen den Dämonen opfern«.[143] Wir haben ja gezeigt, daß es keinen wissenschaftlichen Grund geben kann, diese Aussage herunterzuspielen oder gar schlicht zu übergehen. Wir haben überdies für Stammesgesellschaft, Antike und Mittelalter herausgearbeitet, daß Verfahren für Verhütung und Abtreibung in großer Reichhaltigkeit vorhanden gewesen sind. Ihre Entwicklung und belehrende Verbreitung gehörten zur Aufgabe der weisen Frauen, die meist Hebammen und Heilerinnen in einer Person waren. (Die Weltgesundheitsorganisation, WHO, nennt inzwischen eine »Zahl von weltweit rund 3000 Heilmitteln«, von denen die kontrazeptiven und abortiven Pflanzen seit 1978 etwa durch Rina Nissim in Genf erforscht und auch angewendet werden; vgl. *Weser Kurier*/ap-Meldung v. 15.12.1984 und U. Ott, »Statt Pille Anti-Baby-Pflanzen!«, in *Eltern,* Nr. 9, September 1984, S. 132f.)

Die Ausdrücke *Magie* und *Maleficium* konnten deshalb als treffende Bezeichnungen der Geburtenkontrollmedizin erwiesen werden, da die Wirkung der Mittel über Versuch und Irrtum herausgefunden, aber nicht chemisch verstanden wurde und der erhoffte Effekt selbst wie ein Wunder erwartet, eben deshalb aber auch mit Hilfe von Amuletten und Beschwörungen wirklich sichergestellt werden sollte. Schauen wir nun genauer in die frühneuzeitlichen Hexerei- bzw. *Maleficium*definitionen, wie sie in den Werken nach dem 14. Jahrhundert festgehalten sind. *Vor* dieser Zeit liefert der (um 906 u. Z. zuerst beurkundete) *Canon Episcopi* die offizielle Position für die kirchliche Beurteilung von ›Hexen‹: Ihre Handlungen werden »durchweg als Illusionen oder Phantasien angesehen, die aus Träumen entstehen, weshalb der Glaube an die Wirklichkeit von Hexerei als heidnisch und somit häretisch galt. Diese Ansicht bedeutet das glatte Gegenteil der späteren Auffassung der Inquisitoren.«[144] Der Bischof Burckhard von Worms hat in seinem *Decretum* von 1010 u. Z. diese nüchtern-aufgeklärte Sicht des Mittelalters unterstrichen. »Wer aber fährt nicht im Traum oder in nächtlichen Visionen aus sich heraus und sieht vieles im Schlaf, was er im wachen Zustand niemals gesehen hatte? Und wer sollte so töricht und dumm sein, daß er glaube, alles das, was nur subjektives Erlebnis ist, habe auch objektive Wirklichkeit?«[145]

Die mittelalterliche Sicht der Hexerei als heidnischer Aberglaube und übersteigerte Phantasietätigkeit wird in der frühen Neuzeit durch eine Reihe von Schriften durchgehend revidiert, die den *Canon Episcopi* ersetzen. Im *Formicarius* (Ameisenhügel) des schwäbischen Dominikaners Johannes Nider (1380–1438), der im Jahre 1435–37 geschrieben und im Jahre 1475 auch in gedruckter Form zugänglich wird, heißen die Hexen nun *malefici* (= Böses Tuende). Nider sagt über diese bösen Taten: »Auf sieben Arten ... können diese schaden: sie können Liebe einflößen, Haß einflößen, Zeugung und Empfängnis verhindern, Siechtum an einem Glied erzeugen, Menschen des Lebens berauben, sie des Verstandes berauben, sie auf eine der oben genannten Arten in ihren Sachen ... oder Tieren schädigen.«[146]

Im lateinischen Original wird »Zeugung und Empfängnis verhindern« sowie »Siechtum an einem Glied erzeugen« als *»impotentia ex maleficio«* wiedergegeben, meint aber keineswegs allein die psychische Unfähigkeit zur Erektion bzw. Scheidenlubrifikation, wie auch das *Compendium Maleficarum* (1608) des berühmten italienischen Hexenautors und Beisitzers in Hexenprozessen, Francesco-Maria Guazzo, hervorhebt. Dieser Richter, der »die früheren Autoritäten zusammenfaßt«[147], fächert die Mittel zur Hervorrufung von *Impotentia* unter dem Titel *Ligatur* in wiederum sieben *Maleficia* auf:

(1) Erzeugung von Abneigung zwischen Ehepartnern;
(2) physische und psychische Behinderung des Geschlechtsverkehrs;
(3) Erreichung der Samenverhaltung während des Verkehrs;
(4) Unfruchtbarmachung des Samens;
(5) den Penis erschlaffen lassen;
(6) Verabreichung natürlicher Drogen zur Empfängnisverhütung und
(7) Coitus interruptus.[148]

Vertiefen wir uns nun in das Hauptwerk für die Begründung der Hexenverfolgung – den *Hexenhammer* also – und fragen wir uns, warum er sich auf Personen konzentriert, die als »Hexen-Hebammen« bezeichnet werden: »Es wird die erste allgemeine Frage sein über die Haupteigenschaften der Weiber; die zweite spezielle, was für Weiber häufiger als abergläubisch und Hexen befunden werden; die dritte, besondere, handelt von den *Hebammen* selbst, *welche alle anderen an Bosheit übertreffen.*«[149] Der Beantwortung dieser Frage kann man sich nähern, wenn die Definition von Hexerei aus dem *Hexenhammer* herangezogen wird. In ihm ist wiederum von »siebenfacher Hexerei« die Rede, deren einzelne Bestandteile durchweg den »Liebesakt und die Empfängnis im Mutterleibe mit verschiedenen Behexungen infizieren«.[150] Der immer schon verbotene Schadenzauber wird aus dieser neuartigen Hexereidefinition zwar nicht herausgelassen, aber eher beiläufig erwähnt. Die Neuigkeit der jetzt angegriffenen Handlungen wird dadurch hervorgehoben, daß sie »*abgesehen* von den vielfachen Schädigungen, die sie [die Hexen] anderen, Tieren und Feldfrüchten, zufügen«[151], zu verfolgen seien. Auch die Menschenschädigung interessiert nicht so sehr als *voodoo*artige Krankheitsanhexerei, sondern unter der Frage, »warum dem Teufel von Gott größere Hexenmacht über den *Beischlaf* als über andere menschliche Handlungen gegeben wird«.[152] Und ganz generell wird betont, daß der *Hexenhammer* in erster Linie »unter dem Gesichtspunkt der Pflicht der Natur und der Fortpflanzung«[153] verfaßt ist. Um auch hierin die Zielsetzung unzweideutig zu machen, wird gleich spezifiziert, daß die entscheidende Aufmerksamkeit nicht so sehr der traditionellen »Sodomiterei sondern auch jedem anderen Laster (des Coitus) außerhalb des

MALLEVS
MALEFICARVM,
MALEFICAS ET EARVM
hæresim frameâ conterens,

EX VARIIS AVCTORIBVS COMPILATVS,
& in quatuor Tomos iustè distributus,

QVORVM DVO PRIORES VANAS DÆMONVM versutias, præstigiosas eorum delusiones, superstitiosas Strigimagarum cæremonias, horrendos etiam cum illis congressus; exactam denique tam pestiferæ sectæ disquisitionem, & punitionem complectuntur. Tertius praxim Exorcistarum ad Dæmonum, & Strigimagarum maleficia de Christi fidelibus pellenda; Quartus verò Artem Doctrinalem, Benedictionalem, & Exorcismalem continent.

TOMVS PRIMVS.
Indices Auctorum, capitum, rerúmque non desunt.

Editio nouissima, infinitis penè mendis expurgata ; cuique accessit Fuga Dæmonum & Complementum artis exorcisticæ.

Vir sine mulier, in quibus Pythonicus, vel diuinationis fuerit spiritus, morte moriatur Leuitici cap. 10.

LVGDVNI,
Sumptibus CLAVDII BOVRGEAT, sub signo Mercurij Galli.

M. DC. LXIX.
CVM PRIVILEGIO REGIS.

»Titelblatt des Malleus Maleficarum (Hexenhammer)«.
Ausgabe Lyon, 1669.

gebotenen Gefäßes«[154] gewidmet wird. Am Laster interessiert wiederum nicht so sehr der Sexualgenuß als solcher, sondern den Frauen wird vorgeworfen, daß sie »für die Erfüllung ihrer bösen Lüste mehr entbrennen« als für die Mutterschaft. Lieber wollen sie »Ehebrecherinnen, Huren und Konkubinen der Großen«[155] sein. Die Frauen werden also durchaus als besonders »unersättlich« attackiert, woraus aber nicht – wie es beliebte Übung in der Hexenforschung ist – auf einen Krieg der männlichen Hexenautoritäten gegen das weibliche Geschlecht, sondern nur auf das *Wissen* dieser Verfolger um die Verhütungsfähigkeit als Voraussetzung eines genußvollen Sexuallebens geschlossen werden darf.

In ausdrücklicher Berufung auf die *Hexenbulle* Innozenz' VIII. behaupten die Autoren des *Hexenhammers*, daß die »Hexen-Hebammen« durch »siebenfache Hexerei« die »Empfängnis im Mutterleib« verhindern können – und zwar dadurch:
»*erstens*, daß sie die Herzen der Menschen zu außergewöhnlicher Liebe etc. verändern;
zweitens, daß sie die Zeugungskraft hemmen;
drittens, die zu diesem Akte gehörigen Glieder entfernen;
viertens, die Menschen durch Gaukelkunst in Tiergestalt verwandeln;
fünftens, die Zeugungskraft seitens der weiblichen Wesen vernichten;
sechstens, Frühgeburten bewirken;
siebentens, die Kinder den Dämonen opfern«.[156]

Anhand der ausführlichen Erörterungen der Autoren, ob und wie diese sieben Hexereien möglich sind, lassen sich die einzelnen Punkte wie folgt dechiffrieren:[157]
(1) Unzucht und Ehebruch (als außereheliche – und damit auch das Konkubinat zur Hexerei machende – Aktivitäten, für die Verhütung unbedingt gelernt werden muß);
(2) Männer zur Begattung unfähig machen;
(3) Kastration und Sterilisation;
(4) Verkehr mit Tieren und Homosexualität (als wiederum nicht zur Fortpflanzung führende Formen der Sexualbefriedigung);
(5) Empfängnisverhütung;
(6) Abtreibung;

»Unzucht«. Die erste der im Hexenhammer *mit Todesstrafe bedrohten sieben Hexereien, die dem »Teufel« zugeschrieben werden – nach einem Gebetbuch des 15. Jahrhunderts (aus E. Fuchs,* Illustrierte Sittengeschichte. Erster Band: Renaissance, *München 1909, S. 4).*

(7) Kindestötung (auch in der verschleierten Form der Kindesopferung).

Die von uns vorgenommene Dechiffrierung der Hexerei als Geburtenkontrolle muß also in das zentrale Dokument der Hexenverfolgung nicht etwa hineingelesen werden, sondern erweist sich vielmehr als die zentrale Botschaft dieses Textes, über die – soweit uns bekannt – bisher hinweggelesen worden ist.

Die im Kampf gegen die Geburtenkontrolle ins Visier genommene siebenfache Hexerei macht deutlich, daß die meisten dieser Delikte zwar von allen Menschen begangen werden können und ihnen dann Hexereivorwürfe eintragen, spezialisiert dafür aber sind auch am Ende des Mittelalters und am Beginn der frühen Neuzeit die Hebammen, die zugleich als heilende und beschwörende weise Frauen wirken. Diese Aussage gilt selbstredend für die männliche Homosexualität nicht. Gleichwohl ist das mittelalterliche Europa den Homosexuellen nicht nur nicht feindlich gesonnen, sondern hat sie zuzeiten sogar heiliggesprochen.[158]

Gegen welche konkreten Mittel, die bei den Hexereidelikten zur Anwendung gelangen, richtet sich nun der *Hexenhammer* vor allem? Gegen »vier erschreckliche Handlungen ..., welche die Weiber an den Kindern in und außer dem Mutterleibe vollbringen«, gelte es einzuschreiten: (1) »Daß einer die eheliche Pflicht nicht erfüllen kann«, (2) »daß ein Weib nicht empfängt, oder wenn sie empfängt, sie dann eine Fehlgeburt tue«, (3) und (4), »daß, wenn sie [die Hexen] keine Fehlgeburt verursachen, sie die Kinder auffressen oder dem Dämon preisgeben.« Erfolgreich könne gegen die »erschrecklichen Handlungen« nur vorgegangen werden, wenn ihre allenthalben verbreiteten Ausführungsmittel getroffen würden. Diese Geburtenkontrollmittel – und nicht etwa die weisen Frauen als Heilerinnen oder die Hebammen als Geburtshelferinnen – werden zum Ziel der Massaker. Worum handelt es sich genau? »Über die beiden ersten Arten [der erschrecklichen Handlungen] ist kein Zweifel, da durch natürliche Mittel, z. B. durch *Kräuter* und andere Mittel, ein Mensch *ohne Hilfe von Dämonen* bewirken kann, daß ein Weib nicht gebären oder empfangen kann.«[159] An anderer Stelle wird gegen »lockere Liebhaber« gewettert, »die ihren Geliebten *Tränke* reichen, damit sie nicht in Verlegenheit kommen, oder auch bestimmte *Kräuter*, die die Natur allzusehr erkälten, *ohne Hilfen der Dämonen*. Daher sind sie wie Mörder zu bestrafen, auch wenn sie reuig sind. Die Hexen aber, die durch Hexenkünste dererlei bewirken, sind nach den Gesetzen aufs Härteste zu strafen.«[160]

Wir sehen also, daß der Kampf sich gegen die Geburtenkontrolle überhaupt richtet. Wir sehen überdies, daß die Hexenverfolger ganz selbstverständlich davon ausgehen, daß alle Menschen Geburtenkontrolle betreiben und dafür auch umgebracht werden sollen. Wirklich gefährlich erscheinen ihnen aber die *Maleficae,* die Hexen, die als Spezialisten für die Geburtenkontrolle und als die weisen Heilerinnen große Ehrfurcht genießen, was selbstverständlich auch Furcht vor ihnen einschließt. Eben diese Furcht erst befähigt die weisen Frauen ja dazu, daß ihre die Tränke begleitenden Erfolgs-, aber auch gegen Bezahlung ausgesprochenen Fluchformeln psychische Wirkung bei den Betroffenen zeitigen können. Die Rede von den Dämonen, die sie den gewöhnlichen Bürgern voraus haben und als zusätzliche Bekräftigung ihrer Medizin ins Spiel bringen, erweist sich so als eine christologische Ausdrucksweise für den starken Einfluß, den die weisen Frauen ob ihrer geheimnisvollen Fähigkeiten auf ihre Mitmenschen auszuüben vermögen. Wenn also die Heilerinnen im Zentrum der Verfolgung stehen, so bedeutet dies, daß sie am besten können, was alle benötigen. Kann man *sie* entscheidend treffen, so wird man auch allen anderen die Geburtenkontrolle erschweren oder gar unmöglich machen. Erst daher wird verständlich, warum Frauen unter der Folter die Hebammen, von denen sie die jetzt verfolgten Fähigkeiten ja erlernt haben, zur eigenen Entlastung beschuldigen. Daß »die Hebammen hierbei den größten Schaden bereiten«, haben denn auch unter Martern »reuige Hexen uns und anderen oft gestanden, indem sie sagten: ›Niemand schadet dem katholischen Glauben mehr als die Hebammen. Denn wenn sie die Kinder nicht töten, dann tragen sie, gleich als wollten sie etwas besorgen, die Kinder aus der Kammer hinaus, und sie in die Luft hebend opfern sie dieselben den Dämonen.‹«[161]

Die Hebamme wird also nicht nur zum zentralen Angriffsobjekt der Hexen-, d. h. der Geburtenkontrollverfolger, sondern gegen diese weisen Frauen lassen sich auch die spektakulärsten Prozesse veranstalten. Sie ziehen nicht nur die Bewunderung, sondern auch Neid und Befürchtungen auf sich, die im Verfahren auch ihren Ausdruck finden. Sie haben im täglichen Leben ja tatsächlich eine Machtstellung, die ihnen in der besonderen historischen Konstellation der Verfolgung gerade zum Nachteil ausschlägt: Sie sind die »Beschützer der Gemeinschaft, wie ihr krimineller Gegner ihr Feind war. Ähnlich den Schwarzkünstlern verließen sie sich auf Magie, benutzten sie aber hauptsächlich zu wohltätigen Zwecken, zum Heilen von Krankheiten, zum Brechen von Zaubersprüchen, zum Entlarven von Dieben, zum Auffinden gestohlener Güter sowie dazu, den Nachbarn vor allen möglichen Übeln zu bewahren.«[162] Die besondere Ausstrahlung der Heilerinnen gilt dem einfachen Volk durchaus als übernatürliche Kraft und wird für das Austragen persönlicher Fehden nur zu gern genutzt. Insbesondere die Fähigkeit einiger Hebammen, nicht nur zu heilen, sondern »auch krankzumachen«[163], wird als begehrter ›Service‹ für das Austragen von Streitereien nachgefragt. Selbstredend schafft die Hebamme sich auf diesem Wege rachsüchtige Feinde, derer sie sich dann wiederum mit allerhand weiteren »Drohreden und Verwünschungen«[164] erwehren muß.

Wichtig für unsere Frage nach den Gründen der europäischen Hexenverfolgung ist nun die Tatsache, daß für solchen Zauber nach Art des *Voodoo* die Frauen ebenfalls angeklagt und auch zum Tode verurteilt werden können. Und tatsächlich werden *während* der großen Hexenverfolgung der Neuzeit Frauen immer wieder für solchen Zauber hingerichtet. In Deutschland besonders prominent unter diesem *Voodoo* ist »die Handlung des Hingebens ... Das Hingeben – zuweilen erscheint die gesamte Zauberhandlung unter der Chiffre ›hingeben‹ – vollzog sich in zwei Arten: Einmal setzte oder vergrub man [einen] Topf unter der Schwelle der Haustür, zum anderen warf man ihn ins Feuer. Das Feuer, das zum Kochen des Inhalts benötigt wurde, findet nie für sich Erwähnung. Lene Jurgens bekannte beispielsweise, daß sie mit Metke Fustken unter Hans Moldenetts Osterhaustür und Schwelle, wo alles Vieh aus- und eingeht, einen Lehmkrug mit Totenknochen und anderem Gebein, Wildhaar und was sie mehr dazu zu gebrauchen pflegten, untergebracht und währenddessen gesprochen hatten: ›In diesem Hause gedeihe nichts, ehe dieser Topf mit diesem eingelegten Zeug hier wieder rauskommt.‹«[165]

Die unbestreitbare Tatsache, daß unter den Hexenprozessen etliche gut bekundet sind, in denen Frauen wegen *Voodoo-*Zauber getötet werden, hat nun zu weltweiten Recherchen über den Umgang mit solchen Hexen geführt und – wie bereits erwähnt – erbracht, daß praktisch überall auf der Erde Frauen und Männer für solchen Zauber – auch heute noch – mit dem Tode bestraft werden können und daß nicht selten auch Unschuldige angeklagt und umgebracht werden.[166] Aus Unkenntnis der bevölkerungspolitischen Gründe für die große europäische Hexenverfolgung, in der die traditionelle Schadenzauberbestrafung mit aufgeht und während der Erntekrisen zwischen 1580 und 1620 regional sogar in den Vordergrund rückt[167], ist nun die These versucht worden, daß sich im frühneuzeitlichen Europa dasselbe abspielt wie auf anderen Kontinenten und deshalb lediglich der Umfang, nicht aber der Grund der hiesigen Hexenverfolgung noch Rätsel aufgebe. Jedoch nicht Zeitpunkt, Umfang und Dauer der europäischen Verfolgung allein, sondern gerade die ausführlich auf Geburtenkontrolle abgestellte Definition der »siebenfachen Hexerei« gibt das zu lösende Rätsel auf, und dafür wollen wir uns den weisen Frauen noch ein wenig widmen.

Die Bedeutung der Hebamme als *schicksalsprägende Kraft* haben wir bereits in Kapitel II kennengelernt. Ihre Machtposition rührt nun auch daher, daß sie an den Neugeborenen Zeichen für übernatürliche Kräfte zu erkennen fähig ist und insofern auch für die Lebenskarriere des Kindes Weissagungen liefert. Sie gilt aber auch im täglichen Leben und in ihrem eigenen Beruf als fähig, Visionen und Ahnungen über die Zukunft zu haben: »Es wurde ihr nachgesagt, daß sie ein Zupfen an ihrem Rock verspürte, kurz bevor sie zu einer Entbindung gerufen wurde. Sie konnte auch mitten in der Nacht ein heftiges Klopfen an ihrem Haus vernehmen und dadurch geweckt werden. Sie verstand dann, daß Eile geboten war, und wenn dann der nervöse Kindsvater endlich erschien, um sie zu wecken und abzuholen, wartete sie bereits fertig gekleidet und aufbruchsbereit.«[168]

Bei der Einschätzung des kindlichen Lebensschicksals gilt als besonderes Zeichen für übernatürliche Kraft die sogenannte »Glückshaube«[169] oder Heidenmütze, ein Stück der Fruchtblase auf dem Kopf des Säuglings. Die Hebamme nimmt sie an sich, verwahrt sie – etwa in einer kleinen Dose – und händigt sie ihrem vielversprechenden Besitzer erst zum 16. Geburtstag aus. Die Glückshaube muß vor fremdem Zugriff bewahrt werden, da auch andere sich von ihr etwas versprechen. Dadurch kommt der Hebamme einmal mehr eine sehr einflußreiche Rolle zu, in der sie selbstverständlich aber auch mit Mißtrauen verfolgt wird. Jede Geburt als solche – ist sie doch kein häufiges, sondern ein durchaus geplantes Ereignis – steht bereits für sich als eine Art magischer Vorgang, eine mit geheimen – nur den Frauen bekannten – Künsten ins Werk gesetzte Prozedur. Bis weit in die Neuzeit hinein läßt sich der auch bereits für die germanische Stammesgesellschaft nachweisbare Gebärzauber belegen: »Die Gebärende kniete oder hockte auf einer Kuhhaut, auf einem Ochsenfell oder auf einem Teppich wohlriechender Kräuter. Anstatt Formeln zur Dämonenbeschwörung zu singen oder zu murmeln, wurden der Gebärenden Runenzeichen auf die Hand gemalt. Nach der Entbindung wurde das Kind auf die Erde gelegt, damit diese ihre magische Kraft auf das Kind übertrage.«[170]

Im Anschluß an die Geburt finden häufig ausgelassene Feste statt. In Schweden nennt man sie etwa »Frauenfestschmaus« oder »Frauenkindbiertrunk«. Bis zu 30 Frauen – aber keine Männer – versammeln sich um die Gebärende und berauschen sich mit Alkohol und anderen Genußmitteln. Für das dänische Südjütland des 16. Jahrhunderts ist ein solches Fest überliefert: »Nachdem die Frauen sich ordentlich betrunken haben, ›ziehen sie durch das Dorf. Es ist eine wilde Jagd. Sie dringen in die Häuser ein und nehmen, was sie kriegen können: Fleisch, Eier und Brot. Singend und tanzend ziehen sie weiter. Wenn sie einen Mann treffen, reißen sie ihm den Hut vom Kopf. Er muß dann mit der Hebamme auf der Straße einen Tanz aufführen. Da kommt ein Mann in einem leeren Wagen vorbeigefahren.

Sofort wird er von dem ganzen Schwarm umringt, sein Hut fliegt herunter, sie klettern auf den Wagen, und alle, die Platz finden, fahren mit. Es ist ein schrecklich wüstes Treiben. Jetzt kommen sie an der Schmiede vorbei. Dort wollen sie sich ein Weilchen mit dem Schmied vergnügen, aber der greift sich eine glühende Eisenstange, fuchtelt damit vor ihnen herum und hält sich die Meute so vom Leibe.«"[171]

»*Frauenkindbiertrunk*«. *Titelbild des Hebammenbuches von Jacob Rueff,* De Conceptu, 1580.

Diese und weitere Aktivitäten von Hebammen mögen heute – vielleicht aber auch schon damals – hier und dort befremdlich anmuten, ohne doch eine Erklärung der Massaker an diesen Frauen ab der frühen Neuzeit tragen zu können. Sie rechtfertigen auch keine Klassifizierung der als Hexen verfolgten Frauen als »riesige geheime Sekte ... mit heidnischen Gottesdiensten ... und Verbindungen zu den aufständischen Bauern«.[172] Alles in allem liegt bei den Beschreibungen der Aktivitäten von Hebammen bzw. Frauen ein Verhalten vor, das nicht etwa plötzlich im 14. Jahrhundert erfunden und dann auch gleich exzessiv geübt wird, sondern längst vorhanden ist und bis dahin Verfolgungen keineswegs veranlassen kann. In Wirklichkeit wird auf seiten der Hexenverfolger gerade von den magischen oder auch ausschweifenden Praktiken bestimmter Hebammen ganz ausdrücklich kein Aufhebens gemacht, sie sollen kein Grund für die Verfolgung werden. Diejenigen Hebammen also, die sich nicht dieser Einflußmittel bedienen, können durch solche Zurückhaltung der Verfolgung keineswegs entkommen. William Perkins (1555–1602), der führende englische Hexenverfolger, macht das unmißverständlich deutlich: »Es muß ein für alle Mal klar sein, daß wir nicht nur diejenigen, die töten und peinigen, als Hexen bezeichnen, sondern alle Wahrsager, Verzauberer und Gaukler, alle Hexenmeister also meinen, die gewöhnlich *weise Männer* und *weise Frauen* genannt werden ... In diese Reihe wählen wir auch alle guten Hexen, die nicht schädigen, sondern Wohltaten vollbringen, die nicht verderben und zerstören, sondern bewahren und entbinden ... Es wäre tausendmal besser für das Land, wenn alle Hexen, *besonders aber die wohltätigen Hexen den Tod erleiden würden.*«[173]

Daß die wohlgeachteten Hebammen genauso tödlich verfolgt werden wie diejenigen, die ihren Einfluß für persönliche Händel einsetzen, daß also nicht das mißliebige Verhalten einzelner, sondern die allen weisen Frauen gemeinsame Kunst der Geburtenkontrolle zum Ziel der Massaker wird, soll am »Universalgenie der Neuzeit« und Ratgeber der französischen Könige – an Jean Bodin (1530–1596) also – noch einmal exemplarisch gezeigt werden. Wir werden uns dafür mit dem weltlichen Zugriff auf die Hexen zu befassen haben, der im Zweifelsfall auf Vorwürfe über Teufelspakte gänzlich verzichtet und allein den ›weltlichen Schaden‹ im Auge hat.

V.

Fällt das »Universalgenie der Neuzeit« Jean Bodin (1530–1596) als Hexenjäger in eine mittelalterliche Umnachtung zurück oder verschärft dieser Begründer der modernen Staatsidee lediglich eine ganz weltlich begründete Bevölkerungsgesetzgebung?

Die Rätselhaftigkeit der Hexenverfolgung für die verschiedenen Forschungsrichtungen, die sich mit ihr befassen, spiegelt sich auch darin wider, daß die Beteiligung bestimmter Persönlichkeiten an der Hexenverfolgung als fast noch größeres Rätsel aufgefaßt wird. Unter diesen ragt wiederum Jean Bodin heraus, der uns bereits im ersten Kapitel als angeblich »im System des Hexenwahns befangen(er)« Denker begegnet ist. Dieser Theoretiker ist der Begründer des modernen Souveränitätskonzepts und fordert von den Fürsten die Übernahme der Verantwortung für das bestmögliche wirtschaftliche Funktionieren ihrer Territorien. Eben dafür bedarf es einer umfassenderen Souveränität des Staates[174] als je zuvor. Diese Übernahme der Wirtschaftskompetenz durch den Souverän gilt ihm nur dann als zureichend, wenn der Staat auch für die Bereitstellung von Arbeitskräften für die Ökonomie sorgt.[175] Er fügt deshalb in seine Gesellschaftsanalyse den Faktor Arbeitskraft ausdrücklich ein. Dabei entwickelt er zugleich die moderne Wissenschaft der Weltgeschichtsschreibung: Insbesondere aus dem Studium der Gründe für den Untergang des Römischen Reiches[176] gewinnt er die Überzeugung, daß Menschenmangel die Ursache dieser sozialen Katastrophe gewesen sei. (Eher beiläufig werfen seine Geschichtsstudien auch noch die Quantitätstheorie des Geldes ab.[177])

Für den Menschenmangel am Ende der Spätantike wiederum macht Bodin die »griechischen« Mittel der Abtreibung und Kindestötung verantwortlich und schreibt als Mahnung für die

*»Jean Bodin (1530–1596)«. Kupferstich des 17. Jahrhunderts,
F. Stuerhelt zugeschrieben (aus C. Honegger, Hrsg.,* Die Hexen
der Neuzeit, *Frankfurt/M. 1978, S. 98).*

Gegenwart in seiner Staatstheorie: »Wie viele Jungfrauen sehen wir durch ihre eigenen Eltern verkauft und entehrt, die liederlich leben, statt verheiratet zu sein, die denken, daß es besser sei, ihre Kinder auszusetzen oder zu töten, anstatt sie zu ernähren. Wie kann all dies vermieden werden, wenn nicht durch die Polizei?«[178]

Der Begründer so vieler Einzeldisziplinen der neuzeitlichen Gesellschaftswissenschaft hat nun noch ein weiteres Werk hinterlassen, das der endlosen Zahl seiner Bewunderer bis heute größtes Unbehagen bereitet. Dabei handelt es sich um »eines der verbreitetsten Bücher der Weltliteratur«[179], das sich die Begründung der Hexenverfolgung zur Aufgabe stellt. Unter den einschlägigen Anleitungen für dieses große Werk des Tötens wird Bodins Arbeit nur noch vom *Hexenhammer* selbst übertroffen, der bis 1669 »neunundzwanzigmal die Presse verlassen hat«.[180] Bodins Buch erlebt bis 1603 zwar »nur« 17 Auflagen, dafür lege sein Autor aber einen »Fanatismus« an den Tag, »welcher den berüchtigten *malleus maleficarum* weit hinter sich ließ«.[181] Das Genie der Neuzeit sei nun mit seinem Hexenbuch *De la démonomanie des sorciers,* das 1580 in Paris erscheint, hinter seinen rühmenswerten Rationalismus zurückgefallen und in »einem absolut irrationalen«[182] und folglich unbegreiflichen ›Wahn‹ gelandet. Das angeblich finstere Mittelalter habe diese lichtvolle Gestalt gerade in dem Buch, das sie selbst doch als Abrundung eines riesigen Werkes begreift, noch einmal eingeholt und ihre ansonsten noble Toleranz durch dunkle und abseitige Leidenschaften befleckt.[183]

Der große Mann hat nämlich nicht nur das »berüchtigtste« Buch zur Anleitung und Begründung der Hexenverfolgung verfaßt, sondern der Hexerei Verdächtige – selbst Kinder darunter – eigenhändig gefoltert. Besonders das Ansengen der Opfer mit »glühenden Eisen«, das anschließend zum »Herausschneiden des brandigen Fleisches« nötigt, ist ihm wichtig. Eine Hexe, die bereits nach halbstündigem Brennen tot ist, scheint ihm noch zu gut davongekommen zu sein. Für eine im Jahre 1566 fälschlicherweise lebend verbrannte Frau, die zuvor eigentlich erst hätte gehängt werden müssen, liefert er die folgende Rechtfertigung: »Das ist überhaupt kein Fehler. Es ist vielmehr ein gerechtes Urteil Gottes, der uns daran gemahnt ..., daß kein Verbrechen den Scheiterhaufen eher verdient als dieses.«[184]

Spricht hier tatsächlich der in plötzlichen Wahnsinn verfallene Aufklärer? Ist er in seinem Kampf für die Durchsetzung von Toleranz und Humanismus bei der Verdrängung seiner aggressiven Strebungen so sehr überfordert, daß sie schließlich die noch junge und dünne Schicht des Widerstandes zerreißen und ihn dabei in eine Orgie der Grausamkeit mitziehen? Bodin selber redet überhaupt nicht von der eigenen Pein, sondern beschwört bei seinem Kampf gegen das »Verbrechen« immer wieder den Nutzen des Staates, den er schließlich selbst zuerst in seiner modernen Gestalt gedacht und entworfen hat:

»Durch zweierlei Mittel werden die Gemeinwesen in Stadt und Land in Wohlstand und Ordnung gehalten, nämlich durch Belohnung und Bestrafung: das eine den Frommen zum Trost, das andere den Bösen zum Trotz. Wenn man bei der rechten Abwägung dieser beiden Mittel säumig oder fahrlässig handelt, dann hat man gewiß und unausweichlich den *Untergang der Gemeinwesen* und Regierungen zu befürchten. Das heißt nicht, daß alle Verbrechen und Verfehlungen bestraft werden sollen ....

Diejenigen aber irren, die meinen, daß die Strafen allein zur Züchtigung der Missetat angeordnet werden: Denn meines Erachtens ist dies der geringste Nutzen, der einem Gemeinwesen daraus entstehen mag. Vielmehr ist es ihre höchste und vornehmste Aufgabe, den Zorn Gottes zu besänftigen, insbesondere wenn sich die Missetat eigentlich direkt gegen die Majestät Gottes richtet, wie es von der Zauberei mehr als bewiesen ist ...

Wo aber je ein Mittel existiert hat, den Zorn Gottes zu besänftigen, seinen Segen zu erlangen, andere durch Strafe zu erschrecken, viele vor Vergiftung durch andere zu bewahren, die Menge der Bösen zu schmälern, das Leben der Frommen wohl zu sichern und die allerabscheulichste Untat, die ein Menschenherz erdenken kann, zu ahnden, so besteht dieses gewiß darin, daß man das *Hexengeschmeiß aufs schärfste mit größtem Rigor strafe*. Gleichwohl fällt hier das Wort Schärfe bzw. Rigor noch zu milde aus, da für die teuflischen Subjekte keine Strafe grauenhaft genug sein könnte.«[185]

Den Schaden des »Hexengeschmeißes« für das Gemeinwesen erachtet Bodin als so umfassend, daß er nicht zögert, die bisher üblichen Normen bei der Verbrechensermittlung über Bord zu werfen. Er ermahnt die Fürsten nachdrücklich, von den überlieferten Prozeßverfahrensweisen abzulassen, um die ganz neue, von ihm erdachte Art des Staatsnutzens auch wirklich zu erreichen: »Aus diesem Grund soll man niemals einem der Zauberei Angeklagten gänzlich vergeben und freisprechen. Es sei denn, daß eine Falschaussage der Anzeigenden oder der Ankläger sonnenklar erweisbar wäre. Dies betone ich, weil der Beweis solcher Missetat so schwierig zu erbringen ist, daß unter hunderttausend Zauberern nicht einer angeklagt und bestraft würde, wenn die Parteien aus Mangel an Beweisen das ordentliche Gerichtsverfahren einhalten müßten. Daher muß den Richtern verboten werden, in *Malefizsachen* einem solchen Gerichtsprocedere zu folgen.«[186]

Die Überwachung der Prozesse erachtet Bodin deshalb als mindestens so wichtig wie das Zusammentreiben der Angeklagten: »Schrecklich donnert er gegen die milden Richter, welche die Hexen dem Feuertod entziehen und dadurch das Heil der Menschheit aufs Spiel setzen; ja er ist nicht übel willens, alle, welche die Hexen milde behandeln, der Beihilfe zur Hexerei zu bezichtigen. Eine Reihe von Hexenverteidigern sei nachträglich selbst als Hexer entlarvt worden! Man sieht, wie furchtbar gefährlich es in jener Zeit war, auch nur schüchtern dem Aberglauben der Justiz entgegenzutreten; man mußte selbst eine Verfolgung wegen Hexerei befürchten«[187], d.h. damit rechnen, selbst getötet zu werden.[188]

Auch hier also wieder eine Deutung, in der die humanistische Lichtgestalt Bodin vom »Aberglauben« besessen gewesen sei. Ist er tatsächlich aber lediglich das hilflose Opfer subjektiver Projektionen, vertuscht er in Wirklichkeit seine eigene psychische Gefährdung, wo er den Staat, ja das Heil der Menschheit durch »Verbrechen« bedroht sieht? Zweifellos sieht so die überwiegende Mehrheit der Forscher – seien sie nun Historiker oder Psychologen – den großen Franzosen. Gleichwohl ist gelegentlich doch darauf beharrt worden, daß Bodins Rationalismus – so unverständlich er bisher in seiner Hexenvariante auch sei – nicht teilbar sein könne, er also für die Gefährdung einer prosperierenden Wirtschaft durch Hexerei nicht weniger plausible Gründe gehabt haben müsse als bei seinem Kampf gegen die Geldentwertung als einer anderen Quelle für die Gefährdung wirtschaftlicher Stabilität.[189] Geht es ihm in seinem Hexenbuch also tatsächlich um etwas anderes als in seiner Staatstheorie, in der er ein halbes Jahrzehnt zuvor nach der Polizei ruft, um die Aussetzung und Tötung von Kindern zu verhindern, um also jene »griechischen Mittel« zu unterbinden, die er in seiner Geschichtstheorie für den Untergang Roms verantwortlich gemacht hat? Gewiß nicht! Das Hexenbuch liest sich als konsequente, wenn auch zweifellos entsetzliche Fortsetzung seiner ökonomischen Konzeption, in der die Bereitstellung von Arbeitskräften für die staatliche Wirtschaftsaktivität den unverzichtbaren Eckpfeiler bildet. Welche seiner Angriffe auf die Hexen, deren »Teufel ... die Mehrung und Fortsetzung des Menschengeschlechts«[190] verhindere, bestätigen diese These?

Ganz wie im *Hexenhammer,* auf den er sich beruft, kommt auch bei Bodin die Hebamme ins Visier, wenn er die Hexe näher definiert.[191] Die Zielrichtung ihres Zaubers wird als »manichäische Ketzerei«[192], also als Wiederaufnahme der von den Manichäern verweigerten Fortpflanzung wahrgenommen. Was bewirkt nun der »Teufel«, wenn er mit Hilfe der »Zauberei« am Werke ist?: »*Erstlich* hindert er dadurch die Vermehrung und Fortpflanzung des Menschengeschlechts, welches er nach besten Kräften auszurotten trachtet. Zum anderen hebt er dadurch das Band der ehrlichen und ehelichen Liebe zwischen Mann und Frau auf. Drittens bringt er die *Verknüpften* zu Hurerei und Ehebruch.«[193] »Verknüpfung« oder auch das sogenannte »Nestelknüpfen« umfaßt dabei sowohl mechanische als auch medikamentöse und suggestive Verfahren, »die beim Ehevolk zwar das Kinderzeugen, aber nicht die Beiwohnung und Vermischung verhindern«.[194] Von einer verhütungserfahrenen Frau, die er im Jahre 1567 persönlich anklagt, erfährt Bodin, daß es »fünfzig Arten und Weisen des Nestelknüpfens gäbe«[195], die von Ärzten nicht aufzudecken[196] seien, obwohl selbst »Kinder damit umgehen«[197] können. Nicht minder erregt er sich über ein Paar, daß über drei Jahre hinweg durch diese Verknüpfungen kinderlos bleibt und dann nach ganz eigenem Plan »schöne Kinder miteinander erzielt«.[198] Die Offenheit und Selbstverständlichkeit, mit der Geburtenkontrolle praktiziert wird, geißelt er als »unverschämte Frechheit«.[199]

Statt der »siebenfachen Hexerei« bei Sprenger und Institoris, die mit sieben Verfahren der Geburtenkontrolle identisch ist (s. Kapitel IV oben), listet Bodin fünfzehn Hexereidelikte auf, für die mit dem Tode bestraft werden soll. Dabei bedeutet der Terminus »Teufel« immer den Verhinderer der Fortpflanzung:

(1) Ohne Furcht vor »Gott und *aller* Religion ... Schaden zu tun«. (Wie auch im *Hexenhammer* geht es ausdrücklich nicht gegen einen häretischen Abfall, sondern um die »Aufkündigung aller Religion, ganz gleich, ob sie wahr oder abergläubisch ist«[200]);
(2) die fromme Gottesfurcht anderer ausdrücklich verlästern und der Kirche den Respekt verweigern;
(3) Verehrung des (fortpflanzungsfeindlichen) Teufels;
(4) Verlobung des eigenen Nachwuchses der Hexen an diesen Teufel;
(5) Kindestötung vor der Taufe;
(6) Abtreibung und Gefährdung der Mutter bei derselben;
(7) Fremde für den Teufel gewinnen;
(8) magische Beschwörungen im Interesse dieses Teufels;
(9) Vater-Tochter- und Mutter-Sohn-Inzest;
(10) Menschen und Kinder vor der Taufe für die Herstellung von Hexensalben töten (s. dazu Kapitel IV oben);
(11) Diebstahl von Leichen, aus deren Fett Heilmittel gebraut werden;
(12) Menschen und Tiere zum Schaden anderer durch Magie und Drogen töten;
(13) Vieh verhexen, um es von den ängstlichen Besitzern dann billig aufzukaufen;
(14) Feldfrüchte verderben und
(15) Buhlschaft mit dem Teufel; d. h. beim ehelichen Verkehr die Zeugung verhindern.[201]

»Die auf den Kindestötungsvorwurf zugespitzte, zentrale Hexereianklage der Geburtenkontrolle«. Aus dem Compendium Maleficarum *(1608) des Hexenjägers Guazzo.*

Wir sehen also auch bei Bodin, daß er mit der Hexenverfolgung die Geburtenkontrolle bekämpft. Um dieses Ziel unmißverständlich herauszustellen, betont er ausdrücklich, welches Delikt an allererster Stelle zu bekämpfen ist: »Der allerärgste Mord an den lebenden Geschöpfen ist derjenige, der an einem Menschen begangen wird und unter den Menschen wiederum derjenige, der an einem unschuldigen Kind geschieht. Dieser ist dem Teufel am angenehmsten. Eben dies haben wir von dem Mord gezeigt, den die Zauberinnen begehen, wenn sie die Kinder nehmen, sie darbieten, dem Teufel opfern und sie vor der Taufe ... und auch im Mutterleib umbringen.«[202]

Wiederum beschränkt sich aber der Hexereivorwurf nicht auf Kindestötung und Abtreibung, sondern ausdrücklich auch auf die Schwangerschaftsverhütung, die dem Mord gleichgesetzt wird. Nicht also der Mord als solcher wird zum Angriffsziel des Hexenjägers Bodin, sondern die Geburtenkontrolle in all ihren Erscheinungen seiner Zeit: »Denn wer immer mit der [Zauber-]Kunst umgeht, kann nicht in Abrede stellen, daß er das Gesetz Gottes und der Natur bricht: weil er die Wirkung der von Gott eingesetzten Ehe verhindert. Daraus folgt entweder die Ehescheidung oder Unfruchtbarkeit, was dann ein ganz eindeutiges Sakrileg oder eine Vergreifung an der heiligen Sache bedeutet. Zusätzlich wird er nicht leugnen können, daß er dadurch ein Totschläger wird. *Derjenige also, der die Zeugung oder die Heranreifung der Kinder behindert, muß ebenso als Totschläger angesehen werden wie derjenige, der einem anderen die Gurgel durchschneidet.«*[203]

Für Bodin ist die Hexe durch ihre bloße Berufsausübung als weise Frau und Heilerin, der neben der Geburtshilfe eben auch die »Zeugungsbehinderung« obliegt, in jedem Falle zu töten: »Abgötterei, Gotteslästerung, Opferung, Kindesmord, Totschlag, Ehebruch und Hurerei mit dem Satan« brauchen für ein Todesurteil nicht mehr gesondert bewiesen zu werden, wenn die Angeklagte eine weise Frau ist: »Wenn sie eine Zauberin ist, so erleidet sie den Tod allemal zu Recht.«[204] Wie schon der *Hexenhammer* führt Bodin dabei *keinen* Krieg gegen das weibliche Geschlecht als solches, obwohl seine Rede von »einer viehischen Begierlichkeit, welche das Weib ... antreibt«[205], dieses nahelegen könnte. Für ihn geht es jedoch nicht um die Bekämpfung des Genusses, sondern um die Mittel, die den Genuß erst als einen folgenlosen möglich machen: »Und es besteht kein Zweifel, daß die brünstige Begierde fleischlicher Hurerei vor allem der Weiber auch zu *geistlicher* Hurerei verführt.«[206] Die »geistliche Hurerei« hat wiederum nichts mit religiöser Ketzerei, sondern mit dem Einsatz von Verstand und Vorsicht im Sexualleben zu tun.

Wie wir gesehen haben, erweist sich der bedeutendste Staats- und Wirtschaftsdenker der frühen Neuzeit keineswegs als partiell noch einem angeblich finsteren Mittelalter zugehöriger Besessener oder Halbverrückter. Er tritt nicht einmal durch Eifer für eine wahre Kirche hervor, sondern fügt seiner unerbittlichen Forderung nach der Gewinnung von Arbeitskräften, für die der Staat aktiv einzustehen habe, mit der Hexenverfolgung lediglich eine zentrale Ausführungsmaßnahme an. Es gilt nun herauszufinden, warum die scheinbar religiösen Maßnahmen der klerikal-staatlichen Hexenbekämpfung eine ganz handfeste weltliche Antwort auf die nicht minder weltlichen Probleme von kirchlichen *und* weltlichen Grundherren der frühen Neuzeit in Europa darstellen.

VI.

Welche ganz weltlichen Probleme treiben die klerikalen Hexenverfolger zur Menschenproduktion?

Das Ziel der Hexenverfolgung der frühen Neuzeit ist die Beseitigung von Geburtenkontrolle. Woraus entsteht nun dieses Ziel? Es entwickelt sich aus der europaweiten Ernährungskrise zu Beginn des 14. Jahrhunderts, die zu Aufständen der Leibeigenen führt und den Feudalismus erschüttert. Die große Pest aus der Mitte des 14. Jahrhunderts dramatisiert diese Entwicklung hin zu einer *Bevölkerungskatastrophe*. Aus der nachstehenden Übersicht wird die Bevölkerungsentwicklung bis in die Mitte des 20. Jahrhunderts deutlich. Sie zeigt den langsamen Anstieg der europäischen Menschenzahl bis 1300 u. Z. und dann den starken Rückgang bis 1400 u. Z.:

Europäische Bevölkerung von 400 v. u. Z. bis 1970[207]

Jahr	Bevölkerung in Millionen	Jahr	Bevölkerung in Millionen
400 v. u. Z.	23	1400	45
1 u. Z.	37	1450	60
200	67	1500	69
700	27	1550	78
1000	42	1600	90
1050	46	1650	103
1100	48	1700	115
1150	50	1750	125
1200	61	1800	187
1250	69	1850	274
1300	73	1900	423
1350	51	1950	594
		1970	636

Die heftigen Auswirkungen von Ernährungskrise und Pest im 14. Jahrhundert seien – gewissermaßen in Großaufnahmen – für England-Wales, Frankreich sowie für Deutschland in den heutigen Grenzen von BRD und DDR gesondert ausgewiesen. Alle drei Übersichten werden bis in die Gegenwart geführt, da sie auch für die Veranschaulichung der gewaltigen demographischen Nachwirkungen der Hexenverfolgung, die wir in Kapitel IX unten behandeln, aufschlußreich sind.

Englische Bevölkerung (einschließlich Wales) von 1250 bis 1973[208]

Jahr	Bevölkerung in Millionen	Jahr	Bevölkerung in Millionen
1250	3,0	1650	5,8
1300	4,0	1700	5,8
1347	4,0	1750	6,2
1400	2,0	1801	8,9
1450	2,4	1851	18,0
1500	2,8	1901	35,5
1550	3,6	1951	43,8
1600	5,0	1973	49,2

In der Tabelle mit der gesamteuropäischen Bevölkerung ab 400 v. u. Z. sehen wir den von Bodin als Ergebnis der »griechischen« Mittel (Abtreibung und Kindestötung) gedeuteten *Niedergang des weströmischen Reiches* als Bevölkerungsrückgang von 67 Millionen im Jahre 200 u. Z. auf 27 Millionen im Jahre 700 u. Z. Tatsächlich erklärt sich die extrem radikale Anwendung der – wie oben gezeigt – *immer* praktizierten Geburtenkontrolle in Rom nicht aus diesen Mitteln selbst, sondern diese Mittel werden angewendet, weil die wirtschaftliche Konzentration den Familienbetrieb, der Kinder aus Eigeninteresse planvoll und in begrenzter Anzahl hat, durch die großen Kaufsklavenbetriebe ersetzt. In Kasernen gehaltene Sklaven aber pflanzen sich im Normalfall nicht fort, so daß nach dem Versiegen der Sklaveneinfangkriege die Bevölkerung drastisch abfällt.

Die ökonomische Zerstörung der Familienbetriebe durch die römischen Sklavenbetriebe geht einher mit dem Zerfall der patriarchalischen Gewalt. Sie bringt eine weitgehende Gleichberechtigung der Frau und eine bis dahin in Rom nicht

Bevölkerung in Frankreich von 400 v. u. Z. bis 1975 (in Mill.)[209]

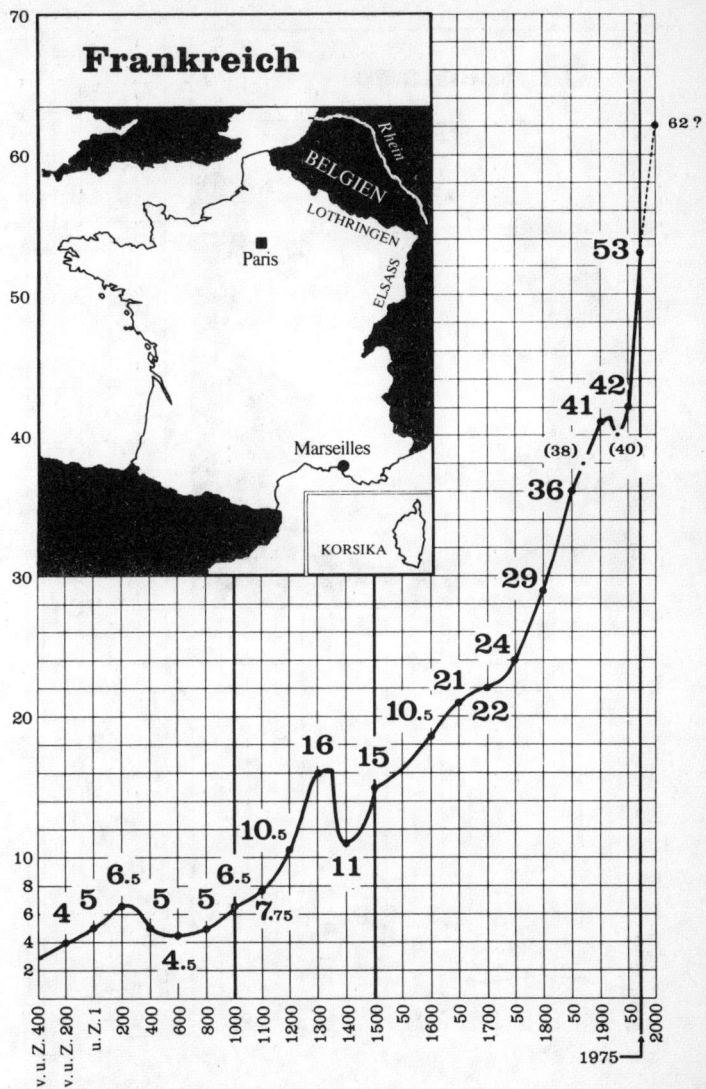

Bevölkerung in Deutschland (in den heutigen Grenzen von BRD und DDR von 400 v. u. Z. bis 1975) (in Mill.)[209]

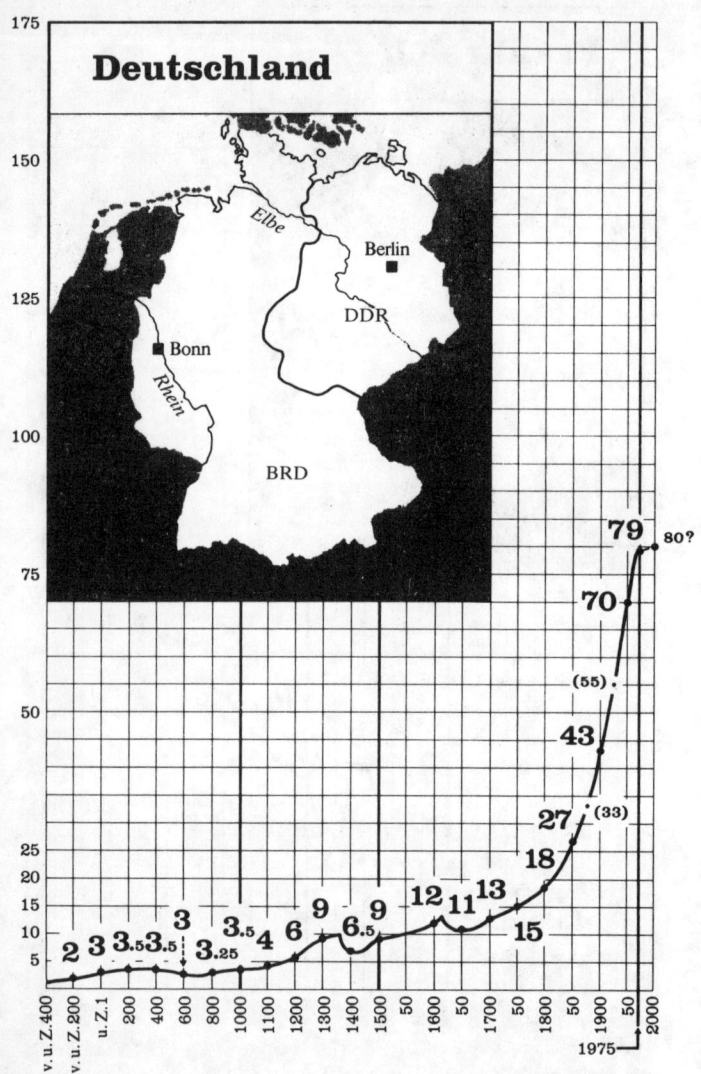

gekannte sexuelle Freizügigkeit, deren ungewollte Folgen auf der Grundlage des patriarchalischen Rechts auf Abtreibung und Kindesaussetzung beseitigt werden. Der Verfall der Familienmoral bezieht auch die noch verbliebenen Klein- und Großeigentümer mit ein, da diese sich ihre Erbsöhne zunehmend nicht mehr über die eigene Familiengründung besorgen, sondern durch Adoption familienloser Plebejerkinder, freier Proletarier oder sogar Sklaven beschaffen. Die Auflösung der herkömmlichen sexuellen Sitten sowie individuelle Fortpflanzungs- und Familienabstinenz werden nun erstmals in der Geschichte des Abendlandes ein Anknüpfungspunkt für staatliche Politik.

Die Versuche der Kaiser seit Augustus (27 v. u. Z. – 14 u. Z.) – also bereits in vorchristlicher Zeit –, Verehelichung und familiale Fortpflanzung durch Gesetze zu erzwingen, richten sich nur auf die führenden Klassen des Reiches und laufen am Ende leer, da sie die sklavenkapitalistische Ursache des Problems unangetastet lassen: Der nicht mehr agrarisch-handwerklich, sondern mit Kapital operierende Römer benötigt keinen treuen und persönlich angelernten Sohn mehr, sondern eine kaufmännisch tüchtige Kraft, die sich um seine Geldrente zu kümmern hat und eine Beziehung zum Kapitaleigner konstituiert, die nichts mehr mit der zwischen Vater und Sohn, die Seite an Seite arbeiten, zu tun hat. Ein selbstgezeugter Sohn ist also für die kaufmännischen Funktionen, die der Vermögensbesitzer benötigt, keineswegs von vornherein besonders gut geeignet. Um einen Vermögensagenten aus eigenem Nachwuchs zu gewinnen, müssen in der Regel mehrere Kinder aufgezogen werden, von denen dann das tüchtigste ausgewählt wird. Das vaterrechtlich unverzichtbare Institut der Adoption – das allein den unfruchtbaren Mann und damit das patriarchalische System insgesamt vor dem Untergang schützt – ebnet nun den Weg, den vermögensverwaltenden Erben nicht mehr mühsam, risikoreich und kostspielig in der eigenen Familie heranzuziehen, sondern aus den nach Erbschaft suchenden Bewohnern der Städte oder auch aus dem weiteren Familienkreis auszusuchen. Der Dichter Plautus zeigt das rein *ökonomische* Kalkül der Erbenbeschaffung durch Adoption für diese Zeit sehr schön, wenn er in der Komödie *Der Bramarbas* den Greis Periplectomenes im 2. Akt, 1. Auftritt sagen läßt:

»Hab' ich Verwandte genug. Was hab' ich Kinder nötig? Jetzo leb' ich gut und glücklich, ganz nach meinem Sinn, wie mir's beliebt. Mit meinem Tode fällt den Anverwandten mein Vermögen zu; ich gebe jedem seinen Teil. Sie essen bei mir, pflegen mich, sehn, was ich mach' und was ich will. Noch eh' es Tag wird, stehn sie da und fragen nach, wie ich die Nacht geschlafen. Das sind meine Kinder; ja, sie schicken mir sogar Geschenke. Kommt ein Opfer vor, so geben sie mir einen größeren Teil, als auf sie selber kommt. Sie holen mich zum Opferschmause, laden mich zum Frühstück und zum Abendtisch. Unglücklich schätzt sich der am meisten, der das wenigste mir geschickt. Recht um die Wette machen sie Präsente mir. Beim Pollux! Hätt' ich Kinder, diese brächten mir des Jammers genug; ich wär' in steter Todesangst, ob eines im Rausche, ob es wo vom Pferde fiel' und nicht allein die Beine bräche, nein, den Hals. Dann auch, ob meine Frau nicht ein gezeichnet' Kind zur Welt mir bringe: eins mit einem Muttermal, ein Krummaul, einen Grätschler, Schieler, Hinkebein.«[210]

Wenn also die Adoptionen im Rom der Kaiserzeit in die Hundertausende gehen, so hat das nichts – wie populär immer noch spekuliert wird – mit Impotenz oder gar mit einer von den Bleiwandungen der Luxusgefäße verursachten Unfruchtbarkeit zu tun, sondern ist der ökonomisch bestmöglichen Variante der Vermögenserhaltung und Vermögensübertragung geschuldet. Das Adoptionswesen gerade in den herrschenden Schichten birgt für die Kaiser aber den besonderen Nachteil, daß es ihnen die politische Manövriermasse an guterzogenen Fachleuten für ihre Reichspolitik entzieht. Die Söhne der über Produktiveigentum verfügenden und daher mit dem Reich identifizierten Römer bleiben aus. Es mangelt an Offizieren, Verwaltern, Spezialisten und tüchtigen Kolonisten für den Zusammenhalt des Reiches. Ihrer Gewinnung sollen die kaiserlichen Gesetze vorrangig dienen. Sie operieren mit einer einzigen zentralen Waffe: Wer seinen ökonomischen Vorteil darin sucht, daß er Familienleben und Kinderaufzucht vermeidet, soll selber in seinem Erbe beschnitten werden. Alle anderen Bestimmungen ergänzen diese Maßnahme lediglich; dazu gehören die Verhinderungen von Scheinehen, besondere Ehrenkleider für kinderreiche Mütter, Nachteile der Kinderlosen bei der Erlangung öffentlicher Ämter und, zunächst noch vorsichtig, Sperren gegen das, was bei den ersten Christen, später bei den Hexenverfolgern *Unzucht* heißen und im Zentrum ihrer Angriffe stehen wird. Erst unter Septimus Severus (193–235 u. Z.) – also zwei Jahrhunderte nach der augusteischen Gesetzgebung – gelingt es, ein speziell gegen Unzucht gerichtetes kaiserliches Gesetz durchzusetzen. Septimus Severus ist zugleich derjenige Kaiser, der erstmals Christen in hohe Staatsämter beruft und biblische Münzsymbole gestattet.[211]

Die *Unzuchtsverfolgung* soll diejenigen treffen, die Erben und Unterhaltspersonen wohl benötigen, diese jedoch durch Adoption oder Mietvertrag gewinnen und trotz der Ehe- und Familienlosigkeit jederzeit Geschlechtsbefriedigung finden können. Der Geschlechtstrieb soll in die Zeugung ehelicher Kinder kanalisiert werden und dadurch die Zahl des Nachwuchses über lediglich einen Adoptiverben hinaustreiben. Sie ist historisch etwas Neues, setzt Sklaven und Proletarier voraus, die für nichteheliches Geschlechtsleben und Adoptionen zur Verfügung stehen. Der Eingriff der Kaiser in das Privatleben der Römer ruft deshalb erheblichen Widerstand hervor, wird als schwerster Angriff auf die persönliche Freiheit erfahren und bleibt am Ende erfolglos. Seit Ende des 2. Jahrhunderts u. Z. geht dann der Bevölkerungsrückgang in eine massive ökonomische Krise über, da die noch verbliebenen Sklaven nicht mehr ausreichen, um die erforderlichen Größenordnungen der wirtschaftlich optimalen Arbeitsteams zu erreichen. Daraufhin schaffen die Kaiser die gesetzlichen Grundlagen für den Übergang zu einer feudalen Verwendung der Sklaven. Sie werden seit dem Edikt des Pertinax (193 u. Z.) zunehmend in Kleinbauern verwandelt. So kann ein erheblicher Teil des Bodens verwaister ehemaliger Sklavenlatifundien als Kulturland und Steuerquelle wiederhergestellt werden. Die neuen Bauern sind aber nicht frei: »Es entstand also ein neuer Stand, wirtschaftlich ein Mittelding zwischen Pächtern und Sklaven, zwischen Staatsbauern und Leibeigenen, dessen Lage rechtlich fixiert werden mußte, da er etwas Neues, bis dahin Unerhörtes war.«[212]

Die freie Verkaufbarkeit von Land und Arbeitskräften – zentrale Strukturmerkmale der römischen Wirtschaft, die das Reich zuerst aufblühen und dann zerfallen lassen – wird weitgehend unterbunden. Immerhin jedoch benötigen die »Kolonen« zur Erhaltung und Fortführung ihrer Existenz die *Familie,* verfügen also wieder über ein ökonomisch begründetes Fortpflanzungsmotiv. Sie sind an die Scholle gefesselt, dürfen ihr Land nicht verlassen und müssen ihren Herren Naturalrenten entrichten oder Frondienste leisten. Diese Herren – Nachfahren der alten Polisgründer – müssen die Städte verlassen, nachdem die Geldrenten aus den Latifundien nicht mehr fließen. Sie vertauschen die Stadthäuser mit dem Gutshof, auf dem alle lebenswichtigen Güter produziert werden. Ohne die Konkurrenz einer preisdrückenden Sklavenökonomie dehnt sich die schollenfeste bäuerliche Landwirtschaft in feudaler Abhängigkeit eher friedlich als kriegerisch in Europa aus.

Diese Umwandlung der Sozialstruktur zum Gutshof hin erfolgt nur sukzessive. Der Bevölkerungsrückgang setzt sich also noch weiter fort, und – wie aus der 1. Tabelle dieses Kapitels ersichtlich – die Durchsetzung des Feudalismus ist erst im 8. Jahrhundert soweit abgeschlossen, daß er europaweit die ihm eigentümliche Dynamik[213] voll entfalten kann. Diese findet offensichtlich durch die Klimaveränderung, welche seit dem Ende der letzten großen Eiszeit Nordeuropa das wärmste und fruchtbarste Wetter beschert[214], ihre entscheidende Grundlage. Wichtige Neuerungen – neben den wiederhergestellten, aber nun unfreien Bauernfamilien – auf technischem Gebiet werden bereits vor dieser Zeit eingeführt: »Das Herausragende in der europäischen Geschichte des frühen Mittelalters war zwischen dem 6. und späten 8. Jahrhundert die Entwicklung einer neuen landwirtschaftlichen Methode, die den geographischen Bedingungen Nordeuropas angepaßt war. Im Zuge ihrer Ausprägung zu einem neuen, sich stetig ausbreitenden Kulturmuster erwies sie sich als die – pro Arbeitskraft – reichste landwirtschaftliche Methode, welche bis dahin auf der Welt existiert hatte. Zur Zeit Karls des Großen hatte sie das Zentrum der europäischen Kultur von den Küsten des Mittelmeers in die nordeuropäischen Ebenen verschoben, wo es seitdem auch geblieben ist.«[215] Die tragenden technischen Innovationen der landwirtschaftlichen Umwälzung sind der schwere Wendepflug auf Rädern, die Dreifelderwirtschaft und die erstmalige Verwendung des Pferdes als Zugtier mit Hilfe von neuartigem Zaumzeug und Hufeisen. Zu Beginn des 12. Jahrhunderts hat die wirtschaftliche Entwicklung dieser feudalen, nicht-freien Bauernschaft ihre Blüte, die demographisch dadurch gekennzeichnet ist, daß der Anteil des land- und ehelosen Gesindes weniger als ein Bevölkerungsdrittel ausmacht.[216] Sie vermag dieses Niveau noch während einer langen Zeitspanne zu halten, bis sie zu Anfang des 14. Jahrhunderts ihren Höhepunkt in der eingangs dieses Kapitels skizzierten Krise dann endgültig überschreitet.

Die langanhaltende Stabilität folgt aus der Beständigkeit, mit welcher die nicht sehr zahlreichen nichterbenden Söhne der wohlhabenden Bauernschaft für die Besiedlung und Urbarmachung selbst zweitklassiger oder abseits gelegener Böden ausgerüstet werden können. Die Nettoreproduktionsrate liegt über 1 (dazu Kapitel III oben), so daß die europäische Bevölkerung zwischen 1000 und 1300 allmählich von ca. 40 auf ca. 73 Millionen Menschen zunimmt.[217] Doch nicht allein die Geburtenzahl selbst, sondern insbesondere die faktische Erleichterung der Eheschließung für nichterbende Söhne drückt die Zuversicht aus, welche aus der langwährenden Prosperität gewachsen ist und welche zugleich die Bauernschaft so sicher und selbstbewußt werden läßt, daß Knechtschaft nur noch schwer ertragen wird. Erst die offensichtliche Erschöpfung der Böden bringt diese Entwicklung zum Stillstand. Wiederum spielt dabei das Klima, welches ab 800 u. Z. der Landwirtschaft überaus günstig gewesen ist, eine wesentliche Rolle: eine »kleine Eiszeit«, deren Beginn auf 1303[218] datiert wird und die bis 1880 währt, hat erhebliche Auswirkungen auf die Bodenerträge. Neue Verfahren der Düngung und Saatsetzung belegen die Suche nach Auswegen.[219] Sie vermögen jedoch den Rückgang der Ernteerträge nicht zu verhindern. Obwohl Hunger vereinzelt auch im Hochmittelalter vorkommt, »weisen erst zu Beginn des 14. Jahrhunderts alle Indizien darauf hin, daß das

Klima im überwiegenden Teil Europas sich sehr rasch verschlechterte ... Die extrem kalten und regnerischen Jahre 1315–1318 waren für Europa katastrophal – besonders mit sintflutartigen Regenfällen im Herbst zur Zeit der Ernte ... Die Hungersnöte verheerten Europa in dieser Zeit *überall*. Schließlich brachten die Jahre 1335–1352 eine nahezu ununterbrochene Periode von Mißernten in ganz Europa.«[220]

In diese bereits angespannte Lage stößt nun im Jahre 1348 die große Pest, der Schwarze Tod. Der europäische Bevölkerungsrückgang zwischen 1300 und 1400 von knapp 73 auf 45 Millionen[221] geht im wesentlichen auf das Konto der wenigen Pestjahre. Die untenstehende Graphik zeigt die langfristige Entwicklung der englischen Bevölkerung zwischen 1086 und 1525 in den Grenzen der möglichen Schätzwerte. In England hat sich die Pest besonders dramatisch ausgewirkt und einen Menschenverlust von fast 60% gebracht.

Bevölkerung in England 1086–1525[222]

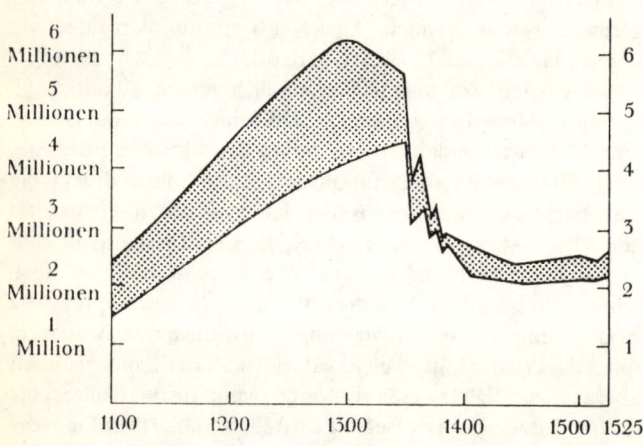

Durch die große Pest allein geht die europäische Bevölkerung um 25–30%[223] zurück. In weniger als einem halben Jahrzehnt erzielt sie den Tötungseffekt von etwa zweihundert Hiroshimabomben. Weitere Pestausbrüche folgen in den Jah-

»Der Schwarze Tod«. Nach Hans Holbeins Totentanz *von 1538.*

ren 1360/61, 1369/74, 1380/81 und 1385[224]: »Es kann als sicher gelten, daß von der Zahl der Toten her gesehen diese Pest alle Katastrophen übertraf, die Westeuropa in den letzten tausend Jahren erlebte – diese Katastrophe war bei weitem größer als die der beiden Weltkriege dieses Jahrhunderts zusammengenommen.«[225]

Die in Reaktion auf die Mißernten und Epidemien seit Beginn des 14. Jahrhunderts ablaufenden Bauernaufstände zerschlagen nun den westeuropäischen Feudalismus weitgehend und führen bei den betroffenen Grundherren allenthalben zu Überlegungen für die Lösung der Krise. Hatte die Spätzeit des Römischen Reiches mit seinem Kaufsklavenkapitalismus, der die Familienbetriebe und damit die Basis für die Fortpflanzung zerstörte, in die feudale Wirtschaft mit unfreien, aber sich fortpflanzenden Bauern geführt, so bricht eben diese Feudalwirtschaft nun zusammen und kann nicht überall in gleicher Weise wiederhergestellt werden. Die lange Phase der Krise – zwischen ca. 1305–1480 – läßt sich deshalb als Suche nach einer neuen Form der Reichtumsgewinnung auf seiten der Grundherrenklasse kennzeichnen, die allenthalben mit Arbeitskräftemangel konfrontiert ist: »Der Versuch, die Kontrolle über die Bauerngesellschaft zu behaupten oder gar zu erweitern, [wird] zur Antwort der Grundherren auf die Krise des europäischen Feudalismus deshalb, weil Arbeitskräfte *überall* knapp geworden waren. Seine Ergebnisse fielen außerordentlich unterschiedlich aus. In Osteuropa wird die Kontrolle über die Bauern verschärft. In großen Teilen Westeuropas gewinnt ein bedeutender Teil der Bauern nicht nur Freiheit, sondern erwirbt auch dauerhaft Eigentumstitel an einem erheblichen Teil des Bodens [...]. In England brach das System der Leibeigenschaft zusammen; dennoch behaupteten die Grundherren die Kontrolle über Grund und Boden.«[226]

Für wen genau werden die »Arbeitskräfte überall knapp«? Knapp werden sie für weltliche *und* kirchliche Grundbesitzer. »Die Bedeutung der Kirche als Wirtschaftseinheit im mittelalterlichen Europa kann gar nicht hoch genug eingeschätzt werden... So gehörten etwa zur Abtei St. Bertin 10 000 Hektar. Die Abtei Lorsch umfaßte halb Rheinland-Pfalz. Die Abtei St. Germain des Prés besaß bereits im 9. Jahrhundert 35 000–38 000 Hektar... Um 1430 besaßen die englischen Klöster etwa 15%, der Rest der Kirche noch einmal 10% und die Krone nur 6% des englischen Bodens... In Schweden besaß um 1500 die Krone 5%, die Kirche aber 21% des Bodens.«[227] Für den Beginn der Hexenverfolgung wird diese dominierende ökonomische Stellung der Kirche entscheidende Bedeutung haben.

Um das Jahr 1360 erreicht die Bevölkerungskatastrophe und

damit die Verknappung der Arbeitskräfte ihren Höhepunkt. Im selben Zeitpunkt beginnt *regional* – noch nicht europaweit – die Tötung von Hexen in größerer Zahl. Bereits im Jahre 1404 kann der Inquisitor Paramo »mit Stolz feststellen, das Heilige Offizium habe schon mehr als dreißigtausend Hexen verbrennen lassen; wenn diese Hexen der Straflosigkeit sich erfreut hätten, dann hätten sie die ganze Welt zu ihrem vollständigen Ruin geführt.«[228] Den Beginn der eigentlichen Hexenverfolgung erst *nach* 1360 – und nicht bereits nach der Katharerverfolgung im 13. Jahrhundert – haben in jüngster Zeit zwei englische Historiker unterstrichen.[229] Warum die Verfolgungen zu diesem Zeitpunkt einsetzen, bleibt allerdings unerklärt. Zwar wird gesehen, daß von nun an nicht Einzelpersonen, sondern eine gesellschaftliche Gruppe ausgerottet werden soll, nach einem – jenseits religiösen Eiferertums liegenden – Kalkül für die Ausrottung, das man etwa beim Vorgehen gegen Waldenser und Tempelritter durchaus klar sehen könne, werde im Falle der Hexenverfolgung aber vergeblich gesucht. Die Epoche dieses »bürokratiemäßigen und massiven Tötens unschuldiger Menschen ... bleibt immer noch eine der mysteriösesten Episoden der europäischen Geschichte«.[230]

Dagegen meint ein amerikanischer Historiker, ein solches Ausrottungskalkül durchaus sehen zu können, indem er zwischen der Bevölkerungskatastrophe und dem Hexenphänomen einen ursächlichen Zusammenhang konstruiert: Da die Pest mehr Männer als Frauen getötet hätte und überdies die verbliebenen aktiven Männer vom entvölkerten Land für einen jetzt besonders günstigen Lebenserwerb in die Städte abgewandert seien, wären vor allem Frauen in der Einöde zurückgeblieben. Daraufhin hätten sie sich, verlassenen und sexuell unterversorgt, aus »Isolation und Bitterkeit« den »hysterischen Massendemonstrationen« der *Flagellanten* angeschlossen und zunehmend auch bei den ebenso »antisozialen Rasereien« der »Hexenrituale« mitgemacht.[231] Nicht gegen hysterische Reaktionen auf sexuelle Frustrationen jedoch, sondern – wie wir sahen – gegen die nüchterne Praxis der Geburtskontrolle setzt die vermehrte Tötung von Frauen ein. Die sich selbst geißelnden *Flagellanten*, die nach der großen Pest tatsächlich eine Renaissance erleben[232], werden keineswegs Opfer von Massenverfolgungen. Zwar werden auch ihre Märsche untersagt, aber in kontrolliertem Maß bleibt die Selbstgeißelung durchaus religiös gerechtfertigte Bußform. (Der Vorstellung selbst, daß Männermangel automatisch zu sexueller Inaktivität und weiblicher Massenhysterie führen müsse, unterliegt schon die Projektion des gerade erst im Ergebnis der Hexenverfolgung einsetzenden Onanieverbots auf eine frühere Zeit, in der sie freimütig und hysterievorbeugend gehandhabt wurde – dazu ausführlich Teil B, Kapitel VI.)

Wer nun nachvollziehen kann, daß Geburtenkontrolle zum Ziel der Hexenverfolgung wird und ab 1360 als Antwort auf die extremen Menschenverluste durch die Pest ins Visier der Grundherren gerät, aber noch nicht recht versteht, wieso die Kirche bei diesen neuen Aktivitäten die Initiative an sich reißt, und deshalb doch eine aus Glaubenseifer vorzunehmende Erklärung der Hexenverfolgung nicht ausschließen möchte, findet – wie gezeigt – schnell, daß von allen zentralen Mächten Europas, die unter Arbeitskräftemangel leiden, die Kirche am härtesten getroffen ist. Sie läßt das relativ größte Gebiet des Kontinents bewirtschaften und erleidet insofern auch die schmerzlichsten Verluste: So verlieren etwa »die Kirchengüter während der großen Pest in England 50% ... ihrer männlichen Bauern über 20 Jahre«.[233] Der durch die »Hebammen geschädigte katholische Glaube« *(Hexenhammer)* erweist sich also als Schädigung des größten Grundherrn Europas an der Quelle seines Reichtums, nämlich an seinen unfreien Arbeitskräften.

Daß die kirchlichen Interessen für die Wiederbeschaffung von Arbeitskräften und nicht für einen plötzlichen extremistischen Glaubenseifer stehen oder gar für Dämonenfurcht, läßt sich ganz konkret an den Hauptverfechtern der Hexenverfolgung selbst zeigen. Sie sind in keiner Weise durch eine außergewöhnliche Frömmigkeit gekennzeichnet, sondern im Gegenteil berühmt für ihre weltlichen Machenschaften und antireligiösen Auftritte. Innozenz VIII., der am 5. Dezember 1484 die »Hexenbulle« erläßt, wird unter dem Namen Giovanni Battista Cibo 1432 in Genua geboren. Als Kardinal dient er als päpstlicher Gesandter in Deutschland, wo er mit Interesse Berichte über die starke Zunahme von »Hexenzauber« entgegennimmt.[234] Am 29. August 1484 wird er Papst und regiert bis zu

»Innozenz VIII. (1484–1492)«. Aus W.G. Soldan/H. Heppe, Geschichte der Hexenprozesse, *Berlin 1911³, Bd. I, S. 266.*

seinem Tode im Jahre 1492. »In den letzten Monaten seines Lebens wurde er durch Säugammen ernährt. Ein Versuch, ihn durch Bluttransfusionen zu verjüngen, kostete drei [dafür angezapfte] Knaben das Leben ... Mit seiner Geliebten hatte er zwei Kinder. Seinen Sohn verheiratete er in die Medicifamilie, die Tochter an den päpstlichen Schatzmeister.«[235] Von seiner Papstwahl lesen wir:

»Es bedurfte des durch Sixtus IV. völlig korrumpierten Kardinalskollegiums, damit Giuliano della Rovere, der spätere Julius II., die umonistische Wahl jenes Papstes durchzusetzen vermochte, den er sodann völlig beherrschte und der zu den erbärmlichsten Figuren gehört, die je die Tiara erlangt haben. Die Interessen des ... Mannes endeten beim Geld. Er hielt im Vatikan Einzug in Begleitung seines Sohnes Franceschetto, der von nun an vor allem in den Spielhöllen Roms zu finden war oder Einbrüche verübte, und seiner Tochter Teodorina, die seinem Nachfolger Alexander VI. vor Augen führte, wie einfach es war, eine Tochter zur päpstlichen Kronprinzessin zu erheben. Franceschetto heiratete Maddalena de Medici, die Tochter Lorenzos il Magnifico von Florenz, deren unehelicher Bruder, der spätere Leo X., dafür mit vierzehn Jahren Kardinal wurde. Für seine Enkelin Battistina, die Tochter Teodorinas, veranstaltete der Papst im Vatikan demonstrativ eine ebenso pompöse Hochzeit wie für seinen verkommenen Sohn.«[236]

Nun könnte immer noch jemand einwenden, hier habe ein Papst über sein Treiben vielleicht Schuldgefühle entwickelt und sei daraufhin frommen Eiferern gefolgt, um sich selber zu entlasten. Er hätte dann der Frömmigkeit der Kommentatoren der »Hexenbulle« zum Durchbruch verhelfen wollen, um sich vor seinem Gotte wieder in ein besseres Licht zu setzen. Aber auch von diesen deutschen Intellektuellen und Dominikanern sind ganz weltliche Durchtriebenheiten bekannt, und es gibt keinen Grund, daran zu zweifeln, daß sie Geburtenkontrolle und nicht etwa tatsächlich auch Nächstenliebe meinen, wenn sie die »siebenfache Hexerei« als Geburtenkontrolle definieren. Jakob Sprenger lebt von 1436–1495. Heinrich Kramer (zu Institoris latinisiert) ist wahrscheinlich der eigentliche Autor der Hexenbulle und wird etwa 1430 geboren. 75jährig stirbt er im Jahre 1505. In ihm haben wir einen Mann, »der der Verhaftung und Bestrafung wegen Unterschlagung von Ablaßgeldern nur mit Mühe und Not entgangen war und später zusammen mit seinem Kollegen, unterstützt durch einen schlauen Advokaten, ein Notariatsinstrument fälschte.«[237]

Der im Jahre 1216 gegründete Dominikanerorden (O. P.), zu

dem Sprenger und Institoris gehören, wird nun schon seit der 1184 begründeten Inquisition als »Hund des Herrn« gefürchtet – eine Spitze auf den *canis domini,* der aus dem Namen des heiligen Dominikus herausgelesen werden kann: »Die *Inquisition* war der Gegenschlag gegen die überall im westeuropäischen Raum um die Jahrtausendwende sich ausbreitende Sekte der Katharer, einer Nachfahrin des alten Manichäismus.«[238]

Bereits im III. Kapitel sind uns die Manichäer als Gläubige begegnet, die den ursprünglichen Christenglauben an den baldigen Weltenbrand durch einen als »glänzender Morgenstern« (*Offenbarung* 22, 16) wiederkehrenden Jesus auch im 4. Jahrhundert u. Z. noch festhalten. Wie die frühen Christen betrachten sie die Fortpflanzung als Fortsetzung des Bösen in der Welt, die doch bald für das »neue Jerusalem« (*Offenbarung* 21, 2) dahin wäre. Nach dem Ausbleiben der erwarteten Globalkatastrophe im Gefolge von Jesu Tod wird für die mittelalterlichen Gläubigen das 20. Kapitel der *Offenbarung des Johannes* zum Hinweis darauf, daß sie sich um das Jahr 1000 wiederum für die Endzeitkatastrophe mit möglicher Erlösung oder – bei schlechter Führung – eben Verdammnis bereit zu halten haben: »Und ich sah die Seelen der Enthaupteten um des Zeugnisses Jesu und um des Wortes Gottes willen ... Sie lebten und herrschten mit Christus *1000 Jahre* ... Wenn die 1000 Jahre zu Ende sind, wird der Satan aus seinem Kerker gelassen« (*Verse* 4 u. 7). Die millenaristische Bewegung, die im bulgarischen Priester Bogomil ihren Gründungsheros hat, will nun dem Herrn gefallen und nicht dem um das Jahr 1000 mit seiner Herrschaft einsetzenden Satan folgen. Dafür besinnt sie sich auf das manichäische Erbe der Nichtmehrfortpflanzung im Angesicht der heilbringenden Katastrophe. Diese unter dem Namen Katharer (wohl von *cathari* = die Reinen), von dem das Wort »Ketzer« stammt, zusammengefaßten Bewegungen mit eigenen Kirchenorganisationen ergreifen bis zur Mitte des 12. Jahrhunderts »das halbe christliche Europa zwischen Konstantinopel und Köln«.[239] Sie haben ein unzweideutiges Charakteristikum gemein: »Die geschlechtliche Zeugung wird von allen Katharern abgelehnt.«[240]

Dem Anstieg dieser empfängnisverhütenden Bewegung entspricht ein »neuer Gipfel des Widerstandes gegen die Empfängnisverhütung ... vom Ende des elften bis zur Mitte des dreizehnten Jahrhunderts«.[241] Dieser zentralkirchliche Widerstand gegen die arbeitskraftentziehende Kinderlosigkeit resultiert in einem Kanon gegen die Empfängnisverhütung in einer päpstlich autorisierten Sammlung. Diese sogenannten *Decretales* werden im Auftrag Gregors IX. in den Jahren 1230–1234 verfaßt. Dort heißt es in Buch V, Kapitel 5, Abschnitt 12 über Tötung: »*Wer Zauberei verübt oder sterilisierende Gifte verabreicht, ist ein Mörder.* Wenn jemand zur Befriedigung seiner Lust oder in bewußtem Haß einem Mann oder einer Frau etwas antut oder etwas zu trinken gibt, so daß er nicht zeugen oder sie nicht empfangen kann, oder keine Kinder geboren werden können, so soll er für einen Mörder gehalten werden.«[242] Das eigentlich *Neue* an dieser Formulierung, die bis auf den kursiv gefaßten Einleitungssatz aus dem (in Kapitel IV oben erwähnten) *Decretum* des Burckhard von 1010 u. Z. stammt, liegt in der *expliziten* Verknüpfung von »Zauberei« und Verhütung und ihrer Qualifizierung als Mord. Bei Burckhard wird ganz in der Tradition der mittelalterlichen Bußbücher diese Verurteilung der Verhütung noch nicht unter Überschriften wie »Zauberei« oder »Mord«, sondern unter »Unzucht« abgehandelt.

Papst Gregor IX. als Verantwortlicher der *Decretales* setzt im Jahre 1233 die junge Waffe der Inquisition gegen die Katharer ein, die im Jahre 1254 in Südfrankreich ihre entscheidende Niederlage erleiden und weitgehend ausgerottet werden. Im Jahre 1275 soll angeblich in der ehemaligen Katharerstadt Toulouse die erste Hexenverbrennung stattgefunden haben.[243] Der Vernichtungskrieg gegen die Kinderlosigkeit predigenden Katharer und die Gleichsetzung der Empfängnisverhütung mit Mord kann nun dazu verführen, die um 1360 nach der Pest beginnende und 1484 für ganz Europa koordinierte Hexenverfolgung als bloße Fortsetzung der Katharerbekämpfung aufzufassen. Einzelne Hexenforscher haben eben diese These formuliert und in der Inquisition gewissermaßen eine Bestätigung des Parkinsonschen Gesetzes sehen wollen: »Warum brauchte die Inquisition mit der Hexerei eine neue Häresie? Der entscheidende Grund für die Qualifizierung der Zauberei als Häresie lag wahrscheinlich im Erfolg der Inquisitoren begründet, frühere Häresien tatsächlich ausrotten zu können. Um 1320 – heißt es in der 11. Auflage der *Encyclopaedia Britannica* – ›hörte die Verfolgung [durch die Inquisition] mangels geeigneter Opfer auf‹. Die Hexerei wurde in der Tat *erfunden,* um diese Lücke zu füllen.«[244] Obwohl die These, daß sich hier eine Behörde aus bloßem Beamteneigennutz mit der Hexenverfolgung ein neues Einsatzfeld fabriziert habe, nur einmal mehr auf die Schwierigkeiten verweist, die Hexenmassaker zu verstehen, gibt es gleichwohl – eine dem Autor der These allerdings verborgen gebliebene – Parallele zwischen beiden Verfolgungen: Geht es bei den Katharern gegen die Geburtenkonrolle, weil sie für die *absolute Kinderlosigkeit* eingesetzt wird, so geht es in der Hexenverfolgung gegen die Geburtenkontrolle, um die *eigenverantwortliche Festlegung der Kinderzahl* auszulöschen und durch die staatlich überwachte Menschenproduktion zu ersetzen.

Die Autoren des *Hexenhammers,* Sprenger und Institoris, haben dann auch klar gesehen, daß sie im Jahre 1484 – 130 Jahre nach der entscheidenden Niederlage der Katharer in Südfrankreich – etwas welthistorisch wirklich noch nicht Dagewesenes in Angriff nehmen. So schreibt Sprenger in seiner »Apologie« des *Hexenhammers,* »daß dieses Werk zugleich neu und zugleich alt« sei: »Alt ist es gewißlich nach dem Inhalt und dem Ansehen. Neu aber in Ansehung der Zusammensammlung der Theile, und der Verbindung derselben.«[245]

VII.

Wie setzen die europäischen Staatsregierungen die klerikale Hexenverfolgung als zentrale Maßnahme ihrer eigenen Bevölkerungspolitik durch Strafgesetze und Polizeiverordnungen für die Hebammen fort?

Wenn sich nun die Hexenverfolgung als Brechung der Geburtenkontrolle zum Zwecke der Arbeitskräftegewinnung dechiffrieren läßt und auch die Initiativfunktion der Kirche nicht aus ihren religiösen, sondern aus ihren Interessen als größter Landbesitzer Europas, der am meisten Arbeitskräfte verloren hat, erwächst, so sollte man vermuten, daß die weltlichen Regierungen das vom Klerus eingeleitete Werk weiterführen und schließlich in die eigenen Hände nehmen. Verfügen wir nun über Quellen, aus denen sich die Bevökerungspolitik der Staaten als Fortsetzung des klerikalen Kampfes gegen die siebenfache Hexerei, gegen alle Formen der Geburtenkontrolle also, belegen läßt? Noch in der von Kaiser Maximilian 1499 für Tirol erlassenen Halsgerichtsordnung – »dem ältesten derartigen deutschen Gesetz – findet sich über Verbrechen der Zauberei und Hexerei gar nichts vor«.[246] In der *Bambergischen Halsgerichtsordnung* von 1507 für das Deutsche Reich taucht dann aber bereits die siebenfache Hexerei aus dem *Hexenhammer* von 1487 komplett als Liste von Delikten auf, die mit dem Tode bestraft werden. Ist in den großen hochmittelalterlichen Gesetzeswerken wie dem *Sachsenspiegel* und dem *Schwabenspiegel* aus dem 13. Jahrhundert allein der Ehebruch (= Unzucht = nichtehelicher Verkehr) unter Umständen auch als Maßnahme gegen Verhütung interpretierbar (da die Ehebrecher sich auf die Vermeidung der Folgen ihres Tuns verstehen müssen), so treten im Bamberger Reichsstrafrecht zusätzlich zum Ehebruch die anderen sechs Delikte der Hexerei hinzu. Zusätzlich wird der vom Teufel geförderte *Inzest* mit dem Tode bedroht. Die nebenstehende Übersicht macht das deutlich.

Mit Todesstrafen belegte Geburtenkontrolldelikte in Spätmittelalter und früher Neuzeit (vgl. ergänzend S. 243)[247]

Sachsenspiegel und Schwabenspiegel aus dem 13. Jh. (ähnlich wie Goslarer Stadtrecht aus dem 14. Jh.)	Malleus Maleficarum (Hexenhammer) von 1487 (Ausführung der Hexenbulle von 1484)	Bamberger Reichshalsgerichtsordnung (CCB) von 1507 (identisch mit Brandenburger Recht v. 1527)
(1) Ehebruch (= Unzucht)	(1) Ehebruch (2) Männer begattungsunfähig machen (3) Kastration und Sterilisation (4) Empfängnisverhütung (5) Homosexualität und Sodomie (6) Abtreibung (7) Kindesmord	(1) Ehebruch (2) ⎫ (3) ⎬ Unfruchtbarmachung von Mann oder Frau (4) ⎭ (5) Homosexualität und Sodomie (6) Abtreibung (7) Kindesmord und Aussetzung (8) Inzest

Wir sehen aus der Übersicht zu den neuen Delikten, daß die bevökerungspolitische Unterbindung der Geburtenkontrolle ganz unvermeidlich auch eine sexuelle Überwachung nach sich ziehen muß. Die staatliche Sexualerziehung kommt somit *gleichzeit* mit der tödlichen Bestrafung in die Welt. Nicht also erst im 18. Jahrhundert – wie es jüngst die These eines populären Philosophen nahegelegt hat – wird »der Sex ... zu einer Angelegenheit der ›Polizei‹«. Für das 18. Jahrhundert gilt vielmehr, daß *nach* dem Erfolg der Scheiterhaufen die »Polizei« sich nun weitgehend darauf beschränken kann, nur noch den »Sex der Kinder und Jugendlichen«[248] zu kontrollieren.

Die welthistorisch neuen Todesstrafen für Hexerei bzw. Geburtenkontrolle bzw. Genußsexualität aus dem Bamberger Strafrecht gehen in erweiterter Form im Jahre 1532 in die »Peinliche Gerichtsordnung« Kaiser Karls V. (1519–1556), die *Constitutio Criminalis Carolina (CCC),* ein. Sie erhalten damit Gültigkeit für den größten Teil des Kontinents: die deutschen Länder und Österreich, für Tschechei und Ungarn, die Niederlande, Luxemburg und Burgund, für Sardinien, Sizilien und Neapel sowie für Spanien und die spanischen Territorien in

»Vater-Tochter-Inzest als Werk des Teufels dargestellt«.
Aus dem Volksbuch Der Entchrist, *1475 (nach E. Fuchs,*
Ergänzungsband Renaissance, *S. 282).*

Amerika. Damit sind die »Hexenprozesse ... Sache der weltlichen Gerichte«[249] geworden. In *England* wird die Abtreibung bereits seit dem 15. Jahrhundert mit Gefängnis bestraft. 1479 wird die erste Hexe exekutiert. Seit 1563 wird für Hexerei in

England generell getötet. 1581 und 1604 werden die entsprechenden Gesetze noch verschärft. In *Schottland* wird ab 1563 die Todesstrafe für Hexerei durch weltliches Gesetz angeordnet.[250] In *Schweden* (mit Finnland) ergehen die entsprechenden Gesetze gegen *Maleficia* in den Jahren 1608 und 1618.[251] In *Frankreich* findet bereits 1390 der erste weltliche Prozeß gegen Hexen statt, und erst im Jahre 1682 erläßt Ludwig XIV. ein Gesetz, das die Hexerei von der Todesstrafe ausnimmt.[252]

Das Strafgesetz Karls V. als Recht für das menschenreichste Herrschaftsgebiet Europas soll hier näher angeschaut werden. In der bisherigen Hexenforschung werden aus der *Carolina* nämlich nur die engeren Zauberei-Paragraphen herangezogen, während die damit gleichzeitig erscheinenden – und dieses Gesetzeswerk entschieden gewichtenden – übrigen Geburtenkontrollverbote meist nicht interessant scheinen. Von den 219 Artikeln des Reichsgesetzes richten sich allein 17 gegen Zauberei und Geburtenkontrolle. Daß dabei die Zauberei *(Art. 21, 44, 52 u. 109)* eben einen wirklichen Schaden und nicht irgendwelchen faulen Zauber meint, wird unmißverständlich deutlich gemacht. So heißt es im entscheidenden »Artikel 109. Strafe der Zauberei«: »Ferner so jemand Leuten durch Zauberei Schaden oder Nachteil zufügt, soll er vom Leben zum Tode bestraft werden. Und man soll solche Strafe mit dem Feuer ausführen.«[253] Im Bamberger Gesetz von 1507 heißt es noch, daß »solche Strafe mit dem Feuer *wie bei der Ketzerei*«[254] anzuwenden sei. Insofern macht die *Carolina* noch deutlicher, daß man sich nicht für Häretiker interessiert, sondern gegen weltlichen Schaden vorgeht, der in keiner Weise mit religiöser Abweichung verwechselt werden dürfe.

Als Spezifikationen der Geburtenkontrolle bzw. der Verhinderung der Menschengewinnung, die von Leibes- oder Todesstrafen getroffen werden, nennt die Carolina:

Art. 116: Homosexualität und Sodomie;
Art. 117: Inzest in der Familie im weitesten Sinne;
Art. 120: Ehebruch;
Art. 122: Weiber und Kinder zu unkeuschen Werken verkaufen;
Art. 123: Kuppelei und Beihilfe zum Ehebruch;

Art. 131: Kindestötung, auch wenn die Umstände für Totgeburt oder ein Sterben des Säuglings durch Krankheit sprechen;
Art. 132: Kindesaussetzung;
Art. 133: Abtreibung und Empfängnisverhütung.[255]

Die Sorge der weltlichen Herrschaft um dienstfertige Arbeitskräfte geht so weit, daß auch ein Sichwegstehlen aus der Welt durch Selbsttötung im *Artikel 135* unter die strafbaren Vergehen fällt. Der *Artikel 133* über Abtreibung und Unfruchtbarmachung verweist wiederum auf die Hebammen bzw. weisen Frauen, da die von ihnen gemischten Medikamente als Mittel der Abtreibung ausdrücklich genannt werden: »Ferner so jemand einer Frau durch Eingriffe, Speisen oder Tränke ein lebendiges Kind abtreibt, ebenso wer einen Mann oder eine Frau unfruchtbar macht, wenn diese Missetat aus Vorsatz und Bosheit geschieht, so soll der Mann mit dem Schwert als ein Totschläger und die Frau, auch wenn sie den Eingriff an sich selbst vornimmt, ertränkt oder anderweitig mit dem Tode bestraft werden.«[256]

Wie später Bodin sind sich die Verfasser der *Carolina* der Schwierigkeiten bewußt, die Geburtenkontrolle im Einzelfall nachzuweisen. In den *Artikeln 35 und 36* wird deshalb ausgeführt, wie man die heimlichen Schwangerschaften herausbekommen kann: »Wenn man ein Mädchen, das als Jungfrau gilt, verdächtigt, daß sie heimlich schwanger gewesen und das Kind getötet habe, so soll man insbesondere nachforschen, ob sie mit einem ungewöhnlich großen Leib gesehen wurde. Überdies, ob ihr Leib kleiner wurde und sie danach bleich und schwach gewesen sei ... Sie soll durch verständige Frauen an einem geheimen Ort überprüft werden, um genaueres zu erfahren. Bestätigt sich der Verdacht und will sie dennoch nicht gestehen, dann soll sie auf der Folter befragt werden« *(Art. 35)*. Ähnlich heißt es im nachfolgenden Artikel, daß die Verdächtigte »an ihren Brüsten gemolken werden soll ... durch die Hebammen«[257], um zu ermitteln, ob am Milchfluß eine Geburt nachgewiesen werden könne. Auch das »heimliche Kinderhaben« des *Artikels 35* der *Carolina* bedeutet die Übernahme eines Stückes Hexereiverfolgung ins weltliche Strafrecht, wie aus einem Kommentar von 1590 ersichtlich wird. So nämlich ein Zeuge

»jemanden der Zauberei verdächtigt«, von dem dann ein zusätzlicher Zeuge behauptet, »dieselbige Person sei schwanger gegangen und stehe im Rufe, sie habe ihr Kind getötet«[258], dann komme der *Artikel 35* in Anwendung.

Im Jahre 1572 erläßt der mächtigste lutheranische Kurfürst in deutschen Landen, August von Sachsen, die »kursächsische Kriminalordnung«. In ihr bestätigt sich nur einmal mehr das ganz weltliche Interesse an der religiös verkleideten Verfolgung der weisen Frauen, da ausdrücklich hervorgehoben wird, daß irgendein Bündnis mit dem Teufel für die Hexerei überhaupt nicht erforderlich sei: »Da aber außerhalb solcher Verbündnisse jemand mit Zauberei Schaden tut, derselbe sei groß oder gering, so soll der Zauberer, Manns- oder Weibsperson, mit dem Schwert bestraft werden.« Dieser weltliche Artikel, der sich um den Teufel nicht schert, geht »in andere Polizey-Ordnungen über«.[259]

In der *Carolina* nun begegnet uns bereits ganz selbstverständlich die Konzeption eines neuen Typus der Hebamme. Sie wird

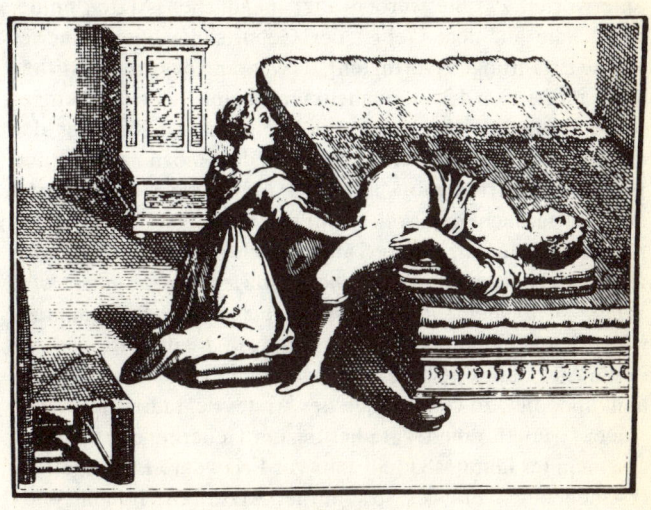

»Freie Hebamme in Antike und Mittelalter«. Nach einem römischen Geburtshilfebuch (aus T. Hauschild et al., Hexenkatalog, *S. 32).*

zum »Polizey«-Spitzel gegenüber den der Geburtenkontrolle verdächtigen Frauen, während sie früher gerade die Frauen in der Geburtenkontrolle unterwiesen hat. Noch während also die ersten Hebammen bzw. weisen Frauen brennen – 1477 wird etwa in Hamburg eine Frau verbrannt, »weil sie junge Frauen gelehrt hatte, wie man Abtreibungsmittel benutzt«[260], zwingt die Unabweislichkeit der Geburtshilfe zur Schaffung einer nunmehr *staatlich beglaubigten* Hebamme. Damit wird sie eine überwachte Person im Dienste der Menschenproduktion und dafür auch mit eigener Überwachungskompetenz ausgestattet.

Vor der nach 1360 anlaufenden Hexenverfolgung hat es im deutschsprachigen Raum *Hebammenordnungen* nicht gegeben: »Bis zum Ausgang des 14. Jahrhunderts durften sie frei praktizieren. Seither gingen die Städte zu einer zunehmenden und sich verschärfenden Kontrolle des Hebammenwesens über ... Gleich anderen städtischen Beamten wurden sie eidlich verpflichtet. Schließlich wurden auch die frei praktizierenden Hebammen durch die seit der Mitte des 15. Jahrhunderts erlassenen Hebammenordnungen der städtischen Aufsicht unterworfen.«[261] Sie werden jetzt männlichen Ärzten unterstellt, »die auf dem Gebiet der Geburtshilfe über keinerlei eigene Erfahrungen [verfügten], da während des ganzen Mittelalters im Bereich der Frauenheilkunde keine Männer praktizieren durften. Ihr Wissen beruhte allein auf der Kenntnis der antiken Schriften und den Auskünften der Hebammen.«[262] Die Hebammen durften nun »bestimmte Maßnahmen der Geburtshilfe ... gar nicht mehr oder nur noch unter Heranziehung des Arztes vornehmen, andere Tätigkeitsfelder wie *die Herstellung und die Verordnung von Arzneien sowie jedwede innere und äußere Heilbehandlung wurden ihr entzogen*. Die Hebammen wurden von qualifizierten selbständigen Medizinerinnen, in deren Zuständigkeitsbereich die gesamte Frauen- und Kinderheilkunde fiel, zu Gehilfinnen des Arztes degradiert.«[263]

Der Grund für die Degradierung der Heilerinnen kann etwa an einem im Jahre 1483 (ein Jahr vor Erlaß der »Hexenbulle«) erschienenen Werk des Straßburger Arztes Dr. Johann Widmann gezeigt werden: »Obgleich es hier jedem freisteht, die Arznei zu treiben ..., so sollte sie doch niemand anders allein als dem Doktor der Arznei gestattet werden und sonst keinem

Empiriker« – wie u. a. »alten und sonstigen törichten Frauen« –, »denn diese verursachen große Schäden ... So ist es vorgekommen, daß man keine Kinder mehr empfangen kann und die Kindlein verdirbt und abtreibt, sowohl mit Vorsatz als auch mit Unwissenheit ... Etliche verletzen die schwangeren Frauen bei der Geburt, ... etliche sind unerfahren, etliche auch *Hexen und Zauberinnen*. Und dieselben erwürgen viele Kinder bei der Geburt, um die es vorher gut stand ... Und es ist eine allgemeine unglückselige Regel, daß [diese] ... *alle Zauberinnen* sind.«[264] Auch in *England* – um nur ein außerdeutsches Beispiel zu nennen – werden die weisen Frauen im Jahre 1512 durch Parlamentsakt als Quacksalber angeklagt.[265]

Die neue »Polizei«-Aufgabe für die Hebamme wird bereits in den *Heilbronner* Hebammenordnungen aus dem späten 15. Jahrhundert ersichtlich. Für ihre berufliche Zulassung ist die Distanz zum geburtenverhindernden Teufel unabdingbare Voraussetzung. Im § 1 der früheren Ordnung heißt es unmißverständlich: »Jede Hebamme, die das Hebammenamt ausüben will, soll gute und ordentliche Zeugnisse über ihren ehrlichen, rechtschaffenen, *gottesfürchtigen*, nüchternen Lebenswandel haben.«[266] Im Hinblick auf »heimliche Kindbetten« und »heimliche uneheliche Schwangerschaften« ist der Hebamme im § 8 aufgetragen: »Verdächtige Frauen und frühzeitige uneheliche Geburten soll sie unverzüglich bei der Obrigkeit anzeigen.«[267] Aus der *Nürnberger* Hebammenordnung derselben Zeit hören wir bereits die – von Bodin dann immer wieder erhobene – Klage über die Schwierigkeit, die Geburtenkontrolle zu beweisen: Es hätten sich »böse Fälle zugetragen, daß die jenigen Weiber, so in sonderlichem Leben oder im Ehebruch, uneheliche Kinder tragen, dieselben in der Geburt, auch davor, durch Einnehmung böser treibender Materie oder in andere Wege sträflicher, muthwilliger Weiss um das Leben gebracht, welches hernach dermassen vertuscht worden, daß ein solches an die Obrigkeit nicht kommen, und die derowegen gebührende Straff nicht erfolgen können«. Die geschworene Hebamme soll »bey ihren Amts Pflichten alsbald dem Herrn Burgermeister, ob das Kind lebendig oder todt, und wer dessen Vatter und Mutter seye, auch wo die Kind Betterin im Kind Bett liegt, anzeigen«.[268]

Die Hebammenordnungen sind so neu und unerhört, daß sich ihre Autoren auch darüber Gedanken machen, wie die Frauen dazu gezwungen werden können, sie auch wirklich zu befolgen: Wenn »der Hebammen eine oder mehr hierwider handeln und deme nicht nachkommen würde, ... die wird Ein Hoch Edler Rath als Mainaydthige am Leibe straffen. Darnach sollen sie sich *endlich* wissen zu richten.«[269]

Um nun wirklich sicherzugehen, daß die neue Hebamme nicht hinter plausiblen Ausreden mit der Geburtenkontrolle fortfährt, ist ihr sogar dann jede Hilfe untersagt, wenn »Kind und Mutter in schwerer Gefahr sind«. Die von den Hebammen zu unterlassenden Hilfen an der Schwangeren, hinter denen die Geburtenkontrolle versteckt werden könnte, umfassen: »Sie darf keinen schwangeren Frauen Abführmittel geben oder einen Klistier vornehmen, zu Bädern, Aderlaß etc. raten.« Sie darf nicht einmal der schmerzgeplagten »kreißenden Frau ... wohlriechende Wasser, Balsam oder Umschläge verabreichen«. Selbst einen offensichtlich toten Fötus darf sie nicht »ohne Vorwissen eines Arztes im Mutterleib zerstückeln«, da gefürchtet wird, daß sie eben doch einen lebenden Fötus abtreiben könne. Und auch offensichtliche Mißgeburten darf sie – damit keine Kindesbeseitigung »vertuscht werde« – nicht wegschaffen, sondern muß sie »unverzüglich einem Arzt vorzeigen«[270]. Die Furcht der weltlichen Obrigkeit vor einem Wiedererstehen der weisen Frauen läßt sich aber auch mit all diesen Überwachungsmaßnahmen noch nicht beruhigen. Sie bestimmt deshalb, daß auch die Auswahl der Lehrmädchen, die bei einer Hebamme eingestellt werden, nicht dieser selbst überlassen bleiben darf, sondern »ehrbaren Frauen«[271] übertragen wird. Einer solchen Kategorie von Frauen gehört also selbst die überwachte neue Hebamme keineswegs an.

Auch in anderen Teilen Europas – so etwa in *Schweden* – gerät die Hebamme unter obrigkeitliche Überwachung. Die Pastoren der – im Jahre 1527 im Verlauf der Reformation – durch Gustav Wasa errichteten lutherischen Staatskirche werden damit beauftragt, die Hebammen über christliche Religion zu verhören und »jeden Mißbrauch in ihrer Berufsausübung aufzudecken«. Die Hebamme hat darüber hinaus »die Pflicht, in Gerichtsverfahren als Zeugin gegen Frauen teilzunehmen,

»*Domestizierte Hebamme*«. *Augsburger Holzschnitt (um 1540)*
(aus E. Fuchs, Ergänzungsband Renaissance, *S. 166).*

die der Kindestötung verdächtig waren. Die Hebamme sollte auf besondere Anordnung hin diese Frauen untersuchen und ein Gerichtsgutachten vorlegen.«[272] Die Pastoren selbst – und das ist eine ganz besondere Neuerung – sind gehalten, Geburtsregister anzulegen, wodurch die Bevölkerungsstatistik in die moderne Welt kommt (dazu näher Kapitel IX unten). Auch in *Frankreich* geraten die Hebammen ins Visier der Obrigkeit: »Die französischen Behörden erkannten die Notwendigkeit einer engen Überwachung der Hebammen, insbesondere forderten sie, daß die Hebammen neben der professionellen Ausbildung auch religiös unterwiesen werden und einen Eid leisten sollten. In den kleineren Gemeinden wurde die Hebamme gelegentlich durch den Dorfpriester unter den tugendhaften älteren Frauen des Pfarrbezirks ausgewählt; die Anforderungen an sie bestanden darin, daß sie ›niemals unter dem Verdacht der Häresie oder Hexerei gestanden hätte‹, oder daß sie ›frei von jedem Verdacht der Häresie, Hexerei, des Aberglaubens oder irgendeines anderen Verbrechens sei und schließlich, daß sie in ihrer Lebensführung moralisch vorbildlich sei‹. Der Auswahlmodus für die Hebamme und ihre anschließende Unterweisung ... wurden durch kirchliche Verordnungen näher geregelt.«[273] In *England* – um nur noch ein abschließendes Beispiel zu geben – wird die Angst der staatlichen und kirchlichen Autoritäten vor der Könnerschaft der Hexen-Hebammen noch im *Book of Oaths* (1649), das die verschiedenen Kontrollregelungen seit Beginn des 16. Jahrhunderts zusammenfaßt, aus einem Eid ersichtlich, den die Hebammen vor dem Bischof oder einer anderen Autorität abzulegen haben. Ihr »guter Charakter ist dabei wichtiger als ihre Kunstfertigkeit«.[274] Insbesondere »soll sie darauf bestehen, daß die Mutter den Namen des Kindsvaters angibt. Das Kind darf nicht getötet, verstümmelt oder sonstwie einem vermeidbaren Übel ausgesetzt werden. Die Hebamme darf Hexerei, Beschwörungen, Zauber, ungesetzliche Gebete oder Abtreibungsmittel nicht gebrauchen. Sie darf keine ... Geburt heimlich stattfinden lassen, nicht ihre Berufsgeheimnisse [Geburtenkontrollwissen] weitergeben und keine geheime und unzulässige Beerdigung eines totgeborenen Kindes gestatten.«[275] Über Frauen, die gegen diesen Eid verstoßen oder gar ohne Lizenz arbeiten, legen die kirchlichen Behörden besondere Register an. Als Strafe für die Hebammen, die in England ansonsten nicht so zahlreich umgebracht werden wie auf dem Kontinent (dazu Kapitel VIII unten), ist »es nicht unüblich«[276], daß sie aus der anglikanischen Staatskirche exkommuniziert, d. h. zu Verstoßenen werden, was im puritanischen England einer veritablen Existenzvernichtung gleichkommt.

Allein die Hebammenordnungen machen deutlich, daß die weisen Frauen nicht liquidiert werden, weil die Schwangeren sie für »ein Mißgeschick bei der Niederkunft« (Schormann) denunziert hätten. Im Gegenteil, die Ordnungen werden gerade erlassen, weil jeder Frau das Interesse an Geburtenkontrolle, die lediglich für die Bevölkerungspolitik ein Schaden ist, selbstverständlich unterstellt wird und die Hebammen nun mit darauf achten müssen, daß die Frauen in Zukunft solche »Mißgeschicke« unterlassen. Auch eine Vorstellung, die Hebammen des Mittelalters hätten ihr Gewerbe nicht verstanden und »keinerlei Berufsethik«[277] besessen, weshalb eben die Hebammenordnungen ausschließlich zum Nutzen der Frauen erlassen werden mußten, erweist sich als bloße Übernahme der Diffamierung der Frauen durch die Hexenverfolger, die ja nur zu genau wissen, daß die Hexen »kunstreiche Leute«[278] sind, die ihren bevölkerungspolitischen Staatskünsten entschieden im Wege stehen.

Im *Verbot der Verabreichung von Arzneien,* überhaupt von Tränken jeder Art durch die Hebamme drückt sich die staatliche Absicht aus, den schnellen und leichten Zugriff der weiblichen Bevölkerung auf verhütende und abtreibende Mittel zu unterbinden. Wenn sie nicht mehr zu den weisen Frauen am Orte gehen können, um die Mittel zu bekommen oder doch wenigstens ihre Herstellung zu erlernen, bleibt ihnen aber immer noch der gelegentliche Besuch der landfahrenden »Salbenhändler«, deren Gewerbe u. a. auch im »Verkauf von Abtreibungsmitteln«[279] besteht. Es ist in der Forschung durchaus bemerkt worden, daß Hexenverfolgung und Salbenhändlerunterdrückung gleichzeitig erfolgen, ohne daß doch ihr bevölkerungspolitischer Zusammenhang verstanden worden wäre.[280] Die Salbenhändler werden also mit den Hebammen gejagt, um eine weitere Quelle der Geburtenkontrolle zum Versiegen zu bringen. Da gleichwohl nicht jeder Medizin entraten werden kann, erhalten in der frühen Neuzeit die Apotheken als privilegiertes Monopol, was – wie der freie Hebammenberuf – im Mittelalter als unkontrolliertes und freies Gewerbe ausgeübt wird. Diese Unterdrückungsmaßnahme wird wiederum mit der Behauptung mangelnder Qualifikation der Salbenhändler gerechtfertigt, aber auch als Beseitigung einer unlauteren Konkurrenz schmackhaft gemacht: »Quacksalbern möge man das Handwerk legen, da sie Ärzte und Apotheker schädigten. Ein einziger Landfahrer bringe oft an die 1000 bis 1500 Taler aus der Stadt – Gott geb, es kam keiner um Leib und Leben! Wenn man überlege, was den Apothekern an Verdienst jährlich durch *alte Weiber,* Barbiere und Bader, die sich unterstünden Arznei zu verkaufen, verloren ginge, so käme eine merkliche Summe heraus.«[281]

Gerade an den fahrenden Leuten, die wegen ihrer für Geburtenkontrolle verwendbaren Waren nun ebenfalls die Todesstrafe gewärtigen müssen, wird – wie bereits an den sich nicht fortpflanzenden Homosexuellen – einmal mehr deutlich, daß die Hexereiverfolgung nicht als Krieg gegen das weibliche Geschlecht als solches in Gang kommt, sondern gegen bestimmte Kenntnisse und Mittel gerichtet ist, die bei darauf spezialisierten Männern nicht weniger hart geahndet werden: So heißt es über die »zahlreichen Fahrenden, die ... bei Bauern und Bürgern samt und sonders als *Hexenmeister* gehaßt – und häufig genug um Hilfe aufgesucht wurden«: »Zigeunern, aber auch allen anderen ›Fahrenden‹, Gewürz-Trägern, Schwamm-(Pilz-)Krämern, ... Quacksalbern drohte noch im 18. Jahrhundert beim ersten Aufenthalt im Land die Schlitzung des Ohrläppleins, dann Abhackung eines Ohrs, das drittemal – ›das wohlverdiente Todes-Urteil‹ ...; man tötete, ›um das Landvolk abzuschrecken, zumeist am Dienstag‹«[282], der ein Markttag war.

Wir haben gesehen, daß die kirchliche Hexenverfolgung nicht religiösem Eifer, sondern dem weltlichen Interesse des Klerus an Wiederbemannung seiner Güter entspringt. Ebenso erklärt sich die Übernahme der Verfolgungsmaßnahmen durch den Staat, dessen zentrale neue Aufgabe gerade als Gewinnung – und dann auch als Erziehung – der benötigten Arbeitskräfte für alle der Arbeitskraft ›Bedürftigen‹ konzipiert wird. Wir können nun zum Abschluß der Untersuchung über die Gründe der Hexenverfolgung sogar zeigen, daß im Gleichschritt mit der staatlichen Gesetzgebung auch die Kirchen selbst ihre weltliche Motivation in zusätzlichen eigenen Gesetzeswerken ganz unverstellt herausstreichen. Das entscheidende Dokument dafür wird der *Römische Katechismus*, der nach dem gegenreformatorischen Konzil von Trient (1545–63) im Jahre 1566 gültig wird. Bis zum heutigen Tage bilden die Bestimmungen dieses Katechismus die Basis für das katholische Abtreibungs- und Verhütungsverbot, wie es in der Enzyklika »Humanae Vitae« Papst Pauls VI. von 1968 noch einmal bekräftigt wird. Unter ausdrücklichem Verweis auf diese Enzyklika hat der gegenwärtige Papst Johannes Paul II. am 6. September 1984 deutlich gemacht, daß es gegen die Verhütung überhaupt und nicht etwa um so feinsinnige Unterschiede wie künstliche oder natürliche Mittel der Geburtenkontrolle geht. Insbesondere warnt er vor der Anwendung der sogenannten Methode nach Knaus-Ogino, da sie zu einer »Quelle des Mißbrauchs« werden könne. Dies sei dann der Fall, wenn Eheleute – so der Papst – aus »unredlichen Gründen« versuchten, die Fortpflanzung ganz zu verhindern oder sie »unterhalb der für ihre Familie moralisch richtigen Geburtenrate« zu halten.[283]

Noch deutlicher als in den hier untersuchten staatlichen Gesetzen wird in den kirchlichen Dokumenten des 16. Jahrhunderts hervorgehoben, welches menschliche Verhalten von nun an für immer der Vergangenheit angehören müsse: Aus anderen Gründen nämlich als in der bisherigen Menschheitsgeschichte sollen »Mann und Frau die eheliche Verbindung eingehen« – und zwar »nicht so sehr um Erben für Hab und Gut zu hinterlassen, als um Kinder des wahren Glaubens heranzuziehen.«[284] Sie sollen also für fremde Interessen Nachwuchs zeugen, dem sie persönlich nichts versprechen können. Der protestantische Wortführer Martin Luther (1483–1546) hat diese Verantwortungslosigkeit gegenüber den eigenen Kindern bereits 1522 als die neue Verantwortung vor Gott gepredigt und sich dabei keineswegs leichtgetan, da die Vermehrung gerade in den zehn Geboten in keiner Weise verlangt wird: »Denn dies Wort, da Gott spricht: ›Seid fruchtbar und mehret euch‹, ist nicht ein Gebot, sondern mehr als ein Gebot, nämlich ein göttlich Werk, das zu verhindern oder zu unterlassen nicht bei uns steht ... Und wo man dem wehren will, da ists dennoch ungewehrt und geht doch durch Hurerei, Ehebruch und stumme Sünde seinen Weg, denn es *ist Natur und nicht freies Ermessen hierin.*«[285] Diesen Kampf gegen das »freie Ermessen« – gegen die Geburtenkontrolle also – setzt er folgerichtig mit der Ermahnung fort, daß auch arme Menschen, die eine gesicherte Kindheit ihren Nachkommen in keiner Weise bieten können, sich ehelich vermehren sollten. Bis dahin gilt die mittelalterliche Regel »Kein Land, keine Heirat«[286] – aber durchaus Geschlechtsleben – mit der selbstverständlichen Auflage, Nachwuchs, dem ein Erbe ja nicht geboten werden kann, zu vermeiden.

Luther wettert gegen die Verfechter solcher die bisherige Menschheitsgeschichte bestimmender Verantwortlichkeit: »Ja, sagen sie, es wäre gut, ehelich zu werden, wie will ich mich aber ernähren? Ich habe nicht: ›nimm ein Weib und iß davon‹ usw. Das ist freilich das größte Hindernis, das am allermeisten die Ehe hindert und zerreißt und Ursache aller Hurerei ist. Aber was soll ich dazu sagen? Es ist Unglaube und Zweifel an Gottes

Güte und Wahrheit. Darum ists auch nicht Wunder, wo der ist, daß lauter Hurerei folge und alles Unglück. Es fehlt ihnen daran, *sie wollen zuvor des Gutes sicher sein,* wo sie essen, trinken und Kleider hernehmen. Ja, sie wollen den Kopf aus der Schlinge ziehen ...: ›Im Schweiße deines Angesichts sollst du dein Brot essen‹, faule gefräßige Schelme wollen sie sein, die nicht arbeiten müssen.«[287]

Würden nur Kinder, für die ein Gut sicher ist, in die Welt gesetzt, bliebe für andere Verwendung der Kinder bzw. der späteren Erwachsenen kein Verfügungsreservoir. Wir sind nun nicht mehr überrascht, daß Luther die Hexenverfolgung entschieden unterstützt. Die Menschenproduktion erfolgt als eben weltlich motivierte denn auch *überkonfessionell.* Ganz auf der Linie des *Hexenhammers* formuliert Luther: Die Hexen seien »die bloßen [bösen] Teufelshuren ..., die Kind ynn der Wigen marttern, die ehlich Glidmaß bezaubern unnd desgleychen«.[288] Wie der *Hexenhammer* unterscheidet er die Hexen von bloßen Zauberern, Wahrsagern und Beschwörern. Zwar hat er zu den Hexen keine besondere Abhandlung vorgelegt, aber er macht in seinen *Tischreden* unmißverständlich klar: »Mit Hexen und Zauberinnen soll man keine Barmherzigkeit haben. Ich wollte sie selber verbrennen.«[289]

Der neben Luther wichtigste protestantische Reformer, Johann Calvin (1509–1564), will, »daß alle Zauberer in Genf – zur Ehre Gottes – ausgerottet würden«.[290] »Vom 17. Februar bis zum 15. Mai 1545 hatte der Scharfrichter ... 34 Personen in den Tod geschickt – darunter seine [Calvins] eigene Mutter.«[291] Der anglikanische König Jacob (James) I. von England und Schottland zeichnet sich sogar durch ein eigenes Werk über *Demonology* (1597) aus, in dem er sich explizit auf Bodin beruft. Nach seinem Gesetz von 1604 wird bereits ein erstmaliges Aufgreifen für Hexerei, selbst wenn ein zweifelsfrei belegbarer Schaden nicht eingetreten ist, mit Hängen bestraft. Dieses Gesetz wird von »etlichen der fähigsten und gebildetsten Männern Englands«[292] unterstützt. Zur Abrundung der nichtkatholischen Hexenverfolgung sei ein lutherischer Bischof aus Skandinavien zitiert, wo »im 16. Jahrhundert Hexenprozesse stark in Aufnahme« kommen. Petrus Palladius, der erste protestantische Bischof in Dänemark, ermahnt die Untertanen des Königs: »Du darfst es nicht verschweigen, wenn du irgendeine Hexe weißt.«[293] Besonders solle man den weisen Frauen auf die Finger sehen. »Wenn eine Hebamme mit Segnungen, Beschwörungen und anderen Hexereien und Zaubereien sich befaßt, so soll sie – sonst ist der Hehler ebenso schlecht wie der Stehler – der Obrigkeit angezeigt werden, damit sie hundert Fuder Holz unter den Arsch bekomme und lebendig verbrannt werde, wie sie es verdient hat.«[294]

Dieser dänische Hexenverfolger hat – im Unterschied zur Hexenforschung – von der Hexerei genaue Vorstellungen. Er weiß um die Kombination der von Hebammen verabreichten Tränke mit beschwörenden Erfolgsformeln, mithin um die Zusammengehörigkeit von »Magie *und* Drogen« (Noonan).

Die Drogen nun führen uns zum *Römischen Katechismus* von 1566 zurück, in dem die medikamentöse Geburtenkontrolle – und nicht etwa nur die Abtreibung oder Kindestötung – als schlimmstes Delikt geahndet wird: »Es ist ein sehr schweres Verbrechen, wenn Eheleute künstlich die *Empfängnis verhüten* oder die Frucht abtreiben; eine solche Tat ist ebenso zu beurteilen wie *gemeiner Meuchelmord.*«[295] Wie bereits in den *Dekretalen,* die im 13. Jahrhundert die Katharer treffen sollen, wird die Verhütung mit Nachdruck als mörderische Tötung bezeichnet. Noch strenger als der Katechismus von 1566 formuliert die Bulle »Effraenatam«, die Papst Sixtus V. 1588 verkündet: »Wer verabscheut nicht die wollüstige Grausamkeit oder grausame Lust gottloser Menschen, eine Lust, die so weit geht, daß sich diese Menschen Gifte besorgen, um den empfangenen Fötus im Mutterschoße auszulöschen und zu zerstören, und durch ein verruchtes Verbrechen sogar versuchen, ihren eigenen Sproß zu zerstören, bevor er lebt, oder, wenn er lebt, ihn zu töten, bevor er geboren wird? Wer würde deshalb nicht mit den strengsten Bestrafungen die Verbrechen derer verdammen, die durch Gifte, Tränke und *maleficia* Frauen unfruchtbar machen oder durch verfluchte Medizinen verhindern, daß sie empfangen oder gebären? ... Außerdem dekretieren wir, daß diejenigen den gleichen Strafen unterliegen sollen, die einer Frau unfruchtbarmachende Tränke oder Gifte anbieten oder Mittel gegen die Empfängnis eines Fötus und die sich bemühen, solche Akte zu tun und zu verführen oder in irgendeiner Weise dazu raten, und auch die Frauen selbst, die wissentlich und willentlich diese Tränke einnehmen.«[296] Noonan bezeichnet diese Strafen als »die schwersten jemals von einem geistlichen oder weltlichen Herrscher gegen die Empfängnisverhütung verhängten Sanktionen ... Jede Abtreibung und jede durch Trank oder Gift herbeigeführte Empfängnisverhütung sollten als Mord behandelt werden.«[297]

Die Gesetzgebungen von Staaten und Kirchen gegen die Geburtenkontrolle bestätigen einmal mehr, daß die Hebammen-Hexen-Verfolgung lediglich eine, wenn auch eine überaus wirksame Maßnahme der Bevölkerungspolitik darstellt. Die in ihr vorgenommene *physische* Vernichtung der weisen Frauen erweist sich somit nicht als das alleinige Verfahren zur Auslöschung dessen, wofür die weise Frau lediglich in erster Linie steht. Die Maßnahmen gegen die Geburtenkontrolle gehen viel weiter als der regelrechte Vernichtungskrieg gegen die Spezialistinnen für das Verhütungswissen. Andererseits geht der Vernichtungskrieg nicht gänzlich im Krieg gegen die Verhütung auf. Da die hexenverfolgerische Bevölkerungspolitik immer auch religiös – mit der »Heiligkeit des Lebens« oder der »Unantastbarkeit der Werke Gottes« etc. – gerechtfertigt wird und solche ›ewigen‹ Werte nicht ohne weiteres regional modifiziert werden können, also sehr viel unflexibler zu handhaben sind als reine Zweckpolitiken, gibt es eifernde Hexenverfolger auch in Territorien oder in bestimmten Zeitabschnitten, in denen ein bevölkerungspolitisches Problem nicht, noch nicht oder nicht mehr existiert. Die Hexenverfolgung – einmal aus bevölkerungspolitischen Motiven etabliert – entwickelt also unstreitig eine beträchtliche, von den ursprünglichen Motiven nicht voll gedeckte Eigendynamik, in welcher nun etliche Konflikte mit ausgetragen werden – sexuelle, politische, hysterische Motive, aber auch solche persönlicher Rache, Mißgunst und Bereicherung etc. –, die bis dahin so nicht ausgetragen werden konnten.

Diesen ›Mißbrauch‹ der Hexenprozesse haben aber auch Zeitgenossen immer schon gesehen und sogar bekämpft. So hat etwa Friedrich von Spee (1591–1635) »Neid und Mißgunst des Volkes«[298] hinter vielen Hexereidenunziationen ausgemacht. Diesem Treiben stellt er sich entschieden entgegen, damit nicht

»infolge eines unbesonnenen Prozesses auch Unschuldige ... getroffen« oder gleich »ganze Dörfer ausgerottet werden ..., bis das ganze Land menschenleer geworden ist«.[299] Gleichwohl besteht er darauf, daß die Hexerei »als ein besonders ungeheurliches, schweres und abscheuliches Verbrechen ... mit außerordentlichen Mitteln zu bekämpfen«[300] sei. Zugleich fürchtet Spee, daß ob zu vieler Prozesse das zu verfolgende Wissen erst richtig bekannt gemacht werden könne: »Es gibt viele Geheimnisse, die besser der breiten Menge vorenthalten bleiben und nur an höchster Stelle zur Sprache gebracht werden.« Diese Geheimnisse ortet er bei den ›schuldigen‹ »wirklichen Hexen«, die er zahlreich am Werke sieht.[301] Erst nach der weitgehenden Ausrottung des Verhütungswissens geht die Verfolgung immer ausschließlicher zur Behandlung ›Unschuldiger‹ über, weshalb gegen Ende des 17. Jahrhunderts immer häufiger – etwa durch Christian Thomasius (1655–1728) oder Balthasar Bekker (1634–1698)[302] – gefordert werden kann, die Prozesse ganz einzustellen.[303]

Die unbestrittene Vielfalt der in die Prozesse einfließenden Privatmotive behindert bis heute die Sicht der meisten Wissenschaftler auf die ganz zeitgebundene weltliche Sorge über zuwenig Menschen, d.h. Arbeitskräfte, aus der heraus die Maßnahmen eingeleitet werden, in die dann die übrigen Motive sich erst so verhängnisvoll einschieben können. Schauen wir uns nun aber die Schwierigkeiten an, die bei der Ermittlung der Anzahl der durch Hexenverfolgung getöteten Menschen auftreten.

VIII.

Wie viele und welche Menschen werden getötet, um das »Maleficium« der Geburtenkontrolle auszurotten?

Begriffe wie *Maleficium, Hexenzauber* oder – englisch – *witchcraft* etc., die den Forschern so rätselhaft erscheinen, geben den Zeitgenossen, Opfern und Verfolgern aus der Epoche der Hexenverfolgung selbst kaum Probleme auf. Geburtenverhinderung wird eben durch »Magie *und* Drogen« (Noonan) bewirkt. Zum verhütenden oder abtreibenden Medikament gehören Beschwörung und Amulett. Wer bei einer weisen Frau zwecks Geburtenkontrolle vorstellig wird, bekommt neben Tränken und manueller Behandlung auch eine Wunsch- oder Fluchformel auf den Weg. Die verfolgerische Kurzformel vom *Malefiz* oder von der *zauberischen Hexe* macht den Beteiligten deutlich, gegen wen es da geht. Die ausführlichen, ja langatmigen Definitionen von Hexerei als Geburtenkontrolle finden sich in den gelehrten Büchern zur Anleitung der Hexenverfolgung. Wenn das Publikum sich über den Verurteilungsgrund eines Opfers verständigt, reicht der Verweis aufs *Malefiz* vollkommen aus. Man weiß dann Bescheid und sieht sich auch vor, ohne daß einem die sieben Geburtenkontrollverfahren noch gesondert aufgezählt werden müßten. Dasselbe gilt für die in Prozeßakten meist ausführlicher geschilderten Vorwürfe des Schadenzaubers, deren Anteil an den Todesurteilen allerdings mindestens so schwierig zu bestimmten ist wie der für bloß auf mißgünstigen Denunziationen fußenden Anklagen.

Seit dem 14. Jahrhundert setzen die Verfolgungen ein, und schon lange vor der Hexenbulle von 1484 sind sie keine Seltenheit mehr. Die ersten Hinrichtungen für hexerisches »Kinderverspeisen« und »Kinderrauben« sind ab 1360 belegt. Seit ca. 1450 werden Hinrichtungen als Strafe für das »Erwürgen eines Kindes in der Wiege« bekannt. Auch ist von Kindern

»Hexentortur«. Holzschnitt des 16. Jahrhunderts (Illustration zu Jules Michelet, Die Hexe, *München 1974).*

die Rede, die »im Leib verderben«[304]. Die bevölkerungspolitische Wirkung dieser Maßnahmen ist gegen Ende des 15. Jahrhunderts auch bereits wahrnehmbar: der europäische Bevölkerungsrückgang geht in dieser Periode zu Ende. Die historischen Demographen haben das recht genau ermitteln können. Ihnen gilt aber der Grund für die nun steigende »Geburtlichkeit«[305] bis heute als wissenschaftliches »Niemandsland«[306]. Sowohl die Medievisten wie auch die Neuzeitforscher stimmen darin überein, »daß der Ursprung für die Bevölkerungsexplosion des 16. und frühen 17. Jahrhunderts im letzten Viertel des [15.] Jahrhunderts zu suchen ist und dort besonders im Jahrzehnt zwischen 1475 und 1485. Diese Sicht scheint der Wahrheit nahezukommen, da zu dieser Zeit, oder etwas früher, die ersten Anzeichen darauf hindeuten, daß der langwährende Rückgang der Zahlen zumindest verlangsamt, wenn nicht umgekehrt wird.«[307]

Tatsächlich kehrt sich der Trend nicht nur kurzfristig um, sondern es wird in den folgenden Jahrhunderten ein im mittelalterlichen Europa unbekannt hohes Bevölkerungswachstum erreicht: »Von 1450–1650 erlebte Nordwesteuropa ein kontinuierliches Wachstum der Bevölkerung, die mit einer höheren Rate als im 12. und 13. Jahrhundert zunahm. Bereits im 16.

Jahrhundert erreichte diese Wachstumsrate eine Höhe, die der des späten 18. Jahrhunderts [= Beginn der europäischen Bevökerungsexplosion] vergleichbar war.«[308] Die nachstehende Tabelle zeigt am Beispiel Englands die Zunahme der Zahl der aufgezogenen Söhne für den Zeitraum 1466 bis 1490. Der Grund dieser Zunahme nun gilt in der Forschung als mysteriös.

Ersatzraten für Männer in England 1265–1505[309]

Periode	Sterbefälle (Väter)	Söhne	Nettoreproduktionsrate
bis 1265	347	568	1.64
1266–1290	568	718	1.26
1291–1315	1043	1335	1.28
1316–40	1093	1535	1.40
1341–65	1348	1332	0.99
1366–90	761	619	0.81
1391–1415	696	558	0.80
1416–40	769	628	0.82
1441–65	631	695	1.10
1466–90	887	1076	1.21
1491–1505	673	1359	2.02

Die anschließende Tabelle, die in fünfjährigen Intervallen von 1446–1551 die jährlichen Geburten- und Sterbeziffern aufführt, zeigt – wiederum für England – die Umkehrung der Geburtenentwicklung im Intervall von 1476–1481. Deutlich wird, daß die Bevölkerungszunahme nicht etwa aus fallender Sterblichkeit, sondern aus wachsenden Geburtenzahlen resultiert, die eben erklärt werden müssen:

Geburten und Todesfälle in England
1446–1541[310]

Jahre	Geburten (in 1000)	Todesfälle (in 1000)
1446–51	72	72
1451–6	72	72
1456–61	72	72
1461–6	72	72
1466–71	72	72
1471–6	72	70
1476–81	73	71
1481–6	75	70
1486–91	75	71
1491–6	76	71
1496–1501	77	72
1501–6	77	73
1506–11	79	71
1511–6	83	75
1516–21	84	72
1521–6	88	67
1526–31	94	75
1531–6	96	82
1536–41	100	87

Für diese steigende »Geburtlichkeit« machen wir nun die staatlich-kirchliche Bekämpfung der Geburtenkontrolle verantwortlich. In diesem Kampf stellt wiederum die Hexenverfolgung keineswegs die einzige, aber doch wohl die furchtbarste Maßnahme dar, wobei der *quantitative Umfang* dieser Maßnahme allerdings nur sehr schwer zu ermitteln ist.

Bis zur Mitte des 19. Jahrhunderts wird unter den Forscherpionieren zu den historischen Hexenprozessen von »ungefähr 9 Millionen Hexer(n)... und Hexen, die in den Flammen aufgehen mußten«[311], ausgegangen. Eine auf den ersten Blick besonders genau wirkende Zahl hatte bereits im Jahre 1792 G. Christian Voigt errechnet. Er war auf 9 442 994 getötete Opfer gekommen.[312] Doch auch über vier Jahrhunderte verteilt (ca. 1360–ca. 1760) muß die Zahl, wenn man sie auf die europäische Gesamtbevölkerung bezieht, als sehr hoch angesehen werden. Andererseits werden solche Rechnungen verständlich, wenn

»Verbrennung von drei Hexen zu Derneberg in der Grafschaft Rheinstein am Harz im Oktober 1555«. Gleichzeitiger Holzschnitt (nach W. G. Soldan/H. Heppe, Hexenprozesse, *Bd. II, S. 57).*

man eine reine Durchschnittsbetrachtung anstellt und dann auf etwa 25 000 Tötungen pro Jahr bzw. 70 pro Tag für Europa kommt, das 1350 an die 50 Millionen und 1750 an die 126 Millionen Einwohner aufweist. Eine solche Durchschnittsberechnung verbietet sich jedoch, weil der Gipfelpunkt der Tötung zwischen 1560 und 1630[313] liegt. Aus der nebenstehenden Übersicht, die jedoch unvollständig bleibt, da Finnland, Dänemark, Norwegen, Irland, Polen, Portugal und Osteuropa, das von den Hexenverfolgungen keineswegs verschont wird[314], ausgenommen sind, läßt sich der Höhepunkt des Verfolgungszeitraums relativ gut überschauen.

Eine fast zweistellige Millionenzahl der Opfer wird heute nicht mehr vertreten, aber eine katholische Religionshistorikerin und Theologin muß noch im Jahre 1974 konstatieren: »Aus vorliegenden Chroniken, Rechts- und Tagebüchern, die sich allerdings immer nur auf eine Stadt oder ein Gebiet beziehen, darf man ... schließen, daß ihre Zahl in die Millionen ging.«[315] Ein amerikanischer Historiker rechnet im Jahre 1956 ebenfalls »mit mehreren Millionen«.[316] Ein deutscher Hexenforscher schwankt im Jahre 1963 »zwischen vielen Hunderttausenden

Jahr	SPANIEN	ITALIEN	FRANKREICH	SCHWEIZ	DEUTSCHLAND	NIEDERLANDE	ENGLAND	SCHWEDEN	USA
1200		1232 Inquisition (Dominikaner)	1209–1229 Kreuzzug gegen Albigenser (Katzer)						
1300		ca. 1260 gegründet: Verfolgung von Hexen 1285 Vorgehen Papst Alexanders IV gegen Zauberei usw.							
1400	1391 Inquisition gegen Juden und Mauren		1431 Tod der Jungfrau von Orléans 1453 "Ketzergefühl" v. Nic. Jaquier ca. 1480 erste Hexenverbrennung	1428 Menschenjagden auf Waldenser (Wallis) 1457 Ketzerprozess im Tessin	Ab Ende 15. Jahrhundert Hexenbrände in ganz Deutschland, Tirol und Salzburg 1487 "MALLEUS MALEFICARUM" d.h. "Hexenhammer"	Region der Buchhäule in Europa			
1500	um 1507 erste Autodafé gegen Hexen	1523 Verschärfung der Hexenverfolgung: Aufstand gegen Inquisition. Päpstl. Gelegentlich Hexenbrände		1545 Hexenbrände unter Calvin bis 1572 (in Luzern: zahlreiche Hexenbrände	1572 Hexerei im lutherischen Sachsen Kapitalverbrechen	1542 Hexenbrände in Brügge 1550 Hexenjagden in den Katzer- und Hexenjagden	1559 Hexenverfolgungen um 1560 Hexenjagden		
1600	um 1600 Höhepunkt der Hexenprozesse 1610 letztes Todesurteil gegen eine Hexe 1614 Bericht Salazar: Ende der Hexenprozesse		1595 "Teufelsdienst" v. Nic. Remy 1600 Henry Boquet – Höhepunkte d. Hexenjagden 1679 Hexenjagden i.d. Normandie 1679 Giftmordprozess am Hof Ludwigs XIV 1682 Edikt König Ludwigs XIV. und Ende der Prozesse	nach 1600 Hexenbrände in der welschen Schweiz 1624 einzige Hexenverbrennung in Basel 1652 letzte Hexenverbrennung in Genf	1625–1631 Hexensturm am Main (Höhepunkt)	1610 Ende der Hexenjagden in den protestant. Ndl. 1613 Hexenbrände v. Roermond, Höhepunkt der Welle in den spanischen Ndl. 1641–1644 Wegebigratien Ann Oude Water	1563 Gesetz d. Maria Stuart v. Schottland gegen Hexerei 1590–1592 Hexen d. Hexenjagden 1625–1642 kurze Hexenprozesse unter Karl I 1645 neuer Höhepunkt der Hexenverfolgungen 1684 letzte Hexenhinrichtung	1669 Hexenwahn auf dem Höhepunkt 1675 Hexenwahn in Stockholm	1647 erste Hexenhinrichtung 1692 Region der Hexenjagden in Massachusetts (Salem) 1693 Freilassung aller gefangenen Angeklagten
1700		1718 letztes Todesurteil gegen Hexen	1745 Letztes Todesurteil wegen Zauberei (Schlafzauber)	1782 letzte Hexenhinrichtung	1740 Ende der Hexenprozesse in Deutschland 1775 letzte Hexenhinrichtung in Kempten/Allgäu		1736 Aufhebung der Strafgesetze gegen Hexen	1763 Letzter Hexenprozeß – Ablegung einer Besuche	
1800									

und einer Million«.³¹⁸ Ein holländischer Gelehrter aus dem Jesuitenorden rechnet im Jahre 1954 vorsichtig mit »drei- bis fünfhunderttausend« Opfern der »schrecklichen Massenverbrennungen«.³¹⁹ Der einzige Enzyklopädist der Hexenforschung, der an der Cornell-Universität/Ithaca, N. Y. die umfassendste zur Hexenverfolgung existierende Bibliothek ausgewertet hat, spricht von mindestens 200 000 Opfern, davon allein 100 000 in Deutschland.³²⁰ Ein anderer amerikanischer Historiker und Experte für die Verwendung der Teufelsimago in der Menschheitsgeschichte hält diese Zahlen für eine »angemessene Schätzung«.³²¹ Ein französischer Historiker, für den die Hexenverfolgung »das große historische Rätsel« und mit »veritablen Massakern« verbunden ist, legt ein Teilresultat mit 12 000 Hingerichteten vor.³²² Er zieht für diese Schätzung jedoch lediglich einige ihm bekannte Auswertungen von lokalen Hexenprozessen heran, für die es einigermaßen genaue Schätzungen der Opfer gibt, behauptet aber keineswegs, daß die Zahl der von Historikern ausgewerteten Akten und die Zahl der in vier Jahrhunderten Getöteten identisch sei. Und selbst ein Historiker, der sogar noch die von einigen Millionen auf einige hunderttausend heruntergeschraubten Schätzungen als »phantastische Übertreibung« betrachtet, weist entschieden die Behauptung zurück, daß die »große europäische Hexenjagd niemals stattgefunden habe«: »Die große Hexenjagd ist kein Mythos.«³²³

Am ehesten läßt sich eine Einschätzung des Terrors und seiner Wirkungen wohl über die relativ gut gesicherten *Einzelangaben über Hinrichtungen* gewinnen. So soll etwa der sächsische Richter Benedict Carpzov (1595–1666), der nach der »kursächsischen Kriminalordnung« von 1576, in der die Hexerei ganz weltlich und ohne jedes Teufelsgerede mit dem Tode belegt wird, allein »20 000 Todesurteile unterzeichnet haben ... – eine Zahl, die als nicht unwahrscheinlich gilt«.³²⁴ Carpzov war zugleich Verfasser der *Practica Rerum Criminalum* (1635), des »Hexenhammers des Protestantismus«.³²⁵ Ein vergleichbarer französischer Hexentheoretiker, Nicholas Remy (1530–1612), hat innerhalb von 15 Jahren 900 Verbrennungsurteile unterzeichnet.³²⁶ In Spanien, wo die Inquisition die Hexenverfolgung nicht an weltliche Instanzen übergibt, werden zwischen 1481 und 1746 verbrannt: (1) bei lebendigem Leibe 34644 Menschen und (2) nach vorheriger Hinrichtung 18043.[327] Auch dort, wo Hinrichtungen für Hexerei nur vereinzelt vorkommen, bedeutet dies keineswegs, daß der Terror durch die Obrigkeit weniger umfassend gewesen wäre. Dies ist erst kürzlich am Beispiel Nürnbergs sehr gut dokumentiert worden: »Anhand des ... Quellenmaterials konnte bewiesen werden, daß Zauberei und Hexerei häufig die Nürnberger Obrigkeit und ihre Organe beschäftigt hatte. Eine beachtliche Zahl von Strafprozessen, die sich mit diesen Delikten befaßten, konnte erstmals veröffentlicht werden. Die oft vertretene Meinung, Nürnberg sei von Zauberwahn und Hexenprozeß weitgehend verschont geblieben, ist damit überholt. Gleichermaßen haben wir erfahren, daß im Verhältnis zu anderen Gebieten Zauberer und Hexen recht milde bestraft wurden, da die Todesstrafe zumindestens nicht die einzige Sühne war.«[328] »Milde Strafe« heißt in Nürnberg aber immerhin auch Pranger, Stadtverweis und vor allem Lochgefängnis.

Das Ausmaß der »Schlacht zur Aufrechterhaltung der Fruchtbarkeit«[329] zeigt sich noch krasser, wenn man die *Verheerungen in einzelnen* (insbesondere deutschen) *Gemeinden* anschaut: So bleiben etwa »während der schrecklichen Verfolgungen in und um Trier in den Jahren 1587–1593 ... in zwei Ortschaften nur zwei Frauen am Leben«.[330] In zwanzig Dörfern in der Umgebung von Trier »bestiegen ... in sechs Jahren ... 306 Personen den Scheiterhaufen«.[331] Im Jahre 1583 werden in Osnabrück 121 und im Jahre 1589 sogar 133 Hexen verbrannt. Im Jahre 1612 müssen in Ellwangen 167 und im Jahre 1628/29 in Würzburg 158 Hexen ins Feuer. »In den fünf Jahren von 1631 bis 1636 verzeichnen die Akten dreier kleiner Dörfer unter der Jurisdiktion des Erzbischofs von Köln – Rheinbach, Meckenheim und Flerzheim –, daß aus 300 Haushalten zwischen 125 und 150 Personen als Hexen exekutiert wurden.«[332] Zwischen 1615 und 1635 werden in Straßburg 5000 Menschen als Hexen getötet. Im Jahre 1629 werden im fränkischen Miltenberg, einem Städtchen von 3000 Einwohnern, 234 Menschen umgebracht, in dem etwa gleich großen sächsischen Burgstädt müssen im selben Jahre 77 Bewohner ihr Leben lassen. Im badischen Offenburg werden 1628/29 insgesamt 79 Personen wegen

Hexerei ums Leben gebracht. Von 1627 bis 1629 werden bei 29 Massenexekutionen in Würzburg 157 und im Jahre 1589 in Quedlinburg sogar an einem einzigen Tag 133 Menschen hingerichtet. Zwischen 1623 und 1631 läßt der Fürstbischof von Würzburg 900 Menschen verbrennen. Im benachbarten Bamberg tun sich die Fürstbischöfe ebenfalls bei den Hexenmassakern hervor. Einer von ihnen verbrennt 300 Menschen in den Jahren 1609–1622, davon allein 102 im Jahre 1617. Sein Nachfolger, der als »Hexenbischof« Ruhm erwirbt, verbrennt zwischen 1623 und 1633 mindestens 600 Personen. In kleinen Ortschaften dieses Bistums – Zeil, Hallstadt und Kronach – werden zwischen 1626–1630 von einem seiner Beauftragten, Dr. Ernst Vasold, 400 Menschen als Hexen exekutiert. Im bayerischen Eichstätt werden zwischen 1603–1627 neun Männer und 113 Frauen verbrannt. Der Bischof von Eichstätt sorgt dafür, daß allein im Jahre 1629 von seinen Untertanen 274 als Hexen zu Tode gebracht werden.[333]

In *Frankreich* erleben die »veritablen Massaker« (Delumeau) zwischen 1450 und 1670 – mit einem Höhepunkt von 1580–1620 – ihre »großen Tage«. »Zwischen 1500 und 1670 verging kaum ein Jahr ohne Hexenhinrichtungen.«[334] Im *norditalienischen* Como verbrennt der Inquisitor im Jahre 1523 unter Mithilfe von zehn Assistenten 1000 Menschen als Hexen.[335] In *Großbritannien,* wo 1479 die erste Exekution wegen Hexerei stattfindet, werden »etwa 30000 Menschen zu Tode gebracht«.[336] Für *Schottland* wird dabei die Vernichtung von etwa 4400 Hexen zwischen 1590 und 1680 errechnet.[337] Eine Schätzung aus dem Jahre 1903 über 70000 Opfer allein in *England* wird heute für zu hoch gehalten.[338] In England, wo sich im Vergleich zu den deutschen Ländern die Massaker noch in Grenzen halten, werden die Opfer nicht verbrannt, sondern gewöhnlich aufgehängt – so in Chelmsford am 29. Juli 1645 allein 19. Der berühmteste englische Hexenverfolger, Matthew Hopkins, arretiert 1645/46 allein in Suffolk 124 Personen wegen Hexerei, von denen 68 gehängt werden.[339] In *Schweden* werden 1674/75 in drei Pfarrbezirken 71 und 1669 in Mora 85 Personen geköpft oder verbrannt. Obwohl in Schweden die Massaker hinter den kontinentalen Dimensionen weit zurückbleiben, wird die Todesstrafe für Hexerei erst 1779 aufgehoben. Ähnlich

»Hängen der Hexen von Chelmsford/England im Jahre 1589«. Titelblatt eines zeitgenössischen Pamphlets über den dritten Chelmsfordprozeß von 1589 (aus R. H. Robbins, The Encyclopedia of Witchcraft. New York 1959, S. 93).

wie in den rein katholischen Staaten bleibt auch in den nordischen Ländern die Bekämpfung der Geburtenkontrolle eine Aufgabe der in der Reformation gebildeten Staatskirchen. Zwischen 1560 und 1700 sind für *Norwegen* 870 wegen Zauberei angeklagte Personen bekannt, von denen die Hälfte wegen *Maleficium* vor Gericht kommt und nur 16% wegen Teilnahme am Hexensabbat und Teufelspakt angeklagt werden. Ähnlich gilt für *Dänemark*, wo zwischen 1536 und 1693 bei ca. 2000 Prozessen knapp 1000 Hexenverbrennungen stattfinden, daß Hexensabbat und Teufelspakt eine untergeordnete Rolle spielen.[340]

Bis in das 18. Jahrhundert hinein wird eine sehr große Anzahl von Frauen und Männern wegen Hexerei verbrannt, ertränkt, geköpft, erdrosselt, gehängt oder zu Tode gefoltert, aber auch mit nicht tödlichen Strafen belegt. Wie kann man nun eine einigermaßen verläßliche Zahl gewinnen? Eine deutsche Historikerin argumentiert dazu wie folgt: »Über die Anzahl der Hexenprozesse, etwa zwischen 1450–1730, geben zwei Arbeiten Auskunft: eine Züricher Doktorarbeit von Guido Bader, der die Hexenprozesse in der Schweiz bearbeitet hat (1945); er kommt auf 8888 Fälle. Eine zweite ältere Untersuchung von Fritz Byloff über Hexenglaube und Hexenverfolgung in den österreichischen Alpenländern kommt auf etwa elftausend Fälle. Dies sind aber immer nur Nachweise aus erhaltenen Akten. Es ist bekannt, daß der größte Teil der Hexenprozeßakten vernichtet worden ist. Wenn man lediglich diese beiden Zahlenangaben zugrunde legt, könnte man auf etwa dreihunderttausend Fälle kommen. Wenn man annimmt, es handle sich bei den erhaltenen Akten um bestenfalls ein Drittel der wirklich stattgefundenen Prozesse, so käme man schon an die Millionengrenze.«[341] Eine katholische Forscherin betont ebenfalls die Tatsache, daß mindestens zwei Drittel der Quellen verlorengegangen sind. Daraus folgert sie: »Es gibt keine zuverlässigen Angaben darüber, wie viele Menschen auf so grausame Weise ums Leben kamen.«[342] Auch sie rechnet allerdings mit Millionenzahlen bei den Opfern. Selbst wenn man zu den niedrigeren Schätzungen neigt, werden immer noch fast eine Million Frauen in Westeuropa angeklagt und nach Baders und Byloffs Untersuchungen dann mindestens 50% (10417 von 19888) von ihnen umgebracht.

Diese Zahl von etwa 500000 Opfern stünde in einem vielleicht nicht ganz zufälligen Verhältnis zu den Kalkulationen prominenter Anleiter der Hexenverfolgung. So schätzt etwa Jean Bodin im Jahre 1579 für Frankreich eine Zahl von »mehr denn hunderttausend ... Hexen und Hexenmeistern«.[343] Bei einem französischen Bevölkerungsanteil in Europa von damals knapp 20% würde Bodins Schätzung für den gesamten Kontinent bei 500000 zu vernichtenden Menschen gelegen haben. Die Zahl von etwa einer halben Million Opfern würde bedeuten, daß während eines Zeitraums von über 200 Jahren jedes

Jahr durchschnittlich 5000 Menschen öffentlich als Hexen angeklagt und von diesen wiederum die Hälfte zum Tode verurteilt werden. Dabei darf man nicht vergessen, daß die Bevölkerung Nordwesteuropas – des Zentrums der Hexenjagd – im Jahre 1600 weniger als fünfzig Millionen betrug, verglichen mit den mehr als 250 Millionen im Jahre 1985.

Ungeachtet der Zahl der Getöteten muß man den Propagandaeffekt bedenken, den diese öffentlichen Hinrichtungen ausüben. Die Verbrennungen geben »nicht nur ein abschreckendes Beispiel, sondern dienen auch der öffentlichen Bekräftigung zentraler sozialer Werthaltungen«.[344] Sie zeigen jeder Frau und jedem Mädchen unmißverständlich die Gefahren, die mit Hexerei, vorrangig also Geburtenkontrolle, verbunden sind. Diese Einschüchterung und die Vernichtung der Frauen, die die Methoden der Empfängnisverhütung und Abtreibung lehren, machen es allmählich auch den weniger Ängstlichen unmöglich, etwas über Geburtenkontrolle in Erfahrung zu bringen. Die Hexenverfolger achten überdies darauf, daß ihre Taten auch dort zum Zwecke der Abschreckung bekanntgemacht werden, wo sie gerade nicht töten: »Das Urteil selbst wurde in deutscher Sprache abgefaßt. Ihm folgten dann die örtlichen Ausstellungen des Urteils, denen aber noch die Torturprotokolle und unter Umständen auch die Widerrufsprotokolle vorausgingen. Sehr häufig wurde dann zu propagandistischer Bearbeitung der Bevölkerung noch ein Flugblatt gedruckt, daß die Geständnisse der Angeklagten (die herausgefolterten Aussagen), die nach einem gewissen lokalen Schema immer gleich lauteten, enthielten.«[345]

Welche Menschen auch immer in das Räderwerk der Hexenprozesse gerieten, die weisen Frauen stehen im Zentrum der Verfolgung: »Meistens begann die Hexenjagd bei der Hebamme.«[346] »Bei jeder Hexenjagd mußte die Hebamme des Ortes [auch] als Hauptschuldige herhalten.«[347] Bereits im *Hexenhammer* ist – wie gezeigt – die Zielrichtung gegen »die *Hexenhebammen* ..., die alle anderen Hexen an Schandtaten übertreffen«, vorgegeben worden. Von ihnen gebe es »eine so große Anzahl ..., wie man aus ihren Geständnissen erfahren hat, daß *kein Dörfchen existiert, wo derartige sich nicht finden*«.[348] So sind etwa im bayerischen Schongau und seinen

Nachbarorten im Jahre 1589 von 63 der Hexerei angeklagten Frauen 3 Hebammen[349], wobei offensichtlich ist, daß es bei letzteren um ihre Fertigkeiten in der Geburtenkontrolle geht: »Von einer wird das Geständnis berichtet, daß sie es verstehe, den Tod des Kindes im Mutterleib herbeizuführen.«[350] Ähnlich sind 1582 in Reute bei Waldkirch/Breisgau von 38 als Hexen verbrannten Frauen 4 Hebammen und im gleichen Jahr unter 36 als Hexen getöteten Frauen 2 Hebammen.[351] Am Beispiel Kölns, der größten deutschsprachigen Stadt in Mittelalter und früher Neuzeit, ist die Schlüsselstellung der Hebammen im Konzept der neuzeitlichen Hexenverfolger besonders gut erkennbar: »Im Verlauf einer Periode intensiver Verfolgung (1627–1630) wurden die Hebammen der Stadt nahezu ausgerottet. Bei jeder dritten der hingerichteten Frauen handelte es sich um eine Hebamme, wobei die tatsächliche Quote noch höher gelegen haben könnte, da in der *Mehrzahl der Fälle eine Berufsbezeichnung aus den Akten nicht ersichtlich* ist.«[352]

Der Anteil der Frauen an den Opfern der neuzeitlichen Hexenverfolgungen wird auf gut 80%[353] geschätzt. Bei einer Annahme von ca. 500 000 Opfern insgesamt wären also *auch etwa 100 000 Männer getötet* worden. Allein diese Zahl liefert »die anschaulichste Widerlegung der nicht ungewöhnlichen Meinung, als hätte die Verfolgungswut in Deutschland der Regel nach nur arme alte Weiber zu erreichen gewußt«.[354] Nicht der Frauenhaß verrückter Männer schafft sich mit den Hexenmassakern eine Erregungsabfuhr, obwohl bei den Massakern solche Männer dann auch mitmachen, sondern eine bevölkerungspolitische Position räumt ab, was ihr nicht weichen will: Es sind »auch Doktoren, Bürgermeister, Kanoniker und andere Geistliche verbrannt worden«. Gelegentlich liegt der Anteil der getöteten Männer sogar weit über den durchschnittlichen zwanzig Prozent. Bei 29 Würzburger Hexenverbrennungen aus den Jahren 1627 bis 1629 befinden sich unter den 157 Opfern auch 76 Knaben und Männer.[355] Die Sorge um die Männer hat der Hexenverfolgung mehr Widerstand eingebracht als das Mitleid für die weisen Frauen. So klagt der Jesuit Paul Laymann (1574–1635): »Es ist jetzt soweit gekommen, daß, wenn solche Prozesse noch länger fortgesetzt werden, ganze Dörfer, Märkte und Städte veröden und daß niemand mehr sicher sein wird, auch nicht einmal Geistliche und Priester.«[356]

»Anne Heinrichs zu Amsterdam verbrent. A. D. 1571«.
Illustration von Jan Luyken zu einem Buch aus dem Jahre 1685
(aus C. Honegger, Hexen der Neuzeit, *S. 226).*

Der Verweis auf die ebenfalls getöteten Männer darf nun aber nicht dazu verwendet werden, das große Leiden des weiblichen Geschlechts herunterzuspielen. Die Frauen begegnen nicht selten einem regelrechten Vernichtungsfeldzug. Dieser wird jedoch von den Verfolgern als bevölkerungspolitisch kontraproduktiv erkannt, da man das Wissen der alten, gerade aber nicht die Gebärfähigkeit der jungen Frauen eliminieren will. So schreibt ein Darmstädter Hexenverfolger im Jahre 1582 an seinen Vertreter auf dem Reichstag zu Augsburg: »Wie wir dann Euch nicht genugsam zuschreiben können, was für seltsame greuliche Händel mit den Hexen oder Zauberinnen allhier verlaufen und was uns dieselben zu schaffen geben.

Dann wir nunmehr die alten fast abgeschafft und hinrichten lassen, so kommt es aber jetzo an die jungen, von denen man nicht weniger als von den alten sehr abscheuliche Dinge hört.«[357] Das Dilemma der Hexenverfolger, die Geburtenkontrolle zu vernichten, aber die gebärfähigen Frauen, die davon auch schon eine Menge verstehen, erhalten zu müssen, führt immer wieder zur Gefährdung des bevölkerungspolitischen Vorhabens. So sorgt sich der Stadtrat von Rottenburg am Neckar, wo am 12. Juli 1583 zwölf und am 7. April 1585 neun Frauen als Hexen hingerichtet werden, »daß, wenn man weiter fortfahren sollte, fast keine Weiber übrig bleiben sollten«.[358] Ähnlich heißt es über Göttingen, wo der Magistrat seit 1561 pausenlos mit Hexenprozessen beschäftigt ist: »Die Zauberinnen bekannten, wie gewöhnlich eine auf die andere, und die Inquisitores verfuhren so scharf, daß fast kein Weib vor der peinlichen Frage und dem Scheiterhaufen sicher war.«[359]

Immer wieder ist also zu sehen, daß es bei der neuzeitlichen Hexenverfolgung um ein bei den Frauen überrepräsentiertes, aber doch keineswegs monopolisiertes Wissen geht. Der politischen und wirtschaftlichen Intention der europäischen Grundherren können also Männer ebenso im Wege stehen wie Frauen. So antwortet ein Hexenjäger des 17. Jahrhunderts auf die Frage »Wer sind also die Hexen?«: »Es sind nicht nur alte Weiber, sondern ... auch Männer, junge Gesellen, Weiber von jungen Jahren, Jungfrauen, ja Knaben und Mägdlein, [die] in dies verfluchte Laster pflegen zu fallen [und] die in allen anderen weltlichen Sachen guten Verstandes, gewitzt und scharfsinnig sind.«[360] Auch die nichtweiblichen Opfer werden nun keineswegs nur wegen der »Geburtenverhinderung« getötet. Wir hatten schon gesehen, daß nicht nur der schon immer strafbare *voodoo*artige Schadenzauber weiterhin – und zwischen 1580 und 1620 sogar verschärft – verfolgt wird, sondern sich auch ganz unterschiedliche Motive zu Denunziationen wegen Hexerei verfestigen, nachdem sich die einmal etablierte Hexenverfolgung als Medium zum Austragen persönlicher Fehden anbietet. Dafür spricht insbesondere, daß unter den getöteten Männern sozial Höhergestellte und Wohlhabende überwiegen.[361] Das muß aber nicht immer bedeuten, daß hier lediglich Konkurrenzkämpfe um attraktive Posten und wirtschaftliche

Vorteile im Gewande des Hexereivorwurfes ausgefochten werden. Die bessere Erziehung dieser höhergestellten Opfer mag – ähnlich wie bei den wegen ihrer Gesetzestreue angeklagten Richtern – eher zum Widerstand gegen die Tötung der Leute »guten Verstandes« (Praetorius) geführt haben. Schon die Verfasser des *Hexenhammers* klagen nämlich, daß »an den Höfen der Vornehmen ... überall solche gehalten [werden], und man duldet, daß sie sich ihrer Schandtaten öffentlich ... rühmen und sich mit derlei brüsten«.[362]

Die Schwierigkeiten eines zureichenden Verständnisses für die umfassende und schnelle Ausbreitung der neuzeitlichen Hexenverfolgung in Europa resultieren nun nicht allein daraus, daß die wirtschaftlichen Umstände jener Zeit außer acht gelassen werden, sondern auch daraus, daß die erhaltenen *Prozeßakten* das Motiv der Geburtenkontrollauslöschung weniger deutlich zum Ausdruck bringen als die großen Dokumente zur Anleitung der Verfolgung, die von diesem Motiv allerdings regelrecht überquellen. Tatsächlich muß zu den »Hexenbeschuldigungen ... die Quellenlage ... als recht dürftig bezeichnet werden; denn außer den Protokollen von Verhören der ›Hexen‹ gibt es kaum ein erhalten gebliebenes Zeugnis der Angeklagten. Die wenigen schriftlichen Nachrichten, die aus dem Gefängnis die Familienangehörigen der Gefangenen erreichten und der Nachwelt erhalten geblieben sind, beschränken sich meist auf die Beteuerungen der Unschuld. Über die Art ihrer Beziehungen zu den Denunzianten erfahren wir deshalb nicht allzuviel ... Dennoch wird sich auch bei guter Quellenlage nicht mehr das Mosaik der Motivationen und Interaktionen zusammensetzen lassen, die dazu führten, daß eine Person als Hexe denunziert wurde.«[363] Selbst vom größten überhaupt existierenden Hexenprozeßarchiv, das seinerzeit der SS-Führer Heinrich Himmler zwischen 1935 und 1944 in Posen anlegen läßt und das noch nicht umfassend ausgewertet worden ist, heißt es: »Eine befriedigende Erklärung für Hexenprozesse wird dieses Material wohl nicht ermöglichen, weil dazu das *soziale Umfeld* mit einbezogen werden muß. Hier versagt das Material von der Fragestellung her.«[364] Dem ist lediglich hinzuzufügen, daß nicht allein die wirtschaftlichen

Umstände im frühneuzeitlichen Europa, sondern vor allem auch die Bücher zur Begründung und Anleitung der Hexenverfolgung durchaus sorgfältig studiert werden müssen.

Gleichwohl schweigen auch die Prozeßakten über das bevölkerungspolitische Motiv der Hexenverfolger keineswegs: »Viele Anklageschriften, Verhörprotokolle und Geständnisniederschriften belegen bei aller durch Folterangst und Voreingenommenheit verursachten Verzerrung ins Monströse, daß die Inquisitoren sich zentral und brennend für solche Hexerei interessierten, die mit menschlicher Sexualität und Fortpflanzung in irgendeinem – und sei es dem entferntesten – Zusammenhang stand.«[365]

So ergibt sich etwa aus den Verhörprotokollen der fünfzigjährigen Barbara Rüdinger aus dem fränkischen Wertheim, wo im Jahre 1633 elf und im Jahre 1634 16 Personen wegen Hexerei angeklagt und größtenteils hingerichtet werden, daß sie nach dem dritten Verhör, bei dem sie mit Daumenschrauben gefoltert und mit anderen Instrumenten bedroht wird, zu gestehen beginnt: »Beim 4. Verhör am 30. März [1634] macht sie umfassendere Geständnisse über ihr Leben; sie sei 30 mal ausgefahren, habe mit Schmier [Hexensalbe] 2 Kühe getödtet, nur das Schmiersieden habe sie nicht gelernt. Mit ihrem Mann habe sie diese Sünde begangen, welche ihr hart angelegen, daß sie verhütet, daß sie keine Kinder mehr mit ihm gehabt; er hat gesagt, er wolls machen, daß es keine Kinder mehr gebe.«[366] Diese Mutter dreier Kinder versucht sich selbst zu töten, um weiteren Torturen zu entkommen. Aufgrund der dabei entstandenen Blutergüsse wird »sie befragt, ob der Teufel sie nicht geschmissen« habe. Ihre Bitten um Hinrichtung durch Enthauptung oder durch Öffnen der Schlagader, mit denen sie der Tortur des Anschmiedens an glühendes Eisen entkommen will, bleiben unerfüllt. Ihr Widerruf der unter Folter abgepreßten Schadenzaubergeständnisse bringt ihr nur weitere Foltern ein.

Sehr viel früher bereits – im Jahre 1510 – wird in Zwickau eine Frau hingerichtet, die mit »ihrer irrgläubigen Kunst ... den Hurmädeln durch ihre falsche Art die Frucht abgetrieben«[367] hat. In den großen Würzburger Verbrennungen zwischen 1627 und 1629 wird im vierten Brand auch umgebracht

»Anna Schultzin in Eisen geschlagen«. Nach W.G. Soldan/
H. Heppe, Hexenprozesse, Bd. I., S. 330.

»die schickelte Amfrau (Hebamme). *Notabene, von der kommt das ganze Unwesen her.*«[368]

Ein halbes Jahrhundert früher – im Jahre 1459 – gesteht im schweizerischen Andermatt eine Frau, daß sie »einem schwangeren Weibe ... zu essen gegeben habe, auf daß der Frau das

Kind im Leib verdarb«.[369] Von der »maleficischen« Walpurga Hausmännin, die 19 Jahre als verpflichtete und beschworene Hebamme in der Stadt Dillingen gearbeitet hat und am 20. September 1587 verbrannt wird, ergeben die Verhöre folgende vom »Teufel« bewirkte Delikte:

»Er hat sie auch gezwungen, die jungen Kinder bei der Geburt, und noch ehe sie zur heiligen Taufe gekommen sind, umzubringen und zu töten. Dies hat sie auch, so viel es ihr möglich gewesen, ausgeführt. Dies hat sie wie folgt bekannt:

1 und 2) Vor ungefähr zehn Jahren hat sie die Anna Hämannin, die nicht weit von Durstigel wohnte, bei ihrer ersten Geburt mit ihrer Salbe und auch sonst verdorben, daß Mutter und Kind beieinander geblieben und gestorben sind.

3) Des Christian Wachters Stieftochter Dorothea hat vor zehn Jahren ihr erstes Kind geboren, diesem hat sie bei der Geburt ein Grifflein auf das Hirnlein gegeben, daß es gestorben ist. Der Teufel hatte ihr ganz besonders geboten, die erstgeborenen Kinder umzubringen.

4) Vor zehn Jahren hat sie der Kromt Anna, die bei dem Altheimer Tor gesessen ist, das zweite Kind mit ihrer Salbe vergiftet, so daß es gestorben ist. [...]

8) Vor drei Jahren ist sie in eine Mühle zu der Müllerin geholt worden, dort hat sie das Kind in das Bad fallen und ertrinken lassen. [...]

11) Als sie vor sechs Jahren mit der Magdalene Seilerin, Kammerschreiberin genannt, gegessen, hat sie ihr eine Salbe in den Trunk getan, wodurch diese ein unzeitiges Kind auf die Welt brachte. Dieses Kind hat sie, die Walpurga, heimlich unter der Türschwelle der gedachten Kammerschreiberin vergraben unter dem Vorwand, daß diese dann keine Fehlgeburt mehr machen werde. Dieses hat sie auch bei vielen Anderen getan. Als sie mit Ernst nach den Ursachen dieses Begrabens gefragt wurde, gab sie an, daß es darum geschehe, um zwei Eheleute dadurch auseinanderzubringen. Dies hat sie ihr Buhlteufel gelehrt. [...]

13 und 14) Sie bekennt, daß sie der Hausfrau des seligen Herrn Kanzlers Doctors Peuter, als diese vor elf Jahren lange Zeit in Kindsnöten lag, eine Teufelssalbe an die Geburt gestrichen hat, wodurch diese so schwach wurde, daß man ihr die

letzte Ölung geben mußte. Drei Stunden danach sind Mutter und Kind beisammengeblieben und gestorben.

15) Einem schönen Knaben des seligen Kanzlers, Jakob genannt, der hübsches blondes Haar hatte, hat sie ebenfalls ihre Salbe aufgestrichen und ihm ein Steckenpferd gebracht, damit er sich damit wütend reite. Er ist auch gestorben. [...]

25) Dem Herrn Statthalter allhier, Wilhelm Schenk von Stauffenberg, hat sie ein Kind, Werner, mit der Salbe versehrt, daß es innerhalb drei Tagen gestorben ist. [...]

30) Dem Kunz-Wirt hat sie vor drei Jahren ein Kind, einen Zwilling, ausgesaugt, so daß es gestorben ist. [...]

31, 32, 33, 34, 35, 36, 37, 38, 39, 40, 41, 42 und 43) Bekennt sie, daß sie der Venedigerin, der Hefeleinin, der Landstraßerin, der Fischerin, der Eva auf der Bleiche, der Weberin, der Ratschreiberin, der Kautzin, der Meschin, der Weinzieherin, der Berlerin und der Martin Kautzin je ein Kind, der Berlerin aber zwei getötet hat. Dem Büblein des Georg Klinger hat sie erst unlängst eine Salbe aufstreichen wollen, es sind ihr aber Leute begegnet, so daß sie es nicht vollbringen konnte.« Ähnlich heißt es von der im Jahre 1591 zu Neustettin wegen Zauberei hingerichteten Elisabeth von Strantz, daß sie »Pulver zugerichtet ..., Drencke zugerichtet und ... [den] Kammerjungen [ihres Fürsten] solche einzudrincken beygebracht, daß dieselben keine Herren oder Erben zeugen sollten«. Im Jahre 1599 wird im pommerschen Curdeshagen die Witwe des Siverd von Damitz beschuldigt, ihre Schwiegertochter »mit Hilfe von Zauberweibern ... unfruchtbar gemacht zu haben ..., wobei jene nach vielfachen schrecklichen Folterungen auf ihrem Geständnis, welches sie vorher mehreremals widerrufen hatte, endlich beharrte. Als Helfeshelferinnen gab sie die Olgardsche, die Bartesche, die Peter Krollsche, Chim Vickesche und andere Weiber an, gegen welche auf besonderen Befehl des Fürsten sofort das Verfahren eingeleitet wurde.«[370]

Im Jahre 1616 wird im württembergischen Geresheim eine Frau hingerichtet, »die man aller Hexen Mutter nannte: sie habe das Hexenwerk seit unvordenklichen Zeiten betrieben, wohl an die 400 Kinder, auch drei ihrer eigenen umgebracht«.[371] Wo immer in einem Verhörprotokoll lediglich vom Delikt des *Maleficium* gesprochen wird, ist damit mindestens eine der sieben Hexereien der Geburtenkontrolle angesprochen. Erst das Verständnis des Begriffes *Maleficium* also führt auch zu einer hinreichenden Ausdeutung der Quellen. So bekennt etwa nach einem Prozeß in Tiersberg (südl. Schwarzwald) die am 29. August 1486 erdrosselte Kunhin unter ihren Geständnissen »16.–19. Allerhand Maleficien« und ihre Lehrerin Hussin unter »9.–11. Mehrere Maleficien«. Eine Auswertung der Nürnberger Hexenprozesse des 14. bis 17. Jahrhunderts verweist ebenfalls auf die Medizin im *Maleficium,* das in den Akten aber nicht näher spezifiziert wird: »Die häufigsten Arten des *Maleficiums* gehen vornehmlich auf die Benützung von Zaubermitteln zurück, die aus *Kräutern* hergestellt wurden. Wetter- und Hagelmachen treten nicht in Erscheinung. Eine Hexe wurde beschuldigt, das geschlechtliche Unvermögen eines Mannes durch Zauberei verursacht zu haben. Die Appollonia Hofferin soll neben Viehschaden auch zwei Kindern den Tod gebracht haben. *In vielen Akten läßt sich nicht mehr bestimmen, welche Form des Maleficiums genau zutraf.* Dort wird oft nur kurz aufgeworfen, daß die Angeklagten bei Mensch und Tier durch Zauberei Schaden angerichtet hatten.«[372]

Auch direkt aus der Anlage des Verhörablaufs geht – wie etwa aus der »Interrogatoria« von 1622 in Bayern – hervor, daß ganz vorrangig nach den *Maleficia,* zu deutsch auch als »Laster« wiedergegeben, geforscht wird:

»Wie sye hinder das Laster gerathen, was sye darzue bewegt, wer sye es, und was sye für Stuck gelehrnet, wie und an waß Orten das geschehen, und wie lange sye es getriben habe ...

Ob ihr Mann oder contra deß Weib solcher Laster nie vermerkt und wie es hab verdeckt und verschwigen bleiben können ...

Item ob keine Leut von ihr gelembt oder gar getödet worden, sonderlichen, ob sye die jungen Künder nit verletzt, gestollen und hinweggeführt oder die ungetaufften ausgraben oder vor dem hl. Tauf verletzt habe, wie vill, an was Orten und durch was Gestalte.

Was sye mit den ausgrabnen Kündern oder ihren Gepainerinnen gemacht, zugericht oder für die Zauberey gebraucht.

Ob sye mit keinem Gifft umbgangen, Schlangen oder andern

vergiften Thieren, wann, und was sye damit gethonn, obs nit Zwispalt und Unainigkeit zwischen den Eheleuten zuegericht, und was Mitl und warumb.

Ob sye auch nit teuflische unzichtige Lieb hab gemacht oder veursacht, dadurch etwann die Frauen oder die Mannen zu Fall kommen und in Ehebruch oder andere unehrliche Sachen gerathen, gegen weme das beschechen, warumb und wie.

Obs auch nit Jungfrauen oder junge Gesellen gelernet, mit dergleichen teuflischen Sachen ihren Muthwillen zu verbringen.«[373]

Wir sehen hier, daß der vorgeschriebene Verhörablauf die wichtigsten Bestandteile der »siebenfachen Hexerei« der Geburtenkontrolle, wie sie der *Hexenhammer* definiert (dazu Kapitel IV oben), aufnimmt und – nebst ihrem lernwilligen Umfeld – auszulöschen trachtet.

Die für Hexerei angeordneten Hinrichtungen schließen dieses *Umfeld* deshalb auch in die Verfolgung ein. So deutlich immer wieder gezögert wird, junge Menschen zu töten, weil dadurch das bevölkerungspolitische Vorhaben gefährdet werden könnte, so entschieden geht man doch gegen junge Leute vor, von denen man annimmt, daß sie bereits eine umfassende Ausbildung für eine Karriere als weise Frau oder auch weiser Mann genossen haben. Die prophylaktische Tötung der Kinder erfahrener Geburtenkontrolleure läßt sich an einem Fall des Jahres 1600 aus München exemplarisch zeigen: »Einem Ehepaar und dessen zwei Söhnen war auf der Folter die Aussage abgepreßt worden, 400 Kinder verzaubert und getötet, 58 Personen krumm und lahm gehext und andere Grausamkeiten verübt zu haben. Zur Strafe dafür wurde der Vater an einen glühenden Spieß gesteckt, die Mutter auf einem glühend gemachten eisernen Stuhl verbrannt. Die Söhne wurden sechsmal mit glühenden Zangen gezwickt, an den Armen gerädert und dann verbrannt. Der jüngste Sohn, der unschuldig befunden wurde, mußte der grausigen Hinrichtung der Eltern und Brüder beiwohnen, ›damit er sich forthin zu hüten wisse‹.«[374]

Hier allein die generelle Abschreckung zu betonen, hieße die Absicht zu vernachlässigen, die darin besteht, die mündliche Überlieferung des Verhütungswissens zu unterbinden. Die älteren Brüder sind eben deshalb bereits unrettbar verloren, während der kleinste Junge – aber auch alle anderen Beobachter des Spektakels – sich hüten sollen, jemals ein Wissen erwerben zu wollen, für das die Familie hier brennen muß.

Noch deutlicher wird dieses Motiv bei der Hinrichtung von Töchtern zusammen mit ihren Müttern. Bereits der *Hexenhammer* will nicht nur die wirklich ausgeübte Handlung, sondern auch das weiterzugebende Wissen auslöschen, indem selbst die durch aktive Geburtenkontrolle noch gar nicht hervorgetretenen, aber bereits für einschlägig aufgeklärt gehaltenen Töchter getötet werden sollen: »Es darf nicht übergangen werden von den Schädigungen zu sprechen, die den Kindern von Hexenhebammen angetan werden; und zwar ..., wie sie sie den Dämonen weihen ... Die Erfahrung ... lehrt, daß immer die Töchter von Hexen unter ihresgleichen als Nachahmerinnen der mütterlichen Verbrechen verrufen sind, ja, daß auch die ganze Nachkommenschaft gleichsam angesteckt ist.«[375] Auch unser »Universalgenie der Neuzeit« hat sich ganz ähnlich ausgesprochen: Könne man eine Hebamme nicht überführen, »so muß man der Zauberinnen und Hexen junge Töchterlein vernehmen. Denn es wurde häufig gefunden, daß sie von ihren Müttern unterrichtet worden sind.«[376]

An die Richtlinien der großen Autoritäten des hexenverfolgerischen Werkes haben sich die kleineren Verfolger vor Ort durchaus gehalten. So argumentiert im Jahre 1519 ein Inquisitor in Metz auf die Vorhaltung, daß doch kein ausreichendes Indiz für Hexerei vorliege, unter Berufung auf den *Hexenhammer*: »Allerdings liegt ein sehr genügendes [Indiz] vor, denn ihre Mutter ist als Zauberin verbrannt worden ... Das Indizium müsse gelten, weil Zauberinnen ... ihre Kinder sogleich nach der Geburt den Dämonen ... weihen ... und so das Zauberwesen in den Familien ... vererben.«[377] Im schweizerischen Luzern ist bereits 1454 eine Dorothea, Frau des Burgi Hindremstein, in einer Hexereianklage allein damit belastet und zum Tode verurteilt worden, »daß einige Jahre früher ihre Mutter [als Hexe] verbrannt worden war«.[378] Auch der – zum guten Ende von ihrem Sohn geretteten – Mutter des berühmten Astronomen Johann Kepler, der u.a. vorgeworfen wird, »einem Bürger zwei Kinder getötet« zu haben, wird im Jahre 1615 zu Leonberg als schwerwiegendstes Indiz angekreidet,

»sie sei zu Weil der Stadt bei ihrer Base, die dort als Hexe den Feuertod erlitten, erzogen worden«.[379] In Bayern, wo in den Jahren 1715 bis 1722 die Hexenverfolgungen »nochmals zu einer Hochflut anschwellen ..., ging man in der Bestrafung der Hexenkinder nicht selten noch über die Grausamkeit eines Binsfeld [Hexenjäger zu Trier, 1540–1603] hinaus, welcher gelehrt hatte, daß man Hexenkinder unter dem 14. Jahre nicht eigentlich foltern, sondern nur mit Rutenhieben schrecken und solche unter dem 16. Jahre nicht hinrichten, sondern einsperren und bis zu dieser Altersstufe zuwarten solle, ob sie sich nicht bessern«.[380]

Diese oft bezeugte Verbrennung von Kindern, ja selbst die Tötung von Kindern bis zu vier Jahren und auch noch von Säuglingen[381], die noch am ehesten als Zeichen des reinen Wahnsinns oder des krankhaften Sadismus interpretiert werden könnten, entbehrt der furchtbaren Rationalität der Hexenverfolgung keineswegs: Hier kommt eine Theorie zum Zuge,

»Drei Frauen werden lebendig auf dem Marktplatz von Guernsey verbrannt, das Kind wird ins Feuer zurückgestoßen«. Anonymer Stich des 16. Jahrhunderts (aus T. Hauschild et al., Hexenkatalog, S.78)

die nicht ausschließen mag, daß die Qualifikationen der Eltern über das Erbgut an die Kinder gelangen. Am ehesten als verrückt muß hier also die auch heute nicht selten populäre Vererbungslehre gelten. Wo man einmal auf ihr fußt, ist dann von der Absicht, ein bestimmtes Wissen auszurotten, bis zur Hinrichtung von Kleinkindern kein weiter Weg mehr. Dabei kann die Hinrichtung eines Säuglings auch dann erfolgen, wenn in der Verwandtschaft keine weisen Frauen oder Männer nachweisbar sind, das Kind aber aus einer als *Maleficium* eingestuften Verbindung – wie dem Inzest – stammt: »So richtete man im Jahre 1732 in Breslau einen Säugling öffentlich hin, weil er aus der Blutschande zwischen Vater und Tochter hervorgegangen war.«[382]

Wir haben nun gesehen, daß die Hexenverfolgung der Neuzeit nicht nur in ihrem massakrösen Ausmaß alles übertrifft, was bis dahin – und durchaus weltweit – als Hexerei angegriffen wird, sondern daß sie als Kampf gegen die Geburtenkontrolle tatsächlich von einem ganz eigenständig neuzeitlichen Hauptmotiv getragen wird. Die historische Neuheit des Vorgehens gegen die gute weise oder heilende Frau haben die als Hexen Angeklagten – im Unterschied zu vielen modernen Hexenforschern – sehr wohl verstanden. Daß man für Schadenzauber schon immer belangt werden konnte, haben sie durchaus gewußt, aber die gute Magie – wie sie eben auch bei der Schwangerschaftsverhütung und sonstigen Verfahren der Geburtenkontrolle in Anwendung kommt – gilt doch als Segen, gegen den niemand etwas hat. So überrascht uns nicht mehr, daß etwa die im Jahre 1485 geborene Sunde Bohlen in einem Hexenprozeß aus dem Jahre 1587 in Kiel aussagt: »Sie wäre itzo hundert und zwei Jahre alt, und hätte man bei ihren jungen Jahren nichts davon gewußt, daß jemand um solche Raden und Segensprechen wäre bestraft oder verbrannt worden.«[383]

IX.

Welchen Verlauf nimmt die Geschichte der Bevölkerung in Europa und der Welt nach Vernichtung der weisen Frauen?

Bedrohliche Aussichten für die Zukunft der Gesellschaft wurden und werden gern in die Form von schwarzen Utopien gekleidet, die eine bevormundende Kontrolle der Bürger dadurch heraufkommen sehen, daß die technischen Voraussetzungen für ihre Beaufsichtigung auf immer raffiniertere Höhen gebracht werden. Dabei dienen die Diktaturen der Nationalsozialisten Deutschlands und des Sowjetkommunismus als Beispiel für die Entschlossenheit zur *Bevölkerungskontrolle*. Diese werde aber erst wirklich und endgültig bedrohlich, wenn die Technologien der biochemischen Menschenformung und der optisch-akustischen Menschenüberwachung vollkommen ausgereift wären. Aldous Huxleys *Schöne neue Welt* (erschienen 1932) dient dafür gerne als Ausmalung der zu erwartenden genetischen Manipulationen, während George Orwells *1984* (Zahlenspiel des Erscheinungsdatums 1948) als Zitatenquelle für die besorgte Kommentierung der immer präziser werdenden Menschenkontroll- und -überwachungsapparate unseres Jahrhunderts gerne herangezogen wird.[384]

Gleichwohl könnte der beliebte Umgang mit dem »Großen Bruder«, dessen Zukunft längst begonnen habe, von jenem Datum ablenken, an dem eine terroristische Kontrolle der Bevölkerung durch Kirchen und Staat keineswegs nur in schwarzen Utopien für die Zukunft prophezeit wird, sondern an dem solche Überwachung auf technisch ganz einfachem Niveau, aber in kaum übertreffbarer Allgegenwärtigkeit erstmals in der Menschheitsgeschichte begonnen hat: Wir denken also an den 5. Dezember 1484, an dem Papst Innozenz VIII. mit seiner »Hexenbulle« – wie in den vorangegangenen Kapiteln gezeigt – das Startsignal zur systematischen Ausrottung des Verhütungswissens im frühneuzeitlichen Europa gibt. Dieses

Dokument und sein von ihm in Gang gesetzter, in jahrhundertelangen Hexenmassakern kulminierender Terror sind nun keineswegs mit nur leisem Schaudern als »Kulturleiche« zu besichten. Vielmehr erweist sich die »Hexenbulle« in ihrem bevölkerungspolitischen Ziel klerikal-staatlicher Menschenproduktion auch lange nach Abschluß der Hexenverfolgung, d.h. der Vernichtung der weisen Frauen, als höchst lebendig und wirkungsvoll und ist vielleicht gerade deshalb kaum zum Anlaß für Denkwürdigkeiten unserer sonst so rührigen Jubiläensucher geworden.

So verdienstvoll – wenn auch nicht gerade sonderlich häufig – inzwischen an die Einschüchterung, den Terror und die Massaker der totalitären Bewegungen des 20. Jahrhunderts erinnert wird und so sorgfältig hier und dort darauf geachtet wird, sich mit den Vorkämpfern von Auschwitz und dem »Archipel Gulag« (Solscheniszyn) nicht gemein zu machen, so auffällig bleiben die würdevollen Vertreter einer Bewegung, die über Jahrhunderte hinweg und gleich in der gesamten europäisierten Welt nicht minder furchtbare Verbrechen beging, vom zivilisierten Entsetzen ausgenommen. Ja, diese Funktionäre einer weltumspannenden frommen Organisation mit ihrer nie bewältigten Vergangenheit des langandauernden und ausgetüftelten Folterns und Mordens werden sogar allenthalben zu Rate gezogen, wenn über so wichtige Probleme wie den Schutz des Lebens oder gar über seine *Heiligkeit* gesprochen werden muß. Bei einem so bedeutenden Thema ist niemals zu vergessen, daß die »Heiligkeit des Lebens«, wie der *Hexenhammer* lehrt, als Kampfbegriff gegen die »Verbrechen« der »Hexen« geschmiedet wird[385], die als weise Frauen Leben nicht verantwortungslos sprudeln lassen, sondern im Interesse einer Zukunft für die Kinder zu steuern wissen.

Werden die deutschen Judenmassaker und die perfiden Ausmerzungen im Gulag inzwischen zumindest einem Teilpublikum mehr oder weniger deutlich zu Gehör gebracht, so werden »Hexenprozesse ... in Handbüchern kaum und in Schulbüchern überhaupt nicht erwähnt«[386] und »in den meisten Kirchen- und Papstgeschichten ... nur am Rande erwähnt oder ganz verschwiegen.«[387] Tatsächlich ist »nur wenigen ... bekannt, daß die Folterkammern von Dachau und Auschwitz,

Treblinka und Majdanek einem historischen Vorbild folgten, das seinerzeit einen ganzen Kontinent umfaßte. Die Methoden Hitlers und seiner Schergen vorwegnehmend, verwandelte die katholische Kirche ... Europa durch die Hexenverfolgung in ein einziges Konzentrationslager: Bespitzelung, Einschüchterung, Denunziation und Demagogie bestimmten den Alltag, die Furcht vor Verschleppung und viehischer Mißhandlung war allgegenwärtig, in Städten und Dörfern rauchten die Scheiterhaufen wie später die KZ-Schlote.«[388] Es muß da nicht einmal sonderlich verwundern, daß selbst der SS-Führer Himmler als ein Hauptverantwortlicher der späteren Judenausrottung die kirchliche Hexenverfolgung als so ungeheuerliches Verbrechen betrachtet, daß er im Jahre 1935 ein Hexen-Sonderkommando beim Sicherheitsdienst des Reichssicherheitshauptamtes einrichtet, das bis zum Frühjahr 1944 Material zusammenträgt, das »als antichristliche Propaganda« Verwendung finden sollte. Die Kirche befindet sich damit in der interessanten Lage, Vorhaltungen wegen ihrer »größten nicht kriegsbedingten Massentötung von Menschen durch Menschen«[389] – nach den Judenvernichtungen und dem Gulag – damit abwehren zu müssen, daß 1935 auch der NS-Massenmörder Himmler, dem ja doch wohl niemand nacheifern wolle, den Stuhl Petri anzuklagen gedachte. Aber nach diesem Entlastungsmuster verfahren ja auch die Gulag-Henker, die zur eigenen Rechtfertigung gern auf die Verbrechen der Kirchen und der Nazis verweisen.

Und tatsächlich haben die sowjetischen Spezialisten der Menschenvernichtung in der kirchlichen Inquisition, die – nach mittelalterlichen Vorgefechten gegen Abweichler – eben erst in der frühneuzeitlichen Hexenverfolgung zur Vollendung gebracht wird, das Vorbild ihrer Untersuchungsmethoden gefunden: »So kehrten die Schlußfolgerungen der fortschrittlichen Jurisdiktion nach vollbrachter spiralförmiger Entwicklung wieder zu den präantiken oder mittelalterlichen Auffassungen zurück. Gleich den mittelalterlichen Folterknechten waren unsere [sowjetischen] Richter, Ankläger und Untersuchungsbeamte bereit, den entscheidenden Beweis der Schuld im Schuldbekenntnis des Untersuchungshäftlings zu sehen. (Vgl. die 5. Ergänzung zur Verfassung der USA: ›Es ist verboten, sich selbst durch Aussagen zu belasten‹, *Verboten!*...) Das treuherzige Mittelalter wählte allerdings dramatische und pittoreske Mittel zur Erlangung des gewünschten Zieles: den Wippgalgen, das Rad, den Schwitzkasten, die spanische Jungfrau, die Pfählung und anderes mehr. Das 20. Jahrhundert durfte sich bereits auf neueste medizinische Errungenschaften und eine nicht geringe Gefängniserfahrung stützen.«[390]

Läßt sich nun die Bevorzugung von Kirchenmännern gegenüber heutigen Nazis und Kommunisten vielleicht wenigstens daraus erklären, daß die Geschichte dieser jungen Bewegungen nicht nur durch Verbrechen, sondern auch durch verbrecherische Absichten gekennzeichnet sei, während die soviel ältere heilige Bewegung ihre Schlächtereien für noble Ziele vollbrachte? Mitnichten: Hehre Ziele proklamieren alle drei Bewegungen für sich. Die Verbrennungsöfen in den KZs werden angeworfen, damit ein Volk – im apokalyptischen Wahn des Antisemiten Hitler und all seiner Bewunderer auf der ganzen Welt »der Jude« – »seinen Weg zur Weltdiktatur«[391] nicht vollenden könne und so die angeblich bedrohte Freiheit der Menschheit bewahrt würde. Die sowjetische Zwangsarbeits- und Vernichtungsmaschinerie arbeitet für »die Beseitigung jeglicher Ausbeutung des Menschen durch den Menschen«[392], und die Hexenmassaker der Kirchen richten sich gegen den »gemeinen Meuchelmord« der – wie gezeigt – im Gange sei, wo »Eheleute künstlich die Empfängnis verhüten«, wie es im *Römischen Katechismus* von 1566 heißt. Die Kirche schiebt aber nicht nur am Beginn der Massaker das noble Ziel einer Meuchelmordbekämpfung vor, sondern bekräftigt bis heute – wenn auch gelegentlich in etwas sanfterer Rede – die ungebrochene Gültigkeit dieses Angriffs auf die schwangerschaftsverhütenden Menschen. Unter ausdrücklichem Hinweis auf den Meuchelmordvorwurfs-Katechismus vom 1566 hat etwa Papst Paul VI. mit seiner Enzyklika »Humanae Vitae« von 1968 der Empfängnisverhütung unverändert scharf den Kampf angesagt: »Ein Akt gegenseitiger Liebe widerspricht dem göttlichen Plan ... wenn er der vom Schöpfergott in ihn nach besonderen Gesetzen hineingelegten Eignung, zur Weckung neuen Lebens beizutragen, abträglich ist ... Jede Handlung ist verwerflich, die entweder in *Voraussicht* oder während des Vollzugs des ehelichen Aktes oder im Anschluß an ihn beim Ablauf seiner natürlichen Auswirkungen darauf abstellt, die Fortpflanzung zu verhindern, sei es als Ziel, sei es als Mittel zum Ziel.«[393]

Der zur Rechtfertigung der – wie gesehen – ganz menschengemachten bevölkerungspolitischen Gewalt der Hexenprozesse angerufene »göttliche Plan« erreicht nun tatsächlich die Durchsetzung der Anschauung, »daß Geschlechtsverkehr nur zur Fortpflanzung, nie aber zum eigenen Lustgewinn ausgeführt werden dürfe – eine Anschauung, die erst in unserem [20.] Jahrhundert langsam wieder abgebaut wird«.[394] Noch aber hat der Erfolg des »göttlichen Plans« weltweit seinen Höhepunkt keineswegs überschritten. Die nachstehende Tabelle[395] zeigt den *Weltbevölkerungsanstieg vom Jahre 14. u. Z. bis heute*:

Jahr	Bevölkerung in Millionen	Durchschnittliche Wachstumsrate pro Jahr in %
AD 14	256	–
600	237	– 0.01
1000	280	0.04
1340	378	0.09
1600	498	0.11
1650	516	0.07
1700	641	0.43
1750	731	0.26
1800	890	0.39
1850	1171	0.55
1900	1668	0.71
1950	2486	0.80
1960	2982	1.84
1970	3632	1.99
1973	3860	2.05
1985	4800	~2.00

Die anschließende Graphik macht noch besser sichtbar, daß erst um die Mitte des 15. Jahrhunderts, als – nach der Bevölkerungskatastrophe durch die Pest – die Hexenverfolgung zur allgemeinen bevölkerungspolitischen Maßnahme ausgebaut wird, die Weltbevölkerung aus einer sehr allmählichen Wachstumsbewegung in einen steilen, explosionsartigen Anstieg übergeht:

Wachstum der Weltbevölkerung in absoluten Zahlen[396]

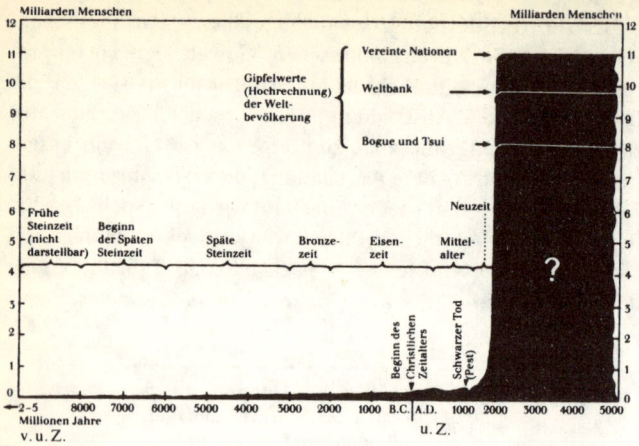

Schauen wir nun nicht auf die absoluten Zahlen, sondern auf die Wachstumsraten der Weltbevölkerung, so wird wiederum deutlich, daß erst nach der gewaltsamen Auslöschung der Geburtenkontrolle ihre dramatische Zunahme einsetzt. Die nachstehende Graphik wurde zum 200jährigen Bestehen der USA entworfen und legt deshalb den Umschlagpunkt idealisierend auf das Jahr 1776, obwohl er bereits früher erreicht wird:

Wachstum der Weltbevölkerung in Prozent[397]

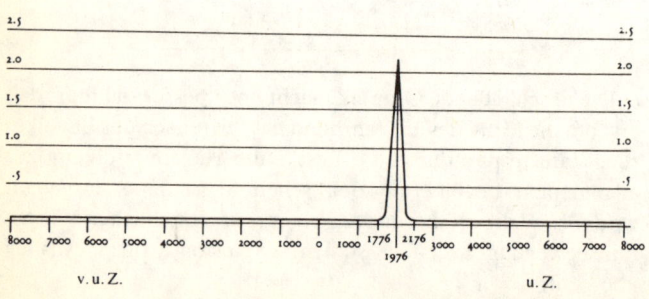

Betrachten wir Europa allein, wo die Weltbevölkerungsexplosion ihren Ausgang nimmt, indem (zwischen 1820 und 1920) knapp 35 Millionen Menschen aus Europa[398] als Eroberer und Siedler nicht nur ihre Fortpflanzungsmoral weltweit verbreiten, sondern auch die vorgefundenen Geburtenkontrollverfahren genauso radikal ausrotten, wie es denjenigen ihrer mittelalterlichen Vorfahren erging, so ersehen wir, daß der entscheidende Durchbruch des Wachstums, das um 1450 beginnt, in die zweite Hälfte des 18. Jahrhunderts fällt. Ebenso wie das Mittelalter haben auch die nichteuropäischen Gesellschaften bis zur Ankunft der Europäer mit Hilfe von Verhütung, Schwangerschaftsunterbrechung und Infantizid etc. ihre Bevölkerungen stabil gehalten.[399]

Bevölkerung in Europa von 400 v. u. Z. bis 1975 (in Mill.)[400]

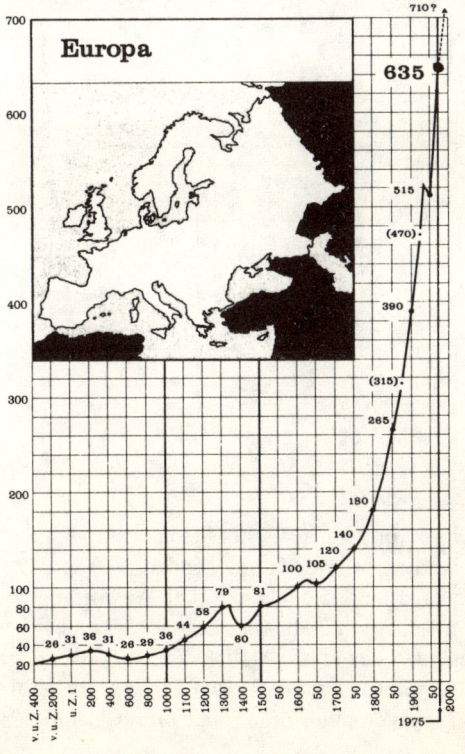

Zur Verdeutlichung der These, daß die europäische Bevölkerungsexplosion mit der zeitlichen Verzögerung, die für die Europäisierung der Erde verstreichen mußte, in die Weltbevölkerungsexplosion übergeht, sei Ozeanien, das zuletzt kolonisiert wurde, als Beispiel herangezogen.

Bevölkerung in Ozeanien von 400 v. u. Z. bis 1975 (in Mill.)[401]

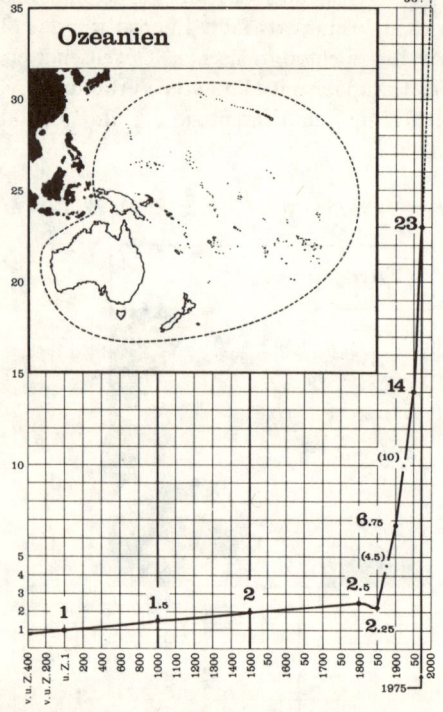

Vor der Ankunft europäischer Siedler und Missionare steigt die Bevölkerung in zwei Jahrtausenden (200 v. u. Z. bis 1800 u. Z.) von ca. 1 auf 2.5 Millionen. Die Ausrottung von Ureinwohnern erreicht mit 200 000 zwischen 1788 und 1838 allein in Australien[402] in der ersten Hälfte des 19. Jahrhunderts ihren Höhepunkt. Gleichzeitig setzt sich das neuzeitlich-europäische Fortpflanzungsverhalten durch und bringt in nur 125 Jahren eine Verzehnfachung der Einwohnerschaft. Die Ausrottung der traditionellen Geburtenkontrolle hat sich inzwischen zu der populären Vorstellung verfestigt, daß die extreme Vermehrung in der Dritten Welt einer »uralten Sitte« entspringe – einem »Fatalismus«, der durch »moderne Auffassungen, Rationalismus ... und bewußt regulierte Fruchtbarkeit« überwunden werden müsse.[403]

Schauen wir nun auf das ›Musterland‹ der europäischen Entwicklung, auf England also, so sehen wir wiederum den typischen Steilanstieg nach Mitte des 18. Jahrhunderts. Er würde noch kräftiger ausfallen, wenn die ausgewanderten Engländer, Waliser und Schotten (ca. 12 Millionen zwischen 1800 und 1920) mitgerechnet würden.

Bevölkerung in England und Wales von 400 v. u. Z. bis 1975 (in Mill.)[404]

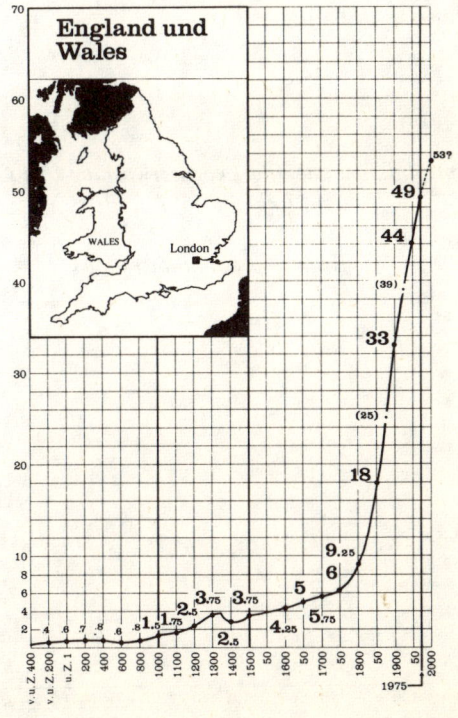

Nach der in Kapitel II vorgeführten Lehre vom sogenannten demographischen Übergang müßte der Steilanstieg des Bevölkerungswachstums im 18. Jahrhundert daher rühren, daß die Sterblichkeit plötzlich absinkt, die Geburtenrate sich aber nicht ebenso schnell nach unten anpaßt. Tatsächlich fällt die Sterblichkeit keineswegs, vielmehr steigt die Geburtenzahl, die aber bereits in der gesamten Periode *nach* Beginn der Hexenverfolgung – bei allen Schwankungen – immer über einer Bruttoreproduktionsrate von 1,8 liegt, also (mit Ausnahme der Jahre 1661–81) durchweg die erforderliche Rate für eine stabile Bevölkerungszahl übersteigt.[405] Die folgende Graphik macht die entscheidende Rolle des Steigens der Geburtenrate – und nicht etwa des Fallens der Sterblichkeit – deutlich, da die Lebenserwartung – der Indikator für die Sterblichkeit – noch im 19. Jahrhundert (40,4 Jahre für die Periode von 1826–1871) nur unwesentlich höher liegt als im 16./17. Jahrhundert (38,6 Jahre für die Periode 1566–1621).[406]

Bruttoreproduktionsrate und Lebenserwartung (bei Geburt) in Jahren. England 1551–1901[407]

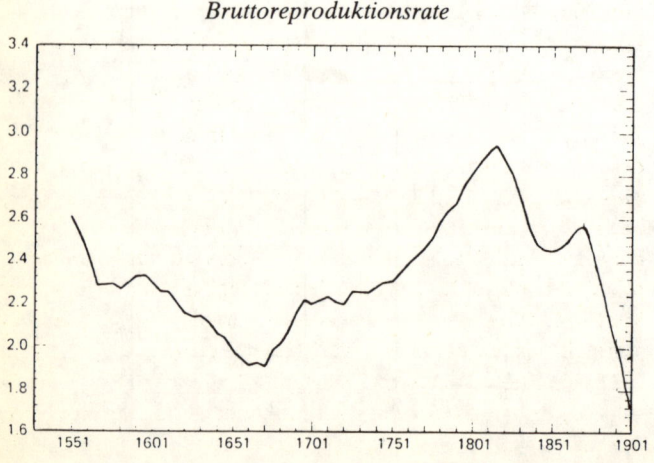

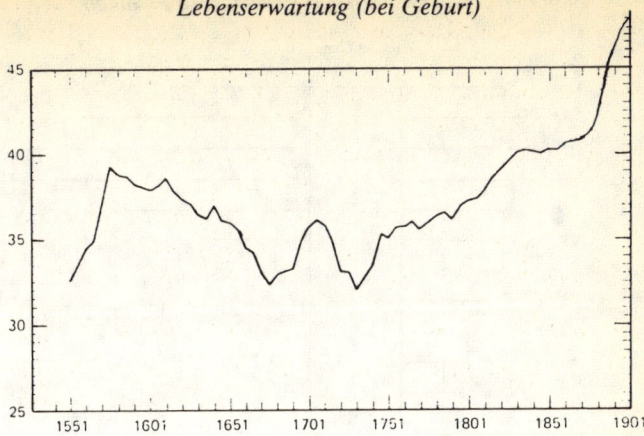
Lebenserwartung (bei Geburt)

Da die Bevölkerungsexplosion aus einer Zunahme der Geburtenzahl resultiert, müssen pro Frau auch mehr Kinder aufgezogen werden als in der gesamten bis dahin abgelaufenen Menschheitsgeschichte. Für die meisten Gebiete Westeuropas gilt bis gegen Ende des 19. Jahrhunderts, daß jede verheiratete Frau durchschnittlich »zwischen 5 und 6,5 Kinder«[408] hat, d. h. wesentlich mehr, als uns aus Stammesgesellschaft, Antike und Mittelalter bekannt ist. Mehr als 5% der Frauen haben über 10 und etliche sogar »bis zu über 20« Kinder. In Südwestdeutschland haben zwischen 1650–1799 Bauern 6,4, Handwerker und Gewerbetreibende 5,8 und Tagelöhner 5,0 Kinder. Im französischen Súresues (1735–1785) bringen bereits im Alter von 20 Jahren verheiratete Frauen 11,6 Kinder in der Ober-, 10,4 in der Mittel- und 9,8 in der Unterschicht zur Welt. Wenn zwischen 25 und 29 Jahren geheiratet wird, gibt es 6,8 Kinder bei Bauern und Handwerkern sowie 5,6 bei Tagelöhnern.[409] Das nachstehende Schaubild zeigt dieses europäische Fortpflanzungsmuster für Frankreich nach der Zahl der Kinder und konfrontiert es mit der Gegenwart, in der dieses extreme Vermehrungsmuster bereits wieder gebrochen ist.

Die im Steilanstieg der Geburtenzahl steckende welthistorische »Einzigartigkeit« eines »europäischen Ehemusters«, das sich bereits im 16. Jahrhundert, also lange vor der Industriali-

Zahl der Geburten auf 1000 französische Familien[410]

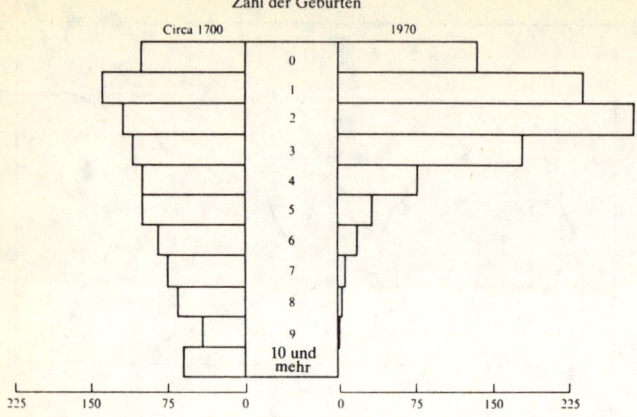

sierung, nachweisen läßt,[411] ist von den historischen Demographen durchaus gesehen und auch genau beschrieben worden. Lediglich der Grund dieses Musters gilt als unverändert »mysteriös«.[412] Das Muster besagt, daß Ehen erst nach Mitte des 20. Lebensjahres geschlossen werden und dann in den Ehen das Geschlechtsleben ungefähr bis zum 40. Lebensjahr andauert. Während dieser 12–15 Jahre hat die Frau mit relativ kurzen Intervallen von maximal 20–30 Monaten neugeborene Kinder. Zugleich liegt die Eheschließungsquote der Frauen bei 80 bis 90%, wobei aber zu berücksichtigen ist, daß viele Frauen erst nach dem 50. Lebensjahr heiraten.[413] Zu diesem Ehemuster gehört auch, daß der Anteil der *unehelich* Geborenen – die im Mittelalter nichts Ehenrühriges enthaltende Bezeichnung für nichteheliche Kinder, »Bastard«, wird entsprechend zu einem Schimpfwort – verschwindend gering wird, verwandelt sie doch die unglückliche Mutter in eine nunmehr puritanisch geächtete »Sünderin«. So pendelt die sogenannte Illegitimitätsquote (Anteil der unehelichen Geburten an der Gesamtzahl der Geborenen) etwa in England um 2% (1560–1760 – mit einem absoluten Tiefpunkt von 0,5% 1650–60 unter dem Protektorat Cromwells, dem Höhepunkt des Puritanismus –), in Frankreich zwischen 0,5–2,5% (1600–1760), in Schweden um 2,5%

(1751–70) und im übrigen westlichen Europa bis Mitte des 18. Jahrhunderts zwischen 3–5%.[414]

Diese Entwicklung resultiert daraus, daß nicht nur der Seitensprung und der voreheliche Geschlechtsverkehr in der Neuzeit verboten werden, sondern auch das dauerhafte Zusammenleben ohne Eheschließung – also das *Konkubinat*. Für Frankreich ist die Ächtung des Konkubinats lokal ab 1515 belegt. Die katholische Kirche hatte auf dem Konzil von Trient mit dem Dekret »Tametsi« von 1563 bestimmt »es ist eine schwere Sünde, unverheiratet mit einer Frau zusammenzuleben«. Konkubinatspartner werden danach von der Kanzel öffentlich verurteilt und exkommuniziert, wodurch im 17. Jahrhundert die Konkubinate überall weitgehend verschwunden sind. In Frankreich entschließt sich selbst Ludwig XIV. gegen Ende dieses Jahrhunderts, die letzte seiner Konkubinen heimlich zu heiraten. Für die Stadt Nantes und die umliegende Provinz sind noch im 16. Jahrhundert »50 Prozent der unehelichen Geburten Produkt eines Konkubinats. In derselben Stadt ... senkt sich diese Rate zwischen 1735 und 1750 auf 5,5 Prozent und zwischen 1751 und 1787 auf 2,5 Prozent.«[415]

»Von viel und schwerer Bürde der Kinder«. Holzschnitt des 16. Jahrhunderts (aus Die Holzschnitte des Petrarcameisters, *Berlin 1955, S. 206).*

Die Unverheirateten dürfen Sexualität also nur noch als verbotene Frucht kennen. Das uneheliche Kind wird zum Beweis der »Sünde«, zum Zeichen der »Hurenhaftigkeit«, das die stille Hoffnung der jungen Mädchen aus den besitzlosen Schichten, doch noch von einem respektablen Manne gefreit zu werden, endgültig zunichte machen muß und ihnen natürlich die staatlichen Gesetze gegen Unzucht auch zur privaten Waffe gegen den ›Verführer‹ werden läßt. Die »Sünde« beerbt gewissermaßen die Handlungen der Hexenhebammen. Was an und mit diesen ausgetrieben werden soll, taucht nun als das nicht mehr Übliche, als Sünde, wieder auf. Jede unverheiratete Frau mit einem Kind heißt jetzt »Hure«. Als die übelsten Huren gelten jedoch – in sich konsequent – diejenigen Frauen, von denen man vermutet oder weiß, daß sie zwar heterosexuell verkehren, aber dennoch ohne Kinder bleiben. Ihre Strafe soll gerade darin bestehen, schwanger zu werden, d. h. mit dem ›Bankert‹ am Hals ins Elend zu geraten. In schwedischen Gemeinden etwa wurde dies dadurch signalisiert, daß »man ihnen beim Eintritt in die Kirche mit dem Gesangbuch auf den Hintern schlug«.[416] Als Hurerei gilt also jeder nichteheliche Geschlechtskontakt; die Bezeichnung Hure wird zur entscheidenden ideologischen Waffe gegen die Frauen. Sie ist bis heute teilweise noch scharf, wird von vielen Frauen immer noch gefürchtet, während etwa die im deutschen Sprachgebrauch verbreitete Wendung ›früher hätte man dich als Hexe verbrannt‹ bereits humorig klingt, obschon sie eine furchtbare historische Realität ausdrückt.

Die Aussicht auf ein geächtetes Hurendasein mit dem unehelichen Bankert treibt die Sünderin nicht selten in die Kindestötung. Das Häufigwerden dieses primitiven Vorgehens verweist aber keineswegs auf eine besondere Verkommenheit, sondern ergibt sich zwangsläufig aus der Auslöschung der ungleich mehr Kunstfertigkeit erfordernden Abtreibung oder gar Verhütung. Daran wird deutlich, daß die Geburtenkontrolldelikte der siebenfachen Hexerei erst dann als wirklich besiegt gelten, wenn das Verhütungs- und Abtreibungswissen weitgehend verschwunden ist und die Frauen auf die hilflose und überdies am leichtesten entdeckbare Kindestötung als *ultima ratio* verwiesen sind. So verwundert uns nicht, daß gerade die sogenannte Kindsmörderin seit dem 16. Jahrhundert mit Hilfe neuer Verfahrensvorschriften verfolgt und aufgrund neuer staatlicher Gesetze besonders grausamen Todesstrafen ausgesetzt wird. Es ist das Verdienst eines von den Nationalsozialisten vertriebenen deutschen Historikers, gezeigt zu haben, daß gerade die Neuzeit die überaus brutale Exekutierung der Kindsmörderin eingeführt hat[417], die bis dahin in der Forschung »dem finsteren Wahn des Mittelalters«[418] zugeschrieben worden war. Diese irrige Auffassung kommt im Zeitalter der Aufklärung zum Durchbruch. Daran wird einmal mehr deutlich, daß die Aufklärung zur allgemein verbindlichen Formulierung der ›natürlichen Liebe‹ zwischen Eltern und Kindern – und übrigens auch zwischen Gatten – erst voranschreiten kann, nachdem in der Neuzeit, in deren Tradition gegen das Mittelalter sie sich stolz und selbstbewußt stellt, die blutige Mordarbeit von Kirchen und Staat mit dauerhaften Folgen besorgt ist. Der großartige Mythos von der allgemeinen und angeborenen Liebe zum Kind bildet sich erst heraus, nachdem der tatkräftige Gedanke an eine zweckrationale Einstellung zum ungeborenen oder neugeborenen Kinde mit dem Mittel des öffentlichen Terrors ausgelöscht ist. Noch eingangs des 16. Jahrhunderts kommen Kindestöterinnen beispielsweise in Nürnberg, dessen Quellenlage besonders gut ist, teilweise ohne Todesstrafe davon.[419] Das ändert sich – wie oben in Kapitel VIII gezeigt – mit den Strafgesetzen von 1507 und vor allem von 1532, das in den Artikeln 35, 36 und 131 die Bestrafung der Kindestötung für weite Bereiche des europäischen Kontinents[420] einheitlich regelt, allerdings die ›natürliche Kindesliebe‹ noch nicht kennt, sondern vorerst vom »unchristlichen und unmenschlichen ... übels und mordts« (Art. 131) handelt.

Die Unterbindung jeder nichtehelichen Sexualität wird also zur Voraussetzung des »europäischen Ehemusters«.[421] Da aber auch die eheliche Sexualität wiederum ohne jede Verhütung absolviert werden soll, ergibt sich dann die bevölkerungspolitisch gewünschte ununterbrochene Kette von Geburten während der 12 bis maximal 15 sexuell aktiven Jahre nahezu automatisch: »Mehr als fünf oder sechs Geburten paßten in diese kurze Zeitspanne kaum hinein.« Das relativ hohe Heiratsalter der Frauen wirkt sich insofern als – allerdings schwacher – Versuch aus, noch höhere Kinderzahlen zu vermeiden: Da Sexualgenuß nur als ehelicher Zeugungsakt zu haben ist, bleibt das Herausschieben des Heiratsalters, welches eine langjährige sexuelle Abstinenz erfordert, die einzig wirkungsvolle Geburtenkontrollmaßnahme im persönlichen Entscheidungsbereich der Menschen. Einzelne Politikberater kämpfen deshalb auch noch gegen diesen erlaubten Rest an Selbstbehauptungswillen in der Fortpflanzung. So fordert etwa der Merkantilist Johann Peter Süßmilch (1707–1767, Oberkonsistorialrat und Feldgeistlicher im Heer Friedrichs des Großen) die Unterbindung später Heirat, da sonst »die meisten zur Zeugung geschickten Jahre verfließen, und statt 10 und mehr Kinder kommen kaum 4–5 von solcher Ehe; die ungleichen Ehen zwischen Jünglingen und mehr als 40jährigen Frauen, wie auch zwischen Jungfern und alten abgelebten Männern [...] sind ganz zu verbieten.«[422]

Zum neuzeitlichen europäischen Familienmuster gehört übrigens nicht nur die hohe Kinderzahl, sondern auch die Unfähigkeit bzw. der Widerwille, die Säuglinge ausreichend zu stillen, d. h. so zu ernähren, wie es in der bis dahin abgelaufenen Menschheitsgeschichte normal war. Am genauesten kann das für die seit 1380 zum Königreich Dänemark gehörende Insel Island für den Zeitraum von 880 bis zum Ende des 19. Jahrhunderts gezeigt werden, wobei zwischen 1550 und 1880 die Säuglingssterblichkeit auf rund 300% anschwillt[423]: »Aus älteren isländischen Handschriften [Ende des 9. Jahrhunderts] geht hervor, daß die Mütter verpflichtet waren, zumindest zwei Jahre lang ihre Neugeborenen mit der Brust zu ernähren. Eine Änderung trat erst in der Zeit zwischen 1550 und 1700 ein, und im 18. Jahrhundert war es die Regel, *nicht* zu stillen.« Zum Surrogat für das Stillen avanciert überall kalte Kuhmilch, die für die Gesundheit der Kinder verheerende Folgen zeitigt. Noch im Berlin von 1906 liegt die Sterblichkeit von so ernährten Säuglingen mit 23,6% viermal so hoch wie bei brustgestillten Kindern (6,3%).[424]

Da wir das »europäische Ehemuster« als Ergebnis der gewaltsamen Unterbindung eines auf Verhütung zielenden Geschlechtslebens erklären, sollte es nicht vor dem Höhepunkt der Hexenverfolgungen (1560–1630), also erst um die Mitte des 17. Jahrhunderts in den meisten Menschen verankert gewesen sein. Und eben dort wird von der Forschung seine Etablierung durch gesetzliche Sanktionen und religiöse Verdammnisandrohungen, von denen gerade das gemeine Volk im Mittelalter noch verschont war, auch geortet: »Die Vorschriften über nichteheliche Enthaltsamkeit und Eheschließung wurden niemals so strikt erzwungen und im Volk so sehr respektiert wie im 17. Jahrhundert.«[425] (Im Kapitel VI von Teil B wird das Vorhaben kritisiert, diese neuzeitliche und ganz spezifisch europäische Ehemoral als Ergebnis eines langwierigen »Prozesses der Zivilisation« à la Elias evolutionistisch zu verrätseln.)

Von unserer Erklärung der hilflosen und massenhaften Befolgung des mit dem europäischen Ehemuster aufgezwungenen Fortpflanzungsverhaltens her sind wir keineswegs überrascht, daß die Geburtshilfe, die nun häufiger und in besserer Qualität als je zuvor benötigt wird, auf eine bis dahin unbekannte Primitivität herabsinkt: »Bei der Geburt wurde, außer bei den ganz Reichen oder ungewöhnlichen Notfällen, ein Arzt niemals herbeigezogen. Zwar gab es an ... Hebammen keinen Mangel, aber ihre Qualifikationen waren ausgesprochen kümmerlich ... Die üblichen gynäkologischen Instrumente waren primitiv und kaum zu gebrauchen. [In England] schätzte eine Hebamme im Jahre 1687, daß zwei Drittel der damaligen Abtreibungen, Totgeburten und Kindbettodesfälle auf den Mangel an Sorgfalt und Kunstfertigkeit ihrer Kolleginnen zurückzuführen waren. Die Frau eines Apothekers aus Newark fürchtete sich so sehr vor der Nähe einer Hebamme, daß ihr Mann versprach, sie in ihrem Zimmer einzuschließen, bis die Geburt vorüber war.«[426] In Schweden – um nur ein Beispiel zu nennen – werden die Hebammen noch im 19. Jahrhundert als nicht gesellschaftsfähig angesehen. »So berichtete die Hebamme Olsson, wie sehr sich die Hausherrin davor fürchtete, daß die Hebammen ihren Freunden oder den ›Herren‹ beegegnen könnte. Selbst mußte sie hören, ›es ist sehr bedauerlich, aber wollt Ihr nicht diesen Ausgang benutzen, denn jetzt kommt der Hausherr‹. Und da blieb ihr nichts anderes übrig, als sich eilig durch die Hintertür davonzuschleichen.«[427]

In einem anderen Fall wird berichtet, daß jemand, der für die

Herbeiholung der Hebamme einen Bauern um Pferde bittet, zu hören bekommt: »Nein, meine Pferde sind mir zu kostbar, um damit Hebammen zu kutschieren.«[428] Die Vernichtung der weisen Frauen führt also nicht allein zum weitgehenden Verlust des Verhütungswissens, sondern macht die nun zahlreichen Geburten für die Mütter obendrein besonders gefährlich. Zugleich ist der einst angesehenste Frauenberuf zu einem verachteten geworden. Die kunstfertige Naturärztin ist der gefürchteten Engelmacherin gewichen. Allerdings wird, um der unerhörten Inflationierung neuen Lebens ein wenig zu entkommen, die Engelmacherin aber auch als eine Art Nähramme gerne in Anspruch genommen. Als solche ›versorgte‹ sie in »Vorgärten des Todes«[429] mehrere Kinder gleichzeitig in einer Weise, daß sie aus dem Leben früher oder später davonsiechen.

Die bevölkerungspolitische Ernte der Hexenverfolgung wird im Zeitalter der Aufklärung eingefahren. Und es ist nun bemerkenswert, daß die geistigen Größen dieser Epoche, die doch alles erklären wollen, zu jenem entscheidenden Bereich der heute gerne mit dem Wörtchen Aufklärung in Verbindung gebracht wird, bestenfalls schweigen, häufig genug aber auch die Hexenverfolgung offen unterstützen: »Gebildete Renaissancepäpste förderten ihn [den sogenannten Hexen-»Wahn«] ebenso wie Rechtskundige und Kirchenmänner des Zeitalters, das Scaliger und Lipsius, Bacon und Grotius, Bérulle und Pascal erlebten. Waren jene beiden Jahrhunderte ein Zeitalter des Lichtes, so muß man zugestehen, daß das sogenannte Dark Age (Frühmittelalter) mindestens in einer Hinsicht zivilisierter war. Denn das frühe Mittelalter kannte wenigstens nicht den Hexenwahn.«[430] Und selbst noch »im achtzehnten Jahrhundert griffen die Rationalisten, deren offene Kritik sich gegen viele Lehren der Kirche richtete, das Verbot der Empfängnisverhütung nicht an. Die Deisten, die Enzyklopädisten, die Revolutionäre traten selbst nicht offen für die Geburtenkontrolle ein.«[431] Auch die übrigen Gebildeten hüten sich im Angesicht der Scheiterhaufen, die den Frauen den Mund verschließen, von der Empfängnisverhütung zu schreiben: »In dem ganzen Zeitraum zwischen 1480 und 1750 weicht nur ein einziger bedeutender Theologe von der Gepflogenheit [des Verschweigens] ab und erwähnt das Mittel für Männer, von dem, da Aristoteles es beschreibt, wenigstens Name und Wirkungsweise allgemein bekannt gewesen sein dürften. Kein Laie schrieb über Geburtenkontrolle. Die Frauen, die vielleicht am meisten zu sagen gehabt hätten, äußerten sich nicht ... Dieses Schweigen ist erstaunlich [nicht für d. V.!] in einem Zeitalter, in dem Bildung nicht mehr auf die Kleriker beschränkt war ... Es gab keine Organisation, die den Laienstand vertrat, keine Gruppe, die in der vordersten Front einer Reformbewegung gestanden hätte. Die einzige Gruppe, die ein berufliches Interesse an der Empfängnisverhütung hätte haben können, waren die Ärzte. Sie kümmerten sich nicht darum. Im Gegensatz zu mittelalterlichen Werken ... enthielten mehrere gynäkologische Werke dieser Zeit keine Angaben über Empfängnisverhütung.«[432]

Das Schweigen der Gelehrten darf aber nicht darüber hinwegtäuschen, daß im Volk der Widerstand gegen die Zwangselternschaft niemals gänzlich versiegt und – auf allerdings ungleich primitiverem Niveau als im Mittelalter – die Suche nach Geburtenkontrolle immer wieder Probleme für die Bevölkerungspolitiker aufgibt. So sieht man sich in Dänemark durch die Hebammenverordnung vom 30. 11. 1714 veranlaßt, den Hebammen – so sie das noch vermögen – zu verbieten, Frauen bei einer Abtreibung zu helfen: »Sie sollen keiner Frau – sei sie verheiratet oder ledig – ein Medikament, einen Trank, Pulver oder dergleichen geben, womit der Foetus im Mutterleib beschädigt, getötet oder tot ausgetrieben werden kann; auch sollen sie solche Medikamente nicht zubereiten oder zubereiten lassen.«[433] Gegen Ende des 18. Jahrhunderts hören wir ebenfalls aus Dänemark folgende Klagen:

»... Theils junge Leute mit einander auf solche Weise den Beischlaf vollziehen, dass das Mädgen nicht leicht empfangen kann, in welcher *teuflischen Kunst* es sogar auf dem Lande Matronen zu Lehrmeisterinnen giebt, theils das Mädgen, wenn sie empfangen hat, Mittel gebraucht, um das Kind abzutreiben, welche Mittel leider fast in jedem Bauernhof zu bekommen und unter dem gemeinen Mann nur zu bekannt sind, bey deren Gebrauch aber oft die Mutter stirbt, und, wenn sie auch am

Leben bleibt, ihre Natur doch dergestalt schwächt, dass sie nachher keine Kinder weiter gebären kann. Es ist leider nicht zu leugnen, daß die unvernünftig harten Strafen auf die Geburt unehelicher Kinder, *nicht auf die Hurerey,* alle solche Schandtaten grossentheils erzeugen, oder doch sehr begünstigen.«[434]

Die Klage über »die unvernünftig harten Strafen« reflektiert *eine* der beiden Hauptsorgen der gewaltsamen Bevölkerungspolitik – nämlich den unvermeidlich hohen Verschleiß an menschlicher Substanz. Sie führt schließlich dazu, daß die besonders grausamen Strafen für Geburtenkontrolle einschließlich Abtreibung und Kindestötung gegen Ende des 18. Jahrhunderts überall in Europa allmählich ein wenig gemildert, wenn auch keineswegs beseitigt werden. Es wird also nicht dazu übergegangen, durch Aufklärung über Verhütung der gesundheitlichen Gefährdung der Frauen den Boden zu entziehen. Von einer Zulassung der Geburtenkontrolle wird unverändert der Wiedergewinn der Fähigkeit zur Kinderlosigkeit befürchtet. Sie bleibt deshalb als »teuflische Kunst« unter dem bedrohlichen Verdikt der Hexenverfolgung. Die neomalthusianischen Versuche – ab etwa 1820 – den Armen Verhütungsmittel nahezubringen und so ihr Elend zu verringern, werden aus eben diesem Grunde von den Behörden verfolgt und selbst von den aufgeklärtesten Gelehrten tabuisiert. Den Glauben der Neomalthusianer an die Bereitschaft der Menschen, die Geburtenzahl durch Verhütungsmittel lediglich zu verringern, nicht aber gleich kinderlos zu bleiben, teilen die Regierungen wohlweislich nicht (vgl. ausführlicher Teil B, Kapitel X).

Auch 150 Jahre später ist der Kampf um die Wiederzulassung der Verhütungsmittel noch keineswegs endgültig ausgestanden. Erst im Jahre 1965 etwa wird in den USA das Gesetz des Staates Connecticut, das den »›Gebrauch irgendwelcher Drogen, medizinischer Artikel oder Instrumente der Empfängnisverhütung‹ zu einem kriminellen Vergehen« machte, als verfassungswidriger Eingriff in die Intimsphäre abgeschafft.[435] In der Bundesrepublik wird der öffentliche und freie Verkauf bestimmter Verhütungsmittel – wohlgemerkt nicht von Abtreibungsmitteln, um die allein es bei der Heiligkeit des Lebens angeblich gehen sollte – erst 1970 zulässig.[436] Das wichtigste Mittel, die Antibabypille, ist bis heute nicht frei erhältlich. Die

Zähigkeit des staatlich-kirchlichen Widerstands hängt selbstredend damit zusammen, daß die allmählich erkämpften Verhütungsmittel nicht nur zur Verringerung der Geburtenrate, sondern zugleich auch für die Kinderlosigkeit eingesetzt werden, die heute in den entwickeltsten westlichen Staaten teilweise bereits von 30% aller Erwachsenen realisiert wird.

Am Musterbeispiel England sei dieser Rückgang der Geburtenraten wiederum exemplarisch gezeigt:

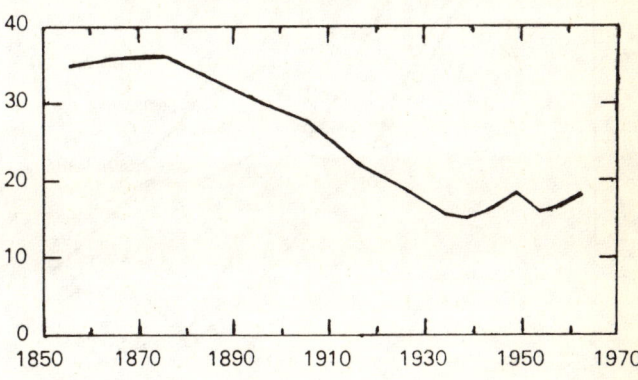

Geburten auf 1000 der Bevölkerung für England und Wales von 1855 bis 1965[437]

Die zeitlich direkt anschließende Graphik für ausgewählte westeuropäische Länder und die USA zeigt, daß die Geburtenraten – nach der vorübergehenden Stabilisierung (dem sog. Babyboom) zwischen 1935 und 1965 – inzwischen so sehr gefallen sind, daß sie unter der für eine Reproduktion notwendigen Zahl von 2,1 Kindern pro Frau liegen.

Kinder pro Frau in westlichen Staaten seit 1965[438]

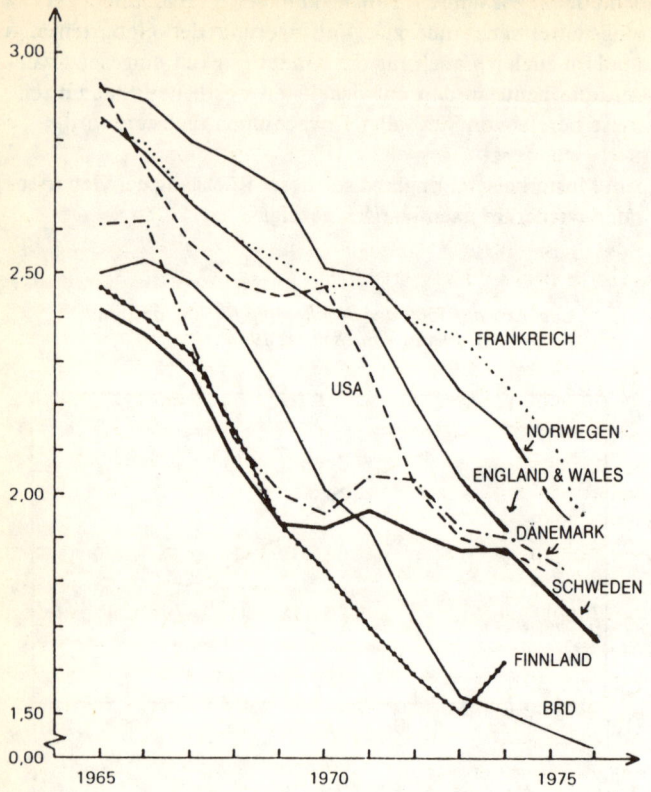

Am wenigsten entschieden ist angesichts dieser Trends bis heute der Kampf um das Recht auf Unterbrechung der Schwangerschaft[439], das selbst im kommunistischen Block etwa von Rumänien wieder zurückgenommen worden ist. In den USA wird am 22.1.1973 vom *Supreme Court* »jeder Eingriff staatlicher Autoritäten«[440] in die ersten drei Schwangerschaftsmonate als verfassungswidrig erklärt und dadurch aus dem Strafgesetz herausgenommen. Erstmals ist damit in der westlichen Welt eine Wiederannäherung an die Freiheiten des Mittelalters versucht worden. Dieser Durchbruch gewinnt nun Vorbildscharakter für Westeuropa, wo ähnliche Freigabegesetze verabschiedet werden. In der Bundesrepublik allerdings bleibt in der »§-218-Reform« vom 18. Juni 1974 die Abtreibung Strafrechtsmaterie. Die Verfassungswidrigkeit des staatlichen Eingriffes in die Privatsphäre der Frau wird also nicht – wie in den USA – für die ersten drei Schwangerschaftsmonate unterbunden. Die nach wie vor prinzipiell strafbare Abtreibung (§ 218) wird lediglich im neu eingeführten § 218a für die ersten 12 Wochen der Schwangerschaft nicht mit Strafe belegt. Selbst diese Regelung wird am 25.2.1975 vom Bundesverfassungsgericht für verfassungswidrig erklärt. Die in seinem Urteil lediglich zugestandene Ausnahmeregelung einer bedingt sozialen Indikation wird bis heute von der CDU/CSU nicht akzeptiert. Gleichwohl zeigt sich am Bewußtsein der Bevölkerung, wie äußerlich den Menschen – auch nach einem halben Jahrtausend staatlich-kirchlicher Bestrafung und Überwachung – die Kontrolle ihres Sexuallebens immer erschienen sein muß: Genau zehn Jahre nach dem Urteil des Bundesverfassungsgerichts wissen »nur noch 20 Prozent der Bürger, daß Abtreibung grundsätzlich verboten [ist] und nur in ganz bestimmten Gefahrensituationen straffrei vorgenommen werden«[441] kann. Daß überdies das grundsätzliche Verbot der Abtreibung auch in der dann für verfassungswidrig erklärten Reform vom 18. Juni 1974 aufrechterhalten wird, dürfte aus dem allgemeinen Bewußtsein fast gänzlich verschwunden sein. Auch in den USA, wo der gegenwärtige Präsident die Freigabe der Abtreibung entschieden bekämpft, betrachtet die Mehrheit der Bevölkerung die vom Obersten Gerichtshof verbotene Einmischung staatlicher Autoritäten als unveräußerliches Menschenrecht.

Die *zweite* Sorge der staatlichen Menschenproduktion richtet sich auf die Qualität der durch staatliche Maßnahmen ins Leben gezwungenen Kinder. Diese ›sprudeln‹ so unaufhörlich, daß Europa im Jahre 1900 mit seinem siebenprozentigen Anteil an der Landoberfläche unseres Planeten über 25% der Weltbevölkerung beherbergt. Ohne das Russische Reich sind es gar auf nur 3,5% der Landfläche immer noch fast 20% aller Menschen der Erde. Seit Ende des 15. Jahrhunderts »war Europa ununterbrochen der Dynamo mit Wachstumsraten, die permanent über denjenigen der übrigen Kontinente lagen.«[442] Die Ver-

»Nächtliche Straßenszene in London« von Gustave Doré, 1871.

nachlässigung dieser gewaltigen Kinderscharen wird nun von den jeweiligen Regierungen als zentrale Bedrohung für die Machtstellung ihrer Nation gesehen und mit entsprechenden Erziehungsmaßnahmen – wie Kinderarbeitsverbote, Kleinkindbewahranstalten, Schulpflicht für das Volk etc. – beantwortet (dazu Teil B dieses Buches).

Bereits im Armengesetzgebungsbericht von 1834 haben beispielsweise die Ratgeber des englischen Parlaments vorausgesehen, daß der Staat Erzieher werden muß. In der alten Armengesetzgebung von 1601 ist schon die Rede davon, daß es Eltern gibt, die nicht »fähig sind, ihre Kinder ordentlich aufzuziehen und zu ernähren«.[443] Das alte Gesetz steckt sich deshalb das Ziel, die Eltern *materiell* zu befähigen, ihre Kinder »anständig« aufzuziehen. Sie empfangen Gegenstände des täglichen Lebens- und Arbeitsbedarfs, und es wird damit gerechnet, daß sie unter dem Konformitätsdruck der meist ländlichen Umgebung ein dem bäuerlichen vergleichbares Arbeits- und Familienleben führen würden. Das neue englische Armengesetz von 1834, das bis 1929 in Kraft bleibt, bricht mit dieser Konzeption vollkommen, vertraut nicht mehr auf traditionelle Tugenden der Eltern als Erzieher, sondern zwingt diese vielmehr nach Geschlechtern getrennt in Arbeitshäuser und ist sich »vollkommen bewußt, daß es für die allgemeine Verbreitung guter Prinzipien und Verhaltensweisen, welche heute benötigt werden, nicht sinnvoll ist, ökonomische Unterstützungen zu geben, sondern sich auf die moralische und religiöse Erziehung zu konzentrieren..., welche umsichtig vom Staat geleistet werden soll. Obwohl dieses Thema nicht zur Aufgabe unserer Kommission gehört..., meinen wir, daß nach der allgemeinen Verbesserung durch eine effektivere Durchführung der Armengesetze *die wichtigste Aufgabe des Gesetzgebers darin besteht, Maßnahmen für die religiöse und moralische Erziehung der arbeitenden Klassen zu treffen.*«[444]

Die buchstäbliche Sorge, daß die Mehrheit der Nationen den Verstand verlieren oder Verstand gar nicht erst erwerben werde, löst überall in Europa Maßnahmen gegen einen frühzeitigen Verschleiß der Menschen aus. In den zu erwartenden Waffengängen zwischen den ökonomisch und territorial expandierenden Staaten werden die mit schlechterem ›Menschenmaterial‹ ausgestatteten von vornherein auf der Verliererseite gesehen. In dem Maß, in dem die Fabrikarbeiter ihren Anteil an der Bevölkerung erhöhen und schließlich – wie in England – sogar Bevölkerungsmehrheit werden, wird offensichtlich, daß tendenziell die Mehrheit der Nationen aus frühgeschädigten Menschen besteht, deren defizitäre Sozialisation sich im Nachwuchs noch zu potenzieren droht: Der Bericht der englischen »Kommission von 1863 über die Beschäftigung von Kindern« formuliert diese Besorgnis folgendermaßen: »Die Töpfer als eine Klasse, Männer und Weiber, repräsentieren eine entartete Bevölkerung, physisch und geistig entartet«; »die ungesunden Kinder werden ihrerseits ungesunde Eltern, eine fortschreitende Verschlechterung der Race ist unvermeidlich«, und dennoch »ist die Entartung der Bevölkerung der Töpferdistrikte verlangsamt durch die beständige Rekrutierung aus den benachbarten Landdistrikten und die Zwischenheiraten und gesundern Racen!«[445] Der Rassismus des Bürgertums, zusammengesetzt aus der Furcht vor dem Niedergang der eigenen »Race« und der Angst vor »Überflutung« durch »mindere Racen« hat hier seinen historischen, bevölkerungspolitisch in Gang gesetzten Ursprung.[446]

Nicht nur die modernen Erziehungswissenschaften, die es mit den »ungesunden Kindern« zu tun bekommen, erweisen sich als unbegriffener Reflex auf die Menschenproduktion (dazu Teil B), sondern auch die Wirtschaftswissenschaften erleben ihre merkantilistische Geburt als Thematisierung des Zusammenhangs von Bevölkerung und Reichtumsentwicklung. Dieser Pfeiler der merkantilistischen Theorie verselbständigt sich schließlich über die Bevölkerungsstatistik zur Bevölkerungswissenschaft. Über die staatlich-kirchliche Registrierung von Geburten, Taufen, Heiraten, Sterbefällen etc. beerbt die Bevölkerungsstatistik als Kontrollinstrument für die Wirksamkeit der Menschenproduktion direkt die Vernichtung der weisen Frauen. Das läßt sich sehr gut am Beispiel Schwedens zeigen, das als erste Nation der Neuzeit 1749 in dem sogenannten Tabellenamt[447] eine zentrale Bevölkerungsstatistik installiert und als dessen treibende Kraft sich wohl nicht zufällig der führende schwedische Bevölkerungstheoretiker des 18. Jahrhunderts, Pehr Wargentin (1717–1783), erweist, der 1754 in einer Studie über die »Populationsfrage« ganz im merkantilistischen Geist programmatisch erklärt: »Daß die größte Stärke einer Nation in der Anzahl ihrer *guten* Bürger besteht, ist eine Behauptung, die nun von praktisch niemandem mehr bezweifelt wird.«[448] Als Produzenten jährlicher Verzeichnisse über die »guten Bürger« an das statistische Zentralamt zeigen sich die schwedischen Pastoren nun als regelrechte Inquisitoren: Bei Befragungen über Katechismuskenntnisse führen sie nicht nur die Standesregister, sondern forschen auch nach nichtehelicher Sexualität, Verhütungsmittelgebrauch, Abtreibung, Kindestötung etc. Einzig Schweden verfügt seit 1527 über eine einheitliche Kirche, die nicht mit der staatlichen Führung oder anderen religiösen Fraktionen im Kampfe liegt. Ihr Apparat kann deshalb für die neue Aufgabe eingesetzt werden (Meldebehörde ist sie ja übrigens bis heute geblieben). Die kontinentalen Länder kennen eine derartige Konstellation nicht und schaffen deshalb folgerichtig eine gesonderte staatliche Bevölkerungsbehörde.[449]

Wie die Erziehungswissenschaft ist sich nun auch die Bevölkerungswissenschaft ihres furchtbaren historischen Anlasses bis heute nicht bewußt geworden. Gleichwohl hat ein führender Vertreter der ökonomischen Bevölkerungstheorie bereits 1973 auf einer Konferenz der »International Economic Association« hervorgehoben, daß diese Theorie »nicht weniger wundersame Rätsel (»sources of wonder«) aufweise als die Geschichte der Bevölkerung«[450] selbst. Schauen wir uns nun an, wie ihr diese Wunder entstehen und wie sie mit ihnen umgeht.

X.

Warum bleiben Bevölkerungsexplosion und Geburtenrückgang für die ökonomischen und historisch-demographischen Wissenschaften nicht weniger rätselhaft als die Vernichtung der weisen Frauen für die Hexenforschung?

Merkantilistische Bevölkerungspolitik – von Bodin (dazu Kapitel V oben) zuerst unzweideutig formuliert – ist die planvolle Reaktion auf die Krise der bäuerlichen Produktion in feudaler Abhängigkeit und auf den katastrophalen Bevölkerungsschwund nach der großen Pest in der Mitte des 14. Jahrhunderts. Sie versucht eine neue Dynamik durch staatliches Wirtschaften im Interesse der Aristokratie zu schaffen und benötigt dazu ebenso Arbeitskräfte wie für die Wiederbevölkerung der Gutshöfe. Sie richtet sich deshalb gegen den Bauern mit seinem allenfalls einer statischen Wirtschaft angemessenen Fortpflanzungsverhalten. Für ihn ist die Überschreitung einer bestimmten Kinderzahl ökonomisch unvorteilhaft, sittlich gesprochen: verantwortungslos, da er dem Nachwuchs, der über die Erbfolge hinaus in die Welt gesetzt wird, keine Zukunft versprechen kann. Dies gilt erst recht für alle Kinder von Menschen ohne Verfügung über eine eigene Wirtschaft wie das Gesinde und die freien Lohnarbeiter.

Die neuzeitliche staatliche Bevölkerungspolitik versucht nun eine generative Haltung durchzusetzen, die für den einzelnen unvorteilhaft ist. Sein Nachwuchs muß zwar nicht unbedingt ins Elend sinken, da Arbeitsplätze später vielleicht auf ihn warten, er verursacht aber für die Eltern unwiederbringliche Kosten. Eingedenk der – gerade von Bodin historisch aufgearbeiteten – Vergeblichkeit bloß *wirtschaftlicher Sanktionen* in der Bevölkerungspolitik der römischen Kaiser (dazu oben Kapitel VI) arbeitet die neuzeitliche Politik gegen die wirtschaftlichen Interessen der Menschen *in erster Linie mit Gewalt,* d. h. mittels

Zerstörung des Verhütungswissens durch Tötung seiner Trägerinnen und Träger und durch Bestrafung seiner weiteren Anwendung. Sie gebietet zugleich die Verallgemeinerung der bis dahin in der Menschheitsgeschichte unvorstellbaren Verantwortungslosigkeit gegenüber den Kindern, die nun als eine neue Form der Verantwortung vor Gott legitimiert wird. Da diese Gottesanrufung den Kindern aber noch keine Versorgungsgewähr bietet, breitet sich nach dem Einsetzen der gewaltsamen staatlichen Bevölkerungspolitik eine Vernachlässigung der nun in die Welt gezwungenen Kinder sehr schnell aus. Den merkantilistischen Politikberatern bleibt das selbstverständlich nicht verborgen. Erst die Schwierigkeit der Unterhaltsgewähr macht nun die – nur scheinbar – trivialen Aussagen merkantilistischer Ökonomen wie etwa J.J. Becher (1635 bis 1685) hinreichend verständlich:

»Es ist aber nicht genug die *Populirung* und Volckreichmachung einer Stadt oder Landes, wann die Nahrung nicht darbey ist; dann damit eine volckreiche Versammling bestehen könne, muß sie zu leben haben, ja eben diß letztere, ist ein Anfang der ersten: die Nahrung, sag ich, ist eine Angel oder Haken, wodurch man die Leute herzu locket, dann wann sie wissen, wo sie zu leben haben, da lauffen sie hin, und je mehr hinlauffen, je mehr können auch von einander leben; und das ist die andere *Fundamental* Staats-Regul, nemlich um ein Land *populös* zu machen, demselben gute Verdienste und Nahrung zu verschaffen. Allein gleichwie zu einem Schiff Segel und Ruder gehören, also muß, wie bereits offt erwehnt zu der *Populirung,* da falls sie soll fortgehen auch ein Segel seyn, nemlich Nahrung, daß also lautet das andere Wort in der *Definition,* nemlich *volckreiche, nahrhafte,* dann viel Leute in einem Lande und keine Nahrung darzu, ist demselben mehr schädlich als nützlich, es macht Müßiggänger, Diebe, Mörder, Rebellen, Bettler.«[451]

Der zentrale Denkfehler der merkantilistischen Ökonomen besteht darin, die traditionelle wirtschaftliche Erfahrung ›Je mehr *persönlich* anwendbare Menschen, desto mehr Reichtum für den Anwender‹ zu einem ewigen ökonomischen Naturgesetz unter der Formel ›Je mehr Menschen, desto mehr Reichtum‹ umzubilden. Gegen ein solches Naturgesetz muß sich Kritik melden, wenn bei wachsender Bevölkerung in Wirklichkeit dann Armut und gerade nicht Reichtum eintritt. Historisch bedeutet diese nicht gewollte Armut für den neuzeitlichen Staat: »Leibeigenschaft endet und die Armengesetze beginnen.«[452] Es entstehen also für den Staat als Menschenproduzenten plötzlich Kosten, zu deren Minderung oder Vermeidung wiederum die ökonomischen Staatsdenker Vorschläge machen. Einigen fällt dabei durchaus auf, daß der Bevölkerungspolitik betreibende Staat eben nicht zugleich auch Anwender der Menschen ist, also mit dazu beitragen muß, für sein Produkt auch Unterhaltsmöglichkeiten zu schaffen. So schreibt V. L. von Seckendorf (1626–1692) über das Tagelöhnertum: »Dieses aber ist eine große und meines Wissens *von wenigen genugsam bedachte ursach,* daß kein Verdienst in Teutschland zu machen, damit sich eine menge volcks von gemeinen leuten beständig ernähren könnten.«[453]

Erst die Tatsache des unerhört schnellen Bevölkerungsanstieges in der Industriearbeiterschaft jedoch, der sogar die hohen Auswanderungs- und Kindersterblichkeitsquoten zu relativ verschwindenden Größen degradiert, läßt das »Naturgesetz« mit der Wirklichkeit vollends in Widerspruch geraten und inspiriert etliche Autoren zu einer neuen Theorie über die Bevölkerung. Diese läßt sich zusammenfassend als glatte Umkehrung des alten Gesetzes formulieren: ›Je unbeschränkter die Menschen sich vermehren, desto größer wird die allgemeine Armut.‹ Diese späteren Autoren stehen von vornherein in Opposition zum Staat, der für die Gewinnung eines ununterbrochenen Stromes von Arbeitskräften Elend durchaus bewußt in Kauf nimmt. Mit ihren eigenen Vorschlägen bleiben die neuen – prämalthusianischen – Bevölkerungstheoretiker jedoch ebenfalls Geschöpfe ihrer Zeit. Sie durchbrechen nicht das aus der Hexenverfolgung resultierende Verbot der Verhütungsmittel und verfallen bei der Suche nach Möglichkeiten für die Geburtenbeschränkung fast durchweg auf den Zölibat, die lebenslängliche sexuelle Enthaltsamkeit. Den Vorschlag einer verhütungsgeleiteten Genußsexualität macht von ihnen niemand. Sie bleibt für die ökonomischen Theoretiker nicht weniger »bedenklich« als für die staatlichen oder kirchlichen Autoritäten: »Freilich würde alsdann nur etwa die Hälfte der Heiratsfähigen sich verehelichen können, allein eine solche

Beschränkung sei erforderlich, wolle man nicht entweder zu äußerster Armut gelangen oder den *bedenklichsten sittlichen Übelständen* Raum geben.«[454] Von diesen »Übelständen« wird eine zu geringe Bevölkerung gefürchtet oder doch wenigstens erahnt.

Ein volles Verständnis der neuzeitlichen Bevölkerungspolitik, das die frühen Merkantilisten kennzeichnet, die – wie Bodin – gelegentlich Ökonom und Hexenverfolger in einer Person sein konnten, ist bei den Prämalthusianern des 18. Jahrhunderts längst verdrängt. Als ewige christliche Moral gilt inzwischen die Gleichsetzung von Sexualität mit ehelicher Zeugung bzw. von Ehelosigkeit mit sexueller Enthaltsamkeit. Das begünstigt bei den ökonomischen Theoretikern immer wieder biologische Erklärungen von Gesellschaft. Da eine von der Fortpflanzung mit Hilfe von Verhütungsmitteln oder besonderen Liebestechniken abzukoppelnde Sexualität unvorstellbar oder zumindest unaussprechbar bleibt, wird das menschliche Sexualverhalten wie ein tierisches betrachtet: »Der Hauptgrund zur Vermehrung aller Tiere und folglich auch des Menschen [ist] die Zeugung.«[455]

Dieser biologistischen Argumentation, d. h. dem Unvermögen, in der Sexualität als automatischem Zeugungsakt ein historisch hergestelltes Produkt zu sehen, korrespondiert eine physiologische Argumentation. Sie unterstellt einen direkten Zusammenhang zwischen Bevölkerungsmenge und Nahrung. Die Malthusianer konstruieren später – allerdings in einer Umkehrung – ebenfalls diesen Zusammenhang: ›Nahrung produziert Menschen.‹ Eine Konsequenz aus dieser Parole wird dann bei Malthus selbst ganz im Mittelpunkt stehen – nämlich die Bekämpfung der öffentlichen Armenfürsorge, der vorgehalten wird, daß sie lediglich Mittel für die Zeugung weiterer Kinder bereitstelle und so die Armut vermehre, aber nicht verringere.

Doch schauen wir zuvor auf den Begründer der klassischen Nationalökonomie, Adam Smith (1723–1790). Er schreibt bereits im Angesicht des überbordenden Erfolges der Auslöschung von Geburtenkontrolle und sieht die merkantilistische Formel von der Reichtumszunahme durch Bevölkerungswachstum durch das offensichtliche Massenelend empirisch unterminiert. Er fragt deshalb, wie der auch von ihm nicht bestrittene wesentliche Faktor für die Reichtumsgewinnung so gesteuert werden kann, daß er den Reichtum am Ende nicht wieder zerstöre. Eine Lösung für dieses Problem sieht er im Markt: Wenn die »Nachfrage in stetem Wachsen ist, so muß die Entlohnung der Arbeit notwendig so weit zu Heiraten und Vermehrung der Arbeiter ermuntern, daß diese zahlreich genug werden, um der stets wachsenden Nachfrage durch eine stets wachsende Volksmenge zu entsprechen. Wäre die Entlohnung je einmal geringer als es für diesen Zweck nötig ist, so würde der Mangel an Händen sie bald in die Höhe treiben; und wäre sie je einmal größer, so würde ihre unmäßige Vermehrung sie bald wieder auf ihren notwendigen Satz herunterbringen. Der Markt würde in dem einen Falle so schlecht mit Arbeit und in dem anderen so gut damit beschickt sein, daß ihr Preis bald auf den richtigen Satz zurückgebracht wäre, den die Lage der Gesellschaft forderte. *So geschieht es, daß die Nachfrage nach Menschen, gerade so wie die nach jeder anderen Ware, notwendig auch die Erzeugung der Menschen (›production of men‹) reguliert: sie beschleunigt, wenn sie zu langsam vor sich geht, und verzögert, wenn sie zu rasch fortschreitet.*«[456]

Smith betrachtet mithin die Produktion von Kindern so wie die Produktion jeder anderen Ware für den Markt. Da nun dieser Markt, auf dem Kinder gegen Geld den Besitzer wechseln, schwer auszumachen ist, verfällt er auf das Konzept eines familiengerechten Lohnes, der mit der hübschen Trivialität begründet wird, daß die Arbeiter sich vermehren müssen, wollen sie nicht aussterben: »Ein Mensch muß immer von seiner Arbeit leben, und sein Arbeitslohn muß wenigstens hinreichend sein, um ihm den Unterhalt zu verschaffen. Ja, er muß in den meisten Fällen noch mehr als hinreichend sein; sonst wäre er nicht imstande, eine Familie zu ernähren, und das Geschlecht solcher Arbeiter würde mit der ersten Generation aussterben.«[457] Gegen eben dieses Aussterben wird aber nicht mit Smiths Familienlöhnen, sondern mit staatlicher Bevölkerungspolitik vorgegangen.

Ungeachtet seiner merkwürdigen Marktideen beobachtet Smith jedoch die »Verdummung« – modern gesprochen: die

Sozialisationsdefizite – der Arbeiter, führt diese allerdings ausschließlich auf die Arbeitsteilung zurück: »Ein Mensch, der sein ganzes Leben damit verbringt, ein paar einfache Operationen zu vollziehen ..., hat keine Gelegenheit, seinen Verstand zu üben oder seine Erfindungskraft anzustrengen. Er verliert also natürlich die Fähigkeit zu solchen Übungen und wird am Ende so unwissend und dumm, als es nur immer ein menschliches Wesen werden kann.«[458] Diese Dummheit resultiert selbstredend nicht aus der Arbeitsteilung, sondern aus den der Arbeit doch entschieden vorhergehenden Umständen der bevölkerungspolitisch erzwungenen Vermehrung der Arbeitskräfte. Smith sieht das übrigens in anderem Zusammenhang selber, wenn er von »Liederlichen und Unordentlichen« spricht, die »ihre Familien durch ihre Unbesonnenheit [in Not] stürzen ... Ihr Nachwuchs kommt gewöhnlich durch Verwahrlosung, schlechte Behandlung, ungesunde oder mangelhafte Nahrung um. Wenn ihr starker Körper auch die Übel überwindet, denen sie durch die schlechte Aufführung ihrer Eltern unterworfen sind, so verdirbt doch in der Regel das Beispiel dieser schlechten Aufführung ihren Charakter, so daß sie ... nichts als eine Gefahr für die Allgemeinheit werden.«[459] Auch bei Smith also bleiben die historischen Gründe für die »Unbesonnenheit« bei der Fortpflanzung verdrängt. Was als Folge bevölkerungspolitischer Gewalt zustande kommt, wird an den Opfern dieser Politik als individuelles Versagen konstatiert, für das als objektiver Grund fälschlicherweise auch noch der kapitalistische Arbeitsprozeß verantwortlich gemacht wird.

Während Smith von einer Art natürlicher Familienhaftigkeit des Menschen ausgeht, ist sich Thomas Robert Malthus (1766–1834) bereits wieder der Tatsache bewußt, daß es einen natürlichen und somit automatisch familienbildenden Wunsch nach Kindern nicht gibt, sondern die menschliche Vernunft darüber entscheidet, ob Vermehrung stattfinden soll oder nicht. Bei der Formulierung seines berühmten Bevölkerungsgesetzes, daß sich der Mensch geometrisch, die Natur aber nur arithmetisch vermehre, denunziert er jedoch den Gebrauch dieser Vernunft, um eine ganz bestimmte Bevölkerungspolitik zu forcieren. Diese Politik richtet sich zunächst entschieden gegen die überkommene merkantilistische Formel ›viele Menschen = viel

Reichtum‹: »Politiker, die sahen, daß mächtige und blühende Staaten fast durchweg volkreich waren, haben irrigerweise die Wirkung für die Ursache genommen und geschlossen, daß ihre zahlreiche Bevölkerung die Ursache ihres Emporblühens war, wohingegen ihr Emporblühen die Ursache der starken Bevölkerung war.«[460]

Nach Malthus unterliegen die merkantilistischen Politiker diesem Irrtum deshalb, weil sie übersehen, daß die Menschen bei der Vermehrung eben nicht so weise verfahren wie die Natur. Diese wisse, daß sie nur im Rahmen der ihr gesetzten Grenzen aufblühen könne, und finde so immer zu einem Gleichgewicht zwischen »Lebenskeimen« und Nahrung und kenne deshalb Armut nicht:

»Bei den Pflanzen und vernunftlosen Tieren ist die Erörterung des Gegenstandes sehr einfach. Sie alle werden durch einen mächtigen Instinkt angetrieben, ihre Art zu vermehren, und dieser Instinkt wird in seinem Wirken durch keinerlei Bedenken über die Vorsorge für ihre Nachkommen unterbrochen. Wo immer also Freiheit ist, betätigt sich die Vermehrungskraft, und ihre übermäßigen Folgen werden hinterher durch Raum- und Nahrungsmangel unterdrückt. Die Wirkungen dieses Hemmnisses auf den Menschen sind komplizierter. *Angetrieben zur Vermehrung seiner Art durch den gleichen mächtigen Instinkt, unterbricht doch die Vernunft seinen Lauf, und fragt ihn, ob er nicht etwa Wesen in die Welt setze, die er nicht erhalten kann. Wenn er auf diese natürliche Eingebung achtet, werden daraus nur zu oft Laster entstehen.* Hört er nicht darauf, so wird das menschliche Geschlecht dauernd danach streben, sich über das Maß der vorhandenen Lebensmittel hinaus zu vermehren. Aber da durch jenes Naturgesetz, welches Nahrung zum Leben des Menschen notwendig macht, die Bevölkerung niemals wirklich über das niedrigste Maß des zu ihrer Erhaltung unbedingt Erforderlichen hinaus anwachsen kann, so muß infolge der Schwierigkeiten, Nahrung zu beschaffen, ein starkes Hindernis für die Bevölkerungsvermehrung immerwährend wirksam sein. Diese Schwierigkeit muß sich irgendwo geltend machen und notwendigerweise von einem großen Teil der Menschheit in den mannigfachen Formen des

»*Thomas Robert Malthus (1766-1834)*« (nach G. Borgström, Malthus, *Stockholm 1969, Umschlagbild*).

Elends, oder als Furcht vor dem Elend schmerzlich empfunden werden.«[461]

Malthus' Behauptung, der Mensch handle nicht so weise wie die Natur, ist nun nicht so auszudeuten, als ob er den Menschen prinzipiell für irrational halte. Er weiß vielmehr sehr genau, daß der Mensch sich auch bei der Fortpflanzung durchaus rational verhalten kann. Die von ihm beschworenen mannigfachen Formen des Elends bei einer Überschußbevölkerung treten nämlich nur dort auf, wo der »mächtige Instinkt« der Menschen nicht von »Bedenken über die Vorsorge für ihre Nachkommen« in Schach gehalten wird. Für ein besseres Inschachhalten schlägt er die Unterbindung der herkömmlichen Armenunterstützung vor, die aber von den Merkantilisten ja gerade deshalb eingeführt werden mußte, um die unvermeidlichen Elendsfolgen der staatlichen Menschenproduktion abzufedern. Überdies empfiehlt er die Aufklärung darüber, wie viele Kinder mit einem bestimmten Lohn überhaupt nur versorgt werden können. Insbesondere solle der Arbeiter einsehen, »daß, wenn der Arbeitslohn nicht ausreicht, um damit eine Familie zu unterhalten, dies ein unbestreitbares Zeichen ist, daß ihr König und ihr Vaterland nicht mehr Untertanen brauchen, oder wenigstens nicht mehr erhalten können, und daß sie, wenn sie in diesem Falle heiraten, weit davon entfernt eine Pflicht gegen die Gesellschaft zu erfüllen, derselben vielmehr eine unnötige Last aufbürden, indem sie zugleich sich selbst in Not und Elend stürzen«.[462]

Die sichersten Mittel für die Unterbindung der elenden Folgen des »mächtigen Instinkts« will Malthus aber nur aus ausdrücklich bevölkerungspolitischem Kalkül nicht zugelassen wissen: »In der Tat würde ich jederzeit *künstliche und unnatürliche Methoden, die Bevölkerungsvermehrung zu hemmen, vorzugsweise tadeln, sowohl wegen ihrer Immoralität, wie wegen ihrer Tendenz, einen notwendigen Anreiz zur Betriebsamkeit zu beseitigen. Wenn jedes Ehepaar durch den bloßen Wunsch der Zahl seiner Kinder eine Grenze setzen könnte, so stünde ohne Zweifel zu befürchten,* daß die Trägheit des Menschengeschlechts außerordentlich zunehmen, und *daß* weder *die Bevölkerung* einzelner Länder, noch die der ganzen Erde jemals *ihre natürliche und angemessene Höhe erreichen würde.* Aber die Einschränkungen, welche ich empfohlen habe, sind ganz anderer Art.«[463]

Diese von Malthus empfohlene Einschränkung ist nun die berühmte »sittliche Enthaltsamkeit«[464] (»moral restraint«). Nicht allein jedoch dieser bevölkerungspolitische Umgang mit angeblich religiösen Forderungen nach Sitte und Moral verrät, wie genau Malthus sich darüber im klaren ist, daß die Lohnarbeiter, denen er hier Ratschläge erteilt, auf Kinder keineswegs angewiesen sind und daß er auch effektive Verhütungsverfahren sehr genau kennt. Bereits in der ersten Auflage seines *Bevölkerungsgesetzes* von 1798, das er noch aus Furcht, als Behinderer der Vermehrung angeklagt zu werden, anonym erscheinen läßt, wendet er sich gegen den französischen Aufklärer A. Condorcet (1743–1794). Dieser bildet eine Ausnahme unter den Staatsdenkern seiner Zeit, wenn er die automatische Gleichung »Sexualität = Fortpflanzung« anzweifelt, ohne allerdings fragen zu können, wie und warum diese Gleichung historisch in die Welt gekommen ist. Da nun Condorcet über Verhütungsverfahren redet, wettert Malthus gegen ihn: »Nachdem er [Condorcet] konstatiert hat, daß die lächerlichen Vorurteile des Aberglaubens zu jenem Zeitpunkt aufgehört haben würden, die Sitten einer verderbten, erniedrigenden Kasteiung zu unterwerfen, spielt er auf ein ungezügeltes Konkubinat an, das der Zeugung vorbeugen würde, sowie auf andere, ebenso *unnatürliche Dinge*. Das Problem so aus dem Weg zu räumen, ist gewiß in den Augen der meisten Menschen dazu angetan, gerade jene Tugend und Sittenreinheit zu zerstören, von denen die Verfechter der Gleichheit und der menschlichen Vollkommnungsfähigkeit behaupten, sie seien Ziel und Zweck ihrer Theorien.«[465]

In seinem »Schlußwort zum Bevölkerungsgesetz« aus dem Jahre 1830 für die *Encyclopaedia Britannica* wiederholt er die gegen jede künstliche Empfängnisverhütung gerichtete Argumentation: »Alle anderen Verfahren [außer der sexuellen Enthaltsamkeit] – seien sie verhütend oder positiv – ... enden letztlich alle in *Laster* oder Elend. Die verhütenden Verfahren sind: jene Art von Geschlechtsverkehr, welche etliche Frauen in den großen Städten unbefruchtet läßt – ein allgemeiner Verfall der Sexualmoral, welcher ähnliche Wirkungen aufweist –, unnatürliche Leidenschaften und *unanständige Kunstfertigkeiten*, welche die Folgen illegitimer Verbindungen verhindern. Diese gehören offensichtlich alle unter die Kennzeichnung *Laster*. Die positiven Verfahren schließen alle Ursachen ein, welche ... die Lebensdauer verkürzen.«[466]

Im Unterschied zu den gängigen Unterstellungen seiner modernen Interpreten weiß also Malthus ausgesprochen gut darüber Bescheid, daß sein sogenanntes Bevölkerungsgesetz in

Wirklichkeit nur von einem bevölkerungspolitisch erzwungenen, nicht aber von einem den Menschen naturgegebenen Verhalten handelt. Und er weiß auch, daß sein sogenanntes Gesetz umgehend außer Kraft gerät, wenn die Geburtenkontrolle – das »Laster« – zugelassen ist. Seine durchaus raffinierte Intention besteht gerade darin, eine solche Zulassung zu bekämpfen, um über die unvermeidlichen Verhütungsfehler der niemals ganz erfolgreich sittliche Enthaltsamkeit übenden Menschen zu der bis dahin mißlungenen Feinsteuerung in der staatlichen Bevölkerungspolitik zu gelangen, also weder zu viele noch zu wenige Menschen bereitzustellen.

Die schärfsten Kritiker von Malthus werden nun die Nationalökonomen und Begründer des sogenannten wissenschaftlichen Sozialismus, Karl Marx (1818–1883) und Friedrich Engels (1820–1895). Allerdings ist ihnen seine raffinierte Intention einer Feinsteuerung der Bevölkerung vollkommen verborgen geblieben, d.h., sie werfen ihm niemals vor, daß er »künstliche Methoden« der Geburtenkontrolle bekämpft und eben damit die Fortzeugung der von Marx und Engels so lautstark beklagten ausgebeuteten Klasse sicherstellen will. Im Gegenteil: Bereits im Jahre 1844 polemisiert Engels gegen eine anonym erschienene Aufklärungsschrift, in der die Arbeiter ermutigt werden, mit Hilfe von Verhütungsmitteln oder Schwangerschaftsunterbrechung nicht mehr als zwei oder drei Kinder in die Welt zu setzen: »Soll ich diese infame, niederträchtige Doktrin, diese scheußliche Blasphemie gegen die *Natur* und Menschheit noch mehr ausführen ...? Hier haben wir endlich die *Unsittlichkeit* des Ökonomen auf ihre höchste Spitze gebracht.«[467] Die »Natur«, die bei Malthus ein Vorwand ist, und »Unsittlichkeit«, die Malthus bewußt kalkulierend der Empfängnisverhütung, von der er Kinderlosigkeit befürchtet, vorhält, haben sich bei Engels zu ganz unreflektierten Wertvorstellungen verdichtet. Er zitiert dabei die von ihm angegriffene Schrift eines »Marcus«[468] nicht wörtlich, sondern kolportiert sie tendenziös als Vorschlag für eine »Staatsanstalt zur schmerzlosen Tötung der Kinder der Armen«. Ein Pamphlet gegen diese Schrift unter dem Titel *Notes to the Population Question* (»Anti-Marcus«), das Engels ebenfalls bekannt war, ist nun dafür berühmt, daß darin erstmals das Präservativ propagiert wird.[469] Engels übernimmt aber diese Propaganda, die ja jeder Kindestötung den Boden entziehen würde, keineswegs: Noch 1883 verlangt er in einem Brief an Karl Kautsky, daß die Empfängnisverhütung – hier durch ein in die Vagina einzuführendes Schwämmchen – immer nur so diskutiert werden dürfe, daß »unsere Proletarier« davon nichts erfahren, also nur die »bürgerlichen Familien« (und die Arbeiterführer) davon wissen dürften: »Es wird also wohl nicht der Brotkorb sein, der höher gehangen wird, sondern das vielgerühmte Schwämmchen. Was ja keineswegs verhindert, daß dasselbe oder ein anderes Verfahren in bürgerlichen Familien sehr praktisch sein kann, um die Zahl der Kinder mit dem Einkommen im Verhältnis zu halten, um die Gesundheit der Frauen nicht durch zu häufige Niederkünfte zu ruinieren etc. Nur bleibe ich dabei, daß das Privatsache zwischen Mann und Frau, und allenfalls dem Familienarzt ist ... und daß unsere Proletarier auch nach wie vor durch zahlreiche proles [= Nachkommenschaft] ihrem Namen Ehre machen werden.«[470]

Nicht viel anders als beim angeblich so gehaßten Malthus wird auch bei Engels das Kinderelend auf »die Zügellosigkeit des geschlechtlichen Verkehrs ... vieler englischer Arbeiter«, auf »Bestialität« und ihren »Mangel an Vorhersicht«[471] geschoben. Während aber Malthus genau weiß, daß mit Empfängnisverhütung solches Kinderelend von vornherein unterbunden werden könnte, will Engels von solchen Mitteln zur Unterbindung des Proletarierelends nichts wissen.

Karl Marx legt im *Kapital* ein eigenes Bevölkerungsgesetz vor. In bewußter Absetzung von Malthus behandelt er dabei aber lediglich die Entstehung von Arbeitslosigkeit und noch in keiner Weise den Kindersegen der Arbeiterklasse selbst: »Mit der durch sie selbst produzierten Akkumulation des Kapitals produziert die Arbeiterbevölkerung... in wachsendem Umfang die Mittel ihrer eigenen relativen Überzähligmachung. *Es ist dies ein der kapitalistischen Produktionsweise eigentümliches Populationsgesetz*, wie in der Tat jede besondere historische Produktionsweise ihre besonderen, historisch gültigen Populationsgesetze hat. Ein abstraktes Populationsgesetz existiert nur für Pflanze und Tier, soweit der Mensch nicht geschichtlich eingreift.«[472]

Der Akzent der Marxschen Argumentation liegt auf einer bloß relativen Überbevölkerung, die nicht nur die Bedingung für die kapitalistische Entwicklung, sondern auch ihr eigenes Ergebnis sei. Nicht eine wachsende Kinderproduktion werde zur Voraussetzung für die Akkumulation des Kapitals, sondern die Akkumulation selbst setze jederzeit erwachsene Arbeiter für den fortschreitenden Prozeß frei. Umgekehrt gerate der Arbeiter nicht durch zu viele Kinder, die er dann ernähren müsse, ins Elend, sondern aufgrund seiner Ersetzung durch Kapital könne das Elend eben auch den Kinderlosen treffen. Diese Analyse ist ausdrücklich gegen das von Malthus inspirierte Armengesetz aus dem Jahre 1834 gerichtet, das alle Unterstützungen abschafft, da – so Malthus – die materiellen Beihilfen lediglich die Bevölkerung und somit das Elend vermehrten, weshalb er statt dessen Arbeitshäuser vorschrieb, die Gefängnischarakter aufwiesen.

Die gänzlich legitime Zurückweisung von Vorstellungen aus der klassischen Nationalökonomie über den Zusammenhang von Bevölkerung und Reichtum bzw. Armut ändert nun nichts daran, daß Marx die nicht vom kapitalistischen Wirtschaftsablauf bestimmte Vermehrung der Menschen ganz traditionell auffaßt. Die Fortpflanzung von Arbeitern bleibt ihm nicht weniger als seinem Freunde Engels eine natürliche Angelegenheit. Dennoch kann er den Umstand nicht gänzlich übergehen, daß die neugeborenen Kinder ja nicht als Arbeitslose in die Wirklichkeit eintreten. Da sein »eigentümliches Populationsgesetz« für die Erklärung der proletarischen Fortpflanzung eben doch nicht taugt, kann er schließlich nicht umhin, auch über diese Vermehrung eine Aussage zu machen. Diese fällt gut funktionalistisch auf Adam Smiths Trivialität zurück, daß die Arbeiter aussterben würden, wenn sie sich nicht fortpflanzten: »Der Eigentümer der Arbeitskraft ist sterblich. Soll also seine Erscheinung auf dem Markt eine kontinuierliche sein, wie die kontinuierliche Verwandlung von Geld in Kapital voraussetzt, so muß der Verkäufer der Arbeitskraft sich *verewigen*, ›wie jedes lebendige Individuum sich verewigt, *durch Fortpflanzung*‹. Die durch Abnutzung und Tod dem Markt entzogenen Arbeitskräfte *müssen* zum allermindesten durch eine gleiche Zahl neuer Arbeitskräfte beständig *ersetzt werden*. Die

Summe der zur Produktion neuer Arbeitskraft notwendigen Lebensmittel schließt also die Lebensmittel der Ersatzmänner ein, d.h. *der Kinder der Arbeiter,* so daß sich diese Race eigentümlicher Warenbesitzer auf dem Warenmarkte verewigt.«[473]

Den naheliegenden Schluß, daß die ob ihrer Armut doch so leidenschaftlich bedauerten Arbeiter diesen angeblichen Zwang zur Nachwuchsbeschaffung fürs Kapital und die damit verbundenen Lasten durch weniger oder gar keine Kinder unterlaufen und so gegen die »Verewigung« der kapitalistischen Produktionsweise handeln könnten oder gar sollten, zieht Marx nicht. Die Fortpflanzung der Arbeiterklasse im Stile der »massenhafte(n) Reproduktion individuell schwacher und vielgehetzter Tierarten« erscheint ihm vielmehr – dialektisch – als »Quelle humaner Entwicklung«.[474] Die Tatsache, daß diese »massenhafte Reproduktion« nicht der Natur, sondern einer Politik der – doch sonst so wortreich attackierten – herrschenden Klassen geschuldet ist, bleibt im wissenschaftlichen Sozialismus übrigens bis heute unvorstellbar. Der international wohl renommierteste marxistische Wirtschaftshistoriker, Jürgen Kuczynski, hat noch im Jahre 1980 zur Hexenverfolgung lediglich vorzutragen, daß sie nicht etwa staatlicher Bevölkerungspolitik entsprang, sondern daß hier des Menschen »Angst vor der Natur ... zur Ausbildung eines außerordentlichen Systems des Aberglaubens geführt«[475] habe.

Nicht nur in der marxistischen, sondern in der gesamten nachklassischen ökonomischen Theorie entspringt das Vorhandensein immer neuer Lohnarbeitergenerationen einem natürlichen Vorgang. Man interessiert sich lediglich dafür, die Arbeiterbevölkerung – ganz im Sinne von Malthus – zu optimieren, d.h. dafür zu sorgen, daß sie »ihre natürliche und angemessene Höhe erreichen« soll. Seitdem gilt in der herrschenden Nationalökonomie der Satz des englischen Neoklassikers William S. Jevons (1835–1882), daß die »Bevölkerung ... keinen Gegenstand oder direktes Problem der ökonomischen Wissenschaft bildet«.[476] Die Bevölkerung wird seitdem also immer wieder als ein der ökonomischen Theorie äußerlicher und deshalb aus ihr auch nicht zu erklärender Faktor wie eine ewige Naturkonstante hingenommen: Selbst noch angesichts des Geburtenrückgangs in der Weltwirtschaftskrise der 30er Jahre unseres Jahrhunderts schreiben die späteren schwedischen Nobelpreisträger Gunnar und Alva Myrdal: »Beim Studium der praktischen Probleme der positiven Bevölkerungspolitik gehen wir von einer *natürlichen Neigung* junger Menschen aus, zu heiraten und *Kinder zu gebären*. Dieses muß merkwürdigerweise unterstrichen werden.«[477]

Erst im Jahre 1960 beginnt mit dem US-Amerikaner Gary S. Becker in der ökonomischen Theorie von neuem eine Diskussion, in der die Bevölkerung nicht mehr als selbstverständlich gegebene Naturgröße abgehandelt wird, mit der man ökonomische Phänomene erklären könne, ohne daß sie selbst ökonomisch erklärbar sei. Damit wird die Bevölkerung aus dem Ghetto der Bevölkerungsstatistik, die sich auf Datenerhebung und simple Extrapolationen beschränkt, herausgeholt. Eben mit diesen Extrapolationen war der sogenannte Babyboom, der in den USA bereits Ende der 50er Jahre vorüber war, nicht vorausgesehen worden. Dieser nur vorübergehende Anstieg der Geburtenzahlen wird nun in der neuen ökonomischen Bevölkerungsdebatte als Ausdruck individueller *Entscheidungen* interpretiert. Tatsächlich resultiert er wohl aus einer Verbindung neuerlich repressiver Bevölkerungspolitik[478], die in den 30er Jahren nicht nur im NS-Deutschland heftig anstieg mit der Zunahme der Eheschließungszahlen durch die Verheiratung von Personenkreisen, die bis dahin aus wirtschaftlichen Gründen noch im Zölibat verbleiben mußten. Da die nichteheliche Sexualität teilweise bis in die 70er Jahre strafbar bleibt, wird durch die generelle Wohlstandsvermehrung das noch verbliebene Fruchtbarkeitspotential in die eheliche Fortpflanzung hineingezogen. So entfallen denn auch in den USA über 50% der Mehrgeburten auf Frauen, die zuvor gar nicht Ehefrau und Mutter geworden wären. Im Durchschnitt erhöht sich die Kinderzahl pro Mutter nur um 15%.[479]

Jenseits der Kontroverse um die Gründe des Babybooms bleibt nun der Gedanke wichtig, daß die Ökonomen hier tatsächlich die einzelnen Menschen und nicht die Natur oder den Staat als Entscheidungsträger betrachten. Wie viele Kinder geboren werden, gilt als individuelle Entscheidung, die wirtschaftlich relevante Folgen nach sich zieht. Die Suche nach Gründen für solche Entscheidungen wird mithin zum Anknüpfungspunkt einer Wiederbelebung der ökonomischen Bevölkerungstheorie. Ihr programmatischer Aufsatz von 1960[480] stellt denn auch nicht mehr heraus, daß Bevölkerung eine naturgegebene Größe sei, sondern betont ausdrücklich, daß Sexualität und Fortpflanzung voneinander abgetrennt werden können, weshalb die Bevölkerungsmenge zu einer erklärungsbedürftigen Größe werde. Erst das Geburtenkontrollwissen mache für die ökonomische Theoriebildung interessante Entscheidungen der potentiellen Eltern möglich. Da aber auch hier noch fälschlich geglaubt wird, daß solches Wissen im 19. Jahrhundert erstmals in der Menschheitsgeschichte im größeren Umfang entstanden sei, bleibt die Nichtfamilienhaftigkeit, also die Kinderlosigkeit des Menschen noch gänzlich unvorstellbar. Der *Wunsch nach Kindern* bleibt also auch für die neue bevölkerungsökonomische Debatte eine *gegebene Größe*. Lediglich der Umfang der Familien wird als entscheidbar betrachtet. Damit wirkt die gewaltsame Menschenproduktion der Neuzeit mit ihrer Ideologie von der Naturhaftigkeit des Familienwunsches auch in der neuen Debatte fort.

Anders aber als etwa Smith oder Marx versteht Becker von vornherein, daß die Vermehrung nicht aus dem Motiv erfolgt, Nachschub für den Arbeitsmarkt bereitzustellen: Er betrachtet Kinder mithin nicht mehr als eine Investition – und zwar weder aus individualökonomischen noch aus gesamtwirtschaftlichen Gesichtspunkten –, sondern als ein im eigenen Haushalt produziertes Konsumgut, ja als gewissermaßen letztes noch in Subsistenzwirtschaft und nicht bereits in Warenproduktion erzeugtes Gut: »Kinder können nicht auf dem offenen Markt gekauft, sondern müssen daheim hergestellt werden. Im Hinblick auf größere Konsumgüter sind die meisten Familien allein noch bei den Kindern Selbstversorger.«[481] Unter der Annahme eines vollkommen freien Zugangs zur Geburtenkontrolle, den er aber empirisch durchaus nicht gegeben sieht, formuliert er das Gesetz, daß bei steigendem Realeinkommen – real bedeutet hier bezogen auf die Kosten für die Kinder – mehr Kinder nachgefragt würden: »Kinder werden als dauerhafte Güter betrachtet, in erster Linie als Konsumgüter, die ihren Eltern vor allem einen Nutzen in Form psychischen Einkommens (›psychic income‹) abwerfen. Die Fruchtbarkeit wird bestimmt durch das Einkommen, den Kostenaufwand für die Kinder, Bildung, Unsicherheit und Geschmackspräferenzen. *Einkommensanstieg und Preisrückgang würden die Nachfrage nach Kindern anwachsen lassen,* obwohl es notwendig ist, zwischen Quantität und Qualität der nachgefragten Kinder zu unterscheiden. Die Qualität der Kinder steht im direkten Verhältnis zum für sie aufgewendeten Betrag.«[482]

Beckers Überlegungen bleiben zunächst ohne Resonanz, obwohl bereits 1957 – also drei Jahre vor seinem Aufsatz – der Babyboom in den USA seinen Höhepunkt überschritten hat und seit 1960 die Geburtenrate beträchtlich abnimmt. Erst 1973 führt der verschärfte Geburtenrückgang in diesem Land, das ein Jahr zuvor erstmals eine Kinderzahl pro Frau von weniger als 2 aufweist, zu erneuten theoretischen Bemühungen. Theodore W. Schultz – ein Kollege Beckers an der Universität von Chicago und Ökonomienobelpreisträger von 1979 – verschiebt das noch sehr allgemeine bevölkerungsökonomische Interesse Beckers direkt auf den Geburtenrückgang: »Welches ist die Erklärung für den *demographischen Übergang,* d.h., wie können wir die ökonomischen und sozialen Prozesse sowie das Verhalten der *Familien* erklären, die für den einschneidenden *Geburtenrückgang* von sehr hohen zu den heutigen sehr geringen Geburten- und Sterberaten verantwortlich sind? Es ist offensichtlich, daß eine Theorie, die das Bevölkerungswachstum als eine exogene Variable behandelt, für die Beantwortung dieser Frage nicht hilfreich ist.«[483]

Der Ausgangspunkt dieser Überlegungen wird – wie bei Becker – die Wiedereinbeziehung eines ökonomischen Kalküls in die Fortpflanzungsentscheidungen der einzelnen Menschen: »Das analytische Kernstück dieser Studien geht von dem ökonomischen Postulat aus, daß das elterliche Fortpflanzungsverhalten hauptsächlich von den Präferenzen bestimmt ist, welche Eltern für Kinder haben. Unter der Voraussetzung, daß folgende Faktoren gegeben sind: Niveau der Verhütungstechniken ..., Niveau der Kindersterblichkeit, der Gesundheit und Fruchtbarkeit der Eltern sowie die Einkommens- und Lohnhöhen, welche die Eltern in ihrem Lebenszeitpunkt zu realisieren erwarten. Unter dieser Voraussetzung sind die Bedürfnisse der Eltern und Kinder begrenzt durch ihre Ressourcen und die damit verkoppelten alternativen Verwendungsmöglichkeiten derselben. Diese Ressourcen wiederum implizieren Aufwendungen (Opfer), die in ›opportunity cost‹(entgangener Nutzen)-Einheiten gemessen werden, welche die Eltern voraussichtlich erbringen müssen, um jene zukünftigen Befriedigungen und/oder produktiven Leistungen zu bekommen, deren Realisierung sie von den Kindern erwarten.«[484]

Diese neue ökonomische Bevölkerungstheorie wird schnell als Doktrin der sogenannten Chicago-Schule bekannt. Ihre allgemeine Fragestellung lautet: »Warum haben reichere Familien weniger Kinder als solche mit geringem Einkommen?«[485] Die Chicago-Schule antwortet, daß der ›Preis‹ für Kinder nicht konstant ist und daß bei höherem Einkommen die *Kosten für Kinder* erheblich steigen, so daß weniger Kinder nachgefragt werden. Das empirische Problem für die Theoretiker besteht mithin darin, daß bei Unterstellung gleicher Verhütungsfähigkeit zwar auch die Armen jetzt weniger Kinder erzeugen als zuvor, die Reichen aber immer noch unter der Kinderzahl der Armen liegen, was beim generell angenommenen, also beim natürlichen Wunsch nach Kindern unplausibel erscheint. Bekker betrachtet deshalb in einer jüngeren Arbeit[486] den Einfluß größerer Verhütungsfähigkeit auf die Kinderzahlen als irrelevant und betont statt dessen als Schlüsselgröße die Kosten für jedes einzelne Kind. Diese würden wesentlich durch die Mutterzeit bestimmt, die bei wachsendem Einkommen immer kostbarer werde, da die auf dem Arbeitsmarkt für diese Zeit erzielbaren Einkommen den Preis für das Konsumgut Kind, d. h. den Wert der Bemutterungszeit, in die Höhe trieben. Die Nachfrage nach Kindern wandele sich daher bei steigendem Einkommen von hoher Anzahl in geringer Qualität zu geringer Anzahl von hoher Qualität. Unverändert bleibt ihm jedoch die Fortpflanzung selbst eine natürliche Konstante, die lediglich durch die ökonomische Prosperität behindert werden könne. Nicht etwa Armut wird ihm nun zum Grund für wenige Kinder, sondern Reichtum übertevere sie so sehr, daß die Menschen bis zur Kinderlosigkeit getrieben werden könnten. Deshalb kann er auch nur noch spekulativ hoffen, daß durch ökonomische

Stagnation, welche das Einzelkind wieder verbilligen werde, auch die Geburtenrate von neuem zunehme.[487]

Wir sehen hier, daß der Versuch einer *ökonomischen* Erklärung der Bevölkerung zu rasanten Thesen führt, weil die Frage nach *ökonomischen* Gründen für völlige Kinderlosigkeit, die von den Unkosten für Kinder gänzlich unabhängig sind, nicht gestellt, also die in der europäischen Neuzeit – im Zuge der Vernichtung der weisen Frauen – in die Menschen sehr gewaltsam hineingepflanzte Idee vom natürlichen Wunsch nach Heirat und Vermehrung nicht problematisiert, sondern ganz unreflektiert immer noch geteilt wird. Gleichwohl hat sich unter den neuen Bevölkerungsökonomen Unbehagen über die These exorbitant steigender Kinderkosten bei wachsenden Fraueneinkommen in der Weise geäußert, daß nach anderen Gründen gesucht wird, aus denen der – allerdings auch wieder als naturhaft unterstellte – Wunsch nach Kindern beschränkt werde. Insbesondere der US-Theoretiker Harvey Leibenstein ist hier mit einer besonderen These bekannt geworden. Ihre wesentlichen Bestimmungen sind (1), daß ökonomische Veränderungen den sozialen Status von Familien modifizieren und daß – hiermit verbunden – (2) ein zunehmender Grenznutzen in einigen Bereichen für Güter und Ausgaben, die nicht Kinder umfassen, existiert und von der »sozialen Einflußgruppe« bestimmt wird. Die Zugehörigkeit zu einer bestimmten sozialen Einflußgruppe erfordert bestimmte *Insignien*. Sie nicht zu besitzen, läßt die »Nichtbefriedigung« hochschnellen. Die Anschaffung von Kindern statt solcher Insignien – wie etwa Schwimmbad, Weltreisen etc. – bedeutet also gerade eine Nichtbefriedigung und erkläre so die geringere Kinderzahl in den oberen sozialen Einflußgruppen, die nicht *unbedingt* identisch sein müssen mit den oberen Einkommensschichten. Gehört nun jemand zu einer Einflußgruppe mit weniger kostspieligen Insignien, ohne daß sein Einkommen deutlich unter demjenigen liegt, das in der höheren Gruppe für die Insignien aufgewendet wird, so kann er seine Befriedigung in Kindern suchen, womit – nach Leibenstein – die höhere Kinderzahl in niedrigeren Einkommensgruppen (der Arbeiterschaft) verstanden wäre. Den Geburtenrückgang einer hochentwickelten Gesellschaft faßt er dann in folgender Erklärung zusammen:

»Zu den dauerhaften Erscheinungen ökonomischen Wachstums gehören Steigerungen des Ausbildungsniveaus, Verstädterungen und strukturelle Veränderungen in der Nachfrage nach Arbeit, die zu einer systematischen Umsetzung der Arbeitskräfte dergestalt führen, daß ein höherer Teil in höhere Statusgruppen aufsteigt. Damit steigen die Haushalte in Statusgruppen auf, deren Fortpflanzung niedriger liegt.«[488]

Dem Konzept der Chicago-Schule und der Argumentation von Leibenstein ist gemeinsam, daß sie Familienhaftigkeit als natürliches Charakteristikum jedes Menschen unterstellen. Die von ganz unterschiedlichen Einkommensquellen hervorgerufene Veränderung des Nutzens von Kindern wird bei Leibenstein lediglich als ein Ergebnis der allgemeinen ökonomischen Entwicklung in einer Fußnote registriert: »Selbstverständlich gehen auch die ökonomischen Vorteile von Kindern als einer Quelle von Mitarbeit, Einkommenszuwachs und Alterssicherung usw. zurück als eine Folge der juristischen und sozioökonomischen Veränderungen, welche die Entwicklung begleiten.«[489] Die Formulierung »gehen zurück« (›decline‹) zeigt noch einmal, daß der Strukturwandel, der nicht einfach eine Reduzierung, sondern etwas qualitativ Neues umfaßt, unbegriffen bleibt. Die Befangenheit in abstrakten Begriffen wie ›arm‹ und ›reich‹ und den auffälligen Verzicht auf die Analyse der jeweiligen Einkommens*quelle* demonstriert Leibenstein an anderer Stelle. Er berichtet von Studenten aus landwirtschaftlich geprägten Entwicklungsländern, die selber nicht mehr Bauern sein werden und auf seine Frage, wie viele Kinder sie haben wollen, höchstens 50% der Zahl nennen, die im bäuerlichen Sektor ihrer Gesellschaft üblich ist. Auf seine Vorhaltung, daß sie doch »zehn- bis zwanzigmal mehr verdienen als diejenigen im bäuerlichen Sektor, die fähig zu sein scheinen, sich mehr Kinder leisten zu können, hoben sie hervor, daß das irrelevant sei. Entscheidend sei, daß sie einen Lebens*stil* praktizieren müßten, der von ihnen in ihrer Gruppe erwartet würde und der bedeutend höhere Kosten für Wohnen, andere Konsumgüter und einen höheren Erziehungsstandard ihrer Kinder machen würde.«[490] Leibenstein verkennt, daß der wesentliche Unterschied zwischen seinen Befragten und den Bauern *nicht* in der Einkommens*höhe*, sondern in der Einkommensquelle besteht. Die Bauern verfügen über ein Produktiveigentum, während die Befragten als zukünftige Angestellte oder Beamte lediglich ihre Arbeitskraft verkaufen werden. Für den ökonomischen Wert der Kinder und die Rückschlüsse auf das Fortpflanzungsverhalten ist aber gerade dieser Unterschied entscheidend. Es ist daher für die Erklärung des Geburtenrückgangs wenig aufschlußreich, den ökonomischen Wert von Kindern verschiedenen Einkommenshöhen gegenüberzustellen. Sie müssen vielmehr im Verhältnis zu den jeweiligen Einkommensquellen und den Verfahren der wirtschaftlichen Sicherung der möglichen Eltern gesehen werden.

Wir sehen, daß die neuere ökonomische Betrachtung von Fortpflanzung und Familie ihr Problem in der Erklärung abnehmender Geburten bei wachsenden absoluten Einkommen sieht. Trotz unterschiedlicher Erklärungsansätze stimmen die genannten Analytiker darin überein, daß bei höherem Einkommen weniger Kinder gezeugt würden, weil das Kosten-Nutzen-Verhältnis von Kindern sich mit wachsendem Einkommen verschlechtere. Kinder werden letztlich als ›inferiore‹ Güter charakterisiert. Das verschlechterte Kosten-Nutzen-Verhältnis von Kindern in einer expandierenden Wirtschaft wird jedoch nicht im einzelnen untersucht, sondern von Begriffen verdeckt, die aus ihrem Entstehungszusammenhang gerissen worden sind wie »Einkommenshöhe«, »Berufsveränderungen«, »ökonomische Entwicklung«, »Urbanisierung«, »Frauenemanzipation« etc. Alle diese Begriffe können ja erst aussagekräftig werden, wenn sie erklärt und nicht selbst als Erklärung verwendet werden. So sind das *gestiegene Pro-Kopf-Einkommen* und die *Berufsveränderung* (Übergang zu Industriearbeit und Dienstleistung) gerade Ausdruck einer ökonomischen Entwicklung, in der die traditionellen Kleineigentümer verschwinden. Diese verfügten nicht nur über weniger Einkommen als die jetzigen Einkommensbezieher, sondern auch über eine ganz andere Einkommensquelle. Das heutige relativ hohe Einkommen ist an Lohnarbeit bzw. abhängige Beschäftigung gebunden. Diese wiederum bleibt bei der bloßen Einkommensquantifizierung, wie sie die modernen Bevölkerungsökonomen vornehmen, verborgen und damit für die Erklärung des veränderten Fortpflanzungsverhaltens ungenutzt. Für den verwaschenen Begriff »ökonomische Entwicklung« gilt im wesentlichen dieselbe Kritik. Diese ›Entwicklung‹ entspringt wiederum einer strukturverändernden ökonomischen Konkurrenz mit dem nämlichen Resultat der Zerstörung kleineigentümerlicher Existenzen und ihres Ersatzes durch lohnabhängige Einkommensbezieher.

»Urbanisierung« als die städtische Konzentration von Lohnarbeitern, die den dörflich-kleinstädtischen Lebenszusammenhang der familial organisierten bäuerlichen und bürgerlichen Kleineigentümer hinter sich lassen, bleibt in der Analyse ebenfalls eine simple Oberflächenbeschreibung und damit für die Erklärung des Fortpflanzungsverhaltens unfruchtbar. Selbst dort, wo ein Schritt weitergegangen wird, indem nicht nur die Einkommenshöhe, sondern etwa das Interesse an ›Altersversorgung‹ untersucht wird, gelingt es nicht, von der neuen Ausformung dieses Interesses auf die schlichte *wirtschaftliche Unangewiesenheit* auf Vermehrung überzugehen. So zitiert Leibenstein ohne jede Folge für sein Theoretisieren eine Untersuchung über die Veränderungen dieses Altersversorgungsinteresses in Japan: »Neuere japanische Daten geben eine aufschlußreiche Illustration des engen Zusammenhangs zwischen Vorstellungen der Eltern über die Abhängigkeit von erwachsenen Kindern und dem Ablauf der ehelichen Fruchtbarkeit. Zwischen 1950 und 1961 fielen die japanischen Geburtenraten spektakulär von 28‰ auf 18‰. In derselben Zeit lautete die Frage einer alle zwei Jahre wiederholten Repräsentativumfrage von ›Mainichi Press‹ an die Bevölkerung: ›Erwarten Sie, daß Sie von Ihren Kindern im Alter abhängig sein werden?‹ 1956 antwortete die Mehrheit, über 55%, ›Ja – ganz sicher‹. Der Anteil dieser Antwort nahm in den fünf folgenden Befragungen kontinuierlich ab und erreichte 1961 27%. Es kommt selten vor, daß die öffentliche Meinung sich über ein vitales Interesse so schnell und kontinuierlich verändert, und es kommt genauso selten vor, daß wir darüber statistische Daten besitzen.«[491]

Über die Bekundung der Seltenheit einer Veränderung »vitaler« Interessen gelangt die Analyse nicht hinaus. Die Faszination an diesem Vorgang wird als seine zureichende

Erörterung hingestellt. Die Veränderung der Einkommensquelle bleibt wiederum außerhalb der Betrachtung. Statt dessen wird durchweg mit der Voraussetzung gearbeitet, daß Kinder selbstverständlich vorhanden sind und mindestens in der für die volle Reproduktion erforderlichen Zahl auch ausgetragen werden. Lediglich Einkommens- und Statusänderungen, die mit Geschmackswandel einhergehen, läßt man als Ursachen für mehr oder weniger starkes Anwachsen der Kinderzahl *über* die volle Reproduktion hinaus gelten. So sind etwa bei Leibenstein allemal drei Kinder[492], also mehr als die volle Reproduktion vorausgesetzt. Gefragt wird dann nach Bestimmungsgrößen für das vierte, fünfte, sechste usw. Kind. Daß ein Nutzen überhaupt nicht vorhanden sein kann, und zwar weder für die ersten drei Kinder noch für zusätzliche, bleibt wie bei den gebildeten Schweigern des 18. Jahrhunderts theoretisch unvorstellbar.

Die Verlegenheit der neuen Bevölkerungsökonomie, die daraus erwächst, daß sie an die naturgegebene Verheiratungs- und Fortpflanzungssehnsucht des Menschen glaubt, gleichwohl aber mit Unverheirateten und Kinderlosen in der Wirklichkeit konfrontiert ist, hat nun einen weiteren US-Ökonomen, Richard A. Easterlin, zu einer neuen Variante der ökonomischen Erklärung des Gebärverhaltens motiviert.[493] Ihm fällt auf, daß sich seit dem Abschluß der großen Einwanderungswellen nach dem ersten Weltkrieg Geburtenrückgang und Geburtenanstieg in den USA nahezu »zyklisch« ablösen. Sein Material umfaßt bisher allerdings nur eineinhalb solcher Zyklen: den Geburtenrückgang in den zwanziger und dreißiger Jahren mit Anstieg in den vierziger und fünfziger Jahren sowie den neuerlichen Geburtenrückgang seit den sechziger Jahren, der ersten Hälfte von Easterlins 2. Zyklus, über dessen Vollendung er sich so gewiß ist, daß er für die achtziger Jahre einen neuerlichen Babyboom voraussagt, der bisher allerdings ausgeblieben ist.

Easterlin konzentriert sich auf die jungen Männer, die ihre wirtschaftlichen Ziele an dem Lebensmilieu ihrer Väter ausrichten. Haben diese gut verdient, dann wollen auch die Söhne gut verdienen. Da jedoch die gutverdienenden Väter ihre Einkommen umgehend dazu verwendet haben, ihre Familien zu vergrößern, also mehr Kinder zu zeugen, befinden sich die auf diese Weise gesamtgesellschaftlich zahlreicher gewordenen Söhne in verschärfter Konkurrenz um die gutdotierten Arbeitsplätze. Sie verdienen deshalb weniger als die Väter und reduzieren für die Aufrechterhaltung eines vergleichbaren Lebensstandards notwendigerweise die Zahl ihrer Kinder. Dadurch fallen im nächsten Zyklus gesamtgesellschaftlich weniger Söhne an, die Konkurrenz um günstige Positionen schwächt sich ab, es wird mehr verdient als in der Generation der eigenen Väter, und der Mehrverdienst wird umgehend dafür genutzt, mehr Kinder in die Welt zu setzen und aufzuziehen. Der Zyklus beginnt damit von neuem. In Easterlins eigenen Worten: »Das Kernstück (meiner Bevölkerungstheorie des relativen Einkommens) besagt: Wenn junge Männer – die potentiellen Familienernährer – leicht genug Geld verdienen, um einen Hausstand zu gründen, der ihrem gewünschten Lebensstil und demjenigen ihrer bereits gefundenen oder noch gesuchten Bräute entspricht, dann werden Heirat und Kinderkriegen ermutigt. Ist es andererseits schwer, für den gewünschten Lebensstil genügend zu verdienen, dann führt der daraus resultierende ökonomische Streß zum Aufschub der Heirat und bei den bereits Verheirateten zum Gebrauch von Verhütungsmitteln zur Vermeidung von Geburten und vielleicht sogar zum Übergang von Ehefrauen in die Lohnarbeit.«[494]

Ganz unabhängig von Easterlins merkwürdigen Vorstellungen über die eigentliche wirtschaftliche Entwicklung sehen wir, daß er vom Dogma des natürlichen Vermehrungswunsches nicht abgehen kann, sondern seine zyklischen Auf- und Abschwünge auch in die unbekannte Zukunft hinein nur plausibel machen kann, wenn er davon ausgeht, daß die Kinderlosen und selbst die mit wenigen Kindern lebenden Menschen unglücklich seien. Er geht davon aus, daß überall auf die günstige ökonomische Stunde gewartet werde, um solchem Unglück durch neuerliche zahlreiche Vermehrung zu entkommen. Selbst Jahrzehnte des Zuwartens könnten der *Natur* letztlich nichts anhaben. Sie besorge in jedem Falle den Aufschwung, wenn nur die Einkommen stimmten, wozu sie sich bisher aber – wie gezeigt – nicht verstehen mag. Einschneidende ökonomische Ereignisse wie Prosperität (Easterlin) oder Stagnation (Becker) lassen den von ganz anderen ökonomischen Motiven getragenen und von der Vernichtung der weisen Frauen inzwischen nicht mehr betroffenen Zeitgenossen in seiner Entscheidung, ob er überhaupt und wenn, dann wie viele Kinder er haben will, bemerkenswert unbeeindruckt.

Mit seiner Analyse fällt Easterlin übrigens noch hinter Theoretiker zurück, die bereits vor und nach dem Ersten Weltkrieg verstehen konnten, daß es keinesfalls die Kinderlosigkeit ist, die als angebliche »Blasphemie gegen die Natur« (Engels) den Menschen unglücklich macht. Sie sahen vielmehr, daß Kinder durchaus Unglück bedeuten können[495], aus dem man sich abmeldet, wenn der staatlich sanktionierte Zwang zur Vermehrung entfällt – und zwar unabhängig davon, ob Stagnation oder Prosperität angesagt ist. Die so stolz hinausposaunte bevölkerungsökonomische Renaissance der US-Wissenschaftler – begonnen, um Licht in das angeblich mysteriöse Geburtenverhalten der Menschen zu bringen – endet, nicht anders als bei den spätmerkantilistischen und klassischen Nationalökonomen, in theoretischer, aber keineswegs mittelalterlicher, sondern sehr neuzeitlicher Finsternis.

Das Scheitern der *Ökonomen* bei der Bevölkerungserklärung mag verständlich machen, daß ihnen innerhalb der akademischen Arbeitsteilung das Feld nicht allein überlassen geblieben ist. Derselben Herausforderung, der die Ökonomen gegenüberstehen – also Bevölkerungsexplosion und Geburtenrückgang –, haben sich in nicht minder ausgeprägter Intensität vor allem die *historischen Demographen* gewidmet, denen wir in diesem Text schon wiederholt begegnet sind. Seit Mitte der 50er Jahre bemühen sie sich im wesentlichen um eine historische Rekonstruktion der Bevölkerungsstatistik für die europäische Neuzeit. Das bereits früher entwickelte, aber nur auf spärlichen und unzuverlässigen Daten aus Volkszählungen, Steuererhebungen etc. basierende Modell des demographischen Übergangs wird nun durch die methodologische Innovation der Familienrekonstruktion aus standesamtlichen, kirchlichen etc. Registern ergänzt. Die dadurch mögliche Nachzeichnung individueller Lebensgeschichten soll dabei das individuelle Fortpflanzungsverhalten sichtbar und erklärbar machen.[496]

Wie die Bevölkerungsökonomen machen auch die historischen Demographen bei ihrer Forschung eine ihr Vorgehen bestimmende Grundannahme: »Unterstellt ist der *natürliche* Wunsch des Menschen zu heiraten und sich fortzupflanzen.«[497] Dieses Voraburteil enthält nun aber die eigentlich zu überprüfende Aussage. Zu fragen wäre also: Warum pflanzen sich Menschen fort oder warum lassen sie das sein? Die Demographen hingegen fragen: Wie verhält sich der ›natürliche Fortpflanzungs- und Eheschließungswunsch‹ unter verschiedenen historischen Gegebenheiten? Die Verbrennung der weisen Frauen und die staatliche Bekämpfung der Geburtenkontrolle zeigen damit auch hier ihre erfolgreiche Nachwirkung. Sie hat die gedankliche Beschäftigung mit dem Fortpflanzungsgeschehen nachhaltig – jedenfalls unter Wissenschaftlern – bis auf unsere Tage tabuisiert. Die These von der jedem Individuum quasi angeborenen Familiensehnsucht, welche nach der Zerstörung ganz anderer Sehnsüchte seit dem 16. Jahrhundert erst formuliert werden kann, wird zum Dogma: Etwas historisch Gewordenes erscheint als ewige Naturkonstante.

Entsprechend finden die historischen Demographen aus dem Modell vom demographischen Übergang nicht heraus. Gleichwohl wissen sie inzwischen aus ihrer eigenen Forschung ebenso wie aus völkerkundlichen und historischen Studien, daß eben nicht erst nach dem angeblichen Fall der Sterblichkeit die Geburtenkontrolle im 19. Jahrhundert erfunden worden sei, um die Bevölkerungzahl an die neue Sterblichkeitslage anzupassen. Im Modell vom demographischen Übergang wird ja die Bevölkerungsexplosion daraus erklärt, daß nach dem angeblichen Sterblichkeitsrückgang die Anpassung der Geburtenzahlen nach unten so langsam verläuft, daß zwischendurch die Menschenzahl erst einmal nach oben geht und auf diese Weise die Bevölkerungsexplosion zustande kommt. Wir haben nun zeigen können, daß die mit der gewaltsamen Bekämpfung der Geburtenkontrolle einsetzende Zunahme der Kinderzahlen, nicht aber eine Abnahme der Sterblichkeit zur Bevölkerungsexplosion führt. Und eben dieser Kampf gegen die siebenfache Hexerei der Geburtenkontrolle in der europäischen Neuzeit bleibt in der historischen Demographie gänzlich unerörtert. Ihr nunmehr – aber doch eher beiläufig – gewonnenes Wissen, daß immer schon irgendwann, irgendwie und irgendwo Geburtenkontrolle praktiziert und diese nicht erst vor kurzem entdeckt wurde, hat sie eher noch davon abgehalten, nach den Gründen für die eben doch sehr erfolgreiche Unterbindung der Geburtenkontrolle in den 400 Jahren zwischen dem 15. und dem späten 19. Jahrhundert zu fragen.

An einem Sammelband mit Beiträgen führender historischer Demographen aus dem Jahre 1978 läßt sich das exemplarisch belegen. Mehrere Autoren sehen dort zwar, daß die menschliche Fortpflanzungsfähigkeit immer sozialer Kontrolle unterlag und deshalb die Auffassung unkontrollierter Fruchtbarkeit, wie sie im Konzept vom demographischen Übergang für die vorindustrielle Menschheitsgeschichte verfochten wird, als naiv zu verwerfen ist: »Die entscheidende Größe war der Übergang von einem Kontrollsystem aus sozialen Institutionen und Sitten zu einem System, in dem die individuelle Entscheidung einzelner Paare die Hauptrolle bei der Bestimmung der Geburtenrate übernahm. Das war ein Übergang von eminenter Bedeutung, aber er läßt sich keineswegs dadurch sonderlich treffend charakterisieren, daß man ihn als einen Übergang von fehlender Geburtenkontrolle zu praktizierter Geburtenkontrolle bezeichnet. Auch wenn diese [frühere] Kontrolle nicht durch individuelle Entscheidung zustande kam, konnte sie nichtsdestoweniger sehr wirksam sein.«[498] Übersehen wird in dieser Aussage gerade diejenige Politik, mit der die individuelle Entscheidung zur Geburtenkontrolle pronatalistisch unterbunden und die Menschenzahl *gegen* den Willen der einzelnen *und* gegen die traditionelle Sitte, Kinder nur zu haben, wenn man ihnen eine Zukunft versprechen kann, hochgetrieben wird. Eine solche Politik findet selbst bei den die Geschichte der Geburtenkontrolle nicht übergehenden historischen Demographen sogar noch eine Rechtfertigung, wenn eine »Bevölkerung« mit einer Lebenserwartung von nur etwa 20 Jahren konstruiert wird, die »eine individuelle Entscheidung kaum erlauben könnte, da sie zum Überleben die maximale Fruchtbarkeit mobilisieren müßte«.[499] Nun kann im Zeitalter der europäischen Bevölkerungsexplosion von einer solch geringen Lebenserwartung keine Rede sein. Aber selbst wenn sie gegeben gewesen wäre, müßte sich doch umgehend die Frage stellen, warum und wie sich eine »Bevölkerung« zu »maximaler

Fruchtbarkeit« bringt bzw. sich Geburtenkontrolle »nicht erlaubt«.

Solange die Frage nach eben diesem Vorgehen der staatlichen Bevölkerungspolitiker – und nicht etwa *der* Bevölkerung – in der europäischen Neuzeit ungestellt bleibt, versteigt sich selbst die ehrgeizigste und alle bisherige historische Demographie durchaus verspottende Variante dieser akademischen Disziplin zu der Behauptung, daß »hohe Fruchtbarkeit für die betroffenen Familien im längsten Teil der Menschheitsgeschichte [ökonomisch] auch immer vorteilhaft gewesen«[500] sei. Der mechanische Glaube, daß bei solcher ökonomischen Vorteilhaftigkeit die Geburtenzahlen automatisch hoch und bei ihrem Fehlen ebenso automatisch niedrig seien, kann nur aufrechterhalten werden, wo die mit der Vernichtung der weisen Frauen in Gang gesetzte Politik der staatlichen Menschenproduktion verdrängt bleibt – und zwar sowohl in ihrer Fähigkeit, die Menschen zur Fortpflanzung zu zwingen, aber auch – wie gegenwärtig in China mit seinen Zwangsabtreibungen und finanziellen Bestrafungen – sie daran zu hindern.

Nicht minder wirklichkeitsfremd mutet eine noch aktuellere Annahme aus der historischen Demographie an. Sie besagt, daß zu jedem historischen Zeitpunkt, in dem eine geringere Geburtenzahl für die Menschen ökonomisch vorteilhaft ist, auch das dafür erforderliche Verhütungswissen im Hintergrund jederzeit abrufbereit gewesen sei.[501] Nun kann jedoch gerade für die in der Weltbevölkerungsentwicklung entscheidende Epoche der Hexenverfolgung und der gewaltsamen staatlichen Unterdrückung der Geburtenkontrolle die Annahme eines Arsenals jederzeit verfügbarer Verhütungsverfahren nicht bestätigt werden. Eine solche Annahme im Angesicht des noch heute geltenden Verbotes von Geburtenkontrolle in 38 von jüngst untersuchten 88 Ländern (vorwiegend der Dritten Welt)[502] niederzuschreiben, erweist einmal mehr die ungebrochene, wenn vielleicht auch nicht immer bewußt gewollte Konvergenz zwischen der Wissenschaft von der Bevölkerung und der aus ganz wissenschaftsfremden Motiven betriebenen Bevölkerungspolitik.

Teil B

Gunnar Heinsohn

Hexenverfolgung, Kinderwelten, Erziehungsprobleme

I.

Wie sehen die demographischen Fakten zu den Kinderscharen der frühen Neuzeit aus, deren Vernachlässigung dann Gesetze und Institutionen des Staates zum Schutz des Nachwuchses erforderlich machten?

Im Jahr 1480 leben auf dem europäischen Territorium, welches heute von der Bundesrepublik Deutschland und der Deutschen Demokratischen Republik eingenommen wird, knapp 8 Millionen Menschen. Ein halbes Jahrtausend später – im Jahre 1980 – waren es unter Einbeziehung von maximal 5 Millionen Ausländern knapp 80 Millionen. Auf einem Quadratkilometer Land lebten entsprechend 1480 etwa 22 und 1980 etwa 220 Menschen.

Im Jahr 850 u. Z. lebten auf demselben Territorium erst 4 Millionen Menschen, ein halbes Jahrtausend später – im Jahre 1350 u. Z. – maximal 10 Millionen. Während dieses halbe Jahrtausend einen Bevölkerungsanstieg um den Faktor 2,5 erlebt, gibt es in den vergangenen 500 Jahren zwischen 1480 und 1980 einen Anstieg um den Faktor 10. Fügt man die 6,5 Millionen deutschen Auswanderer während dieser Zeit nach Übersee hinzu, die sich – vorrangig in Amerika und meist unter Ablegung ihrer Muttersprache – auf etwa 40 Millionen vermehrten, so erlebt das halbe Jahrtausend der Neuzeit sogar eine Bevölkerungszunahme um den Faktor 15.[1] Diese Betrachtung entdramatisiert das wirkliche Geschehen jedoch noch dadurch, daß eine gleichmäßige Entwicklung des Bevölkerungswachstums unterstellt wird und die wirklichen Spitzenzeiten des späten 18. und des 19. Jahrhunderts nicht besonders herausgestellt werden.

Die heute weitgehend akzeptierte Doktrin der historischen Demographen besagt nun, daß in den 500 Jahren des Mittelalters, in welchen die Bevölkerung nur von 4 auf 10 Millionen

Einwohner steigt, pro Frau dennoch mindestens ebenso viele Kinder geboren werden wie in den 500 Jahren der Neuzeit, als die Bevölkerung von knapp 8 auf knapp 120 (davon knapp 80 im jetzigen Deutschland) Millionen zunimmt. Sie begründen diese verblüffende Aussage damit, daß im gesamten Mittelalter die Bedingungen der medizinischen Versorgung und der Ernährung so katastrophal gewesen seien, daß eine extrem hohe Säuglingssterblichkeit herrschte und die Frauen darüber hinaus von der Geburtenkontrolle überhaupt nichts verstanden hätten und deshalb permanent schwanger gewesen seien. Die Frauen der Neuzeit hingegen seien einer ebenso permanenten medizinisch-ernährungsmäßigen Verbesserung der Lebensbedingungen ausgesetzt gewesen, so daß die Säuglingssterblichkeit sukzessive abgenommen und entsprechend die Bevölkerung zugenommen habe.[2] Aus einer so gesehenen Entwicklung wird zugleich auf eine ständig wachsende Sorge[3] der Gesellschaft um die Kinder geschlossen, denen es – im Unterschied zum Mittelalter, als sie ›starben wie die Fliegen‹ und ein Kinderleben nichts gegolten habe – immer besser gehe.

In dieser Arbeit wird diese Sicht der Dinge nicht geteilt: Die Probleme der Kinder und Jugendlichen werden gerade daraus erklärt, daß die ungeheuerliche Vermehrung in der Neuzeit die meisten von ihnen in eine perspektivlose Subordinarität und Stumpfheit stürzt, also Gleichgültigkeit und Kinderfeindlichkeit als zentrale Merkmale nach sich zieht. Erst dieser Umstand erklärt die – dauernd zu ergänzende – Flut von Gesetzen zum Schutz der Kinder. Die Gesetze sind also ein Zeichen für die Brisanz der Probleme der Kinder und nicht so sehr Ausdruck ihrer zunehmenden Entschärfung. Kindesvernachlässigung, Kindesmißhandlung, Kindesausbeutung und Kindesverdummung, kindliche Störungen und Suchtkrankheiten, Schulversagen und Jugendkriminalität etc. werden also nicht ein weiteres Mal als schreckliche Phänomene beschworen, die es mit immer mehr und besser formulierten Gesetzen *endlich* unter Kontrolle zu bringen gelte, sondern aus der neuzeitlichen »Menschenproduktion«[4] erklärt. Dafür muß diese selbst verstanden werden. Es ist also zu zeigen, warum, wie und wann Erwachsene dazu gebracht werden, eine so große Zahl von Kindern in die Welt zu setzen, daß sie ihnen eine Zukunft nicht mehr versprechen können, daß ihnen die Kinder also äußerlich werden – *existentiell* in die Konkurrenz geworfen und *seelisch* mit der Angst vor Sinnlosigkeit konfrontiert.

Demographisch bedeutet diese Erklärung also, daß die geringe Bevölkerungszunahme des Mittelalters daher rührt, daß – aus guten Gründen – nur wenige Kinder aufgezogen werden. Elterliche Verantwortungslosigkeit ist gerade dadurch definiert, ein Kind in die Welt zu setzen, dem die Erzeuger oder die Gemeinschaft keine Existenz garantieren können.

Die – wie zu zeigen – mörderisch durchgesetzte Tugend der Neuzeit wird hingegen der Kinderreichtum, das Kinderhaben als – scheinbarer – Selbstzweck. Sie beschert im 19. Jahrhundert Geburtenraten von fast 40 Kindern pro tausend Einwohnern. In der Bundesrepublik Deutschland ist die Geburtenrate der Inhaber deutscher Pässe inzwischen jedoch auf ca. 8,5 pro tausend Einwohner (1984) heruntergegangen und hat damit das gegenwärtig geringste Niveau der Erde erreicht. Und dennoch: Auch von den während der siebziger Jahre in der Bundesrepublik geborenen Kindern sind nur etwa 25% von ihren Eltern auch bewußt gewollt und zu diesem Zeitpunkt geplant. Nur ein Viertel der Geborenen ist also mit Eltern versorgt, die sich auf die bald zwei Jahrzehnte währende Zuwendung für ein Kind auch innerlich eingestellt haben. Drei Viertel der Neugeborenen sind immer noch keine Wunschkinder, verfügen also über eine zentrale Voraussetzung gedeihlichen Aufwachsens nicht.[5]

Von einer erfolgreichen Vorsorge für ein geschütztes Aufwachsen der Kinder wird deshalb so lange auch in der Bundesrepublik nicht gesprochen werden können, wie die meisten von ihnen lediglich aus elterlicher Verhütungsunfähigkeit oder kurzfristigen Egoismen ins Leben geraten. Bei diesen Motiven handelt es sich aber nicht um Naturkonstanten, sondern um politisch geschaffene und deshalb auch politisch wieder abschaffbare Tatbestände. Bevor aber – im Teil C dieses Buches – die entsprechenden politisch-rechtlichen Schlüsse für die Rekonstruktion einer existentiell verbürgten Kindheit gezogen werden, gilt es die Zerstörung eines existentiell vermittelten Bandes zwischen den Generationen historisch zu erklären.

II.

Was haben die weisen Frauen mit der Geburtenkontrolle zu tun und warum erweist sich eine den Kindern versprochene Zukunft in den traditionalen Gesellschaften als höchste pädagogische Tugend?

Die Betrachtung der rechtlichen Stellung der Kinder bei den germanischen Stämmen erfolgt hier nicht aus einem bloß akademischen Interesse an historischer Vollständigkeit, sondern wird unter der Frage angestellt, wie von den Eltern überflüssige Kinder vermieden werden, weshalb also *gegen* die Eltern oder gegen die Gemeinschaft zu beschützende Kinder – und damit entsprechende Gesetze – kaum vorhanden sind.

Bei den meisten Germanen untersteht das Kind der *Vatermunt* (väterlichen Gewalt), da es sich um patrilineare Stämme handelt, welche die Rechtsinstitute der freien Verkaufbarkeit von Boden und Arbeitskraft – umfassendes Privateigentum also – noch nicht kennen.[6] Die Patrilinearität bedeutet, daß die Frauen keine vollkommene Kontrolle über die Fortpflanzung mehr ausüben können. Lediglich bei den Friesen behalten sie das Recht auf Tötung des – nicht benötigten – neugeborenen Kindes (Lex Frisionum V, 1).[7] Bei den übrigen Stämmen wird die Tötung eines Kindes durch die eigene Mutter behandelt, als ob sie durch einen Dritten geschehen wäre, also als Mord – allerdings nicht durch Hinrichtung – bestraft.

In den Händen des weiblichen Geschlechts – und dort wiederum bei den weisen Frauen oder Hebammen zu hoher Kunstfertigkeit gebracht – bleiben aber Schwangerschaftsverhütung und Aborteinleitung durch pflanzliche Tränke[8], wie wir sie in großer Reichhaltigkeit auch bei Frauen in vielen anderen Stammesgesellschaften kennen.[9]

Neben der Schwangerschaftsverhütung durch die Frauen bildet das Kindestötungsrecht des Vaters die entscheidende

Maßnahme für die Vermeidung überflüssiger und dadurch der Vernachlässigung ausgesetzter Kinder. Durch das »Aufnehmen des Kindes« nimmt der Vater das Kind in die Sippe auf. Vor der »Aufnahme des Kindes« ist es ihm – nicht Dritten – gegenüber rechtlos. Die Nichtaufnahme bedeutet Aussetzung oder eine andere Form der Tötung des Kindes.[10] Diese Maßnahmen sorgen dafür, daß nur wirklich gebrauchte bzw. in einer kalkulierbaren Vergrößerung des Stammesgebietes unterbringbare Kinder aufgezogen werden. Einmal für das Erwachsenwerden bestimmte Kinder werden entsprechend verantwortungsvoll behandelt, so daß von Erziehungsschwierigkeiten oder gar besonderen Aufforderungen zur Kindesliebe in den wenigen authentischen Quellen über germanische Stämme nichts berichtet wird. Hingegen führt diese Regelung dazu, daß Kinder tendenziell ›knapp‹ sind. Jeder Verlust durch Krankheit, Krieg oder *Raub* – auch von *Kindern* – stellt die gesamte Lebenskalkulation des Vaters in Frage. Besondere, das Kind betreffende Rechte gibt es denn auch im wesentlichen nur gegen solche Verlustrisiken. Ist also – wie noch zu zeigen sein wird – die moderne Lohnarbeitergesellschaft dadurch gekennzeichnet, daß die Eltern durch staatliche Gesetze zum sorgsamen Umgang mit ihren Kindern gezwungen werden, so ist die germanische Stammesgesellschaft umgekehrt dadurch ausgezeichnet, daß die an den »aufgenommenen« Kindern selbstverständlich vorausgesetzten Interessen des Vaters gegen Eingriffe von außen geschützt werden. Die Abtreibung der von *ihm* gewollten Leibesfrucht, der Raub seines Kindes oder seine Tötung durch Dritte sind untersagt bzw. berechtigen zur Entschädigung durch Wergeld und ähnliches.

Dieses Interesse erklärt auch die sichere Stellung von verwaisten Kindern. In diese ist eine bewußt geplante ›Erziehungs‹-Leistung ja bereits eingegangen, und es wird häufig genug vorkommen, daß einer Verwaisung hier der Verlust eines Kindes dort entspricht, so daß statt des mühsamen Heranwachsenlassens eines neuen Kindes gerne das ›fertige‹ angenommen wird.

Angenommene wie eigene Kinder werden bei den Germanen mit etwa 12 Jahren[11] – bei Schwankungen zwischen 10 und 16 – mündig. Die Jungen sind damit zugleich wehrfähig, die

Mädchen ehemündig. Bereits dieses frühe Mündigkeitsalter setzt eine ›gelungene‹ Erziehung voraus, würde also eine künstliche Streckung der Kindheit durch Infantilisierung der sexuellen und intellektuellen Fähigkeiten gerade zum Schaden gereichen lassen. ›Sittlicher‹ Jugendschutz, der heute einen großen Teil der Kindheit betreffenden Rechte umfaßt, hat – außer im Inzestverbot – kaum Ausgestaltungen gefunden, und wir brauchen die Vertrautheit der germanischen Kinder mit den sexuellen Gegebenheiten nicht geringer einzuschätzen als bei anderen Stammesgesellschaften.[12] Die bis heute anhaltende Verblüffung der Forscher – die um die Jahrhundertwende begonnen haben, die ›europäische‹ Kindheit nicht als den einzig möglichen Normalfall zu betrachten – über die keineswegs mißlungenen Kinder der »primitiven« Gesellschaften ist früh formuliert worden. »Die *überraschende* Selbständigkeit und Altklugheit der Kinder, andererseits aber auch ihr Mangel an ›Gehorsam‹ gegenüber den Eltern und anderen Erwachsenen, wobei es indessen keineswegs an Achtung vor besseren Kenntnissen der Alten überhaupt zu fehlen braucht«[13], setzt auch heute noch in Erstaunen. Es wird zu prüfen sein, warum und wann das infantilisierte moderne Kind auf der historischen Bühne erscheint.

»*Kinderraubsorge*«. *Holzschnitt von Lucas Cranach (1472–1553).*

III.

Welche Gründe führen in der römischen Spätantike zu ersten Ansätzen einer Bevölkerungspolitik des Staates gegen die Interessen der Eltern?

Schon lange bevor die germanischen Stämme die nördlichen Teile des ehemaligen Römischen Reiches besiedeln, hat sich als Reaktion auf die in seinem Zerfall auftretende, ja teilweise mit diesem gleichgesetzte Entvölkerung die Entstehung einer nicht mehr von den Interessen der Eltern, sondern von den Interessen des Staates bestimmten Erzeugung von Kindern angekündigt.

Die Betrachtung solcher staatlichen Interessen, welche schließlich auch staatliche Gesetze für den Schutz und die Erziehung der Kinder nach sich ziehen werden, darf nun nicht darüber hinwegtäuschen, daß auch beim Vorliegen persönlicher Interessen der Eltern das Gebären von Kindern für die *Frauen* immer ein risikoreicher, biologisch keineswegs ersehnter Vorgang gewesen ist: Das Austragen eines Kindes ist ein Prozeß, den die Frau mit körperlichem Verschleiß und eingeschränkter Beweglichkeit zu bezahlen hat. Die Geburt selbst verläuft sehr schmerzhaft, stammen doch Becken und Geburtskanal entwicklungsgeschichtlich aus der Vor-homo-sapiens-s.-Zeit, während der Mutationsschub zu unserer Gattung hin jenen großen Stirnhirn-Kopf hervorgebracht hat, welcher auch bei bester Hilfe leicht zum Dammriß führen kann und häufig genug eine vaginale Gewebserschlaffung mit sich bringt, welche späteres sexuelles Vergnügen ernsthaft beeinträchtigt.

Auch die biologischen Hindernisse des *Kinderaufziehens* fallen erheblich ins Gewicht: Mit der wohligen Reizung beim Stillen und mit dem »Kindchenschema« (R. Spitz) – der instinktrestlichen Freundlichkeit gegenüber einer nur frühkindlich auftretenden Gesichtsfiguration – wird nur ein leichtes

Gegengewicht gegenüber den sexuellen Bedürfnissen der Frau geschaffen, welche ihr die Vernachlässigung des Kindes durchaus nahelegen: Während bei den stammesgeschichtlich verwandten Säugetieren nach der Geburt der Sexualtrieb hormonell ›abgeschaltet‹ wird und sie deshalb pflegebereit werden, muß sich die menschliche Mutter zu solcher Pflege bewußt entscheiden, sie muß also Verzicht auf ein ungebrochen fortgehendes Sexualleben leisten.[14]

In Gesellschaften, deren soziale Struktur eher nach den Interessen der Frauen konzipiert ist, gilt es denn auch als üblich, daß die schwere und schmerzvolle Bürde von Schwangerschaft, Geburt und Aufzucht nur so weit akzeptiert wird, wie es für das Fortdauern des Stammes in optimaler Größe nicht zu umgehen ist. Matrilineare Frauen haben also relativ wenige Kinder und finden sogar zu einer regelrechten Arbeitsteilung: Frauen, die leicht gebären, haben eine sehr hohe Zahl an Kindern, von denen die meisten dann von Frauen, die zuviel Angst vor der Geburt haben müssen, adoptiert werden.[15]

Die geringen Kinderzahlen oder gar Kinderlosigkeit und damit die Möglichkeit, sich sexuell einigermaßen vergnügen und überhaupt leidlich bewegen zu können, gelingt den Frauen dieser Stammesgesellschaften – wie auch bei den Germanen – durch Verhütung[16], Abtreibung[17] und – als letzter Sicherung – durch Kindestötung.[18]

An die 210 Wurzeln, Kräuter und Verfahren wurden allein bei nordamerikanischen Indianerinnen erforscht, mit denen sie Unfruchtbarkeit oder Aborteinleitung oder ein sanftes Sterben der Neugeborenen bewirken können. Bisher haben sich davon acht als voll und fast sechzig als partiell klinisch wirksam erwiesen.[19] Es verwundert deshalb nicht, daß die wenigen wirklich aufgezogenen Kinder – als existentiell unbedingt benötigte – auch jene Rücksicht erfahren, die ihr gedeihliches Aufwachsen befördern. Für »Kinderfreundlichkeit« gibt es auch in diesen Gesellschaften – bei aller Vielfalt der konkreten Behandlung des Nachwuchses – kaum Vokabeln. Die Sorge für die Kinder resultiert aus dem eigennützigen Interesse der Stammesmutter an tüchtigen Nachfolgern/innen, ist also selbstverständlich. Das Aufziehen der Kinder bleibt auch für diese

Mütter eine Arbeit, wird aber nicht zur pädagogischen ›Problematik‹.

Daß Fortpflanzung und Aufzucht in Gesellschaften, die *nicht* nach weiblichen Interessen strukturiert sind, nur durch Gewalt gegen Frauen durchgesetzt werden können, ist nicht verwunderlich, wenn diese sich bereits in den matrilinearen Gesellschaften nur das erforderliche Minimum an Kindern zumuten. Gegen weiblichen Widerstand geschaffene Sozialstrukturen stehen also von Anfang an in der Gefahr, daß sie bereits in der ersten Generation mangels Nachwuchs scheitern. Die deutlichsten Zeugnisse für das Brechen des weiblichen Widerstandes gegen die Mühsal der Fortpflanzung für ihnen fremde Zwecke findet sich denn auch in den am Beginn der patriarchalischen Privateigentumsgesellschaften[20] geschaffenen strikten Verboten der Kindestötung durch die Mütter und Frauen. Sie werden nun selbst getötet, wenn sie mit ihrer traditionellen Praxis zur Kleinhaltung der Kinderzahlen fortfahren. Das Recht der Kindestötung monopolisieren die jungen Patriarchen für sich. Die körperliche Pein bei Schwangerschaft und Geburt sowie die sexuellen Interessen der Frauen sollen bei der Entscheidung über die Fortpflanzung nun keine Rolle mehr spielen dürfen. In dem verbindlichen Urtext für die drei Abraham-Religionen (Judentum, Christentum, Islam) etwa hat dieses patriarchalische Beenden der Rücksicht auf die weibliche Natur seine berühmteste Formulierung gefunden: »Unter Schmerzen sollst du Kinder gebären, deine Begierde soll auf *deinen* Mann sich richten, er aber wird über *dich* herrschen« (1. Mose, 3, 16).

Allerdings wird das jüdische Patriarchat die erste Gesellschaft, in der das Recht auf Kindestötung nicht einfach auf den Mann übergeht, sondern generell untersagt wird.[21] Für seine christlich-apokalyptische Abspaltung wird das im 4. Jahrhundert nach Christus von entscheidender Bedeutung sein.

Die tödliche Bestrafung der Frauen für Kindestötung, die als Sohnestötung das Patriarchat insgesamt überlebensunfähig machen würde – in der mythisch überhöhten Geschichte von Medea, die ihrem Manne Jason die neue Braut ebenso tötet wie seine beiden Söhne, bearbeiten etwa die Griechen diese tiefsitzende Untergangsangst –, ist ganz zu Anfang vielleicht sogar von Versuchen flankiert worden, Abtreibungsmittel der weiblichen Verfügung zu entreißen. Die sogenannten Äpfel der Hesperiden, die der Heros Herkules raubt, könnten neben ihren kosmischen Bezügen auch auf die Pomeranzenfrüchte verweisen, aus deren Schale das Verhütungsmittel Hesperidin gewonnen wird. Gleichwohl erweist sich dann in der Wirklichkeit das Kindestötungsrecht des Vaters als der entscheidende männliche Einbruch in die bis dahin weibliche Geburtenkontrolle, und die gynäkologischen, kontrazeptiven und abortiven Künste der weisen Frauen gehen in der Antike noch nicht verloren.

In der Frühzeit der Privateigentumspatriarchate konzentriert sich die Kindestötung auf Töchter, während die ebenfalls mögliche Tötung nichterbender Söhne aus militärisch-ökonomischen Gründen weitgehend unterbleibt, das eher religiös geforderte Gebot von vier Söhnen und einer Tochter (als Ehefrauen für die in der Heimatpolis bleibenden Erbsöhne) also befolgt wird: Da nämlich die antiken Patriarchate im 1. Drittel des 1. Jahrtausends v. u. Z. revolutionär-gewalttätig in die Geschichte eintreten und deshalb mit dem Widerstand der umliegenden Stammesgebiete rechnen müssen, töten sie zwecks Soldaten- und Kolonistenbeschaffung weit weniger Kinder als die Frauen der traditionalen Gesellschaft. Der daraus resultierende Überschuß an Kriegern wird zunehmend dann auch gegen Konkurrenzpatriarchate erforderlich, die ebenfalls durch ›Sohnesüberschuß‹ genötigt sind, immer größere Gebiete zu kolonisieren: Diese kriegerischen nichterbenden Söhne, welche sich mit der Lebensperspektive ihrer Väter und ältesten Brüder identifizieren, sind ja vor die Alternative der Knechtschaft gestellt, falls es ihnen nicht gelingt, selbst wiederum Privateigentümer von Boden zu werden und so eine patriarchalische Existenz aufzubauen. Hierin liegt der entscheidende Grund für den enorm expansionistischen Drang der patriarchalisch strukturierten Gesellschaften des Mittelmeerraumes: Die der Knechtschaft ausweichenden Söhne treiben die patriarchalische Gesellschaft um den erreichbaren Erdkreis und stoßen dabei auf aus gleichem Grunde expansive Gegner anderer Herkunft. Die militärische Notwendigkeit, mehr als nur die Erbsöhne aufzuziehen, kommt dementsprechend erst an ihr Ende, nachdem eines der beteiligten Völker – historisch also Rom als Sieger über Griechen und Phönizier – den leicht besiedelbaren Raum weitgehend unter seine Kontrolle gebracht hat. Diese Siege befrieden die Region und setzen gleichzeitig der weiteren Expansion eine Grenze.

Überall, wo die siegenden Römer größere Territorien erobern, als sie selbst mit einzelwirtschaftlichen Bauernstellen besiedeln können, lassen sie Großteile der eroberten Bevölkerung am Leben und setzen sie als Sklaven auf großflächigen Latifundien ein, die im Eigentum freier römischer Bürger stehen. Diese auf Sklavenarbeit beruhende Produktion für die Märkte des Imperiums entfesselt eine weitere wirtschaftliche Dynamik. Bei vielen wesentlichen Produkten (etwa Ziegel, Wolle, Fleisch, Öl, Wein und Bodenschätze) produziert der Sklavenbetrieb billiger als der Einzelbauer. Seine Überlegenheit bewirkt einen ununterbrochenen Bankrott kleiner Familienbetriebe zugunsten großer Sklavenkonzentrationen. Dieser ökonomische Prozeß löst die Jahrhunderte währenden politischen Kämpfen zwischen Kleineigentümern (Plebejern) und Großgrundbesitzern (Senatoren und Rittern) aus, die nach der Ermordung des Gaius Gracchus im Jahre 121 v. u. Z. zum Siege der letzteren führen: »Eine Concurrenz mit der billigen Sklavenarbeit war für den freien Arbeiter (nunmehr – G.H.) unmöglich. Er mochte froh sein, wenn es ihm gelang, sein eigenes Leben zu fristen; wie hätte er daran denken können, eine Familie zu begründen und Kinder aufzuziehen? Und die beständig zunehmende Concentrierung des Besitzes in wenigen Händen sorgte dafür, daß immer mehr Bürger zu Proletariern herabsanken ... Gegenüber dem Vordringen der Sklavenwirtschaft hat alles andere (was zum Bevölkerungsrückgang beiträgt – G. H.) nur secundäre Bedeutung.«[22]

Durch die Zerstörung der Familienbetriebe wird zugleich die Menschenquelle beseitigt. Nichterbende Kinder von Kleineigentümern bilden ja – neben bankrotten Eigentümern und den nach Abrundung des Reiches knapper werdenden Kriegsgefangenen – das Reservoir für die Sklavenmärkte. Es ist also der Sieg des »Kaufsklavenkapitalismus« (Max Weber) selbst, der ihn seiner wichtigsten Basis beraubt – der Sklaven. *Sklavenzuchtversuche* scheitern an der hohen Risikobelastung dieses Geschäfts: Da die weiblichen Sklaven zwischen sich und den für den Verkauf vorgesehenen Kindern ein Verantwortung und Rücksichtnahme bewirkendes existentielles Band nicht knüpfen können, sind Sterblichkeit und Verwahrlosung hoch. Die über einen langen Aufzuchtszeitraum hinweg zu bildenden Preiserwartungen sind überdies ungewiß und bilden ein weiteres Hindernis für die Arbeitskräftezucht. (In der europäischen Neuzeit wird die Beschaffung von Arbeitskräften für nicht familienmäßig organisierte Betriebe durch staatlich-kirchlich erzwungene Vermehrung der Lohnarbeiter gelöst, die dann das Risiko ihrer nicht verkaufbaren Arbeitskraft persönlich tragen müssen.)

Im Ergebnis ist ein Rückgang der Bevölkerung des römischen Imperiums vom späten 2. Jahrhundert u. Z. bis zum 5. nachchristlichen Jahrhundert um fast 40% zu verzeichnen. Die Dynamik dieses Aufstiegs und Falls des Römischen Reiches ist von seinen Wissenschaftlern – insbesondere Plinius dem Älteren (»latifundia perdidere Italiam«) – früh vorausgesagt worden, im Endeffekt aber nicht aufzuhalten gewesen. Dennoch resultieren aus den kaiserlichen Versuchen, die familiale Vermehrung und so die alte militärisch-kolonisatorische Dynamik wiederherzustellen, gesetzgeberische Initiativen für eine *politische* Erzwingung von Familienleben seit der »lex Julia« des Augustus[23], d. h. für eine gewaltsame Brechung des individuellen ökonomischen Interesses, das mit Hilfe von Verhütung, Abtreibung und Kindestötung nun zu Kinderlosigkeit führt. Den letztlich bevölkerungspolitisch wirkungslosen Kaisern bietet sich zugleich mit den Christen eine Gruppe an, die etwa im Jahre 176 u. Z. dem Kaiser Mark Aurel beteuert: »Jeder von uns, der ein Weib nimmt, tut es nur in der Absicht, Kinder zu zeugen«[24] und die ihren Mitgliedern bereits seit dem 1. Jahrhundert u. Z. abfordert: »Du sollst nicht töten, du sollst nicht ehebrechen, du sollst nicht Knaben schänden, du sollst nicht Unzucht treiben ..., du sollst nicht das Kind durch Abtreibung umbringen und das Neugeborene nicht töten.«[25]

Aber die Christen formulieren auch bereits die Erfahrungen eines familienlosen freien Sexuallebens, welches die Gewalt des Gesetzes als *seelische* Hilfe für etliche Zeitgenossen sogar innerlich akzeptabel gemacht hat: »Die Christen wissen, daß die fleischlichen Vergnügungen mit der Hoffnung auf dauernde

Freuden beginnen und immer mit Enttäuschungen endigen. Sie stürzen uns in allerhand Aufregungen, verführen uns zu Verbrechen und treiben uns nur gar zu häufig über die Grenzen hinaus, die die Natur selbst gesteckt hat.«[26]

Das seit Augustus formulierte Interesse der Kaiser an einer Wiederbevölkerung des Reiches geht erst gegen Ende des römischen Kaufsklavenkapitalismus mit der jüdisch-christlichen Moral für die eheliche Fortpflanzung und gegen die Geburtenkontrolle eine Verbindung ein. Seitdem also Diokletian um 300 u. Z. durch Verbot der freien Verkaufbarkeit von Boden und Arbeitskraft den Übergang zur Feudalwirtschaft weitgehend abgeschlossen hat, bestraft Kaiser Konstantin der Große, welcher der Kirche seit 313 u. Z. Staatsmittel zukommen läßt, die Kindestötung durch den Vater nunmehr als Verwandtenmord *(parricidium)*. Er zerbricht damit endgültig die Macht des freien Römers über Leben und Tod seiner Familie *(potestas vitae necisque)*.

Zum ersten Mal in der römischen Geschichte wird der freie Mann staatlich nicht nur verfolgt, sondern sogar getötet, wenn er sein tausend Jahre altes Recht auf Kindestötung wahrnimmt. Diese Neuerung Konstantins gilt als so ungeheuerlich, daß sie nur mit Hilfe besonders grausamer Todesstrafen durchsetzbar wird. Die Bereitschaft, ein Kind aufzuziehen, das jemand anders – der Staat – benötigt, ist nur mit brutaler Gewalt in die Menschheitsgeschichte einzuführen: Wer nun noch Kinder aussetzt, soll deshalb nicht einfach durch Enthauptung hingerichtet, sondern in einem Sack – zusammen mit Schlangen oder anderem Getier – ertränkt werden.[27]

Wie sehr Konstantin sich des Revolutionären seiner Gesetzgebung bewußt ist, zeigt sich daran, daß er sich nicht getraut, die Kinder einfach ins Leben zu zwingen, ohne dafür zu sorgen, daß finanzielle Mittel für den Unterhalt der Kinder armer Römer bereitgestellt werden. Drei Jahre vor dem Kindestötungsverbot – also im Jahre 315 u. Z. – erläßt er für Italien – ab 322 u. Z. auch für Afrika – ein Kindergeldgesetz: »Wenn ein Vater oder eine Mutter Euch ihr Kind bringen, daß sie wegen äußerster Not nicht erziehen können, so ist es Eure Pflicht, rasch für die Nahrung und Kleidung desselben zu sorgen, weil die Bedürfnisse eines neugeborenen Kindes nicht verzögert werden können. Der Schatz des Reiches und der meinige werden Euch dafür entschädigen.«[28]

Die Tatsache, daß die väterliche Kindestötung durch Kaiser Valentian I. im Jahre 374 u. Z. sogar vom Verwandtenmord zum allgemeinen Mord befördert wird und etwa im Jahre 529 u. Z. durch Kaiser Justinian ein weiteres Mal in Erinnerung gerufen werden muß, verdeutlicht, wie ungewohnt, ja unerhört diese Gesetze sind, wie äußerlich sie den Lebensverhältnissen der Spätantike und des beginnenden Mittelalters doch bleiben. Und tatsächlich: Die traditionelle elterliche Verantwortlichkeit, die gebietet, kein Kind in die Welt zu setzen, dem eine Zukunft nicht versprochen werden kann, wird auch während des Mittelalters nicht gebrochen. Bis nach der großen Pest um 1360 u. Z. bestimmt sie das Fortpflanzungsverhalten.

IV.

Warum bleibt das Kinderleben des Mittelalters von der spätantiken Bevölkerungspolitik weitgehend unberührt?

Im Jahre 193 u. Z. erläßt der römische Kaiser Pertinax ein Edikt, welches landlosen Bürgern erlaubt, verwaiste Latifundien zu ›besetzen‹ und in einzelne Bauernstellen aufzuteilen. Der immer drückender werdende Sklavenmangel hat zum Brachliegen großer Ländereien geführt. Die verbliebenen Sklavenkontingente erlauben vielerorts die Fortsetzung von Landwirtschaft auf großen Schlägen nicht mehr und tendieren dazu, totes Kapital zu werden. Um davon nun noch soviel wie möglich zu retten, gehen die Eigentümer zunehmend dazu über, die Sklaven in unfreie Bauern – sogenannte Kolonen – zu verwandeln. Sie haben also weiterhin für ihre Herren zu arbeiten, leben aber nicht mehr in der Sklavenkaserne, sondern in eigenen – neuen – Familien. Im Grunde hat damit der mittelalterliche Feudalismus seine Geschichte begonnen. Seine leibeigenen Bauern benötigen für die eigene Alterssicherung wiederum ein Minimum an Kindern. Sie wollen und sollen sich aber keineswegs für eine große Schar kindlicher Esser verschleißen, sondern alle Kraft daransetzen, sich *und* ihre kirchlichen oder weltlichen Grundherren zu versorgen. Da sie als Nichteigentümer des Bodens überdies ihre Höfe nicht durch Zukauf vergrößern können, entfällt auch das mögliche Motiv, durch eigene Kinder wachsende Flächen zu bewirtschaften, um so das eigene Existenzrisiko durch Einkommensvermehrung zu mindern.

Diese neuen Bauern bieten also einen Anlaß für die pronatalistische Gesetzgebung der römischen Kaiser nicht mehr: Sie sind *nicht* kinderlos. Indem sie aber Kinder haben, befolgen sie keineswegs die staatlich-christlichen Gesetze, sondern wiederum ihre eigenen Interessen, die dabei mit denjenigen der

Grundherren übereinstimmen, welche die Arbeitskraft der Bauern eben *für sich* und nicht für eine große Kinderschar genutzt sehen wollen.

So wundert es nicht, daß die wenigen historischen Quellen, über die wir verfügen, Kinderzahlen ausweisen, die nur knapp über der Nettoreproduktion liegen: Im Grundbesitz des Bistums Fulda werden zwischen 750 und 797 u. Z. für 485 Frauen 1146 Kinder, durchschnittlich also 2,36 Kinder pro Frau gezählt.[29] Eine Untersuchung für das 9. Jahrhundert in Norditalien kommt auf 2,44 Kinder pro Bauernfamilie.[30]

Höher sind die Kinderzahlen der Grundherren, die für die ihnen obliegenden militärischen Aufgaben wieder mehr als nur die Erbsöhne aufziehen und mit der Verheiratung ihrer Töchter Politik machen, also Grundbesitz arrondieren können. Hier gibt es also nichterbende Adlige, die auf Landnahme drängen und dafür Arbeitskräfte – also weitere unfreie Bauern – durchaus benötigen. Diese stehen aber nur zur Verfügung, wenn sie zuvor in einem bereits bestehenden feudalen Oikos aufgezogen werden, ohne dann dort nützlich zu werden. Diese Kolonisationsinteressen werden vorrangig von hohen Klerikern vertreten. Sie vermögen sich aber gegen die Interessen der Grundherren immer nur regional und für kurze Zeit durchzusetzen. Deren Interessen verhindern also, daß klerikale Eiferer bereits während des Mittelalters in großem Stil gegen die Geburtenkontrolle vorzugehen vermögen. Mehr als das Auferlegen von Fastentagen, den Ausschluß von Kirchenfesten oder die Verhängung von Geldstrafen für Verhütung, Abtreibung und Kindestötung setzen sich nicht durch. Die Mainzer Synode von 852 etwa bestimmte lediglich: »Wenn jemand sein Kind nach der Taufe aus Versehen durch das Gewicht seiner Kleidung erstickt, so tue er 40 Tage lang Buße bei Brot, Wasser und Gemüse und enthalte sich des Gatten ...«[31]

Im fränkischen Bußbuch des heiligen Hubert soll der absichtlichen Kindestötung eine Bußzeit von drei, der unabsichtlichen eine solche von 2 Jahren folgen.[32] Aber nicht einmal für die Durchführung solcher Strafen gibt es verläßliche Beweise. Im Gegenteil: Eifernde Verfolger werden sogar hart in die Schranken verwiesen, wenn sie weise Frauen als Hexen verbrennen wollen, weil sie verhütende, abtreibende und andere Tränke brauen, aber auch mit gefürchteten Verfluchungen an allerlei Händeln teilhaben. Unter Karl dem Großen wird gegen Hexenverfolger sogar die Todesstrafe verhängt.[33]

Die historischen Quellen sprechen also keineswegs davon, daß die mittelalterlichen Frauen so wenig Nachwuchs haben, weil von den zehn bis zwanzig Kindern, welche sie wegen angeblicher Verhütungsunfähigkeit ja durchschnittlich gebären müssen, dann bis zu 80% verhungern oder an Infektionen sterben. Und will einer von diesen Frauen mehr Kinder haben, als sie selber aufziehen wollen, kämpft er nicht gegen Hunger und Infektionen, sondern gegen Geburtenkontrolle. Gegen die Argumentation von den elenden Lebensbedingungen als Ursache der geringen Kinderzahlen spricht zusätzlich – neben der Binsenweisheit, daß auch heute niemand die schnell sinkenden Zahlen aufgezogener Kinder aus Elend und Infektionskrankheiten erklärt –, daß die klimatischen Bedingungen in Deutschland und Europa zwischen 800 und 1300 u. Z. ungleich günstiger ausfallen als in der Zeit der Bevölkerungsexplosion. Wohl verursacht durch Sonnenaktivitäten[34] erlebt dieses halbe Jahrtausend eine landwirtschaftliche Fruchtbarkeit – mit Apfelplantagen und Weizenfeldern bis nach Grönland[35] –, die in der bekannten Geschichte ohne Vorbild ist.[36] Vor 1200 u. Z. lag etwa in Deutschland der jährliche Fleischverbrauch pro Einwohner bei ca. 100 kg, in der Zeit der Bevölkerungsexplosion um 1800 aber nur bei 25–28 kg.[37]

Für die Kinder der Landbevölkerung des Mittelalters, also für 95% des gesamten Nachwuchses, gilt wiederum, daß sie eher zu knapp sind[38], meist eine klar umrissene Perspektive haben und in dieser von ihren Erzeugern so dringend – für Mitarbeit und Altersversorgung – gebraucht werden, daß sie auch ohne besondere pädagogische Aufforderung – es gibt dort also mangels entsprechender Not eine Pädagogik noch nicht – von den Erwachsenen anständig behandelt werden. Wenn also in den künstlerischen, literarischen und dokumentarischen Überlieferungen kaum einmal explizit von ›Kindesliebe‹ die Rede ist, so bedeutet das nicht, wie so häufig angenommen wird[39], daß die Kinder schlecht behandelt werden, sondern daß es in dieser Richtung eben nur sehr wenige Probleme gibt.

Verwaist ein Kind, verbleibt es immer noch in der Obhut des

feudalen Oikos, gehört es doch nicht nur seinen Eltern, sondern auch dem Grundherrn, der sich eine bald erwachsene Arbeitskraft nicht ohne weiteres entgehen lassen wird. (Das *soziale* Leid allerdings, gegen das die Kinder niemand schützt, erzeugen die Klassenunterschiede der Zeit und die Ausbeutung, gegen die bei Gelegenheit denn auch immer wieder rebelliert wird.)

Etwas anders stellt sich die Situation der Kinder in den Städten dar, wo allerdings nur 5% der Gesamtbevölkerung während des Mittelalters leben. Man hat dort keineswegs mehr Kinder pro Familie als auf dem Lande, aber die Lage von Waisenkindern wird schwieriger, gehören sie doch allein dem Haushalt ihrer Eltern und nicht einer größeren, an ihrer Erhaltung interessierten Wirtschaftseinheit an. Für sie entsteht in einzelnen Städten mit den Waisenhäusern ein Vorläufer des modernen öffentlichen Erziehungswesens. In diesen Einrichtungen ist nun die Konstellation ›Erwachsener – fremdes Kind‹ gegeben, in welcher ersterer zu Gleichgültigkeit und Brutalität und letzteres zu Verwahrlosung tendiert, weshalb die Erzieher

»Kleinkinderziehung im Hochmittelalter«. Aus dem
Gesundheitsregimen *des Heinrich Louffenberg (1429)*
(nach P. Ketsch, Frauen im Mittelalter, *Düsseldorf 1984,*
Bd. 2, S. 234).

permanent zur Kindesliebe aufgefordert werden müssen, womit ein zentrales Element der modernen Anleitungspädagogik vorliegt. Hier wird umgehend deutlich, daß die nun häufigere Erwähnung der Kindesliebe keineswegs Ausdruck einer besonders guten Behandlung der Kinder ist, sondern für ein historisch neues Problem beim gedeihlichen Aufwachsen der Kinder steht. Dennoch bleibt das mittelalterliche Waisenhaus eine seltene Einrichtung. Bei den geringen Kinderzahlen gibt es potentiell auch nur wenige Waisenkinder. Wo sie vorkommen, kann ihnen keine Zukunft versprochen werden – und sie stehen insofern in der peinigenden Existenzbedingung des neuzeitlichen Lohnarbeiters –, aber sie erhalten das Recht zu betteln. Ihre Erziehung richtet sich, wie es etwa im Spitalsstiftungsbrief von St. Gallen aus dem Jahre 1228 heißt[40], auf das Nehmen von Almosen, nicht auf eine bestimmte Arbeit.

Es gibt also noch keinen sozialen Ort für eine unabhängige wirtschaftliche Existenz außerhalb der eigenen Familie. Es gibt mithin noch keine merkantilistischen Manufakturen oder gar einen Kapitalismus mit freier Lohnarbeit, und es gibt die Sklaverei nicht mehr. Das Bettelprivileg ist aber auch Ausdruck der Gewißheit, daß es – mangels unmäßig vieler Waisen – nicht mißbraucht werden wird. Sollte gleichwohl ein solcher Bettler bereits in jungen Jahren auffällig werden, dann gibt es – beispielsweise in Nürnberg noch im Jahre 1320 – das Recht, ihn »einzutürmen oder in einen Sack zu stecken und zu ertränken«.[41]

Ebenso wie der St. Gallener Spitalbrief bereits eine Art Rechtsschutz für Kinder darstellt, dürfen auch die Stiftungsurkunden für Findelhäuser als solche Vorläufer der modernen ›Rechte des Kindes‹ gelten. Wie die ›Bettelschule‹ des mittelalterlichen Waisenhauses konstituiert auch das Findelhaus eine durch Verwahrlosung gekennzeichnete kindliche Existenz. Vor allem die sogenannten »Hospitaliter des heiligen Geistes« – gegründet durch Guy de Montpellier – bemühen sich insbesondere an Pilgerplätzen um die Verringerung der Kindestötung durch das Anbieten von Findelhausplätzen. Sie haben sich das spätantike Kindestötungsverbot bereits während des Mittelalters zu einer wirklich barmherzigen – und nicht bloß moralisch verbrämten bevökerungspolitischen – Angelegenheit gemacht. Wie weit verbreitet die Kindestötung im Mittelalter geblieben ist, kann inzwischen passabel belegt werden.[42] Daß sie von den Behörden kaum verfolgt wird, ist nicht minder ausführlich ermittelt worden.[43] Und noch im Jahre 1709 wird auf die Fassade des Hamburger Findelhauses gemalt: »Auf dass der Kindermord nicht künftig wird verübet, Der von tyrann'scher Hand der Mutter oft geschiehet, Die gleichsam Molochs Wuth ihr Kindlein übergiebet, Ist dieser Torno hier auf ewig aufgericht.«[44]

Da im Mittelalter Christen im modernen moralischen Sinne selten sind, werden eben auch nur wenige Findelhäuser eröffnet. So gelingt es z.B. im Jahre 1198, Papst Innozenz III. die Mittel für ein Findelhaus abzuringen[45], um die Zahl der morgendlich im Tiber treibenden Leichen von Neugeborenen zu reduzieren und so einen Stein des Anstoßes für gläubige Pilger zu entfernen. Versorgt also jemand die Kinder, wird von ihrer Beseitigung auch abgesehen. Die Angst, für diese Kinder jedoch wieder unterhaltspflichtig gemacht zu werden, bleibt bestehen. Ihr begegnen die frommen Findelhäuser durch die Anonymität der Drehladen, in die ein Kind hineingelegt werden kann, ohne daß die Spenderin gesehen wird. Im Findelhaus[46] haben wir mithin eine schon ganz ›moderne‹ abgetrennte Kindheit, wie sie uns später in Krippen, Kindergärten, Heimen und Pflichtschulen begegnet, die – wie zu zeigen – ja ebenfalls nur geschaffen werden, weil die dort gehaltenen Kinder der Existenz ihrer Erzeuger äußerlich sind. In den Findelhäusern, die – wie auch ihre späteren Nachfolger – eben keine pädagogischen, sondern in erster Linie bevölkerungspolitische Einrichtungen der Lebenserhaltung und in dieser Funktion auch durchaus erfolgreich sind, versagt die Erziehung von Beginn an. Sie laviert zwischen den Extremen ›frühzeitiger Tod‹ und ›Verwahrlosung ohne Lebensperspektive‹ und bringt entsprechend immer neue pädagogische Experten mit ihren literarischen Werken der Vergeblichkeit hervor. Wenn die Findelhäuser jedoch bis ins 16. Jahrhundert hinein selten bleiben, so liegt das daran, daß das hochentwickelte mittelalterliche Nachwuchsverhütungswissen lange unangetastet bleibt, d.h. in die weitgehend stationäre und wenig expansive Feudalwirtschaft paßt.

V.

Warum werden ab dem 14. Jahrhundert die Kinder durch Hexenverfolgung zahlreich und dadurch die Generationsbeziehungen schwierig gemacht?

In der bisherigen Entwicklung sind die Merkmale, welche ab dem 14. Jahrhundert zu einem furchtbaren Instrument für die Schaffung der neuzeitlichen Kindheit zusammengeschmiedet werden, vereinzelt – und deshalb noch nicht geschichtsmächtig – alle schon einmal vorgekommen: (1) die jüdisch-christliche Vermehrungsmoral mit der Heiligkeit des ungeborenen Lebens, (2) das staatliche Gesetz Konstantins des Großen gegen Kindestötung aus dem Jahre 318 u. Z. und gegen Verhütungs- bzw. Abtreibungsdrogen der Manichäer aus dem Jahre 320 u. Z.[47] (nebst dem vorgeschalteten Kindergeldgesetz des Jahres 315 u. Z.), (3) die überflüssigen Kinder in Form des Findels, (4) die nicht-familialen Aufzuchtsinstitutionen in Form der Findel- und Waisenhäuser, (5) der moralische Appell – oder die Pflicht – zur Kindesliebe an das gleichgültige Personal in diesen Vorläufern der allgemeinen Pflichterziehung als Kern der neuzeitlichen ›Pädagogik‹, (6) die gelegentlich versuchte Verfolgung von Verhütungsmittelproduzentinnen als Hexen und (7) das Interesse nichterbender Adliger an Extra-Kindern von den schon vorhandenen Bauern, mit denen sie eigene Güter besiedeln wollen, deren Erzeugung aber auf den Widerstand der potentiellen Eltern stößt.

Die Bedingungen für die Zusammenfügung aller dieser Momente reifen ab etwa 1300 u. Z. heran: Die milde Klimalage des Mittelalters kommt zum relativ abrupten Ende.[48] Grönland und Nordisland werden für die Landwirtschaft insgesamt zu kalt.[49] Nordeuropas Landwirtschaft – der Olivenanbau in England und im Ostseeraum etwa kommt zu einem schnellen Ende – wird eintöniger und ertragsärmer. Entsprechend werden die in langen Zeiträumen ausgeklügelten Abgabepflichten der Bauern umgehend besonders drückend oder sogar untragbar, was sich – im frühen 14. Jahrhundert beginnend – in einer langen Phase von Aufständen gegen die Grundherren entlädt.

Die seit 1348 mit der schlechten Ernährungslage sich zusätzlich über ganz Europa ausbreitende Pest dramatisiert noch diese sogenannte spätmittelalterliche Krise, die erst im 16. Jahrhundert überwunden sein wird. Sie bedeutet den Bruch mit einer Entwicklung, die nicht nur den Herren Reichtum bringt, sondern auch den Bauern einen Lebensstandard durchaus oberhalb des Existenzminimums sichert. Zurückgehender Ertrag für die Grundherren und die hohen Menschenverluste, welche viele Ländereien verwaisen lassen, zwingen sie zunehmend, über neue Wege der Einkommensgewinnung nachzusinnen: Zwischen 1340 und 1450 sinkt die europäische Bevölkerung, die zwischen 800 und 1300 u. Z. sehr langsam von ca. 30 auf 75 Millionen[50] gestiegen ist, immerhin auf knapp 50, im Gebiet der heutigen BRD und DDR von etwa 9 auf gut 6 Millionen Menschen ab.

In den Bauernkriegen geht die Niederlage der englischen Aristokratie am weitesten. Das Mißlingen einer neuerlichen Unterwerfung der unfreien Agrarbevölkerung bedeutet dort, daß Arbeitskräfte – wie überall in Europa – knapp und zugleich unwiderruflich frei werden. Dieses setzt eine doppelte Bewegung in Gang: Klerus und Fürsten beginnen mit Zwangsmaßnahmen gegen die reduzierte Fortpflanzung und das welthistorisch neue Bodenbürgertum mit den alten adligen Namen macht sich bereits daran, Arbeitskräfte organisatorisch und technisch überflüssig zu machen, beginnt also mit dem Agrarkapitalismus.[51] In Westeuropa – besonders in Frankreich – hingegen entsteht ein zahlreiches freies Kleinbauerntum, welches den Adel nötigt, ebenfalls nach einer neuen Form der Reichtumsgewinnung und der Arbeitskräftebeschaffung zu suchen.[52] Auch die Grundherren in den deutschen Ländern – vorrangig also die Kirche und in zweiter Linie der weltliche Adel – sehen sich vor dem Problem, ihre Güter wieder mit Bauern aufzufüllen und darüber hinaus der kapitalistischen (England) oder merkantilistischen (Westeuropa, Norditalien), also nicht familienwirtschaftlichen Konkurrenz auf den noch kleinen, aber gleichwohl verlierbaren Märkten begegnen zu müssen. Auch sie entwickeln – meist in den Städten – Manufakturbetriebe.

Da nun aber die verbliebenen Bauern in ihren Familien in der Regel nur so viele Kinder = Arbeitskräfte erzeugen, wie sie selbst benötigen, stehen für die ›Wiederbevölkerung‹ oder gar für Manufakturen Arbeitskräfte kaum zur Verfügung. Die frühmerkantilistischen Theoretiker beginnen daraufhin, den Menschen-, d. h. Arbeitskräftemangel als Ergebnis des Eingriffs in die sogenannten Werke Gottes, in die Fortpflanzung also, zu erklären. Als Problemlösung schlagen sie vor, die seit tausend Jahren ruhenden bevölkerungspolitischen Strafgesetze der Spätantike aus reiner Christlichkeit heraus nunmehr zu erzwingen. Sie formulieren also eine religiös gerechtfertigte Lösung für das wirtschaftliche Problem ihrer Auftraggeber – der Grundherren – und erreichen deshalb die Anwendung entsprechenden Vorgehens häufig auch dort, wo Arbeitskräftemangel keineswegs existiert.

Bereits kurz nach dem hohen Arbeitskräfteverlust durch die Pest beginnen im 14. Jahrhundert klerikale und weltliche Grundherren regional mit der Verfolgung von Frauen, die Geburtenkontrolle (Verhütung, Abtreibung, Kindestötung) betreiben und als Hexen bezeichnet werden.[53] Meist werden Hebammen als solche Hexen bedroht und vereinzelt auch schon auf den Scheiterhaufen gebracht, »weil sie junge Mädchen im Gebrauch von Abtreibungsmitteln unterrichten«.[54] Es besteht kein Anlaß, dieses Vorgehen für eine vereinzelte Aktion zu halten, und im Jahre 1484 wird mit der *Bulla Apostolica adversus haeresim maleficarum* – der sogenannten Hexenbulle – die Unterdrückung der Geburtenkontrolle für das gesamte katholische Europa koordiniert (vgl. ausführlicher den Teil A in diesem Buch).

Im sogenannten *Hexenhammer* (Malleus Maleficarum) der beiden deutschen Dominikaner Johannes Sprenger und Heinrich Institoris, der die Bulle von 1484 begründet und drei Jahre später erscheint, wird nun ausgeführt, warum sich die Hexenverfolger in erster Linie auf die Hebammen konzentrieren sollen: »Es wird die erste allgemeine Frage sein über die

Haupteigenschaften der Weiber; die zweite spezielle, was für Weiber häufiger als abergläubisch und Hexen befunden werden; die dritte, besondere, handelt von den *Hebammen* selbst, *welche alle anderen an Bosheit übertreffen.*«[55] Diese Bosheit wird nun dahingehend präzisiert, »daß die Hexen-Hebammen die Empfängnis im Mutterleibe auf verschiedene Weisen verhindern, auch Fehlgeburten bewirken, und, wenn sie es nicht tun, die Neugeborenen den Dämonen opfern«.[56] Als Magierinnen werden die »Hexen-Hebammen« bezeichnet, weil sie ihre Verhütungs- und Abtreibungsmedizinen gewöhnlich mit Beschwörungsformeln und allerlei Ritualen zu kombinieren pflegen. Ihr Anwendungsgebiet wird als »siebenfache Hexerei« beschrieben, deren einzelne Elemente immer den »Liebesakt und die Empfängnis im Mutterleibe mit verschiedenen Behexungen infizieren«.[57] Die sieben Einsatzfelder der »Hexen-Hebammen« umgreifen:

(1) Unzucht und Ehebruch (als ›Lernfelder‹ einer schwangerschaftsverhütenden Sexualbefriedigung);
(2) Männer zur Begattung unfähig machen;
(3) Kastration und Sterilisation;
(4) Verkehr mit Tieren und Homosexualität (als wiederum nicht zur Fortpflanzung führende Formen der Sexualbefriedigung);
(5) Empfängnisverhütung;
(6) Abtreibung;
(7) Kindestötung (auch in der verschleierten Form der Kindesopferung).[58]

Die »Hexen-Hebammen« operieren also als Spezialistinnen in einem Bereich, auf den alle Menschen ihr Augenmerk richten: Geburtenkontrolle ist die siebenfache Hexerei, die von den Hebammen am kunstvollsten beherrscht und deshalb auch von ihnen den übrigen Interessenten gelehrt wird. Ihre »Medizinen«, die eben Tränke *und* Amulette, Beschwörungen oder Rituale umfassen, haben »die präzise Bedeutung von Abtreibung oder Empfängnisverhütung«.[59] Der *Hexenhammer* erweist sich so als *Geburtenkontrollhammer*. Als Hexerei verfolgt werden alle Verfahren, mit denen der mittelalterliche Mensch versuchte, seine Kinderzahl niedrig und seine Erziehung entsprechend unproblematisch zu halten.

»Hexenbrand«. Aus Diebold Schillings Schweizer Chronik (1484) (nach T. Hauschild et al., Hexen. Katalog, S. 79).

In ganz Europa – mit einem Schwerpunkt in den deutschen Ländern – mögen zwischen ca. 1500 und ca. 1700 an die 500 000 Frauen[60] (und Männer, ca. 20% der Opfer) als »Hexen«, also als Geburtenverhinderinnen hingerichtet worden sein. So heißt es etwa im *Hexenhammer:* »›Niemand schadet dem *katholischen Glauben* mehr als die Hebammen. Denn wenn sie die Kinder nicht töten, dann tragen sie, gleich als wollten sie etwas besorgen, die Kinder aus der Kammer hinaus, und sie in die Luft hebend opfern sie dieselben den Dämonen.‹«[61] Deutlich steht »katholischer Glaube« hier nicht für eine Konfession, sondern als Chiffre für das Arbeitskraftinteresse der größten Grundherren Europas, und es verwundert dann nicht, daß auch Protestanten nicht weniger entschieden bei der »Hexen-Hebammen«-Verfolgung mitmachen.

Die 142 Mittel[62], die nicht allein von Hebammen zur Fortpflanzungsvermeidung verwendet werden, sondern tendenziell jede Frau verdächtig machen, werden das große Kampfziel der frühmerkantilistischen und merkantilistischen Bevölkerungspolitik in religiöser Legitimation. So überrascht es nicht mehr, daß im »Römischen Katechismus« von 1566, die bedeutendste Autorität der katholischen Kirche jener Zeit – und auch heute noch Grundlage des katholischen Verbotes von Abtreibung und Empfängnisverhütung (vgl. § 14 in der Enzyklika »Humanae Vitae« Pauls VI. von 1968) – bestimmt wird: Es ist »ein sehr schweres Verbrechen, wenn Eheleute künstlich die Empfängnis verhüten oder abtreiben; eine solche Tat ist ebenso zu beurteilen wie *gemeiner Meuchelmord*«. Entsprechend dekretiert Sixtus V. in der Bulle »Effraenatam« von 1588 die Todesstrafe nicht nur für Abtreibung, sondern auch für Empfängnisverhütung: »Wer würde deshalb nicht mit den strengsten Bestrafungen die Verbrechen derer verdammen, die durch Gifte, Tränke und *maleficia* [= Hexerei] Frauen unfruchtbar machen oder durch verfluchte Medizinen verhindern, daß sie empfangen oder gebären?«

Mit der »Hexen-Hebammen«-Verfolgung werden das gynäkologische Wissen und die sexuelle Kultur der Frauen des Mittelalters mit ihren Trägerinnen weitgehend ausgerottet, so daß schließlich *ein* Pfeiler für die Geburt der modernen – kinderreichen – Familie steht. Der andere Pfeiler baut sich aus der moralisch-religiösen Rechtfertigung einer nicht mehr persönlichen wirtschaftlichen Zwecken gehorchenden Familienbildung und Vermehrung auf: Gilt es bis dahin in der Menschheitsgeschichte meist als Verantwortungslosigkeit, Kinder in die Welt zu setzen, denen man – individuell oder kollektiv – ein Erbe und damit eine sichere Zukunft nicht versprechen kann, so kehren die christlichen Kirchen diesen Wert jetzt um und predigen die traditionelle Verantwortungslosigkeit in der Kindererzeugung gerade als die neue Verantwortung vor Gott.

Für den Protestantismus steht Martin Luther als herausragender Repräsentant des politisch-religiösen Werkes der Neuzeit, die individuelle Rationalität aus dem Fortpflanzungsverhalten auszutreiben: »Am Ende haben wir vor uns eine große starke Einrede zu beantworten. Ja, sagen sie, es wäre gut, ehelich zu werden, wie will ich mich aber ernähren? ... Aber was soll ich dazu sagen? ... Ja, sie wollen den Kopf aus der Schlinge ziehen.«[63]

Im selben Text bestimmt Luther das spezifisch Neue der christlichen Ehe nach dem Mittelalter – der »Schlinge« – konsequent mit dem Gebot, daß auch arme Menschen sie schließen sollen. Damit ist eine nicht verantwortungslos wirkende Formel für die Überwindung des Verantwortungsgefühls der Menschen gegenüber sich selbst und möglichem Nachwuchs durch die protestantische Ehekonzeption der Neuzeit gefunden. Zugleich wird – da nicht verborgen bleibt, daß Geborene zahlreich verhungern – unbedingter Erwerbsfleiß gefordert und so der neuzeitliche Lebenssinn des ›Arbeitens für die Kinder‹ jenseits allen Kalküls aus Gottes Gebot heraus formuliert.

Luthers These, das eigentlich Christliche an der Familie bestehe ab jetzt darin, daß auch der arme Mann sie eingehe, wird die neue Formel, der die katholische Kirche auf dem Konzil von Trient (1545–1563) umgehend folgt. Im bereits erwähnten »Römischen Katechismus« von 1566 heißt es jetzt ganz offen, daß die Menschen sich nicht mehr – wie bisher – vermehren sollen, »um Erben für Hab und Gut zu hinterlassen, als um Kinder des wahren Glaubens und Anhänger der wahren Religion heranzuziehen«.

Nach Jahrhunderten des Folterns, Mordens und Predigens ist gegen 1700 eine ›neue‹ Frau geschaffen, die von den Fortpflanzungsdingen sehr wenig weiß, deren Sexualtrieb häufig als Krankheit aufgefaßt wird und als deren wirkliche ›Natur‹ Kindesliebe und Gattentreue[64] gelten. Formuliert das Alte Testament noch als Fluch, daß Frauen gebären und ihrem Ehemann treu sein müssen, so beginnt nun die Ideologie, daß es ihr angeborener Wunsch sei, viele Kinder zu haben und nur einem Manne ganz unerotisch treu angehören zu wollen. Angesichts der ›Natur‹ dieser Frauen nach ihrer historisch wohl fürchterlichsten Niederlage können denn auch die Männer der Aufklärung die Menschenrechte auf Leben und Familie als Ideale vor die gesamte Menschheit stellen.

In Deutschland – wie auch anderswo – verläßt man sich jedoch nicht auf die Wirksamkeit bloßer Ideale. Die Wirkung der Frauenausrottung und moralischen Indoktrination durch die Kirchen wird bereits im jahre 1507 durch entsprechende staatliche Gesetze politisch auf Dauer gestellt. Die sieben Delikte der Geburtenkontrolle (»siebenfache Hexerei«) tauchen nun erstmalig geschlossen im Strafrecht des Deutschen Reiches – der Constitutio Criminalis Bambergensis aus dem Jahre 1507 – auf: *Unfruchtbarmachung* (Männer impotent machen, Kastration, Sterilisation und Empfängnisverhütung), *Sodomie* (Verkehr mit Tieren, Homosexualität), *Abtreibung* und *Kindestötung* werden zusätzlich zu der auch bisher schon teilweise mit Todesstrafe bedrohten Unzucht *(Ehebruch)* nunmehr mit der Hinrichtung bestraft.[65] Mit der *Constitutio Criminalis Carolina* Karls V. wird dieses Strafrecht im Jahre 1532 geltendes Recht für das größte Imperium Europas. Die nachfolgende Übersicht illustriert den Übergang vom liberalen bzw. kaum vorhandenen Sexualstrafrecht des Mittelalters zur frühen Neuzeit. Dieser Übergang (im Schaubild von unten links auf unten Mitte) muß verstanden werden, wenn die welthistorisch neue Dynamik der europäischen Neuzeit überhaupt verstanden werden soll.

Die am Beginn der Neuzeit bevölkerungspolitisch ins Werk gesetzte Kriminalisierung von Geburtenkontrolle und nicht zur Fortpflanzung führender Sexualität ist etwa in der Bundesrepublik bis heute nicht vollkommen überwunden. Zwar sind die

Die mit Todesstrafe belegten Sexualdelikte in Mittelalter und früher Neuzeit

Lex Salica 5. Jahrhundert	Lex Ripuaria 6. bis 8. Jahrhundert	Lex Saxonum 8. bis 9. Jahrhundert
Raub freier Frau durch unfreien Mann	Ehe freier Frau mit Sklaven Raub freier Frau durch Sklaven Blutschande mit Weib des Vaters	Ehe freier Frau mit Sklaven Ehebruch Raub an Frau herrischer Familie Verführung
Lex Burgundionum 7. bis 8. Jahrhundert	Sachsenspiegel 13. Jahrhundert	Schwabenspiegel ca. 1275
Ehebruch Durchbrennen der Frau Notzucht des Sklaven an freier Frau Hingabe freien Mädchens an Sklaven	Notzucht Ehebruch	Notzucht Ehebruch Verkehr freier Frau mit Sklaven Verkehr mit Juden
Rechtsbuch nach Distinktionen 14. Jahrhundert	CCB. Bambergensis 1507	CCC. Carolina 1532
Kinderraub Notzucht Ehebruch	Abtreibung Unfruchtbarmachung Notzucht Entführung Ehebruch Bigamie Inzest Sodomie Kindesmord Aussetzen	Abtreibung Aussetzung Unfruchtbarmachung Notzucht (Entführung) (Ehebruch) (Bigamie) (Inzest) (Kuppelei an Frau und Kind) Sodomie Kindesmord
Ähnlich die Quelle: Goslarer Stadtrecht v. 14. Jahrh.	Identisch mit Brandenburgensis 1517	

(Quelle: siehe Anmerkung[65])

Todesstrafen verschwunden, nachdem im NS-Staat Abtreibung und Homosexualität noch einmal mit Hinrichtung geahndet wurden, aber eine unbehinderte Realisierung von Sexualität steht immer noch am Anfang. Am deutlichsten hat sich dabei – die zumeist historisch gänzlich unverstandene – Verfolgung der

Homosexuellen gehalten. Sie wurden nach dem Mittelalter mit den »Hexen-Hebammen« auf die Scheiterhaufen gebracht, weil sie wie diese der Nichtvermehrung geziehen werden konnten.

Ist das Mittelalter gegenüber den Homosexuellen tolerant[66], so heißt es in der Neuzeit: »Wenn man bedenkt, wie fürchterlich Knabenschande dem Staat ist, und wie sehr sich dies abscheuliche Laster insgeheim auszubreiten pflegt, so wird man, nach den Regeln der Politik die Todesstrafe nicht zu hart finden. Ist dieses Laster einmal eingerissen, (...) dann kann nichts anders, als die größeste, alle Gegenmittel unkräftig machende Entvölkerung und Schwäche des Staates daraus entstehen (...). Wer einem Staate übel wollte, müßte dies Laster bey ihm einführen, denn es ist schwer wieder auszurotten, weil es viel heimlicher als Hurerey, die sich doch durch Kinder zu verrathen pflegt, fortgepflanzt wird: und beynahe kann man eine politische Weissagung wagen, wenn man sieht, daß es in einem noch so mächtigen und blühenden Volk einreißt; der Grund zu seiner künftigen Schwäche ist gelegt, und nach hundert Jahren wird es nicht mehr das zahlreiche mächtige Volk seyn.«[67]

VI.

Stellt sich die »Zivilisation« tatsächlich als evolutionärer Prozeß ganz langsam ein oder geht es ihr wie dem Onanieverbot, das schnell und klar begründet in die Welt kommt?

Die Sexualstrafgesetze des Mittelalters konzentrieren sich auf den Ehebruch. Daneben stört der Verkehr zwischen freien Frauen und unfreien Männern, und mit der Todesstrafe aus dem Schwabenspiegel für Geschlechtsverkehr mit Juden ist auch der Antisemitismus präsent. Ansonsten sorgt man sich ganz außerordentlich um das Abhandenkommen von Frauen und Kindern. In einer Sozialordnung, die nur das Mindestmaß an Nachwuchs in die Welt setzt, muß ihr potentieller Verlust ungemein bedrohlich wirken. Die Todesstrafe auf Kindesraub bildet deshalb den Kern des Elternrechts. Sie geht selbstverständlich davon aus, daß die Kinder existentiell benötigt und deshalb auch anständig behandelt, die Eltern durch ihren Verlust mithin auch existentiell getroffen werden.

Bei der mit Todesstrafen belegten Sexualität der frühen Neuzeit handelt es sich um ein ganz anderes Feld als im Mittelalter: Die Geburtenkontrolle wird nun das Angriffsziel. Nicht der Raub eines Kindes durch Fremde, sondern Verhütung, Abtreibung und Beseitigung eigenen Nachwuchses werden jetzt vom Gesetz getroffen. Aus dem Elternrecht ist das gegen die Eltern durchgesetzte staatliche Bevölkerungsinteresse geworden. Damit wird schießlich auch verständlich, warum es eigentlich zur Herausbildung ›guter Sitten‹ kommt. Daß sie im Mittelalter nicht existieren, ist ja längst aufgefallen, und Norbert Elias hat diesem durchaus auch verdrängten Vorgang sein inzwischen populäres Werk *Über den Prozeß der Zivilisation* (1939/76) gewidmet. Ganz allmählich, ja geradezu unmerklich – und deshalb einen besonders genauen Beobachter benötigend – seien mit der Entstehung des Bürgertums auch die guten Manieren in die Welt gekommen. Eine der Geldwirtschaft angeblich eigentümliche Disziplin sei evolutionär langsam schließlich auch in andere Verhaltensbereiche des Menschen eingesickert.

Tatsächlich verläßt sich da niemand auf ein unmerkliches Einsickern, sondern die Todesstrafen gegen eine auf Genuß und nicht auf Fortpflanzung gerichtete Sexualität werden mit der Hexenbulle von 1484 sowie mit den Reichsgesetzen von 1507 und 1532 schnell und ganz offen durchgesetzt. In erster Linie treffen sie eine noch ganz außerhalb der Geldwirtschaft lebende leibeigene Bauernschaft. Die guten Manieren stellen sich also als Folge der bevölkerungspolitisch motivierten Ausrottung von Genußsexualität ein. Ihre terroristische Unterbindung schlägt auf alle ›Anschlußdelikte‹ wie Nacktheit, in Gruppen schlafen, vor anderen urinieren und defäzieren, zuviel mit den Händen machen, Naschen etc. nun wirklich zwangsläufig durch. Die Merkantilisten haben diesen Zusammenhang zwischen guten Sitten und Bevölkerungspolitik unmißverständlich herausgestellt, und es bedarf schon geballter akademischer Verdrängungsarbeit, um diesen Tatbestand zu übersehen oder gar als ›zu rationalistische Sichtweise‹ abzuwehren. So schreibt der Franzose Moheau 1778: »›Ohne Sitten ist es kein gut eingerichtetes *Reich*‹; der Mensch, der gesittet ist, ist ›notwendig, um die Bevölkerung eines *Staates* sicherzustellen‹; die ›betrügerischen Vereinigungen‹ können ›*den Staat* [nicht] entschädigen‹; ›jede verheiratete Frau gibt dem *Staat* mehr als vier Personen ... Doch wo ist das ausschweifende Mädchen oder die lasterhafte Witwe, deren Ertrag für den *Staat* derselbe ist?‹«[68]

»Viele Kinder zu haben«, entspricht niemals dem Interesse des Einzelnen«, weiß an selber Stelle der französische Merkantilist, und sein deutscher Zeitgenosse und Goethefreund Johann Heinrich Jung entwirft ein ganzes *System der »Staats-Polizey-Wissenschaft«,* um diese Widerspenstigkeit des »Einzelnen« auch nach Verglimmen der Scheiterhaufen aus der Hexenverfolgung erfolgreich zu brechen: Als Hauptaufgabe des Staates der Neuzeit formuliert diese sich als Erziehungswissenschaft verstehende Politikwissenschaft:»Die erste Pflicht der Polizey geht auf die Erhaltung und Vermehrung der Bürger

Abschnitte			Hauptstücke
Polizey-Wissenschaft	Die Personal-Polizey würkt auf die	physischen	Medizinal-Polizey. Persönliche Sicherheit. Bevölkerungs-Polizey.
		und moralischen Kräfte	Erziehungs-Polizey. Aufklärungs-Polizey.
	Die Freyheits-Polizey würkt auf die natürliche und bürgerliche Freyheit durch die		Polizey der bürgerlichen Handlungen. Polizey der Gesetzgebung. Polizey der regierenden Gewalt.
	Die Ehren-Polizey würkt durch die		Polizey der Standes-Ehre. Polizey der Geburts-Ehre. Polizey der Volks-Ehre.
	Die Eigenthums-Polizey würkt	Gegen die Unsicherheit des Eigenthums durch Menschen	Durch die Eigenthümer. Durch Mitbürger. Durch die regierende Gewalt.
		Unglücksfälle	Feuers- und Wassers-Noth. Hagel, Miswachs, Theuerung.
		Zur Vermehrung des Eigenthums durch die Gewerb-Polizey	Landwirthschafts-Polizey. Fabriken-Polizey. Handlungs-Polizey.

Quelle:[69]

selbsten.«[70] Im direkten Dienst der »Bevölkerungs-Polizey« steht die »Erziehungs-Polizey« und »Aufklärungs-Polizey«. Ihre Funktion besteht in der Verhinderung einer Renaissance der Genußsexualität. Die »moralische Aufklärung« hat die sexuelle Aufklärung zu unterbinden: »Die Polizey hat das Recht, den Bürger gegen sich selbst zu schützen: denn Gott hat ihr die einzelne so wie die allgemeine Glückseligkeit der Untertanen anvertraut.«[71]

Seit etwa 1700 geht die Verfolgung der Geburtenkontrolle aus der offen terroristischen Hexenverfolgung in die staatlich-pädagogische Überwachung über, die nur als ultima ratio noch auf die blanke Gewalt zurückgreifen will. Den Wechsel zwischen beiden Stufen der Bevölkerungspolitik markiert sehr deutlich der Holländer Balthasar Bekker, der ab 1691 seine berühmte Schrift *De betoverde Wereld* (Die verzauberte Welt) *gegen* die offene Hexenverfolgung vorlegt. Dabei wendet er sich aber lediglich gegen das mörderische Mittel der Bevölkerungspolitik und nicht gegen ihre Ziele. Er geht jedoch davon aus, daß die Menschen nach den über drei Jahrhunderte währenden Massakern die staatliche Lektion gelernt haben und nun feinere Mittel an die Stelle des Terrors treten können. Auch diese Feinsteuerung konzentriert sich selbstverständlich auf die fortpflanzungsabträgliche Genußsexualität. Damit diese nicht mehr an den Erwachsenen mit blutiger Gewalt verfolgt werden müsse, solle bereits das Kind so zugerichtet werden, daß schon der bloße Gedanke an Sexualgenuß Angst und Schuldgefühl erzeuge. Diese Gewissensregungen sollen den späteren Eingriff des Büttels weitgehend überflüssig machen. Zwanzig Jahre nach seiner Polemik gegen die Hexenverfolgung erscheint nach Bekkers Tod sein Buch *Onania*. Diese im Jahre 1710 ihre Wirkung entfaltende Schrift leitet die bis heute keineswegs überwundene Angstmacherei gegen Selbstbefriedigung ein. Sie soll erreichen, daß die Menschen nur noch den in einer Ehe auf Fortpflanzung gerichteten Verkehr als erlaubte Sexualität betrachten und sich deshalb nach einer solche Ehe zu sehnen beginnen. Um diese Sehnsucht zu einer wirklich drängenden werden zu lassen, soll jede andere Orgasmusmöglichkeit verbaut werden.

»Balthasar Bekker (1634–1698)«. Nach dem Gemälde
von Zacharias Weber, gestochen von Liebe (aus A. C. Kors/
E. Peters, Witchcraft in Europa 1100–1700,
Philadelphia/Penns. 1972, S. 362).

Die Selbstbefriedigung – viel schwerer zu überwachen als nicht-eheliche Verhältnisse – erweist sich für dieses große erzieherische Vorhaben als der zäheste Gegner und wird von der »Polizey-Wissenschaft« ausdrücklich als potentielle »Geburtenverhinderung« bekämpft: »Gegen das zehnte Jahr

»Bauer aus der Zeit vor dem Onanieverbot«. Deutsche Holzskulptur aus einer süddeutschen Trinkstube (16. Jahrhundert) (aus E. Fuchs, Ergänzungsband Renaissance, *S. 213).*

des Kindes-Alters fängt eine höchst wichtige Sorgfalt; diese betrifft ein stummes geheimes Laster, welches viel hunderten Gesundheit und Leben raubt, und die *Fortpflanzung auf die schrecklichste Art verhindert.* Das beste Mittel dagegen ist, wenn Eltern und Schullehrer das unnöthige *Betasten der Geburtsglieder als die schrecklichste Sünde schildern,* und die Folgen davon nach der Wahrheit zeichnen, ohne aber den Vorwiz durch nähere Beschreibung rege zu machen; genaue und geheime Aufsicht und strenge Bestrafung mit der Ruthe, wenn man etwas entdeckt, sind nöthige Mittel. *Aber Gott, wie schwach ist dieser Zaun gegen die eingerissene Wuth dieses Lasters! – Wer weis bessere Mittel? – Wer sie weis und sagt, dessen Ehrensitz wird in jener Welt nicht weit vom Erlöser seyn.*«[72]

Unter den schlechten Manieren wird also die Selbstbefriedigung die schlimmste. Sie als Sünde zu empfinden, also nur unter Angst pflegen zu können, wird die »Bevölkerungs-Polizey« im Kopf. Ihre Verfolgung entstammt keinem geheimnisvollen Evolutionsprozeß, sondern klarer staatlicher Politik. Erst in der pädagogischen Ersetzung der hexenverfolgerischen Bevölkerungspolitik wird Norbert Elias' Kleinfamilie »zum primären Züchtungsorgan der gesellschaftlich geforderten Triebgewohnheiten und Verhaltensweisen für den Heranwachsenden«.[73] Das verquaste »gesellschaftlich« ist aber auszufüllen und ergibt sich nicht »irgendwie«.

Nach dem Herunterfahren der Scheiterhaufen wird nun jede nicht zur ehelichen Fortpflanzung führende Sexualität als krank und wahnsinnig machende Sünde wider die furchtbare Gottheit angegriffen. Noch im »Zeitraum zwischen 1880 und 1930 benutzen die Theologen zur Bezeichnung der Empfängnisverhütung den Terminus ›Onanismus‹. Der Umfang dieses Begriffes ... hatte sich allerdings erweitert ... So definierte im Jahre 1880 Augustinus Lehmkuhl Onanismus in dem Sinne, daß der Mann sich zurückzieht und den Samen außerhalb des weiblichen Gefäßes vergißt oder ›mit anderen gottlosen Mitteln verhindert, daß der Samen in das Gefäß gelangt‹. ... In ihren Anweisungen an die Beichtväter vom Jahre 1909 sagten die belgischen Bischöfe: ›Die Sünde des Onanismus wird in jedem ehelichen Akt begangen, der so vollzogen wird, daß durch eine positive Maßnahme die Zeugung verhindert wird.‹ In diesem Zusammenhang bezeichnet der Ausdruck ›positive Mittel‹ mechanische und chemische Mittel.«[74]

VII.

Kommt die strenge Sexualerziehung von der »Kultur«, für die sie aufrechterhalten werden muß, oder stammen die Sexualneurosen aus der Bevölkerungspolitik, mit der sie auch untergehen können?

Daß die Onanie krank mache, wissen die Mediziner, Psychologen und Pädagogen also von der »Polizey-Wissenschaft«, die in einer volkserzieherischen Bevölkerungspolitik ihr eigentliches Betätigungsfeld hat. Da sich die Vertreter dieser Disziplinen des Ursprungs ihres ›Wissens‹ aber nicht bewußt sind, haben sie im letzten Drittel des vorigen Jahrhunderts in großer Ernsthaftigkeit und starker Erregung eine weltweite Debatte über die Onanieschädlichkeit aufnehmen müssen. Am radikalsten hat sich dabei die junge Wissenschaft der Psychoanalyse hervorgetan und um eine objektive Beurteilung der Onaniewirkungen gerungen. Noch im Jahre 1912 muß Sigmund Freud diese Debatte mit dem Ergebnis zusammenfassen, daß man auch unter Psychoanalytikern über »die Schädlichkeit der Onanie ... nicht ohne Ausnahme einig« ist und deshalb ein Votum über eine »Abweisung der Onanieschädlichkeit«[75] nicht abgegeben werden kann.

Er selbst schwankt in seiner Einschätzung, kommt aber immerhin zu dem Ergebnis, daß für die Hysterieerklärung – und als eben diese entsteht ja die Psychoanalyse – das Onanieverbot zentral ist: »Sie erinnern sich, wieviel hysterische Anfälle den onanistischen Akt in versteckter und unkenntlicher Weise wiederbringen, nachdem das Individuum auf diese Art der Befriedigung verzichtet hat, und wie viele Symptome der Zwangsneurose diese einst verbotene Art der Sexualbetätigung zu ersetzen und zu wiederholen suchen. Man kann auch von einer therapeutischen Wiederkehr der Onanie sprechen. Mehrere von Ihnen werden bereits wie ich die Erfahrung gemacht haben, daß es einen großen Fortschritt bedeutet, wenn der Patient sich während der Behandlung wiederum der Onanie getraut, wenngleich er nicht die Absicht hat, dauernd auf dieser infantilen Station zu verweilen.«[76] Die Rede von der »infantilen Station« verrät nun, daß auch dieser bahnbrechende Denker auf unsicherem Grund wandelt und zur »Schädlichkeit« der Selbstbefriedigung nicht festgenagelt werden möchte: »Die Welt scheint sich für nichts anderes an der Onanie zu interessieren.«[77] Er weiß nicht recht, wohin er sich orientieren soll. Er kann ja nicht einmal übersehen, daß er überhaupt nur öffentlich über Sexualität räsonieren darf, weil gegen Ende des 19. Jahrhunderts die staatlichen Gewaltmaßnahmen gegen Geburtenkontrolle und damit gegen den gesamten Sexualbereich abgemildert werden: Europa hat keinen Arbeitskräftemangel mehr, sondern schwappt von Menschen regelrecht über. Ein revolutionärer Arbeitskräfteüberschuß bestimmt die Szene und läßt die Richter mit harten Urteilen gegen Schwangerschaftsverhütungsaufklärer zögern.[78] So kann Freud auch nicht fragen, woher denn das Onanieverbot, das ihm als Trauma in der Kindheit seiner Patienten wiederbegegnet, überhaupt stammt, wer es aus welchen Gründen in die Welt gesetzt hat. Er kennt die Liste der mit Todesstrafen belegten Sexualdelikte aus den Gesetzen von 1507 und 1532 nicht. Er kann also nicht ahnen, daß sie sich wie eine Folie über die von ihm studierten Sexualneurosen legen läßt und den Realhintergrund für die Leiden liefert, von denen er – großartig genug – ja nur den psychischen Mechanismus aufdeckt. Daß seine »Hysterica« bevölkerungspolitisch verursacht werden, bleibt ihm dunkel.

Die Hexenmassaker haben sich als so erfolgreich erwiesen, daß am Ende – und zentral übers Onanieverbot – die bevölkerungspolitisch verlangten Einstellungen nun im Erziehungsprozeß von Generation zu Generation weitergegeben werden und tatsächlich wie eine uralte kulturelle Prägung erscheinen können. In der Entschlossenheit aber, auch vor einem so ›alten‹ Tatbestand als Theoretiker, als Erklärer nicht kapitulieren zu wollen, ist Freud dann bei seiner Annahme vom angeblich ewigen Konflikt zwischen Sexualbefriedigung und Kulturleistung gelandet, die aber geringere Geister – bis heute – viel entschiedener vortragen als er selbst es jemals getan hat:

»Endlich, und das scheint das Wichtigste, ist es unmöglich zu übersehen, in welchem Ausmaß *die* Kultur auf Triebverzicht aufgebaut ist, wie sehr sie gerade die Nichtbefriedigung (Unterdrückung, Verdrängung ...) von mächtigen Trieben zur Voraussetzung hat. ... Die *heutige* Kultur gibt deutlich zu erkennen, ... daß sie die Sexualität als selbständige Lustquelle nicht mag und sie nur als bisher unersetzte Quelle für die Vermehrung der Menschen zu dulden gesinnt ist. Das ist natürlich ein Extrem ... Das Liebespaar genügt sich selbst, braucht auch nicht das gemeinsame Kind, um glücklich zu sein.«[79] »Die« Kultur wird also durchaus zur »heutigen« relativiert, deren bevölkerungspolitischer Charakter auch erahnt, dann aber nicht weiter verfolgt wird.

Die Angst, sich an der Kulturzersetzung zu beteiligen, wenn das Onanieverbot angegriffen wird, haben auch die großen Sexualpioniere der 20er Jahre nicht leicht ablegen können. Sie sind sich tatsächlich unsicher, ob noch Physik gelernt wird, wenn onaniert werden darf. Diese Unsicherheit liefert ein, vielleicht *das* Hauptmotiv für die großen Forschungen über *Das Geschlechtsleben der Wilden* – so der Titel des berühmtesten Werkes dieser Bemühungen aus der Hand von Bronislaw Malinowski aus dem Jahre 1929. Man kann doch noch nicht wissen, daß sich etwa die japanische Sexualkultur mit Mathematik und Hochtechnologie eines Tages bestens verbinden wird. Von einer Kombination der chinesischen Sexualgenüsse mit raffiniertesten Industrieerzeugnissen in Honkong, Singapur und Taiwan ist noch keine Rede. In der Sowjetunion aber sinkt die technologische Innovationsfähigkeit nach der sexuellen Revolution im Gefolge der bolschewikischen dramatisch ab. Und an einem Korea oder Deutschland, wo ein Teil kapitalistisch innovativ bleibt, während der ander planwirtschaftlich gehemmt ist, ist noch nicht zu erkennen, wo die entscheidenden Strukturen für eine dynamische Zivilisation liegen. An gescheiten Stammesgenossen muß man sich davon überzeugen, ob die Onanie und andere Sexualpraktiken dumm machen oder nicht. Als aber die Lektion gelernt ist, wird zum Angriff geblasen.

Die Attacke führt der Psychoanalytiker und Kommunist Wilhelm Reich. Im Jahre 1930 gründet er die »Deutsche

Gesellschaft für Proletarische Sexualpolitik«. Onaniert und verhütet Schwangerschaften, lautet seine Botschaft an die Arbeiterjugend, die aber von den Gymnasiasten noch begeisterter aufgegriffen wird. Er trifft damit die Bevölkerungspolitik der frühen Neuzeit, die Verhütung und Onanie verbietet, genau. Dabei ahnt er nicht im geringsten, daß es sie gegeben hat. In seinem *Einbruch der Sexualmoral* spricht der Malinowski-Bewunderer dem Onanieverbot und den übrigen Sexualstrafen die Funktion zu, die Unterwürfigkeit der Ausgebeuteten und damit die Macht der Herrschenden auf Dauer zu stellen.[80] Nun erweist sich die Rede von Funktion, Funktionalität oder gar von Systemerfordernissen ja häufig bis heute als das geschwollene Vokabular einer Soziologie, die nicht Bescheid weiß und dennoch etwas sagen möchte. Gleichwohl sinkt Reich noch nicht auf das Niveau der gegenwärtigen Bildungsschicht, der Ende der 60er Jahre die Sexualunterdrückung als finstere Machenschaft des Kapitals erscheint und die heute konstatiert, daß die Nichtmehrverfolgung der Sexualität eine noch durchtriebenere Vorgehensweise desselben Systems darstelle. Reich mag man da zugute halten, daß er mit dem Nachdenken neu begonnen hätte und dann vielleicht darauf gestoßen wäre, daß hier eine Bevölkerungspolitik so erfolgreich wird, daß man sie aufgeben kann: Menschliches Leben ist weltweit unerhört billig geworden. Wer noch in es investiert, wird aus der Konkurrenz früher oder später herausfliegen.

In der Treffsicherheit seiner politischen bei gleichzeitigem Danebenliegen in der historischen Analyse ähnelt der Wilhelm Reich der 20er und 30er Jahre der Frauenbewegung der 60er und 70er Jahre. Ihr gelingt weltweit und häufig über die politischen Fronten hinweg eine Kampagne für das Recht auf Abtreibung. 1972 ruft dann Betty Dodson ihr mit Begeisterung aufgenommenes »Befreit die Selbstbefriedigung«[81] aus. Die Frauen kämpfen also um die Kompetenzen ihrer als Hexen verfolgten Vorschwestern, mit denen sie sich dabei nicht einmal beschäftigt haben. Hingegen beginnt am Ende der 70er Jahre, als Frauen sich mit der Hexenverfolgung endlich beschäftigen, eine Welle der Irrationalität. Nun wird tatsächlich geglaubt, daß die mittelalterlichen Frauen zaubern konnten und durch den Äther sausten, was man ihnen nur zu gerne nachmachen würde. Das Entsetzen über die vielleicht doch erahnten Gründe für die Hexenverfolgung erweist sich wohl als so überwältigend, daß der zum Nachdenken erforderliche Mut im tiefsten Innern als neuerlich Katastrophen provozierende Kühnheit gefürchtet und dann eben doch nicht aufgebracht wird.

VIII.
Welchen Einfluß übt die neuzeitliche deutsche und europäische Kindheitsentwicklung auf die übrige Welt aus?

Schon bald nach Beginn der Hexenverfolgung großen Stils kommt der europäische Bevölkerungsabschwung gegen Ende des 15. Jahrhunderts zum Stillstand. Die nun einsetzende Bevölkerungszunahme erscheint im letzten Drittel des 18. Jahrhunderts als Bevölkerungsexplosion. Aus dieser rekrutieren sich die Massen für die Besiedlung Amerikas und Australiens sowie die Unterwerfung Afrikas und Asiens. Beide Stoßrichtungen lassen die neuzeitliche Vermehrungsmoral Europas zum Familienmuster für die gesamte Erde werden: Da nämlich mit den Methoden der gewaltsamen Menschenproduktion in Europa eine Feinsteuerung der Bevölkerung nicht möglich ist, wird die Alternative ›zu viele Menschen‹ verwirklicht. Die Mittel der Feinsteuerung wie Verhütung, Abtreibung und Kindestötung werden ja gerade als Ursache von ›zuwenig Menschen‹ gefürchtet. Bald 50 Millionen Europäer, davon 6,5 Millionen Deutsche, müssen sich neben einer Verzehnfachung der innereuropäischen Bevölkerung zwischen 1475 und 1980 von ca. 64 auf knapp 640 Millionen nach Übersee begeben. In Amerika und Australien rotten sie die mit Hilfe der traditionellen Nachwuchsverhütung ihre Bevölkerung stabil und klein haltenden Ureinwohner weitgehend aus und bewirken dadurch die Einführung ihrer Familienmoral, die umgehend eine unerhörte Verdichtung der Bevölkerung auch in diesen Erdregionen nach sich zieht. Gegen 1900 haben dann auch der kolonisierte indische Subkontinent[82] und das für die europäischen und amerikanischen Märkte zwangsweise geöffnete Japan[83] und schließlich um 1950 auch das durch den Marxismus europäisierte China[84] das Verbot der Kindestötung und damit die ›Heiligkeit des Lebens‹ akzeptiert. Die zugleich aus diesem hohen Prinzip in der Alten Welt entwickelte imponierende Medizin zur Lebenserhaltung, welche Europa verabreicht, ohne daß doch ihre Wirkungen durch Verhütungsmittel, die ja in Europa selbst verboten bleiben, kompensiert werden können, sorgt mit für jene Bevölkerungsexplosion, welche nun durch die gesamte Welt geht. Auf den heute christlichen Kontinenten Australien, Nord- und Südamerika, wo vor Ankunft der Europäer (um 1500) etwa 15 Millionen Menschen leben, existieren heute 670 Millionen.[85]

Nur wo jedoch – wie beispielsweise in Australien und Nordamerika – die übergroße Bevölkerungsmehrheit inzwischen lohnabhängig arbeitet, das kleine patriarchalische Privateigentum mithin weitgehend abgeschafft ist, werden die modernen Verhütungsmittel ohne bedeutenden Widerstand der Beteiligten zur Stabilisierung oder auch Reduzierung der Bevölkerungszahlen eingesetzt. Wo hingegen die patriarchalische Kleinwirtschaft überwiegt – wie in Asien, Lateinamerika und Afrika – werden Verhütungsmittel auf ungleich stärkere Ablehnung stoßen. Sie sind nämlich keineswegs nur ein humaner Ersatz für die weltweit verbotene Kindestötung. Diese liegt ja in der Macht der Männer und dient ihnen zugleich als Kontrollinstrument für die Keuschheitsüberwachung ihrer Frauen und Töchter. Die erforderlichen Kinder für die Alterssicherung der Familie läßt also der patriarchalische Vater am Leben. Diese Form der Geburtenkontrolle entlastet insofern die Frauen keineswegs von Schwangerschaften.[86] Verhütungsmittel aber würden in die Hände der Frauen gelangen müssen und so die patriarchalische Sexualkontrolle unterminieren. Deshalb wehren sich patriarchalische Männer gegen diese Beeinträchtigung ihrer ›Mannesehre‹ und die Frauen haben Angst, von den kleinen Patriarchen nicht mehr ehelich versorgt zu werden, wenn sie als Benutzerinnen von Verhütungsmitteln, also als sexuell selbständige Wesen, bekannt sind.

Wenn also der Aufbau von Sozialversicherungen und Sozialstationen für die Verhütungsaufklärung und Geburtenverhinderung zur Beendigung des Kinderelends in den sogenannten Entwicklungsländern auch unverzichtbar ist, stellt diese in sich schon gewaltige Aufgabe doch wohl nur das leichtere Stück Arbeit bei der Entschärfung der »Bevölkerungsbombe« (Ehrlich) dar: Erst die Wiederherstellung der Vollmacht der Frauen über ihre Körper, die Abkoppelung der Sexualbefriedigung von der Ehe, die restlose soziale Überwindung der Jungfrauenmoral in Hinduismus, Islam, Christentum etc. wird dazu führen, daß nicht immer wieder der Geschlechterkampf auch durch Schwängerungen ausgetragen wird und die Frauen das noch unterstützen müssen, um Sexualität überhaupt erleben zu können. Diese notwendige Umwälzung wird in die internationalen Programme zur Reduzierung der Weltbevölkerung wohlweislich nicht aufgenommen: Sie findet bei den Vertretern vieler Nationen keine Mehrheit, läßt sie vielmehr – wie zuletzt im Iran – lautstark und tödlich strafend über die Verwandlung ihrer patriarchalischen Vaterländer in westliche »Bordelle« schäumen. Solange jedoch die Frauen ganz allein entschieden, ob sie mit ihren Körpern verführen oder sich verweigern, ob sie verhüten oder auch gebären, blieb die Weltbevölkerung ökologisch vertretbar. Von Natur aus sind – wie gezeigt – Schwangerschaft, Geburt und Aufzucht eben kein Spaziergang, sondern stellen eine Anstrengung dar, nach der sich wirklich freie Frauen niemals gedrängelt haben.

Die Fortdauer des patriarchalischen Kleineigentums für die Mehrheit der Weltbevölkerung in der Kombination mit der Ausrottung der traditionellen Geburtenkontrolle (und bei Abwesenheit kollektiver Versicherungssysteme) haben die Weltbevölkerung zum Jahresende 1984 auf 4,8 Milliarden Menschen ansteigen lassen. Global wiederholt sich das Kinderelend, das Europa im 18. und 19. Jahrhundert durchlebt: 15 Millionen neugeborenene Kinder – das ist das 25fache der jährlichen Geburtenzahl der Bundesrepublik – vollenden nicht das erste Lebensjahr. Allein in Lateinamerika leben 40 Millionen Kinder »im Alter zwischen sechs und 14 Jahren auf der Straße, weil sie kein Zuhause haben« (*Welt am Sonntag* v. 18.11.1984). Die Kindesvernachlässigung, welche dem Manchester-Kapitalismus des 19. Jahrhunderts die empörteste Kritik überhaupt einbringt, hat sich gegen Ende des 20. Jahrhunderts verhundertfacht. Lauter als je wird nach Liebe und Erziehung für die Kinder gerufen, die doch nicht aus Liebesmangel, sondern aus der Unfähigkeit, Liebesfolgen zu verhindern, in der Welt herumgestoßen werden.

IX.

Versagen die neuzeitlichen Erziehungseinrichtungen pädagogisch, weil sie in Wirklichkeit bevölkerungspolitische Instrumente und als solche durchaus erfolgreich sind?

Die todesstrafenbewehrten Sexualgesetzgebungen von Kirchen und Staat seit 1484 in Deutschland (und Europa) haben zum Ziel, den Geschlechtsakt automatisch auch zu einem Fortpflanzungsakt werden zu lassen, die jeweils persönlich gebotene Nachwuchsplanung also zu unterbinden. Die möderische Ausrottung des großen Teils der sexuellen Kultur und Verhütungsfähigkeit hat aber zur Folge, daß jetzt auch Kinder bekommt, wer über keine eigene Wirtschaft verfügt. Mägde und Knechte haben keine eigene Familie, weil fast überall in Europa bis dahin gilt: »No land, no marriage!«[87] Sie haben jedoch ein Sexualleben, dessen ›Folgen‹ sie zu steuern vermögen bzw. vermeiden können.

Insofern ist es konsequent, wenn Luther verlangt, daß nun auch der »arme Mann« heiraten soll, der eben nicht »zuvor des Gutes sicher sein kann« und statt dessen der »Hurerei«, das heißt einem verhütungsfähigen Sexualleben frönt. Dennoch bleibt die Verwirklichung von Luthers Forderung zu seiner Zeit noch unvorstellbar: Ein Kind außerhalb einer Familie oder ein Familienleben für Besitzlose bleibt im Grunde ungeheuerlich. Nur Besitzende haben ja zuvor ein Familienleben, also Kinder, Besitzlose hingegen müssen sich auf das Sexualleben ohne Folgen beschränken. Nicht an dieser Beschränkung aber, sondern an der Besitzlosigkeit leiden sie.

Die Entwicklung kann denn auch nur so vorangehen, daß die Besitzenden das neue Sexualleben in seiner Form der möglichst automatischen Fortpflanzung als Privileg erhalten, den Besitzlosen also nicht Familienleben gegeben, sondern das Sexualleben genommen wird. »Zwangs-Cölibate«[88] – wie noch bei ihrem Wegfall durch das »Gesetz über die Aufhebung der polizeilichen Beschränkungen der Eheschließung vom 16.4.1868« eingestanden wird – kennzeichnen das Lebensschicksal der Besitzlosen für Jahrhunderte. Hohe Kinderzahlen hingegen sollen das – ebenfalls nicht sonderlich befriedigende – Leben der Frauen und Männer in den besitzenden Klassen bestimmen.

Die bereits mit der Constitutio Criminalis Bambergensis von 1507 im wesentlichen abgeschlossene Strafgesetzgebung konzipiert also ein *allgemeines* Verbot sexueller Beziehungen, von welchem eben auch die Besitzenden nur zum Zwecke der Fortpflanzung ausgenommen sein sollen. Ihr muß sich konsequenterweise für die übrige Bevölkerung ein gesetzliches Verbot der Eheschließung anfügen, da die nicht an der Ehe, aber an einem Sexualleben interessierten Besitzlosen (Gesinde) nunmehr heiraten *wollen,* um dem Zwangszölibat zu entgehen. Das erste nachweisbare deutsche Eheverbot für Besitzlose findet sich in der »Bayerischen Landes- und Polizeiordnung von 1616«.[89]

Jedes Zeugnis einer nichtehelichen Sexualhandlung muß nun diskriminiert werden. Das uneheliche Kind entwickelt sich zum Zeichen größter Schande. Seine auch weiterhin versuchte Beseitigung (der »Kindsmord«) wird seit dem 16. Jahrhundert bis ins 19. Jahrhundert hinein mit einer besonders grausamen (»qualifizierten«) Todesstrafe geahndet.[90]

Zölibat für die Besitzlosen und sexuelle Unwissenheit für alle werden allmählich zum Charakteristikum des täglichen Lebens der großen Bevölkerungsmehrheit.

Pädagogisch kann die Bevölkerungspolitik der frühen Neuzeit noch davon ausgehen, daß die nun zusätzlich in die Familien der Besitzenden hineingebornenen Kinder zureichend ›erzogen‹ werden. Dieser Annahme liegt die selbstverständliche Fürsorge solcher Eltern für die »Erben von Hab und Gut« zugrunde. Diesem Interesse korrespondiert ja im mittelalterlichen Rechtswesen, daß es im Bereich ›Rechte des Kindes‹ vorrangig nur den Schutz der Eltern vor Kindesraub gegeben hat. Die Kinder sind so kostbar, daß ihre Entwendung mit dem

Tode bestraft wird.[91] Diesem traditionellen Recht der Eltern auf ihre Kinder muß nun aber die ›Pflicht‹ zur anständigen Erziehung der zusätzlichen Kinder, die *nicht* »Erben für Hab und Gut« sind, hinzugefügt werden. Und so heißt es auch noch im Grundgesetz der Bundesrepublik Deutschland Art. 6, Abs. 2: »Pflege und Erziehung der Kinder sind das natürliche Recht der Eltern und die zuvördest ihnen obliegende *Pflicht.* Über ihre Betätigung *wacht* die staatliche Gemeinschaft.« Das Gesetz geht also selbstverständlich von der Kindesvernachlässigung *innerhalb* der Familien aus und versucht dieser durch Drohungen zu begegnen.

Solange nun die Besitzenden (Bauern, Handwerker, Händler etc.) die große Bevölkerungsmehrheit ausmachen, kann der Staat beim Aufwachsen der durch die Sexualstrafgesetze abgezwungenen Kinder immerhin auf ein Erziehungsmilieu rechnen, das in einer Qualität gestaltet sein muß, welche die – ja auch weiterhin erforderlichen – »Erben für Hab und Gut« wohl gedeihen läßt. Die überzähligen Kinder profitieren dann ebenfalls von diesem Sozialisationsmilieu. Bei gänzlicher Abwesenheit eines solchen ›Erben-Milieus‹ hingegen gilt das Mißlingen von Erziehung als so selbstverständlich, die Gleichgültigkeit der Eltern als so unvermeidlich, daß eben Eheverbote für Besitzlose erlassen werden.

Und dennoch läßt die bevölkerungspolitische Gesetzgebung des Merkantilismus die Zahl von Kindern, die *außerhalb* eines zureichenden Sozialisationsmilieus stehen, umgehend ansteigen. Nichteheliche Kinder, die bei aller Schärfe der Überwachung des Zwangszölibats bei den Besitzlosen eben doch vorkommen – und deren Beseitigung ja verboten bleiben muß, da andernfalls auch die Besitzenden ihre persönlich nicht benötigten, aber bei Verwirklichung der ehelichen Sexualität anfallenden und anfallen sollenden Kinder wieder verschwinden lassen würden – bilden die Klientel für die ersten wirklichen ›Schutzmaßnahmen‹ der Neuzeit – die Zucht- und Arbeitshäuser. Sie sind Institutionen einer nicht auf der Familieneinheit beruhenden Erziehung *und* Produktion in einem. Für diese Institutionen steht eine neue zielgerichtete Pädagogik, die nun Erziehung zu abhängiger Arbeit wird, d.h. zu Fleiß, Ehrlichkeit, Gehorsam, Pünktlichkeit und Keuschheit – also Christlichkeit, die in letzterer ihren neuzeitlichen Kern hat – anleitet: Die moderne Pädagogik ist geboren. Sie wird unverzichtbar, da es für diese – eben nicht aus humanen Motiven – ins Leben gebrachten und vor der Tötung ›geschützten‹ Kinder keine Versorger, sondern nur Erzeuger gibt. Die Zuchthäuser sollen sich selbst versorgen und sind dafür zugleich Gefängnisse, in denen produziert wird. Sie enthalten bereits die entscheidenden Momente für die Reproduktion einer nicht besitzenden Klasse *aus sich selbst heraus,* also nicht mehr aus nichterbenden Kindern von Besitzenden: Diese Momente bestehen eben in jenseits einer Familie aufgebauten Einrichtungen für das Aufwachsen und den Verdienst des Lebensunterhaltes.

Es kann nicht verwundern, daß sich auch die Waisenhäuser den Zucht- und Arbeitshäusern[92] strukturell angleichen. Verstorbene Eltern hinterlassen nun tatsächlich eine ›Kinderschar‹, so daß die mittelalterliche Lösung, den Waisenkindern das Bettelprivileg zu reservieren, zu einer Ausdehnung der Bettelei weit über die zu erwartenden Almosen hinausführen müßte und deshalb jetzt auch im Waisenhaus zur Arbeit erzogen und die Bettelei überhaupt verboten wird.[93] Die im Mittelalter seltenen Findelhäuser werden nun überall aufgezogen. Sie werden nicht allein – besonders in Frankreich – zu echten Einrichtungen der Massenaufzucht, sondern stellen indirekt auch einen Gipfelpunkt der Verwahrlosung in der Weise dar, daß die zugewiesenen Kinder oft schon auf dem Transport zur Institution ihr Leben einbüßen.

»Die Findlinge ... wurden von ihren Müttern verlassen, da sie unfähig oder unwillig waren, sie zu behalten und für sie zu sorgen. Häufig wurden sie auf den Stufen von Hospitälern oder Kinderaufzuchtseinrichtungen abgelegt, ohne daß besondere Anstrengungen gemacht wurden, um die Identität der Mutter zu verbergen ... Wo wir über Quellen verfügen, zeigt sich, daß die Zahl der verlassenen Kinder im Europa der Neuzeit tragisch hoch gewesen zu sein scheint – 500 jährlich in Rouen im 18. Jahrhundert zum Beispiel ... Auf die eine oder andere Weise nahmen die Hospitäler einen bedeutenden Anteil der Neugeborenen aus den ärmsten Schichten auf und für diese Kinder mußten dann Nährammen gesucht und bezahlt werden ... Im Jahre 1670 wurde in Paris das *Hospital für gefundene Kinder* gegründet. Die Mehrzahl der Einweisungen bestand aus Findlingen, die direkt auf der Straße, auf Kirchentreppen und an Arzthäusern gefunden wurden ... Im 18. Jahrhundert ging die Zahl der eigentlichen Findlinge zurück, während die Zahl ehelicher Kinder, die direkt in das Hospital geschickt wurden, entsprechend anwuchs. In seinen ersten Jahren nahm das Hospital jährlich 500 Findlinge auf. Mitte des 18. Jahrhunderts

»Drehlade an Findelhaus«. Aus Zeitschrift für Säuglingsschutz, *1913 (nach E. Schlieben,* Mutterschaft und Gesellschaft, *Osterwiek/Harz 1927, S. 101).*

hatte sich diese Zahl verzehnfacht. Allein im Jahre 1772 wurden 7672 Kinder aufgenommen, davon über 3000 aus der Umgebung von Paris. Das Geschäft des Kindertransports, in einigen Fällen aus mehreren hundert Kilometern Entfernung, wurde von spezialisierten Vollzeitträgern ausgeübt. Sie transportierten je drei Kinder in einer Kiste auf dem Rücken. Der Träger ernährte die Neugeborenen mit unverträglicher Kuhmilch während der mehrtägigen Wanderung. Diejenigen, die starben wurden zurückgelassen und durch andere ersetzt. Die Sterblichkeit unterwegs und nach Ankunft war enorm. Der Umfang dieser Operationen mag durch die Tatsache erhellt werden, daß um 1775 die Zugänge zum Hospital von Paris 22% aller in Paris getauften Kinder ausmachten.«[94]

Auch die private Pflegemutter entsteht in der frühen Neuzeit. »In den französischen Städten des 17. und 18. Jahrhunderts gaben bis zu 50% der Mütter ihre Kinder zu Nährammen. ... Aus einer Untersuchung über den Tod von 3000 solcher Nährlinge ... im 18. Jahrhundert ... wurde gezeigt, daß 45% aus Handwerkerfamilien stammten.«[95] Alle Untersuchungen bestätigen, daß »diese Kleinkinder wie die Fliegen wegstarben«.[96] Die nachstehende Tabelle zeigt das *Stillgeschäft einer französischen Näramme des 18. Jahrhunderts,* bei der allein in anderthalb Jahren 32 Kinder umkommen:[976]

Eigene Kinder		Kinder im Stillgeschäft		
Rang	Geburts- datum	Sterbe- datum	Rang Sterbedatum	Alter beim Tod
1.	13.09.1779	?		
2.	13.05.1781	?		
			1. 15.06.1782	5 Monate
3.	27.10.1782	16.08.1783		
4.	20.06.1784	14.07.1784		
			2. 26.07.1784	10 Tage
			3. 26.08.1784	15 Tage
			4. 17.09.1784	11 Tage
			5. 25.10.1784	14 Tage
			6. 23.11.1784	15 Tage
			7. 16.12.1784	10 Tage
			8. 24.12.1784	6 Wochen
			9. 27.02.1785	8 Tage
			10. 02.03.1785	10 Tage

Eigene Kinder			Kinder im Stillgeschäft		
Rang	Geburts-datum	Sterbe-datum	Rang	Sterbedatum	Alter beim Tod
			11.	09.03.1785	8 Tage
			12.	14.03.1785	4 Tage
			13.	23.03.1785 gleicher	10 Tage
			14.	23.03.1785 Tag	12 Tage
			15.	07.04.1785	5 Tage
			16.	08.04.1785	5 Wochen
			17.	10.04.1785	8 Tage
			18.	04.05.1785	12 Tage
			19.	10.05.1785	18 Tage
			20.	23.05.1785 gleicher	12 Tage
			21.	23.05.1785 Tag	12 Tage
			22.	16.06.1785	15 Tage
			23.	27.06.1785	6 Tage
			24.	28.06.1785	6 Tage
			25.	17.07.1785 gleicher	15 Tage
			26.	17.07.1785 Tag	2 Monate
			27.	24.07.1785	3 Monate
5.	02.08.1785	02.08.1785			
			28.	23.08.1785 gleicher	3 Wochen
			29.	23.08.1785 Tag	3 Wochen
			30.	01.09.1785	5 Wochen
			31.	20.09.1785	5 Wochen
			32.	23.09.1785	7 Tage
6.	03.04.1788	14.09.1788			

An diesen Versterbegeschäften wird einmal mehr deutlich, daß die Heiligkeit des Lebens, aus der die Geburtenkontrolle verboten wird, gar nicht interessiert. Das bevölkerungspolitische Ziel des unermüdlich sprudelnden Menschenzuflusses ist erreicht – und zwar so reichlich, daß man alles, was momentan überflüssig ist, gelassen wegschwappen lassen kann: »Das Problem war nicht, wie man es anstellen sollte, daß es weniger (Säuglings-)Sterbefälle gäbe, sondern – für den Pfarrer – ob er sich rechtzeitig ein neues Kirchenbuch beschaffen konnte, um die Registratur lückenlos fortzusetzen, und – für die Gemeinde – ob die erst vor wenigen Jahren begrabenen Leichen bereits so weit vermodert waren, daß man die älteren Friedhofsteile erneut für Grablegungen benutzten konnte, oder ob ein völlig neuer Platz gesucht werden konnte.«[98]

Der Zusammenhang zwischen der Brutalität gegenüber den Kindern und ihrer Überflüssigkeit für die durch Hexenverfolgung und Verbote verhütungsunfähig gemachten Eltern läßt sich auch am Bruststillen illustrieren. Selbst von den besten Köpfen der Zeit wird die Vermeidung des Stillens als Lieblosigkeit und Ignoranz des weiblichen Geschlechts gebrandmarkt. Nicht die Ungewünschtheit der aufgezwungenen Kinder, sondern ein Defekt der Mütter, den es durch staatliche Überwachung und Instruktion zu überwinden gelte, wird als Erklärung der Vernachlässigung der Neugeborenen ausgegeben. So hat etwa im Jahre 1732 der große schwedische Naturforscher Carl von Linné die hohe Säuglingssterblichkeit in Nordschweden und Nordfinnland »mit der Sitte der Mütter in Verbindung gebracht, ihren Kindern keine Muttermilch, sondern kalte und ungekochte Kuhmilch zu geben. Die Kinder erhielten diese Nahrung durch ein sogenanntes Saughorn, das oberhalb der Wiege angebracht war.«[99] Noch mehr als hundert Jahre später – im Jahre 1840 – berichtet der Provinzialarzt Karl Josua Wretholm in einem Schreiben an die oberste Gesundheitsbehörde über die Säuglinge in diesem Distrikt: »Ich habe noch nie Kinder gesehen, die so lieblos behandelt worden sind. Den ganzen Tag hindurch liegen sie schreiend in der Wiege, hautlos vor Schmutz und Ungeziefer, ohne daß sich jemand um sie kümmert. Sie bekommen nie Muttermilch. Soweit die Mutter sich überhaupt dazu hergibt, ihnen andere Nahrung zu verabreichen, werden sie mit einer dicklich zähen Sauermilch ernährt. Mit Hilfe unappetitlicher Schnuller, die niemals gewaschen werden, wird sie ihnen hineintraktiert.«[100] Mit Aufklärungskampagnen und sogar durch einen Erlaß wird daraufhin »eine mindestens sechsmonatige Stillpflicht für jede Mutter«[101] angeordnet, um ihnen die scheinbar aus Rückständigkeit fehlenden Kenntnisse über Säuglingspflege nahezubringen. Wir wissen aber aus Stammesgesellschaften und auch von den mittelalterlichen Frauen, daß sie für ihren eigenständig geplanten Nachwuchs bei aller ›Primitivität‹ der Ökonomie durchaus das Richtige tuen. Im 13. Jahrhundert etwa werden in Südfrankreich die »Säuglinge ... gesäugt und verbrachten überhaupt mehr Zeit in den Armen ihrer Mütter als die Babies des 20. Jahrhunderts«.[102] Noch zu Beginn des 20. Jahrhunderts wird denn auch im Deutschen Reich für Barmen (1905) und Hannover (1912) festgestellt, daß die Säuglingssterblichkeit drei bis viereinhalb (180–260 pro 1000) mal höher bei künstlicher als bei Brustnahrung (60 pro 1000) ausfällt.[103]

Deutlich sollte werden, daß die frühen Gesetze und Einrichtungen zum Schutz der Kinder erst einmal ungeschützte Kinder zur Voraussetzung haben. Sie vor einer elenden Existenz zu schützen, hätte ihr Nichtgeborenwerden zur Voraussetzung haben müssen. Dafür aber wäre die Freiheit ihrer unglücklichen Erzeuger zur Geburtenkontrolle erforderlich gewesen. Nicht immer neue Gesetze zum Schutz der Kinder, sondern die Abschaffung der Verhütungs- und Abtreibungsverbote hätte den wahren Kinderschutz gebracht.

Dennoch bieten etliche der Einrichtungen bei der einmal gegebenen Lage auch eine echte Abhilfe. Über sehr lange Zeiträume hinweg ist der Bedarf nach ihnen hoch, da sie weniger Plätze zur Verfügung stellen, als bei den Eltern überflüssige Kinder in die Welt gesetzt werden. Sind diese Kinder einmal geboren, dann muß selbst noch das Zuchthaus (= Erziehungshaus) als Schutz vor dem Galgen und das Waisenhaus als Schutz vor dem schieren Verhungern gelten. Wer sich mithin für die Errichtung entsprechender Anstalten verwendet, darf aus dieser Perspektive durchaus als ein wirklicher Kinderfreund gelten. Die entsprechenden Pioniere sind deshalb nicht zufällig unter gängigen Oberbegriffen wie ›Epoche der philantropischen Pädagogen‹ historisch verbucht worden. Dagegen werden die Pioniere[104] einer Wiederzugänglichmachung von Verhütungsmitteln ganz ungerechtfertigt von der historischen Pädagogik vernachlässigt und bis heute nicht unter die großen Humanisten gerechnet. Sie aber halfen und helfen unendlich mehr Kinderelend zu verhindern als alle Kinderfreunde zusammen, die ja auch gerade deshalb geehrt wurden und werden, weil sie gegen die Entstehungsbedingungen ihres Klientel kaum Ungesetzliches von sich gaben und geben.

Es bleibt nun noch zu klären, warum die Gesetze und Einrichtungen zum Kinderschutz im Deutschland des 19. und 20. Jahrhunderts sehr schnell zu einem umfassenden Netz geknüpft werden. Noch das in Kapitel VI vorgestellte »Lehrbuch der Staats-Policey-Wissenschaft« aus dem 18. Jahrhundert richtet die staatliche Überwachung ganz auf die Besitzenden, die dazu genötigt werden, mehr als nur die Erben in die Welt zu setzen: »*Ich weis Oerter, wo es selbstgemachtes Gesetz ist, daß ein paar Ehleute nur zwey Kinder haben darf.* – Daß dazu die Polizey still sitzt, begreif ich nicht.«[105] Dieses »selbstgemachte Gesetz« folgt der persönlichen Rationalität der Eltern und soll – wie gezeigt – durch die Polizei des Staates, welche die Nachfrage nach Arbeitskräften für nicht-familienwirtschaftliche Produktionsformen zu bedienen hat, gebrochen werden. Diese Nachfrage muß mit der Zerstörung von Familieneinzelwirtschaften noch zunehmen. Sie wächst also mit der Ausdehnung großer landwirtschaftlicher oder industrieller kapitalistischer Betriebe, deren Arbeitskräfte von den Eigentümern dieser Unternehmen nun unmöglich selbst aufzuziehen sind. Im Zuge der kapitalistischen Agrarentwicklung und Industrialisierung Deutschlands werden deshalb regional die Eheverbote gegen Besitzlose bereits im 18. Jahrhundert nicht mehr systematisch angewendet. Ihre allgemeine Aufhebung fordert die »Internationale Arbeiterassoziation« im Jahre 1863. Fünf Jahre später ist – wie gezeigt – diese Forderung im Norddeutschen Bund erfüllt. 1919 schließlich werden die auch noch verbliebenen Gesindeordnungen mit ihren Eheverboten für Hauspersonal ungültig.[106]

Die strenge Gesetzgebung, welche jede nichteheliche Sexualität bestraft und die eheliche Sexualität nicht als Genuß, sondern als Fortpflanzung – das sogenannte ›natürliche‹ Bevölkerungswachstum – vorschreibt, bleibt jedoch erhalten. Gleichwohl wird die ›Befreiung‹ von der bis dahin geforderten sexuellen Askese, als welche den Besitzlosen die Eheerlaubnis ja erscheinen muß, dankbar angenommen. Die Folgen der nunmehr erlaubten ehelichen Fortpflanzungssexualität treten ganz im Sinne der Gesetzesreformer ein: Trotz einer Kindersterblichkeit mit Spitzen von über 40%[107], trotz Fortdauerns der um 1600 beginnenden sogenannten »kleinen Eiszeit«[108] bis 1850 verdreifacht sich die Bevölkerung im heutigen Gebiet der BRD und DDR zwischen 1750 und 1900 von knapp 15 auf gut 43 Millionen Menschen.[109]

Nun beginnt die sichtbare Bevölkerungsexplosion. Sie wird zu einer Epoche des furchtbarsten Kinderelends. Um ein

Vielfaches mehr, als im gesamten Mittelalter getötet werden, fallen der entsetzlichen Sterblichkeit zum Opfer. Noch mehr aber vegetieren dahin, überleben trotz der großen Hilflosigkeit gegenüber Seuchen, die erst ab 1850 tatsächlich wirksam kontrolliert werden können, und reproduzieren so die ausgebeutete Klasse.

Zwar lebt diese nun unter dem Familien*gesetz*, sie verfügt aber nicht über die wirtschaftliche Basis eines Familienbetriebes. Von den Kindern dieser Besitzlosen steht also keines in einem Erziehungsmilieu, welches wenigstens so gut ausgestaltet sein muß, daß der Erbsohn gelingt. Zwischen ihnen und ihren Eltern ist eine strukturelle Äußerlichkeit gesetzt. Keinem einzigen Kinde können die Eltern eine Zukunft versprechen. Sie müssen alle in die Ungewißheit der Arbeitsmärkte stoßen. In der Bundesrepublik hat sich an dieser Grundtatsache bis heute prinzipiell nichts geändert. Allerdings wird allmählich der Zeitpunkt herausgeschoben, von dem an die Kinder auf den Arbeitsmärkten konkurrieren müssen.

Auch für die Zeit der Bevölkerungsexplosion gilt mithin, daß die Besitzlosen – wie im Mittelalter – Kinder kaum versorgen können, da sie Lohn nur für den eigenen Unterhalt bekommen. Da sie sich überdies die Rücksichtnahme auf zukünftige Erben, von denen man einmal abhängig sein wird, nicht auferlegen müssen, werden die Kinder so früh wie möglich zum selbständigen Erwerb ihres Lebensunterhaltes genötigt. Im etwa 6. Lebensjahr – Ausnahmen bis herunter zum 4. Lebensjahr sind bezeugt[110] – müssen viele mit der Arbeit beginnen. Am schwierigsten stellt sich entsprechend die Versorgung der Kinder unter 6 Jahren dar, deren Geschwister und Eltern arbeiten bzw. deren Mütter im Kindbett liegen. Sie werden deshalb Anlaß für das erste umfassende Bildungssystem für die arbeitenden Klassen – die englischen »infant schools«.[111] Mit einer Verzögerung von etwa 30 bis 40 Jahren entstehen auch in Deutschland entsprechende Kleinkindbewahranstalten – in Berlin ab 1819 bezeugt, seit 1836 (Kaiserswerth) gibt es auch Erzieherinnenfachschulen –, die keinen anderen Zweck verfolgen, als das Überleben der Arbeiterkinder zu sichern, ihre Zurichtung für die Fabriktugenden zu gewährleisten und die Verinnerlichung der neuzeitlichen christlichen Fortpflanzungsmoral über religiöse Indoktrination durchzusetzen.[112]

Die Gleichgültigkeit von Eltern und Personal der Bewahranstalten, die Armut und die früh einsetzende extrem lange Arbeitszeit ab dem 6. Lebensjahr führen aber zu einem so unerhörten Verschleiß der Menschen, daß in dem Maße, wie die Lohnabhängigen zur nationalen Mehrheit, die Familienbetriebe also zur Minderheit werden, eben auch die Mehrheit des Nachwuchses der Nationen aus zwar reichlich vorhandenen, aber extrem verwahrlosten Menschen besteht, der Staat zu Schutzmaßnahmen für Kinder schreiten muß. Wiederum wird selbstverständlich nicht die Geburtenkontrolle erlaubt – insbesondere, da nun selbst diejenigen, die wenigstens noch *Erben* zeugen *müssen,* zur Minderheit werden –, sondern die sittliche Überwachung der Bevölkerung sogar intensiviert. Aber es wird doch allmählich die Kinderarbeit verboten, und es beginnt ein gewisser Familienlastenausgleich durch die Volksschulpflicht, welche in erster Linie eine Aufbewahrungsmaßnahme darstellt, da die nun nicht mehr arbeitenden Kinder gleichwohl immer noch schwer versorgt werden können und mit den Schulen in erster Linie ein Dach über dem Kopf erhalten. Die Erziehungsziele bleiben dieselben wie in der Bewahranstalt und werden lediglich durch die sogenannten Kulturtechniken wie Rechnen und Schreiben ergänzt. Um 1890 sind allgemeine Volksschulpflicht und Verbot der Kinderarbeit bis zum 14. Lebensjahr in erheblichem Maße – über 90%[113] – für das Deutsche Reich verwirklicht.

X.

Wie kommt es zum Kampf um die Wiederzulassung der Geburtenkontrolle und damit zur Abnahme des Kinderelends durch Nichtgeborenwerden und warum gibt es Frauenemanzipation?

Vor der Perspektive einer frühzeitig zerrütteten Bevölkerungsmehrheit und der damit verbunden gesehenen Gefährdung der Macht des Staates beginnt man in Preußen im Jahre 1839 mit der Einschränkung der Kinderausbeutung. Diese Politik trifft auf den Widerstand der Unternehmer, wird aber von den Eltern der zu schützenden Kinder am heftigsten bekämpft. Sie handeln dabei keineswegs aus einer naturgegebenen Herzlosigkeit, sondern ahnen durchaus, daß nicht etwas für die Menschen getan wird, sondern nunmehr ein besser erhaltenes Volk auf Kosten des Volkes herangezogen werden soll: Mit dem Verbot der Kinderausbeutung verlieren die Eltern nämlich die Kinderlöhne, so daß die Unterhaltskosten umgehend hochschnellen. Da aber weiterhin verboten bleibt, Kinder zu verhüten oder gar zu beseitigen, bringt das Kinderarbeitsverbot schwere Einkommensverluste für die Familien. Die den persönlichen Interessen der Eltern ohnehin äußerlichen Kinder werden obendrein auch noch – im Namen der Menschlichkeit, vor der die Eltern dann schlecht aussehen – teurer gemacht.

Diese plötzliche Notlage erzeugt einen so erheblichen wirtschaftlichen Druck, daß die Menschen von neuem nach der verbotenen Verhütungskultur zu suchen beginnen und dabei auch die Hilfe opferbereiter – neomalthusianischer – Intellektueller finden, die für ihre Aufklärungskampagnen oft genug in die Gefängnisse müssen. Trotz der Verfolgung von Verhütungsmittelverbreitung und Abtreibung breitet sich jedoch ab etwa 1870 im menschenbepackten Deutschland (und Europa), wo ein Arbeitskräftemangel nun als absurder Gedanke erscheint und Millionen nach Übersee zu entkommen versuchen, um ihre Existenz zu sichern, die Geburtenkontrolle von neuem aus. Unvermindert heftig kämpfen aber Kirchen und marxistische Parteien gegen die Schwangerschaftsverhütung. Letztere denunzieren nicht selten die Intellektuellen, die den gepeinigten Arbeiterfrauen den Gebrauch von Pessaren und ihre unfruchtbaren Tage erklären. Die Marxisten fürchten dabei um das Versiegen der riesigen proletarischen Elendsheere, mit denen sie ihre Revolution für die staatssozialistische Zukunft erkämpfen wollen.[114]

Trotz aller Drangsalierungen setzt sich die Verhütung allmählich durch. Sie erzeugt unverzüglich Konkurrenzvorteile für diejenigen Lohnarbeiter, die bereits verhüten können und durch geringere Belastungen bei Erziehung und Haushaltsführung einen Mobilitätsvorsprung gegenüber denjenigen erlangen, die sich noch für Kinderscharen verschleißen. In diesem Prozeß tritt auch der ökonomische Minusposten des Unterhalts einer Ehefrau ins Kalkül der Konkurrenten. Die Entwicklung pflegeleichter und schnell arbeitender Haushaltsgeräte unterstützt diesen Ablauf noch. Allmählich beginnen männliche Lohnarbeiter auf die Eheschließung zu verzichten. Sie suchen nach Wegen für die immer noch strafrechtlich verfolgte nichteheliche Sexualität (»Unzucht«) oder bemühen sich doch wenigstens um eine Ehefrau, die keine wirtschaftliche Belastung darstellt, also selbst erwerbstätig ist. Zuerst auffällig wird diese Neuerung bei den besser qualifizierten und höher verdienenden Lohnabhängigen. Da ihr Einkommen für die Versorgung einer Familie durchaus langen würde, sticht die Kinderlosigkeit oder das Doppelverdienertum den Bevölkerungspolitikern besonders deutlich ins Auge. In der Arbeiterschaft hingegen zwingen die geringeren Löhne und die mit dem geringeren Bildungsgrad korrelierende Verhütungsunfähigkeit aus bloßer Not zur Erwerbstätigkeit von Vater und Mutter.

Die persönliche existentielle Unabhängigkeit der Lohnarbeiter von eigenem Nachwuchs liefert auch den viel umrätselten Grund für die *weibliche Gleichberechtigungsbewegung*. In dem Prozentsatz nämlich, in dem Männer unverheiratet bleiben oder eine selbstverdienende Frau suchen, verlieren Frauen die Chance, durch einen Mann als Hausfrau nachgefragt und versorgt zu werden. Diese Situation bietet die – teilweise mit Entschlossenheit und Mut verfolgte – Perspektive der Befreiung, nötigt aber auch zur selbständigen Existenzsicherung. Wollen diese Frauen also ihr Überleben sichern, dann müssen sie ohne jede Behinderung selbst berufstätig werden können. Sie benötigen also alle Voraussetzungen für die Aufnahme der vollen Konkurrenz um Arbeitsplätze. Dafür brauchen sie sämtliche formalen Rechte wie freie Wahl des Arbeitsplatzes und des Wohnsitzes, Vertragsfreiheit und Geschäftsmündigkeit etc., die bisher von Vätern, Ehegatten oder sonstigen Vormündern für sie ausgeübt werden. Aus der Notwendigkeit, für das Überleben selbst Geld verdienen zu müssen, entsteht der Kampf um die Gleichberechtigung der Frau. Dieser Kampf ist im wesentlichen abgeschlossen und dauert vor allem deshalb so lange, weil sehr lange eben auch männliche Versorgung angeboten wird. So sind noch 1955 lediglich 6% der Deutschen unverheiratet. 1990 werden es gut 20% sein. Weitere 20% werden verheiratet, aber kinderlos sein. Von den heute 25jährigen und jüngeren Männern sind mehr als 50% nicht mehr bereit, für Frauen und Kinder arbeiten zu gehen.[115] Die verbleibende Minderheit wird aber weiterhin dazu beitragen, daß junge Mädchen und Frauen den Ernst ihrer Lage nicht klar durchschauen, also in der Hoffnung auf Versorgung versuchen, den Zumutungen der Erwerbskonkurrenz zu entkommen.

Wollen aber die Frauen durch eigene Lohnarbeit nicht nur mit den erbärmlichsten Jobs vorliebnehmen, sondern in die Positionen aufsteigen, in denen bisher die gutverdienenden Männer dominieren, dann müssen sie auch um eine ebenso gute Ausbildung kämpfen. Ohne diese können sie die Konkurrenz mit den qualifizierten Männern nicht aufnehmen. Aus diesem ›Muß‹ entsteht der *Kampf um die materielle Gleichstellung der Frau*. Er ist bis heute im Gange. In seinem Verlauf zerstört die Emanzipationsbewegung auch in Deutschland die nachhexenverfolgerische Ideologie von der naturhaft nur nach Kindern strebenden, gattenliebenden und ansonsten asexuellen Frau. Die gesellschaftlichen Verhältnisse zwingen die Frauen, sich gewissermaßen wieder ihrer biologischen Konstitution zu nähern, um im Konkurrenzkampf nicht durch Kindererziehung behindert zu sein: Die Geburtenraten fallen zwischen 1870 und

1984 von regional über 40 pro tausend Einwohner auf gut 8 pro tausend Deutsche in der Bundesrepublik. Aber auch von diesen 8 sind nur 2 wirklich geplant und gewollt, während die übrigen immer noch aus Verhütungsfehlern resultieren.[116] Das ist nicht verwunderlich: Erst seit 1957 ist die Frau weitgehend gleich*berechtigt*. Und erst im Jahre 1970 wird der Verkauf von Verhütungsmitteln durch Urteil des Bundesgerichtshofes von Einschränkungen befreit. Schwangerschaftsunterbrechungen sind bis heute nicht wirklich frei. Erst Anfang der 70er Jahre wird nichteheliche Sexualität – die Unzucht – tatsächlich legal. Erst nun können die Menschen ohne Angst vor Strafverfolgung, aber doch immer noch behindert durch die gewissensmäßig verinnerlichte Strafverfolgung, allmählich wieder lernen, wie ein selbstbestimmtes und zugleich verhütendes Sexualleben zu gestalten ist.[117]

Aber da auch dieses Lernen frühestens mit dem 16. Lebensjahr praktisch beginnen darf – Sexualität vor diesem Lebensabschnitt bleibt weiterhin illegal – kann die Hilflosigkeit bei der Geburtenkontrolle nur sehr langsam überwunden werden: Drei Viertel aller geborenen Kinder als nicht geplante und nicht gewollte sind die furchtbare Hypothek an menschlichem Leid[118], welche auch heute noch die Wirklichkeit der Bundesrepublik bestimmt.

Ein prophylaktisches Schutzprogramm für die Kinder, also die staatliche Ermutigung und Befähigung zur Vermeidung von Nachwuchs, den man nicht wirklich wünscht und dem die Erzeuger keine Zukunft versprechen können, hat in der Bundesrepublik Deutschland noch nicht begonnen. Eher das Gegenteil ist der Fall. Während der ehemalige Bundeskanzler Helmut Schmidt einem Journalistenfreund bei dessen neuerlicher Vaterschaft immerhin zurief »Ihr seid verrückt, heutzutage noch Kinder in die Welt zu setzen« (*Bildzeitung* v. 5.3.1981, S. 4), sieht der neue Bundeskanzler Helmut Kohl im »Dreiklang Familie, Kinder, Zukunft« ein »Synonym für eine glückliche Entwicklung unseres Vaterlandes« (*Der Spiegel* v. 7.5.1984, S. 37).

XI.

Kommt die Kinderlosigkeit von der »modernen Gesellschaft« und kann die schlechte Erziehungsqualität in den Institutionen durch mehr Ausbildung gebessert werden?

»In traditionalen Gesellschaften sind Fruchtbarkeit und Sterblichkeit hoch. In modernen Gesellschaften sind Fruchtbarkeit und Sterblichkeit niedrig«[119], sagt die akademische Bevölkerungslehre. Und bei überdurchschnittlichem Bildungsniveau kombiniert mit gutem Einkommen und ungehindertem Zugang zu Empfängnisverhütung werden Kinderlosigkeit und Ehelosigkeit bzw. Ehescheidungen überwiegen. Prüfen wir diese populären Überzeugungen gleich an der Gesellschaft mit dem höchsten Schulbildungsniveau der Welt. In dieser Gesellschaft ist die Geburtenkontrolle tatsächlich von Anfang an unbehindert gewesen. Produktionstechnologisch stellt sie in etlichen Bereichen die Weltspitze dar. Alle Mitglieder dieser Gesellschaft besuchen bis zum 18. Lebensjahr die Schule, was in der gesamten übrigen Welt nirgendwo erreicht wird. 50% schaffen unserem Abitur vergleichbare Prüfungen, obwohl diese vor fremden Examinatoren abgelegt werden müssen. Die Ernährung ist hervorragend, die gesundheitliche Versorgung unübertroffen. Die Lebensbedingungen gleichen dem Ambiente von Feriendörfern. Die Lebenserwartung ist die höchste der Welt.[120] Wir haben es also mit einem unverhofften Idealfall für die Überprüfung des Wahrheitsgehaltes der modernen Demographie zu tun. Taugt sie etwas, dann müssen wir in der beschriebenen Gesellschaft auf hohe Kinderlosigkeit, wenige Eheschließungen und viele Ehescheidungen treffen. Tatsächlich aber finden wir die höchste Kinderzahl pro Frau (über 4) in modernen Gesellschaften. Die Verheiratetenquote liegt über dem entsprechenden Durchschnitt, und die Ehescheidungsquote ist die niedrigste der entwickelten Welt.[121] Die mit hohen

Kosten gepäppelte Demographie erweist sich also gegenüber der Gegenwart nicht weniger unbrauchbar wie gegenüber der Geschichte (dazu aber den Teil A in diesem Buch).

Die Rede ist selbstverständlich von den Produktions- und Lebensgenossenschaften im Territorium der Republik Israel, die als Kibbutzim bekannt sind. Ein Dreivierteljahrhundert ist diese Ansammlung von »freien Assoziationen unmittelbarer Produzenten« (K. Marx) jetzt alt.[122] Ihre (1983) auf 263 Gemeinden verteilten 116000 Bewohner stellen nur 3,5% der Einwohnerschaft Israels, liefern aber 45% der Agrar- und 6% der Industrieproduktion dieser hochinnovativen Nation.[123]

Nun mag es ungewöhnlich anmuten, einen Bericht, der sich eher auf bundesdeutsche Belange beschränken soll, zu Ausflügen in eine andere Gesellschaft zu verwenden. Dieser ist nun nicht einmal dadurch gerechtfertigt, daß viele Kibbutzgründer aus Deutschland vertriebene Juden waren, oder gar daher, daß Arthur Ruppin gegen den Widerstand seines Berliner Arbeitgebers »Jüdischer Nationalfonds für Palästina« im Jahre 1908 die Mittel für die erste Genossenschaft am Jordan in einer kleinen Ecke des Osmanischen Reiches loseiste. Der Ausflug in den Kibbutz ergibt sich vielmehr aus der bisherigen Argumentation, daß Vermehrung und Erziehung dort unproblematisch, wenn auch keineswegs ohne hohen Einsatz ablaufen, wo zwischen den Generationen ein so geartetes existentielles Band geknüpft ist, daß die Erwachsenen sich genötigt fühlen, auf den Nachwuchs höchstmögliche Rücksicht zu nehmen. Die Kinder werden also ganz ohne erziehungswissenschaftliche Kanzelabkündigungen anständig behandelt, weil die Erwachsenen tatsächlich *ihre* Existenzbedingungen an *ihre* Kinder weitergeben müssen, um später menschenwürdig existieren zu können. Die Neugeborenen verfügen aus dieser existentiellen Wichtigkeit trotz ihrer großen Schwäche von Anfang an über eine Macht, welche den Erwachsenen aus ganz egoistischen Motiven zögern läßt, seine Macht oder auch nur Bequemlichkeit über das Wohl des Kindes zu stellen.

Mit dem Kibbutz liegt nun die einzige hochtechnologische Gesellschaftsform vor, die für die Geschlechts- und die Generationsbeziehungen neue existentielle Bande geknüpft hat. Obwohl sie als egalitäre Gesellschaft nur von einer kleinen

Minderheit wirklich erstrebt wird[124], verdient sie Interesse bei all jenen, die Kinder nicht ohne Perspektive in die Welt setzen wollen und staatliche Gewalt oder auch finanzielle Gebäranreize nicht als ausreichenden sozial-emotionalen Halt für ein Menschenleben anerkennen können.

Schauen wir die Erziehungsgegebenheiten im Kibbutz etwas näher an, um zu verstehen, warum die Kinder nicht durch besondere Gesetze ins Leben gezwungen und dort dann gegen elterliche oder erzieherliche Gleichgültigkeit durch Überwachung und permanente Instruktion und ›Fortbildung‹ geschützt werden müssen. Dabei verraten die materiellen Umstände am wenigsten über das Geheimnis des Erziehungserfolges. Der stolze Verweis auf die hohen Geldmittel pro Kind in den Institutionen der modernen Staaten kann ja nur als ahnungsvolle Ausblendung, weil Abwesenheit der entscheidenden Erziehungsbedingung – also der persönlichen Abhängigkeit der Erzieher vom Gelingen des Kindes – gedeutet werden. Der DM-Wert einer Kinderausstattung in einem Eskimoiglu erreicht sicher nicht ein Fünfzigstel dessen, was sich im Kinderzimmer eines deutschen Facharbeiters finden läßt. Dennoch beeindruckt der Lebensmut der Eiswüstenkinder allenthalben, während die hiesigen Anlaß für Erziehungswissenschaft geben.

Der Kibbutz gibt also seinen Kindern nicht unbedingt bessere Erzieher-Kind-Relationen als die besten Einrichtungen der kapitalistischen oder etatistischen Industriestaaten (Babys: 4–6 pro Erzieherin; 18 Monate bis 3 Jahre alte Kinder: 6 pro Erzieherin; 3 bis 6 Jahre alte Kinder: 15–18 pro Erziehungskraft[125]). Dennoch erreichen die Kibbutzgeborenen intellektuell das Leistungsniveau von Mittelschichtkindern – allerdings in größerer Nivellierung. Hingegen gibt es die auch mittelschichttypischen Verwahrlosungsfälle und Leistungsversager selten.[126]

Es besteht in der Literatur über die Kibbutzerziehung – und wohl keine ist ausführlicher untersucht worden – keine Klarheit darüber, warum sie so erfolgreich abschneidet. Die in den Kibbutzhäusern tätigen Erzieher glauben auf Befragung oft, daß es an der Anwendung der jeweils ›modernsten psychologischen Erkenntnisse‹ liege. Die Erfahrungen mit Ländern

– einschließlich der Republik Israel –, die mit viel besseren Gründen für sich ein solches Argument in Anspruch nehmen können, weil sie diese Erkenntnisse tatsächlich schon seit Jahrzehnten in ihren Erzieherausbildungsstätten vermitteln, in der öffentlichen Erziehung – außerhalb hochmotivierter Modellversuche – jedoch versagen, nötigen zum Zweifel an solcher Erklärung.

Was also wirkt so fördernd auf die Kinder, daß die frühe Trennung von Mutter und Kind, die Unterwerfung des Tagesablaufs unter einen ›industriellen Zeitplan‹, die Trennung von Erziehungs- und Produktionsbereich, die oft einfachen Arbeiten der Eltern (und Erzieher, wenn sie einmal anderswo arbeiten), daß alle diese im Kibbutz unzweifelhaft vorhandenen Faktoren, aus welchen die moderne Sozialisationsforschung in all ihren Varianten ja schlechten Erziehungserfolg prognostiziert, an den Kibbutzkindern gewissermaßen abprallen? M. E. bleibt als durchschlagender, alle negativen Elemente abfedernder Faktor nur die freiwillig geschaffene genossenschaftliche Gesellschaftstruktur übrig. Sie erzwingt zwischen den Generationen einen persönlich vermittelten existentiellen Zusammenhang und erschwert innerhalb der Generationen die verfeindende Konkurrenz um bloß wirtschaftliche Vorteile außerordentlich.

Dieser für die Fortexistenz des Kibbutz erforderliche Zusammenhalt bewirkt, daß die Kinder sich als von *allen* Erwachsenen nicht nur gewollte, sondern dringend benötigte erfahren. Die Erwachsenen gewinnen keinen Vorteil für ihr leibliches Kind, wenn das ›fremde‹ versagt, bedeutet doch ein mißlingendes Kind einen Nachteil und Kosten für den gesamten Kibbutz. Die bemerkenswert geringe Ängstlichkeit der Kibbutzkinder rührt mithin aus der Erfahrung, daß kaum jemand sie ernsthaft ablehnt, was wiederum die ganz ohne Propaganda zustande kommende – und zu Recht gerühmte – Kinderfreundlichkeit des Kibbutz ausmacht. Sicherheit gewinnen die Kinder aus der Gewißheit, auch dann vom Kibbutzkollektiv noch gebraucht zu werden, wenn sie einmal emotionale Konflikte mit anderen Kindern, mit den Erwachsenen oder gar den eigenen Eltern auszutragen haben. Sie werden durch Launen der anderen nicht in eine *umfassende* Krise gestürzt, wie das bei Kindern leicht der Fall ist, die allein aus elterlicher Liebe, aber ohne gesicherte Perspektive in die Welt gesetzt werden. Wollen solche Wunschkinder hiesiger Provenienz die Zwickmühle überstehen, in der sie ungeliebt und zugleich existentiell überflüssig sind, müssen sie rastlos um den Wiedergewinn der Liebe kämpfen oder im – nicht zufällig grassierenden – Narzißmus einen Ausweg finden. Die dabei verausgabte Kraft fehlt selbstverständlich für den Aufbau einer stabilen Persönlichkeit.

Das existentielle Gewolltsein der Kinder im Kibbutz erfordert selbstverständlich einen besonderen, wenn auch freiwillig erbrachten Kraftaufwand für ihre Erziehung, der sich auch empirisch messen läßt: Eine systematische Beobachtung von Erzieherinnen (Metaplot) in den Kinderhäusern nach Kategorien, welche in westlichen und östlichen industrialisierten ›Lohnarbeitergesellschaften‹ maximal 8% engagierte und über 90% gleichgültige Berufserzieher erbringen[127], fördert im Kibbutz fast 80% engagierte und nur sehr wenige entschieden gleichgültige Erzieherinnen zutage, obwohl diese ohne Fachausbildung waren.[128]

Will man einen historischen Vergleich anstellen, dann ähnelt die Stellung *aller* Kinder dieser Genossenschaft derjenigen des traditionellen Erbsohnes[129], dem eine Zukunft versprochen und die sorgsame Pflege der Eltern sicher ist, dem aber auch Haß und Neid der Geschwister entgegenschlägt. Die Töchter und Söhne der Genossenschaft sind hingegen durchweg ›Erstgeborene‹. Sie müssen nicht auf ein ganz begrenztes väterliches Gewerbe hin drilled werden, sondern haben eine ganze Gesellschaft als gemeinsames Erbe, welches sie gleichwohl auch ausschlagen dürfen.

Die existentielle Gewolltheit der Kinder läßt – wie der Kibbutz, wie aber auch Stammesgesellschaften belegen – die zuständigen Erzieher zum richtigen Verhalten mit hoher Sicherheit finden. Hingegen muß dort, wo dieses existentielle Band fehlt, auch die noch so kostspielige Maßnahme unter noch so kräftiger Aufsicht von Erziehungswissenschaftlern scheitern. Diese können eine gelingende Erziehung ja ohnehin nicht erfinden, sondern nur vorfinden und dann beschreiben. Fehlt in dieser Beschreibung – und das ist meist der Fall – aber die motivierende soziostrukturelle Bedingung für den zurückhaltend-engagierten Umgang mit den Kindern und wird dann solcher Umgang einer ganz anders gearteten Sozialstruktur gepredigt, dann läuft eben das tägliche Geschäft der Pädagogik, nicht aber wissenschaftlich begründet Erziehung ab.

Nun haben die Untersuchungen über die Auswirkungen solcher Pädagogik, die als kompensatorische Erziehung in den 60er und frühen 70er Jahren boomte, ja längst gezeigt, daß die kostspieligen Erziehungsprogramme und didaktischen Materialien an sich bei den Kindern überhaupt keine stabilen Entwicklungsfortschritte bewirken. Wo stabile Verbesserungen einmal nachweisbar sind, können sie durchweg auf das besondere Engagement des Personals[130], das eben nur für den prestigesteigernden Modellversuch erbracht wird, zurückgeführt werden. Teilweise können für diese Modelle aber auch überdurchschnittlich viele Mitarbeiter aus dem in einer Bevölkerung immer nur unterdurchschnittlich vorhandenen engagierten Potential gewonnen werden. Spätestens bei der allgemeinen Umsetzung des Modells ›erkennen‹ die Wissenschaftler, daß die besondere Engagiertheit nicht mitverallgemeinert werden kann und die Programme eben scheitern. So kann es nicht verwunden, daß wiederum der israelische Kibbutz auf der ganzen Welt die einzige ›Institution‹ darstellt, in der kompensatorische Erziehung von Kleinkindern, aber auch die Resozialisierung verwahrloster Jugendlicher, die außerhalb des Kibbutz geboren wurden und aufwuchsen, in beträchtlichem Maße gelingt.[131] Da im Kibbutz das erzieherische Engagement aus Erfordernissen dieser Gesellschaftsform stabil bleibt, steht auch für die kompensatorische Erziehung ein dauerhaftes Potential zu Verfügung. Aus eben diesem Grunde hat das *U.S. Department of Health, Education, and Welfare* eine Studie der Harvard-Universität über die Möglichkeit finanziert, in den Vereinigten Staaten kibbutzartige Produktions- und Lebensgenossenschaften zu unterstützen.[132]

Die in dieser Arbeit immer wieder hervorgehobene Abhängigkeit des Erziehungserfolges von einem existentiellen Band zwischen den Generationen, in welchem die Position des Kindes in der Zukunft seinen Erzeugern in der Gegenwart Rücksichtnahme abverlangt, macht nun den Ausblick in eine andere Art existentieller Verknüpfung erforderlich, die sich gerade als nachteiliger Sozialisationsfaktor auswirkt. Gedacht ist dabei an die *welfare mother,* deren Nachwuchs beim US-Wohlfahrtsministerium ja gerade das Interesse an resozialisierenden Genossenschaften vom Typus des Kibbutz hervorrief. Diese *Sozialamtsmütter* – ledige oder verlassene Frauen, die für sich und den Nachwuchs aus Sozialhilfe Versorgung beziehen – werden in dem Maße häufiger, wie junge Frauen, die sich noch auf ehelichen Unterhalt als Familienmutter eingestellt haben, mangels männlicher Versorgungsbereitschaft in die Arbeitsmärkte müssen und sich dort auf den unteren Etagen mit den anstrengenderen Arbeiten wiederfinden. Für diese Frauen bedeutet die Existenz als staatlich versorgte Mutter durchaus einen Statusgewinn. Das Leben als Sozialamtsmutter bietet überdies den Vorteil, der Identitätsdiffusion ein wenig zu entkommen, die sich bei Nichtverwirklichung der Mutterschaft einstellen kann. Diese Mütter werfen ihre Neugeborene geradezu wie einen Anker in die Welt, an dem ihr eigenes – beinahe schon abgerutschtes Leben – dann einen Halt finden soll (im Zeitraum von 1975–1978 hat etwa in der Bundesrepublik die Selbstmordrate zehn- bis zwanzigjähriger weiblicher Personen im Vergleich zum Zeitraum 1965–1968 um 62,5% zugenommen).

Solange nun Gewalt und/oder Prämien des Staates für die Fortpflanzung noch existieren, vollziehen die Sozialamtsmütter gewissermaßen auch eine verdiente Rache an der Gesellschaft: Wenn der Staat den Nachwuchs so moralisch hochtönend verlangt und ihm sogar das ungeborene Leben, ja die Gebärfähigkeit an sich heilig ist, dann kann ›frau‹ auch mit ihrem Neugeborenen selbstbewußt vor ihn hintreten und fordern: ›Nun schütze die Heiligkeit des Lebens, indem du Kind *und* Mutter versorgst!‹ Da nun aber die hohe Moral als Einkleidung einer ganz niedrigen Bevölkerungs- bzw. Arbeitskräftebeschaffungspolitik in die Welt gekommen ist, entstehen mit den Sozialamtsmüttern plötzlich Kostgänger und gerade keine einmal im sogenannten Generationenvertrag besonders tüchtig arbeitende und verdienende Bürger.

Da nicht das Endprodukt ›erwachsener Mensch‹ für die Existenz der Mütter entscheidend ist, sondern eine stete Folge weiterer Kleinkinder zur Voraussetzung des Unterhalts wird, steht der Kindesvernachlässigung kein existentielles Interesse entgegen. In den USA, wo bereits im Jahre 1978 fast eine Million »Aussteigerinnen-Babys«[133] in die Welt gesetzt wurden, entstehen regelrechte Sozialamtsmütter-Dynastien. Die Töchter werden also im Alter von 13 Jahren selber schwanger, um nicht mit 14 eine üble Arbeit aufnehmen zu müssen, sondern dann ihren eigenen Versorgungsanspruch zu besitzen.[134] Da für die Söhne der Sozialamtsmütter dieser Ausweg nicht besteht, geben sie das wesentliche Rekrutierungsfeld für die Kriminalität oder die Gruppe der schlecht qualifizierten arbeitslosen Jugendlichen ab. Die staatliche Bevölkerungspolitik, die den Arbeitskräftenachschub für nicht familienmäßig organisierte Wirtschaftseinheiten sicherstellen wollte, hat sich nun einen matrilinearen Familientyp eingehandelt, der sich zwar freiwillig fortpflanzt, aber allein das Ziel verfolgt, aus den Leistungen jener Wirtschaftseinheiten versorgt zu werden. Nur ein wirkliches, radikales Verwerfen der Bevölkerungspolitik überhaupt wird auch dieses inhumane Ergebnis überwindbar machen. Andernfalls drohen faschistoide Lösungen. So wird in den USA bereits die Zwangssterilisierung solcher Mütter diskutiert. Ihnen soll es also nur ein einziges Mal gelingen, über Sozialhilfe dem Erwerbsleben ein paar Jahre zu entkommen. Die bundesdeutschen Gleichsetzer von Geburtenkontrolle durch Abtreibung mit der Judenvernichtung in Auschwitz könnten im nachhinein den schnöden bevölkerungspolitischen Kern ihres ungeheuerlichen Vorwurfes[135] offen eingestehen müssen, wenn ihnen die hiesigen Sozialamtsmütter, die ja sehr schnell zunehmen, mit Hinweis auf Auschwitz die Mittel für die Erhaltung ihres Nachwuchses abfordern.

XII.

Wie mogelt sich eine Kindheitsforschung à la de Mause um die Wirklichkeit herum und warum ist sie so populär?

In engem Anschluß an das eklatante Versiegen der pädagogischen Debatte und der euphorisch-expansiven staatlichen Bildungspolitik gegen Mitte der siebziger Jahre wird die historische Kindheitsforschung populär. Bis dahin hatte man sich mit Philippe Ariès[136] begnügen müssen, der so unangenehme Dinge vorzubringen hatte wie das Fehlen einer künstlichen Infantilisierung des Nachwuchses bei unseren Altvorderen. Das ließ den Fortschritt nicht ohne weiteres als Verbesserung erscheinen und konnte über akademische Zirkel hinaus nicht auf gesteigerte Aufmerksamkeit rechnen. Ganz anders sieht es dagegen nun mit der Arbeit des New Yorker Psychoanalytikers und Psychohistorikers Lloyd de Mause aus. In seiner *Evolution der Kindheit*[137] verkündet er gerade den Zeitgenossen eine höchst optimistische Botschaft.

Zwar sei in der Vergangenheit die »Kindheit ... ein Alptraum«[138] gewesen und dem Nachwuchs ganz übel mitgespielt worden, aber – einer »Gesetzmäßigkeit«[139] gehorchend – steige den jeweils kindesmißhandelnden Elterngenerationen bei ihrem brutalen Tun die Erinnerung an eigene Kinderängste ins Bewußtsein, von dem her dann eine Abmilderung der Torturen einsetze. Die noch größeren Martern, welche die Großelterngeneration für ihre Zöglinge parat hatte, vergegenwärtigen die daraus resultierenden Ängste, steigern das Einfühlungsvermögen in die jetzigen Kinder und lassen die Mißhandlungen um einige Grade zurückgehen. Über die Jahrzehntausende hinweg sei von Generation zu Generation der Kindheitsalptraum immer ein bißchen weniger entsetzlich geworden. Im Jahre 1950 schließlich sei die Grausamkeit vorüber gewesen und durch eine unterstützende Partnerschaft der Eltern für ihre Kinder ersetzt worden.

Davor wurden – in dieser historischen Abfolge – die »Kinder getötet, ausgesetzt, geschlagen, gequält und sexuell mißbraucht«.[140] Es ging also stetig aufwärts: Gleich töten war schlimmer als die Aussetzung. Dieses Überlassen an die Naturgewalten oder einen Finder war schlimmer als Prügel. Diese Mißhandlungen aber waren schlimmer als das schon versteckte Quälen. Und das allgemeine Quälen war verwerflicher als die nur noch sexuelle Belästigung.

De Mause glaubt hier nicht allein interessante Sachverhalte auszusprechen, sondern regelrecht eine »psychoanalytische Theorie des historischen Wandels«[141] vorzulegen: Da die Gesellschaftswissenschaften bisher (also bis 1974) dabei versagt haben, die Entwicklung vom Stamm zur orientalischen Despotie, von dieser – oder vom Stamm? – zur antiken Polis, von dort dann zum Mittelalter und aus diesem heraus zur Neuzeit zu erklären, sei nun mit der rein seelischen »Evolution der Eltern-Kind-Beziehung ... eine unabhängige Quelle historischen Wandels«[142] aufgedeckt worden. Obwohl diese »evolutionistische psychologische Theorie« überaus »anspruchsvoll ist«[143], sei sie – anders als die historischen, soziologischen und ökonomischen Theorien der letzten 250 Jahre – immerhin noch unwiderlegt. Das gänzliche Versagen der Geschichtstheorien bis 1974 wird hier keineswegs in Zweifel gezogen. Da kann de Mause nur zugestimmt werden. Wie aber steht es mit der seinigen?

Setzt man im herrschenden evolutionistischen Selbstverständnis für die Eigen-Entwicklung der heutigen Menschengattung 40 000 Jahre an, was nicht der Autor dieser Arbeit, der Evolutionist de Mause sehr wohl glauben muß, dann dauert die erste Phase der Kindheitsgeschichte, die durch Kindestötung gekennzeichnet ist, ungefähr 39 500 Jahre, denn »es ist wahrscheinlich, daß der Kindesmord vor dem 16. Jahrhundert nur sporadisch bestraft worden ist«.[144] Vom Ende der Spätantike bzw. vom Beginn des christlichen Mittelalters bis spätestens 1500 u. Z. sieht de Mause aber schon tausend ›Übergangsjahre‹ – seine zweite Kindheitsphase –, in denen von der Tötung zur Kindesweggabe vorangeschritten wird, so daß sich die erste Phase auf 38 500 Jahre verkürzt. In den letzten maximal 600 Jahren pressen sich von seinen sechs Phasen (Tötung, Weggabe, Ambivalenz, Intrusion, Sozialisation, Unterstützung) dann gleich vier zusammen.

In der ersten – für de Mause gräßlichsten – Epoche werden also gut 96% der verfügbaren Evolutionszeit verbraucht. Aus nicht näher erläuterten Gründen versagt hier die elterliche Fähigkeit, sich beim tödlichen Martern der Kinder an die eigene Kinderangst zu erinnern, um am Ende der vielen Jahrtausende aber doch auf die gewünschte Weise zu funktionieren, also von der Grausamkeit ein paar Abstriche zu machen. Für die tausend Jahre des ›Kinderweggebens‹ stehen immerhin 2,5% der Evolutionszeit zur Verfügung. Wiederum werden die seelischen Signale nicht sonderlich deutlich vernommen, aber die Eltern schaffen es am Ende, den Tötungsimpulsen zu widerstehen, indem sie ihre Kinder anderswohin geben. Irgendwie tötet man übernommene Kinder weniger leicht als die eigenen. Die Seele gibt in dieser Hinsicht der bisherigen Forschung noch nicht alle ihre Geheimnisse preis. (De Mause zieht für sein Weggeben jene Adligen des Mittelalters heran, die ihre Kinder als Geiseln geben. Das tun sie aber selbstredend nicht aus einem gerade vor der Schwelle der Kindestötung verharrenden Kindeshaß, sondern zur Untermauerung vertraglicher oder gefolgschaftlicher Pflichten. Die dunklen Gefühle richten sich durchaus gegen die Partner und nicht gegen die Kinder. Da also übergeordnete Institutionen zur Erzwingung von Abmachungen kaum vorhanden sind, werden die kostbarsten Besitztümer – die Nachfolgesöhne und lukrativ zu verheiratenden Töchter – ausgetauscht und dann nicht etwa kurz oberhalb ihrer Ermordung gehalten, sondern bestmöglich erzogen, damit eben auch den eigenen Sprößlingen nichts mangelt.)

Für die vier Epochen seit 1360, die mit ihren öffentlichen Erziehungseinrichtungen und Internaten das Kinderweggeben des Mittelalters selbstverständlich nicht – wie de Mause behaupten muß – reduzieren, sondern vervielfachen, bleiben nicht einmal 1,5% der Evolutionszeit. Im Verhältnis zur ersten Phase nimmt die Evolutionsgeschwindigkeit um ein Vielhundertfaches zu. Dabei befinden sich die Eltern zwischen 1360 und 1700 u. Z. in einer Phase der »Ambivalenz«[145] gegenüber dem Nachwuchs. Von 1700 bis vielleicht 1870 ist die »Intrusion«[146] geschafft. Die Kinder bleiben sicher am Leben und das Schwanken der Ambivalenzzeit wird durch entschiedenes »Eindringen« ins Kind, durch Kontrolle gewissermaßen jeden Winkels desselben ersetzt. Das ganze Ziel dieses Eindringens besteht in eiserner Kontrolle der Onanie und der bekannten ›Anschlußdelikte‹. Zwischen 1870 und 1950 dann verläuft die »Sozialisation«[147], die durch eine steuernde, aber doch der Ausbildung des Kindes zuträgliche Behandlung gekennzeichnet ist. Nach 1950 beginnt die immer noch ihrem Höhepunkt entgegenstrebende Epoche der »Unterstützung«[148]: Das Kind ist jetzt frei und eigenständig. Es findet seinen Weg, wenn man es zum richtigen Zeitpunkt unterstützt, aber nicht steuert. (Es onaniert auch wieder, was nach de Mause eigentlich ein Rückfall auf 1699 wäre, der bei einem evolutionären Prozeß aber nicht passieren dürfte. So hören wir von der Selbstbefriedigung nach 1950 denn auch nichts.)

An der de Mauseschen Konstruktion interessant ist nun, daß sie trotz ihrer selbst für Evolutionisten – inzwischen will's ja kaum einer mehr sein – nur schwer zu schluckenden Inkonsistenz korrekte Beobachtungen in sich aufnimmt. Tatsächlich sind ja Kindestötung und Aussetzung – aber auch die von de Mause nicht erörterte Schwangerschaftsverhütung – bis 1360 gängige Praktiken. Nur sind es keine Praktiken der Erziehung, sondern der Geburtenkontrolle. Und damit sind wir bei de Mauses Trick: Er setzt die Kindheit der ersten 96% seiner Evolution mit Geburtenkontrolle gleich. Wir sollen ihm abnehmen, daß er von Erziehung spricht, wenn er uns in Wirklichkeit über Erziehung in dieser Zeit so gut wie nichts zu sagen hat, aber dafür etwas über Geburtenkontrolle weiß. Die nicht getöteten Kinder, die für das Ablaufen von de Mauses Evolution ja nun auch erforderlich sind, bleiben sehr schemenhaft. Nach seiner »Theorie« müssen wir vermuten, daß sie *fast* zu Tode gequält wurden, was nach de Mause bereits besser ist als die Tötung gleich nach der Geburt. Unsere Quellen über Stammesgesellschaften und Antike liefern aber für eine kurz vor dem Verenden gehaltene Erziehung der Kinder über 38 500 Jahre hinweg keinerlei Hinweise. Zur griechischen Antike mit ihrer Kindesaussetzung berichtet die Forschung über die aufgezogenen Kinder: »In der intimen Welt des Frauengemachs, in

*»Antike Frauengemachszene (460/50 v.u.Z., Athen)«.
Lekythos des Timokratesmalers (Detail) (nach H. Rühfel,* Das
Kind in der griechischen Kunst, *Mainz 1984, S. 106).*

die nur gedämpft die der Polis dringt, wo die Frauen den
häuslichen Beschäftigungen nachgehen und die Kinder aufziehen, wo kleine Freuden gepflegt, Leid tiefer empfunden wird, in diesem Kreis erfährt das kleine Kind Liebe und Zuneigung. ... da hat sorgende Liebe mich erstmals in die Windeln gebettet ..., umschreibt Pindar den Tag seiner Geburt.«[149]
Entsprechend verwundert uns auch nicht, daß die ethnographischen Berichte und Lobpreisungen für den anständigen Umgang mit Kindern in Stammesgesellschaften in guter, ja diese Behandlung bedingender Nachbarschaft von freier Geburtenkontrolle – einschließlich der Kindesaussetzung – im

Werk de Mauses, das ansonsten mit Literaturangaben prunkt, auffällig fehlen. Seine »evolutionäre Theorie des historischen Wandels« würde solche Fakten nicht gut vertragen. Das bedeutet nun nicht, daß dort, wo die Kindestötung mit der Kindesliebe gemeinsam vorgefunden wird, der Zusammenhang zwischen beiden gut verstanden wäre. Erstere wird eher Anlaß für forscherische Verlegenheit geben als zur Erklärung für die so bewundernd herausgestellte Erziehung herangezogen.

Am Beispiel der Eskimos sei das illustriert: Wohl alle Forscher, »die länger bei den Eskimos gelebt haben, stimmen darin überein, noch nie ein so kinderliebes Volk angetroffen zu haben. Im krassen Gegensatz dazu stand der Kindermord.«[150] Gleichwohl wird – ganz im Gegensatz von de Mauses 38 500 Jahren elterlicher Gemeinheiten – gesehen, daß diese »Art von Geburtenkontrolle«[151] nicht als brutaler Akt ausgelebt wird: »Von wenigen Ausnahmen abgesehen wurden die Kinder stets nach der Geburt oder wenig später umgebracht... Das Töten... blieb immer der Mutter überlassen. Sie wurde dabei nie aktiv und überließ das Kind meistens der Kälte, die einen schnellen Tod des Kindes herbeiführte. Viele Mütter stopften dem Neugeborenen Schnee in den Mund, damit es schneller erfror.«[152] An den (im Teil A dieses Buches ausführlicher erörterten) *Katharern* kann die Verbindung von Kindesliebe *mit* entschiedener Geburtenkontrolle auch für das mittelalterliche Europa gezeigt werden. Ihr – vom einfachen Anhänger nicht zu realisierendes – Ideal ist die Kinderlosigkeit bzw. das Heraushalten von weiteren Menschen aus einer schlechten Welt. Eben wegen dieses Ideals werden sie ausgerottet. Von einer Gruppe dieser Katharer aus dem späten 13. Jahrhundert heißt es nun ausdrücklich – und ganz anders als von de Mause für die Zeit vor 1360 behauptete: »Mütter freuten sich an ihren Kindern, *herzten* und *küßten* sie... Eltern litten unter dem Tod, der Krankheit eines kleinen Kindes... Kindesliebe drückte... nicht zuletzt die Sorge der Eltern für das *eigene* Wohlergehen aus... Aber der Sohn war für seinen Vater nicht nur eine Arbeitskraft... Guillaume hatte Raymond [um seiner selbst willen] geliebt.«[153]

Der Zusammenhang zwischen der Tatsache, daß man langfristig von einem Menschen abhängig sein wird, und der anständigen Behandlung dieses Menschen im Kindesalter kann sich nur rein herausstellen, wo die Geburtenplanung nicht fremden Plänen gehorchen muß. Für eine Geschichtsschreibung über die Kindheit darf denn auch nicht – wie de Mause das tut – die Technik der Geburtenkontrolle hier mit erzieherischem Handeln dort, sondern es muß immer Erziehung hier mit Erziehung dort verglichen werden.

Bei einem solchen Vorgehen löst sich die schöne Evolution zu einer immer glücklicheren Kindheit umgehend in nichts auf. Die von de Mause als entscheidender *Fort*schritt herausgestellte Phase, die nach 1360 einsetzt, erweist sich in Wirklichkeit als ein *Beginn* – und zwar als Beginn der Gleichgültigkeit und Kindesvernachlässigung. Denn für die Zeit nach 1360 spricht de Mause tatsächlich von Kindheit. Für die Zeit bis 1360 hingegen spricht er von Geburtenkontrolle. Eben diese aber wird – wie zu zeigen war – ab 1360 durch Hexenverfolgung und anschließende Kriminalisierung weitgehend ausgerottet. Wenn nun die Zeit ab 1360 als Wende der Erziehung in den Blick kommt, wird sogleich deutlich, daß es übel um sie bestellt ist, ja daß sie sich im Verhältnis zu den 38 500 Jahren davor dramatisch verschlechtert. Diese Kindheitserschwerung nun wird durch de Mauses Etikett »Ambivalenz« für die Zeit bis 1700 durchaus nicht schlecht getroffen: Die Menschen haben jetzt nämlich gewollte *und* ungewollte Kinder. Immer noch ziehen sie die existentiell notwendigen »Erben für Hab und Gut« auf, aber darüber hinaus stellt sich der staatlich erzwungene Nachwuchs ein. Das »selbstgemachte Gesetz von den zwey Kindern« (J. H. Jung) gerät staatsterroristisch außer Geltung, so daß auch die gewollten Kinder nicht nach bestem Plan in die Welt gesetzt werden können, sondern ›kommen‹. Die Menschen haben also gänzlich überflüssige *und* zum falschen Zeitpunkt geborene benötigte Kinder. Der unvoreingenommene Betrachter wird deshalb eine höchst zwiespältige Haltung gegenüber dem Nachwuchs erwarten – die ungünstigste der bisherigen Menschheitsgeschichte überhaupt. De Mause muß diesem Beobachter mit der von ihm gefundenen »Ambivalenz« recht geben. Er glorifiziert sie aber als evolutionsgesetzlichen Aufstieg und muß dafür die mit einem genauen und plötzlichen Anfangsdatum versehenen staatlichen Gesetze zur Fortpflanzungssteuerung entschieden in der Versenkung halten. Der Psychoanalytiker de Mause beteiligt sich also mit seinem Evolutionsgesetz in großem akademischem Stil an der Verdrängung der Hexenmassaker – ein nobles Ergebnis für eine »psychoanalytische Theorie des historischen Wandels«. Die weise Frau firmiert einmal mehr als dämonische Kindesopferin, der wohl nur humanevolutionär der Weg nach oben gewiesen wurde, als der Rauch aus ihren Knochen stieg.

Das um 1700 einsetzende Onanieverbot wird wiederum auch von de Mause gesehen und als angeblich unverzichtbare Durchgangsphase zum besseren Menschen abgehandelt. Das Eindringen (die »Intrusion«) auch in die Gedanken des Kindes wird zur Vorstufe noch besserer Zeiten. Dabei bedeutet die Überwachung der geheimsten kindlichen Regungen ja nur die Bevölkerungspolizei im eigenen Hause. Sie soll dem Kind Torturen ersparen, die es als sexuell freier Erwachsener auszubaden hätte. Die Onanie im Hause müßte den schlimmsten öffentlichen Verdacht begründen – den Verdacht der Geburtenkontrolle, die um 1700 im ihre Phase der sexualpädagogischen Feinsteuerung übergegangen ist (dazu Kapitel VI oben). Davon redet de Mause nicht. Immerhin aber spricht er von einer veränderten Erziehung. Da ihre Ursache jedoch mystifiziert wird, bleibt nur der Rekurs auf die eben um 1700 wieder einsetzende Erinnerung der groben Eltern an ihre eigenen Kinderängste, aus der heraus dann von der Ambivalenz zur eindeutigen Überwachung vorangeschritten werde. (Eine andere populäre Arbeit unserer Tage über *Die Mutterliebe* ist historisch zu gut bewandert, um de Mauses sozialen Wandel durch psychisch bewirkte Veränderungen mitzumachen. Deshalb wird das 18. Jahrhundert nicht zu einem der »Intrusion«, sondern zum Zeitraum für »die erzwungene Liebe«.[154] Eine solche Rede hält immerhin die staatlichen Maßnahmen im Bewußtsein. Aber warum die Behörden mit den Zwangsmaßnahmen operieren, bleibt wiederum im Dunkel. Daß die »Erziehungs-Polizey« [Jung] im nachhexenverfolgerischen Europa aktiv wird, um das Staatsvolk nicht nur biologisch zu reproduzieren, sondern ihm auch die minimale Zuwendung der nicht aus eigenem Willen Mütter werdenden Frauen zu sichern, wird wiederum nicht in Betracht gezogen. Eine Art natürlicher

*»Mittelalterliche Kinderpflege«. Germanisches
Nationalmuseum Nürnberg (aus E. Ennen,* Frauen im
Mittelalter, *München 1984, S. 13).*

Kindeshaß wird der staatlichen Ideologie der natürlichen Kindesliebe als Fund der Wissenschaft entgegengestellt, statt eine Untersuchung darüber zu beginnen, unter welchen Bedingungen Kinder die notwendige Zuwendung, die immer eine Arbeit ist, ganz ungezwungen bekommen und unter welchen nicht.)

Gegen Ende des 19. Jahrhunderts nun gebiert de Mauses elterliche Erinnerung an eigene Kinderängste die Phase der »Sozialisation«, der steuernden Ausbildung. In der Wirklichkeit überschreiten die europäischen Geburtenraten ihren Höhepunkt, nachdem die Kinderarbeit weitgehend unterbunden ist, die Eltern also ohne die Kinderlöhne ihren Nachwuchs durchbringen müssen. Unter wohlwollenden Richtern, die mit den Schrecken einer Überbevölkerung und nicht mit einem Arbeitskräftemangel konfrontiert sind, wird von neuem nach Verhütungsmitteln Ausschau gehalten. Staatliche Pflichtschulen und die Berufsausbildung ersetzen den kindlichen Fabrikalltag. ›Gesteuerte Sozialisation‹ trifft diese Phase nicht schlecht. Als psychogene Erfindung aber bliebe sie wiederum unbegreifbar.

Nach dem Ende des Babybooms am Beginn der sechziger Jahre – zugleich Zeitpunkt der Wiedereinführung medikamentöser Verhütung, deren Ausrottung 600 Jahre früher begonnen hatte – sieht de Mause die Endphase der »Unterstützung« heraufkommen. Es ist die Durchsetzung des »Wunschkindgedankens«, der den staatlich beauftragten Bevölkerungswissenschaftlern als gänzlich unzureichend für die biologische Reproduktion einer gegebenen Population erscheint. Die Fähigkeit zur Geburtenkontrolle ist entschieden dabei, das hohe Niveau von de Mauses ersten 38 500 Jahren wieder zu erreichen. Wie de Mause nun für diesen Zeitraum von Geburtenkontrolle redet, wenn er Erziehung schreibt, so redet er für die Jetztzeit von Erziehung, ohne über ihre Voraussetzung der Geburtenkontrolle etwas zu sagen. Sie müßte wiederum die Haltlosigkeit seines Evolutionsmodells erweisen.

Hielte man also den Vergleich von Vergleichbarem durch, so gewönne man keine aufsteigende Linie à la de Mause, sondern eine allmähliche Wiederannäherung an die anständige Behandlung von gewünschten und mit einer Zukunftsperspektive versehenen Kindern, also eine Kreisbewegung. Logischerweise ergibt sich diese auch, wenn man ausschließlich Geburtenkontrolle mit Geburtenkontrolle vergleicht: Aussetzung und Abtreibung der Antike erscheinen wieder in der gegenwärtigen Abtreibungsliberalisierung, die die Kirche denn ja auch als Neubeginn einer Ära des Kindesmordes kennzeichnet. Wollte de Mause dem entgegenhalten, sein Terminus »Kindesmord« sei kein kirchlicher, so könnte ihm doch jeder Kirchenhistoriker schnell erklären, daß die Kirche es eben als eine ihrer größten – und blutigsten – Errungenschaften betrachtet, die Geburtenkontrolle als Kindesmord, der ausdrücklich Abtreibung und Verhütung einschließt, perhorresziert zu haben.

Populär wird de Mause bei der Generation, die trotz Wiedergewinn des Verhütungswissens weiterhin Nachwuchs in die Welt setzt. Von ihren Vorgängern aus de Mauses ersten 38 500 Jahren unterscheidet sich diese Generation nämlich dadurch, daß sie fast niemals »Erben für Hab und Gut« ins Leben bringt, sondern dringend hier und heute benötigte Selbstverwirklichungsobjekte, Sinngeber, Wahnsinnsverhüter, zur Treue genötigte Liebespartner, Bindungsunterpfänder, aber auch Geiseln für Unterhalt von Partnern oder vom Staat. Eine Zukunft versprechen können sie den Kindern nur selten. Sie verweisen ihre Spößlinge in die Konkurrenz der Arbeitsmärkte, die schon im Kinderzimmer beginnt. Und das spüren diese Wunschkinder. Auf ihre Frage ›Warum bin ich hier?‹, können die Eltern nicht mehr leicht antworten. Solange sich der Nachwuchs unter Nachhilfe der Staatsgewalt wie eine Naturgewalt oder gar als Gottesgabe einstellte, war es noch relativ einfach, die Kinder, für die man selber ja nichts konnte, den Zwängen des Lebens entschieden auszusetzen, also vor allem und immer wieder Leistung für den Sieg in der Konkurrenz einzufordern. Die Durchsetzung des Wunschkindgedankens hingegen macht sehr schwer begründbar, warum man einem Kind irgendwelche Lasten auferlegen soll. Es ist ja aus reiner

»Domestizierte und hygienisierte Hebamme während des Babybooms«, Schweden 1948 (aus P. Höjeberg, Jordemor, *Södertälje 1981, S. 230).*

Liebe seiner Erzeuger in der Welt. Die traditionellen Strafandrohungen verbieten sich deshalb. Wo die existenzentscheidende Information für das Kind darin besteht, daß sein Existenzgrund allein in elterlicher Wunscherfüllung liegt, werden den kindlichen Wünschen widerstrebende Zielsetzungen nicht einfach zu legitimieren sein. Und wer so eigensinnig wünschte, kann mit der klassischen Formel ›Mir ist egal, was aus dir wird‹ oder ›Sieh doch zu, wo du bleibst‹ sein Kind nicht mehr gut bedrohen.

In diese elterliche Verlegenheit stößt nun einer wie de Mause. ›Ihr seid die besten Erzieher der Menschheitsgeschichte‹, ruft er den hilflos stammelnden Wunschkindeltern zu. Ihr gebt den Kindern Freiheit, säuselt er, wo doch lediglich nicht gewußt wird, wohin man sie mangels eines Zukunftsversprechens denn auch erziehen sollte. Was man selber aus doch gefühlter Scham nicht vorzutragen wagt, bekommt man nun mit akademischem Siegel. Auf ihr ›Warum habt ihr uns in die Welt gesetzt?‹ können die Kinder nun vernehmen: ›Weil wir so gut erziehen können.‹

Doch de Mause steht mit seinen Ermutigungen nicht allein. Da finden sich allerhand Partner, die sich seiner Evolution allerdings nicht gänzlich anvertrauen wollen und ein paar eigene Überlegungen zur moralischen Gestaltung des Nachwuchses beisteuern. Auch sie hüten sich wohlweislich, ein zureichendes Verständnis von Kindesvernachlässigung zu erarbeiten. Im Gegenteil: Die seit Mitte der sechziger Jahre munter sprudelnden Publikationen über die Bedingungen der Herausbildung von Verstand und Moral, die besonders Soziologen in gebotener Qualität für das von ihnen gewünschte Sozialverhalten benötigen und herstellen wollen, verweist auf den entschlossenen Verzicht, die in der Neuzeit erzeugte Verwahrlosung im Kindesalter aufhellen zu wollen. Erst die Unaufgeklärtheit der zahllosen Beschädigungen liefert ja die Voraussetzung für die beliebten »Projekte« und »Forschungsprogramme«. Aus staatlich erzwungener Menschenproduktion jedoch und nicht aus der Unkenntnis von Piaget und Kohlberg oder gar ihren Kombinierern erwächst die epidemische Kindesvernachlässigung mit all ihren Defekten in Kommunikation, Kognition, Soziomoralität oder in was immer da seinen gespreizten Jargon gefunden hat. Und nicht die Wälzer über idealtypische Strukturen infantiler Performanzbedingungen, sondern die Verringerung unfreiwilliger Bereitstellung von Arbeitskräftenachschub für fremde Zwecke hat die kindlichen Jämmernisse vermindert. Was außer dem Nichtgeborenwerden könnte die Probleme überwinden, die aus dem ungewollten Gebären entstanden sind? Und eben diese *sind* die Erziehungsprobleme der Neuzeit.

XIII.

Wie stellen sich die Perspektiven der Institutionen für Kindheit und Erziehung am Beispiel der Bundesrepublik dar?

Die für Fortpflanzung und Kindheit einschlägigen Gesetze und Bestimmungen der Bundesrepublik Deutschland interessieren hier nicht im Detail. Zum jeweils aktuellen Stand sei exemplarisch auf den *Frankfurter Kommentar zum Jugendwohlfahrtsgesetz*[155] verwiesen, der nicht zuletzt in der Denktradition früherer Arbeiten des Autors und seiner Kollegen steht. Hier interessieren die gegenwärtige – und für westliche Privateigentumsgesellschaften auch partiell durchaus typische – Gesamtsituation und die längerfristige Perspektive von Kindheit in der Bundesrepublik. Aus dieser heraus können dann im Einzelfall auch einzelne Gesetzesreformen und ihre Aussichten eingeschätzt werden.

Die gegenwärtige – von einer christlich etikettierten Partei verantwortete – Politik ist nun dadurch gekennzeichnet, daß staatliche und kirchliche Aufforderungen zur familiären Vermehrung zwar weiterhin ergehen, dieser politisch-moralischen Kampagne aber nicht mehr mit derselben Gewaltandrohung wie in der Vergangenheit Nachdruck verliehen wird. Der Verminderung der Strafandrohung für Schwangerschaftsverhütung, freie Sexualität, Geburtenverhinderung und Kindesvernachlässigung entspricht ein erheblicher Fonds zur finanziellen Anreizung für die Erzeugung von Kindern bzw. die Unterhaltung staatlicher oder staatlich überwachter Institutionen der Erziehung. Bereits 1977 betrugen die entsprechenden Aufwendungen – ohne Schulkosten und Mietbeihilfen – ca. 55 Milliarden DM.[156] 1979 wurden 60 Milliarden überschritten, und 1984 waren um die 70 Milliarden DM erreicht. Diese Summen sind im Angesicht einer Weltüberbevölkerung, die gerade in ihrem bundesdeutschen Anteil das ökologisch vertretbare Maß besonders bedrohlich überschritten hat, als skandalös, ja als verrückt attackiert worden. Sie können gleichwohl nicht darüber hinwegtäuschen, daß eine mehrjährige Debatte, in der sich die politischen Parteien bei der Einführung einer regelrechten Entlohnung von Mutterschaft zu übertreffen suchen, ungeachtet christdemokratischer Publicityaktionen schon wieder abflaut. Im Normalfall ist für eine Mutter nicht mehr als sechs Monate à 510 DM[157] nach der Geburt herausgekommen, wenn sie berufstätig war. Ab 1986 sollen dann auch die hausfraulichen Mütter diese Summe bekommen.

Die offenkundigste Vermehrungsstimulierung soll immer noch durch das Kindergeld erreicht werden. »Das nationalsozialistische Regime führte 1935 aus bevölkerungspolitischen Gründen für die fünften und weiteren – später auch für die dritten und vierten – Kinder Beihilfen ein.«[158] Eine CDU-geführte Regierung beginnt 1965 damit, auch ein zweites Kind finanziell anzureizen. 1974 prämiert dann eine SPD-geführte Regierung auch das erstgeborene Kind, »wobei bevölkerungspolitische sowie sozial- und wirtschaftspolitische Erwägungen eine entscheidende Rolle spielen«.[159] Nach dem Stand vom 21.1.1982 (mit Änderungen vom 22.12.1983) gibt es im Normalfall 50 DM fürs 1., 100 DM fürs 2., 220 DM fürs 3. und 240 DM für jedes weitere Kind pro Monat. Bei hohen Einkommen reduzieren sich die Beträge auf 70 DM fürs 2. und 140 DM für jedes weitere Kind (§ 10 Bundeskindergeldgesetz). 15,64 Milliarden DM werden im Jahre 1983 dafür aufgewendet.[160]

Den größten Posten der Bevölkerungspolitik stellt bis heute aber nicht das Kindergeld, sondern die steuerliche Begünstigung der Verheirateten gegenüber den Ledigen dar. Bereits 1977 kostete sie über 27 Milliarden DM pro Jahr. Die steuerliche Bevorzugung wird selbstredend in der Hoffnung auf Fortpflanzung der Verheirateten gegeben. Diese Absicht wird vom Publikum aber immer häufiger unterlaufen. Man kassiert also die Steuerermäßigung und bleibt dann kinderlos. Politiker mit größerem bevölkerungsstimulierendem Eifer wollen denn auch die gewaltigen Summen ganz aufs Kinderhaben konzentrieren und die Verheiratung als solche nicht mehr prämieren. Ab 1986 ist ein zusätzlicher steuerlicher Anreiz für das eigentliche Kinderhaben noch hinzugekommen.

Während die bevölkerungspolitische Gewichtung der Milliarden einmal mehr Nachwuchs für ein längst zu dicht besiedeltes und deshalb ökologisch kollabierendes Territorium anreizen will, erweist sich auch die Verheiratungsprämie nicht nur als finanzielle Bestrafung der Ledigen. Sie stabilisiert nämlich die Erwartung der jungen Mädchen, als versorgte Hausfrau durchs Leben zu kommen, und verführt so zur Vermeidung der notwendigen Anstrengungen fürs Lernen und die Berufsausbildung. Hier wird also in eine Perspektive hineingelockt, die als lebenslange dennoch niemand mehr garantieren kann.

Deutlicher als in der direkten Vermehrungspolitik zeigt sich der insgesamt zurückgehende Eifer der »Bevölkerungs-Polizey« bei den öffentlichen Erziehungseinrichtungen für die Vorschulkinder. Die wichtige Größe der Erzieher-Kind-Relation – 1971 bei 1:26[161] – sollte schon 1975 bei 1:21 und 1980 bei 1:18 liegen[162]. Noch 1974 aber lag sie immer noch über 1:25[163]. Dabei hat die Quote des Kindergartenbesuchs noch zugenommen, wie aus der folgenden *Tabelle*[164] auf Seite 301 ersichtlich wird.

Bald 70% der 4- bis 5jährigen und über 80% der 5- bis 6jährigen Kinder der Bundesrepublik Deutschland verbringen einen wichtigen Teil ihres gesamten und täglichen Lebens in anerkannt problematischen Institutionen.[165] Wenn zugleich ebenfalls fast 75% aller Neugeborenen ungeplante und/oder ungewollte Kinder sind[166] und zusätzlich mehr als 90% aller Kinder als Nachwuchs von Lohnabhängigen aufwächst, also nur die Konkurrenz im Erwerbsleben wirklich *sicher* hat, wird das gewaltige pädagogische Problem[167] auch eines materiell so reichen Landes wie der Bundesrepublik Deutschland deutlich.

Dieser Zunahme öffentlicher Kinderunterbringung im vergangenen Jahrzehnt entspricht die Abnahme des individuellen elterlichen Engagements in sogenannten selbstorganisierten Kinderkollektiven. Die Scham über das Kinderweggeben ist weitgehend vorbei. Galt noch bis Mitte der 60er Jahre die klerikale oder staatliche Kollektiverziehung der Kleinkinder als Schicksal der Deklassierten und als offensichtlicher Beweis elterliche Sorglosigkeit, so stellte die *Kinderladenbewegung* die Auflösung des elterlichen Verantwortungsgefühl auch in den Mittelschichten dar. Diese nun als fortschrittlich gekenn-

Noch nicht schulpflichtige Kinder nach Kindergartenbesuch[1] in der Bundesrepublik Deutschland

Ergebnis des Mikrozensus April 1982[2]

Alter von ... bis unter ... Jahren / Familientyp / Erwerbstätigkeit der Mutter	Insgesamt 1 000	Darunter im Kindergarten 1 000	% v. Sp. 1	Männlich 1 000	Darunter im Kindergarten 1 000	% v. Sp. 4	Weiblich 1 000	Darunter im Kindergarten 1 000	% v. Sp. 7
Noch nicht schulpflichtige Kinder 1975	4 848	1 557	32,1	2 472	801	32,4	2 376	756	31,8
1980	3 905	1 471	37,7	2 008	750	37,3	1 897	721	38,0
1981	3 906	1 481	37,9	2 013	765	38,0	1 893	716	37,8
1982	3 932	1 521	38,7	2 033	794	39,0	1 899	728	38,3
davon (1982) nach Alter des Kindes									
unter 3	1 737	54	3,1	889	28	3,1	848	26	3,0
3 – 4	562	203	36,1	288	103	35,7	275	101	36,6
4 – 5	558	384	68,9	295	203	68,8	263	182	69,0
5 – 6	561	450	80,3	293	233	79,5	268	217	81,0
6 und älter	515	430	83,6	269	227	84,5	246	203	82,6
darunter (1982) nach Familientyp und Erwerbstätigkeit der Mutter									
in vollständigen Familien	3 647	1 401	38,4	1 885	728	38,6	1 762	673	38,2
mit Erwerbstätigkeit der Mutter	1 230	536	43,6	636	279	43,9	594	257	43,3
ohne Erwerbstätigkeit der Mutter	2 417	865	35,8	1 249	449	35,9	1 168	416	35,6
in unvollständigen Familien mit alleinstehender Mutter	259	107	41,3	135	59	43,7	124	48	38,8
mit Erwerbstätigkeit der Mutter	114	58	50,7	63	33	52,1	51	25	49,0
ohne Erwerbstätigkeit der Mutter	145	49	33,9	71	26	36,2	73	23	31,7
in unvollständigen Familien mit alleinstehendem Vater	26	13	51,0	13	7	53,8	13	6	48,1

[1] Einschl. Vorklassen und Schulkindergärten. – [2] Bevölkerung am Familienwohnsitz.

zeichneten Kollektive wurden ja von Leuten gegründet, die heute – zwanzig Jahre später – höchstwahrscheinlich kinderlos geblieben wären. Der Kinderladen – die Eltern geben den Nachwuchs zwar weg, beteiligen sich aber durch »Kinderdienst« an der Erziehung und setzen der ausschließlich professionell-gleichgültigen Kinderbehandlung so noch einen Widerstand entgegen – stellt insofern nur eine kurze Etappe von der traditionellen Mittelschichtverantwortlichkeit fürs Kind zu einer Kinderlosigkeit aus Verantwortung dar. Im Kinderladen nimmt also die Mittelschicht von ihrem Verantwortungsgefühl hin zur reinen Lohnarbeiterhaltung bereits Abschied, versteckt – auch sich selbst gegenüber – ihre Gleichgültigkeit aber noch unter einer Kollektivaufzucht »im Interesse des Kindes«, »gegen die autoritäre Familie« etc. Die Kinderlosigkeit des entsprechenden Personenkreises heute erweist sich somit auch als Eingeständnis der Verlegenheit, die in der begeisterten Entschlossenheit steckte, mit der damals die Kinder, die man noch hatte, aber eigentlich nicht mehr wollte bzw. brauchte, abgeschoben wurden.

Das Schamgefühl übers Kinderweggeben bei denjenigen, denen eine Zukunft gewissermaßen noch versprochen schien, die selber aber eine solche nicht mehr versprechen konnten und nun eben doch Kinder in die Welt gesetzt hatten, fehlt jener neuartigen Elterlichkeit, die hier und heute Unterhalt und Versorgung durchs Kinderhaben erlangen will, fast gänzlich. Sie fordert »im Interesse des Kindes und der Entwicklung seines Solidaritätsgefühls« sogar Krippen für die Neugeborenen. Das weitgehende Verschwinden des elterlichen Kinderdienstes in den Kollektiven – jenes Restes von Auflehnung gegen professionelle Gleichgültigkeit – mag nun von den klerikalen und staatlichen Instanzen als Beruhigung an der Erziehungsfront dankbar registriert werden, bedeutet in Wirklichkeit aber durchaus eine Zuspitzung der kindlichen Lage. Da die Geiselstellung des Kindes für Unterhalt seiner Eltern durch einen Elternteil oder durch das Sozialamt bereits durch sein schlichtes Vorhandensein erfüllt ist, muß der Wegfall des immerhin kurzzeitig einflußreichen Schuldgefühls von Mittelschichteltern auf die öffentliche Kleinkinderziehung auch als Verlust eines pädagogischen Potentials verbucht werden.

A. Maßnahmen der Jugendhilfe (BRD 1978–1982)[168]

Maßnahmen / Ausgaben	1979	1980	1981	1982
Maßnahmen				
Minderjährige[1]) unter				
Pflegeaufsicht[2])	67 015	70 552	69 681	65 770
Amtspflegschaft	323 825	330 131	336 575	344 224
Amtsvormundschaft	68 515	67 554	65 963	64 202
Pflegschaft und Beistandschaft der Jugendämter	102 432	109 031	109 941	108 340
Erziehungsbeistandschaft	7 083	7 197	7 266	7 337
Freiwillige Erziehungshilfe	16 595	15 798	15 200	14 441
Fürsorgeerziehung	3 869	3 194	2 693	2 153
Maßnahmen für junge Volljährige[3])	1 502	1 545	1 605	1 791
Hilfe zur Erziehung für Minderjährige[4])	116 007	115 554	109 391	90 014
Hilfe zur Erziehung für junge Volljährige[3])	4 023	4 254	4 810	5 437
Vaterschaftsfeststellungen[5])	41 996	46 587	50 241	54 240
Mitwirkung bei Adoptionen[6])	9 905	9 298	9 091	9 145
Ausgaben in Mill. DM				
Aufwendungen[7]) ohne Pauschalzuschüsse für:				
Hilfe durch				
Familienpflege	331	373	402	399
Heimpflege	1 223	1 330	1 409	1 488
Kindertagesstätten	857	935	1 002	1 034
Erholungspflege und Freizeithilfen	213	242	244	234
Freiwillige Erziehungshilfe	475	508	531	544
Fürsorgeerziehung	108	103	88	82
Hilfe für junge Volljährige[3])	33	43	48	48
Sonstige Ausgaben[8])	187	200	199	197
Zuschüsse an Träger der freien Jugendhilfe[9])	1 332	1 579	1 757	1 714
Insgesamt[10])	**4 759**	**5 313**	**5 680**	**5 753**

Einrichtungen / Verfügbare Plätze	1978	1979	1980	1981
Einrichtungen				
Säuglings- und Kinderheime	1 067	1 084	1 098	1 107
Erziehungsheime	526	511	498	483
Sonder- und Beobachtungsheime	422	437	434	434
Kinderkrippen	937	1 000	995	1 025
Kindergärten[11])	23 565	23 916	24 011	24 149
Kinderhorte	3 106	3 109	3 026	3 096
Kur-, Heil-, Genesungs- und Erholungsheime für Minderjährige	418	403	378	347
Jugendbildungsstätten	357	415	398	418
Jugendwohnheime	707	707	729	727
Schülerwohnheime	435	425	411	410
Erziehungs- und Jugendberatungsstellen	1 016	1 084	1 119	1 202
Jugendbüchereien	6 639	6 566	6 506	6 295
Verfügbare Plätze				
Säuglings- und Kinderheime	42 885	42 028	40 451	38 839
Erziehungsheime	30 097	28 282	27 061	25 076
Sonder- und Beobachtungsheime	26 912	27 321	26 450	24 727
Kinderkrippen	25 895	26 772	26 104	26 098
Kindergärten[11])	1 401 400	1 390 723	1 393 708	1 396 546
Kinderhorte	101 668	104 517	105 673	107 368
Kur-, Heil-, Genesungs- und Erholungsheime für Minderjährige	33 060	32 192	29 427	27 124
Jugendbildungsstätten	33 004	31 485	29 812	30 030
Jugendwohnheime	34 132	40 436	41 411	40 844
Schülerwohnheime	35 879	35 635	34 370	33 950

*) Für »Einrichtungen« und »Verfügbare Plätze« lagen bei Redaktionsschluß noch keine Zahlen für 1982 vor.
[1]) Am Jahresende.
[2]) Pflegekinder in Familienpflege, ohne von der Aufsicht widerruflich befreite Kinder.
[3]) Gemäß § 75 a des Gesetzes für Jugendwohlfahrt (JWG).
[4]) Gemäß § 5 Abs. 1 Nr. 3, 4 und 8 und § 6 Abs. 1 und 2 JWG.
[5]) Gemäß § 6 Abs. 3 JWG.
[6]) Im Laufe des Jahres.
[7]) Für die von den Jugendwohlfahrtsbehörden durchgeführten Maßnahmen.
[8]) Einschl. Hilfen für Mutter und Kind vor und nach der Geburt, Jugendberufshilfen, Beratung in Fragen der Ehe, Familie und Jugend, Außerschulische Bildung, Vormundschaftswesen u. a.
[9]) Gemäß § 5 Abs. 4 JWG.
[10]) Ohne Allgemeine Verwaltungskosten ohne Aufwendungen für Investitionen.
[11]) Ohne Schulkindergärten, die in der Regel von bereits schulpflichtigen Kindern besucht werden, sind in Tabelle 16.2. S. 357 dargestellt.

B: Öffentliche Ausgaben für Jugendhilfe (BRD 1981/82)[169]

Aufwand für die Jugendhilfe nach Hilfearten[1]

Hilfeart	Insgesamt 1981 Mill DM	Insgesamt 1982 Mill DM	Insgesamt 1982 %	Aufwand für die von den Jugendwohlfahrtsbehörden durchgeführten Maßnahmen der Jugendhilfe[2] zusammen 1981 Mill DM	zusammen 1982 Mill DM	zusammen 1982 %	außerhalb von Einrichtungen 1981 Mill DM	außerhalb 1982 Mill DM	außerhalb 1982 %	in Einrichtungen 1981 Mill DM	in Einrichtungen 1982 Mill DM	in Einrichtungen 1982 %	Zuschüsse an Träger der freien Jugendhilfe[3] 1981 Mill DM	1982 Mill DM	1982 %
Hilfen für Mutter und Kind vor und nach der Geburt	45,4	45,9	0,8	15,3	14,0	0,3	9,7	8,3	1,4	5,6	5,7	0,2	30,1	31,9	1,9
Hilfe durch Familienpflege	403,8	401,9	7,0	402,2	399,3	9,9	402,2	399,3	x	x	x	x	1,6	2,5	0,1
Hilfe durch Heimpflege	1609,8	1640,2	28,5	1409,3	1488,2	36,8	x	x	x	1409,3	1488,2	43,0	200,6	152,0	8,9
Kindertagesstätten	1890,6	1968,7	34,2	1002,1	1034,0	25,6	x	x	x	1002,1	1034,0	29,9	888,6	934,7	54,5
Erzieherische Betreuung von Säuglingen, Kindern und Jugendlichen im Rahmen der Gesundheitshilfe	7,8	6,2	0,1	6,9	5,6	0,1	0,7	0,8	0,1	6,2	4,8	0,1	0,9	0,6	0,0
Jugendberufshilfen	52,6	48,1	0,8	21,6	21,6	0,5	8,4	8,3	1,4	13,2	13,3	0,4	31,0	26,5	1,5
Beratung in Fragen der Ehe, Familie und Jugend	203,1	204,7	3,6	66,8	69,9	1,7	24,8	26,0	4,5	42,0	43,9	1,3	136,3	134,9	7,9
Jugendschutz	13,4	14,1	0,2	5,9	5,6	0,1	3,5	3,2	0,6	2,4	2,4	0,3	7,5	8,5	0,5
Erholungspflege	191,0	146,2	2,5	85,9	72,4	1,8	38,9	32,4	5,6	47,0	40,0	1,2	105,1	73,8	4,3
Freizeithilfen	276,7	279,8	4,9	157,8	161,9	4,0	26,9	27,9	4,8	130,9	134,0	3,9	118,9	118,0	6,9
Internationale Jugendbegegnung	23,1	19,4	0,3	12,4	9,8	0,2	9,8	8,0	1,4	2,7	1,8	0,1	10,6	9,5	0,6
Außerschulische Bildung	109,7	97,4	1,7	18,8	19,0	0,5	9,2	9,4	1,6	9,6	9,6	0,3	90,9	78,4	4,6
Freiwillige Erziehungshilfe	530,9	544,5	9,5	530,9	544,5	13,5	12,2	13,0	2,2	518,7	531,5	15,4	x	x	x
Fürsorgeerziehung	87,9	81,7	1,4	87,9	81,7	2,0	2,1	2,5	0,4	85,7	79,2	2,3	x	x	x
Hilfe nach § 75a JWG	47,5	59,6	1,0	47,5	59,6	1,5	2,5	4,5	0,8	45,0	55,1	1,6	x	x	x
Vormundschaftswesen, Jugendgerichtshilfe, Erziehungsbeistandschaft, Fortbildung auf dem Gebiet der Jugendhilfe	22,9	27,5	0,5	10,2	13,0	0,3	7,1	9,6	1,7	3,1	3,3	0,1	12,7	14,5	0,8
Sonstige Ausgaben	163,4[4] [5]	167,1[4] [5]	2,9	41,5	38,5	1,0	24,7	25,4	4,4	16,9	13,1	0,4	121,9[5]	128,6[5]	7,5
Ausgaben	5679,7	5753,0	100	3923,0	4038,6	100	582,7	578,8	100	3340,3	3459,8	100	1756,7	1714,3	100
Einnahmen[6] Kostenbeiträge, übergeleitete Ansprüche	543,4	536,8	9,3	532,1	528,8	13,1	133,1	130,7	22,6	399,0	398,1	11,5	11,3	7,9	0,5
Sonstige Einnahmen	361,8	340,1	5,9	361,8	340,1	8,4	106,2	104,8	18,1	255,6	235,3	6,8	x	x	x
	181,6	196,7	3,4	170,2	188,8	4,7	26,8	25,9	4,5	162,8	162,8	4,7	11,3	7,9	0,5
Reine Ausgaben	5136,3	5216,2	90,7	3390,9	3509,8	86,9	449,7	448,1	77,4	2941,2	3061,7	88,5	1745,4	1706,4	99,5

[1] Ohne allgemeine Verwaltungskosten der Jugendbehörden sowie ohne Aufwendung für Investitionen. — [2] Ohne Pauschalzuschüsse. — [3] Gemäß § 5 Abs. 4 JWG. — [4] Einschl. der Förderung privater gewerblicher Träger. — [5] Einschl. der Ausgaben für Führungs- und Leitungsaufgaben sowie für zentrale Förderung 1981 = 78,9 Mill. DM, 1982 = 87,3 Mill. DM. — [6] Ohne Zuweisungen des Bundes.

Ungeachtet der Problematik institutioneller Kinderaufzucht unter der Ägide tendenziell gleichgültiger Erzieher haben allerdings die Kosten für diese Arten der Kinderunterbringung zwischen 1970 und 1982 eine Vervielfachung erlebt. Dieser Anstieg wird gern als Ausweis großen Bildungsfortschrittes herausgestellt, darf aber getrost als Indikator für die Größe des Problems angesehen werden. Die *Tabellen* auf den Seiten 303 und 304 zeigen Umfang und institutionenspezifische Verteilung der Mittel für die Bundesrepublik.

Die Nichterfüllung hochfliegender Pläne der späten 60er und frühen 70er Jahre in Vorschulerziehung und auch im allgemeinbildenden Schulsystem sowie das Zurückbleiben der finanziellen Aufwendungen hinter der vollmundigen Bevölkerungspolitik und Familienpropaganda in der Bundesrepublik ist nun keineswegs als Entschlossenheit zu deuten, die insgesamt unbefriedigenden Zustände durch weitsichtig geplante Austrocknung allmählich zu überwinden: Eine offensiv vorgetragene Politik zur Wiederherstellung unbedingter Freiheit und Selbstverantwortlichkeit in Fragen von Fortpflanzung und Erziehung gibt es in der Bundesrepublik auf keiner Seite des parlamentarischen Spektrums. Wenn gleichwohl aber die schweren Geschütze in den Arsenalen bleiben, die Rufe von professionell Frommen also nur mit Lippendiensten befolgt werden und gleichzeitig die Milliardenbeträge der Bevölkerungspolitik nur geringfügig steigen, ihr Anteil am Bruttosozialprodukt sogar fällt, dann ist das ausschließlich der internationalen Konkurrenz geschuldet. In dieser wird das bundesdeutsche Gemeinwesen unterliegen, wenn es in ein Gut investiert, das weltweit unmäßiger angeboten wird als jedes andere, wenn es also in Menschenproduktion investiert.

Der erhebliche Geburtenrückgang seit Mitte der 60er Jahre sowie die komplizierte Lage von 75% aller Kinder stellt eben auch für den Staat der Bundesrepublik kein primäres, sondern nur ein abgeleitetes Problem dar. Als primäre Aufgabe in der menschlichen Reproduktion gilt auch für ihn, daß er *billige, loyale und qualifizierte* Arbeitskräfte für eine nicht familienwirtschaftlich organisierte Ökonomie bereitzustellen hat, die in der internationalen Konkurrenz mithalten kann oder untergeht: Familien- und Bevölkerungspolitik, Sittenüberwachung und Massenhygiene, Ein-/Auswanderungspolitik, Pflichterziehung und Sozialpolitik etc. haben deshalb auch in der Bundesrepublik keinen eigenständigen Zweck, sondern dienen dieser alles überragenden arbeitsmarktpolitischen Funktion. Da nun diese Einzelpolitiken immer der produktiven Investition Kapital entziehen, bedeutet ihre Verbilligung zugleich eine Verbesserung oder Sicherung auch der internationalen Konkurrenzfähigkeit. Deshalb stehen diese Politiken zur Disposition, d.h. sind alle von ihnen Profitierenden in Gefahr, höchst unsanft überrascht zu werden, wenn das primäre Ziel, von denen sie abgeleitet sind, auch auf anderem Wege erreichbar wird.

Diese andere Variante besteht in der Einfuhr ›fertiger‹ ausländischer Arbeitskräfte, die als heute bereits 400 Millionen und um 2000 etwa 1 Milliarde zählendes Heer junger Arbeitsloser[170] aller Qualifikationsstufen aus 1., 2. und 3. Welt außerhalb ihrer engeren Heimat einen Überlebensplatz finden müssen. Das Vierzigfache der bundesdeutschen Erwerbstätigen steht also bereit, um andernorts die Renten für die Kinderlosen liebend gerne zu verdienen. Zwei Millionen ausländische Arbeitskräfte erwirtschaften schon heute in der BRD jede zehnte Rentenmark.

Billig sind die ausländischen Arbeitskräfte, da sie fix und fertig auf dem Arbeitsmarkt erscheinen und umgehend Wert – also auch Steuern, Mittel für Pensionskassen etc. – schaffen, ohne einen Pfennig Kindergeld, Mutterschaftsgeld, Schulmittel etc. gekostet zu haben und ohne Mitglied des hiesigen »Generationenvertrages« gewesen zu sein. Selbst bei Einsatz neuerlicher Gewalt des Staates der Bundesrepublik gegen Verhütung, Abtreibung und nicht überwachte Sexualität könnte die Erzeugung von ›deutschblütigen‹ Arbeitskräften keineswegs billiger ausfallen als die ausgewachsenen einreisenden Arbeitskräfte, bei denen all die kostspieligen Unwägbarkeiten einer langjährigen Erziehung nicht mehr zu befürchten sind.

Loyal aber – so die Sorge der nationalistischen deutschen Familien- und Mutterschaftsentlohnungsprogramme – werden die Ausländer nicht sein, weshalb zur Abwendung einer allgemeinen politischen Destabilisierung durch Überfremdung eben doch deutschen Frauen die Umwandlung der Mutterschaft in ein Gewerbe zu finanzieren sei – dies auch mit Blick auf die Landesverteidigung, bei welcher Söhnen deutscher Frauen eher Zuverlässigkeit zugetraut wird als den Einwanderern. Nun würde bei reichlicheren staatlichen Mitteln, d. h. zu Zeiten einer unangefochtenen Spitzenstellung in der internationalen Konkurrenz, solche Politik vielleicht gerne ins Auge gefaßt werden. Industrialisierte Entwicklungsländer mit höchstentwickelter Technologie und relativ sehr billigen Arbeitskräften haben dieser Blütezeit der gesamten Alten Welt jedoch bereits das Ende eingeläutet: »Gegen den alternden Kapitalismus in der Ersten Welt erhebt sich nicht – wie man noch vor 20 Jahren glauben mochte – eine sozialistische Welt, sondern ein neuer, expansiver und aggressiver Kapitalismus, der mit Hilfe von leicht verfügbaren Rohstoffen und Löhnen, die 50% oder sogar 80% unter den hiesigen liegen, und einer modernen, schnell beschafften Technologie Märkte erobert.«[171]

Da also Gelder für ein wirklich greifendes, d. h. an die Frauenlöhne heranreichendes staatliches Mutterschaftsentlohnungsprogramm nicht vorhanden sind und die Ausgabe unzureichender Mittel nicht etwa zu geringerer Effektivität der Programme führt, sondern ihre Wirkungslosigkeit, mithin das Vergeuden der knappen Mittel bedeutet, wird verständlich, warum die Finanzierung der Vermehrungspolitik ins Stocken gerät: Eine Politik, den höchstbezahlten Lohnarbeitern der Erde noch Geld fürs Fortpflanzen zuzuschießen, erweist sich allmählich als nicht mehr finanzierbar.

Es wird deshalb zunehmend die Einbürgerung der importierten Arbeitskräfte, also die *Optimierung der Loyalität* dieser entschieden ›billig‹ zu habenden Menschen erwogen. Wiewohl eine solche Politik rein ökonomischen Motiven entspringt, ist ihr ein humaner Nebeneffekt nicht abzusprechen: Sie erfüllt praktisch eine lebensrettende Funktion. Auf 200 Millionen wird allein zwischen 1985 und 2000 die Zahl der Todesfälle in der Dritten Welt durch Hunger und Seuchen veranschlagt. Je mehr Mittel die entwickelten Länder in der Bevölkerungspolitik nicht nur einsparen, sondern etwa für die Immigration aus der Dritten Welt umwidmen, desto weiter kann diese ungeheure Zahl an weltweiten Opfern unterschritten werden.

Zumindest die vorige deutsche Regierungspartei – die Sozialdemokratische Partei Deutschlands – hatte erkannt, daß die Menschheit »vor dem ungeheuren Problem einer unbewältigten Bevölkerungsexplosion, der Nahrungsmittelknappheit und des in vielen Ländern verbreiteten Hungers [steht]. In dieser Situation dürfen die reichen Industrieländer nicht gleichzeitig eine massive Geburtenförderungspolitik betreiben, während sie die Entwicklungsländer zu einer Politik der Geburtenplanung mit dem Ziel sinkender Geburtenziffern auffordern.«[172]

Von dieser Einsicht bis zu einer umfassenden Politik führt noch ein langer Weg. Nicht allein die Umwandlung der brutalen Gastarbeiterpolitik in ein geordnetes Einbürgerungskonzept muß dafür gelingen, sondern auch die bisherige Bevölkerungspolitik ist ebenso geordnet abzubauen, d.h. vor einem unverantwortlichen Verrotten zu bewahren, welches sich in der schlichten Nicht-Verbesserung oder gar Verschlechterung von Krippen, Kindergärten und Schulen bereits anzubahnen droht. Dabei muß es keineswegs dazu kommen, daß in Zukunft auch in der Bundesrepublik Deutschland die hier geborenen oder eingewanderten Menschen für die Fortpflanzung – wie in Indien (Sterilisation) oder China (Besteuerung) – bestraft werden. Ihr besonderes *Privileg* könnte im Gegenteil darin bestehen, trotz der Weltbevölkerungsexplosion unsanktioniert Kinder haben zu dürfen, ohne dafür allerdings von den Kinderlosen über staatliche Umverteilung auch noch Geld erwarten zu können. In uneingeschränkt aufklärerischer Politik wäre ihnen dafür deutlich zu machen, daß ein Kind als persönlicher, ja – mit Blick auf die Welt und die hiesige Ökologie – sogar nicht leicht zu verantwortender Luxus auch privat finanziert werden muß, daß Eltern also nicht ihren weltökologisch verantwortungsvolleren Mitbürgern auf der Tasche liegen dürfen.

Durch *allmähliche* Abschaffung des Familienfinanzierungs- und -propagierungsapparates sowie durch die uneingeschränkte Aufklärung über und die Bereitstellung von Verfahren zur Nachwuchsvermeidung würde den Bürgern bewußt gemacht werden, daß sie eine wirklich frei und selbständig zu verantwortende Entscheidung treffen, wenn sie ein Kind haben wollen. Dadurch könnte die jährliche Geburtenzahl in der Bundesrepublik durchaus auf die gegenwärtige Zahl von 150000 echten Wunschkindern fallen. Diesem Nachwuchs würde aber vielleicht eine sorgsamere Elternschaft zuteil als je zuvor in der europäischen Neuzeit. Die günstigeren Bedingungen des Aufwachsens könnten diese Kinder vielleicht dazu befähigen, über eine Gesellschaft nachzudenken, in der – nach einem in ferner Zukunft liegenden Abebben der Weltbevölkerungswelle – pädagogisch vertretbare und mengenmäßig stabile Generations- und Geschlechtsbeziehungen wieder als Selbstverständlichkeit gelten. Ein wenig spricht ja dafür, daß – etwa über einen genossenschaftlichen Lebensplan[173] (dazu auch Kapitel XI oben) – in dieser Richtung schon jetzt über das bloße Nachdenken hinausgehende Versuche im Gange sind.

XIV.

Anhang:
Erklärung der UNO
über die Rechte des Kindes
vom 20. November 1959

Die Rechte des Kindes. Da die Menschheit dem Kinde ihr Bestes schuldet, verkündet die Generalversammlung der Vereinten Nationen folgende Rechte des Kindes, damit es sich einer glücklichen Kindheit erfreuen kann. Es soll die hier erklärten Rechte und Freiheiten zu seinem eigenen Wohl und dem der Gesellschaft genießen. Die Generalversammlung fordert die Eltern, alle Männer und Frauen als Individuen, freiwillige Organisationen, örtliche Behörden und nationale Regierungen auf, diese Rechte anzuerkennen und sich um ihre Einhaltung durch gesetzliche und andere Maßnahmen zu bemühen, die in wachsendem Maße den folgenden Grundsätzen Rechnung tragen mögen.

1. Grundsatz: Das Kind soll sich aller Rechte, die in dieser Erklärung festgelegt sind, erfreuen. Alle Kinder ohne jede Ausnahme sollen einen Anspruch auf diese Rechte haben ohne Unterschied oder Beeinträchtigung auf Grund ihrer Rasse, Hautfarbe, des Geschlechts, der Sprache, Religion, politischer oder anderer Meinung, nationaler oder sozialer Herkunft, des Besitzstandes, der Geburt oder einer anderen gesellschaftlichen Stellung seiner selbst oder seiner Familie.

2. Grundsatz: Das Kind soll einen besonderen Schutz genießen. Es soll durch Gesetz oder durch andere Maßnahmen die Gelegenheit oder die nötigen Mittel erhalten, sich auf gesunde und normale Weise und unter freiheitlichen und würdigen Bedingungen körperlich, geistig, moralisch und sozial zu entfalten. Bei der Durchführung der Gesetze, die diesem Zweck dienen, soll das Wohl des Kindes die oberste Richtschnur sein.

3. Grundsatz: Das Kind soll von Geburt an ein Recht auf einen Namen und eine Nationalität haben.

4. Grundsatz: Das Kind soll sozial gesichert sein. Es soll ein Recht darauf haben, gesund heranzuwachsen und sich zu entwickeln. Zu diesem Zweck soll sowohl ihm selber wie seiner Muttter besondere Fürsorge und besonderer Schutz gewährt werden, einschließlich vorgeburtlicher wie nachgeburtlicher Betreuung. Das Kind soll ein Recht auf angemessene Nahrung, Unterkunft, Erholung und medizinische Versorgung haben.

5. Grundsatz: Das Kind, das körperlich, geistig oder sozial behindert ist, soll eine besondere Behandlung, Eziehung und Pflege erhalten, so wie sie seine besondere Lage erfordert.

6. Grundsatz: Das Kind braucht zur vollen und harmonischen Entfaltung seiner Persönlichkeit Liebe und Verständnis. Es soll, wo immer möglich, in der Obhut und Verantwortung seiner Eltern heranwachsen, in jedem Fall aber in einer Atmosphäre der Zuneigung und moralischer und materieller Sicherheit. Ein Kind soll in den ersten Jahren außer in Ausnahmefällen nicht von seiner Mutter getrennt werden. Gesellschaft und Behörden sollen verpflichtet sein, Kindern, die keine Familie besitzen, und solchen, die nicht ausreichend versorgt sind, besondere Fürsorge zukommen zu lassen. Es ist wünschenswert, daß der Staat zum Unterhalt von Kindern aus kinderreichen Familien finanziell und durch andere Maßnahmen beiträgt.

7. Grundsatz: Das Kind hat Anspruch auf unentgeltlichen Pflichtunterricht, mindestens auf der Elementarstufe. Es soll eine Erziehung erhalten, die seine allgemeine Bildung fördert und es auf der Grundlage gleicher Möglichkeiten für alle befähigt, seine Fähigkeiten, seine Urteilskraft, seinen Sinn für moralische und soziale Verantwortung zu entwickeln und ein nützliches Glied der Gesellschaft zu werden. Das Wohl des Kindes soll die Richtschnur für alle sein, die für seine Erziehung und Führung Verantwortung tragen. Diese liegt zuallererst bei den Eltern. Das Kind soll jede Gelegenheit zum Spielen und zur Erholung haben, diese sollten den gleichen Zielen dienen wie die Erziehung. Die Gesellschaft und die Behörden sollten alles daransetzen, daß das Kind auch in den Genuß dieses Rechtes kommt.

8. Grundsatz: Das Kind soll in allen Notlagen zu den ersten gehören, denen Schutz und Hilfe zuteil wird.

9. Grundsatz: Das Kind soll vor allen Formen der Vernachlässigung, Grausamkeit und Ausbeutung geschützt werden. Es darf in keinem Fall zum Gegenstand irgendeines Handels gemacht werden.

Das Kind darf erst nach Erreichung eines angemessenen Mindestalters zur Arbeit zugelassen werden. Es darf in keinem Fall gezwungen werden, es darf ihm aber auch nicht erlaubt werden, einer Beschäftigung oder Arbeit nachzugehen, die seiner Gesundheit schaden oder seine Bildung beeinträchtigen oder die seine körperliche, geistige oder sittliche Entwicklung hemmen könnte.

10. Grundsatz: Das Kind soll vor Einflüssen bewahrt werden, die rassische, religiöse oder irgendeine andere Art von Diskriminierung fördern. Es soll in einem Geist der Verständigung, der Toleranz, der Freundschaft unter den Völkern, des Friedens und der allgemeinen Brüderlichkeit erzogen werden; und in der Vorstellung, daß seine Kraft und seine Talente dem Dienst seiner Mitmenschen gewidmet sein sollten.

Deutsch von Heinrich Böll
Copyright Gertraud Middelhauve Verlag, Köln

Teil C

Gunnar Heinsohn und Otto Steiger

*Schlußfolgerungen zur Entproblematisierung
von Bevölkerung und Kindheit*

(1) Fassen wir das Ergebnis unserer beiden Studien zusammen: Bis zum Beginn der europäischen Neuzeit steht überall auf der Welt die Fortpflanzung in der persönlichen Entscheidung *und* Verantwortung der einzelnen Menschen. Das für diese Entscheidungsfreiheit erforderliche Verhütungswissen kann jederzeit erworben und auch eingesetzt werden. Die Erziehung der so geplanten Kinder bedeutet immer eine Anstrengung, zu der die Eltern aber aus persönlichem Interesse motiviert sind. Aus der Verbindung von freier Fortpflanzungsentscheidung und persönlicher Aufzuchtsverantwortung ergeben sich Bevölkerungszahlen, die langfristig stabil bleiben oder langsam ansteigen, aber auch zurückgehen. Das unmittelbare Hineingehören des Nachwuchses in die elterliche Lebensplanung schließt ausgegrenzte Kinderwelten mit fehlenden Zukunftsversprechen weitgehend aus.

Mit Beginn der europäischen Neuzeit wird dieses Muster für Bevölkerung und Kindheit zerstört. Die Fortpflanzung wird der Entscheidung der einzelnen entzogen und zentraler Bestandteil staatlicher Politik. In dieser wird die Vernichtung der als Hexen verfolgten weisen Frauen zur furchtbarsten Maßnahme des staatlichen Kampfes gegen die freie Geburtenplanung, der auch nach dem Verglühen der Scheiterhaufen fast überall auf der Welt auf strafandrohende oder ökonomisch manipulierende Weise bis heute fortgesetzt wird. Die mit dieser regelrechten Menschenproduktion den Frauen abgenötigten

Kinder werden seit der europäischen Neuzeit zunehmend in staatliche Kollektive verbracht, da sie den Lebensplänen der zur Elternschaft Gezwungenen oder Manipulierten notwendig äußerlich bleiben müssen. Auch in diesen Institutionen entkommen die Kinder der Gleichgültigkeit des professionellen Personals meist nicht, da dieses über keine persönliche Interessenlage verfügt, aus der heraus die Anstrengung eines den Kindern gedeihlichen Umgangs akzeptabel erscheint.

(2) Die Menschenproduktion ist aus der europäischen in die Weltbevölkerungsexplosion übergegangen, während in Europa selbst die Wiedergewinnung des Verhütungswissens so weit fortgeschritten ist, daß immer mehr Menschen ein Fortpflanzungsverhalten an den Tag legen, wie es vor der Vernichtung der weisen Frauen üblich war. Auf diese Entwicklung wird je nach Blickwinkel mit apokalyptisch-ökologischer Panik – bei Betrachtung der ganzen Erde – oder mit apokalyptisch-nationalistischer Furcht vor dem demographischen Verschwinden Westeuropas – bei Betrachtung des hiesigen ›Kulturraumes‹ – geantwortet. Merkantilistische Ängste vor zu wenigen Arbeitskräften und Soldaten und vor »einem Raum ohne Volk«[1] mischen sich mit malthusianischen Szenarien von »Menschen, die wie Ratten einander fressen« und zu einer »Bevölkerungsbombe« mit einer »Sprengkraft« anwachsen, die »womöglich größer als die atomarer Vernichtungswaffen«[2] ausfalle. Anstatt die gut eine Milliarde Menschen *aller* Qualifikationsstufen, die um das Jahr 2000 außerhalb ihrer Herkunftsländer eine Einkommensquelle und Überlebenschance finden müssen, in hiesige Überlegungen einzubeziehen, werden etwa für die Bundesrepublik »Mütter im Staatsdienst« bzw. »Staats- oder Kinderbeamtinnen«[3] vorgeschlagen. Die darin zum Ausdruck gebrachte neomerkantilistische Überzeugung, daß viele Babys sichere Renten verbürgen, hätte bereits mit Blick auf die Millionen von Arbeitslosen, die ja ebenfalls einmal Babys waren, zu genauerem Nachdenken Anlaß geben können. Die *Renten* für die Alten – ebenso wie für andere Nichterwerbstätige (Kinder, Studenten, Kindesbetreuer, Kranke, Behinderte, Arbeitslose etc.) – werden *nicht* von den jeweils vorhandenen *Arbeitsfähigen, sondern* allein *auf* den durch die *effektive*

Nachfrage (J. M. Keynes) bestimmten, ökonomischen rentablen *Arbeitsplätzen* erwirtschaftet. Die gegenwärtige Rentenkrise erweist sich als geradezu klassisches Beispiel dafür, daß nicht die Zahl der Arbeitsfähigen, sondern die Zahl der Arbeitsplätze zu gering ist. Die vielen Millionen von Arbeitslosen schaffen selbstverständlich keine Versicherungsbeiträge, sondern verursachen Kosten wie alle anderen Nichterwerbstätigen. Der Einwand, daß aber bei einer zukünftigen Vollbeschäftigung doch einmal zuwenig Arbeitsfähige zur Finanzierung der Renten vorhanden sein könnten, weil in der Vergangenheit zuwenig Nachwuchs in die Welt gesetzt wurde, unterliegt dem Irrtum, daß Geburtenrückgang und Rückgang des Arbeitskräftepotentials dasselbe seien. Tatsächlich setzen weniger Geburten dieses Potential nicht herab, sondern erhöhen es durch die Freisetzung von Betreuungspotential ebenso wie beispielsweise der Verzicht auf Frühverrentungen. Ein vergleichbarer merkantilistischer Denkfehler liegt übrigens dort vor, wo aus der Abnahme der Geburtenzahlen nach Mitte der sechziger Jahre für die Zeit ab 1990 Vollbeschäftigung oder gar Arbeitskräftemangel verheißen wird.

Eine solche Prognose kann bestenfalls für Befehlswirtschaften vom Typus des Feudalismus oder des real existierenden Sozialismus gegeben werden, da diese einen *endogenen* technischen Fortschritt kaum kennen[4], d.h. für mehr Produktion in der Regel auch mehr Arbeitskräfte benötigen. Die Privateigentumswirtschaft mit freier Lohnarbeit hingegen zeichnet sich dadurch aus, daß mehr Produktion in der Regel durch höhere Produktivität pro Arbeitsplatz, d.h. durch weniger Arbeitskräfte erreicht wird. Ihr Hauptproblem besteht deshalb nicht in einem Mangel an Arbeitskräften, sondern eher in einem Mangel an sich ökonomisch tragenden Arbeitsplätzen, die nicht durch vermehrtes Gebären entstehen. In einer Voraussage haben jüngst zwei schwedische Zukunftsforscher[5] anhand von drei Alternativen für die zu erwartende Kinderzahl pro Frau (2,1 als biologisch notwendige, 1,65 als gegenwärtige schwedische und 1,38 bzw. 1,32 als die entsprechende bundesdeutsche und dänische Reproduktion) die Aussichten für die Wirtschaftsentwicklung Schwedens für die kommenden 100 Jahren analysiert. Sie ermitteln, daß die schwedische Gesellschaft für das Wachstum ihrer Wirtschaft *nicht* mehr Kinder brauche und erweisen die Angst vor unsicheren Renten morgen nach weniger Geburten heute als frommen Mythos. Sie können statt dessen zeigen, daß der Lebensstandard für den einzelnen selbst bei der niedrigeren bundesdeutschen bzw. dänischen Geburtenrate noch zunehmen würde. Zwar könnte eine auf die Höhe der vollen biologischen Reproduktion steigende Geburtenzahl – unter der allerdings problematischen Annahme permanenter Vollbeschäftigung – eine insgesamt noch stärkere Wachstumsentwicklung bewirken, dies bedeute aber nicht, daß bei geringeren Geburtenzahlen kein Wachstum erfolge.

Selbst für den Fall, daß in *Westeuropa* plötzlich und über Jahrzehnte hinweg die frei gewählte und selbstverantwortete Elternschaft zu einer Kinderzahl führt, die weit unter dem heutigen Niedrigstwert von 1,32 (Dänemark) liegt, wird die ungebrochene *Welt*bevölkerungsexplosion auf unabsehbare Zeit mehr als genügend Menschen hervorbringen, denen dann als *gewünschten* Einwanderern sogar aus einer gefährlichen Notlage geholfen werden könnte. Damit solche Menschen wiederum aus der Roheit und Identitätsbedrohung der gegenwärtigen Gastarbeiterpolitik, die ein Ausländerproblem erst unüberwindbar erscheinen läßt, herausgelangen können, ist auf eine gezielte Einwanderungspolitik, d.h. immer Gleichberechtigungspolitik gegenüber allen dann hier Lebenden, umzuschwenken. Die Überwindung chauvinistisch-rassistischer Ressentiments verdient deshalb die Anstrengungen der Politik und ihrer Berater viel mehr als das Herumtüfteln an neuen Konzepten für die Vermehrung der Kinderzahlen auf diesem dichtbesiedelten Territorium.[6]

(3) Für die Überwindung der verheerenden neuzeitlichen Bevölkerungspolitik ist jede staatliche Maßnahme zur Steigerung, aber auch Senkung aufzuheben. Das Recht auf *frei gewählte* Elternschaft, wie es etwa der Artikel 6 des Grundgesetzes schützt, wird dadurch in keiner Weise beschränkt. Gerade als *Schutz* gegen Behinderungen der Familienbildung, wie sie teilweise in anderen Ländern (etwa VR China) mit finanzieller Bestrafung für das Überschreiten einer bestimmten Kinderzahl oder gar mit Zwangsabtreibung und Zwangssterili-

sierung anzutreffen sind, erweist sich der Artikel 6 auch ohne jede bevölkerungspolitische Zugabe als relevante Rechtsbestimmung.[7] Gewalt, Geld oder Propaganda soll also der Staat als die sanktionsbewährte Instanz weder gegen noch für die Fortpflanzung einsetzen: (a) Geburten sollen von der Staatsgewalt weder erzwungen noch unterbunden werden, d.h. frei zugängliche Verhütung, Schwangerschaftsunterbrechung, Sterilisation und nicht fortpflanzungsorientierte Sexualität (wie etwa auch Homosexualität) müssen ebenso garantiert sein wie Verzicht auf staatlich erzwungene Verhütung, Schwangerschaftsunterbrechung, Sterilisation oder Zölibat. (b) Prämien und Alimentationen aller Art fürs Fortpflanzen sind ebenso zu unterlassen wie steuerliche Strafen für staatlich nicht gewünschte Geburten.[8] (c) Diffamierungen von Kinderlosen durch den Staat haben ebenso zu unterbleiben wie die von Kinderreichen.

(4) Mit der Aufhebung der neuzeitlichen Bevölkerungspolitik kann auch die staatliche Pflichterziehung des Nachwuchses allmählich überwunden werden. Durch Wegfall der heute von Eltern und Nichteltern zwangsweise aufgebrachten Steuern bekommen die in eigener Entscheidung Eltern werdenden Menschen die Mittel wieder selbst in die Hand, mit denen sie die Erziehung ihres Nachwuchses eigenverantwortlich organisieren können. Insbesondere könnten sie dann aus dem in jeder Gesellschaft nur begrenzt vorhandenen Potential engagierter Menschen die geeignetsten für ihre Kinder auswählen, soweit sie noch auf Fremderziehung ausweichen wollen. Dadurch kann die Aufwachsensqualität zunehmen, während der Drang nach staatlichen Erziehungsdiplomen, die für einen gelingenden Umgang mit Kindern keinerlei Garantie bieten, zurückgehen dürfte. Prinzipiell derselbe Vorschlag gilt für Schulen und Hochschulen. Wiederum dürften die frei plazierbaren Mittel der Wunschkindeltern mehr Niveau und Menschlichkeit stimulieren, als sie in staatlichen Bürokratien mit ihrem gleichgültig-herrschsüchtigen Personal jemals vorstellbar wären.

(5) Die eigenverantwortliche und freie Selbstverwirklichung des Wunschkindgedankens löst aus sich heraus die Sinnfrage

der dann Geborenen allerdings nicht von selbst. Allein aus elterlicher Liebe oder Selbstverwirklichung, aber ohne fürs Kind konzipierte Zukunftsperspektive ins Leben zu gelangen, macht die Sinnfrage für den Nachwuchs ja keineswegs hinfällig. Deshalb hat unter potentiellen Eltern und auch darüber hinaus das Nachsinnen über neue Formen existentiell vermittelter Generationsbeziehungen längst begonnen. Für die Politik bedeutet das beispielsweise die Forderung, hocheffizienten Produktions- und Lebensgenossenschaften vom Kibbutztypus mögliche Hindernisse aus dem Wege zu räumen. Zwischen vier und acht Prozent der westlichen Bevölkerungen interessieren sich für solche Lebensformen, in denen von neuem nach stabilen Geschlechts- und Generationsbeziehungen gesucht wird, die das Kinderhaben nicht nur wirtschaftlich nahelegen, sondern dem Nachwuchs auch einen emotionalen Halt bieten, der unter Lohnabhängigen, die ihre Kinder nur in die Konkurrenz der Arbeitswelt entlassen können, eher vorgetäuscht als verwirklicht zu werden vermag.

Anmerkungen (Teil A)
zu Seite 21–211

1 Zitate aus C. Honegger, »Comment on Garret's ›Women Witches‹«, in *Signs Journal of Women in Culture and Society*, 1979 (Bd. 4), S. 798; vgl. ähnlich Dies., »Die Hexen der Neuzeit. Analysen zur Anderen Seite der okzidentalen Rationalisierung«, in Dies., Hrsg., *Die Hexen der Neuzeit. Studien zur Sozialgeschichte eines kulturellen Deutungsmusters*, Frankfurt/M. 1978, S. 21 ff., sowie S. Bovenschen, »Die aktuelle Hexe, die historische Hexe und der Hexenmythos. Die Hexe: Subjekt der Naturaneignung und Objekt der Naturbeherrschung«, in G. Becker et al., *Aus der Zeit der Verzweiflung. Zur Genese und Aktualität des Hexenbildes*, Frankfurt/M. 1977, S. 259 ff.
2 Zitate aus J. Hansen, *Quellen und Untersuchungen zur Geschichte des Hexenwahns und der Hexenverfolgung im Mittelalter*, Bonn 1901 (Reprint Hildesheim 1963), S. III
3 N. Cohn, *Europe's Inner Demons. An Enquiry Inspired by the Great Witch-Hunt (1975)*, London et al 1976, S. XIV u. XIII
4 Zitate aus H. Trevor Roper, »Der europäische Hexenwahn des 16. und 17. Jahrhunderts« (1967, 1970), in C. Honegger, Hrsg., *Die Hexen der Neuzeit: Studien zur Sozialgeschichte eines kulturellen Deutungsmusters*, Frankfurt/M. 1978, S. 216/213/215/214/218
5 A. Lorenzer, *Intimität und soziales Leid – Archäologie der Psychoanalyse*, Frankfurt/M. 1984, S. 42. Verfehlt wird Bodins Position auch dort, wo er zwar nicht als Psychopath, dafür aber als antiaufklärischer »Dämonologe« mystifiziert wird; vgl. R. Schlesier, *Konstruktionen der Weiblichkeit bei Sigmund Freud*, Frankfurt/M. 1981, S. 179
6 P. Priskil, »Mit Feuer das Gelüst legen – Zur Psychoanalyse der Hexenverfolgung«, in *System ubw – Zeitschrift für klassische Psychoanalyse*, 1. Jg., Heft 1 (Oktober 1983), S. 39 f.
7 J. Bodin, *Vom ausgelasnen wütigen Teuffelsheer* (1580, in der Übersetzung des berühmten Humanisten, Satirikers, überzeugten Protestanten *und* Hexenverfolgers Johann Fischart, 1546–1590, von 1581, Straßburg 1591³), Reprint Graz 1973, S. 77 f. – erster und letzter Satz zusammenfassende Randanmerkungen des Übersetzers (diese und alle folgenden Verhochdeutschungen von uns)
8 J. C. Fromann, *Tractatus de Fascinatione* (1575) bzw. F.-M. Guazzo, *Compendium Maleficarum (1608¹)*; ähnlich wird in N. Jaquir, *Flagellum Haereticorum Fascinariorum* (1581) von dem Vorwurf berichtet, »daß Hebammen häufig Neugeborene auf Befehl des Bösen strangulieren und eine Frau gestanden habe, 23 Säuglinge vor der Taufe beseitigt zu haben«. Alles nach T. R. Forbes, *The Midwife and the Witch*, New Haven u. London 1966, S. 127 f. – unsere Hervorhebungen
9 Vgl. J. Bodin, *De la démonomanie des sorciers*, Paris 1580, Titelblatt sowie einleitender Brief
10 Bodin, *Vom ausgelasnen ... op. cit.*, alles S. 295
11 Der genaue Titel der Bulle lautet »Bulla Apostolica adversus haeresim maleficarum«. Sie ist lateinisch und deutsch abgedruckt in J. Sprenger/H. Institoris, *Malleus Maleficarum – Der Hexenhammer* (1487), übers. u. eingel.

v. J. W. R. Schmidt (1906), Teile I–III, Reprint Darmstadt 1974, S. XXXII–XLI
12 *Ibid.*, Teil I, S. 128
13 *Ibid.*, I, S. 197 – unsere Hervorhebung
14 *Ibid.*, I, S. 201 – unsere Hervorhebungen. Die von den Hexenverfolgern vorgenommene Unterscheidung zwischen Hexen und »Zauberern« bedeutet nun keineswegs, daß die Kirche nicht auch längst vor und ganz unabhängig von der Hexenverfolgung gegen die sog. Zauberei vorgegangen wäre. Die von J. Hansen, *op. cit.*, S. 1–37, verzeichneten 47 »päpstlichen Erlasse über das Zauber- und Hexenwesen 1258–1526« werden gelegentlich irrtümlich für die Erklärung der Hexenverfolgung herangezogen. Hansen ist daran mit seiner evolutionistischen Vorstellung vom nahtlosen Übergang zwischen Zauberei- und Hexenverfolgung nicht ganz unschuldig, weiß selber aber sehr wohl, daß *nicht vor dem 15. Jahrhundert* »die große Verfolgung« auf ein »kindermordendes und menschenfressendes, nachts herumschwebendes weibliches Gespenst« konzentriert wird, wobei dieses »Gespenst« erst jetzt seine »völlige Vermenschlichung ... und seine Verbindung mit der Vorstellung vom *schädlichen* Zauber« (unsere Hervorhebung) erlangt und als sehr genau umschriebene Personengruppe eben die »epidemische Hexenverfolgung« auf sich zieht. Vgl. J. Hansen, *Zauberwahn, Inquisition und Hexenprozeß im Mittelalter und die Entstehung der großen Hexenverfolgung*, München 1900 (Reprint Aalen 1983), S. 6f.
15 Sprenger/Institoris, *op. cit.*, III, S. 29 – unsere Hervorhebungen
16 Alles *ibid.*, III, S. 2f. – unsere Hervorhebungen
17 *Ibid.*, I, S. 38f. – Hervorhebungen im Original
18 Zu der häufiger werdenden Gleichsetzung von Judenpogrom und Hexenverfolgung, die dem weiblichen Leiden eine höhere Dignität verleihen soll, sei hier nur angemerkt, daß die Pestzeit ihre eigene Judenverfolgung jenseits der Geburtenkontrollbestrafung für Frauen *und* Männer gebiert; vgl. etwa A. Haverkamp, »Der Schwarze Tod und die Judenverfolgungen von 1348/49 im Sozial- und Herrschaftsgefüge deutscher Städte«, in *Trierer Beiträge*, 1977 (Sonderheft 2: »Fragen des älteren Jiddisch«), S. 78ff.
19 J. B. Russell, *Witchcraft in the Middle Ages*, Ithaka/N. Y. u. London 1972, S. 227ff., insbes. S. 230, vgl. dagegen L. Weiser-Aall, Artikel »Hexe«, in *Handwörterbuch des deutschen Aberglaubens*, Berlin u. Leipzig 1927–1942, Bd. III, Sp. 1840–1842
20 J. Hansen, *Zauberwahn ...*, *op. cit.*, S. 474
21 *Ibid.*, S. 474f.
22 *Ibid.*, S. 474
23 Jungwirth, Artikel »Hebamme«, in *Handwörterbuch des deutschen Aberglaubens*, Berlin u. Leipzig 1927–1942, Bd. III, Sp. 1588
24 Sprenger/Institoris, *op. cit.*, I, S. 157 – Kapitelüberschrift
25 R. H. Robbins, *The Encyclopedia of Witchcraft and Demonology*, New York 1959 (Reprint Feltham/Middlesex 1984) S. 544 i. V. m. S. 49
26 Hansen, *Zauberwahn ...*, *op. cit.*, S. 10
27 *Ibid.* S. 292 – unsere Hervorhebung
28 *Ibid.*, S. 291
29 G. Schormann, *Hexenprozesse in Deutschland*, Göttingen 1981, S. 108 – unsere Hervorhebung
30 Sprenger/Institoris, *op. cit.*, S. XXXVII. Für die entscheidende Differenz der Verurteilung dieser »Bezauberungen« gegenüber dem in der »Hexenbulle« ebenfalls ins Visier genommenen gewöhnlichen Schadenzauber an den »Früchten der Erde ... Menschen ... [und] Vieh« *(ibid.)* vgl. unten Kapitel II und IV

31 *Ibid.*, S. XXVIII–XLI
32 N.E. Himes, *Medical History of Contraception* (1936), New York 1970, S. XIIf.
33 M.W. Flinn, *The European Demographic System 1500–1820*, Brighton 1981, S. 45 u. 76
34 A.E. Imhof, *Einführung in die Historische Demographie*, München 1977, S. 89
35 A.E. Imhof, *Die gewonnenen Jahre*, München 1981, S. 57f. – unsere Hervorhebungen
36 D. Gaunt, *Familjeliv i Norden* (Das Familienleben in den nordischen Ländern), Malmö 1983, S. 242 – unsere Hervorhebung
37 P. Marschalck. »Zur Theorie des demographischen Übergangs«, in M. Wingen et al, *Ursachen des Geburtenrückgangs – Aussagen, Theorien und Forschungsansätze zum generativen Verhalten*, Stuttgart et al. 1979, S. 43
38 P. Marschalck, *op. cit.*, S. 45
39 A.E. Imhof, *Die gewonnenen Jahre ...*, *op. cit.*, S. 18
40 M. Sanger, *Zwangsmutterschaft*, Stuttgart et al. 1929, S. 287f.
41 F.A. Hassan, *Demographic Archaeology*, New York et al. 1981, S. 135
42 Vgl. K. Krag, *Plants Used as Contraceptives by the North American Indians*, Cambridge/Mass. 1976, passim. »Besonders erfolgreiche Versuche wurden mit einem aus einer Wüstenpflanze gewonnenen ›Wurzeltrank‹ durchgeführt. Es handelt sich um die Pflanze *Lithospermum ruderale*, die vom Indianerstamm der Schoschonen in Nevada als empfängnisverhütendes Mittel gebraucht wird. Die meisten Versuche bestätigen die Auffassung, daß in *Lithospermum* ein bei innerlicher Anwendung wirksamer Bestandteil vorhanden ist, der eine Reduktion der Fortpflanzungsfähigkeit verursacht«, so eine Untersuchung des Pharmakologen H. Jackson aus dem Jahre 1959, zit. n. J.T. Noonan, *Empfängnisverhütung. Geschichte ihrer Beurteilung in der katholischen Theologie und im kanonischen Recht* (1965, 1967[2]), Mainz 1969, S. 6f.
43 Vgl. G. Devereux, *A Study of Abortion in Primitve Society*, New York 1967, passim
44 Vgl. B. Hayden, »Population Control among Hunters/Gatherers«, in *World Archaeology*, 1972, S. 205ff.
45 Vgl. etwa R. Benedict, »Population Regulation in Primitive Societies«, in A. Allison, Hrsg., *Population Control*, Harmondsworth 1970, S. 165ff.
46 R.B. Lee, »Population Growth and the Beginnings of Sedentary Life among the !Kung Bushmen«, in B. Spooner, Hrsg., *Population Growth: Anthropological Implications*, Cambridge/Mass. 1972, S. 327ff.
47 Vgl. *Wirtschaftsploetz*, hrsg. v. H. Ott u. H. Schäfer, Würzburg 1984, S. 162
48 Zur Literatur über Kindestötung in Stammesgesellschaften vgl. ausführlich G. Heinsohn, O. Steiger, »The Elimination of Medieval Birth Control and the Witch Trials of Modern Times«, in *International Journal of Womens' Studies*, 1982, S. 215
49 A. Hamilton, »Australian Aboriginal Population, Malthus and the Theory of Population«, vv. Vortrag auf dem *Congrès international de démographie historique*, 27.–29.5.1980, UNESCO, Paris, S. 10 – unsere Hervorhebung
50 A.E. Imhof, *Die gewonnenen Jahre ...*, *op. cit.*, S. 19f.
51 Alles *ibid.* – unsere Hervorhebungen
52 Vgl. J.T. Noonan, *op. cit.*, S. 23
53 C.M. Cipolla, *Before the Industrial Revolution* (1976), London 1981[2], S. 307
54 P. Marschalck, *Bevölkerungsgeschichte Deutschlands im 19. und 20. Jahrhundert*, Frankfurt/M. 1984, S. 189
55 Vgl. M. Nordberg, *Den dynamiska medeltiden* (Das dynamische Mittelalter), Stockholm 1984, S. 22

56 M. W. Flinn, *op. cit.*, S. 16 und 93. All diese Sterblichkeitsziffern dürften eher zu niedrig angesetzt sein, da »das Zeitintervall zwischen der Geburt eines Kindes und seiner Taufe für die Ermittlung der Vollständigkeit des Geburtenregisters von Bedeutung war. Im Falle einer Verzögerung von Wochen oder gar Monaten vor der Taufzeremonie konnte dies dazu führen, daß Kinder, die früher starben, im Geburtenverzeichnis nicht auftauchten.« Vgl. S. Åkerman, »A Demographic Study of a Pre-Transitional Society«, in S. Åkerman, H. C. Johansen, D. Gaunt, *Chance and Change – Social and Economic Studies in Historical Demography in the Baltic Area*, Odense 1978, S. 37; für detaillierte Belege vgl. C. Winberg, *Folkökning och proletarisering* (mit einer ausführlichen englischen Zusammenfassung unter dem Titel »Population Growth and Proletarianization«), Göteborg 1975, S. 138 u. 341f.; auf die beachtliche Differenz zwischen den getauft verstorbenen und den insgesamt gestorbenen Säuglingen machen aufmerksam auch E. A. Wrigley, R. S. Schofield, *The Population History of England 1541–1871 – A Reconstruction*, London 1981, S. 96–102
57 Noonan, *op. cit.*, S. 23 – unsere Hervorhebungen
58 G. Heinsohn, *Privateigentum, Patriarchat, Geldwirtschaft*, Frankfurt/M. 1984, S. 153
59 Noonan, *op. cit.*, S. 20
60 Alles Himes, *op. cit.*, S. 98f.
61 Noonan, *op. cit.*, S. 12
62 *Ibid.*, S. 8 sowie S. 6f.
63 *Ibid.*, S. 24 u. 28 – unsere Hervorhebungen
64 *Ibid.*, S. 14
65 *Ibid.*, S. 172
66 B. Kummer, Artikel »Geburt«, in *Handwörterbuch des deutschen Aberglaubens*, Berlin u. Leipzig 1927–1942, Bd. III, Sp. 407 u. 412
67 *Ibid.*, Sp. 412
68 Jungwirth, *op. cit.*, Sp. 1592 – unsere Hervorhebung
69 M. Murray. *The Witch-Cult in Western Europe* (1921), Oxford 1962[2], passim
70 Alles aus C. Ginzburg, *Die Benandanti. Feldkulte und Hexenwesen im 16. und 17. Jahrhundert* (1966), Frankfurt/M. 1980, S. 12–14 – unsere Hervorhebung. Ginzburg hat für die norditalienische Provinz Friaul die »Existenz eines Fruchtbarkeitskultes« nachgewiesen, als dessen Träger die sogenannten Benandanti auftraten und der in weiten Teilen Mitteleuropas verbreitet gewesen sein soll. Er zeigt, wie im Verlauf eines Jahrhunderts, 1575–1676, dieser Kult unter dem Schrecken der Hexenverfolgung durch die Inquisition tatsächlich in einen veritablen Dämonenkult mit Teufelspakt und Hexensabbat »verformt« wird.
71 C. Hole, *Witchcraft in England* (1947), New York 1966[2], S. 131
72 R. H. Robbins, *op. cit.*, S. 540f.
73 Noonan, *op. cit.*, S. 28f.
74 Vgl. ausführlich G. Heinsohn, *Menschenopfer, Monotheismus, Tötungsverbot, Apokalyptik, Judenhaß – Zur Überwindung von Kindestötung und Menschenopfer am Himmelskörper durch den Eingottglauben und die Beschneidung bei den Juden*, Bremen (mimeo), 1984, passim
75 Himes, *op. cit.*, S. 77
76 *Ibid.*, s. a. Noonan, *op. cit.*, S. 37f.
77 *Ibid.*, S. 42 u. 45
78 *Ibid*, S. 48
79 Vgl. ausführlich G. Heinsohn, R. Knieper, O. Steiger, *Menschenproduktion – Allgemeine Bevölkerungstheorie der Neuzeit*, Frankfurt/M. 1979, Kapitel B
80 P. Dufour, *Geschichte der Prostitution (1815/54)*, Bd. 3. Berlin o. J., S. 13

81 Vgl. Noonan, *op. cit.*, S. 100. Im Jahre 374 wird die seit 318 als Verwandtenmord verfolgte Kindestötung dem generellen Mord gleichgestellt
82 *Ibid.*, S. 106
83 *Ibid.*, S. 106 f.
84 *Ibid.*, S. 139
85 *Ibid.*, S. 164 u. 163
86 *Ibid.*, S. 196 f.
87 D. Grigg, *Population Growth and Agrarian Change. A Historical Perspective*, Cambridge et al. 1980, S. 80
88 Vgl. R. Ring, »Early Medieval Peasant Households in Central Italy«, in *Journal of Family History*, 1979, S. 12, sowie B. Beuys, *Familienleben in Deutschland*, Reinbek 1980, S. 71
89 Vgl. Nordberg, *op. cit.*, S. 17
90 *Ibid.*, S. 26; vgl. a. Heinsohn/Knieper/Steiger, *op. cit.*, S. 52 f.
91 E. Le Roy Ladurie, *Montaillou – Ein Dorf vor dem Inquisitor 1294 bis 1324* (1975), Frankfurt/M. et al., 1982, S. 226 f.
92 *Ibid.*, S. 232
93 *Ibid.*, S. 229 u. 235
94 A. Brändström, »*De kärlekslösa mödrarna« – Spädbarnsdödligheten i Sverige under 1800-talet*.. (»Die lieblosen Mütter« – Die Säuglingssterblichkeit in Schweden im 19. Jahrhundert ...; mit einer ausführlichen englischen Zusammenfassung), Umeå 1984, S. 97
95 Nordberg, *op. cit.*, S. 22
96 Noonan, *op. cit.*, S. 192
97 *Ibid.*, S. 186 f.
98 J. Praetorius, *Blockes-Berges Verrichtung*, Leipzig u. Frankfurt/M. 1669 (Reprint Hanau 1968), S. 130 f. – erste Hervorhebung von uns
99 Vgl. Bodin, *Vom aussgelasnen* ..., *op. cit.*, S. 265 – diese und alle folgenden Verhochdeutschungen von uns
100 *Ibid.*, S. 290 u. 297
101 *Ibid.*, Marginalie von Fischart auf S. 3 der unpaginierten Vorrede
102 *Ibid.*, S. 262 – unsere Hervorhebung
103 *Ibid.*, S. 265
104 Noonan, *op. cit.*, S. 190
105 *Ibid.*, S. 723 ff.
106 *Ibid.*, S. 27
107 *Ibid.*, S. 257 f.
108 Vgl. etwa E. Coleman, »Infanticide in the Early Middle Ages«, in S. M. Stuard, Hrsg., *Women in Medieval Society*, Philadelphia 1976, sowie B. Kellum, »Infanticide in England in the Later Middle Ages«, in *History of Childhood Quarterly*, 1974, S. 367 ff.
109 Noonan, *op. cit.*, S. LVII
110 *Ibid.*, S. 281; siehe entsprechendes für das Früh- und Hochmittelalter *ibid.*, S. 191 ff.
111 *Ibid.*, S. 281 f.
112 Vgl. S. Shahar, *Die Frau im Mittelalter*, Königstein/Ts. 1981, S. 117; die Autorin sieht durchaus richtig, daß im Mittelalter die Geburtenkontrolle »keine sozio-demographische Bedrohung« *(ibid.)* erzeugt, wie Noonan im anschließenden Zitat zeigt. Ihre Verdrehung besteht darin, die Nichtbetroffenheit der Autoritäten durch die Geburtenkontrolle als Zeichen ihrer Seltenheit hinzustellen, was Noonan gerade nicht macht. Die Geburtenkontrolle gilt nicht als unproblematisch, weil sie selten wäre, sondern weil sie in die stationäre mittelalterliche Ökonomie paßt.

113 Noonan, *op. cit.*, S. 282 – unsere Hervorhebung; siehe Entsprechendes zur Verbreitung der Geburtenkontrolle im Früh- und Hochmittelalter *ibid.*, Kapitel V, insbesondere S. 191, wo Noonan hervorhebt, daß die mittelalterlichen »Bußbücher nicht einfach akademische Gelehrsamkeit wiederholten, sondern die tatsächlich vorhandenen empfängnisverhütenden Praktiken moralisch beurteilten«, ja sogar von einem »Überhandnehmen« dieser Praktiken spricht.

114 Vgl. etwa Nordberg, *op. cit.*, S. 78ff., oder D. Herlihy, »Land, Family and Women in Continental Europa 700–1200«, in S.M. Stuard, *Women in Medieval Society*, Philadelphia 1976, sowie zuletzt P. Ketsch, *Frauen im Mittelalter*, Bd. 1, Düsseldorf 1983 u. Bd. 2, Düsseldorf 1984

115 Nordberg, *op. cit.*, S. 149

116 Shahar, *op. cit.*, S. 194

117 Vgl. *ibid.*, S. 112; nach Aufzeichnungen eines englischen Gutsgerichts des 14. Jahrhunderts sind von drei Müttern eine unverheiratet, während maximal eines von zehn Kindern außerehelich geboren wird.

118 Vgl. J.-L. Fandrin, *Familien, Soziologie, Ökonomie, Sexualität* (1976), Frankfurt/M. et al. 1978, S. 210ff. u. P. Airès, »Marriage«. (Besprechung von P. Laslett et al. »Bastardy and its Comparative History«, London 1980), in *London Review of Books*, Nr. 20 (Okt./Nov.) 1980, S. 8

119 P. Ketsch, *op. cit.*, Bd. 1, S. 266

120 Vgl. E. Fuchs, *Illustrierte Sittengeschichte – Erster Band: Renaissance*, München 1909, S. 441, 444 u. 452, bzw. H.C.E. Midelfort, *Witch Hunting in Southwestern Germany 1562–1684*, Stanford, Cal. 1972, S. 182f.

121 G. Becker et al., »Zum kulturellen Bild und zur realen Situation der Frau im Mittelalter und in der frühen Neuzeit«, in G. Becker et al., *Aus der Zeit der Verzweiflung. Zur Genese und Aktualität des Hexenbildes*, Frankfurt/M. 1977, S. 78

122 P. Ketsch, *op. cit.*, Bd. 1, S. 262

123 G. Becker et al., *op. cit.*, S. 83f.

124 J. Michelet, *Die Hexe* (1863), München 1974, S. 20

125 B. Gloger, W. Zöllner, *Teufelsglaube und Hexenwahn*, Wien et al. 1984, S. 21f., vgl. ähnlich Trevor Roper, *op. cit.*, in C. Honegger, Hrsg., *op. cit.*, S. 190: »Im 11. Jahrhundert lehnte es König Coloman von Ungarn in seinen Gesetzen ab, sich mit Hexen zu befassen, ›da es sie nicht gibt‹, und im 12. Jahrhundert bezeichnete Johann von Salisbury die Vorstellung von einem Hexensabbat als Fabeltraum.«

126 L. Weiser-Aall. *op. cit.*, Sp. 1832–1835

127 R.H. Robbins, *op. cit.*, S. 337

128 H.P. Duerr, *Traumzeit. Über die Grenze zwischen Wildnis und Zivilisation*, Frankfurt/M. 1978, S. 67; s.a. S. 74

129 *Ibid.*, S. 56

130 Vgl. L. Gentz, »Vad förorsakade de stora häxprocesserna?« (mit einer ausführlichen englischen Zusammenfassung unter dem Titel »What Caused the Great Trials for Witchcraft?«), in *Arv. Tidskrift för Nordisk Folkminnesforskning*, 1954, S. 11 – unsere Hervorhebung

131 *Ibid.*, vgl. ähnlich H. Marzell, Stichwort »Bilsenkraut«, in *Handwörterbuch des deutschen Aberglaubens*, Berlin u. Leipzig 1927–1942, Bd. I, Sp. 1306, wo es unter Berufung auf ein pharmakologisches Experiment von 1925 über die Wirkung des in der »Hexensalbe« enthaltenen Bilsenkrauts heißt: »Die während der akuten Vergiftung erfolgten Halluzinationen (Fliegen in der Luft, Verwandlung in Tiergestalt) mögen nach dem Aufhören der Giftwirkung von dem Betreffenden als tatsächlich erlebt geglaubt worden sein.« Zur Rauschmittelqualität der Hexensalben vgl. auch H. Marzell, *Zauberpflanzen*

- *Hexentränke. Brauchtum und Aberglaube,* Stuttgart 1964, S. 47f. sowie H.J. Norman, »Witch Ointments«, in M. Summers, *The Werewolf,* New York 1966, S. 291f. Flughalluzinationen – einschließlich der orgiastischen nächtlichen Feste – sind ubiquitär bezeugt; vgl. etwa für afrikanische Hexen G. Parrinder, »The Witch as Victim«, in V. Newall, Hrsg., *The Witch Figure,* London u. Boston 1973, S. 131

132 Gentz, *op. cit.,* S. 37f. – unsere Hervorhebung; vgl. ausführlicher *ibid.,* S. 13–16 (erster Text), S. 32 (zweiter Text) sowie S. 29 i.V.m. S. 11 u. 24

133 Zit. n. W.G. Soldan, H. Heppe, *Geschichte der Hexenprozesse* (1843/ 1880), hrsg. v. M. Bauer, Berlin 1911³ (Reprint Hanau o.J.), Bd. I–II, I, S. 468

134 Anonymus (H.A.B.U.I.D.), »Rechtliches Bedenken in Malefitzsachen« (Frankfurt/M. 1.9.1590), in Bodin, *Vom aussgelasnen ....*, *op. cit.,* S. 302 – unsere Hervorhebungen

135 N. Cohn, *op. cit.,* S. 100

136 Eine Ahnung davon, daß in den *Hexen-Hebammen* auch die »Priesterin« des vorchristlichen Opfers fortlebt, formuliert etwa S. Golowin, *Die weisen Frauen. Die Hexen und ihr Heilwissen,* Basel 1982, S. 216f. Daß die Anklagen gegen Hexen immer wieder hervorheben, sie würden »an den Donnerstagen den Teufel zu sich laden können«, verweist einmal mehr auf die Tradition der Priesterinnen des Donar, der erst in christlicher Negation als Teufel erscheint; vgl. G. Steinhausen, *Quellen und Studien zur Geschichte der Hexenprozesse,* Weimar 1898, S. 35 sowie L. Herold, Artikel »Ziegenbock«, in *Handwörterbuch des deutschen Aberglaubens,* Berlin und Leipzig 1927–1942, Bd. X, Sp. 915ff.

137 A.D.J. Macfarlane, *Witchcraft in Tudor and Stuart England,* London 1970, S. 9

138 K. Thomas, *Religion and the Decline of Magic,* London 1971, S. 439

139 G. Henningsen, *The Witches' Advocate: Basque Witchcraft and the Spanish Inquisition (1609–1614),* Reno/Nevada 1980, S. 20 – unsere Hervorhebungen

140 Vgl. L. Gentz, *op. cit.,* S. 34 u. 36, bzw. J. Delumeau, *La peur en Occident,* Paris 1978, S. 474

141 Vgl. exemplarisch Duerr, *op. cit.,* passim

142 R.H. Robbins, *op. cit.,* S. 471; s.a. S. 337

143 Vgl. Sprenger/Institoris, *op. cit.,* I, S. 157

144 R.H. Robbins, *op. cit.,* S. 74

145 H. Brackert, »Daten und Materialien zur Hexenverfolgung«, in G. Becker et al., *op. cit.,* S. 326

146 Vgl. S. v. Riezler, *Geschichte der Hexenprozesse in Bayern* (1896), Neuauflage Stuttgart o.J., S. 57

147 R.H. Robbins, *op. cit.,* S. 305

148 *Ibid.,* S. 305f.

149 Sprenger/Institoris, *op. cit.,* I, S. 93 – unsere Hervorhebungen

150 *Ibid.,* I, S. 107

151 *Ibid.* – unsere Hervorhebung

152 *Ibid.,* I. S. 108 – unsere Hervorhebung

153 *Ibid.,* I. S. 60

154 *Ibid.*

155 *Ibid.,* I, S. 107

156 *Ibid.*; vgl. ähnlich *ibid.,* II, S. 69, wo – in fünf Punkten zusammengefaßt – der Nachweis angekündigt wird, wie die sieben Hexendelikte durchgeführt werden.

157 Vgl. *ibid.,* I, S. 109–157 und II, S. 69–93, 135–146 sowie 206–223

158 Vgl. etwa J. Boswell, *Christianity, Social Tolerance and Homosexuality. Gay People in Western Europe from the Beginning of the Christian Era to the Fourteenth Century,* Chicago 1980, passim
159 Sprenger/Institoris, *op. cit.,* I, S. 157f. – unsere Hervorhebungen
160 *Ibid.,* I, S. 131f. – unsere Hervorhebungen
161 *Ibid.,* I, S. 159
162 C. Hole, *op. cit.,* S. 129
163 P. Höjeberg, *Jordemor. Barnmorskor och barnaföderskor i Sverige* (Die »Nachwuchsmutter«. Hebammen und Gebärende in Schweden), Södertälje 1981, S. 19
164 D. Unverhau, *Von »Toverschen« und »Kunsthfruwen« in Schleswig 1548–1557. Quellen und Interpretationen zur Geschichte des Zauber- und Hexenwesens,* Schleswig 1980, S. 24. Das hohe Ansehen und die furchteinflößende Autorität der Heilzauberinnen führt nicht selten sogar dazu, daß recht freimütig, ja geradezu prahlerisch Hexengeständnisse von Personen abgelegt werden, die eher durch »stumpfen Gleichmut« als durch Könnerschaft auffallen; vgl. Steinhausen, *op. cit.,* S. 64
165 *Ibid.,* S. 39
166 Vgl. zu diesem weltweiten und zeitlosen Zauber etwa R. H. Robbins, *op. cit.,* S. 547 sowie M. Douglas, Hrsg., *Witchcraft. Confessions and Accusations,* London et al. 1970, passim, bes. S. XIII–XXXVIII. Zur Verfolgung Unschuldiger vgl. G. Parrinder, *op. cit.,* S. 137. Über einen ganz aktuellen Fall berichtet eine dpa-Meldung vom 6.2.1985: »Ein Gericht in der Stadt Pietersburg sprach die Angeklagten [Angehörige eines schwarzen Stammes in Südafrika] – darunter zwei ›Zauberdoktoren‹ – schuldig, zwei Mitglieder ihres Stammes zu Hexern erklärt und bei lebendigem Leib verbrannt zu haben ... In einem abgelegenen Gebiet der Provinz Transvaal war im März 1983 ein Junge von einem Blitz getötet worden. In der Überzeugung, daß sein Tod nur das Werk von bösen Hexen sein könne, ließ der Stamm die ›Zauberdoktoren‹ nach den ›Schuldigen‹ suchen. Zwei Männer im Alter von 60 und 76 Jahren wurden als solche ausgemacht und in ihren Hütten verbrannt«; *Frankfurter Allgemeine Zeitung* v. 7.2.1985, S. 9. Ein ähnlicher Fall wird für den Stamm der Tepehuanes in Mexiko berichtet, wo Ende 1984 eine Hexe und ein Medizinmann für angeblichen Schadenzauber gegen Menschen »zuerst gehenkt, anschließend auf grünem Holz verbrannt« worden sind; *Der Spiegel,* Nr. 9 v. 25.2.1985, S. 150
167 Zum Zusammenhang zwischen Mißernten und Zunahme von Hexenprozessen vgl. H. Lehmann, »Hexenglaube und Hexenprozesse in Europa um 1600«, in C. Degn, H. Lehmann, D. Unverhau, Hrsg., *Hexenprozesse. Deutsche und skandinavische Beiträge,* Neumünster 1983, S. 14ff.
168 Höjeberg, *op. cit.,* S. 19
169 Vgl. dazu ausführlich Forbes, *op. cit.,* 1966, Kap. 7
170 G. Becker et al., *op. cit.,* in G. Becker et al., *Aus der Zeit ...,* op. cit., S. 85
171 Höjeberg, *op. cit.,* S. 35
172 B. Ehrenreich, D. English, *Witches, Midwives, and Nurses. A History of Women Healers,* Old Westbury, N.Y. 1973, S. 12
173 So in seiner postum (1608) veröffentlichen Schrift *Discourse of the Damned Art of Witchcraft,* die 1610 auch auf deutsch erscheint; zit. n. Ehrenreich/English, *op. cit.,* S. 12f. – unsere Hervorhebungen
174 Vgl. J. Bodin, *The Six Bookes of a Commonweale* (1576), hrsg. v. K. D. McRae, Cambridge/Mass. 1962, Kapitel 8ff., S. 84ff.
175 *Ibid.,* Buch V, Kapitel 2, insbes. S. 571
176 Bodins Geschichtstheorie findet sich ausführlich in seiner *Method for the Easy Comprehension of History* (1566), übers., eingel. u. komment. v. B.

Reynolds (1945), New York 1969
177 J. Bodin, *The Response of Jean Bodin to the Paradoxes of Malestroit* (1568, 1578²), übers. u. eingel. v. G.A. Moore, Washington D.C. 1946
178 J. Bodin, *The Six Bookes ...*, op. cit., Buch VI, Kap. 1, S. 644. »Polizei« meint hier Politik und »Polizeiwissenschaft«, das, was später Staatswissenschaft genannt wird.
179 J. Kohler, »Bodinus und die Hexenverfolgung«, in *Archiv für Strafrecht und Strafprozess*, 1919, S. 47
180 J. Hansen, *Zauberwahn ...*, op. cit., S. 473
181 J. Kohler, op. cit., S. 43
182 G. Treffer, *Jean Bodin,* München 1977, S. 82
183 Vgl. dazu etwa G. Roellenbeck, »Der Schluß des ›Heptaplomeres‹ und die Begründung der Toleranz bei Bodin«, in H. Denzer, Hrsg., *Jean Bodin,* München 1973, S. 53ff.
184 Alles Robbins, op. cit., S. 55f.
185 J. Bodin, *Vom aussgelasnen wütigen ...*, op. cit., S. 234f. – unsere Hervorhebungen; diese und alle folgenden Verhochdeutschungen von uns
186 *Ibid.*, S. 257 – unsere Hervorhebung
187 Kohler, op. cit., S. 45f.
188 Dazu Robbins, op. cit., S. 156
189 Vgl. E.W. Monter, »Inflation and Witchcraft: The Case of Jean Bodin«, in T.K. Raab u. J.E. Seigel, Hrsg., *Action and Conviction in Early Modern Europe,* Princeton 1969, S. 371ff.; s. ähnlich S. Janson, *Jean Bodin – Johann Fischart. De la démonomanie des Sorciers (1580) – Vom Außgelaßnen wütigen Teuffelsheer (1581) und ihre Fallberichte,* Frankfurt/M. et al. 1980, S. I
190 Vgl. oben Kapitel I, Anmerkung 7
191 Vgl. etwa J. Bodin, *Vom aussgelasnen ...*, op. cit., S. 117 u. 201
192 *Ibid.*, S. 76
193 *Ibid.*, S. 77 – unsere Hervorhebung
194 *Ibid.*, S. 75; vgl. zur »Verknüpfung« auch Robbins, op. cit., S. 305ff.
195 Bodin, *Vom aussgelasnen ...*, op. cit., S. 75
196 *Ibid.*, S. 76
197 *Ibid.*, S. 74
198 *Ibid.*, S. 75
199 *Ibid.*, S. 74
200 *Ibid.*, S. 236
201 Alles *ibid.*, S. 236–239
202 *Ibid.*, S. 140
203 *Ibid.*, S. 247 – unsere Hervorhebung
204 *Ibid.*, S. 240
205 *Ibid.*, S. 265
206 *Ibid.*, S. 272
207 Vgl. S.B. Clough, R.T. Rapp, *European Economic History,* New York et al. 1975, S. 52 (von uns ergänzt); zum Effekt der Pest s.a. die etwas anderen Zahlen bei C.M. Cipolla, op. cit., S. 150. Von 1000 bis 1340 steigt dort die Bevölkerung von ca. 35 auf ca. 80 Millionen, um dann zwischen 1348 und 1350 um 25 Millionen abzusinken. Erst um 1600 wird wieder das Niveau aus der Zeit vor der Pest erreicht, wobei der entscheidende Anstieg mit dem Höhepunkt der Hexenverfolgung im 16. Jahrhundert zusammenfällt. Um 1700 wird die europäische Bevölkerung dann bereits auf 100 Millionen geschätzt.
208 R. Lee, »Population in Pre-Industrial England: An Economic Analysis«, in *Quarterly Journal of Economics*, 1973, S. 606 und R.K. Kelsal, *Population*

(the Social Structure of Modern Britain), London 1975³, S. 16 u. 123
209 C. McEvedy, R. Jones, *Atlas of World Population History*, London 1978, S. 57 bzw. 69. Die Graphiken zeigen die Wirkungen der Pest nicht ganz so präzise wie die englische Zahlenreihe, machen aber doch deutlich, daß die Bevölkerung um zwischen 30% (Deutschland) und 35% (Frankreich) bis zum Ende des 14. Jahrhunderts fällt.
210 Übers. v. W. Binder in *Langenscheidtsche Bibliothek sämtlicher griechischen und römischen Klassiker*, 70. Bd., Berlin u. Stuttgart 1855–1907
211 Zu den Ehegesetzen des Augustus vgl. ausführlich P. Jörs, *Die Ehegesetze des Augustus*, Marburg 1896; Astolfi, *La Lex Julia et Papia*, Padova 1970 sowie P. Csillag, *The Augustean Laws on Family Relations*, Budapest 1976; zu der weiteren Entwicklung vgl. Heinsohn/Knieper/Steiger, *op. cit.*, Kap. B. Ein anderer – nicht-abendländischer und nicht-christlicher – Versuch, Kindestötung und Abtreibung durch Gesetze einzudämmen, ist für die japanische Tokugawadynastie (1600–1866) bezeugt. Er richtet sich gegen ein Verhalten, das nach einer starken Vermehrung der Bevölkerung und der Bauernstellen in eine so extensive Kindesbeseitigung umschlägt, daß die Feudalherren um den Bestand ihrer Bauernschaft in Sorge geraten; vgl. S. B. Hanley, »Population Trends and Economic Development in Tokugawa Japan«, in *Daedalus*, 1968 (Bd. 97), S. 631
212 M. Rostowzew, Artikel »Kolonat«, in *Handwörterbuch der Staatswissenschaften*, 5. Bd., Jena 1910³, S. 919
213 Vgl. zu dieser Dynamik bes. Nordberg, *op. cit.*, S. 59ff.
214 Zu dieser mittelalterlichen Warmzeit vgl. H. H. Lamb, *Climate – Present, Past and Future. Vol. 2. Climatic History and the Future*, London u. New York 1977, S. 435ff.
215 L. White Jr., »The Expansion of Technology 500–1500« (1969), in C. M. Cipolla, Hrsg., *The Fontana Economic History of Europe, Vol. I. The Middle Ages*, Glasgow 1972, S. 146
216 J. C. Russell, »Population in Europe 500–1500« (1969), in C. M. Cipolla, Hrsg., *The Fontana Economic History of Europe, Vol. I. The Middle Ages*, Glasgow 1972, S. 59
217 Vgl. die obige Tabelle
218 J. C. Russell, *op. cit.*, S. 51f.
219 Vgl. etwa M. M. Postan, *The Medieval Economy and Society*, Harmondsworth 1975, S. 63f.
220 Vgl. Nordberg, *op. cit.*, S. 34f. – unsere Hervorhebung
221 Vgl. die obige Tabelle
222 J. Hatcher, *Plague, Population and the English Economy 1348–1530*, London 1977, S. 71
223 Nordberg, *op. cit.*, S. 32
224 Vgl. *Wirtschaftsploetz*, S. 50
225 N. Cohn, *The Pursuit of the Millenium. Revolutionary Millenarians and Mystical Anarchists of the Middle Ages* (1957), London et al. 1970³, S. 131; vgl. näher N. Bulst, »Der Schwarze Tod. Demographische, wirtschafts- und kulturgeschichtliche Aspekte der Pestkatastrophe von 1347–1352«, in *Saeculum* 1979, S. 45ff.
226 Vgl. R. Brenner, »Dobb on the Transition from Feudalism to Capitalism«, in *Cambridge Journal of Economics*, 1978, S. 129; vgl. ausführlicher R. Brenner, »Agrarian Class Structure and Economic Development in Pre-Industrial Europe«, in *Past and Present*, Nr. 70, 1976, S. 30ff.
227 Cipolla, *op. cit.*, S. 55ff.
228 L. Poliakov, *Geschichte des Antisemitismus. Bd. II: Das Zeitalter der Verteufelung und des Ghettos*, Worms 1978, S. 43. Zum Beginn der Hexen-

verfolgung vgl. J.B. Russell, *op. cit.*, S. 199
229 Cohn, *Europe's ...*, *op. cit.*, Kap. 10, vgl. auch R. Kieckhefer, *European Witch Trials. Their Foundations in Popular and Learned Culture 1300–1500*, London u. Henley 1976, S. 18
230 Cohn, *Europe's ...*, *op. cit.*, S. 255; vgl. ähnlich Kieckhefer, *op. cit.*, S. 22
231 J.B. Russell, *op. cit.*, S. 202
232 Cohn, *The Pursuit ...*, *op. cit.*, Kap. 7
233 Nordberg, *op. cit.*, S. 30
234 Gentz, *op. cit.*, S. 3f.
235 Robbins, *op. cit.*, S. 263
236 H. Kühner, *Das Imperium der Päpste*, Frankfurt/M. 1980, S. 239
237 Sprenger/Institoris, *op.cit.*, Einleitung von J.W.R. Schmidt, S. XLII
238 K. Ellinger, »Die Hexen«, in H. Haag, Hrsg., *Teufelsglaube (1974)*, Tübingen 1980[2], S. 447
239 L. Baier, *Die große Ketzerei*, Berlin 1984, S. 11
240 Noonan, *op. cit.*, S. 226
241 *Ibid.*, S. 207
242 *Ibid.*, S. 215
243 Hansen, *Zauberwahn ...*, *op. cit.*, S. 309. Diese von Hansen benutzte – und erstmals 1829 publizierte – französische Quelle basiert allerdings auf früheren Verfälschungen – vgl. Cohn, *Europe's ...*, *op. cit.*, S. 126ff., sowie Kieckhefer, *op. cit.*, S. 157
244 Robbins, *op. cit.*, S. 549 u. ähnlich S. 245
245 Die »Apologie« erschien als Vorrede zum *Hexenhammer* und ist lateinisch und deutsch abgedruckt in Sprenger/Institoris, *op. cit.*, S. XLII–XLVI (Zitat S. XLVf.)
246 Soldan/Heppe, *op. cit.*, 1. Bd., S. 396
247 Von den Verfassern zusammengestellt unter Verwendung v. M. Hirschfeld, J.R. Spinner, *Geschlecht und Verbrechen*, Leipzig u. Wien 1930, S. 87 sowie Sprenger/Institoris, *op. cit.*, I, S. 107
248 M. Foucault, *Sexualität und Wahrheit. Erster Band: Der Wille zum Wissen* (1976), Frankfurt/M. 1977, S. 36 u. 43; vgl. auch Teil B, Kap. VI
249 H. Zwetsloot, *Friedrich Spee und die Hexenprozesse*, Trier 1954, S. 52
250 Zu England und Schottland vgl. Robbins, *op. cit.*, S. 160ff.
251 Zu Schweden vgl. Robbins, *op. cit.*, S. 492
252 *Ibid.*, S. 209
253 G. Radbruch, Hrsg., *Die Peinliche Gerichtsordnung Kaiser Karls V. von 1532 (Carolina)*, Stuttgart 1980[5], S. 78
254 Hansen, *Quellen ...*, *op. cit.*, S. 342 i.V.m. S. 279 – unsere Hervorhebung
255 Alles Radbruch, *op. cit.*, S. 81ff.
256 *Ibid.*, S. 89
257 *Ibid.*, S. 48
258 Anonymus, *op. cit.*, S. 316f. i.V.m. S. 315
259 Zwetsloot, *op. cit.*, S. 54
260 P. Dähn, »Zur Geschichte des Abtreibungsverbots«, in J. Baumann, Hrsg., *Das Abtreibungsverbot des § 218*, Neuwied 1971, S. 333
261 Ketsch, *op. cit.*, Bd. 1, S. 262
262 *Ibid.*, S. 263
263 *Ibid.*, unsere Hervorhebungen
264 *Ibid.*, S. 279 – unsere Hervorhebungen
265 Vgl. Thomas, *op. cit.*, S. 12
266 *Ibid.*, S. 282 – unsere Hervorhebung
267 *Ibid.*, S. 284 u. 283
268 *Ibid.*, S. 284f.

269 *Ibid.*, S. 285 – unsere Hervorhebung
270 Alles *ibid.*, S. 283
271 *Ibid.*, S. 285
272 Höjeberg, *op. cit.*, S. 40
273 Forbes, *op. cit.*, S. 132
274 Vgl. Forbes, »The Regulation of English Midwives in the Sixteenth and Seventeenth Centuries«, in *Medical History,* 1964, S. 235
275 *Ibid.*, S. 237f.
276 *Ibid.*, S. 239; vgl. ausführlicher Ders., *The Midwife ...*, *op. cit.*, Kapitel 10
277 E. Shorter, *Der weibliche Körper als Schicksal* (1982), München 1984, S. 54
278 Kohler, *op. cit.*, S. 46
279 Noonan, *op. cit.*, S. 268
280 Gentz, *op. cit.*, S. 7ff. u. S. 38, wo »das rein merkantile Verkaufsinteresse« des Staates als Grund der Händlerbestrafung vermutet wird.
281 So der Regensburger Stadtarzt Dr. Scheub im Jahre 1579, zit. n. Ketsch, *op. cit.*, 1. Bd., S. 295 – unsere Hervorhebung
282 Vgl. S. Golowin, *Hexer und Henker im Galgenfeld. Seltsame Menschen und Kräuter vor Berns Unter-Tor,* Bern 1970, S. 39 u. 41f. – unsere Hervorhebung
283 G. Heinsohn, O. Steiger, »Die Kriminalisierung der Geburtenkontrolle – Anmerkungen zum 500jährigen Jubiläum der Hexenbulle«, in *Der Monat* (neue Folge), Nr. 293, November 1984, S. 190
284 Noonan, *op. cit.*, S. 386
285 M. Luther, »Vom ehelichen Stande« (1522) in *Luther Deutsch*, Bd. 7, Stuttgart und Göttingen 1967^2, S. 285 – unsere Hervorhebung
286 J.D. Chambers, *Population, Economy, and Society in Pre-Industrial England,* London et al. 1972, S. 42
287 Luther, *op. cit.*, S. 305 – unsere Hervorhebung
288 Zit. n. J. Dieffenbach, *Der Hexenwahn vor und nach der Glaubensspaltung in Deutschland* (1886), Reprint Leipzig 1978, S. 294
289 Zit. n. M. Hammes, *Hexenwahn und Hexenprozesse,* Frankfurt/M. 1977, S. 156
290 Soldan/Heppe, *op. cit.*, Bd. 1, S. 53
291 Dieffenbach, *op. cit.*, S. 298
292 Robbins, *op. cit.*, S. 279
293 Soldan/Heppe, *op. cit.*, Bd. 1, S. 537
294 *Ibid.*, S. 537f.
295 Noonan, *op. cit.*, S. 46 – unsere Hervorhebungen
296 *Ibid.*, S. 447
297 *Ibid.*; Gregor XIV. als Nachfolger Sixtus V. hebt die Todesstrafe für Empfängnisverhütung und auch für Abtreibung vor dem 40. Tag eines Fötus wieder auf, ändert aber nichts an der moralischen Gleichstellung von Verhütung und Tötung. Die Milderung der Todesstrafe wird nun häufig so aufgefaßt, als habe die Kirche bis zum Ende des 19. Jahrhunderts eine Fristenlösung akzeptiert, da sie erst dann von der Lehre der Sukzessivbeseelung auf die Lehre von der Simultanbeseelung (= Leben beginnt mit Empfängnis und nicht erst nach dem 40. Tag des Fötus) übergeht. Die Abtreibung bleibt nach dem 16. Jahrhundert ein todeswürdiges Verbrechen, nur wird die Hinrichtung auf die Fälle beschränkt, in denen die Abtreibung nach dem 40. Tag vorgenommen wird. Als typische Verkennung dieser Position der Kirche vgl. etwa die Stellungnahme von H. Ehmke für die Mehrheit des Deutschen Bundestages v. 30. 9. 1974 vor dem Bundesverfassungsgericht im Streit um den § 218, in C. Arndt, B. Erhard, L. Funcke, Hrsg., *Der § 218 StGB vor dem Bundesverfassungsgericht,* Karlsruhe 1979, S. 193f. u. 206

298 F. von Spee, *Cautio Criminalis oder Rechtliches Bedenken gegen Hexenprozesse* (1631, 1632²), übers. u. eingel. v. J.-F. Ritter, München 1982, S. 4
299 *Ibid.*, S. 11
300 *Ibid.*, S. 5f.
301 *Ibid.*, S. 20
302 C. Thomasius, »De Crimine Magiae/Von dem Laster der Zauberey« (1701), in Ders., *Über die Hexenprozesse,* überarb. u. hrsg. v. R. Lieberwirth, Weimar 1967, S. 32/33ff., bzw. B. Bekker, *Die bezauberte Welt* (1691/93), Amsterdam 1693. An Bekker kann sehr klar gezeigt werden, daß die Forderung nach Abschaffung der Hexenprozesse keineswegs die Wiederherstellung der für Genußsexualität unerläßlichen Fähigkeit zur Geburtenkontrolle meint, sondern lediglich die Ersetzung der physischen Vernichtung der sexuell Raffinierten durch Aberziehung der Sexualität: Von Bekker erscheint postum das Pamphlet *Onania* (Amsterdam 1710), die erste systematische Begründung wider die jugendliche Masturbation, die von der »Polizey«-Wissenschaft des Zeitalters der ›Aufklärung‹ als schweres Hindernis der Fortpflanzungssexualität eingeschätzt wird; vgl. Heinsohn/Knieper/Steiger, *op. cit.,* Kap. D. 2, sowie ausführlicher Teil B, Kapitel VI, des vorliegenden Buches.
303 In einigen Territorien gehen die Hexenprozesse allerdings noch ein volles Jahrhundert weiter. So wird in *Bayern* die Bestrafung für Hexerei noch 1751 in das Strafgesetzbuch aufgenommen und erst am 1.10.1813 in dem von Anselm Feuerbach (1774–1838), der bereits 1806 zur Abschaffung der Folter beiträgt, erarbeiteten neuen Strafgesetz aufgehoben. Ebenfalls in Bayern, das noch heute (neben Baden-Württemberg) als einziges Bundesland die Einrichtung freier Ambulantorien zur Schwangerschaftsunterbrechung verbietet, wird am 30.3.1775 in Kempten/Allgäu zum letztenmal in Deutschland eine Frau als Hexe enthauptet; vgl. von Riezler, *op. cit.,* S. 273 u. 319, sowie Soldan/Heppe, *op. cit.,* 2. Bd., S. 319
304 H. Brackert, *op. cit.,* in G. Becker et al., *op. cit.,* S. 335ff.
305 *Wirtschaftsploetz,* S. 53
306 Hatcher, *op. cit.,* S. 63
307 *Ibid.*
308 Grigg, *op. cit.,* S. 83
309 Hatcher, *op. cit.,* S. 27
310 Wrigley/Schofield, *op. cit.,* S. 736
311 G. Roskoff, *Geschichte des Teufels,* Leipzig 1869, Bd. II, S. 328
312 Dieffenbach, *op. cit.,* S. 180
313 Vgl. etwa Delumeau, *op. cit.,* S. 455
314 Vgl. etwa Z. Kovács, »Die Hexen in Rußland«, in *Acta Ethnographica Academiae Hungaricae,* 1973, S. 51ff.
315 Ellinger, *op. cit.,* S. 441
316 *Ibid.;* Ellinger verweist hier auf F. Morrow
317 Vgl. H. Döbler, *Hexenwahn – Die Geschichte einer Verfolgung,* München 1977, 3. Umschlagseite
318 K. Baschwitz, *Hexen und Hexenprozesse,* München 1963, S. 52
319 Zwetsloot, *op. cit.,* S. 56 FN 59
320 Robbins, *op. cit.,* S. 180
321 J.B. Russell, *op. cit.,* S. 39
322 Delumeau, *op. cit.,* S. 456f.
323 Cohn, *Europe's ...,* *op. cit.,* S. 253
324 Robbins, *op. cit.,* S. 78; vgl. aber zur Kritik das Nachwort, Anm. 16
325 Ibid.; diese Schrift erlebte bis 1723 sieben Auflagen
326 *Ibid.,* S. 407f.

327 B.E. König, *Hexenprozesse – Ausgeburten des Menschenwahns im Spiegel der Hexenprozesse und der Autodafés* (ca. 1900), Reprint Schwerte/Ruhr o.J., S. 581
328 H.H. Kunstmann, *Zauberwahn und Hexenprozeß in der Reichsstadt Nürnberg*, Diss. Mainz, Nürnberg 1970, S. 157
329 J. Solé, *Liebe in der westlichen Kultur* (1976), Frankfurt/M. et al. 1979, S. 139
330 Zwetsloot, *op. cit.*, S. 57, FN 67
331 Soldan/Heppe, *op. cit.*, Bd. 2, S. 2
332 Vgl. dazu und zu den vorhergehenden Zahlen Robbins, *op. cit.*, S. 179f.
333 Zu diesen Zahlen vgl. *ibid.*, S. 219f., 555ff., 35 u. 156
334 *Ibid.*,S. 209 und insgesamt für Frankreich S. 207ff.
335 *Ibid.*, S. 180
336 Forbes, *The Midwife* ..., *op. cit.*, S. 113f.
337 Robbins, *op. cit.*, S. 457
338 *Ibid.*, S. 164
339 Vgl. für England *ibid.*, S. 94 u. 251f.
340 Vgl. für Schweden *ibid.*, S. 348ff. u. 492 sowie Soldan/Heppe, *op. cit.*, Bd. 2, S. 262 und entsprechend für Norwegen H.E. Naess, »Die Hexenprozesse in Norwegen«, in C. Degn et al., *op. cit.*, S. 167 und S. 169, bzw. für Dänemark, G. Henningsen, »Hexenverfolgung und Hexenprozesse in Dänemark«, in C. Degn et al., *op. cit.*, S. 144 und S. 146
341 W. v. Baeyer-Katte, »Die historischen Hexenprozesse«, in W. Bitter, Hrsg., *Massenwahn in Geschichte und Gegenwart*, Stuttgart 1965, S. 222
342 Ellinger, *op. cit.*, S. 441
343 Bodin, *Vom aussgelasnen* ..., *op. cit.*, S. 4 der nichtpaginierten Vorrede
344 Henningsen, *op. cit.*, S. 180
345 v. Baeyer-Katte, *op. cit.*, S. 225
346 Ellinger, *op. cit.*, S. 463
347 Baschwitz, *op. cit.*, S. 141; ähnlich Delumeau, *op. cit.*, S. 77; Forbes, *op. cit.*, S. 112ff.; Cohn, *Europe's* ..., *op. cit.*, S. 249; J. Schöck, *Hexenglaube in der Gegenwart*, Tübingen 1978, S. 63
348 Sprenger/Institoris, *op. cit.*, III, S. 211f. – unsere Hervorhebung
349 v. Riezler, *op. cit.*, S. 166
350 Forbes, *The Midwife* ..., *op. cit.*, S. 128
351 v. Riezler, *op. cit.*, S. 145
352 Hammes, *op. cit.*, S. 62 – unsere Hervorhebung
353 Vgl. etwa Midelfort, *op. cit.*, S. 180f.; ähnlich Naess, *op. cit.*, S. 171
354 Soldan/Heppe, *op. cit.*, Bd. 2, S. 17; zu solcher ›gewöhnlichen Meinung‹ vgl. exemplarisch A. Droß, *Die erste Walpurgisnacht. Hexenverfolgung in Deutschland* (1978), Reinbek 1981, passim
355 Soldan/Heppe, *op. cit.*, Bd. 2, S. 17–20
356 *Ibid.*, Bd. 1, S. 185
357 Zit. n. *ibid.*, Bd. 1, S. 519f.
358 Zit. n. *ibid.*, Bd. 1, S. 513
359 Zit. n. *ibid.*, Bd. 1, S. 514
360 Praetorius, *op. cit.*, S. 139
361 Schöck, *op. cit.*, S. 65
362 Sprenger/Institoris, *op. cit.*, II, S. 165; die Autoren zielen dabei auf sog. »Bogenschützen-Hexer« (*ibid.*, S. 161), die als große Tötungsspezialisten gebrandmarkt und später auch von Bodin kurz als zauberische »Schützen« aufgeführt werden – vgl. *Vom aussgelasnen* ..., *op. cit.*, S. 292
363 Schöck, *op. cit.*, S. 65f.
364 Dazu Schormann, *op. cit.*, S. 15 – unsere Hervorhebung. Eine Auswertung des Schleswiger Prozeßarchivs (1548–1557) kommt zu dem resignierenden

Schluß, daß »das Ergebnis trotz aller Mühen ›wenig mehr als Null‹« sei; Unverhau, *op. cit.*, S. 83

365 [J. Mettke], »»Femina – die weniger Glauben hat‹. Neue Forschungsergebnisse über die Ursachen der Hexenverfolgung«, in *Der Spiegel*, Nr. 43 v. 22.10.1984, S. 125

366 Dieffenbach, *op. cit.*, S. 52f.

367 Soldan/Heppe, *op. cit.*, Bd. 1, S. 235

368 *Ibid.*, Bd. 1, S. 17 – unsere Hervorhebung

369 Brackert, *op. cit.*, in G. Becker, *op. cit.*, S. 335

370 *Ibid.*, S. 382f. für den Hexenprozess in Dillingen, bzw. Steinhausen, *op. cit.*, S. 34f. und S. 40 für die pommerschen Fälle

371 Soldan/Heppe, *op. cit.*, Bd. 2, S. 78

372 Brackert, *op. cit.*, S. 359, bzw. H.H. Kunstmann, *op. cit.*, S. 111 – unsere Hervorhebungen

373 v. Riezler, *op. cit.*, S. 338f. Einen ganz ähnlichen Verhörablauf findet man in dem Protokoll des Hexenprozesses 1655/56 gegen die der Kindestötung angeklagten Ursula Hufner in Derenburg bei Halberstadt, das uns von Dr. Paul C. Martin/Zürich im Original und als Transkription freundlicherweise zugänglich gemacht worden ist. Als 10. Frage erscheint: »Ob sie auch mit Kräutern heile, und wie dieselben heißen?« 12. »Wo sie das Hexen gelernt? Und wie sie es gelernt?«. 24. »Ob sie nicht Martin Vetters(?) Kinde auf Matthias Huffners Kindstaufe ein Stück gegeben?«.25. »Ob sie nicht dem Kinde dadurch etwas Böses beigebracht?« sowie 28. »Ob sie nicht Christoph Ohlmanns Tochter Kind behexet? Womit und warum?«; vgl. *Manuskript. Ein Hexenprozess m. allen Original-Aktenstücken über die im Jahre 1656 zu Derenburg bei Halberstadt verbrannte Hexe Ursula Hufner. Ein merkwürdiges Dokument damaliger Barbarei. In Folio*, S. 13ff.

374 Soldan/Heppe, *op. cit.*, Bd. 2, S. 74

375 Sprenger/Institoris, *op. cit.*, II, S. 135

376 Bodin, *Vom aussgelasnen ...*, *op. cit.*, S. 204

377 Zit. n. Soldan/Heppe, *op. cit.*, Bd. 1, S. 487

378 Cohn, *Europe's ...*, *op. cit.*, S. 248

379 Soldan/Heppe, *op. cit.*, Bd. 2, S. 80

380 v. Riezler, *op. cit.*, S. 270f.

381 Soldan/Heppe, Bd. 2, S. 54 u. 122, sowie Döbler, *op. cit.*, S. 208

382 Döbler, *ibid.*

383 Zit. n. Unverhau, *op. cit.*, S. 11f.

384 Vgl. A. Huxley, *Schöne neue Welt. Ein Roman der Zukunft* (1932, 1946[2]), Frankfurt/M. 1981, bzw. G. Orwell, *1984. Roman* (1948), Berlin u. Wien 1984

385 Sprenger/Institoris, *op. cit.*, II, S. 145

386 Schormann, *op. cit.*, S. 5

387 Ellinger, *op. cit.*, S. 442

388 Priskil, *op. cit.*, S. 10

389 Schormann, *op. cit.*, S. 9 und S. 5

390 A. Solschenizyn, *Der Archipel Gulag* (1973), Bern 1974, S. 106

391 A. Hitler, *Mein Kampf* (1925/27), München 1932, S. 75

392 Akademie der Wissenschaften der UdSSR – Institut für Ökonomie, *Lehrbuch Politische Ökonomie* (1954), Berlin-DDR 1955, S. 364

393 Noonan, *op. cit.*, S. 677f. – unsere Hervorhebung

394 H. Dollinger, *Schwarzbuch der Weltgeschichte*, Herrsching o. J., S. 284

395 Grigg, *op. cit.*, S. 1

396 Vgl. J. Tak, C. Haub, E. Murphy, *Our Population Predicament*, Washington D.C. 1979, zit. n. *European Demographic Information Bulletin*, 1979, S. 164

397 H. Kahn et al., *The Next 200 Years*, New York 1976, S. 29
398 McEvedy/Jones, *op. cit.*, S. 30f.
399 Vgl. dazu auch Teil B, Kapitel VIII und ausführlich auch G. Heinsohn, O. Steiger, »Die Kinder Europas. Von der gewaltsamen Menschenproduktion zur ›menschlichen Springflut‹«, in *Kursbuch* Nr. 62, Dezember 1980, S. 135ff.
400 McEvedy/Jones, *op. cit.*, S. 18
401 *Ibid.*, S. 320
402 *Atlas zur Geschichte*, hrsg. v. Zentralinstitut für Geschichte der Akademie der Wissenschaften der DDR, Gotha u. Leipzig 1975, Bd. 2, S. 28
403 *Concisè Report on the World Population Situation in 1970–75*, hrsg. von den Vereinigten Nationen (UNO) New York 1974, S. 2 u. 17
404 McEvedy/Jones, *op. cit.*, S. 43
405 Vgl. Wrigley/Schofield, *op. cit.*, S. 243 i. V. m. S. 528f. Die *Brutto*reproduktionsrate drückt aus, wie viele Töchter im Durchschnitt von Frauen einer bestimmten Jahrgangsgruppe während ihrer Fruchtbarkeitsperiode – im allgemeinen zwischen 15 und 44 Lebensjahren – geboren werden. Da hierbei die Lebenserwartung nicht berücksichtigt wird, andererseits bis Mitte des 19. Jahrhunderts in Europa diese unter dem Ende der Fruchtbarkeitsperiode liegt, kann eine Bruttoreproduktionsrate von 1 für den behandelten Zeitraum keine stabile Bevölkerung garantieren, sondern muß dafür weit darüber liegen. Das entscheidende Maß für die volle Reproduktion ist eine *Netto*reproduktionsrate von 1, d. h. die um die Sterbewahrscheinlichkeit reduzierte Bruttoreproduktionsrate. In den Jahren 1661 bis 1681 schwankte sie zwischen 0.8 und 1.0. Der vorübergehende Rückgang der Bruttoreproduktionsrate zwischen 1651 und 1681 ist teilweise ein indirektes Resultat der vorwiegend männlichen Emigration aus England, die zur Ehelosigkeit vieler Frauen führt – vgl. *ibid.*, S. 232f.
406 *Ibid.*, S. 236
407 *Ibid.*, S. 235 i. V. m. S. 231; »Lebenserwartung« steht hier als Indikator für fallende Sterblichkeit
408 Vgl. M. Anderson, *Approaches to the History of the Western Family 1500–1914*, London 1980, S. 19
409 Flinn, *op. cit.*, S. 20, bzw. E. Shorter, *Die Geburt der modernen Familie* (1975), Reinbeck 1977, Anh. I
410 J. Dupâquier, »Population«, Kapitel 4 in P. Burke, Hrsg., *The New Cambridge Modern History. Vol. XIII: Companion Volume*, Cambridge 1979, S. 84
411 Der Terminus stammt von J. Hajnal, »European Marriage Patterns in Perspective«, in D. V. Glass, E. C. Eversley, Hrsg., *Population in History*, London 1965, S. 101ff., und ist auf das »Ehemuster« im *westlichen* Europa beschränkt.
412 N. Tranter, *Population Since the Industrial Revolution. The Case of England and Wales*, London 1973, S. 92; vgl. die fast gleichlautende Verwunderung bei Dupâquier, *op. cit.*, S. 102
413 Vgl. insgesamt Flinn, *op. cit.*, Kap. 3
414 Vgl. im einzelnen Dupâquier, *op. cit.*, S. 98; J.-L. Flandrin, *op. cit.*, S. 214 u. 216; R. Liljeström, *A Study of Abortion in Sweden*, Stockholm 1974, S. 16; Imhof, *Einführung ...*, *op. cit.*, S. 84; vgl. insgesamt M. Mitterauer, *»Ledige Mütter«. Zur Geschichte unehelicher Geburten in Europa*, München 1983, passim
415 Flandrin, *op. cit.*, S. 212ff.
416 Vgl. J. Frykman, *Horan i bondesamhället* (Die Hure in der Agrargesellschaft), Lund 1977, S. 99; vgl. ähnlich für Dänemark S. Johansen, »Unghore

- gift kone - gammel heks« (Junge Hure - verheiratete Frau - alte Hexe), in *Kontext* (Kopenhagen), Nr. 46, 1984, S. 12ff.
417 M. Schwarz, *Die Kindestötung in ihrem Wandel vom qualifizierten zum privilegierten Delikt*, Berlin 1935, passim; vgl. eine Untersuchung mit ähnlichen Ergebnissen für Frankreich Y.-B. Brissaud, »L'infanticide à la fin du moyen age, ses motivations psychologiques et sa répression«, in *Révue historique de droit francais et étranger*, 1972, S. 229ff., insbesondere S. 247-250
418 K. Closmann, *Die Kindestötung. Historisch-dogmatisch dargestellt*, Dissertation Erlangen 1889, Einleitung
419 Vgl. dazu H. Knapp, *Das alte Nürnberger Kriminalrecht*, Berlin 1896, S. IX u. 185
420 Für Frankreich gilt entsprechend das Jahr 1556 (Edikt Heinrichs II., erneuert 1586 und 1708), für England 1623, für Schweden 1734 (Vereinheitlichung durch Reichsgesetz, das die Todesstrafe durch Enthauptung auch für Abtreibung und Geschlechtsverkehr von Unverheirateten vorsieht); vgl. Brissaud, *op. cit.*, S. 255; R. Sauer, »Infanticide and Abortion in the 19th Century Britain«, in *Population Studies*, 1978, S. 81ff.; Höjeberg, *op. cit.*, S. 49 u. 52
421 Den von Hajnal, *op. cit.*, geprägte Begriff des »European Marriage Pattern« hat bereits Thomas Robert Malthus (s. dazu näher Kapitel X) vorweggenommen: »In *europäischen Ländern*..., wo, obgleich die Weiber nicht abgeschlossen leben, doch die *Sitten* dieser Befriedigung erhebliche Schranken gesetzt haben, gewinnt die Liebe nicht nur an Kraft, sondern an der Universalität und wohltätigen Tendenz ihrer Wirkungen, und hat oft da den größten Einfluß auf die Bildung und Veredlung des Charakters, wo sie am *wenigsten Befriedigung* findet.« Vgl. T. R. Malthus, *Eine Abhandlung über das Bevölkerungsgesetz* (1803^2. 1826^6), Jena 1925, 2. Bd., S. 232 - unsere Hervorhebungen. Die »Sitten«, deren Herkunft Malthus zwar nicht kennt, weiß er - wie unten gezeigt wird - gleichwohl bevölkerungspolitisch ausgesprochen gewieft einzusetzen.
422 Flinn, *op. cit.*, S. 33, bzw. J.P. Süßmilch, *Die göttliche Ordnung in den Veränderungen des menschlichen Geschlechtes aus der Geburt, dem Tode und der Fortpflanzung desselben erwiesen*, Berlin 1741, 1788^4, zit. n. J. Schmid et al., *Einführung in die Bevölkerungssoziologie*, Reinbeck 1976, S. 21
423 Imhof, *Einführung...*, *op. cit.*, S. 41. Ganz wie Hansen (vgl. oben Kapitel I) die Sterilitätstränke der Hexen-Hebammen als irrelevante »alte Unsitte« abtut und für die weitere Analyse nicht fruchtbar machen kann, kennzeichnet Imhof den Mangel an Bruststillen ebenfalls als »(Un-)Sitte« und vergibt damit einen entscheidenden Schlüssel zum Verständnis der neuzeitlichen Menschenproduktion. Wie das Verschwinden des Bruststillens aus einer gewaltsam hochgetriebenen Geburtenrate resultiert, so muß auch die hohe Säuglingssterblichkeit seit 1550, die Imhof durchaus sieht, als Ergebnis dieser Politik begriffen werden. Statt dessen erklärt er - die Wirklichkeit auf den Kopf stellend - die Geburtenzahlen der Neuzeit, deren einzigartige Höhe ihm ebenfalls bewußt ist, als Kompensation für gestiegene Sterblichkeit. Vgl. Imhof, *Die gewonnenen Jahre...*, *op. cit.*, S. 19f. und Kapitel II oben
424 Vgl. H. Selter, »Die Ursachen der Säuglingssterblichkeit unter besonderer Berücksichtigung der Jahreszeit und der sozialen Lage«, in *Zeitschrift für Hygiene und Infektionskrankheiten*, 1919, S. 237
425 Dupâquier, *op. cit.*, S. 97
426 Thomas, *op. cit.*, S. 12f.
427 Höjeberg, *op. cit.*, S. 136
428 *Ibid.*, S. 153
429 *Ibid.*, S. 86; s.a. Teil B, Kapitel IX, wo die gewaltigen Zahlen für das

Wegsterben überflüssiger Kinder bei Nährammen und in Findelhäusern näher gezeigt werden
430 Trevor Roper, *op. cit.*, S. 189
431 Noonan, *op. cit.*, S. 429 u. 480
432 *Ibid.*, S. 431 u. 428; diese gynäkologischen Werke werden überdies auf den – vom Konzil von Trient geschlossenen – *Index librorum prohibitorum* gesetzt, wodurch ihr »Lesen automatisch die Exkommunikation nach sich zog«. Indiziert sind überhaupt »alle Bücher, ›die sich mit Geisterbeschwörung befassen oder die Zauberein oder Gifte enthalten‹ *(veneficia)*«; vgl. *ibid.*, S. 468f.
433 S. Johansen, *op. cit.*, S. 24
434 A.C. Gaspari, *Materialien zur Statistik der Dänischen Staaten*, Flensburg u. Leipzig 1786, Bd. 2, S. 171; zit. n. A.E. Imhof, *Aspekte der Bevölkerungsentwicklung in den nordischen Ländern 1720–1750*, 2. Bde., Bern 1976, I, S. 448 – unsere Hervorhebung
435 Noonan, *op. cit.*, S. 511
436 G. Heinsohn, R. Knieper, *op. cit.*, S. 117f.
437 E.A. Wrigley, *Population and History*, London 1969, S. 194
438 *Befolkningsutvecklingen* (Die Bevölkerungsentwicklung), Denkschrift des Sozialausschusses des Schwedischen Reichstags, Nr. 32 (1977/78), Stockholm 1977, S. B 109
439 Vgl. dazu ausführlich Heinsohn/Knieper/Steiger, *op. cit.*, S. 171ff.
440 J.T. Noonan, *A Private Choice. Abortion in America in the Seventies*, New York und London 1979, S. 10
441 Vgl. *Frankfurter Allgemeine Zeitung* v. 25.2.1985, S. 6
442 McEvedy/Jones, *op. cit.*, S. 348
443 E.G. West, *Education in the Industrial Revolution* London und Sidney 1975, S. 136
444 N.W. Senior, E. Chadwick, »Reports from Commissioners: Poor Laws« (1834), in S.G. u. E.O.A. Checkland, Hrsg., *The Poor Law Report of 1834*, London 1974, S. 496f. – unsere Hervorhebung
445 K. Marx, »Inauguraladresse der Internationalen Arbeiter-Assoziation vom 28.9.1864«, in *Marx-Engels-Werke*, Bd. 16, S. 8
446 Zur Entstehung des bürgerlichen Rassismus aus der neuzeitlichen Menschenproduktion vgl. Heinsohn/Knieper/Steiger, *op. cit.*, S. 134ff. Zuweilen wird diese rassistische Furcht – übrigens bis in unser Jahrhundert – auch so formuliert, daß die (zunächst) stärkere Anwendung der wiedergewonnenen Geburtenkontrolle in Ober- und Mittelschicht zum »Selbstmord der Rasse« des Bürgertums führe – so der berühmte englische Historiker G.M. Trevelyan (1876–1962) in seiner *English Social History* (1942), Harmondsworth 1967, S. 576
447 Bereits seit Ende des 16. Jahrhunderts werden in Schweden lokal erste Pfarrbücher mit regelmäßigen und vollständigen bevölkerungsstatistischen Eintragungen angelegt, die 1686 durch ein neues Kirchengesetz vereinheitlicht werden; vgl. S. Åkerman, »Statistik och data blir historia« (Statistik und Daten werden Geschichte), in: *Forskning och Framsteg* (Stockholm), Sondernummer über die Familie, 1977, S. 6ff., sowie Imhof, *Die Bevölkerungsentwicklung...*, *op. cit.*, I, S. 46ff.
448 Zitiert nach Imhof, *ibid.*, II, S. 917
449 Bis dahin haben auch im übrigen Europa die Kirchenbücher eine ähnliche Funktion wie in Schweden; vgl. Imhof, *ibid.*, I, S. 48. Dem schwedischen Beispiel am nächsten kommt das – damals noch Norwegen und Island umfassende – Königreich Dänemark, wo bereits 1617 in Kopenhagen kirchlich-standesamtliche Register angelegt und ab 1689 für das ganze Land

gesammelt und bearbeitet werden – in der Folgezeit aber weniger kontinuierlich als in Schweden; vgl. *ibib.*, I. S. 50

450 G. Ohlin, »Economic Theory Confronts Population Growth«, in A.J. Coale (Hrsg.), *Economic Factors in Population Growth*, London 1976, S. 15

451 J.J. Becher, *Politischer Discurs von den eigentlichen Ursachen des Auff- und Abnehmens der Staedt, Laender und Republicken (1668), 1721*[4], S. 2 u. 310, zit. n. P. Mombert, *Bevölkerungslehre*, Jena 1929, S. 138f.

452 C. Hill, *Reformation to Industrial Revolution*, Harmondsworth 1969, S. 56

453 V.L.v. Seckendorf, *Teutscher Fürsten-Staat* (1655), Frankfurt/M. 1665[2], zit. n. H. Maier, *Die ältere deutsche Staats- und Verwaltungslehre (Polizeywissenschaft)*, Neuwied u. Berlin 1969, S. 177 – unsere Hervorhebung

454 So exemplarisch G. Ortes (1713-1790), *Economica nazionale* (1774), zit. n. L. Elster, »Bevölkerungslehre und Bevölkerungspolitik«, in *Handwörterbuch der Staatswissenschaften*, Bd. 2, Jena 1924[4], S. 760 – unsere Hervorhebung

455 So J. Steuart (1712-1780) in seiner *Inquiy into the Principles of Political Oeconomy*, London 1767, zit. n. Elster, *op. cit.*, S. 762

456 Vgl. A. Smith, *Eine Untersuchung über Wesen und Ursachen des Volkswohlstandes* (1776, 1786[4]), Jena 1923, 1. Bd., 1. Buch, S. 103f. – unsere Hervorhebungen

457 *Ibid.*, S. 87

458 *Ibid.*, 3. Bd., 5. Buch, S. 123

459 *Ibid.*, S. 256

460 Malthus, *op. cit.*, 2. Bd., III. Buch, S. 208

461 Malthus, *op. cit.*, 1. Bd., Jena 1924, I. Buch, S. 14f. – unsere Hervorhebung

462 *Ibid.*, 2. Bd., IV. Buch, S. 253

463 *Ibid.*, S. 442f. – unsere Hervorhebung

464 *Ibid.*, S. 225

465 T.R. Malthus, *Das Bevölkerungsgesetz* (1798), München 1977, S. 74 – unsere Hervorhebung

466 T.R. Malthus, »A Summary View of the Principle of Population« (1830), in Ders., *An Essay on the Principle of Population*, Harmondsworth 1970, S. 250 – unsere Hervorhebungen

467 F. Engels, »Umrisse zu einer Kritik der Nationalökonomie« (1844), in *Marx-Engels-Werke*, Bd. 1, S. 518 – unsere Hervorhebungen

468 Wohl: Marcus (Pseudonym), *On the Possibility of Limiting Populousness*, Pamphlet von 1838

469 Vgl. Himes, *op. cit.*, S. 231

470 *Marx-Engels-Werke*, Bd. 35, S. 431f. (Brief vom 10.2.1883)

471 F. Engels, »Die Lage der arbeitenden Klasse in England« (1845), in *Marx-Engels-Werke*, Bd. 2, S. 355

472 K. Marx, »Das Kapital – Band I« (1867, 1890[4]), in *Marx-Engels-Werke*, Bd. 23, S. 660 – unsere Hervorhebung

473 *Ibid.*, S. 674 – unsere Hervorhebungen

474 *Ibid.*, S. 672 u. S. 514

475 J. Kuczynski, *Geschichte des Alltags des deutschen Volkes. Bd. 1: 1600–1650*, Berlin 1980, S. 124

476 W.S. Jevons, *The Theory of Political Economy* (1871), Harmondsworth 1970, S. 254

477 A. Myrdal, G. Myrdal, *Kris i befolkningsfrågan* (Die Krise in der Bevölkerungsfrage) [1934], Stockholm 1935[3], S. 138 – unsere Hervorhebung

478 Vgl. dazu Heinsohn/Knieper/Steiger, *op. cit.*, S. 171 ff. u. 202 ff.; gleichzeitig mit der repressiven Bevölkerungspolitik wird auch versucht, über finanzielle Anreize die Menschenproduktion aufrechtzuerhalten. Bis auf den heutigen

Tag wirken diese Anreize immer nur kurzfristig – vgl. *ibid.*, S. 181 ff. sowie A.-S. Kälvemark, *More Children of Better Quality? Aspects on Swedish Population Policy in the 1930's,* Uppsala 1980, passim, und Teil B dieses Buches, Kapitel XIII

479 Zur Babyboom-Debatte vgl. Heinsohn/Knieper/Steiger, *op. cit.*, S. 201 f.
480 Vgl. G. S. Becker, »An Economic Analysis of Fertility«, in *Demographic and Economic Change in Developed Countries,* hrsg. v. National Bureau of Economic Research, Princeton 1960, S. 209 ff.; soziologische Erklärungen für die Geburtenentwicklung, die im Jahrzehnt nach Beckers Aufsatz vorgelegt werden, bewegen sich ganz im Rahmen der Konzepte der Ökonomen, weshalb sie uns hier nicht weiter beschäftigen; vgl. etwa J. Schmid et al., *op. cit.*, passim. Wir übergehen auch ökonomische Vorläufer der Chicago-Schule, aus der Becker kommt. Vor allem die Deutschen Paul Mombert (1907) und Lujo Brentano (1909) sind hier zu erwähnen. Für ihre Leistungen sei verwiesen auf Heinsohn/Knieper/Steiger, *op. cit.*, S. 189 ff.
481 G. S. Becker, »An Economic ...«, *op. cit.*, S. 216
482 *Ibid.*, S. 231 – unsere Hervorhebungen. Die »Unsicherheit« bezieht sich hier auf den nicht sicheren Erfolg der Kinderaufzucht, der sich dann bei der Konsumnachfrage niederschlägt. »Preisrückgang« bedeutet Verringerung des Kostenpreises für Kinder
483 T.W. Schultz, »The Value of Children: An Economic Perspective«, in *Journal of Political Economy,* 1973, S. S4 – letzte Hervorhebung von uns
484 *Ibid.*, S. S3
485 H. Leibenstein, »An Interpretation of the Economic Theory of Fertility: Promising Path or Blind Alley?«, in *The Journal of Economic Literature,* 1974, S. 462
486 G. S. Becker, *A Treatise on the Family,* Cambridge/Mass. 1981, Kap. 5
487 Vgl. *ibid.*, Kap. 11
488 Leibenstein. *op. cit.*, S. 475
489 *Ibid.*, S. 425/Anm. 28; vgl. ähnlich Schultz, *op. cit.*, S. S5
490 H. Leibenstein, »On The Economic Theory of Fertility: A Reply to Keeley«, in *Journal of Economic Literature,* 1975, S. 470 f. – unsere Hervorhebung
491 H. Leibenstein, »The Economic Theory of Fertility Decline«, in *The Quarterly Journal of Economics,* 1975, S. 9 f./Anm. 12
492 Vgl. *ibid.*, S. 29, Graphik 7
493 Erstmals formuliert Easterlin diese Zyklentheorie 1968 in *Population, Labor Force and Long Swings in Economic Growth – The American Experience,* New York 1968, Teil II; für die hier wiedergegebene und inzwischen überholte Voraussage vgl. R. A. Easterlin, »What Will 1984 Be Like? Socioeconomic Implications of Recent Twists in Age Structure«, in *Demography,* 1978, S. 406; als aktuellsten Stand dieser Voraussage vgl. R. A. Easterlin, *Birth and Fortune: The Impact of Numbers on Personal Welfare,* New York 1980, passim
494 R. A. Easterlin, »Relative Economic Status and the American Fertility Swing«, in E. B. Sheldon, Hrsg., *Family Economic Behaviour,* Philadelphia u. Toronto 1973, S. 167 ff.
495 Zu diesen Autoren Rudolf Goldscheid (1911), Johannes Müller (1924) und Rudolf Heberle (1936) vgl. ausführlich Heinsohn/Knieper/Steiger, *op. cit.*, S. 194 ff.
496 Vgl. ausführlich Flinn, *op. cit.*, S. 1 ff., sowie Imhof, Einführung ..., *op. cit.*, passim
497 Tranter, *op. cit.*, S. 75 f. – unsere Hervorhebung. Der vulgären Vorstellung einer »natürlichen« Vermehrung des Menschen, wie sie in der historischen

Demographie dominiert, ist bereits im Jahre 1968 entgegengehalten worden, daß diese Disziplin nicht recht vorankommen werde, solange sie vorrangig Geburts- und Sterbezahlen sammele, auf »thoughts« und »ideas« der herrschenden Machtorganisationen, aber kein Gewicht lege; vgl. J.T. Noonan, »Intellectual and Demographic History«, in *Daedalus,* 1968 (Bd. 97), S. 481f.

498 E.A. Wrigley, »Fertility Strategy for the Individual and the Group«, in C. Tilly, Hrsg., *Historical Studies of Changing Fertility,* Princeton 1978, S. 148; vgl. ähnlich die Beiträge von C. Tilly, R. Braun sowie L. K. Berkner und F. F. Mendels im selben Band

499 Wrigley, »Fertility Strategy ...«, *op. cit.,* S. 148 i. V.m. S. 142

500 J.C. Caldwell, *Theory of Fertility Decline,* London 1982, S. 334

501 S. Åkerman, »Befolkningen som problembarn« (Die Bevölkerung als Problemkind), in R. Ambjörnsson u. D. Gaunt, Hrsg., *Den dolda historien* (Die verborgene Geschichte), Malmö 1984, S. 218f.

502 So eine Untersuchung der Weltgesundheitsorganisation (WHO) nach *Frankfurter Rundschau* v. 7.8.1984, S. 2

Anmerkungen (Teil B)
zu Seite 213–309

1 Zu allen Zahlen vgl. C. McEvedy/R. Jones, *Atlas of World Population*, London 1978, S. 68f.
2 Vgl. zu dieser sog. »Theorie des demographischen Übergangs« die Darstellung in H. Schubnell, *Der Geburtenrückgang in der Bundesrepublik Deutschland*, Schriftenreihe des Bundesministers für Jugend, Familie und Gesundheit, Band 6, Bonn 1973, S. 11
3 Exemplarisch zu dieser Auffassung vgl. L. de Mause, *Hört ihr die Kinder weinen?* (1974) Frankfurt/M. 1980; vgl. ausführlich Kap. XII unten
4 Zu diesem Terminus, der die Bevölkerungsexplosion der Neuzeit aus der biologistischen Ideologie herausführen will, vgl. G. Heinsohn/R. Knieper/O. Steiger, *Menschenproduktion – Allgemeine Bevölkerungstheorie der Neuzeit*, Frankfurt/M. 1979
5 Vgl. zu dieser echten Wunschkindquote Deutscher Bundestag, *Bericht der »Kommission zur Auswertung der Erfahrungen mit dem reformierten § 218 des Strafgesetzbuches* (DS 8/3630), Bonn 1980, S. 120 und R. Münz/J. M. Pelikan, *Geburt oder Abtreibung – eine soziologische Analyse von Schwangerschaftskonflikten*, München-Wien 1978, passim
6 Vgl. H.-R. Hagemann, »Eigentum« in: *Handwörterbuch zur Deutschen Rechtsgeschichte* Bd. 1, Berlin 1971, Spalte 893
7 Vgl. W. Ogris, »Aussetzen eines Kindes« in: *Handwörterbuch zur Deutschen Rechtsgeschichte*, Bd. 1, Berlin 1971, Spalte 268; s. a. den anderen Text dieses Buches
8 Vgl. W. E. Wilda, *Das Strafrecht der Germanen*, Halle 1842, S. 723; s. a. den anderen Text dieses Buches
9 Vgl. etwa K. Krag, *Plants Used as Contraceptives by the North American Indians*, Cambridge/Mass. 1976, bei denen 210 verschiedene Mittel der Schwangerschaftsverhütung nachgewiesen wurden; s. a. den anderen Text dieses Buches
10 Vgl. die Artikel von W. Ogris »Aufnehmen des Kindes« und »Aussetzen eines Kindes« in: *Handwörterbuch zur Deutschen Rechtsgeschichte*, Bd. 1, Berlin 1971, Spalte 253f. und Spalte 267f. sowie von W. Wächtershäuser »Kindestötung« in: *Handwörterbuch zur Deutschen Rechtsgeschichte*, Bd. 2, Berlin 1978, Spalten 736ff.
11 Vgl. W. Ogris »Mündigkeit« in: *Handwörterbuch zur Deutschen Rechtsgeschichte*, 19. Lieferung, Berlin 1980, Spalte 740
12 Vgl. hierzu die in Anschluß an die Pionierarbeit von B. Malinowski, *Das Geschlechtsleben der Wilden* (1929), Leipzig-Zürich o. J. entstandene, kaum noch überschaubare Literatur
13 Vgl. R. Thurnwald »Kind« in: M. Ebert (Hrsg.) *Reallexikon der Vorgeschichte*, 6. Band, Berlin 1926, S., 359 – meine Hervorhebung
14 Vgl. insgesamt zu den biologischen Hindernissen der menschlichen Vermehrung M. J. Sherfey, *The Nature and Evolution of Female Sexuality*, New York 1966
15 Bei den matrilinearen und matrifokalen Ifaluk adoptierten nach einer Untersuchung 30%, bei den ebenso organisierten Truk 40% aller Frauen ihre

Kinder und gebaren selber niemals. Vgl. F. Renggli, *Angst und Geborgenheit* (1974), Reinbek 1979, Seiten 124, 127, 202 u. 211

16 Vgl. etwa Sh. Levi, *Medicine, Hygiene and Health in the Southern Sinai* (Hebräisch), Tel Aviv 1978 und A. Hamilton, »Australian Aboriginal Population, Malthus, and the Theory of Transition«, paper delivered to the *Congrès international de démographie historique,* Paris – UNESCO 1980 sowie N. E. Himes, *Medical History of Contraception* (1936), New York 1970

17 Vgl. etwa G. Devereux, *A Study of Abortion in Primitive Society,* New York 1955

18 Vgl. etwa A. v. Humboldt, *Vom Orinoko zum Amazonas* (1859/60), Wiesbaden 1959; M. Dickemann, »Demographic Consequences of Infanticide in Man« in *Annual Review of Ecology and Systematics,* 1975, Vol. 6, 100 ff.; M. Freeman, »A Social and Economic Analysis of Female Infanticide« in *American Anthropologist,* Vol. 73, 1011 ff.; W.L. Langer, »Infanticide: A Historical Survey« in: *History of Childhood Quarterley,* 1974, Vol. I, pp. 353 ff.; M.W. Piers, *Infanticide,* New York 1979; B. Saladin d'Auglure, »L'idéologie des Malthus, les ›sauvages‹ d'Amérique et la démographie mythique des Inuit d'Igloolik«, paper delivered to the *Congrès international de démographie historique,* Paris – UNESCO 1980; A. Yengoyan, »The Question of Female Infanticide in Aboriginal Australian Societies«, paper delivered to the *Congrès international de démographie* historique, Paris – UNESCO 1980

19 Vgl. K. Krag, *Plants Used as Contraceptives by the North American Indians,* Cambridge/Mass. 1976

20 Vgl. zur Entstehung des Patriarchats und den daraus resultierenden Folgen für Verhütung und Kindestötung durch Frauen G. Heinsohn, *Privateigentum, Patriarchat, Geldwirtschaft – Eine sozialtheoretische Rekonstruktion zur Antike,* Frankfurt am Main 1984, insbesondere Erstes Kapitel (»Männliches individuelles Grundeigentum«) und Zweites Kapitel (»Patriarchalische Familie und monogame Sexualverdrängung«)

21 Zur Erklärung des jüdischen Kindestötungsverbotes vgl. ausführlich G. Heinsohn, *Menschenopfer, Monotheismus, Tötungsverbot, Apokalyptik, Judenhaß – Zur Überwindung von Kindestötung und Menschenopfer an Himmelskörper durch den Eingottglauben und die Beschneidung bei den Juden.* Eine religionssoziologische Rekonstruktion, Bremen 1984 (mimeo.)

22 Vgl. J. Beloch, *Die Bevölkerung der Griechisch-Römischen Welt,* Leipzig 1886, S. 504

23 Vgl. P. Csillag, *The Augustean Laws on Family Relations,* Budapest, 1976

24 Vgl. P. Dufour, *Geschichte der Prostitution,* III. Band, Berlin o.J., S. 13

25 Vgl. F. Zeller, *Die Apostolischen Väter,* Kempten-München 1918, S. 7

26 Vgl. P. Dufour, *Geschichte der Prostitution,* III. Band, Berlin o.J., S. 14

27 Vgl. Codex Theod., Lib. IX, Tit. XVII.

28 Vgl. Codex Theod., Lib. XI, Tit. XXVII, 1 und Lib. XXVII, 2

29 Vgl. B. Beuys, *Familienleben in Deutschland,* Reinbek 1980, S. 71

30 Vgl. R. Ring, »Early Medieval Peasant Households in Central Italy« in *Journal of Family History,* 1979, Vol. 4, Nr. 1, S. 12

31 Vgl. M.M. McLaughlin, »Überlebende und Stellvertreter: Kinder und Eltern zwischen dem neunten und dreizenten Jahrhundert« in: L. de Mause, Hrsg., *Hört ihr die Kinder weinen?,* Frankfurt/M. 1980, S. 226, Anm. 102

32 Vgl. *ibid.,* S. 227, Anm. 102

33 Vgl. B. Beuys, *Familienleben in Deutschland,* Reinbek 1980, S. 69

34 Vgl. J. Gribbin, *The Death of the Sun,* New York 1980, Kapitel 8

35 Vgl. H.K. Horken, *Ex nocte lux – Enträtselte Urgeschichte im Lichte jüngster Forschung,* Tübingen 1972, S. 299–306

36 L. White, »The Expansion of Technology 500–1500« (1969) in: C.M. Cipolla

(Hrsg.), *The Fontana Economic History of Europe, Vol. 1, The Middle Ages,* Glasgow 1972, S. 146

37 Vgl. W. Henning, *Das vorindustrielle Deutschland 800–1800,* Paderborn 1977³, S. 55 (neue Forschungen sprechen von ca. 55 kg für 1800)

38 Vgl. etwa Sh. Shahar, *Die Frau im Mittelalter,* Königstein/Taunus 1981, S. 194 u. 206

39 Vgl. als jüngstes Beispiel B.W. Tuchman, *Der ferne Spiegel* (1978), Düsseldorf 1980, S. 56

40 Vgl. H. Scherpner, *Geschichte der Jugendfürsorge* 1979², S. 32

41 Vgl. M. Hirschfeld, J. Spinner, *Geschlecht und Verbrechen,* Leipzig-Wien 1930, S. 94

42 Vgl. etwa E. Coleman, »Infanticide in the Early Middle Ages« in S.M. Stuard (Hrsg.) *Women in Medieval Society,* Philadelphia 1976, pp. 47 ff., und B. Kellum, »Infanticide in England in the Later Middle Ages« in *History of Childhood Quarterly,* Vol. I, S. 367 ff.

43 Vgl. etwa Bode, »Die Kindestötung und ihre Bestrafung im Nürnberg des Mittelalters«, in *Archiv für Strafrecht und Strafprozeß,* 1914, Band 61, S. 430 ff.; Buff, »Verbrechen und Verbrecher zu Augsburg in der zweiten Hälfte des vierzehnten Jahrhunderts« in *Zeitschrift des Historischen Vereins für Schwaben und Neuburg,* 1878, Band 4; J.D. Chambers, *Population, Economy and Society in Pre-Industrial England,* London 1972, S. 60; H. Knapp, *Das alte Nürnberger Kriminalrecht,* Berlin 1896; Will, *Nürnbergische Criminalparallele,* Altdorf 1782

44 Vgl. F.S. Hügel, *Die Findelhäuser und das Findelwesen Europas, ihre Geschichte, Gesetzgebung, Verwaltung, Statistik und Reform,* Wien 1863, S. 53

45 Vgl. O. Ziegler, »Findelhäuser« in: *Lexikon der Pädagogik,* 1. Band, Sp. 1310 ff., Freiburg im Breisgau 1921

46 Vgl. zum Findelhaus insgesamt L. Lallemand, *Histoire des enfants trouvés et délaissés,* Paris 1885

47 Vgl. G. Heinsohn/O. Steiger, »The Elimination of Medieval Birth Control and the Witch Trials of Modern Times«, in *International Journal of Women's Studies,* Bd. 5, Nr. 3, Montreal 1982; s. a. den Teil A dieses Buches

48 Vgl. J. Gribbin, *The Death of the Sun,* New York 1980, Kapitel 8

49 Vgl. G. Dayton, *Minerals, Metals, Glazing and Man,* London 1978, S. 191

50 Vgl. S.B. Clough, R.T. Rapp, *European Economic History,* New. York 1975, S. 52

51 Vgl. G. Heinsohn und O. Steiger, »Geld, Produktivität und Unsicherheit in Kapitalismus und Sozialismus – Oder: Von den Lollarden Wat Tylers zur Solidarität Lech Walesas« in: *Leviathan – Zeitschrift für Sozialwissenschaft,* 9. Jahrgang, 1981, Heft 2, insbesondere S. 165 ff.

52 Vgl. zu den verschiedenen Entwicklungen in Europa R. Brenner »Agrarian Class Structure and Economic Development in Pre-Industrial Europe« in *Past and Present* 1976, S. 30–75 sowie Heinsohn/Knieper/Steiger, *Menschenproduktion,* Frankfurt/M. 1979, Kapitel D

53 Vgl. H. Brackert, »Daten und Materialien zur Hexenverfolgung«, in G. Becker et al. (Hrsg.) *Aus der Zeit der Verzweiflung,* Frankfurt/M. 1977

54 G. Dähn, »Zur Geschichte des Abtreibungsverbotes«, in J. Baumann (Hrsg.), *Das Abtreibungsverbot des § 218,* Neuwied u. Berlin 1971, S. 333

55 J. Sprenger u. H. Institoris, *Der Hexenhammer* (1487), übers. u. eingel. v. J.W.R. Schmidt (1906), Darmstadt 1974, 1. Teil, S. 93 – meine Hervorh.

56 Vgl. *ibid.,* 1. Teil S. 157

57 Vgl. *ibid.,* 1. Teil S. 107

58 Vgl. *ibid.*

59 Vgl. J.T. Noonan, *Empfängnisverhütung – Geschichte ihrer Beurteilung in der*

katholischen Theologie und im kanonischen Recht (1967²), Mainz 1969, S. 24 u. 187

60 Vgl. G. Heinsohn und O. Steiger, »The Elimination ...«, a.a.O., S. 207ff. und Teil A dieses Buches

61 J. Sprenger und H. Institoris, Der Hexenhammer (1487), übersetzt und eingeleitet von J.W. R. Schmidt (1906). Darmstadt 1974, 1. Teil, S 159 – meine Hervorhebung

62 Siehe die Aufzählung der Mittel in J.T. Noonan, a. a. O., S. 723ff.

63 Vgl. M. Luther, »Vom ehelichen Stande« (1522), in Luther Deutsch, Bd. 7, Stuttgart und Göttingen 1967², S. 305

64 Siehe etwa dazu für den französischen Raum E. Badinter, Die Mutterliebe – Geschichte eines Gefühls vom 17. Jahrhundert bis heute (1980), Frankfurt/M. et al. 1982

65 Vgl. ausführlich zum Übergang vom mittelalterlichen zum neuzeitlichen Sexualstrafrecht M. Hirschfeld, J.R. Springer, a.a.O., S. 75ff. In der Carolina werden jedoch nicht alle Delikte mit der Todesstrafe belegt

66 Vgl. dazu J. Boswell, Christianity, Social Tolerance, and Homosexuality – Gay People in Western Europe from the Beginning of the Christian Era to the Fourteenth Century, Chicago 1980

67 Vgl. dazu J.v.Müller, Entwurf der gerichtlichen Arzneywissenschaft, Frankfurt/M. 1796, S. 137

68 Zit. n. J.-L. Flandrin, Familien. Soziologie. Ökonomie, Sexualität (1976), Frankfurt/M. 1978, S. 260

69 Vgl. J.H. Jung, Lehrbuch der Staats-Polizey Wissenschaft, Leipzig 1788, S. 16

70 Ibid., S. 17

71 Ibid., S. 20

72 Ibid., S. 22 – Hervorhebungen im 1. Zitatteil von mir

73 N. Elias, Über den Prozeß der Zivilisation (1939), 2 Bände, Frankfurt/M. 1976, 1. Band, S. 259

74 J.T. Noonan, a.a.O., S. 530

75 S. Freud, »Schlusswort der Onaniediskussion« (1912) in Ders., Gesammelte Werke VIII, S. 335

76 Ibid., S. 344f.

77 Ibid., S. 340

78 Vgl. zu diesem Wandel G. Heinsohn/R. Knieper/O. Steiger, Menschenproduktion, Frankfurt/M. 1979, Kap. F

79 S. Freud, »Das Unbehagen in der Kultur« (1930) in Gesammelte Werke XIV, S. 457/464/467

80 Vgl. W. Reich, Der Einbruch der Sexualmoral, 2. Aufl. Kopenhagen 1935, S. 114ff.

81 Vgl. B. Dodson, Liberating Masturbation, New York 1972

82 Vgl. zu Kindestötung und ihrem Verbot in Indien: K. Mayo, Mutter Indien, Frankfurt/M. 1928; E. Moor, Hindu Infanticide, London 1811 und L. Panigrahi, British Social Policy and Female Infanticide in India, New Delhi 1972

83 Vgl. im einzelnen J.B. Taeuber, The Population of Japan, Princeton/N.J., 1958

84 Vgl. P. Palâtre, L'infanticide et l'œuvre de la Sainte-Enfance en Chine, Shanghai 1878 und Ping-ti Ho, Studies in the Population of China, Cambridge/Mass. 1959

85 C. McEvedy, R. Jones, Atlas of World Population History, London 1978, S. 270 und 320

86 Vgl. zu diesem Verschleiß der Frau auch bei wenigen aufgezogenen Kindern E. Holliger, Schon in der Steinzeit rollten Pillen, Bern 1972, S. 200ff.

87 Vgl. J. Chambers, *Population, Economy and Society in Pre-Industrial England*, London 1972, S. 42
88 *Stenographische Berichte über die Verhandlungen des Reichstages des Norddeutschen Bundes*, 1868, II. Band, Actenstück Nr. 15 *(Motive zum Gesetz von 1868)*
89 Vgl. L. Rehm, »Eheschließung« in: *Handwörterbuch der Staatswissenschaften*, Dritter Band, Jena 1909, S. 605
90 Vgl. insgesamt M. Schwarz, *Die Kindestötung in ihrem Wandel vom qualifizierten zum privilegierten Delikt*, Berlin 1935
91 So noch im sogenannten »Rechtsbuch nach Distinktionen« aus dem 14. Jahrhundert. Vgl. M. Hirschfeld, R. Spinner, *Geschlecht und Verbrechen*, Leipzig-Wien 1930, S. 84
92 Vgl. zur Materiallage über die Zucht- und Arbeitshäuser der frühen Neuzeit Ch. Marzahn, *Das Zucht- und Arbeitshaus – Die Kerninstitution frühbürgerlicher Sozialpolitik*, Universität Bremen 1980 und F. Tennstedt u. Ch. Sachße, *Geschichte der Armenfürsorge in Deutschland vom Spätmittelalter bis zum 1. Weltkrieg*, Stuttgart 1980
93 Vgl. etwa für die Regelung Nürnbergs aus dem Jahre 1522 W. Rüger, *Mittelalterliches Almosenwesen. Die Almosenordnungen der Reichsstadt Nürnberg*, Nürnberg 1932 und insgesamt H. Scherpner, *Geschichte der Jugendfürsorge*, Göttingen 1979[2], 3. Kapitel: »Die Armenkinderpflege zu Beginn der Neuzeit«
94 M.W. Flinn, *The European Demographic System 1500–1820*, Brighton 1981, S. 40f.
95 *Ibid.*, S. 40
96 A.E. Imhof, *Die gewonnenen Jahre*, München 1981, S. 64
97 Vgl. zur Tabelle *ibid.*, S. 65
98 *Ibid.*, S. 67
99 A. Brändström, »*De kärlekslösa mödrarna«. Spädbarnsdödligheten i Sverige under 1800-talet* ... (»Die lieblosen Mütter«. Die Säuglingssterblichkeit in Schweden im 19. Jahrhundert, mit einer ausführlichen englischen Zusammenfassung), Umeå 1984, S. 96
100 *Ibid.*, S. 101
101 Imhof, *a.a.O.*, S. 89
102 E. LeRoy Ladurie, *Montaillou – Ein Dorf vor dem Inquisitor 1294–1324* (1975), Frankfurt/M. et al., S. 235
103 J. Knodel, H. Kintner, »The Impact of Breast Feeding Patterns on the Biometrical Analysis of Infant Mortality«, in *Demography*, 1977, S. 397
104 Zu den verfolgten Pionieren der Geburtenkontrolle vgl. ausführlicher G. Heinsohn/R. Knieper/O. Steiger, *Menschenproduktion*, Frankfurt/M. 1979, Kapitel F.5.a)
105 Vgl. J.H. Jung, *Lehrbuch der Staats-Polizey Wissenschaft*, Leipzig 1788, S. 75, Hervorhebung im Original
106 Vgl. insgesamt dazu G. Heinsohn/R. Knieper, *Theorie des Familienrechts*, Frankfurt/M. 1976[2], Kapitel I: »Warum der Staat die Ehefähigkeit vom Eigentum an Produktionsmitteln löst.«
107 Vgl. etwa J. Kuczynski, »Darstellung der Lage der Arbeiter in Deutschland von 1789 bis 1849« in Ders.: *Die Geschichte der Lage der Arbeiter unter dem Kapitalismus*, Teil 1, Band 8, Berlin 1960, S. 315
108 Vgl. J. Dayton, *Minerals, Metals, Glazing and Man*, London 1978, S. 191
109 Vgl. C. McEvedy/R. Jones, *Atlas of World Population*, London 1978, S. 69
110 Vgl. etwa R. Alt, *Kinderausbeutung und Fabrikschulen in der Frühzeit des industriellen Kapitalismus*, Berlin 1958, passim
111 Vgl. N. Whitbread, *The Evolution of the Nursery-Infant-School*, London u.

Boston 1972, passim
112 Vgl. zur Herausbildung der Kinderbewahranstalten in Deutschland G. Heinsohn, *Vorschulerziehung in der bürgerlichen Gesellschaft* (1971), Frankfurt/M. 1974, S. 37–50
113 Vgl. P. Lundgren, *Bildung und Wirtschaftswachstum im Industrialisierungsprozeß des 19. Jahrhunderts,* Berlin 1973, S. 92 sowie P. Flora, »Historische Prozesse sozialer Mobilisierung«, in *Zeitschrift für Soziologie,* Jg. 1, Heft 2, April 1972, S. 107
114 Vgl. dazu ausführlich Heinsohn/Knieper/Steiger, Menschenproduktion, *a. a. O.,* Kap. F 5. In Frankreich gehen bereits um 1740 im Pariser Becken und ab 1810 im ganzen Land – also mehr als ein halbes Jahrhundert vor dem übrigen Europa – die Geburten zurück (zu den Gründen vgl. *a. a. O.,* S. 142ff.). Die ›Liebe zum Kind‹ wird hierfür als Ursache dingfest gemacht. So habe man sich angesichts der »wie die Fliegen« wegsterbenden Kleinkinder (vgl. dazu oben Kapitel IX) bei Nährammen und in Findelhäusern derart entsetzt, daß man sich bei der Vermehrung aus Humanität Beschränkungen auferlegte: »Als Ablehnung des Sterbens der Neugeborenen hat sich in Frankreich die Empfängnisverhütung zunächst verbreitet, weil die Kindersterblichkeit dort aufgrund des Ammenwesens zweifellos höher war als in irgendeinem anderen Land Europas. Es ist der zunehmend mörderische Charakter dieser Praxis, der den Eltern sowie den Ammen ihre Verantwortung für den Tod der Kinder zum Bewußtsein brachte und sie dazu führte, diesen Tod zu verweigern, indem sie das Leben verweigerten. Wenn die Eltern in den anderen Ländern Europas ihre Verantwortung später erfaßt haben, so liegt das daran, daß ihre Schuld weniger groß oder weniger offensichtlich und auf jeden Fall weniger leicht zu brandmarken war« – vgl. Flandrin, Familien, *a. a. O.,* S. 278f. Ähnlich sieht auch Philippe Ariès, *Geschichte der Kindheit* (1960), München u. Wien 1975, S. 562, den »Einbruch der Kindheit in die Gefühlswelt« als Grund für das Aufkommen »der Geburtenkontrolle ... im 18. Jahrhundert in Frankreich«. In Kapitel IX oben habe ich gezeigt, daß die hohe Kindersterblichkeit durchaus bewußt kalkuliert wird und hier die angebliche Humanität mit dem geplanten Dahinsiechenlassen Hand in Hand geht.
115 Zu den Zahlen *Welt am Sonntag* v. 23.12.1984, S. 25
116 Vgl. dazu R. Münz, J. M. Pelikan, *Geburt oder Abtreibung – eine soziologische Analyse von Schwangerschafts-Konflikten,* München 1978, passim
117 Vgl. insgesamt G. Heinsohn/R. Knieper, *Theorie des Familienrechts,* Frankfurt/M. 1976², S. 113–121
118 Vgl. zu den Folgen des Nichtgewolltseins für die Kinder G. Amendt/M. Schwarz, *Zur Sozialisation von unerwünschten Kindern,* Universität Bremen 31.1.1980
119 Vgl. P. Marschalck »Zur Theorie des demographischen Übergangs« in M. Wingen et al. *Ursachen des Geburtenrückgangs – Aussagen, Theorien und Forschungsansätze zum generativen Verhalten,* Stuttgart et al. 1979, S. 45
120 Vgl. U. Leviathan et al., *Contribution of Social Support to Life Expectancy, Mental Health and Wellbeing Among the Aged in the Kibbutz,* University of Haifa – The Kibbutz University Center, Nr. 54, 1983
121 Zu den Zahlen vgl. G. Heinsohn, *Frauen und Mütter im israelischen Kibbutz – Familien- und Bevölkerungstheorie einer hochentwickelten Kommunegesellschaft* (1977), Bremen 1980, mimeo
122 Als Bilanz zum Kibbutz vgl. G. Heinsohn, Hrsg., *Das Kibbutz-Modell,* Frankfurt/M. 1982
123 Zu den Zahlen für 1983 vgl. *Kibbutz-Studies* Nr. 13 vom April 1984; zur Kibbutzwirtschaft allgemein vgl. H. Barkai, *Growth-Patterns of the Kibbutz*

Economy, Amsterdam et al. 1977
124 Zu den Gründen der allgemeinen sozialistischen Maulhurerei, die im Grunde nicht ernst machen will, vgl. G. Heinsohn »Wer will denn überhaupt Sozialismus?« in Th. Schmid, Hrsg., *Die Linke neu denken*, Berlin 1984, S. 9–28
125 A. J. Rabin und B. Hazan (Hrsg.), *Collective Education in the Kibbutz*, New York 1973, passim
126 Vgl. B. Bettelheim, *The Children of the Dream* (1969), New York 1970, S. 308 ff.
127 Vgl. G. Heinsohn/B. M. C. Knieper, »Das Desinteresse lohnabhängiger Pädagogen als zentrales Problem der Erziehung«, in K. J. Bruder et al., *Kritik der pädagogischen Psychologie*, Reinbek 1976, S. 20 ff.
128 M. Gerson, *Family, Women, and Socialization in the Kibbutz*, Lexington/Mass. 1978, Kapitel 6
129 Vgl. zur Ähnlichkeit zwischen Kibbutz*kindern* und Bauern*söhnen* Avgar/Bronfenbrenner/Henderson »Socialization Practices of Parents, Teachers, and Peers in Israel: Kibbutz, Moshav and City« in *Child Development* 1977, S. 1219 ff.
130 Selbst die wenigen Entwicklungsfortschritte, die nach dem 12monatigen Anschauen des kompensatorischen Fernsehprogramms Sesamstraße gemessen werden, verdanken sich nicht der erziehungswissenschaftlichen Programmgestaltung oder der psychologischen Schulung der Schauspieler. Die untersuchten Unterschichtkinder sind »als speziell ausgewählte experimentelle Gruppe ... auf bestimmte Weise motiviert worden, sich diese Sendungen anzusehen. Sie waren das Ziel besonderer Aufmerksamkeit in Form von persönlichen Besuchen ... Ihre Eltern wußten außerdem, daß sie an einem Forschungsprogramm teilnahmen; sie neigten daher eher dazu, sich um die Programmwahl ihrer Kinder zu kümmern. Die Annahme liegt somit nahe, daß diese Kinder nicht auf Grund der gesehenen Sendungen Fortschritte machten, sondern auf Grund der Zuwendung, die sie von Erwachsenen erhielten.« Vgl. M. Winn, *Die Droge im Wohnzimmer* (1977), Reinbek 1984, S. 57
131 Vgl. R. Kohen-Raz, »Der Kibbutz als Medium der Milieutherapie«, in *Neue Praxis*, Heft 1, 1977, S. 65 ff.
132 Vgl. J. Blasi, *The Quality of Life in a Kibbutz Cooperative Community*, Harvard University Research Project on the Kibbutz, 1977
133 Vgl. zu den Zahlen und darauf erfolgten Reaktionen *Verband Alleinstehender Mütter und Väter (VAMV) – Informationen*, Heft 1, März 1980, Bonn
134 Vgl. die New Yorker Reportage über Sozialamtsmütter von S. Sheehan, *A Welfare Mother*, New York 1976
135 Vgl. zu diesem Vorwurf die Kritik von G. Heinsohn/O. Steiger, »Die Heiligsetzung des Lebens durch Massenmord oder: Der Holocaust der Kirchen« in S. v. Paczensky, Hrsg.: *Wir sind keine Mörderinnen*, Reinbek 1980, S. 56 ff.
136 Vgl. ausführlich Ph. Ariès, *a. a. O.*, passim
137 Vgl. L. de Mause, »Evolution der Kindheit«, in Ders., Hrsg., *Hört ihr die Kinder weinen? – Eine psychogenetische Geschichte der Kindheit* (1974), Frankfurt/M. 1980, S. 12–111
138 *Ibid.*, S. 12
139 *Ibid.*
140 *Ibid.*
141 *Ibid.*, S. 13
142 *Ibid.*, S. 14
143 *Ibid.*, S. 15

144 *Ibid.*, S. 51
145 *Ibid.*, S. 83
146 *Ibid.*
147 *Ibid.*, S. 84
148 *Ibid.*
149 H. Rühfel, *Kinderleben im klassischen Athen*, Mainz 1984, S. 28f.
150 Vgl. T. Jeier, *Die Eskimos* (1977), München 1979, S. 83
151 *Ibid.*, S. 89
152 *Ibid.*, S. 90f.
153 LeRoy Ladurie, a. a. O., S. 231f. Hervorhebungen im Original
154 Vgl. E. Badinter, *Die Mutterliebe* (1980), Frankfurt/M. 1982, S. 189ff. und ähnlich bereits früher die populäre Arbeit von E. Shorter, *Die Geburt der modernen Familie* (1975), Reinbek 1977, insbes. 5. Kapitel
155 Vgl. J. Münder et al., *Frankfurter Kommentar zum Jugendwohlfahrtsgesetz*, Weinheim 1981²
156 Vgl. T. Ebert/J. Egert, »Soziale Sicherung« in D. Kreft/J. Mielenz, Hrsg., *Wörterbuch Soziale Arbeit*, Weinheim und Basel 1980, S. 403f.
157 Bundesminister für Arbeit und Sozialordnung, *Soziale Sicherheit 1984*, Bonn 1984, S. 40
158 Vgl. A. Richter, *Das Kindergeldgesetz*, München 1975, S. 16
159 Vgl. H. Schieckel (fortgeführt v. G. Brandmüller), *Kindergeldgesetze*, Percha 1984, S. 1f. (der 7. Ergänzung)
160 Vgl. *Statistisches Jahrbuch 1984 für die Bundesrepublik Deutschland*, S. 406
161 Vgl. M. Högemann, R. Kuhn, »Entwicklungstendenzen der Kindergärten in Deutschland«, in *Kindergarten heute*, 4. Jg., Nr. 4, 1974, A. 167ff.
162 Vgl. *Zwischenbericht der Bund-Länder-Kommission für Bildungsplanung* v. 18.10.1971, S. VI B/16
163 Vgl. M. Högemann, R. Kuhn, a. a. O.
164 Vgl. D. Deininger, »Jugendhilfe 1982«, in *Wirtschaft und Statistik*, Heft 6/1984, S. 529
165 Vgl. zur Erklärung der Kindesvernachlässigung in den Institutionen aus (1) der Gleichgültigkeit der Erzieher, aus (2) zu früher Anpassung der Kinder an zu große Gruppen und aus (3) den spielzerstörenden Aktivitäten in einem sinnentleerten und nur noch pädagogischen Raum G. Heinsohn/B.M.C. Knieper, *Theorie des Kindergartens und der Spielpädagogik*, Frankfurt/M. 1975. Siehe auch M. E. Karsten, U. Rabe-Kleberg, *Sozialisation im Kindergarten*, Frankfurt/M. 1977 sowie W. D. v. Hase, *Kleinkindanstalten – Zur strukturellen Kleinkindsozialisation in Kindergärten und Kindertagesstätten als gesellschaftliche Tendenz zur bürokratisch-technologisch organisierten Persönlichkeitsproduktion im Vorschulalter*, Dissertation Bremen 1980
166 Vgl. Kapitel I oben
167 Dieses Problem läßt sich auch noch von einer anderen Seite her beleuchten. In der Bundesrepublik, die – wie gesagt – z. Zt. mit die geringste Geburtenrate der Erde aufweist, werden selbst noch an diesen wenigen Kindern etwa 60 000 schwere Mißhandlungen pro Jahr begangen. Vgl. dazu Der Bundesminster für Jugend, Familie und Gesundheit, *Kindesmißhandlung – Kinderschutz – Ein Überblick*, Bonn 1980, S. 10ff.
168 Vgl. *Statistisches Jahrbuch 1984 für die Bundesrepublik Deutschland*, S. 418
169 Vgl. D. Deininger, a. a. O., S. 530
170 Vgl. G. Heinsohn, O. Steiger, »Die Kinder Europas – Von der gewaltsamen Menschenproduktion zur ›menschlichen Springflut‹« in *Kursbuch* 62, Berlin 1980
171 B. Gustafsson, »Imperialismen, Tredje Världen och historiens list« (Der Imperialismus, die Dritte Welt und die List der Geschichte), in *Ekonomisk*

Debatt (Stockholm) 1978, S. 340
172 Vgl. SPD, *Materialien Familienpolitik,* Bonn 1979, S. 5
173 Siehe zum Beispiel die Beschreibung von ASH durch J. M. Möller, »Gemeinsam leben und arbeiten«, in *Frankfurter Allgemeine Zeitung* vom 14.2.1981

Anmerkungen (Teil C)
zu Seite 315–320

1 Vgl. etwa J. Nawrocki, »Im Jahr 2030: Raum ohne Volk?«, in *Die Zeit*, Nr. 9 v. 22.2.1985, S. 33
2 K. Natorp, »Wie eine Springflut«, Leitartikel der *Frankfurter Allgemeinen Zeitung*, 7.6.1980, S. 1
3 So der frühere Direktor des Bundesinstituts für Bevölkerungsforschung, H. W. Jürgens, in einem Interview in *Die Zeit*, Nr. 9 v. 22.2.1985, S. 34. Eine tendenzielle Annäherung an die »Mutter im Staatsdienst«, als die aber auch Väter antreten dürfen sollen, vgl. den vom Bundesfamilienminister H. Geißler verfaßten Leitantrag des Bundesvorstandes der CDU für den 33. Bundes-Parteitag vom 20. bis 22. März 1985 »Für eine neue Partnerschaft zwischen Mann und Frau«, Punkte 9–10, abgedruckt in *Frankfurter Rundschau* v. 26.2.1985, S. 10. Bereits in den späten 30er und den 40er Jahren wird in Schweden eine Annäherung an Staatselternschaft durch Ehedarlehen, Mutterschaftsgeld (statt Abtreibung) und günstige Wohnquartiere für große Familien versucht. Es zeigte sich, daß diese Maßnahmen nur in Schichten griffen, die – wie damals die Unterschicht – in ihrem Fortpflanzungsverhalten unwissend und entsprechend leicht manipulierbar waren. »Sowohl Eltern wie auch Kinder wurden« von der übrigen Bevölkerung »mit [ähnlicher] Verachtung gestraft« wie die »Empfänger von Sozialhilfe und Armenunterstützung«: »Die Häuser, in denen die kinderreichen Familien lebten, wurden als ›Karnickelställe‹ bezeichnet«; vgl. A.-S. Kälvemark, *More Children of Better Quality? Aspects on Swedish Population Policy in the 1930's*, Uppsala 1980, S. 121. Die Autorin kommt zu dem nicht überraschenden Schluß, daß die pronatalistischen Ziele dieser Politik bestenfalls teilsweise, d. h. nur kurzfristig Erfolg hatten (und auch wieder eingestellt wurden).
4 Vgl. G. Heinsohn, O. Steiger, »Geld, Produktivität und Unsicherheit in Kapitalismus und Sozialismus«, in *Leviathan*, 1981, S. 164ff., sowie Dies., »Technical Progress and Monetary Production: An Explanation«, in *Monnaie et Production,* Nr. 2, Cahiers de l'I. S. M. É. A. (Paris) 1985, S. 85ff.
5 S. Axelsson, F. Snickars, *Om hundra år. Några framtidsbilder av befolkning, samhällsekonomi och välfärd under 2000-talet* (In hundert Jahren ... Bevölkerung, Volkswirtschaft und Wohlfahrt im 21. Jh.), Stockholm 1985
6 Zu den Perspektiven einer ökologisch geplanten Reduzierung der Bevölkerung der Bundesrepublik, auf deren Territorium z.B. während der Gipfelzeit des »Heiligen Römischen Reiches Deutscher Nation« sieben Millionen Menschen lebten, vgl. D. Beisel, »Bevölkerungsexplosion: Menschlicher Weg zu weniger Menschen«, in *Natur*, Nr. 6, 1984, S. 43ff. Als typisches Beispiel einer die Weltbevölkerungsexplosion völlig außer acht lassenden apokalyptischen bzw. rentenideologischen Panikmache vgl. etwa die von C. Heide verfaßte Titelstory des *Stern* (Nr. 3 v. 10.1.1985, S. 98ff.) »Die Furcht vorm Kind. Gibt es im Jahre 2400 keine Deutschen mehr?« und die Titelstory des *Spiegel* (Nr. 10 v. 4.3.1985, S. 19ff.) »Von der Rentenkrise in die Staatskrise?«
7 Die Wiedergewinnung einer Politik der selbstverantworteten Entscheidung über große Anschaffungen – sei es ein Kind als »Bereicherung des Lebens« (Geißler, s.o.) oder ein vielleicht noch kostspieligeres Hobby – bedeutet, daß

niemand mehr dem Mitbürger über Steuern in die Tasche greifen darf, um seine Vorliebe finanziert zu bekommen. Dem könnte entgegengehalten werden: »Überbevölkerung hin oder her und wer ein aufwendiges Hobby betreibt, investiert sicher nicht in das weltweit überreichliche Gut Mensch, aber es muß *innerhalb* jeder Gesellschaft ein Grundrecht auf Vermehrung geben, und Grundrechte sind nun einmal für arm und reich gleich. Also muß die Gesellschaft doch das private Kinderhaben finanzieren, weil ›die Familie berufliche und materielle Nachteile in Kauf‹ (Geißler) nimmt.« Obwohl nun von einem Menschenrecht auf Nachwuchs erst im Gefolge der gewaltsamen Bevölkerungspolitik die Rede sein kann und dabei das ›Recht‹ auf nachwuchszeugenden Sex unter dem staatlichen Eherecht meint, also mit der Wiederbefreiung der Sexualität hinfällig ist, wird in unseren beiden Studien die Freiheit zur Vermehrung verteidigt. Das gilt jedoch nicht für ihre Finanzierung über Zwangsabgaben der Mitbürger. Diese sind vor allem durch den Generationenvertrag nicht zu begründen. Rentenverdienern hier die Einwanderungschance zu geben und so ihr Leben zu retten, wäre die menschlichere und ökonomischere Lösung – eine Lösung allerdings, die, wie die oben zitierte schwedische Studie zeigt, zur Sicherung der Renten auch bei der derzeit niedrigen Geburtenrate keineswegs eine zwingend notwendige Alternative ist. Die gegenwärtige Doppelstrategie, Ausländer aus dem Land herauszuprämieren und ›Germanen‹ in die Fortpflanzung hineinzuprämieren, wird darüber hinaus am Weltarbeitsmarkt ohnehin ihr Fiasko erleben, also letzlich an Nichtfinanzierbarkeit scheitern. Jedes so ins Leben ›gelockte‹ Kind ist von vornherein betrogen – ganz ähnlich übrigens wie die Kinder des Babybooms der 50er und 60er Jahre, die heute als jungendliche Arbeitslose unterhalten werden müssen, statt mit einem Arbeitsplatz ihre Existenz (und damit auch die der Alten) selbst sichern zu können.

Die Verfechter eines von der Allgemeinheit für arm und reich zu finanzierenden Menschenrechts auf Vermehrung würden nun darauf abheben, daß Elternschaft eine *conditio humana* sei, die Menschenwürde gewissermaßen mitkonstituiere. Dem ist zugute zu halten, daß sich zwar ein angeborener Gebär- oder Erziehungswunsch nicht nachweisen läßt, das psychisch drängende Bedürfnisse nach einem Kind tatsächlich aber häufig ist. In der eigenen Kindheit erworbene Identitätsstrukturen lassen also innere Unruhe entstehen, wenn die Mutterschaft – aber auch die Vaterschaft – nicht verwirklicht wird. Die Seele durch ein selbstgemachtes Kind zu stabilisieren, kann also durchaus einer *conditio humana* ähnlich sehen. Dieser Wunsch kann dabei so mächtig gespürt werden, daß er sich tagespolitischen Einwänden oder gar globaler Verantwortlichkeit gegenüber ganz verschließt.

Vom ausschließlich neurotischen Kindswunsch, der nun gerade zu behandeln wäre, abgesehen wird sich der gewöhnliche psychogene Kindswunsch durch ein einziges Kind befriedigt fühlen: Da das Einzelkind zur Abnahme der ökologisch fatalen Überbevölkerung der Bundesrepublik immer noch beitrüge, könnte vorgeschlagen werden, Eltern für das psychogene Einzelkind optimal auszustatten, also ein Bürgerrecht aufs *gesellschaftlich bezahlte* Einzelkind in den Artikel 6 des Grundgesetzes hineinzuinterpretieren.

Wenn eine solche Lösung auch der gegenwärtigen Situation überlegen sein kann, in der Kinder immer noch ungeplant unter wenig günstigen Umständen geboren werden, erweist sich auch der Gedanke der aus Steuern finanzierten Einzelkindelternschaft, wie oben gezeigt, als Spätblüte der neuzeitlichen staatlichen Bevölkerungspolitik, die das Kindergeld ohnehin erst im 20. Jahrhundert erfunden hat. Wenn einmal jede Möglichkeit der Geburtenkontrolle für wirklich alle verfügbar ist, dann werden die Menschen auch für ihren emotionalen Kindswunsch die jeweils ihnen gemäße soziale Form finden. Wer sich vom Partner finanzieren lassen will, kann danach streben. Wer es ganz allein machen will, wird vorab eine Finanzierung für die entsprechenden Jahre organisieren. Und wer den Halt einer Genossenschaft schätzt, wird dort beitreten. Dem Einfallsreichtum wirklich frei verantwortlicher Menschen soll man nicht vorgreifen.

Gegen die These vom Menschenrecht auf gemeinschaftlich finanziertes Kinderhaben könnte aber auch noch anders argumentiert werden. In ihr steckt ja die Annahme, daß Kinderlosigkeit eine durch nichts zu rechtfertigende seelische Verarmung bewirke. Nun ist eine exakt von dieser Annahme ausgehende sehr umfangreiche empirische Forschung bereits Mitte der 70er Jahre in den USA abgeschlossen worden. Ihre Funde können nicht unbedingt als Bestätigung der Annahme vom Unglück bei Kinderlosigkeit gelesen werden:

»Zufriedenheit in der Ehe hängt in gewissem Umfang mit der Zahl der Kinder in der Familie zusammen, obwohl die Beziehung nicht in der Richtung liegt, wo die allgemeine Erwartung sie vermuten könnte. Den höchsten Grad ausgedrückter Befriedigung finden wir in Familien ohne Kinder im Hause. Er sinkt leicht, aber beständig mit steigender Kinderzahl bei Männern und Frauen in gleicher Weise. Die Menschen ohne Kinder im Haus bilden eine heterogene Gruppe, zusammengesetzt aus jungen Paaren, die mit der Familiengründung noch nicht begonnen haben, älteren Paaren, die freiwillig oder unfreiwillig kinderlos sind, und Leuten, deren Kinder erwachsen sind und sie in einem ›leeren Nest‹ zurückgelassen haben ... Alle diese Gruppen unterscheiden sich von Familien mit einem oder mehreren Kindern im Haus ... /

Elternschaft ist eindeutig nicht wesentlich für ein Familiengefühl und die Befriedigung, die aus diesem Gefühl erwächst ... Es ist besonders beeindruckend, daß die Frauen in den kinderlosen Familien, die ihre ihnen von der Gesellschaft traditionell zugeordnete wichtigste Rolle nicht gelebt haben, mindestens ebenso positiv über ihre Lebenserfahrung urteilen wie Frauen, die Kinder geboren haben ... /

Die Periode, welche oft düster als die des ›leeren Nestes‹ bezeichnet wird, scheint einer der positivsten Lebensabschnitte zu sein ... Ehefrauen, die den Status des ›leeren Nestes‹ erreicht haben, rangieren hoch in ihren Antworten auf unsere Maßstäbe für generelle Zufriedenheit. Sie werden nur noch von jungen und kinderlosen Ehefrauen übertroffen«; vgl. Campbell/Converse/Rodgers, *The Quality of American Life-Perspectives, Evaluations, and Satisfactions,* New York 1976, S. 325f., 416f. bzw. 410f.; vgl. ausführlich dazu auch Heinsohn/Knieper/Steiger, *Menschenproduktion. Allgemeine Bevölkerungstheorie der Neuzeit,* Frankfurt/M. 1979, S. 149ff.

Die Rede vom hohen Glück der Elternschaft, die bereits aufgrund ihrer auffälligen und allgegenwärtigen Wiederholung Zweifel an ihrer Glaubhaftigkeit setzen müßte, wird also auch von der kühlen Empirie deutlich in Zweifel gezogen. Sie entstammt offensichtlich nicht der Sorge um das Glück der so Angesprochenen, sondern wird erst als bevölkerungspolitische Parole ganz verständlich.

8 Für die Politik der Prämienüberwindung sind selbstverständlich Stichtage vorzunehmen, d. h. einmal mit Prämienerwartung in die Welt gesetzte Kinder dürfen den Anspruch nicht verlieren. Von Versicherungen nicht mehr abgedeckte soziale Risiken sollen selbstverständlich auch weiterhin vom sozialen Netz aufgefangen werden. Zu überlegen ist zudem, wie für die Aufwendungen an Zeit bzw. Geld fürs Kinderhaben ebenfalls in der versicherungsmäßigen Weise Vorsorge getroffen werden kann, wie sie für andere Beeinträchtigungen der Erwerbstätigkeit (durch Studium, Krankheit, Arbeitslosigkeit, Frühpensionierung, Alter etc.) gefunden worden sind.

Literaturverzeichnis
(für alle drei Teile)

Åkerman, S., »Statistik och data blir historia« (Statistik und Daten werden Geschichte), in: *Forskning och Framsteg* (Stockholm), Sondernummer über die Familie, 1977
–, »A Demographic Study of a Pre-Transitional Society«, in S. Åkerman, H. C. Johansen, D. Gaunt, *Chance and Change – Social and Economic Studies in Historial Demography in the Baltic Area*, Odense 1978
–, »Befolkningen som problembarn« (Die Bevölkerung als Problemkind), in R. Ambjörnsson u. D. Gaunt, Hrsg., *Den dolda historien* (Die verborgene Geschichte), Malmö 1984
Akademie der Wissenschaften der UdSSR – Institut für Ökonomie, *Lehrbuch Politische Ökonomie* (1954), Berlin-DDR 1955
Alt, R., *Kinderausbeutung und Fabrikschulen in der Frühzeit des industriellen Kapitalismus*, Berlin 1958
Amendt, G./Schwarz, M., *Zur Sozialisation von unerwünschten Kindern*, Universität Bremen (Ms.) 1980
Anderson, M., *Approaches to the History of the Western Family 1500–1914*, London 1980
Anonymus (H.A.B.U.I.D.), »Rechtliches Bedenken in Malefitzsachen« (Frankfurt/M. 1.9.1590), in Bodin, *Vom aussgelasnen ...*, *op. cit.*
Ariès P. – *Geschichte der Kindheit* (1960), München-Wien 1975
–, »Marriage« (Besprechung von P. Laslett et al. »Bastardy and its Comparative History«, London 1980), in *London Review of Books,* Nr. 20, 1980
Arndt, C., Erhard, B., Funcke, L., Hrsg., *Der § 218 StGB vor dem Bundesverfassungsgericht*, Karlsruhe 1979
Atlas zur Geschichte, hrsg. v. Zentralinstitut für Geschichte der Akademie der Wissenschaften der DDR, Gotha u. Leipzig 1975, Bd. 2
Astolfi, *La Lex Julia et Papia*, Padua 1970
Avgar/Bronfenbrenner/Henderson, »Socialization Practices of Parents, Teachers, and Peers in Israel: Kibbutz, Moshav and City«, in *Child Development* 1977
Axelsson, S./Snickars, F., *Om hundra år. Några framtidsbilder av befolkning, samhällsekonomi och välfärd under 2000-talet* (In hundert Jahren. Zukunftsszenarien für Bevölkerung, Volkswirtschaft und Wohlfahrt im 21. Jahrhundert), Stockholm 1985

Badinter, E., *Die Mutterliebe – Geschichte eines Gefühls vom 17. Jahrhundert bis heute* (1980), Frankfurt/M. et al. 1982
Baeyer-Katte, W. v., »Die historischen Hexenprozesse«, in W. Bitter, Hrsg., *Massenwahn in Geschichte und Gegenwart*, Stuttgart 1965
Baier, L., *Die große Ketzerei*, Berlin 1984
Barkai, H., *Growth Patterns of the Kibbutz Economy*, Amsterdam et al. 1977
Baschwitz, K., *Hexen und Hexenprozesse*, München 1963
Becher, J. J., *Politischer Discurs von den eigentlichen Ursachen des Auff- und Abnehmens der Staedt, Laender und Republicken* (1668), 1721[4]
Becker, G., et al., *Aus der Zeit der Verzweiflung. Zur Genese und Aktualität des Hexenbildes*, Frankfurt/M. 1977
Becker, G. et al., »Zum kulturellen Bild und zur realen Situation der Frau im Mittelalter und in der frühen Neuzeit«, in G. Becker et al., *op. cit.*

Becker, G.S., »An Economic Analysis of Fertility«, in *Demographic and Economic Change in Developed Countries*, hrsg. v. National Bureau of Economic Research, Princeton 1960
–, *A Treatise on the Family*, Cambridge/Mass. 1981
Befolkningsutvecklingen (Die Bevölkerungsentwicklung), Denkschrift des Sozialausschusses des Schwedischen Reichstags, Nr. 32 (1977/78), Stockholm 1977
Beisel, D., »Bevölkerungsexplosion: Menschlicher Weg zu weniger Menschen«, in *Natur*, 1984, Heft 6
Bekker, B., *Die verzauberte Welt* (1691–1693) Amsterdam 1693
–, *Onania*, Amsterdam 1710
Beloch, J., *Die Bevölkerung der Griechisch-Römischen Welt*, Leipzig 1886
Benedict, R., »Population Regulation in Primitive Societies«, in A. Allison, Hrsg., *Population Control*, Harmondsworth 1970
Bericht der »Kommission zur Auswertung der Erfahrungen mit dem reformierten § 218 des Strafgesetzbuches«, Bundestagsdrucksache DS 8/3630, 1980
Bettelheim, B., *The Children of the Dream* (1969), New York 1970
Beuys, B., *Familienleben in Deutschland*, Reinbek 1980
Binsfeld, P., *Traktat von Bekanntnuß der Zauberer und Hexen* (1589), München 1591
Blasi, J.R., *The Quality of Life in a Kibbutz Cooperative Community*, Harvard-University 1977
Bode, »Die Kindestötung und ihre Bestrafung im Nürnberg des Mittelalters«, in *Archiv für Strafrecht und Strafprozeß*, 1914
Bodin, J., *Method for the Easy Comprehension of History* (1566), übers., eingel. u. komment. v. B. Reynolds (1945), New York 1969
–, *The Response of Jean Bodin to the Paradoxes of Malestroit* (1568, 1578[2]), übers. u. eingel. v. G.A. Moore, Washington, D.C. 1946
–, *The Six Bookes of a Commonweale* (1576), hrsg. v. K.D. McRae, Cambridge/Mass. 1962
–, *De la démonomanie des sorciers*, Paris 1580, Reprint Hildesheim 1988
–, *Vom aussgelasnen wütigen Teuffelsheer* (1580), übers., mit einer eigenen Vorrede u. mit Marginalien versehen von J. Fischart 1581, Straßburg 1591[3], Reprint Graz 1973
Borgström, G., *Malthus: Om befolkningsfrågan* (Malthus: Über die Bevölkerungsfrage), Stockholm 1969
Boswell, J., *Christianity, Social Tolerance and Homosexuality. Gay People in Western Europe from the Beginning of the Christian Era to the Fourteenth Century*, Chicago 1980
Bovenschen, S., »Die aktuelle Hexe, die historische Hexe und der Hexenmythos. Die Hexe: Subjekt der Naturaneignung und Objekt der Naturbeherrschung«, in G. Becker et al., *op. cit.*
Brackert, H., »Daten und Materialien zur Hexenverfolgung«, in G. Becker et al., *op. cit.*
Brenner, R., »Agrarian Class Structure and Economic Development in Pre-Industrial Europe«, in *Past and Present*, Nr. 70, 1976
–, »Dobb on the Transition from Feudalism to Capitalism«, in *Cambridge Journal of Economics*, 1978
Brändström, A., »*De kärlekslösa mödrarna* – *Spädbarnsdödligheten i Sverige under 1800-talet* ... (»Die lieblosen Mütter« – Die Säuglingssterblichkeit in Schweden im 19. Jahrhundert ...; mit einer ausführlichen englischen Zusammenfassung), Umeå 1984
Brissaud, Y.-B., »L'infanticide à la fin du moyen age, ses motivations psychologiques et sa répression«, in *Révue historique de droit français et étranger*, 1972

Buff, A., »Verbrechen und Verbrecher zu Augsburg in der zweiten Hälfte des vierzehnten Jahrhunderts«, in *Zeitschrift des Historischen Vereins für Schwaben und Neuburg,* 1878

Bulst, N., »Der Schwarze Tod. Demographische, wirtschafts- und kulturgeschichtliche Aspekte der Pestkatastrophe von 1347–1352«, in *Saeculum,* 1979

Burke, P., »Good Witches« (Besprechung von u. a. der englischen Übersetzung von C. Ginzburg, *op. cit.*), in *New York Review of Books,* Nr. 3 v. 28.2.1985

Caldwell, J.C., *Theory of Fertility Decline,* London 1982

Campbell/Converse/Rodgers, *The Quality of American Life-Perceptions, Evaluations, and Satisfactions,* New York 1976

Chambers, J.D., *Population, Economy, and Society in Pre-Industrial England,* London et al. 1972

Cipolla, C.M., *Before the Industrial Revolution* (1976), London 1981^2

Closmann, K., *Die Kindestötung. Historisch-dogmatisch dargestellt,* Dissertation Erlangen 1889

Clough, S.B./Rapp, R.T., *European Economic History,* New York et al. 1975

Cohen, M.L./Lee, L.T./Stepan, J., »The Rights of the Child: A Classification Plan«, *Law and Population Monograph Series Number 46,* Medford/Mass. 1978

Cohn, N., *Europe's Inner Demons. An Enquiry Inspired by the Great Witch-Hunt* (1975), London et al. 1976

–, *The Pursuit of the Millenium* (1970^3), London et al. 1978

Coleman, E., »Infanticide in the Early Middle Ages«, in S.M. Stuard, Hrsg., *Women in Medieval Society,* Philadelphia 1976

Concise Report on the World Population Situation in 1970–75, hrsg. von den Vereinten Nationen (UNO), New York 1974

Crieden, J., »Kibbutz Industries – Theory and Practice«, in *Kibbutz Studies* (Yad Tabenkin – Israel), November 1980 (Nr. 3)

Csillag, P., *The Augustean Laws on Family Relations,* Budapest 1976

Dähn, P., »Zur Geschichte des Abtreibungsverbots«, in J. Baumann, Hrsg., *Das Abtreibungsverbot des § 218,* Neuwied u. Berlin 1971

Dayton, J., *Minerals, Metals, Glazing and Man,* London 1978

Degn, C./Lehmann, H./Unverhau, D., Hrsg., *Hexenprozesse. Deutsche und skandinavische Beiträge,* Neumünster 1983

Delumeau, J., *La peur en Occident,* Paris 1978

Deininger, D., »Jugendhilfe 1982«, in *Wirtschaft und Statistik,* 1984, (Heft 6)

Devereux, G., *A Study of Abortion in Primitive Society,* New York 1967

Dickemann, M., »Demographic Consequences of Infanticide in Man«, in *Annual Review of Ecology and Systematics,* 1975

Dieffenbach, J., *Der Hexenwahn vor und nach der Glaubensspaltung in Deutschland,* Mainz 1886 (Reprint Leipzig 1978)

Die Holzschnitte des Petrarcameisters, Berlin 1955

Divale, W. et al., »War, Peace and Martial Residence in Pre-Industrial Societies«, in *Journal of Conflict Resolution,* 1976

Dodson, B., *Liberating Masturbation,* New York 1972

Döbler, H., *Hexenwahn – Die Geschichte einer Verfolgung,* München 1977

Dollinger, H., *Schwarzbuch der Weltgeschichte,* Herrsching o. J.

Douglas, M., Hrsg., *Witchcraft. Confessions and Accusations,* London et al. 1970

Droß, A., *Die erste Walpurgisnacht. Hexenverfolgung in Deutschland* (1978), Reinbek 1981

Duerr, H.P., *Traumzeit. Über die Grenze zwischen Wildnis und Zivilisation,* Frankfurt/M. 1978

Dufour, P., *Geschichte der Prostitution* (1851–1854), 6 Bde., Berlin o.J.
Dupâquir, J., »Population«, Kapitel 4 in P. Burke (Hrsg.), *The New Cambridge Modern History, Vol XIII: Companion Volume,* Cambridge 1979

Easterlin, E. A., *Population, Labor Force and Long Swings in Economic Growth – The American Experience,* New York 1968
–, »Relative Economic Status and the American Fertility Swing«, in E. B. Sheldon, Hrsg., *Family Economic Behaviour,* Philadelphia u. Toronto 1973
–, »What Will 1984 Be Like? Socioeconomic Implications of Recent Twists in Age Structure«, in *Demography,* 1978
–, *Birth and Fortune: The Impact of Numbers on Personal Welfare,* New York 1980
Ebert, T./Egert, J., »Soziale Sicherung« in D. Kreft, J. Mielenz (Hrsg.), *Wörterbuch Soziale Arbeit,* Weinheim und Basel 1980
Ehrenreich, B., English, D., *Witches, Midwives, and Nurses. A History of Women Healers,* Old Westbury, N. Y. 1973
Elias, N., *Über den Prozeß der Zivilisation* (1939), 2 Bde., Frankfurt/M. 1976
Ellinger, K., »Die Hexen«, in H. Haag, Hrsg., *Teufelsglaube* (1974), Tübingen 1980[2]
Elster, L., »Bevölkerungslehre und Bevölkerungspolitik«, in *Handwörterbuch der Staatswissenschaften,* Bd. 2, Jena 1924[4]
Engels, F., »Umrisse zu einer Kritik der Nationalökonomie« (1844), in *Marx-Engels-Werke,* Bd. 1
–, »Die Lage der arbeitenden Klasse in England« (1845), in *Marx-Engels-Werke,* Bd. 2, S. 355
–, Brief an K. Kautsky, 10.2.1883, in *Marx-Engels-Werke,* Bd. 35
Ennen, E., *Frauen im Mittelalter,* München 1984

Flandrin, J.-L., *Familien. Soziologie, Ökonomie, Sexualität* (1976), Frankfurt/M. et al. 1978
Flinn, M. W., *The European Demographic System 1500–1820,* Brighton 1981
Flora, P., »Historische Prozesse sozialer Mobilisierung«, in *Zeitschrift für Soziologie,* 1972
Forbes, T. R., »The Regulation of English Midwives in the Sixteenth and Seventeenth Centuries«, in *Medical History,* 1964
–, *The Midwife and the Witch,* New Haven and London 1966
Foucault, M., *Sexualität und Wahrheit. 1. Bd.: Der Wille zum Wissen* (1976), Frankfurt/M. 1977
Freeman, M., »A Social and Economic Analysis of Female Infanticide«, in *American Anthropoligist,* 1973
Freud, S., »Schlußwort der Onaniediskussion« (1912), in Ders., *Gesammelte Werke* VIII, Frankfurt/M. 1952–1968
–, »Das Unbehagen in der Kultur« (1930), in Ders. *Gesammelte Werke* XIV, Frankfurt/M. 1952–1969
Fromann, J. C., *Tractatus de Fascinatione Novus et Singularis,* Nürnberg 1575
Frykman, J., *Horan i bondesamhället* (Die Hure in der Agrargesellschaft), Lund 1977
Fuchs, E., *Illustrierte Sittengeschichte – Erster Band: Renaissance,* München 1909
–, *Illustrierte Sittengeschichte – Ergänzungsband Renaissance,* München 1909

Gaunt, D., *Familjeliv i Norden* (Das Familienleben in den nordischen Ländern), Malmö 1983
Gaspari, A. C., *Materialien zur Statistik der Dänischen Staaten,* Flensburg u. Leipzig 1786, Bd. 2

[Geißler, H.], »Für eine neue Partnerschaft zwischen Mann und Frau« (Leitantrag des Bundesvorstandes der CDU für den 33. Bundes-Parteitag vom 20. bis 22.3.1985), abgedruckt in *Frankfurter Rundschau*, 26./27.2.1985

Gentz, L., »Vad förorskade de stora häxprocesserna?« (mit einer ausführlichen englischen Zusammenfassung unter dem Titel »What Caused the Great Trials for Witchcraft?«), in *Arv. Tidskrift för Nordisk Folkminnesforskning*, 1954

Gerson, M., *Family, Women, and Socialization in the Kibbutz*, Lexington/Mass. 1978

Ginzburg, C., *Die Benandanti. Feldkulte und Hexenwesen im 16. und 17. Jahrhundert* (1966), Frankfurt/M. 1980

Global 2000, Der Bericht an den Präsidenten [der USA] (1980), hrsg. v. R. Kaiser, Frankfurt/M. 1980

Gloger, B., Zöllner, W., *Teufelsglaube und Hexenwahn*, Wien et al. 1984

Golowin, S., *Hexer und Henker im Galgenfeld. Seltsame Menschen vor Berns Unter-Tor*, Bern 1970

–, *Die weisen Frauen. Die Hexen und ihr Heilwissen*, Basel 1982

Gribbin, J., *The Death of the Sun*, New York 1980

Grigg, D., *Population Growth and Agrarian Change. A Historical Perspective*, Cambridge et al. 1980

Guazzo, F.-M., *Compendium Maleficarum,* Mailand 1608[1]

Gustafsson, B., »Imperialismen, Tredje Världen och historiens list« (Der Imperialismus, die Dritte Welt und die List der Geschichte), in *Ekonomisk Debatt*, (Stockholm) 1978

Hagemann, H.-R., Artikel »Eigentum«, in *Handwörterbuch zur Deutschen Rechtsgeschichte*, Berlin 1971, Bd. 1

Hajnal, J., »European Marriage Patterns in Perspective«, in D.V. Glass/E.C. Eversley, Hrsg., *Population in History,* London 1965

Hamilton, A., »Australian Aboriginal Population, Malthus and the Theory of Population«, vv. Vortrag auf dem *Congrès international de démographie historique*, 27.–29.5.1980, UNESCO, Paris

Hamkens, F.H., »Heidnische Bilder im Dome zu Schleswig«, *Germanien*, 1938

Hammes, M., *Hexenwahn und Hexenprozesse*, Frankfurt/M. 1977

Hanley, S.B., »Population Trends and Economic Development in Tokugawa Japan«, in *Daedalus*, 1968 (Bd. 97)

Hansen, J., *Zauberwahn, Inquisition und Hexenprozeß im Mittelalter und die Entstehung der großen Hexenverfolgung*, München 1900 (Reprint Aalen 1983)

–, *Quellen und Untersuchungen zur Geschichte des Hexenwahns und der Hexenverfolgung im Mittelalter*, Bonn 1901 (Reprint Hildesheim 1963)

Hase, D.v., *Kleinkindanstalten – Zur strukturellen Kleinkindsozialisation in Kindergärten und Kindertagesstätten als gesellschaftliche Tendenz zur bürokratisch-technologisch organisierten Persönlichkeitsproduktion im Vorschulalter*, Dissertation, Berlin 1980

Hassan, F.A., *Demographic Archaeology*, New York et al. 1981

Hatcher, J., *Plague, Population and the English Economy 1348–1530*, London 1977

Hauschild, T./Staschen, H./Troschke, R., *Hexen. Katalog zur Ausstellung,* Hamburg 1979

Haverkamp, A., »Der Schwarze Tod und die Judenverfolgungen von 1348/49 im Sozial- und Herrschaftsgefüge deutscher Städte«, in *Trierer Beiträge*, 1977 (Sonderheft 2: »Fragen des älteren Jiddisch«)

Hayden, B., »Population Control among Hunters/Gatherers«, in *World Archaeology*, 1972

Heide, C., »Die Furcht vorm Kind. Gibt es im Jahre 2400 keine Deutschen mehr?«, in *Der Stern*, Nr. 3 v. 10.1.1985

Heinsohn, G., *Vorschulerziehung in der bürgerlichen Gesellschaft* (1971), Frankfurt/M. 1974

–, *Frauen und Mütter im israelischen Kibbutz – Familien- und Bevölkerungstheorie einer hochentwickelten Kommunengesellschaft* (Haifa-University 1977[1]), Universität Bremen 1980 (mimeo.)

–, Hrsg., *Das Kibbutz-Modell – Bestandsaufnahme einer alternativen Wirtschafts- und Lebensform nach sieben Jahrzehnten*, Frankfurt/M. 1982

–, *Privateigentum, Patriarchat, Geldwirtschaft – eine sozialtheoretische Rekonstruktion zur Antike*, Frankfurt/M. 1984

–, *Menschenopfer, Monotheismus, Tötungsverbot, Apokalyptik, Judenhaß – Zur Überwindung von Kindestötung und Menschenopfer an Himmelskörper durch den Eingottglauben und die Beschneidung bei den Juden. Eine religionssoziologische Rekonstruktion*, Bremen 1984 (mimeo.)

–, »Wer will denn überhaupt Sozialismus?«, in T. Schmid, Hrsg., *Die Linke neu denken*, Berlin 1984

Heinsohn, G./Knieper, B.M.C., *Theorie des Kindergartens und der Spielpädagogik*, Frankfurt/M. 1975

–, »Das Desinteresse lohnabhängiger Pädagogen als zentrales Problem der Erziehung«, in K.J. Bruder et al., *Kritik der pädagogischen Psychologie*, Reinbek 1976

Heinsohn, G./Knieper, R., *Theorie des Familienrechts* (1974), Frankfurt/M. 1976[2]

Heinsohn, G./Knieper, R./Steiger, O., *Menschenproduktion – Allgemeine Bevölkerungstheorie der Neuzeit*, Frankfurt/M. 1979 (2. Aufl. 1986)

Heinsohn, G., Steiger, O., »Jean Bodin, das ›Universalgenie der Neuzeit‹ oder: der wahre Meisterdenker«, in *European Demographic Information Bulletin*, 1979

–, »Die Heiligsetzung des Lebens durch Massenmord oder: Der Holocaust der Kirchen«, in S. v. Paczensky, Hrsg., *Wir sind keine Mörderinnen*, Reinbek 1980

–, »Die Kinder Europas. Von der gewaltsamen Menschenproduktion zur ›menschlichen Springflut‹«, in *Kursbuch*, Nr. 62, Dezember 1980

–, »Geld, Produktivität und Unsicherheit in Kapitalismus und Sozialismus – Oder: Von den Lollarden Wat Tylers zur Solidarität Lech Walesas«, in *Leviathan – Zeitschrift für Sozialwissenschaft*, 1981

–, »The Elimination of Medieval Birth Control and the Witch Trials of Modern Times«, in *International Journal of Womens' Studies*, 1982

–, »Die Kriminalisierung der Geburtenkontrolle – Anmerkungen zum 500jährigen Jubiläum der Hexenbulle«, in *Der Monat* (neue Folge), Nr. 293, November 1984

–, »Technical Progress and Monetary Production: An Explanation«, in *Monnaie et Production* (Cahiers de l'I.S.M.É.A., Paris), Nr. 2, 1985

Henning, W., *Das vorindustrielle Deutschland 800–1800*, Paderborn 1977[3]

Henningsen, G., *The Witches' Advocate: Basque Witchcraft and the Spanish Inquisition (1609–1614)*, Reno/Nevada 1980

–, »Hexenverfolgung und Hexenprozesse in Dänemark«, in C. Degn et al., *op. cit.*

Herlihy, D., »Land, Family and Women in Continental Europe 700–1200«, in S.M. Stuard, *Women in Medieval Society*, Philadelphia 1976

Herold, L., Artikel »Ziegenbock« in *Handwörterbuch des deutschen Aberglaubens*, Berlin und Leipzig 1927–1942, Bd. X

Hill, C., *Reformation to Industrial Revolution*. Harmondsworth 1969

Himes, N.E., *Medical History of Contraception* (1936), New York 1970

Hirschfeld, M., Spinner, J. R., *Geschlecht und Verbrechen*, Leipzig u. Wien 1930
Hitler, A., *Mein Kampf* (1925–27), München 1932
Högemann, M., Kuhn, R., »Entwicklungstendenzen der Kindergärten in Deutschland«, in *Kindergarten heute*, Nr. 4, 1974
Höjeberg, P., *Jordemor. Barnmorskor och barnaföderskor i Sverige* (Die »Nachwuchsmutter«. Hebammen und Gebärende in Schweden), Södertälje 1981
Hollinger, E., *Schon in der Steinzeit rollten Pillen*, Bern 1972
Honegger, C., Hrsg., *Die Hexen der Neuzeit: Studien zur Sozialgeschichte eines kulturellen Deutungsmusters*, Frankfurt/M. 1978
–, »Die Hexen der Neuzeit. Analysen zur Anderen Seite der okzidentalen Rationalisierung«, in C. Honegger, Hrsg., *op. cit.*
–, »Comment on Garrett's ›Women Witches‹«, in *Signs. Journal of Women in Culture and Society*, 1979 (Bd. 4)
Hole, C., *Witchcraft in England* (1947), New York 1966[2]
Horken, H. K., *Ex nocte lux – Enträtselte Urgeschichte im Lichte jüngster Forschung*, Tübingen 1972
Hügel, F. S., *Die Findelhäuser und das Findelwesen Europas, ihre Geschichte, Gesetzgebung, Verwaltung, Statistik und Reform*, Wien 1863
Humboldt, A. v., *Vom Orinoko zum Amazonas* (1859–60), Wiesbaden 1959
Huxley, A., *Schöne neue Welt. Ein Roman der Zukunft* (1932, 1946[2]). Frankfurt/M. 1981

Imhof, A. E., *Aspekte der Bevölkerungsentwicklung in den nordischen Ländern 1720–1750*, 2. Bde., Bern 1976
–, *Einführung in die Historische Demographie*, München 1977
–, *Die gewonnenen Jahre*, München 1981
Innozenz VIII (= Giovanni Battista Cibo), »Bulla Apostolica adversus haeresim maleficarum« (»Hexenbulle«), Rom, 5.12.1484, abgedruckt in Sprenger/Institoris, *op. cit.*

Jacquir, N. *Flagellum Haereticorum Fascinariorum* (1458), Frankfurt/M. 1581
Janson, S., *Jean Bodin – Johann Fischart. De la démonomanie des Sorciers (1580) – Vom Außgelaßnen wütigen Teufelsheer (1581) und ihre Fallberichte*, Frankfurt/M. et al. 1980
Jeier, F., *Die Eskimos* (1977), München 1979
Jevons, W. S., *The Theory of Political Economy* (1871), Harmondsworth 1970
Jörs, P., *Die Ehegesetze des Augustus*, Marburg 1896
Johansen, S., »Ung hore – gift kone – gammel heks« (Junge Hure – verheiratete Frau – alte Hexe), in *Kontext* (Kopenhagen), Nr. 46, 1984
Jung, J. H., *Lehrbuch der Staats-Polizey Wissenschaft*, Leipzig 1788
Jungwirth, Artikel »Hebamme«, in *Handwörterbuch des deutschen Aberglaubens*, Berlin u. Leipzig 1927–1942, Bd. III

Kälvemark, A.-S., *More Children of Better Quality? Aspects on Swedish Population Policy in the 1930's*, Uppsala 1980
Kahn, H. et al., *The Next 200 Years*, New York 1976
Karsten, M. E./Rabe-Kleberg, U., *Sozialisation im Kindergarten*, Frankfurt/M. 1977
Kellum, B., »Infanticide in England in the Later Middle Ages«, in *History of Childhood Quarterly*, 1974
Kelsal, R. K., *Population. (The Social Structure of Modern Britain)*, London 1975[3]
Ketsch, P., *Frauen im Mittelalter*, 2 Bde., Düsseldorf 1983 (Bd. 1) und 1984 (Bd. 2)

Kieckhefer, R., *European Witch Trials. Their Foundations in Popular and Learned Culture 1300–1500*. London u. Henley 1976

Kindesmißhandlung – Kinderschutz – Ein Überblick, hrsg. v. Bundesminister für Jugend, Familie und Gesundheit, Bonn 1980

Knapp, H., *Das alte Nürnberger Kriminalrecht*, Berlin 1896

Knodel, J./Kintner, H., »The Impact of Breast Feeding Patterns on the Biometrical Analysis of Infant Mortality«, in *Demography*, 1977

König, B.E., *Hexenprozesse – Ausgeburten des Menschenwahns im Spiegel der Hexenprozesse und der Autodafés* (ca. 1900), Reprint Schwerte/Ruhr o.J.

Kohen-Raz, R., »Der Kibbutz als Medium der Milieutherapie«, in: *Neue Praxis*, 1977, Nr. 1

Kohler, J., »Bodinus und die Hexenverfolgung«, in *Archiv für Strafrecht und Strafprozesse*, 1919

Kors, A.C./Peters, E., Hrsg., *Witchcraft in Europe 1100–1700. A Documentary History*, Philadelphia/Penns. 1972

Kovács, Z., »Die Hexen in Rußland«, in *Acta Ethnographica Academiae Hungaricae*, 1973

Krag, K., *Plants Used as Contraceptives by the North American Indians*, Cambridge/Mass. 1976

Kühner, H., *Das Imperium der Päpste*, Frankfurt/M. 1980

Kuczynski, J., »Darstellung der Lage der Arbeiter in Deutschland von 1789 bis 1849«, in Ders., *Die Geschichte der Lage der Arbeiter unter dem Kapitalismus*, Teil 1, Band 8, Berlin 1960

–, *Geschichte des Alltags des deutschen Volkes. Studien 1: 1600–1650*, Berlin 1980

Kummer, B., Artikel »Geburt«, in *Handwörterbuch des deutschen Aberglaubens*, Berlin u. Leipzig 1927–1942, Bd. III

Kunstmann, H.H., *Zauberwahn und Hexenprozeß in Nürnberg*, Diss. Mainz, Nürnberg 1970

Lallemand, L., *Histoire des enfants trouvés et délaissés*, Paris 1885

Lamb, H.H., *Climate – Present, Past and Future. Vol. 2. Climatic History and the Future*, London u. New York 1977

Langer, W.L., »Infanticide: A Historical Survey«, in *History of Childhood Quarterly*, 1974, Nr. I

Lee, R.B., »Population Growth and the Beginnings of Sedentary Life among the !Kung Bushmen«, in B. Spooner, Hrsg., *Population Growth: Anthropological Implications*, Cambridge/Mass. 1972

Lee, R., »Population in Pre-Industrial England: An Economic Analysis«, in *Quarterly Journal of Economics*, 1973

Lehmann, H., »Hexenglaube und Hexenprozesse in Europa um 1600«, in C. Degn et al., *op. cit.*

Leibenstein, H., »An Interpretation of the Economic Theory of Fertility: Promising Path or Blind Alley?«, in *The Journal of Economic Literature*, 1974

–, »On the Economic Theory of Fertility: A Reply to Keeley«, in *Journal of Economic Literature*, 1975

–, »The Economic Theory of Fertility Decline«, in *The Quarterly Journal of Economics*, 1975

Le Roy Ladurie, E., *Montaillou – Ein Dorf vor dem Inquisitor 1294 bis 1324* (1975), Frankfurt/M. et al., 1982

Levi, S., *Medicine, Hygiene and Health in the Southern Sinai* (Hebräisch), Tel Aviv 1978

Leviathan, U. et al., *Contribution of Social Support to life Expectancy, Mental Health, and Wellbeing Among the Aged in the Kibbutz*, (University of Haifa – The Kibbutz University Center, Schriftenreihe Nr. 54), Haifa 1983

Liljeström, R., *A Study of Abortion in Sweden,* Stockholm 1974
Lorenzer, A., *Intimität und soziales Leid – Archäologie der Psychoanalyse,* Frankfurt/M. 1984
Lundgren, P., *Bildung und Wirtschaftswachstum im Industrialisierungsprozeß des 19. Jahrhunderts,* Berlin 1973
Luther, M., »Vom ehelichen Stande« (1522), in *Luther Deutsch,* Bd. 7, Stuttgart und Göttingen 1967²

Macfarlane, A.D.J., *Witchcraft in Tudor and Stuart England,* London 1970
Maier, H., *Die ältere deutsche Staats- und Verwaltungslehre (Polizeywissenschaft),* Neuwied u. Berlin 1969
Malinowski, B., *Das Geschlechtsleben der Wilden* (1929), Leipzig-Zürich o.J.
Malthus, T.R., *Das Bevölkerungsgesetz* (1798), München 1977
–, *Eine Abhandlung über das Bevölkerungsgesetz* (1803², 1826⁶), 2 Bde., Jena 1924 (Bd. 1) u. 1925 (Bd. 2)
–, »A Summary View of the Principle of Population« (1830), in Ders., *An Essay on the Principle of Population,* Harmondsworth 1970
Manuskript. Ein Hexenprozess mit allen Original-Aktenstücken über die im Jahre 1656 zu Derenburg bei Halberstadt verbrannte Hexe Ursula Hufner. Ein merkwürdiges Dokument damaliger Barbarei. In Folio (Original im Besitz von Dr. P.C. Martin, Zürich)
Marx, K., »Inauguraladresse der Internationalen Arbeiter-Assoziation vom 28.9.1864«, in *Marx-Engels-Werke,* Bd. 16
–, »Das Kapital – Band I« (1867, 1890⁴), in *Marx-Engels-Werke,* Bd. 23
Marschalck, P., »Zur Theorie des demographischen Übergangs«, in M. Wingen et al., *Ursachen des Geburtenrückgangs – Aussagen, Theorien und Forschungsansätze zum generativen Verhalten,* Stuttgart et al. 1979
–, *Bevölkerungsgeschichte Deutschlands im 19. und 20. Jahrhundert,* Frankfurt/M. 1984
Marzahn, C., *Das Zucht- und Arbeitshaus – Die Kerninstitution frühbürgerlicher Sozialpolitik,* Universität Bremen 1980
Marzell, H., Stichwort »Bilsenkraut«, in *Handwörterbuch des deutschen Aberglaubens,* Berlin u. Leipzig 1927–1942, Bd. I
–, *Zauberpflanzen – Hexentränke. Brauchtum und Aberglaube,* Stuttgart 1964
Materialien Familienpolitik, hrsg. v. der Sozialdemokratischen Partei Deutschlands, Bonn 1979
Mause, L. de, Hrsg., *Hört ihr die Kinder weinen?* (1974), Frankfurt/M. 1980
–, »Evolution der Kindheit«, in Ders., Hrsg., *Hört ihr die Kinder weinen?* (1974), *op. cit.*
Mayo, K., *Mutter Indien,* Frankfurt/M. 1928
McEvedy, C./Jones, R., *Atlas of World Population History,* London 1978
McLaughlin, M.M., »Überlebende und Stellvertreter: Kinder und Eltern zwischen dem neunten und dreizehnten Jahrhundert«, in L. de Mause, Hrsg., *Hört ihr die Kinder weinen?* (1974), *op. cit.*
[Mettke, J.], »›Femina – die weniger Glauben hat‹. Neue Forschungsergebnisse über die Ursachen der Hexenverfolgung«, in *Der Spiegel,* Nr. 43 v. 22.10.1984
Michelet, J., *Die Hexe* (1863), München 1974
Midelfort, H.C.E., *Witch Hunting in Southwestern Germany 1562–1684,* Stanford/Cal. 1972
Mitterauer, M., *»Ledige Mütter«. Zur Geschichte unehelicher Geburten in Europa,* München 1983
Möller, J.M., »Gemeinsam leben und arbeiten«, in *Frankfurter Allgemeine Zeitung,* 14.1.1981
Mombert, P., *Bevölkerungslehre,* Jena 1929

Monter, E. W., »Inflation and Witchcraft: The Case of Jean Bodin«, in T. K. Raab u. J. E. Seigel, Hrsg., *Action and Conviction in Early Modern Europe*, Princeton 1969
Moor, E., *Hindu Infanticide*, London 1811
Müller, J. V., *Entwurf der gerichtlichen Arzneywissenschaft*, Frankfurt/M. 1796
Münz, R./Pelikan, J. M., *Geburt oder Abtreibung – eine soziologische Analyse von Schwangerschafts-Konflikten*, München 1978
Murray, M., *The Witch-Cult in Western Europe* (1921), Oxford 1962[2]
Myrdal, A./Myrdal, G., *Kris i befolkningsfrågan* (Die Krise in der Bevölkerungsfrage) [1934], Stockholm 1935[3]

Naess, H. E., »Die Hexenprozesse in Norwegen«, in C. Degn et al., *op. cit.*
Natorp, K., »Wie eine Springflut«, in *Frankfurter Allgemeine Zeitung*, 7.6.1980
Nawrocki, J., »Im Jahre 2030: Raum ohne Volk?«, in *Die Zeit*, Nr. 9 v. 22.2.1985
Noonan, J. T., *Empfängnisverhütung. Geschichte ihrer Beurteilung in der katholischen Theologie und im kanonischen Recht* (1965, 1967[2]), Mainz 1969
–, »Intellectual and Demographic History, in *Daedalus*, 1968 (Bd. 97)
–, *A Private Choice. Abortion in America in the Seventies*, New York und London 1979
Nordberg, M., *Den dynamiska medeltiden* (Das dynamische Mittelalter), Stockholm 1984
Norman, H. J., »Witch Ointments«, in M. Summers, *The Werewolf*, New York 1966

Ogris, W., Artikel »Mündigkeit«, in *Handwörterbuch zur Deutschen Rechtsgeschichte*, 19. Lieferung, Berlin 1980
–, Artikel »Aufnehmen des Kindes« und »Aussetzen eines Kindes«, in *Handwörterbuch zur Deutschen Rechtsgeschichte*, Bd. 1, Berlin 1971
Ohlin, G., »Economic Theory Confronts Population Growth«, in A. J. Coale (Hrsg.), *Economic Factors in Population Growth*, London 1976
Ortes, G., *Economia nazionale*, 1774
Orwell, G., *1984. Roman* (1948), Berlin u. Wien 1984
Ott, U., »Statt Pille Anti-Baby-Pflanzen!«, in *Eltern*, Nr. 9, September 1984

Parrinder, G., »The Witch as Victim«, in V. Newall, Hrsg., *The Witch Figure*, London u. Boston 1973
Palâtre, P., *L'infanticide et l'œuvre de la Sainte-Enfance en Chine*, Shanghai 1878
Panigrahi, L., *British Social Policy and Female Infanticide in India*, New Delhi 1972
Piers, M. W., *Infanticide*, New York 1979
Ping-ti Ho. *Studies in the Population of China*, Cambridge/Mass. 1959
Poliakov, L., *Geschichte des Antisemitismus. Bd. II: Das Zeitalter der Verteufelung und des Ghettos*, Worms 1978
Postan, M. M., *The Medieval Economy and Society*, Harmondsworth 1975
Praetorius, J., *Blockes-Berges Verrichtung*, Leipzig u. Frankfurt/M. 1669 (Reprint Hanau 1968)
Priskil, P., »Mit Feuer das Gelüst legen – Zur Psychoanalyse der Hexenverfolgung«, in *System ubw – Zeitschrift für klassische Psychoanalyse*, Heft 1, Oktober 1983

Rabin, A. J./Hazan, B. (Hrsg.), *Collective Education in the Kibbutz*, New York 1973
Radbruch, G., Hrsg., *Die Peinliche Gerichtsordnung Kaiser Karls V. von 1532 (Carolina)*, Stuttgart 1980[5]

Rehm, L., Artikel »Eheschließung«, in *Handwörterbuch der Staatswissenschaften*, Dritter Band, Jena 1909[3]
Reich, W., *Der Einbruch der Sexualmoral*, Kopenhagen 1935[2]
Renggli, F., *Angst und Geborgenheit* (1974), Reinbek 1979
Richter, A., *Das Kindergeld*, München 1975
Riezler, S. v., *Geschichte der Hexenprozesse in Bayern* (1896), Neuauflage Stuttgart o.J.
Ring, R., »Early Medieval Peasant Households in Central Italy«, in *Journal of Family History*, 1979
Robbins, R.H., *The Encyclopedia of Witchcraft and Demonology*, New York 1959, (Reprint Feltham/Middlesex 1984)
Roellenbek, G., »Der Schluß des ›Heptaplomeres‹ und die Begründung der Toleranz bei Bodin«, in H. Denzer, Hrsg., *Jean Bodin*, München 1973
Rösslin, E., *Der Swangern Frawen und Hebammen Rosengarten*, 1513[1]
Roskoff,G.,*Geschichte des Teufels*,2 Bde., Leipzig 1869,ReprintNördlingen1987
Rostowzew,M., Artikel »Kolonat«, in *Handwörterbuch der Staatswissenschaften*, 5. Bd., Jena 1910[3]
Rueff, J., *De conceptu*, 1580
Rüger, W., *Mittelalterliches Almosenwesen. Die Almosenordnungen der Reichsstadt Nürnberg*, Nürnberg 1932
Rühfel, H., *Das Kind in der griechischen Kunst*, Mainz 1984
–, *Kinderleben im klassischen Athen*, Mainz 1984
Russell, J.B., *Witchcraft in the Middle Ages*, Ithaka/N.Y. u. London 1972
Russell, J.C., »Population in Europe 500–1500« (1969), in C.M. Cipolla, Hrsg., *The Fontana Economic History of Europe, Vol. I: The Middle Ages*, Glasgow 1972

Saladin d'Anglure, B., »L'idéologie des Malthus, les ›sauvages‹ d'Amérique et la démographie mythique des Inuit d'Igloolik«, vv. Vortrag für den *Congrès international démographie historique*, 27.–29.5.1980, UNESCO, Paris
Sanger, M., *Zwangsmutterschaft*, Stuttgart et al. 1929
Sauer, R., »Infanticide and Abortion in the 19th Century Britain«, in *Population Studies*, 1978
Scherpner, H., *Geschichte der Jugendfürsorge*, Göttingen 1979[2]
Schieckel, H./Brandmüller, G., *Kindergeldgesetze – Stand 1. April 1984*, Percha/Obb. 1984
Schlesier, R., *Konstruktion der Weiblichkeit bei Sigmund Freud*, Frankfurt/M. 1981
Schlieben, E., *Mutterschaft und Gesellschaft*, Osterwieck/Harz 1927
Schmid, J. et al., *Einführung in die Bevölkerungssoziologie*, Reinbek 1976
Schöck, J., *Hexenglaube in der Gegenwart*, Tübingen 1978
Schormann, G., *Hexenprozesse in Deutschland*, Göttingen 1981
Schubnell, H., *Der Geburtenrückgang in der Bundesrepublik Deutschland* (Schriftenreihe des Bundesministers für Jugend, Familie und Gesundheit, Band 6), Bonn 1973
Schultz, T.W., »The Value of Children: An Economic Perspective«, in *Journal of Political Economy*, 1973, (Ergänzungsband)
Schwarz, M., *Die Kindestötung in ihrem Wandel vom qualifizierten zum privilegierten Delikt*, Berlin 1935
Seckendorf, V.L. v., *Teutscher Fürsten-Staat* (1655), Frankfurt/M. 1665
Selter, H., »Die Ursachen der Säuglingssterblichkeit unter besonderer Berücksichtigung der Jahreszeit und der sozialen Lage«, in *Zeitschrift für Hygiene und Infektionskrankheiten*, 1919
Senior, N.W./Chadwick, E.: »Reports from Commissioners: Poor Laws« (1834),

in S. G. u. E. O. A. Checkland, Hrsg., *The Poor Law Report of 1834*, London 1974

Shahar, S., *Die Frau im Mittelalter*, Königstein/Ts. 1981

Sheehan, S., *A Welfare Mother*, New York 1976

Sherfey, M. J., *The Nature and Evolution of Female Sexuality*, New York 1966

Shorter, E., *Die Geburt der modernen Familie* (1975), Reinbek 1977

–, *Der weibliche Körper als Schicksal* (1982), München 1984

Smith, A., *Eine Untersuchung über Wesen und Ursachen des Volkswohlstandes* (1776, 1786[4]), Jena 1923, Bd. 1–3

Soldan, W. G./Heppe, H., *Geschichte der Hexenprozesse* (1843/1880), hrsg. v. M. Bauer, Berlin 1911[3], Reprint Hanau o. J., Bd. I–II

Solé, J., *Liebe in der westlichen Kultur* (1976), Frankfurt/M. et al. 1979

Solschenizyn, A., *Der Archipel Gulag* (1973), Bern 1974

Soziale Sicherheit 1984, hrsg. v. Bundesminister für Arbeit und Sozialordnung, Bonn 1984

Spee, F. v., *Cautio Criminalis oder Rechtliches Bedenken wegen der Hexenprozesse* (1631, 1632[2]), übers. u. eingel. von J.-F. Richter, München 1982

Sprenger, J., »Apologia« (»Apologie«), 1487, abgedruckt in Sprenger/Institoris, *op. cit.*

Sprenger, J./Institoris, H., *Malleus Maleficarum – Der Hexenhammer* (1487), übers. u. eingel. v. J. W. R. Schmidt (1906), Teile I–III, Darmstadt 1974

Statistisches Jahrbuch 1984 für die Bundesrepublik Deutschland, hrsg. v. Statistischem Bundesamt, Stuttgart 1984

Steinhausen, G., *Quellen und Studien zur Geschichte der Hexenprozesse*, Weimar 1898

Stenographische Berichte über die Verhandlung des Reichstages des Norddeutschen Bundes, 1868, II. Band, Actenstück Nr. 15 (Motive zum Gesetz von 1868)

Steuart, J., *Inquiry into the Principles of Political Oeconomy*, London 1767

Süßmilch, J. P., *Die göttliche Ordnung in den Veränderungen des menschlichen Geschlechtes aus der Geburt, dem Tode und der Fortpflanzung desselben erwiesen*, Berlin 1741, 1788[4]

Taeuber, J. B., *The Population of Japan*, Princeton/N. J. 1958

Tak, J., Haub, C., Murphy, E., *Our Population Predicament*, Washington D. C. 1979

Tennstedt, F./Sachße, C., *Geschichte der Armenfürsorge in Deutschland vom Spätmittelalter bis zum 1. Weltkrieg*, Stuttgart 1980

Thomas, K., *Religion and the Decline of Magic*, London 1971

Thurnwald, R., Artikel »Kind«, in M. Ebert (Hrsg.), *Reallexikon der Vorgeschichte*, 6. Band, Berlin 1926

Thomasius, C., »De Crimine Magiae/Vom Laster der Zauberey« (1701), in Ders., *Über die Hexenprozesse*, überarb. u. hrsg. v. R. Lieberwirth, Weimar 1967

Tilly, C., Hrsg., *»Historical Studies of Changing Fertility*, Princeton 1978

Tranter, N., *Population Since the Industrial Revolution. The Case of England and Wales*, London 1973

Treffer, G., *Jean Bodin*, München 1977

Trevelyan, G. M., *English Social History* (1942), Harmondsworth 1967

Trevor Roper, H., »Der europäische Hexenwahn des 16. und 17. Jahrhunderts« (1967, 1970), in C. Honegger, Hrsg., *op. cit.*

Tuchman, B. W., *Der ferne Spiegel* (1978), Düsseldorf 1980

Unverhau, D., *Von »Toverschen« und »Kunsthfruwen« in Schleswig 1548–1557. Quellen und Interpretationen zur Geschichte des Zauber- und Hexenwesens*, Schleswig 1980

Verzascha, B., *Neu vollkommenes Kräuter-Buch,* Basel 1678

Voigt, G.C., *Gemeinnützige Abhandlungen,* Leipzig 1792

»Von der Rentenkrise in die Staatskrise?«, in *Der Spiegel,* Nr. 10 v. 4. 3. 1985

Wächtershäuser, W., Artikel »Kindestötung«, in *Handwörterbuch zur Deutschen Rechtsgeschichte,* Bd. 2, Berlin 1978

Weiser-Aall, L., Artikel »Hexe«, in *Handwörterbuch des deutschen Aberglaubens,* Berlin u. Leipzig 1927–1942, Bd. III

West, E.G., *Education in the Industrial Revolution,* London und Sidney 1975

Whitbread, N., *The Evolution of the Nursery-Infant-School,* London u. Boston 1972

White Jr., L., »The Expansion of Technology 500–1500« (1969), in C.M. Cipolla, Hrsg., *The Fontana Economic History of Europe, Vol. I: The Middle Ages,* Glasgow 1972

Wilda, W.E., *Das Strafrecht der Germanen,* Halle 1842

Will, *Nürnbergische Criminalparallele,* Altdorf 1782

Winberg, C., *Folkökning och proletarisering* (mit einer ausführlichen englischen Zusammenfassung unter dem Titel »Population Growth and Proletarianization«), Göteborg 1975

Winn, M., *Die Droge im Wohnzimmer* (1977), Reinbek 1984

Wirtschaftsploetz, hrsg. v. H. Ott u. H. Schäfer, Würzburg 1984

Wrigley, E.A., *Population and History,* London 1969

–, »Fertility Strategy for the Individual and the Group«, in C. Tilly, Hrsg., *Historical Studies of Changing Fertility,* Princeton 1978

Wrigley, E.A./Schofield, R.S., *The Population History of England 1541–1871 – A Reconstruction,* London 1981

Yengoyan, A., »The Question of Female Infanticide in Aboriginal Australian Societies«, vv. Vortrag für den *Congrès international de démographie historique,* 27.–29.5.1980, UNESCO, Paris

Zeller, F., *Die Apostolischen Väter,* Kempten-München 1918

Ziegler, O., Artikel »Findelhäuser«, in *Lexikon der Pädagogik,* Band 1, Freiburg/ Breisgau 1921

Zwetsloot, H., *Friedrich Spee und die Hexenprozesse,* Trier 1954

Zwischenbericht der Bund-Länder-Kommission für Bildungsplanung vom 18.10.1971, Bonn 1971

*Erweitertes Nachwort
zur Neuausgabe*

Gunnar Heinsohn und Otto Steiger

Feminismus, professionelle Hexenforschung, Rechtsgeschichte und Sexualwissenschaft

– Antwort an unsere Kritiker –

Vorbemerkung

Seit Erscheinen dieses Buches im Mai 1985 sind uns mehrere Dutzend Rezensionen bekannt geworden, für deren ganz überwiegend zustimmenden Tenor stellvertretend Jürgen Backhaus[1] zitiert werden soll:

»Bedeutende Bücher ziehen etablierte Lehrmeinungen in Zweifel, werfen neues Licht auf alte Fakten und geben Fragen für die zukünftige Forschung auf. Wenn auch das letzte Wort noch aussteht, haben Heinsohn und Steiger durch ihre Arbeit viele überkommene Annahmen in Frage gestellt. Ihre Studie ist reich an überprüfbaren Thesen, die weitere Untersuchungen geradezu herausfordern. In einer Zeit, in der autoritätsgläubige Gelehrsamkeit die Regel ist, liefern sie einen originellen Beitrag zur Wissenschaft.«

Da nun aber von Lob ungleich weniger zu lernen sein sollte als von Kritik, wollen wir uns im folgenden auf Rezensionen konzentrieren, die unsere These angreifen, daß die große Hexenverfolgung unter den frühneuzeitlichen Maßnahmen gegen Geburtenkontrolle die furchtbarste und folgenreichste gewesen ist. Wir verbinden diese Prüfung von Einwänden mit Ergänzungen und Nachträgen zur weiteren Untermauerung unserer These. Wir unterteilen unsere Auseinandersetzung mit der Kritik auf die vier Richtungen, aus denen von vornherein am meisten Widerstand zu erwarten war, da von den in ihnen tätigen Spezialisten die Lösung des Hexenverfolgungsrätsels viel eher hätte kommen müssen als von uns bevölkerungstheoretisch orientierten Sozialwissenschaftlern, die ohne Forschungsstipendien, Fachausbildungen und großzügig bemessene Zeitbudgets auskommen mußten. Wir nehmen uns also den *Feminismus,* die *professionelle Hexenforschung,* die *Rechtsgeschichte* und die *Sexualwissenschaft* nacheinander vor.

I. *Der Feminismus:*
Ia: *Claudia Honegger und Sibylla Flügge*
Da unser Buch mit der Kritik einer bestimmten feministischen These zur Hexenverfolgung beginnt, haben die Reaktionen von Feministinnen den Vortritt vor Hexenhistorie, Jurisprudenz und Sexualforschung. Claudia Honegger[2] hat *Die Vernichtung der weisen Frauen* »als neuestes Exempel jungväterlicher Selbstvergottung und« »wahren Feminismus‹« gegeißelt. Als Reaktion auf die deutlichen Worte (s. o. S. 23f.) zu ihrer nicht unpopulären These, »der Modernisierungsprozeß des abendländischen Rationalismus« in der frühen Neuzeit sei »mit den Seelen und Körpern der weiblichen Hexen« bezahlt worden, haben wir für ihren Ausfall durchaus Verständnis. Gleichwohl müssen wir sie korrigieren, wenn sie uns darüber hinaus die von Lucien Febvre angeprangerte »Todsünde des Metiers« unterstellt, unreflektiert zeitgenössische Denkmuster in die Vergangenheit zu projizieren. Mit der zentralen These unseres Buches unternehmen wir nämlich das glatte Gegenteil eines solchen in der Tat verwerflichen Schrittes. Die von uns nachgewiesene Ausrottung des mittelalterlichen Verhütungswissens in der Hexenverfolgung zeigt ganz im Sinne Febvres, daß aus der Verhütungshilflosigkeit der Neuzeit keinesfalls geschlossen werden darf – wie Claudia Honegger unterstellt –, daß »rational familienplanende Frauen« in früheren Epochen nicht existiert hätten. Der Nachweis, daß es sie gegeben hat, zwingt erst zur Frage, wo sie in der Neuzeit geblieben sind.

In einem Heft[3] der von Claudia Honegger redigierten *Feministische Studien* hat Sibylla Flügge es nicht mit einem Seitenhieb bewenden lassen, sondern Raum für eine ausführliche Meinungsäußerung erhalten. Die Empörung Claudia Honeggers darüber, daß *Die Vernichtung der weisen Frauen* »zur Zeit auf dem deutschsprachigen Buchmarkt... reüssiert«, rundet Sibylla Flügge noch um einen Aufruf zum Kaufboykott ab. Daß sie darüber hinaus mit kräftigen Ausdrücken nicht spart, ist teilweise wohl der ungebrochenen Bedrohlichkeit des Hexenthemas geschuldet und soll deshalb nicht überbewertet werden. Diese Injurien verraten aber auch, daß sie ihrem sachlichen Überzeugungsvermögen mißtraut, und diese Zweifel können wir leider nur bekräftigen:

(1) Haben die Hexenverfolger mit der »Vernichtung von Millionen gebärfähiger Frauen« einer bevölkerungspolitischen Zielsetzung nicht gerade entgegengearbeitet?

Wir haben gezeigt, daß die Obergrenze der Opferzahl bei etwa 500 000 Getöteten lag, was im Gipfelzeitraum der Verfolgung zwischen 1500 und 1700 bei etwa 90 Millionen Einwohnern Europas jährlich etwa 2500 Hinrichtungen bedeutete. So entsetzlich diese Zahl bleibt, die Verfolger haben eine substantielle Beeinträchtigung des von ihnen anvisierten Gebärvermögens keineswegs befürchten müssen und überdies Fanatiker aus den eigenen Reihen, die auch vor jungen Frauen nicht zurückschreckten, meist in die Schranken gewiesen. Dieses bevölkerungspolitische Handeln war also gewiß mörderisch, aber eben doch auf entsetzliche Weise rational, um das Verhütungswissen der erfahrenen Frauen zu treffen (s. o. S. 145f.).

(2) Steht das Verbot nichtehelichen Geschlechtsverkehrs der bevölkerungspolitischen Absicht entgegen?

Dieses Verbot komplettiert die Bevölkerungspolitik, weil ihre Betreiber sehr wohl wissen, daß die Kinder nur als spätere Arbeitskräfte zur Verfügung stehen, wenn sie zuvor einen Versorger haben. Bei ledigen Frauen, die ja jetzt nicht mehr wie im Mittelalter verhüten dürfen, ist aber die Versorgung des Nachwuchses besonders gefährdet. Die Beseitigung »moralischer Schranken«, die Sibylla Flügge vorgezogen hätte, fürchten die Hexenverfolger gerade als Bedingung für den Wiedergewinn des Verhütungswissens (s. o. S. 170), wie ja auch heute die weitgehende Liberalisierung der in der Hexenverfolgung aufgerichteten Sexualmoral die Bevölkerungspolitiker mit unverhüllter Sorge und nicht mit Vermehrungsgewißheit erfüllt. (Die Erwartung, daß in der ehelichen Fortpflanzung lande, wem auch noch die Onanie verteufelt werde, formulieren die frühneuzeitlichen Bevölkerungspolitiker, während wir das immer noch als rätselhaft geltende Onanieverbot durch Rekonstruktionen dieser Absicht erst aufgeklärt haben – s. o. S. 131 und 245ff.)

(3) Hat der medizinische Fortschritt über den Anstieg der Lebenserwartung die europäische Bevölkerung hochgetrieben?

Noch in der Periode 1826–1871 liegt die durchschnittliche Lebenserwartung z. B. in England (s. o. S. 166) mit 40,4 Jahren kaum über der Periode 1566–1621 mit 38,6 Jahren. Erst *nach* der europäischen Bevölkerungsexplosion, die sich in einer Zeit extremer Kindersterblichkeit ereignet und im letzten Drittel des 19. Jahrhunderts ihren Höhepunkt überschritten hat, kommt es zu nennenswerten Erfolgen in der hygienischen Massenversorgung. Bereits seit 1475 aber steigt die Bevölkerung mit in der bisherigen Geschichte unbekannt hohen Kinderzahlen pro verheirateter Frau (s. o. S. 133ff., 166f.). Eben dieser Bruch gibt der Bevölkerungsforschung das ungelöste Rätsel auf.

(4) Sprechen wir »der Hexenverfolgung jede frauenfeindliche Intention« ab, wenn wir behaupten, »daß die Hexenverfolgung gegen ein *Wissen* und *nicht* gegen ein *Geschlecht* gerichtet ist (s. o. S. 77)«?

Frauen konnten Teilhaberinnen der freien Sexualität des Mittelalters nur sein, wenn sie die unerwünschten Folgen des Sexualgenusses zu verhüten wußten. Dieser wird also nicht seiner Weiblichkeit, sondern seiner Geburtenkontrolle wegen verfolgt und bringt auch die Männer um die Freuden der Vergangenheit – ganz abgesehen davon, daß 20% der Opfer männlichen Geschlechts gewesen sind. Es mag für eine Feministin von heute befremdlich klingen, aber dort, wo Frauen frei waren, haben sie sich stets selbst um die Verhütung gekümmert und nicht auf die Männer gesetzt – was wir aber keineswegs als Statement gegen die »Pille für den Mann« verstanden wissen wollen.

(5) Stecken wir im »rationalen Denkpanzer« der Hexenverfolger, wenn wir das individuelle wirtschaftliche Kalkül an tüchtigen Kindern hervorheben?

Unsere Untersuchung über die Behandlung von Kindern in allen Epochen zeigt, daß es nicht zum Nachteil gereicht, wenn diese in die persönlichen Lebenspläne der Eltern, die immer auch die wirtschaftliche Gestaltung des Lebens bedeuten, hineingehören. Diese elterliche Rationalität wird erst von den Hexenverfolgern im Interesse eines grundherrlichen oder staatlichen Kalküls zerstört und bringt bis heute beträchtliches Elend für die ungeplanten Kinder mit sich. (»Geplante Kinder« bedeutet dabei keineswegs die Befürwortung der Kindestötung – auch nicht in der verschleierten Form des Kindesopfers –, wie wir an den nachbabylonischen Juden gezeigt haben; s. o. S. 48 und 71f. Diese *überwinden* übrigens erstmals das Kindesopfer an »Himmelskörper«, weshalb wir gerade *nicht* »den Gott der Juden zum ›Himmelskörper‹ deklarieren« – aber hier wurde unser Text wohl noch flüchtiger gelesen.)

(6) Haben wir »indirekt... die rassistischen Bevölkerungspolitiker [unterstützt], die behaupten, die Hungersnöte der Dritten Welt seien auf die unverantwortliche Vermehrung der Bevölkerung zurückzuführen und müßten durch Zwangssterilisierungen und Verteilung von Verhütungsmitteln bekämpft werden«? Tatsächlich sind wir zur Dritten Welt keineswegs »indirekt« geblieben, sondern haben sehr direkt (s. o. S. 211, 259f.) herausgearbeitet[4], wo die Verantwortlichkeit dafür liegt, daß auch in der Dritten Welt eine selbstbestimmte Fortpflanzung und Geburtenkontrolle durch den europäischen Kolonialismus zunehmend ausgelöscht wurde. Eben diesen monströsen Prozeß anhand unseres Buches erstmals verstanden zu haben, hebt denn auch Sabine Rosenbladt[5] in der Zeitschrift *Natur* hervor. Gegen nun wirklich rassistische Parolen von »Heuschrecken-Menschen«, wie sie in Erfolgsbüchern der Journalisten Claus Jacobi (1986) und Hoimar von Ditfurth (1985) zur Weltbevölkerungsexplosion anklingen, kann sie – unsere Aussagen paraphrasierend – einwenden: »Mit den Conquistadoren und Kolonisatoren kam... die neue europäische ›Familienmoral‹ in die Dritte Welt.«

Statt der Frage nachzugehen, wie es dazu kam, daß Frauen sich durch überhohe Geburtenzahlen verschleißen müssen, verklärt Sibylla Flügge dieses Ergebnis einer entsetzlichen Politik zu einem Naturzustand und fragt dann auch noch, ob Mutter »Erde«, die für die verelendeten Massen nichts kann, »nicht doch vielleicht genug Ressourcen hat, alle Menschen, die schon auf ihr wohnen, und alle, die noch dazukommen werden, zu ernähren«.

(7) Haben wir, falls wir doch nicht falsch liegen sollten, das Richtige dann jedenfalls von Feministinnen abgeschrieben?

Die Gleichsetzung der verhütungsfähigen weisen Frauen mit den zu verfolgenden Hexen stammt tatsächlich nicht von uns. Sie stammt auch nicht von Feministinnen. Sie steht in den Werken zur Anleitung der Hexenverfolgung selbst. Diese sind deshalb ausführlich zitiert worden. Die Autorinnen Ehrenreich und English hingegen, die uns als Vorlage gedient haben sollen, mußten wir entschieden kritisieren, weil sie – ungeachtet ihrer Auflistung der siebenfachen Hexerei der Geburtenkontrolle aus dem *Hexenhammer* – gerade nicht das Verhütungswissen als Verfolgungsziel erkennen, sondern die Frauen »als riesige geheime Sekte ... mit heidnischen Gottesdiensten ... und Verbindungen zu den aufrührerischen Bauern« (s. o. S. 84) zur Staatsbedrohung stilisieren.

(8) Durchaus komisch wirkt Sibylla Flügges abschließende Empfehlung, statt unseres Buches lieber »den mindestens so polemischen und noch dazu feministischen Artikel von Gunild Feigenwinter › 500 Jahre Recht auf Leben‹« zu lesen, der in der von ihr selbst edierten Zeitschrift *Streit* aus Anlaß des 500jährigen Jubiläums der *Hexenbulle* Innozenz VIII. aus dem Jahre 1484 erschienen ist[6]. Die Thematik dieser sich über eine volle Seite erstreckenden Artikels ist detailliert bereits ein Jahr früher von uns selbst in der Zeitschrift *Der Monat* unter dem Titel »Die Kriminalisierung der Geburtenkontrolle – Anmerkungen zum 500jährigen Jubiläum der Hexenbulle« behandelt worden[7]. Wir wollen deshalb – und das sei auch zur Versöhnung gesagt – gegen Sibylla Flügges Leseempfehlung keine Einwände erheben.

I b: *Erika Wisselinck*

Anders als die Feministinnen Claudia Honegger und Sibylla Flügge, die unsere bevölkerungspolitische These ganz und gar ablehnen, hält die Feministin Erika Wisselinck[8] sie »für äußerst bedenkenswert und sicher zutreffend«. Werde, so schränkt sie dann ein, »dieses Motiv jedoch als *einzige* Ursache gesehen, so ist das unhaltbar und wird sogar schon wieder gefährlich«.[9]

Einseitig und gefährlich seien wir aus folgenden Gründen: (1) Wir höben hervor, daß die große Hexenverfolgung keineswegs von Männern in Gang gesetzt wurde, die an schwerer Irrationalität gelitten hätten oder gar verrückt gewesen seien. (2) Wir würden die Leistungen der mittelalterlichen Frauen als Heilerinnen nicht genügend loben. (3) Wir würden eine besondere weibliche Konzeption von Naturwissenschaft nicht gelten lassen, und (4) wir klammerten allgemeine Frauenfeindlichkeit als Ursache der großen Hexenverfolgung aus.[10]

(1) Den Vorwurf, daß wir die politischen und wissenschaftlichen Planer der Hexenverfolgung als Verfechter eines klar umrissenen Ziels – der Wiederbevölkerung oder auch »Repopulierung« Europas – kennzeichnen und klinischen Wahnsinn bei

ihnen nicht erkennen, müssen wir selbstverständlich akzeptieren. Unsere These besagt genau dieses. Daß im Vollzug der Tötungen dann alle vorstellbaren psychopathologischen Befunde ebenfalls zum Zuge kamen, haben wir allerdings auch hervorgehoben. Erika Wisselincks Vergleich mit den Initiatoren der Judenverfolgung ist nicht haltbar. Deren unstrittig irrationale – wenngleich keineswegs unaufklärbare – Motivation will sie mit der Motivation der großen Hexenverfolgung gleichsetzen und Rationalität in beiden Fällen allein den realen Verfolgungsmaßnahmen zuschreiben. Nun ist aber gerade die spätmittelalterliche Bevölkerungskatastrophe nach landwirtschaftlichen Ertragsrückgängen und großer Pest dadurch gekennzeichnet, daß sie umgehend in bis dahin – außer beim ersten Kreuzzug – nie gesehene Judenmassaker übergeht: »Als der ideale Sündenbock für alle Übel erschienen... die Juden, die in der Mitte des 14. Jahrhunderts zu Opfern der umfassendsten Pogromwelle des Mittelalters wurden«.[11]

Der einzige Vergleich zwischen der Verfolgung von Juden und der Hexenverfolgung während des in Frage kommenden Zeitraums mag dahingehend angestellt werden, daß jüdische Ärzte wie Hebammen als Kindestöter verfolgt wurden.[12] Ihre Einbindung in die Verfolgung der zur Todsünde erklärten Geburtenkontrolle erweist sich nämlich als ausgesprochen schwierig: »Der jüdische Arzt vertritt keinerlei höhere Macht, er handelt ausschließlich im Auftrag und Interesse des Patienten.«[13]

(2) Erika Wisselincks Vorwurf, wir hätten die weisen Frauen auf »Verhüterinnen und Abtreiberinnen reduziert«, ist nun gänzlich haltlos, da wir ausführlich und wiederholt ihre Funktion als Heilerinnen erörtert haben (s. o. S. 48ff.). Wir konnten im Gegenteil zeigen, daß mit der Bekämpfung der Geburtenkontrollexpertin – deren diesbezügliches Wissen im Unterschied zum Heilwissen täglich und überall zum Tragen kommt – auch die Volksärztin ausgelöscht und so erstmals verständlich gemacht wird, warum der umfangreiche weibliche Berufsstand der Heilerin verschwindet.

(3) Daß die Ärztinnen eine typisch weibliche Naturwissenschaft getrieben hätten, mag uns allerdings nicht einleuchten. Sie haben ihre Medikamente und Praktiken über Versuch und Irrtum entwickelt und hätten sicherlich nichts dagegen gehabt,

über körperliche Vorgänge ein exakteres Wissen zu besitzen, als ihnen zu Gebote stand. Man würde diese Frauen nachträglich noch verächtlich machen, wertete man ihren damaligen Wissensstand als einen, den sie nicht weiter hätten verbessern, sondern als besonders weiblichen konservieren wollen.

(4) Meinen wir – so Erika Wisselincks letzter Hauptvorwurf –, einen frauenfeindlichen »Krieg gäbe es nicht und habe es nie gegeben«? Wir schreiben lediglich, »daß die Hexereiverfolgung nicht als Krieg gegen das weibliche Geschlecht als solches *in Gang kommt*« (s. o. S. 125). Nicht mehr, aber auch nicht weniger. Der Einwand wirkt aber auch deshalb besonders dunkel, weil Erika Wisselinck selbst konstatiert: »Sicher begann der Krieg gegen das weibliche Geschlecht als solches nicht mit den Hexenverfolgungen.« Gleichwohl können wir nur beipflichten, daß eine Geschichte der Frauenfeindlichkeit ein erstrangiges Thema darstellt. In diesem Buch hatten wir uns jedoch eine andere Aufgabe gestellt. Wendet man sich aber einer solchen Arbeit zu, ist Frauenfeindschaft, die es *vor* und *nach* der Hexenverfolgung gegeben hat, umfassend zu behandeln. Sollte es gelingen, sie durchsichtig zu machen, würde damit noch keineswegs verständlich, warum nach der Bevölkerungskatastrophe seit dem 14. Jahrhundert Maßnahmen gegen Geburtenkontrolle getroffen werden, die ja auch Erika Wisselinck für »sicher zutreffend« hält.

Die Kontroverse, die Erika Wisselinck mit uns über die Einschätzung des *Hexenhammers* von 1487 anstrengt,[14] leitet über zur Kritik unseres Buches durch die professionelle Hexenforschung, die ganz ähnlich argumentiert, weshalb dieses Problem an ihr zu entwickeln sein wird.

II. *Die professionelle Hexenforschung:*

II*a: Gerd Schwerhoff und Gerhard Schormann*
Die Aufmerksamkeit des Bielefelder Historikers Schwerhoff[15] für unsere Erklärung der großen Hexenverfolgung der Neuzeit resultiert aus der Sorge, daß sie das »kollektive historische Bewußtsein prägen« könnte. Da er selbst jedoch zu dem Schluß gelangt, daß unsere Theorie sich bei näherer Überprüfung als »grandioser Fehlschlag« erweist, bleibt seine Befürchtung ein Stück weit unverständlich. Oder sollte er der Überzeugungskraft

seiner eigenen Einwände nicht trauen? Schauen wir uns deshalb an, was er an Kritik vorzubringen hat:

(1) Die Gründe der großen Hexenverfolgung seien zwar tatsächlich noch unverstanden, müßten aber »in ihrer Eigenständigkeit und Zeitgebundenheit« aufgesucht werden, wohingegen unsere These, daß die Geburtenkontrolle im Zentrum der Hexenverfolgung gestanden habe, auf – und dies ist Schwerhoffs Haupteinwand – »moderne Einstellungen und Vorurteile« verweise. Nun ist es aber gerade so, daß in der Moderne die Geburtenkontrolle tabuisiert und bis heute nicht vollkommen liberalisiert worden ist. Diese ab etwa 1500 einsetzende Tabuisierung war so effektiv, daß die ersten Neomalthusianer des 19. Jahrhunderts glauben konnten, erstmals in der Menschheitsgeschichte Geburtenkontrolle in Angriff zu nehmen. Die Projektion aus der Moderne auf die Vergangenheit besteht also gerade darin, die für die Neuzeit typische Unfähigkeit zur Geburtenkontrolle für die gesamte Historie zu behaupten – ein Vorgehen, das in der historischen Demographie noch keineswegs überwunden ist. Erst das Durchbrechen dieser Projektion durch ethnologische und historische Forschungen, die eine generelle Verbreitung von Geburtenkontrolle bis ins 15. Jahrhundert nachweisen konnten, erlaubte uns die Fragen nach den Motiven und Methoden der Tabuisierung von Geburtenkontrolle in der frühen Neuzeit. Wir haben also gerade nicht moderne Vorurteile in die Vergangenheit hineingetragen, sondern aus der Zeitgebundenheit des Geburtenkontrolle praktizierenden *und* von der europäischen Bevölkerungskatastrophe betroffenen Spätmittelalters gefragt, was die Verfasser des *Hexenhammers* (1487) gemeint haben, wenn sie vorwiegend von »siebenfacher Hexerei« sprechen, die durchweg den »Liebesakt und die Empfängnis im Mutterleibe mit verschiedenen Behexungen infizieren«, und warum sie betonen, daß diese sieben Delikte »*abgesehen* von den vielfachen Schädigungen, die sie anderen, Tieren und Feldfrüchten, zufügen«, von nun ab verfolgt werden sollen (alles s. o. S. 75). Gerade unser Nichtverfangensein in den Vorurteilen der modernen Forschung hat uns ermöglicht, die alten Texte so ernst zu nehmen, wie sie vorliegen, und uns davor behütet, ihre zentralen Aussagen zu überlesen oder wegzuinterpretieren.

(2) Von eben dieser Vorurteilslosigkeit – und nicht etwa

»unerschütterliche(r) Selbstsicherheit« – haben wir uns auch in unserer Einschätzung des bedeutendsten Kommentars des 16. Jahrhunderts zur Rechtfertigung der Hexenverfolgung, der *Daemonomania* (1580) des französischen Bevölkerungstheoretikers *und* Hexenjägers Jean Bodin, leiten lassen. Wie schon beim *Hexenhammer* haben wir uns hier gefragt, warum Bodin mit seiner Auflistung von fünfzehn todeswürdigen Hexereidelikten, von denen allein neun – und nicht, wie Schwerhoff meint, »höchstens vier« – als Schwangerschaftsverhütung, Abtreibung und Kindstötung interpretiert werden können, neben dem Schadenszauber die Geburtenkontrolle in all ihren Erscheinungen seiner Zeit als Angriffsziel ins Visier nimmt (s. o. S. 92). Dabei haben wir uns keineswegs – so Schwerhoffs Vorwurf – darauf beschränkt, »indirekt im Anschluß« an Bodins Auflistung lediglich »lakonisch« zu »konstatieren«, daß er » ›mit der Hexenverfolgung die Geburtenkontrolle bekämpft‹ «. Vielmehr haben wir, was Schwerhoff unterschlägt, anhand der *Daemonomania* belegt, daß Bodin dieses zentrale Ziel unmißverständlich herausstellt, indem er über die Benennung der fünfzehn Deikte hinaus ausdrücklich betont, welche von ihnen an allererster Stelle zu ahnden sind: »Der allerärgste Mord an den lebenden Geschöpfen ist derjenige ... den die Zauberinnen begehen, wenn sie die Kinder nehmen, sie darbieten, dem Teufel opfern ... und auch im Mutterleib umbringen ... Denn wer immer mit der (Zauber-)-Kunst umgeht, kann nicht in Abrede stellen, daß er das Gesetz Gottes und der Natur bricht: weil er die Wirkung der von Gott eingesetzten Ehe verhindert ... *Derjenige also, der die Zeugung oder die Heranreifung der Kinder behindert, muß ebenso als Totschläger angesehen werden wie derjenige, der einem anderen die Gurgel durchschneidet*« (s. o. S. 93f.).

(3) Der Vorwurf Schwerhoffs, daß unser »Hauptgewährsmann« John T. Noonan sich über die mittelalterliche »Praxis der Verhütung bedeutend vorsichtiger als die Bremer« geäußert habe, die Vergangenheit also doch kaum weiter als die Neuzeit gewesen sei, ist unzutreffend, da Noonan seine Forschung unmißverständlich dahingehend resümiert, »daß der Zeitabschnitt zwischen 400 und 1600 in einem bemerkenswerten Ausmaß empfängnisverhütende Mittel besaß und benutzte, eine Tatsache, auf die frühere Darstellungen nicht hingewiesen

haben« (s. o. S. 57). Gleichwohl bietet aber nicht Noonan die Gewähr, sondern das mittelalterliche Wissen das er aus den Quellen wieder zugänglich gemacht hat.

(4) Leiden wir an »besserwisserischer Arroganz«, wenn wir feststellen, daß der *Hexenhammer* – für uns die zentrale Schrift zur Anleitung der Hexenverfolgung – in erster Linie die Anwender von Geburtenkontrolle ins Visier nimmt? Unsere Gegenfrage müßte lauten: Welche andere Personengruppe wäre denn das spezifische Verfolgungsziel der *neuzeitlichen* Hexenjagd? Um sie zu beantworten, sind nicht Seitenmengen auf den dreibändigen Gesamttext zu prozentuieren, sondern die übrigen Inhalte schlicht anzuschauen: Der Kriminalkodex bildet den dritten Band. Instruktionen für den Umgang mit Hexerei füllen den zweiten Band und umgreifen auch den traditionellen Schadenszauber. Von diesem »abgesehen« jedoch bzw. zu ihm hinzutretend, soll von nun an zusätzlich etwas verfolgt werden. Was das ist, wird auch im Mittelteil des Werks durch die Prominenz der Erörterung der »Hexenhebammen« immer wieder verdeutlicht. Der erste Band schließlich liefert ausführlich die Definition der neu zu verfolgenden Delikte der Geburtenkontrolle und läßt den ja längst bekannten und auch zuvor schon bestrafbaren Schadenszauber nach *Voodoo*art explizit außer Betracht.

(5) Sind wir es, die »nahelegen wollen«, daß *maleficium* als Fachausdruck für Empfängnisverhütung (und Abtreibung) gilt, um unsere These besser abzusichern? Von uns unbestritten ist selbstverständlich Schwerhoffs Lesart von »Verbrechen allgemein«.

Bei der neuzeitlichen Hexenverfolgung geht es aber gerade nicht um die immer schon strafbaren Verbrechen, sondern um *neu* zu verfolgende und als *maleficium* bezeichnete Delikte. Wiederum ist auf Noonan zu rekurrieren, der seine Quellenforschung zum Verständnis dieses Begriffs im Mittelalter zusammenfaßt: »Wo auch immer die Begriffe *maleficium* und *maleficus* gebraucht werden, schließen sie stillschweigend magische Mittel ein. Aber abgesehen von dieser allgemeinen und unscharfen Bedeutung Magie bezieht sich *maleficium* manchmal sehr viel präziser auf eine Handlung, die mit zauberischer, das heißt diabolischer Hilfe die Leibesfrucht abtreibt oder Sterilität verursacht... Kurz, *maleficium* hat die Mehrdeutigkeit von *venefi-*

cium im klassischen Latein und erhält manchmal die präzise Bedeutung von Abtreibung oder Empfängnisverhütung« (s. o. S. 54).

(6) Versuchen wir mit der Anzahl und den persönlichen Merkmalen der Opfer unsere These von der Vernichtung der »weisen Frauen« zu beweisen? In Wirklichkeit zeigen wir, daß »die neuzeitliche Hexenverfolgung als Nebenprodukt der Geburtenkontrollbekämpfung« (s. o. S. 13) zu fassen ist, die in jener allerdings ihre »furchtbarste Maßnahme« (s. o. S. 135) findet. Deshalb liefert auch Schwerhoffs »Anal- und Oralverkehr, Coitus Interruptus und Selbstbefriedigung« keinen Einwand gegen die Praktikabilität der Unterbindung von Verhütungs- und Abtreibungstränken. Die neuzeitliche Bevölkerungspolitik kümmert sich nämlich auch um die Auswege. Das bereits gegen die Kinder mit Strafen durchgesetzte Onanieverbot – für die Historie so rätselhaft wie die Hexenverfolgung – erweisen wir ja gerade als weiteren obrigkeitlichen Versuch, nicht zur ehelichen Zeugung führende Orgasmen zu perhorreszieren (s. o. S. 131 und 245ff.).

Keineswegs haben wir behauptet, daß alle Opfer Hebammen waren, wir konnten aber nicht gut unterschlagen, daß der *Hexenhammer* (also nicht die »Sekundärliteratur«) die Verfolger vor Ort über die »Hexenhebammen« dahingehend instruierte, daß es von ihnen »eine so große Anzahl gibt, wie man aus ihren Geständnissen erfahren hat, daß kein Dörflein existiert, wo derartige sich nicht finden« (s. o. S. 143). Da lizensierte Hebammen noch nicht existieren, kann tendenziell jede erfahrene Frau als Hebamme bezeichnet werden. Deshalb schlägt auch bereits der *Hexenhammer* vor, die vereidigte Hebamme zu schaffen, wodurch erst die Überwachbarkeit einer eindeutigen Berufsgruppe entstand und jener Teil der Hebammenqualifikation, der bis dahin der Geburtenkontrolle diente, leichter bekämpft werden konnte.

(7) Schwerhoffs Intention, die Zahl der Opfer eher nach unten zu korrigieren, folgt genau der von uns eingeschlagenen Linie und kann keineswegs als Kritik an einer angeblichen Aufblähung der Zahlen durch uns hingenommen werden. Wir haben nämlich gerade nicht »unseriöse Millionenschätzungen« aneinandergereiht, sondern zu zeigen versucht, durch wen und warum diese Schätzungen in die Welt gesetzt worden sind (s. o.

S. 135ff.). Unsere eigene Schätzung nimmt eine Obergrenze von 500 000 Opfern an. Wir haben allerdings deutlich gemacht, daß diese Zahl nicht sakrosankt ist, und stellen – wie Schwerhoff – auch etliche Zahlen aus der Sekundärliteratur durchaus bereitwillig zur Disposition und nehmen Korrekturen gerne an. Das gilt insbesondere für unsere Angabe, daß der sächsische Richter Benedict Carpzov (1595–1666) » ›20 000 Todesurteile unterzeichnet haben ‹ soll« (s. o. S. 138). Wir haben uns dabei auf das Standardwerk der Hexenforschung von Rossel Hope Robbins (1959) verlassen. Vieles spricht dafür, daß diese Zahl auf ein unhaltbares Gerücht zurückgeht, das der Jurist Andreas Oldenburger im Jahre 1674 in die Welt gesetzt hat.[16] Gleichwohl können wir uns einer Verharmlosung der Hexenmassaker nicht anschließen und wenden uns mit Norman Cohn, der selber sehr niedrig schätzt, gegen die Parole, daß die »große europäische Hexenjagd niemals stattgefunden habe«: »Die große Hexenjagd ist kein Mythos«. »Jagd« bedeutet schließlich nicht immer Hinrichtung, sondern – wie erst kürzlich am Beispiel Nürnbergs und gegen die These von der Verschonung dieser Stadt gezeigt wurde – die politisch nicht weniger wirksamen Strafen wie »Pranger, Stadtverweis und vor allem Lochgefängnis« (s. o. S. 138f.).

(8) In seiner Erwiderung auf die vorstehende Antikritik[17] räumt Schwerhoff inzwischen ein: »Die Leugnung der Existenz von Geburtenkontrolle im Mittelalter mag ein Vorurteil der Moderne gewesen sein.« Diese vage Formulierung, die ein wenig verstecken soll, daß er hier sein eigenes, noch 1986 triumphierend vorgetragenes Vorurteil revidieren muß, wird nun aber gleich wieder eingeschränkt, wenn er das Geburtenkontrollwissen auf »die gelehrte theologische, medizinische und juristische Literatur« beschränken will. » ›Weise Frauen ‹ lasen keine lateinischen Traktate von Avicenna«, hält er uns vor. Das ist für die meisten Hebammen eine sicherlich zutreffende Aussage. Im *Hexenhammer* wird den verfolgten Frauen aber keineswegs vorgeworfen, daß sie lateinische Traktate läsen, sondern ganz ohne Fremdsprachenkenntnis »die Empfängnis im Mutterleibe auf verschiedene Weise verhindern, auch Fehlgeburten bewirken« (s. o. S. 30f.).

Nun betont Schwerhoff, daß »nach Auffassung des *Malleus* aber *jede* Frau« der Hexerei verdächtig und die Hebamme lediglich »*eine* besonders herausgestellte Repräsentantin dieses Geschlechts« gewesen sei. Wie daraus ein Argument gegen unsere These geschmiedet werden soll, bleibt ganz unerfindlich. Denn wir sagen dieses nicht nur selber, sondern erklären überhaupt erstmals, warum das so gewesen ist: »Die im Kampf gegen die Geburtenkontrolle ins Visier genommene siebenfache Hexerei macht deutlich, daß die meisten dieser Delikte zwar von allen Menschen begangen werden können und ihnen dann Hexereivorwürfe eintragen, spezialisiert dafür aber sind auch am Ende des Mittelalters und am Beginn der frühen Neuzeit die Hebammen« (s. o. S. 79).

Nach der von Schwerhoff vorgetragenen Lateinlogik sollte wenigstens in den fürs Volk ohnehin unlesbaren Büchern der »gelehrte Diskurs« über Geburtenkontrolle auch in der frühen Neuzeit weitergegangen sein. Warum sollte aus der Wissenschaft etwas verschwinden, das nicht einmal in der Hexenverfolgung gegen die Frauen aus dem Volk Ziel des Angriffes gewesen sei? Noonan, dem Schwerhoff nachsagt, daß er sich nur mit der »Beurteilung« der Empfängnisverhütung durch die katholische Theologie befasse, hat in Wirklichkeit auch nichttheologische Werke, darunter besonders solche zur Frauenheilkunde, durchforscht und für die erleuchtete Zeit von Renaissance und Frühaufklärung sehr Aufregendes entdeckt: »Im Gegensatz zu mittelalterlichen Werken wie dem von Avicenna oder Gaddeschen enthielten mehrere gynäkologische Werke dieser Zeit keine Angaben über Empfängnisverhütung...In dem ganzen Zeitraum zwischen 1480 und 1750 weicht nur ein einziger bedeutender Theologe von der Gepflogenheit [des Verschweigens] ab« (s. o. S. 174f. und Noonan, S. 428/431).

Erst durch unsere These von der bevölkerungspolitischen Unterdrückung der Geburtenkontrolle mit Hexenverfolgung als ihrer auffälligsten Maßnahme wird auch der alarmierende Befund verstehbar, daß in einem Zeitalter der Wissensexplosion eine von den meisten Menschen fast täglich benötigte Art von Wissen plötzlich bei Ungebildeten und Gebildeten gleichermaßen dramatisch zurückgeht. Im gelehrten Diskurs, um den sich Noonan im Unterschied zu Schwerhoff kümmert, geschieht dasselbe wie in der Volksheilkunde der weisen Frauen, für deren Verfolgung Noonan sich in seiner großen Studie überhaupt nicht interessiert. Zwei aus ganz unterschiedlichen Forschungsinteressen gewonnene Befunde passen nicht nur zusammen, sondern derjenige über die Hexenverfolgung macht auch denjenigen über die Wissenschaftszensur endlich durchsichtig.

Wir hatten in unserer (vor Punkt [8]) stehenden Erwiderung auf Schwerhoffs Rezension zu zeigen, daß er das Hauptdokument zur Hexenverfolgung – den *Hexenhammer* von 1487 – weder in seinem Aufbau noch in seiner Intention zu erfassen vermochte. Wir müssen nun feststellen, daß er auch die Hauptarbeit zu den Quellen über mittelalterliche Geburtenkontrolle – Noonans Buch also – nicht mit der gebotenen Sorgfalt studiert hat. Kann das einem Historiker, der gegen uns das »Vetorecht der Quellen überdeutlich« ins Feld führen möchte, noch nachgesehen werden? Wenn es unsere »generösen Deutungen und Theorien« mit »ihrer verführerischen Plausibilität« nicht gäbe, dann hätte er souverän darauf verzichtet, »faktenhuberisch und kleinkariert« zu erscheinen. Wir erwarten von ihm aber gar nicht, daß er uns von diesen Tugenden des Historikers dispensiert, und wollen ihm nur empfehlen, daß er sie endlich für sich selber ernst nimmt.

(9) Gerade die mühseligen Regionalstudien und Auswertungen der wenigen erhaltenen »Prozeßakten«, die etwa Gerhard Schormann in seiner Rezension unseres Buches[18] ins Zentrum stellt, haben bei allem Konsens mit diesem Historiker darüber, daß sie allein Anlaß und Umfang der großen Hexenverfolgung nicht zureichend abbilden können (vgl. o. S 147), erst durch unsere These eine fruchtbare Arbeitsrichtung erhalten. Schon 1979 hat ja Richard Horsley anhand solcher Regionalstudien gesehen, daß die Hexenverfolgung erst zu verstehen sein wird, wenn die auffälligen Unterschiede zwischen den Hexereianklagen der Obrigkeit gegen Hebammen und abergläubischen Hexenvorstellungen der Bauern begriffen sind: »Hebammen spielen nämlich in den Aussagen der Bauern keine prominente Rolle. Die Bauernschaft teilte keineswegs die Anschauung der gelehrten Leute, daß die Hebammen Instrumente des Teufels seien. Als weiterer Gegensatz zu den obrigkeitlichen Theorien fällt auf, daß die volkstümlichen Bekundungen frei sind von Beschuldigungen der Kindestötung. Deshalb bleibt unklar..., wie die Tätigkeit bestimmter Frauen als Heb-

ammen mit volkstümlichen Hexereivorwürfen gegen solche Frauen zusammenhängt. Obwohl unübersehbar deutlich ist, daß die Hebammentätigkeit in den von der Obrigkeit propagierten Hexenvorstellungen und Hexenprozessen allerhöchste Priorität genoß, geht daraus keineswegs hervor, daß diese Tätigkeit besondere Relevanz für den Hexenaberglauben des Volkes hatte. ...Es bedarf noch großer Anstrengungen in der Forschung, um die Bedeutung der Hebammen in den europäischen Hexenprozessen angemessener zu bestimmen.«[19] Eben diese Bestimmung haben wir mit der doppelten Rolle der Hebamme als Geburtshelferin und Heilerin einerseits sowie als Expertin für die Verfahren der Geburtenkontrolle andererseits herausgearbeitet. Die Obrigkeit verfolgt letztere als Kindesmord und steht gerade darin im Gegensatz zu den Bauern, die zwar ihren Aberglauben pflegen, aber der Geburtenkontrolle nicht entraten wollen.

Wie für Schwerhoff gilt auch für Schormann, daß er sich zur mittelalterlichen (sowie antiken und außereuropäischen) Geburtenkontrolle als gänzlich uninformiert erweist, die Fachliteratur nicht kennt und selbst die deutlichen Aussagen gegen Geburtenkontrolle in den Anleitungen zur Hexenverfolgung nicht zu evaluieren versucht. Im Gegenteil: Er will hinweginterpretieren, daß die Hexenverfolger – bei aller Fortsetzung der von uns sehr wohl erörterten traditionellen Schadenszauberahndung (s. o. S 75) – deutlich formulieren, daß es ihnen »abgesehen« (ibd.) davon um etwas Neues geht: die siebenfache Hexerei der Geburtenkontrolle. Gleichwohl gibt sich Schormann als Fachmann für Geburtenkontrolle aus und verkündet – ohne Belege –, daß er den »Koitus interruptus für das entscheidende Geburtenkontrollmittel der Frühen Neuzeit« hält.

Es sollte zum Stil der Rezension auch daran erinnert werden, daß der »nicht eingehend informierte Leser« Schormann *pro domo* schreibt, dieses seinen Lesern aber nicht mitteilt. Seine Idee, daß die europäischen Bauern plötzlich ihre eigenen Hebammen und einzigen medizinischen Betreuungskräfte ausrotten wollten, gehört zu den wissenschaftlichen Legenden, die wir aufzuklären hatten (s. o. S. 32, 124).

II*b: Wolfgang Behringer und die Frankfurter allgemeine geisteswissenschaftliche Methode – nebst Larissa Leibrock und Heide Wunder*

Anders als Schwerhoff und Schormann kommt der Münchener Historiker Wolfgang Behringer[20] in seinem auf uns gezielten, unsere Namen aber nicht nennenden Angriff in der wöchentlichen Beilage »Geisteswissenschaften« der *Frankfurter Allgemeinen Zeitung* nicht unmittelbar zur Sache, sondern schickt ihm erst einmal einige Qualifizierungen unserer Arbeit voraus, deren Titel aber ebenso ungenannt bleibt wie ihre Autoren: Als »Bremer« Konjunktur-»Ritter« des Hexenthemas hätten wir in einem »Machwerk« eine »abenteuerliche These, die alle Grundsätze wissenschaftlicher Redlichkeit verletzt«, vorgelegt und dabei tückischerweise auch noch versucht, »wissenschaftliche Dignität vorzutäuschen«.

(1) Nachdem Behringer das Publikum so gebührend vor uns gewarnt hat, beschränkt sich seine inhaltliche Kritik auf eine einzige Behauptung: »Die europäischen Hexenverfolgungen waren keineswegs in der Lage, › geheimes Wissen ‹ in großem Stil › auszurotten ‹, schon gar nicht etwa das der Geburtenkontrolle, das nicht zuletzt in den weitverbreiteten Wundarzneibüchern der Zeit allgemein zugänglich war.« Im Konzert der hier angeschauten Historiker bringt Behringer also eine originelle Wendung ins Spiel, indem er das Geburtenkontrollwissen der Vergangenheit nicht etwa bestreitet – wie das selbst in der historischen Demographie noch gang und gäbe ist (s. o. S. 208 ff.) –, sondern es selbst für die Neuzeit als »allgemein zugänglich« deklariert. Nun haben wir zwar nicht von einem »geheimen Wissen« gesprochen, sondern von einem, das seit der frühen Neuzeit bestenfalls noch *im Geheimen* angewendet werden konnte, aber unsere Neugier auf die Quellen für seine allgemeine Zugänglichkeit stellte sich umgehend ein – insbesondere deshalb, weil die *Wundarzneibücher* unter diesen Quellen noch die läppischsten (»zuletzt« kommenden) sein sollten. Gleichwohl ist Behringer selbst stumm geblieben. Aus seiner Verlegenheit, gerade für das wissenschaftliche Zeitalter keine Belege für die allgemeine Zugänglichkeit der Geburtenkontrolle präsentieren zu können, hat ihm dann die Heidelberger Pharmaziehistorikerin Larissa Leibrock herauszuhelfen versucht. Auch sie aber

vermag kein einziges Werk zur Aufklärung über Verhütung anzuführen, sondern weicht auf Arzneibücher aus, die – so ihr eigenes Eingeständnis – »unter dem Aspekt, die Konzeptionsfähigkeit zu erhöhen«, vor abortiven Wirkungen bestimmter Rezepturen geradezu warnen.[21] Mit diesem kühnen Rettungsversuch für Behringers Behauptung verbindet die Autorin den gegen uns gerichteten Hinweis, daß »von einem völligen Verschwinden« der für die Geburtenkontrolle »erforderlichen Mittel...nicht die Rede sein« könne. Da nun Behringer von überhaupt keinem Verschwinden, geschweige denn einem »völligen« der Geburtenkontrolle gesprochen hat, läßt ihn hier seine Helferin schon ein Stück weit im Stich, denn man würde sich für die Gründe eines weitgehenden, wenn auch nicht völligen Verschwindens der Geburtenkontrolle doch sehr interessieren. Nun haben wir an zwei Beispielen direkt belegt (s. o. S. 175f.), daß der Widerstand gegen die Zwangselternschaft niemals erloschen ist, der Kampf der Obrigkeiten gegen das Zugänglichmachen von Verhütungsmedikamenten mithin permanent geführt wurde, was ja nichts anderes heißt, als daß er niemals völlig erfolgreich verlief. Aus der Tatsache jedoch, daß die staatliche Bestrafung der Geburtenkontrolle nicht zu ihrem völligen Verschwinden führt, à la Behringer den Schluß zu ziehen, daß sie allgemein erlaubt war, käme dem Schlusse gleich, daß Diebstahl erlaubt sei, weil die staatlichen Gesetze dieses Delikt nicht zum »völligen Verschwinden« bringen.

Aufschlußreicher an Larissa Leibrocks Beitrag ist ihr Hinweis, daß selbst Bücher für die obrigkeitlich gewollte *Erhöhung* der Empfängnisfähigkeit, die nicht umhin können, über Gründe der Sterilität Aussagen zu machen, unter falschen Namen publiziert wurden. Die von ihr aus dem Jahre 1550 angeführte Schrift erschien unter der Autorschaft des großen Kirchenlehrers und Geburtenkontrollspezialisten Albertus Magnus (s. o. S. 56f.), der bereits seit 1280 tot war. Die Sorge, daß jede gynäkologische Betätigung plötzlich verfolgt werden könnte, war im Jahre 1550 also bereits deutlich verbreitet. Warum? Und diese Sorge schwindet nicht. Die Angst der Autoren, ihren Namen zu nennen, die bei Nichtverfolgung von Geburtenkontrolle ganz unverständlich bliebe, war auch noch im frühen 19. Jahrhundert am Werk, als von den Neomalthusianern die ersten Anleitungen zur Schwangerschaftsverhütung anonym verbreitet wurden. So erschien z. B. Malthus' berühmtes Buch über *Das Bevölkerungsgesetz* in der ersten Auflage von 1798 noch ohne Nennung seines Namens (s. o. S. 193). Selbst in der Zeit unmittelbar vor Ausbruch des ersten Weltkriegs war im Deutschen Reich die offene Diskussion über Empfängnisverhütung immer noch mit sozialer Ächtung bedroht. So handelte sich der Berliner Arzt und spätere sozialdemokratische Reichstagsabgeordnete (1920-1932) Julius Moses, der Initiator der sogenannten Gebärstreik-Debatte von 1913, aufgrund des Berichts eines Polizeispitzels Anfang 1914 ein ärztliches Ehrengerichtsverfahren ein, weil – so der Spitzel durchaus zutreffend – er den Gedanken propagiert hatte, »daß jeder richtigdenkende ... Arbeiter nicht mehr Kinder in die Welt setzen solle, als er ernähren könne«.[22] Und nur wenige Wochen später hetzte im Preußischen Landtag ein Abgeordneter des katholischen Zentrums gegen eine Frau Wartenberg, die ganz im Sinne Moses' in Vorträgen »Frauen und Mädchen über die Verhütung des Kindersegens« aufgeklärt hatte, »daß diese Frau eigentlich gefährlicher ist als ein wildes Tier, das auf die menschliche Gesellschaft losgelassen wird« – ein Urteil, wie es die Autoren des *Hexenhammers* oder ein Jean Bodin nicht schlimmer hätten formulieren können. Wie ebenfalls in den Jahren vor dem ersten Weltkrieg die Ärzteschaft ganz im Stil dieser unerbittlichen Hexenjäger »dabei alle Tricks anwendete«, um unter bewußter Ausnutzung der »Angst der jungen Frauen« vor ungewollter Schwangerschaft auch noch die letzten verbliebenen – gegenüber dem Mittelalter ungleich primitiveren und oft lebensgefährlichen – »volkstümlichen Arzneistoffe« und Abortiva aufzuspüren, hat die Wiener Feministin Katharina Riese in einer Studie über die sich gegenüber den Frauen als »medicinische Policey« verstehenden Gynäkologen der Habsburgmonarchie eindrucksvoll belegt.[23] Auch in der Weimarer Republik und den beiden ersten Jahrzehnten der Bundesrepublik, in der erst 1970 die Strafbarkeit des Anbietens von Verhütungsmitteln aufgehoben wurde (s. o. S. 176), fand diese Jagd auf verhütende und abtreibende Frauen keinesfalls ein Ende – ganz zu schweigen von der Zwischenzeit des Nationalsozialismus, wo die Verfolgung 1943 in der Einführung der Todesstrafe auf Abtreibung gipfelte.[24]

Daß schließlich selbst in der unmittelbaren Gegenwart eine solche Hatz immer noch nicht vorbei ist, zeigt der im September 1988 in Memmingen im Allgäu begonnene Abtreibungsprozeß, bei dem 156 Frauen an den Pranger gestellt werden – ein Verfahren, das *Der Spiegel* in einer Titelstory zutreffend als »Hexenjagd in Bayern« gekennzeichnet hat.[25] Ist es ein Zufall, daß in den Heimatländern von Wolfgang Behringer (Bayern) und Larissa Leibrock (Baden-Württemberg) seit 1981 der ambulante Schwangerschaftsabbruch – Gegenstand des Prozesses in Memmingen – verboten ist (s. o. S. 333/Anm. A 303)? Und paßt zur Propagierung ihrer Ansichten in der *Frankfurter Allgemeinen Zeitung* nicht auch, daß gerade dieses Blatt nunmehr schon über ein Jahrzehnt – seit der teilweisen Liberalisierung des Abtreibungsparagraphen 218 im Jahre 1974 (s. o. S. 179) – unermüdlich eine Leserbriefkampagne steuert, in der die Gleichsetzung von Schwangerschaftsunterbrechung und Mord behauptet wird? Auf all diese Fragen und Tatsachen aber will Larissa Leibrock offensichtlich nicht aufmerksam machen. Ihr stellt sich lediglich die Frage nach unserer »wissenschaftlichen Seriosität« – und das bringt uns zu Wolfgang Behringer zurück, der ja von derselben Sorge umgetrieben wird.

(2) Die akademisch ungewöhnliche Heftigkeit und die höchst kuriose Beweisführung für die allgemeine Zugänglichkeit von Verhütungsmitteln in der Neuzeit durch diesen Historiker wirken umgehend weniger überraschend, wenn man weiß, daß er zwei Monate vor seiner Attacke eine materialreiche Abhandlung zur Hexenverfolgung vorgelegt hat, in welcher der *Hexenhammer* als die zentrale Quelle für die Motive der neuzeitlichen Verfolgungen vollkommen unausgewertet bleibt und dementsprechend auf den 533 Seiten seines Werkes weise Frauen, Hebammen und Geburtenkontrolle niemals zum Thema gemacht werden. Ohne seinen Lesern auch nur den geringsten Hinweis auf den Inhalt der drei Bände dieser überragenden Quelle zu geben, versichert er ihnen, darin würden nur »wirre Ausführungen« vorgetragen.[26] Gegenüber dieser Ignoranz eines professionellen Hexenforschers lobt man sich die Lesesorgfalt und den historischen Scharfsinn eines der berühmtesten Denker unserer Zeit, des Philosophen Paul Feyerabend.[27] Dieser sieht nicht nur, daß der *Hexenhammer* »das hervorragende Textbuch über die

Hexenkunde darstellt«, sondern darüber hinaus, daß seine beiden Verfasser darin »interessant«, »detailliert« und »pluralistisch« »die beste Information ihrer Zeit in ihren Argumenten« zum Zuge kommen lassen: »Der Leser, der den *Malleus* mit zeitgenössischen wissenschaftlichen Darstellungen vergleicht, wird bemerken, daß der Papst und die gelehrten Verfasser des Buches ihren Gegenstand genau kannten. Das kann von unseren Wissenschaftlern nicht gesagt werden.«

Dieselbe Vernachlässigung wie dem *Hexenhammer* widerfährt bei Behringer auch Jean Bodins *Daemonomania* (1580), dem wichtigsten französischen Kommentar zur Begründung der Verfolgung aus der Hand des bedeutendsten Staats-, Wirtschafts- und Bevölkerungstheoretikers der frühen Neuzeit (s. o. S. 86ff.). Diese Quellengeringschätzung wirkt umso verwunderlicher, als Behringer selbst schreibt, daß »neben der Kenntnis des › Hexenhammers‹« auch die Kenntnis von »Bodins › Daemonomanica«..., der schärfsten überhaupt verfügbaren Literatur«[28], für die Durchführung von Hexenprozessen vorausgesetzt wurde. Es wird hier also deutlich, daß wir bei Behringer nicht mit einer beiläufigen journalistischen Schludrigkeit konfrontiert sind, die in der *Frankfurter Allgemeinen Zeitung* noch verzeihlich wirken mag, sondern einer Arbeitsweise begegnen, die gerade in der Geschichtswissenschaft nicht zu den Usancen zählt.

(3) Auf unsere Replik in der *Frankfurter Allgemeinen Zeitung*[29] hat Behringer ein zweites Mal Gelegenheit erhalten, seine Auslassungen zu wiederholen und sie diesmal in die Formel gekleidet, wir betrieben die »Vortäuschung wissenschaftlicher Seriosität durch formale Einhaltung der Regeln wissenschaftlichen Arbeitens«.[30] Man ahnt nun noch deutlicher, daß hier ein Autor, dem wir nicht allein die Unkenntnis der wichtigsten Quellen, sondern sogar das Verbreiten haltloser Aussagen über dieselben nachzuweisen hatten, seinen persönlichen Verzicht auf die »formale Einhaltung der Regeln wissenschaftlichen Arbeitens« als höhere Methode des Forschens zu etablieren versucht.

Aufgrund des ausdrücklichen Beifalls der zuständigen Redaktion[31] für diesen ganz neuen Weg scheint es uns nur gerecht, ihm den Ehrennamen »Frankfurter allgemeine geisteswissenschaftliche Methode in der Hexenforschung« vorzubehalten. Zu ihr gehört erwartungsgemäß die souveräne Zurückweisung des frechen Anspruchs, die jetzt möglich werdenden großartigen Funde genauer unter die Lupe zu nahmen. Unserer Antwort auf Behringers Demonstrationen mit der neuen Methode wurde also der Abdruck ebenso verweigert wie einem anderen, davon unbeeindruckten Kommentar.[32]

(4) Behringers zweiter Beitrag besitzt den Vorteil, daß er den *Hexenhammer* zur Kenntnis nimmt und sogar einräumt, daß in diesem Gesetzeskommentar zur *Hexenbulle* tatsächlich doch von Geburtenkontrolle die Rede ist. Die offensichtliche Beunruhigung über diesen Fund hindert ihn aber weiterhin daran, zu einem genauen Quellenstudium voranzuschreiten. Stattdessen verfällt er auf den Vorwurf, wir würden lediglich mit Deutungen dieser Quelle hantieren und darauf rechnen, daß ihr genauer Wortlaut von niemandem »nachgelesen« würde. Als Beispiel für ein solches Vorgehen, das er sich richtigzustellen vornimmt, wählt er die *vierte* Methode der im *Hexenhammer* attackierten siebenfachen Hexerei – »die Menschen durch Gaukelkunst in Tiergestalten umwandeln« –, die wir als »Verkehr mit Tieren und Homosexualität (als wiederum nicht zur Fortpflanzung führende Formen der Sexualbefriedigung)« interpretieren (s. o. S. 77). In Wirklichkeit bringen wir entgegen Behringers Behauptung das Originalzitat aus dem *Hexenhammer* auf derselben Seite unserer Studie, auf der Behringer unsere Interpretation sehr wohl zu finden vermag. Stellt nun – so Behringer – unsere Sodomieinterpretation des vierten – von unserem Kritiker selbst übrigens ungedeutet belassenen – Hexereidelikts »eine beachtliche Umwandlungsleistung dar«? Für diese Unterstellung muß Behringer verschweigen, daß dieser in der Tat nicht jedermann leicht verständliche Hexereivorwurf keineswegs von uns, sondern von den Autoren des *Hexenhammers* selbst unter den Generalnenner der Geburtenverhinderung gebracht wird, indem ihnen (Teil I, S. 107 – s. o. S. 77) auch diese vierte Methode zu insgesamt sieben Behexungen gehört, die »den Liebesakt und die Empfängnis im Mutterleibe ... infizieren«. Er verschweigt überdies, daß der *Hexenhammer* der vierten Hexerei ein ganzes Kapitel widmet (Teil I, Kap. 10), um die merkwürdige Verwandlung in Tiergestalt als Variante fortpflanzungsloser Genußsexualität den Hexenverfolgern vor Ort verständlich zu machen. Als belehrendes Beispiel (I, S. 150) dient dort u. a. die Geschichte von

der sexuellen Beziehung zwischen einem Mann und einer Stute, die dieser aber nur aufgenommen habe, weil seine unerreichbare Geliebte in diese Stute verwandelt worden sei, weshalb nicht der junge Mann, sondern die angebliche Verzauberung der Frau in eine Stute – in diesem Fall in antisemitischer Variante des Hexereivorwurfes einem Juden angedichtet – Ziel der Verfolgung zu sein hat. Sexualbegierde auf ein Tier statt auf den Fortpflanzungsakt zu lenken, meint der vierte Hexereivorwurf mithin. Daß Sodomie – in der englischen Sprache übrigens bis heute – zugleich als Oberbegriff für die sog. widernatürliche Unzucht steht und nicht allein den Verkehr mit Tieren, sondern auch die Knabenliebe umfaßt, bedarf eigentlich keiner weiteren Erläuterung. Bereits die Autoren des *Hexenhammers* selbst aber räumen da jeden Zweifel aus, wenn sie – von Behringer übersehen – schreiben, daß es ihnen bei »den unnatürlichen Lastern« nicht nur um die traditionelle »Sodomiterei« gehe, sondern auch um »jedes andere Laster (des Coitus) außerhalb des gebotenen Gefäßes« (Teil I, S. 60 - s. o. S. 75f.).[33]

(5) Noch besser zum Tragen aber kommt Behringers neue Frankfurter allgemeine Methode beim Vorwurf, wir belästigten das Publikum in »aggressiver und öffentlichkeitswirksamer Manier« mit unserer »privaten Ansicht..., der »Hexenhammer« handele »von siebenfacher Hexerei der Hexenhebammen««. Zur Untermauerung dieses Vorwurfes präsentiert er die Idee, daß im 6. Kapitel des *Hexenhammers* (Teil I), welches die siebenfache Hexerei behandelt, »keineswegs von Hebammen die Rede ist, sondern von › Ehebrecherinnen, Huren und Konkubinen der Großen‹«. Tatsächlich aber lesen wir in diesem Kapitel (I, S. 93 - s. o. S. 75), das die Überschrift »Über die Hexen selbst, die sich Dämonen unterwerfen« trägt: »Es wird die erste allgemeine Frage sein über die Haupteigenschaften der Weiber; die zweite spezielle, was für Weiber häufiger als abergläubisch und Hexen befunden werden; die dritte, besondere, handelt von den Hebammen selbst, welche alle anderen an Bosheit übertreffen.«

Lediglich »mit Bezug auf den *zweiten* Punkt« (I, S. 107 – Hervorh. im Original) spricht der *Hexenhammer* von »Ehebrecherinnen, Huren und Konkubinen« (ibid.). Bereits diesen wird die siebenfache Hexerei zugetraut. Die überragende Wichtigkeit der dritten Gruppe aber dokumentiert der *Hexenhammer* dadurch, daß sie zusätzlich zur prominentesten Erwähnung in Kapitel 6 noch ein eigenes Kapitel (I, 11) erhält, von dem Behringer ebenfalls behauptet, daß es nicht von Geburtenkontrolle handele. Tatsächlich heißt es bereits in seiner Überschrift unmißverständlich (I, S. 157): »Daß die Hexen-Hebammen die Empfängnis im Mutterleibe auf verschiedene Weise verhindern, auch Fehlgeburten bewirken, und wenn sie es nicht tun, die Neugeborenen den Dämonen opfern.« In diesem Kapitel für die »besondere« Gruppe wird mithin noch unterstrichen, daß die Hebammen am besten verstehen, was auch die Frauen generell und besonders intensiv die Ehebrecherinnen etc. betreiben. Diese Heraushebung der Hebammen so hinzustellen, als wolle man sie dadurch unwichtig machen, erfordert fürwahr den Verzicht auf korrektes Zitieren und seine Ersetzung durch das Unterschlagen und Bestreiten dessen, was in der Quelle geschrieben steht. Dabei verfügen wir in dieser Richtung ja nicht allein über den *Hexenhammer*, sondern auch schon über frühere Quellen – wie etwa den *Formicarius* (1435–37) von Johannes Nider –, in denen Geburtenkontrolle unter Hexerei abgehandelt wird (s. o. S. 74). Wir können das noch ergänzen um die *Statuta Synodalia*, ein sog. Linköping-Statut, in welchem der schwedische Bischof Nicolaus Hermanni (1370–1391) die Hexerei als *ars diabolica* gekennzeichnet und zugleich auf andere Weise als im Hochmittelalter in eine Reihe klar umrissener Delikte ausdifferenziert hat. Nicht nur Giftmord, Gotteslästerung, Dämonenanrufung und Hostienschändung werden von neuem aufgelistet, sondern Abtreibung und Sterilisation treten hinzu und zugleich an die erste Stelle der Aufzählung.[34]

Nun beläßt Behringer es nicht dabei, Quellen ganz neu zuzuschneiden oder schlicht zu übergehen, sondern er liefert auch eine eigene Deutung dessen, was die Autoren des *Hexenhammers* in Wirklichkeit gemeint hätten. Ihnen sei es – so sieht er das – im ersten Teil ihres Werkes nicht um die siebenfache Hexerei gegangen, sondern lediglich um das, »»was zur Hexentat gehört, nämlich den Dämon, den Hexer und die göttliche Zulassung««. Diese Formulierung steht in der Überschrift zum ersten Teil des *Hexenhammers* und enthält im Terminus »Hexentat« den Oberbegriff für die einzelnen Delikte, über die wir später sehr ausführlich unterrichtet werden, pointiert also von Anfang an auf diese. Für einen Autor aber, der bisher nicht gewußt hat und nun nicht anerkennen will, was im einzelnen unter »Hexentat« verstanden wird, ist es nur konsequent, zu suggerieren, der Leser würde nicht über den *Inhalt* der Tat informiert, sondern allein über ihre von den Verfolgern ausgemalte spirituelle *Form*.

(6) Mit Behringers Einwand schließlich, daß es bei der *fünften* Hexereimethode – »die Zeugungskraft seitens der weiblichen Wesen vernichten« (I, S. 107) – »überhaupt nicht um Empfängnisverhütung« gehe, setzt dieser tapfere Streiter wider »die Vortäuschung wissenschaftlicher Seriosität« und für den Anspruch, »daß wissenschaftliche Forschung nach gewissen Spielregeln abzulaufen hat«, einmal mehr auf sein neues Regelsystem. Wiederum ist nämlich zu entgegnen, daß dieser Hexereivorwurf nicht von uns, sondern von den Autoren des *Hexenhammers* selbst (I, S. 107) unter dem Generalnenner Geburtenverhinderung abgehandelt wird. Überdies wird in mehreren Kapiteln dieser Vorwurf dahingehend spezifiziert, wie durch »Tränke«, »Kräuter und andere Mittel, ein Mensch ohne Hilfe von Dämonen bewirken kann, daß ein Weib nicht gebären oder empfangen kann« (I, S. 158 – s. o. S. 79) und so »gleichsam die Wege des Samens versperrt« werden (II, S. 207).

Behringer hingegen verkündet, daß es statt um Empfängnisverhütung »um jenes gefürchtete Maleficium« gehe, »das Unfruchtbarkeit über Menschen (Mann und Frau), Tier und Pflanzenwelt brachte«, was er als Schadenzauber interpretiert, den wir bei der Beurteilung von *Hexenbulle* und *Hexenhammer* »ignorieren« würden, weil er unserer These zuwiderlaufe. Selbstredend aber haben wir den *traditionellen Schadenzauber* nicht nur nicht übergangen (s. o. S. 33, 322/Anm. A 30 und S. 75), sondern erst durch die ausdrückliche Abgrenzung desselben von der siebenfachen Hexerei, welche die *Hexenhammer*-Autoren selbst vornehmen, ihre ganz *neue* Absicht sichtbar machen können. Der herkömmliche Schadenzauber, der auch früher verboten und strafbar war, wird ja nun nicht plötzlich erlaubt und muß deshalb auch im neuen Gesetz seinen Platz behalten. Deshalb schreiben Sprenger/Institoris, daß die Geburtenkontrollhexereien »abgesehen« vom Schadenzauber gegen Menschen, Tiere und Feldfrüchte, auf die allein Behringer die Aufmerksamkeit richten will, nun zusätzlich verfolgt werden (s. o. S. 75).

(7) Um seine These von der überragenden Rolle des Schadenszaubers in den Hexenprozessen gegenüber unserer »Bevölkerungsthese« zu retten, verweist Behringer auf die Tatsache, daß in der »Zeit der großen Hexenverfolgungen in den Jahrzehnten zwischen 1560 bis 1630... nicht Unter-, sondern Überbevölkerung« mit Mißernten und »ständig wiederkehrenden Hungersnöten... das große Problem« gewesen sei, für das die abergläubische »bäuerliche Bevölkerung« die Hexen verantwortlich gemacht habe. Nun haben wir dieses Problem – ebenso wie den Schadenszaubervorwurf in *Hexenbulle* und *Hexenhammer* – keinesfalls »beharrlich ignoriert«, wie Behringer den Lesern der *Frankfurter Allgemeinen Zeitung* weismachen will. Ganz im Gegenteil wird von uns hervorgehoben, daß »insbesondere die klimatisch verstärkten Mißernten, Hungersnöte und Seuchen zwischen 1580 und 1620... zu einer starken Zunahme der Schadenszaubervorwürfe und entsprechend zu einem bemerkenswerten Anstieg der Hexenprozesse« führen (s. o. S. 14, 82, 146) und daß die »aus bevölkerungspolitischen Motiven etablierte« Hexenverfolgung »nicht gänzlich im Krieg gegen die Verhütung« aufgeht, sie vielmehr »auch in Territorien oder in bestimmten Zeitabschnitten, in denen ein bevölkerungspolitisches Problem nicht, noch nicht oder nicht mehr existiert... unstreitig eine beträchtliche, von den ursprünglichen Motiven nicht voll gedeckte Eigendynamik« entwickelt (s. o. S. 130). Das bedeutet nun aber nicht, daß das Neue in der Hexenverfolgung, d. h. der Kampf gegen die Geburtenkontrolle in den Jahren 1560 bis 1630 etwa aufgegeben wird. Vielmehr zeigen die zentralen Dokumente jener Zeit, wie der *Römische Katechismus* von 1566 (s. o. S. 126f., 129), Bodins *Daemonomania* von 1580 (s. o. S. 86ff.) und die Bulle »Effraenatam« von 1588 (s. o. S. 129f.), die Behringer beharrlich nicht zur Kenntnis nimmt, daß der Kampf gegen die Geburtenkontrolle aus Sorge von Kirche und Staat um zu wenig Menschen – und völlig unbeeindruckt von einer sich vereinzelt bereits abzeichneten Überbevölkerung – eher noch intensiviert wird.

Diese aus der Bevölkerungskatastrophe des 14. Jahrhunderts resultierende Sorge schwindet also in jener Epoche nicht. Und sie dominiert auch in den beiden folgenden Jahrhunderten, an deren Ende der gewaltsam durchgesetzte Geburtenanstieg in

einer Bevölkerungsexplosion mündet, die Sorge um das Elend
der Überbevölkerung, wie die Traktate der Politikberater jener
Zeit – der Merkantilisten (s. o. S. 184 ff.), der »Polizey«-Wissenschaftler (s. o. S. 246 ff.), des Bevölkerungstheoretikers Malthus
(s. o. S. 189 ff.), ja selbst der Gegner der Hexenverfolgung (s. o. S.
131, 248, 333/Anm. A 302) – mehr als deutlich belegen. Behringer, dessen Unkenntnis der zentralen bevölkerungspolitischen
Dokumente die Rolle von Kirche und Staat für Beginn und Verlauf der Hexenverfolgung verharmlosen und stattdessen den
Aberglauben der Bauern dafür verantwortlich machen muß,
ignoriert auch diese Quellen. Dabei entgeht ihm dann ganz folgerichtig, daß das Ende der Hexenprozesse im 18. Jahrhundert
nicht etwa der Überwindung des Aberglaubens durch die Aufklärung geschuldet ist, sondern lediglich den Übergang von einer
offen terroristischen zu einer feingesteuerten Bevölkerungspolitik markiert (s. o. S. 248), d. h. daß die Hexenverfolgung als staatlich-pädagogische Überwachung der Geburtenkontrolle auch
nach dem Ende der Scheiterhaufen unvermindert weitergeht
und bis auf den heutigen Tag nicht völlig aufgegeben wird. Vielleicht mag aber der oben erwähnte Memminger Abtreibungsprozeß, der eine eindeutig »politisch motivierte Hexenjagd« (*Der
Spiegel*), das heißt einen vom bayrischen Staat angesichts des
dramatischen bundesdeutschen Geburtenrückgangs verordneten Gebärzwang darstellt – und nicht etwa ein wie auch immer
geartetes Hinterwäldlertum im Allgäu oder gar eine Verrücktheit
der »Schwarzen Hilde«, der verantwortlichen Justizministerin
Mathilde Berghofer-Weidner –, unseren bayrischen Hexenforscher dazu veranlassen, sich mit dem bevölkerungspolitischen
Kern der historischen Hexenprozesse näher zu beschäftigen.

(8) Sollte sich am Ende die überragende Bedeutung des
Kampfes gegen die Geburtenverhinderung aus dem *Hexenhammer* doch nicht löschen lassen, öffnet sich Behringer vorsorglich den Ausweg, daß dieses dreibändige Werk lediglich eines
von etwa 200 dämonologischen Werken darstelle, in denen die
Geburtenkontrolle nicht dieselbe Rolle spiele. Tatsächlich aber
ist der *Hexenhammer* ein Gesetzeskommentar. Daran ändert sich
auch dadurch nichts, daß auf dämonologische Studien, die in
großer Zahl seit den apokalyptischen Sekten der Antike verfaßt
wurden, auch in diesem Buch zurückgegriffen wird. Solche

Studien liegen im Jahre 1487 also seit mehr als eineinhalb Jahrtausenden vor und bilden gerade nicht das neue Element am Beginn der Moderne. Die Autoren des *Hexenhammers* wissen denn auch sehr genau, daß ihre dämonologischen Passagen nicht originell sind und deshalb – man kann es nicht oft genug wiederholen – »abgesehen« vom herkömmlichen Schadenzauber nunmehr »erschreckliche Handlungen« zu verfolgen sind, »welche die Weiber an den Kindern in und außer dem Mutterleibe vollbringen« (s. o. S. 79). Die Aufnahme der neuen Delikte macht – wie gezeigt – die alten nicht straffrei und der *Hexenhammer* als Allgemeinkommentar kann diese deshalb auch nicht unter den Tisch fallen lassen. Die unvermeidliche Selbstverständlichkeit, daß bei Erweiterung eines Gesetzes der bisher vorliegende Deliktbestand von neuem auftaucht, wird von Behringer – aber auch von anderen Hexenforschern[35] – dahin verdreht, daß im Gesetz nichts Neues auftauche. Ganz entsprechend könnte jemand behaupten, daß die Gesetzgebung Kaiser Maximilian I. (1493–1519) gegen Syphilis nichts Neues enthalten habe, weil sie unter dem ganz traditionellen Namen *Gotteslästeredikt* (»edictum in blasphemos« vom 7. August 1495) erlassen worden war.[36] Die Vermeidung jener gründlichen und doch sehr schnell die neuen Hexereitatbestände erbringenden Lektüre, die Behringer uns absprechen möchte – »wir haben gesehen, wie gründlich ihre eigene Lektüre war und ist« –, erweist sich somit als weitere Regel der neuen Frankfurter Methode.

(9) Die Fortsetzung dieser Methode findet sich ganz folgerichtig in Wolfgang Behringers jüngster Veröffentlichung – einer Quellensammlung über *Hexen und Hexenprozesse in Deutschland* –, in der er zwar erstmals ausführliche Passagen aus dem *Hexenhammer* und Bodins *Daemonomania* veröffentlicht, die entscheidenden Strafandrohungen für Geburtenkontrolle und ihre Definitionen als neuartige Hexerei aber immer noch einer Zensur anheimfallen läßt.[37] Diese eklatante – und nun nicht mehr auf Unwissenheit plädieren könnende – Quellenmanipulation hebt er stolz und unter Verweis auf eigene »fundierte Werke« gegen »unseriöse Veröffentlichungen« ab, in denen der Leser sich »nicht aus erster Hand informieren« könne und für die wir als warnendes Beispiel an den Pranger gestellt werden. Seine Absicht, auf »breitem Raum ausgewählte Quellen [zu] präsentie-

ren, die es dem Leser ermöglichen, sich selbst ein Bild zu machen«, erweist sich vielmehr als bewußte Irreführung des Publikums, dem deshalb die Lektüre der preiswert erhältlichen Originalquellen empfohlen sei.

Das folgende Beispiel aus Behringers Sammelband soll seine Quellenmanipulation verdeutlichen. So dokumentiert er (S. 95-97) längere Passagen aus einem Kapitel des *Hexenhammers* (Teil I, Kap. 6 »Über die Hexen selbst, die sich den Dämonen unterwerfen«, S. 92-109), über das wir bereits oben unter (5) mit ihm gestritten haben. Mit seiner Auswahl will Behringer (S. 77) »die Zuspitzung auf das weibliche Geschlecht« durch Sprenger/Institoris belegen. Dabei gelingt ihm das Kunststück, alle Passagen zur siebenfachen Hexerei der Geburtenkontrolle und zur besonderen Rolle der Hebammen herauszulassen. Seine Quellenwiedergabe beginnt unmittelbar *nach* einer Aussage des *Hexenhammers* (Teil I, S. 93), die nicht nur die Frage der »größere(n) Anfälligkeit der Frauen« für die Hexerei stellt, für die sich Behringer (S. 95) allein interessiert und für deren Beantwortung er entsprechende Passagen auswählt. Die Aussage stellt auch die Frage, wer denn eigentlich die Hexen seien, und enthält darüber hinaus die *Zuspitzung* des ganzen Kapitels 6 *auf die weisen Frauen*. Der von Behringer verschwiegene Satz, den wir schon oben unter (5) in seinem letzten Teil zitiert haben, lautet: »Deshalb wollen wir zur zweiten Hauptfrage schreiten, und zwar zuerst, warum bei dem so gebrechlichen Geschlechte diese Art der Verruchtheit mehr sich findet als bei den Männern; und es wird die erste allgemeine Frage sein über die Haupteigenschaften der Weiber; die zweite spezielle, was für Weiber häufiger als abergläubisch und Hexen befunden werden; die dritte, besondere, handelt von den Hebammen selbst, welche alle anderen an Bosheit übertreffen«. Ganz entsprechend läßt Behringer dann auch die zentralen Passagen unter den Tisch fallen, in denen »die zweite spezielle« und »die dritte, besondere« Frage »zur Verruchtheit« des »so gebrechlichen Geschlecht(s)« ausführlich erörtert werden. Sie besagen, daß alle Frauen, die die »teuflische« Geburtenkontrolle ausüben, als Hexen anzusehen sind und daß die Hebammen dafür besonders »bösartige« Fähigkeiten besitzen, weswegen sie auch als »Hexen-Hebammen« gebrandmarkt werden (*Hexenhammer*, Teil I, Kap. 6, S. 107-09 bzw. Kap. 11, S. 157-59; vgl. auch Kap. 7-9, S. 109-57 sowie Teil II, S. 69-93, 135-46, 206-23 und Teil III, S. 211 f. - s. o. S. 75-80, 141 und 321/Anm. A 149-57).

Behringer, der in der *Frankfurter Allgemeinen Zeitung* unsere »Thesen in der Esoterik-Ecke angesiedelt« wissen möchte, da unser Buch »mit Wissenschaft... nichts zu tun« habe, »wenn man daran festhalten will, daß wissenschaftliche Forschung nach gewissen Spielregeln abzulaufen hat«, muß sich fragen lassen was er unter Wissenschaft versteht. Die hier dokumentierte abschließende Regel der neuen Frankfurter Methode etwa, daß historische Forschung in einer Fälscherwerkstatt geschehen darf?

(10) Behringers von unangenehmen Quellen befreiendes Verfahren hat von Anfang an spontane Begeisterung hervorgerufen. So beeilte sich beispielsweise die Kasseler Historikerin Heide Wunder, seine Geltung auch für sich zu reklamieren: »Mit Wolfgang Behringer ist ein Berichterstatter zu Worte gekommen, der aus eigenen Forschungen weiß, worum es geht«, während unsere Thesen »jeder wissenschaftlichen Redlichkeit ins Gesicht schlagen«,[38] bekundet sie in der *Frankfurter Allgemeinen Zeitung*. Sie will es aber nicht bei dieser strengen Vorhaltung bewenden lassen, sondern rät uns, die Hexenverfolgung, die »sehr wohl Teil der europäischen Geschichte« sei, nicht auf bloße »Ideologie« zu reduzieren - wie etwa die »vielzitierte ‹ Frauenfeindlichkeit der Kirche› «, da sie »weder in der spätantiken noch in der mittelalterlichen Gesellschaft zur systematischen gerichtlichen Verfolgung von Frauen und Hexen geführt« habe. Vielmehr sollten wir endlich »das Aufeinandertreffen der besonderen wirtschaftlichen, sozialen und politischen Bedingungen der europäischen Agrargesellschaft mit dem entstehenden modernen Staat« untersuchen. Dabei dürften wir auch nicht vergessen, die »besondere Beziehung Frau-Magie« zu beachten, »die fest im Volksglauben verwurzelt war«.

Wir sehen, daß Heide Wunder nicht in dogmatischer Enge an der neuen Methode klebt, sondern sie sogleich schöpferisch um die Regel erweitert, das Forschungsprogramm der kritisierten Autoren als eigene Anregung an dieselben auszugeben. Das bringt uns zu den reinen Kuriosa im nächsten Abschnitt.

IIc: Kuriosa: Gerhard Prause, Hans Sebald und Heide Gerstenberger

(1) Daß wir »einseitig und gewaltsam« argumentierten und dafür auch noch »unverhältnismäßig viel Beachtung« erhielten, betrübt den Hamburger Wissenschaftsjournalisten Gerhard Prause.[39] Für ihn ist »einfach nicht vorstellbar, geschweige denn zu belegen«, daß Bevölkerungspolitik im Spiele sei, wenn es gegen die sieben Delikte gehe, welche »den Liebesakt und die Empfängnis im Mutterleibe mit verschiedenen Behexungen infizieren« (s. o. S. 75). Stattdessen gibt er der Vorstellung Raum, daß die Hexenhebammen »nur eine kleine Gruppe« unter den Verdächtigen ausmachen. Gegen diese Idee sei hier nur eine jüngere Prozeßakten-Spezialarbeit herangezogen: Die Auswertung regionaler Studien aus Frankreich, der Schweiz, Österreich, Schleswig-Holstein, England, Schottland und Neuengland erbrachte, »daß viele derjenigen, die wegen Hexerei verfolgt wurde, weise Frauen waren«.[40] Dabei betont die Arbeit, daß die Hebammen in großer Zahl – wenn auch nicht in Hekatomben, wie Feministinnen und Rechtshistoriker (dazu s. u. Teil III) glauben – wegen Hexerei belangt und getötet wurden.

Da Prause nicht weiß, daß ein vereidigter und damit überwachbarer Hebammenberuf erst im *Ergebnis* der Hexenverfolgung geschaffen wird (s. o. S. 114ff.), er aber immerhin wahrnimmt – womit er weiter ist als der Historiker Behringer –, daß von Hexenhebammen »verhältnismäßig häufig die Rede ist«, bemüht er sich um eine eigene Erklärung dieses Ausdrucks. Gemeint seien mit ihm »nicht die eigentlich anerkannten Hebammen..., sondern Frauen, die sich lediglich als Hebammen ausgaben und in diesem Beruf gewissermaßen schwarzarbeiteten«. Eine solche Vorstellung zur Überwindung von Schwarzarbeit kann nun nicht allein auf aktuelles Interesse rechnen, sondern stellt auch eine pfiffige Ergänzung zur These Schormanns dar (s. o. S. 32). Dieser Historiker weiß natürlich, daß ein geschützter Hebammenberuf erst nach dem Mittelalter geschaffen wird und erklärt die Verfolgung deshalb nicht aus Schwarz-, sondern aus Pfuscharbeit, während Prause zwar ebenfalls von Pfuscharbeit überzeugt ist, sie aber auf die unqualifizierten – und dennoch von der tumben Kundschaft immer wieder angeforderten – Schwarzarbeiterinnen schiebt, weshalb diese von den notorischen Frauenheilkundebeförderern »Sprenger/Institoris als »Hexenhebammen« bezeichnet« und gar nicht ohne Grund verfolgt wurden.

(2) Der deutschamerikanische Soziologe Hans Sebald versucht unserer Argumentation damit zu begegnen, daß er auf die im 17. Jahrhundert ansteigende Kindersterblichkeit verweist, weshalb eine Bevölkerungsexplosion nicht stattgefunden haben könne.[41] Nun haben wir selbst sehr viel mehr Material zur Kindersterblichkeitszunahme präsentiert (s. o. S. 166ff.) als Sebald gelesen haben dürfte. Zudem entgeht ihm unsere Erklärung dieses Umstandes aus dem extremen Anstieg der Kinderzahl pro Mutter, der umgehend eine tödliche Kindesvernachlässigung nach sich zog, die als Neuzeitphänomen gut bekannt, aber eben nicht verstanden worden ist. Gerade die hohe Kindersterblichkeit der Neuzeit hat ja moderne Bevölkerungswissenschaftler dazu verführt, fürs angeblich finstere und in jedem Falle unwissenschaftlichere Mittelalter eine noch höhere Kindersterblichkeit zu behaupten. Deren Unbeweisbarkeit und schließliche Widerlegung war für uns einer der Gründe dafür, nach den Verfahren für die relativ geringe Geburtenrate des Mittelalters zu fragen und uns dafür zu interessieren, warum sie gerade in der Neuzeit mit ihrer Aufklärung und wissenschaftlichen Hochblüte so schwer zugänglich wurden.

Das eigentliche Kuriosum liefert Sebald aber damit, daß er die große Pest und die europäische Bevölkerungskatastrophe aus dem *14.* Jahrhundert kurzentschlossen ins *17.* Jahrhundert vorrücken läßt und uns dann »Fragwürdigkeit der geschichtlichen Voraussetzungen« ankreidet. Schließlich, so müßte man dann einräumen, stehe die Hexenverfolgung im 17. Jahrhundert bereits in ihrem Spätstadium und habe lange *vor* Sebalds neudatierter großen Pest begonnen. Wüßte man nicht um die historische Unbedarftheit etlicher Soziologen, müßte man Sebald das Ei des Kolumbus in der Kritik an unserer These konzedieren. Auch hier also ein veritabler Kandidat für Behringers Wunder-Leibrock-Team.

(3) Anders als Sebald ist die Bremer Sozialhistorikerin Heide Gerstenberger chronologisch und faktisch zu firm, um die europäische Bevölkerungsexplosion nicht zu kennen. Deshalb wirft sie den einzigen, vielleicht wirklich beabsichtigten Witz in die

Kontroverse und macht nicht irgendwelche staatlichen Gesetze, die von den Menschen sowieso »nicht ohne weiteres verstanden« worden seien[42] (dabei reichte das Verständnis ihrer Gerichtsherren), sonderen den *Kartoffel*anbau für die europäische Bevölkerungsexplosion verantwortlich. Vom Feind schwerer zu verbrennen als ein Weizenfeld, wäre nun immer reichlich Fourage für das Nähren der – so muß wohl aus Gerstenbergers »Kartoffel-Theorem« geschlossen werden – längst schon heiß, aber leider vergeblich ersehnten großen Kinderscharen dagewesen. Eine schöne, weil auch umkehrbare These: Abnahme des Kartoffelverbrauchs führt zu Geburtenrückgang. Beides ist beispielsweise in der Bundesrepublik tatsächlich zu beobachten und könnte – von den barmenden Bevölkerungspolitikern endlich richtig zusammengedacht – nicht nur das »Aussterben der Deutschen« verzögern, sondern auch die leidige Agrarkrise beheben, was viel leichter fallen sollte als die Neuanlage froschreicher Sümpfe für die Wiederkehr der Störche.

II*d: Perspektiven für Hexenhistoriker*
Zum Abschluß unserer Auseinandersetzungen mit der professionellen Hexenforschung möchten wir noch auf zwei Punkte verweisen, die bei einer näheren Überprüfung – wie wir meinen – ganz im Sinne unserer These gedeutet werden könnten:

(1) Ohne der alles in allem geringen Zahl erhaltener Hexenprozeßakten mehr Gewicht beilegen zu wollen als die Historiker selber, möchten wir an diese Spezialisten der Archivforschung doch die Frage richten, ob das Überwiegen von Schadenszauberfällen unter den wenigen verfügbaren Akten nicht damit zu tun haben könnte, daß es in ihnen tatsächlich um die Regulierung – und dafür Dokumentierung – echter privater – wenn auch abergläubisch erklärter – Schäden ging, während bei der Geburtenkontrollbekämpfung gerade den einzelnen durch die Obrigkeit ein Schaden zugefügt werden sollte, über den sich niemand beschweren durfte?[43]

(2) Weiterhin wollen wir einen Forschungsbefund in Erinnerung rufen, der viel Rätselraten nach sich gezogen hat. Es geht dabei um die spanische Inquisition, die zur Überwachung zwangskonvertierter Juden und Moslems ins Leben gerufen wurde. Es hat sich aber nun erwiesen, daß bereits um 1615 nur

noch knapp ein Zehntel ihrer Fälle auf Juden und Moslems entfiel, während in zwei Dritteln der Fälle wegen sog. Sexualdelikte ermittelt wurde.[44] Auch diese Umfunktionierung einer bestehenden Institution mag im Lichte unserer These einer neuen Beurteilung zugänglich werden.

III. *Die Rechtsgeschichte: Günter Jerouschek*
Mit dem anscheinend für sich selbst sprechenden Pauschalverweis auf die *Dialektik der Aufklärung,* in der doch Max Horkheimer und Theodor W. Adorno bereits 1944 daran scheiterten, die Entstehung des abendländischen Rationalismus und den Inhalt der von ihnen bekämpften Mythen über die Bronzezeit auch nur ansatzweise zu verstehen[45], geht der Jurist Günter Jerouschek gegen unsere These vor, daß die große Hexenverfolgung der Neuzeit »polit-strategischer Zweckrationalität« entspringt.[46]

(1) Daß die Hexenverfolgung als wirksamstes Mittel zur Bekämpfung von Geburtenkontrolle seit etwa 1360 begonnen und 1484 europaweit koordiniert wird, will er damit bestreiten, daß in der *Hexenbulle* »Teufelsbuhlschaft und Schadenszauber noch vor der Empfängnisverhütung rangieren«, die er auf diesem Wege immerhin erst einmal einräumen muß. Nun ist die bisherige Hexenforschung immer dazu fähig gewesen, die Schadenszaubervorwürfe dieser Bulle und des sie kommentierenden *Hexenhammers* zur Kenntnis zu nehmen. Mit diesen aber ist der *Hexenhammer* keineswegs originell, so daß nicht leicht zu verstehen ist, warum er überhaupt geschrieben wurde. Wir haben gerade darauf aufmerksam gemacht, daß den Hexenverfolgern das welthistorisch Neue ihres Vorgehens sehr genau bewußt ist (s. o. S. 113), was sich eben darin ausdrückt, daß sie »abgesehen von den vielfachen Schädigungen ... [an] Tieren und Feldfrüchten« (s. o. S. 75) von nun an eine »siebenfache Hexerei« verfolgen wollen, deren Methoden den »Liebesakt und die Empfängnis im Mutterleibe mit verschiedenen Behexungen infizieren«. Wir haben die Kontinuität der ganz traditionellen Schadenszaubervorwürfe – wie wir sie auch im Altertum, im Mittelalter und in den Stammesgesellschaften kennen – ausdrücklich betont (s. o. S. 73, 81f.), aber nicht minder deutlich gesagt, daß die große Hexenverfolgung der Neuzeit eben aus den neuen Vorwürfen

erklärt werden muß und die bisherige Forschung u. a. daran gescheitert ist, daß sie im Neuen lediglich eine quantitative Steigerung des Alten sehen wollte. Jerouscheks weiterer Einwand, daß man doch nicht »Millionen von Frauen« verbrenne, um die Vermehrung »anzuheizen«, ist zwar als Wortspiel schön ausgedacht, aber bereits von Sibylla Flügge erhoben und dort auch widerlegt worden. Es geht eben nicht um Millionen von Toten, und das wissen dann die Historiker doch sehr viel genauer als Feminismus und eine kritische Justiz.

Schließlich rechtet Jerouschek noch mit Friedrich von Spee (1591-1635) gegen die These eines zweckrationalen bevölkerungspolitischen Motivs, da wir diesen Streiter gegen Hexenverfolgung ja als »Ausgeburt des Irrationalismus« hinzustellen hätten. Zu Spee haben wir keineswegs geschwiegen, so daß von Spekulationen, was wir von ihm zu halten hätten, durchaus Abstand genommen werden kann. Wir haben nämlich klar herausgestellt, daß er lediglich die Verfolgung von im Sinne der Hexereidefinition unschuldigen Frauen bekämpft, die »wirklichen Hexen« aber gerade nicht entkommen lassen will, da die Hexerei »als ein besonders ungeheuerliches, schweres und abscheuliches Verbrechen... mit außerordentlichen Mitteln zu bekämpfen« sei (s. o. S. 131). Spee ist mithin als Gegner von Irrationalitäten und von »unbesonnenen Prozessen« im Vollzug des in keiner Weise kritisierten Motivs der Hexenverfolgung einzuschätzen. Wie die Absicht, die er in wilden Worten billigt, will er auch ihre Durchsetzung strengster Zweckrationalität unterwerfen.

(2) Bereits im Jahre 1981 hat Nachmann Ben-Yehuda alle acht einschlägigen Theoriegebäude zur großen Hexenverfolgung daraufhin untersucht, warum sie an der Erklärung ihres Gegenstandes gescheitert sind.[47] Noch ohne Kenntnis der oben unter Kuriosa aufgeführten Ideen, aber alle übrigen von uns unter die Lupe genommenen Vorstellungen schon implizierend, hat er die große Fülle von Ansichten zur Hexenverfolgung auf acht schlichte Erklärungsmodelle heruntergestilliert: (1) Glaube an Existenz einer europaweiten Hexensekte, (2) Räusche und Krankheiten als Hexereimanifestation, (3) Hexen als Wahnsinnige, (4) Hexenverfolger als Wahnsinnige, (5) Hexen als Sündenböcke sozialer Krisen, (6) Hexenverfolgung zur Aneignung

ihrer wirtschaftlichen und politischen Positionen, (7) Hexenverfolgung zur Durchsetzung wissenschaftlicher Rationalität und (8) rein deskriptive Regionalstudien ohne eigenen Erklärungsansatz. Nach dieser »Großspurigkeit gegen sämtliche Forschungssätze«, die Jerouschek aber erst uns ankreidet, gelangt Ben-Yehuda zu folgender Perspektive: »Etliche Sozialwissenschaftler haben versucht, die europäischen Hexenjagden des 14. bis 17. Jahrhunderts in umfassendere Schemata sozialhistorischer Deutungen zu integrieren. Wir mußten jedoch zeigen, daß das Phänomen der europäischen Hexenjagden in keinem dieser Schemata völlig verstanden, geschweige denn erklärt worden ist... Erst hinreichende Antworten auf die Fragen nach dem Zeitraum (timing), dem Anliegen (content) und der Zielgruppe (target) würden uns befähigen, das Phänomen besser zu verstehen und dadurch dann auch eine stichhaltigere und zuverlässigere Basis zu gewinnen, von der aus wir es in einen weiteren Interpretationsrahmen integrieren können.«

Es fällt nun auf, daß keine der hier auf lehrreiche Einwände untersuchten Rezensionen unseres Buches sich einer solchen Aufgabe auch nur ansatzweise stellt. Die europäische Bevölkerungskatastrophe von 1349-1450 mit einer Einwohnerreduzierung um 60-75%[48] als Zeitraum für die Entstehung der Verfolgung, die Unterbindung der Geburtenkontrolle als Anliegen der Verfolgung und die besten Spezialistinnen für Geburtenkontrolle – die Hebammen also – als erste Zielgruppe der Verfolgung ergeben unsere Antwort auf die auch bei Ben-Yehuda ohne Lösung gebliebenen Fragen.

(3) Für Jerouschek hingegen sollen »Abtreibung und Empfängnisverhütung« lediglich in »den Sog der Hexenprozesse geraten« sein. Die Absicht dieser Prozesse selbst sei ihm zwar dunkel und werde auch weiterhin für die weltweite – und nun bald 200 Jahre (seit G. Christian Voigts Arbeit von 1792) emsig schaffende – Forschung »nicht geringe Schwierigkeiten bereiten«. Auf keinen Fall aber habe sie etwas mit der ausdrücklich als historisch neu deklarierten Absicht zu tun, die »siebenfache Hexerei« der Geburtenkontrolle auszumerzen. Noch ganz unbekannte – und damit auch keinem heute bereits zugänglichen Dokument zu entnehmende – Gründe sollen eine Rolle gespielt haben, und die *Psychologie* sei vielleicht die Wissen-

schaft, die unter Heranziehung ganz eigener Quellen da mal etwas sagen könnte.

Wir hatten bereits zu Schwerhoff anmerken müssen, daß nicht nur die Geburtenkontrolle des Volkes bekämpft wird, sondern daß sie auch aus den gelehrten Werken der Mediziner verschwindet, die nach einer immer noch verbreiteten Auffassung von der Hexenverfolgung gerade dadurch profitiert hätten, daß sie die Funktionen der Heilerinnen an sich zogen. Eine höchst spürbare Zunahme der Geburtenkontrollforschung und -beratung durch professionelle Ärzte wäre also zu erwarten gewesen, wenn es nicht gegen die Geburtenkontrolle als solche gegangen wäre, sondern gegen »weit mehr«, von dem man aber leider noch nichts wissen könne. Wenn man jedoch bedenkt, daß die Geburtenkontrolle zur Sexualität gehört wie das Feuer zum Kochen und ihre Auslöschung einer Rückkehr der Menschheit zur Nahrungsrohvertilgung der frühen Altsteinzeit gleichkäme, darf man auf die Ausfüllung von Jerouscheks »weit mehr« für die Absicht der Hexenverfolgung gewiß gespannt sein.

Im Zeitraum der Hexenverfolgung wird nicht allein ein abrupter Rückgang von Geburtenkontrolle durch Volk *und* Fachmediziner beobachtet, sondern es erfolgen weitere Umkehrungen bisheriger Verhaltensweisen: Homosexuelle werden verfolgt. Ratlosigkeit in der Erziehung und eine nie gekannte Kindesvernachlässigung greifen um sich. Die Praxis des Brauens von Tränken und Narkotika, die selbst in den einfachsten Sammlergesellschaften zu über 70% den Frauen obliegt,[49] geht weitgehend verloren. Ganz aber verschwindet das *Speculum*. Dieses Instrument, das in Antike und Mittelalter zur Frauenheilkunde gehört wie das Rad zum Wagen, wird im Jahre 1812 vom französischen Chirurgen Recamier zum zweitenmal erfunden,[50] und schon der Glaube seiner Zeitgenossen, daß er es zum erstenmal, also wirklich erfunden habe, zeigt, wie radikal dieses Instrument bei Heilerinnen und professionellen Ärzten gleichermaßen eliminiert werden konnte. Auch dieses scheinbar kleine Detail wirft umgehend die Frage auf, was an der Frauenheilkunde so gefürchtet war, daß die medikamentöse und instrumentelle Ignoranz so viel genehmer wirkte als ein weitverbreitetes Expertinnen- und Expertenwissen. In welchem Zusammenhang steht solche Wissensauslöschung zur gleichzeitig entstehenden merkantilistischen Formel »viele Menschen = viel Reichtum«, die bereits einem Adam Smith und einem Thomas R. Malthus nur noch als Irrtum erschienen (s. o. S. 187ff.)? Wie paßt sie zu stereotypen Aussagen neuzeitlicher Politikberater wie: »Die *erste* Pflicht der Polizey geht auf die Erhaltung und Vermehrung der Bürger selbsten« (s. o. S. 246)?

All diese und viele weitere bisher ganz rätselhafte Probleme – zu denen auch das merkwürdigerweise bevölkerungspolitisch begründete Onanieverbot und die Ausbreitung des »Nervenleidens« nach 1700 gehören – werden in der Kritik ausgeblendet, von uns aber erstmals einer Antwort zugeführt. Sie nicht teilen zu wollen, ist legitim, entbindet aber nicht davon, die Fragen anzuerkennen. Dieses würde aber umgehend zur Suche nach Antworten nötigen, für die man wohl befürchtet, »in den Sog« unserer These zu geraten. Also werden die Fragen dann schon lieber unterschlagen.

(4) Was bleibt nun einem Juristen, der neue Strafgesetze bzw. die neuartige Durchsetzung von Strafgesetzen nicht selbst erklären, sondern lieber der Psychologie überlassen will? Es bleibt ihm lediglich eine Hilfsrolle für das Psychologisieren, indem er diesem juristische Veränderungen, die ganz ohne Psychologie sehr plausible Thesen erlauben, weginterpretiert oder solche Änderungen schlicht abstreitet. Das beginnt damit, daß dem Gesetzeskommentar zur *Hexenbulle* von 1484 – also dem *Hexenhammer* von 1487 – unterstellt wird, daß er gar nicht meint, was er sagt, sondern sich in Wirklichkeit im Sog von damals und auch heute noch ganz Unerklärlichem und Unsagbarem befinde. Das setzt sich darin fort, daß für Jerouschek in der frühen Neuzeit außer »Verfolgungswahn« keine Änderungen vorgefallen und die *weltlichen* Todesstrafen von 1509 bis 1532 (s. o. S. 115, 243) gegen jede Sexualbetätigung, die nicht zu ehelicher Fortpflanzung führt, »in Wirklichkeit ein alter Hut« seien. Nun haben wir uns um spätantike und mittelalterliche Vorgänger – nicht Ursachen! – der Bekämpfung von Sexualität und Geburtenkontrolle sehr ausführlich gekümmert (s. o. S. 50f., 111ff.), so daß aus unserer eigenen Arbeit leicht ein »alter Hut« zur Gesetzeslage hätte geschneidert werden können. Was aber ist nun wirklich *alt* und was ist welthistorisch *neu* und wie mißlingt es Jerouschek, das eine vom anderen zu unterscheiden bzw. was vermischt er, um

einer Faktenverdrängung zuzuarbeiten, die ihm dann ausgerechnet die »analytische Sozialpsychologie« besorgen soll?

Alt sind – in mittelalterlichen Bußbüchern und theologischen Werken (etwa Augustins) – Bestimmungen gegen fortpflanzungsloses Sexualvergnügen. Dieses wird auch als »Mord« gegeißelt, aber nicht als Morddelikt oder Magiedelikt, sondern als *Unzuchts*delikt mit Strafen belegt. Die Zielrichtung dieser Unzuchtsbekämpfung liegt darin, Fromme an der Genußsexualität zu hindern, weshalb diese strenger bedroht wird als die eigentliche Verhinderung von Fortpflanzung. Von der realen Wirksamkeit dieser Bestimmungen ist wenig bekannt. Ob sie auch andere als die wenigen klösterlich überwachbaren Frommen, die der Unzucht abschwören, erfaßten, bleibt höchst zweifelhaft.

Gegen die ganz und gar auf Fortpflanzungsverzicht hinwirkenden Katharer wird ab 1230 in den *Decretales* Gregors IX. – und das ist *neu* – die Geburtenkontrolle als solche nicht mehr als Unzuchtsdelikt, sondern als *Mord*delikt mit Strafe bedroht (s. o. S. 112). Neu ist also nicht die Rede bzw. das Wettern über Mord, sondern die Bestrafung als Mord. Gleichwohl ist dieser Schritt nicht weniger gewichtig, als wenn heute die populäre Rede von der Abtreibung als Mord umgesetzt würde in die Anwendung der strafgesetzlichen Mordparagraphen auf Abtreibung.

Alt ist wiederum, daß in mittelalterlichen Bußbüchern die üblichen Verfahren der Geburtenkontrolle *implizit* auf Magie bezogen werden. Ab 1230 aber wird die tränkenutzende Verhütung und Abtreibung auch *explizit* mit Zauberei verknüpft. Jerouscheks Einwand, wir hätten mit dieser Aussage Schlüsse aus einer von Noonan verwendeten falschen Übersetzung gezogen und in Wirklichkeit werde Empfängnisverhütung »mitnichten Zauberei« genannt, verschlägt nicht. Der übersetzungsumstrittene Leitsatz »*Wer Zauberei verübt oder sterilisierende Gifte verabreicht, ist ein Mörder*« steht ja nicht als isolierte Aussage, sondern wird durch weitere Ausführungen ergänzt, die implizit dasselbe sagen, von Jerouschek aber unterschlagen werden. Sie lauten: »Wenn jemand zur Befriedigung seiner Lust oder in bewußtem Haß einem Mann oder einer Frau etwas antut oder etwas zu trinken gibt, so daß er nicht zeugen oder sie nicht empfangen kann, oder keine Kinder geboren werden können, so soll er für einen Mörder gehalten werden« (s. o. S. 112). Durchgehend von 1230 bis zum Jahre 1917 werden nun im *Corpus Iuris Canonici* Abtreibung *und* künstliche Empfängnisverhütung im Buch über Tötung abgehandelt.

Neu ist, daß die Verfahren der Geburtenkontrolle im *Hexenhammer* von 1487 *als »siebenfache Hexerei«* mit dem Tode bestraft werden. Neu und äußerst wirkungsreich ist überdies, daß diese Todesstrafen gegen die Geburtenkontrolle in die *weltlichen* Gesetze übernommen werden, in denen sie während des Mittelalters nicht gestanden haben (s. o. S. 243). Diese neuen weltlichen Gesetze bedrohen dabei »Zauberei« generell mit dem Tode (*Carolina* Art. 109) und spezifizieren dieses todeswürdige Delikt zusätzlich für Abtreibung *und* Verhütung (Art. 133).

Gesetzgeberische Redaktionsfehler und gelegentliche Berücksichtigungen derselben in der Rechtssprechung, auf die Jerouschek Gewicht legt, um vom »weltweit › liberalsten ‹ Abtreibungsrecht« sprechen zu können, werfen die Frage auf, was für ihn eigentlich neben dem Christentum noch zur Welt gehört. Aber selbst wenn wir in dieser verbleiben, ist die Veränderung gegenüber dem Mittelalter eklatant. Wo die Rechtssprechung nämlich bußsakramental verfährt und nicht gleich Todesstrafe verhängt, macht sie keineswegs lediglich das, was auch das Mittelalter schon kannte. Seine Bußbücher erfaßten – wie gesagt – im besten Falle wenige überwachbare Fromme, während in der Neuzeit mit dem *Römischen Katechismus* von 1566 die Bußen für Geburtenkontrolle für das gesamte Volk im Machtbereich des Papsttums verbindlich werden (s. o. S. 126ff.).

(5) Die bis 1917 ungebrochene moralische Gleichsetzung von Verhütung mit Mord hat nicht etwa Liberalität »zugunsten der Schwangeren« (Jerouschek) ausgestrahlt, sondern mit dafür gesorgt, daß im wirtschaftlich und technisch entwickeltsten Kontinent der Erde die Frauen Opfer permanenter Schwangerschaft und erbärmlichster medizinischer Versorgung wurden. Jerouschek kann seinen Wunsch, daß es im Mittelalter genauso schlimm gewesen sein möge, u. a. nur mit der Behauptung aufrechterhalten, es »habe familienplanerisch die Kindestötung im Vordergrund gestanden«. Schon diese Aussage impliziert, daß die Strafverfolgung des Mittelalters im Vergleich zur Neuzeit so gut wie nicht existent gewesen sein muß. Sie ist aber in dieser

Einseitigkeit weder archäologisch (fehlende Skelettfunde) noch von der medizinischen Quellenlage her zu bestätigen. Zur Verabsolutierung der mittelalterlichen Kindestötung zum erstrangigen Geburtenkontrollverfahren paßt dann bei Jerouschek, daß unter den 51 in seiner Rezension zitierten Arbeiten die in dieser Frage wichtigste von John T. Noonan über mittelalterliche Empfängnisverhütung (1969) fehlt. Dort hätte er u. a. lesen können: »Ich habe Zeugnisse vorgelegt, aus denen der Gebrauch der Empfängnisverhütung im späten Mittelalter hervorgeht... Ohne ein umfassendes soziales Problem zu sein, war die Empfängnisverhütung eine Gegebenheit der mittelalterlichen Kultur« (s. o. S. 58). Ähnlich unterstreicht Andrea Kammeier-Nebel in einer jüngeren Studie die Existenz von »abortiven und kontrazeptiven Kenntnisse(n)« für das frühe Mittelalter, auch wenn sie einschränkend darauf hinweist, daß man »aufgrund der schwierigen Quellenlage den wahren Wert der Geburtenplanung im Leben der frühmittelalterlichen Frauen nie ganz klären können« wird.[51]

Daß Geburtenkontrolle keineswegs eine einzigartige – und damit schon wieder fragliche – Erscheinung des europäischen Mittelalters gewesen ist, sondern sowohl für Hochkulturen als auch für Stammesgesellschaften zur Lebenswirklichkeit gehörte, sei hier noch ergänzend (zu o. S. 34ff.) einmal mehr für Antike und Stammesgesellschaften belegt: »Wir konnten nachweisen, daß Familienplanung zu tatsächlich allen Zeiten der griechisch-römischen Antike praktiziert wurde«,[52] heißt es in einer 1980 abgeschlossenen Studie. Ein jüngeres Buch über indianische Volksmedizin in Nordamerika kommt zu ganz ähnlichen Resultaten: »Geburtenregelung war durch zahlreiche Ovulationshemmer möglich, die Müttersterblichkeit existierte praktisch nicht und Indianerfamilien zeugten in der Regel nur ein bis zwei Kinder, gerade so viele, wie den Lebensumständen nach geboten schien.«[53] Über Völker in ehemals deutschen Kolonien schließlich lesen wir: »Im südlichen Afrika war es eine Mispelart mit roten Beeren, deren abtreibende Wirkung den Frauen der verschiedenen Völker bekannt war. Auf Neu-Mecklenburg im Bismarckarchipel kannten die Frauen allein acht Pflanzen zur Empfängnisverhütung. In Ostafrika gab es sogar Frauen, die die gewerbsmäßige Herstellung von empfängnisverhütenden Mitteln oder Pflanzensäften betrieben. Außerdem waren festes Schnüren und verschiedene Massagearten als Abtreibungsmethoden verbreitet.«[54]

All dies ist nun keineswegs so neu, daß ein Autor unserer Tage davon nichts zu wissen bräuchte. Schon den Klassikern unter den deutschen Völkerkundlern über weibliches Leben in der Menschheitsgeschichte – Heinrich Ploss und Max Bartels[55] – war aufgefallen, daß die »Hochschätzung der Fruchtbarkeit... nicht allen Nationen gemein« ist: »Wenn daher die Grönländer von der Fruchtbarkeit anderer Nationen hören, so vergleichen sie dieselben mit ihren Hunden.« Sie wissen sogar »aus Neu-Mecklenburg und Neu-Hannover« zu berichten, daß sich zuweilen »ganze Dorfschaften oder Sippen verpflichten..., überhaupt keine Kinder zu haben«. Nicht zuletzt von »Präventivmitteln« und anderen »Kunstgriffen, einer Befruchtung vorzubeugen«, können diese Autoren schon zu einer Zeit Zeugnis ablegen, in der das ganze Thema noch unter wissenschaftlichem und öffentlichem Tabu stand.

Jerouscheks Glaube daran, daß im Mittelalter »von der Kindestötung so exzessiver Gebrauch gemacht wurde«, worüber er sich ohne Belege »recht zuverlässig unterrichtet« weiß[56], entpuppt sich als Projektion aus der Neuzeit, in der den Frauen mangels der jetzt verbotenen Mittel dieser Weg häufig zur letzten Notmaßnahme wurde (s. o. S. 261 ff.), auf die Vergangenheit. Ein Kind erst auszutragen und zu gebären, um es dann zu töten, stellt sowohl körperlich als auch seelisch die schwerste Form der Geburtenkontrolle dar. Wo Frauen mit anderen Verfahren frei experimentieren können, tun sie dieses gerade auch deshalb, um die Kindestötung vermeiden zu können. Unter den amerikanischen Indianerinnen gab es geradezu eine Ansehenshierarchie zwischen Frauen, die verhüten konnten und solchen, die das nicht richtig hinkriegten, obwohl sie es durften. Insofern drückt sich in Jerouschecks Behauptung, die Frauen würden bei eigener Souveränität über die Geburtenkontrolle doch bloß andauernd Kinder töten, einmal mehr jene Verachtung der intellektuellen Fähigkeiten des anderen Geschlechts aus, die auch ein Ergebnis der großen Hexenverfolgung gewesen ist.

(6) Es muß aber auch hervorgehoben werden, daß es eine sehr nachdenkliche Hexenforschung gibt, die bei aller Ratlosigkeit

immerhin eine Ahnung darüber gewonnen hat, in welcher Richtung die Lösung zu suchen ist. Der US-Historiker Joseph Klaits etwa resümiert sein gleichzeitig mit dem unseren erschienenes Buch[57] damit, daß »die Hexenprozesse vielleicht das größte Rätsel in der am wenigsten verstandenen Epoche der modernen Geschichte« darstellen, erkennt aber immerhin, daß diese Initiative *neu und* sehr wohl strategisch *von oben* her in Gang kommt: »Katholiken und Protestanten leiteten massive Kampagnen zur Veränderung der Volkssitten – insbesondere des Sexualverhaltens – ein. Die relativ schwachen sozialen Kontrollen, welche das spätmittelalterliche Europa charakterisieren, wurden durch viel strengere Gesetze und wirkungsvollere Zwangsmaßnahmen ersetzt... Als Antwort auf den Druck von oben änderten sich die plebejischen Sitten auf dramatische Weise.« Ähnlich betonen die Wiener Ökonomen Leonard Bauer und Herbert Matis in ihrer kürzlich publizierten Studie über die frühe Neuzeit[58], daß »das ökonomische Kalkül des zentralistischen *Polizey*-Staates... auf die Durchführung einer neuzeitlich-christlichen Fortpflanzungsmoral zur Hebung der Population [zielt]«. Dabei wird unter ausdrücklicher Berufung auf unsere Forschung sowohl der von uns gewählte Terminus »Menschenproduktion« als gesicherte Erkenntnis für die Analyse der neuzeitlichen Bevölkerungsentwicklung adoptiert, als auch auf den von uns betonten Zusammenhang zwischen dem »Kampf gegen die Geburtenbeschränkung« und den Hexenprozessen hingewiesen.[59]

Jerouscheks abschließende Aufforderung, sich unserer »dreisten Manier« nicht anzuschließen, sondern weiterhin an »Elias, Lorenzer oder Foucault« zu glauben, tut diesen Autoren sicherlich keinen Gefallen. Michel Foucault lebt nicht mehr und hat den entscheidenden Umbruch der weltlichen Sexualgesetzgebung in der frühen Neuzeit ebenso wie Norbert Elias nicht einmal zur Kenntnis genommen (s. o. S. 115 und 251), geschweige denn an seiner Erklärung gearbeitet. Und man bringt doch auch den von uns sehr geschätzten Alfred Lorenzer nur in Schwierigkeiten, wenn man das Publikum bei ihm nach Antworten zu bevölkerungstheoretischen, rechtshistorischen und hexenforscherischen Fragen fahnden läßt, die ihn bisher allenfalls im Vorbeigehen beschäftigt haben (s. o. S. 24 und 321/Anm. A 5).

IV. *Die Sexualwissenschaft: Gunter Schmidt*

Jerouscheks Leitfiguren zur Lösung des Rätsels der großen Hexenverfolgung, Michel Foucault und Norbert Elias, sind inzwischen auch zu den geistigen Ziehvätern einer Forschungsrichtung avanciert, die sich als *kritische Sexualwissenschaft* versteht.[60] Die diesen Meisterdenkern von uns nachgewiesene Ratlosigkeit, ja schlichte Unkenntnis über den entscheidenden Bruch im Sexualverhalten, den die Todesstrafen des 15. und 16. Jahrhunderts gegen fortpflanzungsfeindliche Genußsexualität herbeiführen, hat allerdings auch diese junge Disziplin ein wenig in Unruhe versetzt. So ist sie durchaus geneigt, den von Feminismus, professioneller Hexenforschung und Rechtsgeschichte unbeirrt übersehenen Kampf von Kirche und Staat gegen »die Expertinnen für Liebes- und Fortpflanzungszauber«[61] zur Kenntnis zu nehmen. Gleichwohl möchte diese Richtung in der Hexenforschung auf die liebgewordenen evolutionistischen Gedankengänge ihrer Mentoren nicht verzichten. Wie stellt sie das an?

Das Verhütungswissen, ohne das eine auf Genuß gerichtete Sexualität kaum vorstellbar ist, wird von dem kritischen Sexualwissenschaftler Gunter Schmidt lediglich in »*einen* Bereich der Volkskultur« verharmlost, nämlich der »Volksmedizin, an deren Stelle ... nun die männerdominierte naturwissenschaftliche Medizin« getreten sei: »Aus den Volkshebammen werden die vom Arzt überwachten Staatshebammen; aus der Volksheilkundigen wird der Arzt, aus der Kräuter- und Salbenkundigen der Apotheker.« Durch Verwendung so allgemeiner Termini wie »Volkskultur« und »Volksmedizin« wird erst einmal das *Sexuelle*[62] ausgemerzt. Überdies unterstellt Schmidt, daß ein Wissen, welches ausgerechnet dieser kritische *Sexual*forscher nicht einmal mehr beim Namen nennen mag, lediglich den Besitzer gewechsel habe, also aus Frauen- in Männergehirne übergegangen sei. Der zentrale Befund unserer Studien, daß ein für die Sexualität elementares Wissen ausgelöscht und deshalb auch von Männern und ihrer Wissenschaft *nicht* aufbewahrt, geschweige denn weiterentwickelt worden ist – wie wir schon gegen Schwerhoff und Jerouschek ins Gedächtnis zu rufen hatten –, soll auf diese Weise von neuem verdrängt werden. Das große Geschäft des Mittelalters mit Mitteln und Verfahren zur

Verhütung und Abtreibung wird ja weder von Staatshebammen noch von männlichen Ärzten oder Apothekern übernommen, sondern kommt für Jahrhunderte völlig zum Erliegen. Noch die Selbstbefriedigung als letzter Ausweg einer nicht in die Fortpflanzung laufenden Genußsexualität wird – wie gezeigt – bevölkerungspolitisch perhorresziert.

Aus diesen Ergebnissen hätte sich eine kritische Sexualwissenschaft, die diesen Namen verdient, durchaus ihr Fundament zimmern können. Stattdessen meint Schmidt uns vorhalten zu müssen, wir hätten zwar unsere »Gesichtspunkte klar herausgearbeitet«, die »Zuspitzung« unserer These sei »aber reduktionistisch« und führe »zu vielen Ungereimtheiten«, da sie »alle anderen Denkansätze übersieht«. Nun haben wir zu anderen Erklärungsversuchen des Rätsels der Hexenforschung keineswegs geschwiegen und schon gar nicht zu der von Feministinnen propagierten, eingangs analysierten Modernisierungsthese (s. o. S. 23), auf die Schmidt zurückfällt, indem er verkündet, daß »›die zivilisierte Offensive (der Neuzeit)... die Hexenjagd zwangsläufig mit sich im Gepäck‹« trage.[63] Diese auf naive Weise furchtbare Rechtfertigung von Massakern, die damals und heute dem Funktionieren einer hochentwickelten Gesellschaft als solcher ganz und gar äußerlich sind, schlägt bei Schmidt darüber hinaus in ein völliges Verkennen dessen um, wofür diese Massaker tatsächlich in Gang gesetzt wurden: die merkantilistische Bevölkerungspolitik, die bis in die unmittelbare Gegenwart, wie der oben erwähnte Abtreibungsprozeß zu Memmingen zeigt, noch nicht überwunden ist.

Dies wird insbesondere daran deutlich, daß Schmidt als Beleg für unsere »Ungereimtheiten« uns die »waghalsige« Annahme unterstellt, »daß der feudale Arbeitskräftemangel des 14. Jahrhunderts 400–500 Jahre später diejenigen Arbeitskräfte schafft, die für die ›industrielle Revolution‹ gebraucht werden«. Arbeitskräftemangel – so haben wir gezeigt – trifft nach der großen Pest das feudale Europa. Seine umgehende Re-»Populierung« wird das Ziel jener Maßnahmen, in deren Zentrum die neuzeitliche Hexenverfolgung steht. Die bereits hier benötigte und brutal herbeigeführte Verhütungsunfähigkeit aber bleibt – wie wir oben gegenüber Behringers Überbevölkerungsthese noch einmal betont haben – auch im Zeitalter der industriellen

Revolution *das* Instrument, mit dem nun die Vermehrung der besitzlosen Lohnarbeiter forciert wird. Niemand mußte deren beispiellos hohe Kinderzahl im Auge haben, als die Maßnahmen im 14. Jahrhundert einsetzten – genausowenig übrigens wie den bayerischen Gebärzwang, den der gegenwärtige Memminger Abtreibungsprozeß offenbart. Gleichwohl erinnern beide Ereignisse sehr deutlich an das, was den Kern der historischen Hexenprozesse ausmacht: die gewalttätige Bevölkerungspolitik.

Schlußbemerkung

Zum Ausklang, aber auch in Würdigung der gestandenen und bisweilen durchaus anregenden Hexenforschung wollen wir hervorheben, daß tatsächlich in keiner Phase der Geschichte und in keiner Region der Erde, aus der wir um Verurteilungen von Menschen als Hexer oder Hexen wissen, auch nur ein Bruchteil der Irrationalitäten und Entsetzlichkeiten zum Zuge kamen, wie in der europäischen Moderne, die ihr neues Verfolgungsmotiv gerade aus einer auf furchtbar banale Weise rationalen merkantilistischen Bevölkerungspolitik bezog, deren Nachwirkungen heute die gesamte Welt spürt. Das gewaltige Ausmaß und der Jahrhunderte umgreifende Schreckenszeitraum mit seinen Inquisitionen, Einschüchterungen, Verdummungen, Torturen und Hinrichtungen allein hat schon dafür gesorgt, daß jedes nur denkbare Hirngespinst und jede nur vorstellbare Gemeinheit und Grausamkeit in dem Strom der Ereignisse zu gelangen vermochte. Eine vielfältige und weltweite Gemeinschaft von Forschern verfügt hier gewiß über einen beinahe unerschöpflichen Stoff. Wir hatten in keinem Fall die Absicht, davon auch nur ein Jota beiseitezuschieben. Wir müssen aber darauf beharren, daß selbst die mühevollste Kärrnerarbeit in diesem tiefen Boden niemals die Legitimation dafür abgeben darf, die unzweideutigen und überdies leicht zugänglichen Hauptquellen über die Motive der Hexenverfolgung in der europäischen Neuzeit zu übergehen, abzustreiten, wegzuinterpretieren oder gar – wie Wolfgang Behringer – zu verfälschen.

Gunnar Heinsohn und Otto Steiger
Bremen, 15. November 1988

Anmerkungen (Nachwort)

zu Seite 369-414

1 J. Backhaus, Review of G. Heinsohn/O. Steiger: Die Vernichtung der weisen Frauen (Herbstein 1985), in *The Wall Street Review of Books,* Jg. 15, Nr. 2, Frühjahr 1987, S. 101-04, 103 (Zitat)
2 C. Honegger, »Zehn Gebote für die Frauenforschung«, in *Frankfurter Allgemeine Zeitung,* Nr. 234 v. 9. 10. 1985, S. 33
3 S. Flügge, Rezension von G. Heinsohn/O.Steiger: Die Vernichtung der weisen Frauen (Herbstein 1985), in *Feministische Studien.* Jg. 5, Nr. 1, Mai 1986, S. 149-53
4 Vgl. bereits G. Heinsohn/O. *Steiger,* »Die Kinder Europas. Von der gewaltsamen Menschenproduktion zur › menschlichen Springflut‹ «, in *Kursbuch* Nr 62, Dezember 1980, S. 135-44
5 S. Rosenbladt, »Zu viele Menschen?«, in *Natur,* Nr. 8, August 1986, S. 54-7
6 G. Feigenwinter, »500 Jahre Recht auf Leben«, in *Streit. Feministische Rechtszeitschrift,* Jg. 3, Nr. 3, 1985, S. 115
7 G. Heinsohn/O. Steiger, »Die Kriminalisierung der Geburtenkontrolle – Anmerkungen zum 500jährigen Jubiläum der Hexenbulle«, in *Der Monat* (neue Folge), Nr. 293, November 1984, S. 175-91
8 E. Wisselinck, *Hexen. Warum wir so wenig von ihrer Geschichte erfahren und was davon auch noch falsch ist. Analyse einer Verdrängung*, München 1986, insbesondere Kap. 5
9 Ibid., S. 16
10 Ibid., S. 100-109
11 F. Graus, *Pest – Geissler – Judenmorde. Das 14. Jahrhundert als Krisenzeit*, Göttingen 1987, S. 153
12 P. A. Bochnik, *Die mächtigen Diener. Die Medizin und die Entwicklung von Frauenfeindlichkeit und Antisemitismus in der europäischen Geschichte*, Reinbek 1985, S. 44
13 Ibid., S. 61
14 Wisselinck, op. cit., S 100-109
15 G. Schwerhoff, Rezension von G. Heinsohn/O. Steiger: Die Vernichtung der weisen Frauen (Herbstein 1985), in *Geschichtsdidaktik,* Jg. 11, H. 1, 1986, S. 95-7 Vgl. bereits früher Schwerhoff, »Rationalität und Wahn. Zum gelehrten Diskurs über die Hexen in der frühen Neuzeit,« in *Saeculum. Jahrbuch für Universalgeschichte,* Jg. 37, Nr. 1, S. 45-82, 1986, wo er unsere bevölkerungspolitische These als »dürftig« zurückweist, da sie »in den Hexentraktaten... kaum eine Stütze« fände. Dabei gelingt ihm das Kunststück, die siebenfache Hexerei des bedeutendsten dieser Traktate, des *Hexenhammers* – unsere zentrale Stütze –, in seiner Analyse dieses Werks (S. 55-63) völlig zu ignorieren und dessen zentrales Angriffsziel, die Hebammen, eher beiläufig in einer Fußnote zu erwähnen (S. 78/Anm. 173)
16 H.-J. Wolf, *Hexenwahn und Exorzismus. Ein Beitrag zur Kulturgeschichte*, Kriftel/Taunus 1980, S. 323. Wolf (S. 31 f.) unterstreicht, daß in der Literatur über das »Ausmaß der Hexenbrände... im Laufe der Jahre eine Verschiebung ins Überdramatische erfolgt« sei, und kritisiert insbesondere die unzulässige Hochrechnung des Quedlinburger Stadtsyndikus G. Christian Voigt, der von dem entsetzlichen Massaker seiner Heimatstadt ausgehend (133 als Hexen verbrannte Frauen an einem einzigen Tag 1589) im Jahre 1792 auf insgesamt 9 442 994 Opfer gekommen war (s. o. S. 140 bzw. 135).

Gleichwohl schätzt auch Wolf »vorsichtig die Zahl der Opfer auf 300 000 bis 500 000« – eine Zahl, zu der auch wir tendieren (s. o. S. 142)
17 (i) G. Heinsohn/O.Steiger, »Antwort auf Gerd Scherhoffs Rezension unserer Studie › Die Vernichtung der weisen Frauen‹ « sowie (ii) G. Schwerhoff, »Erwiderung auf die Antikritik von G. Heinsohn/O.Steiger«, beides in *Geschichtsdidaktik*, Jg. 11, H. 4, 1986, S. 420–22 bzw. 422-23
18 G. Schormann, Rezension von G. Heinsohn/O. Steiger: Die Vernichtung der weisen Frauen (Herbstein 1985), in *Der Staat*, Jg. 25, H. 4, 1986, S. 635 f.
19 R. A. Horsley, »Who Were the Witches? The Social Roles of the Accused in the European Witch Trials«, in *Journal of Interdisciplinary History*, Jg. 9, Nr. 4, Frühjahr 1979, S. 689–715, 709f. (Zitat)
20 W. Behringer, »Die Vernunft der Magie. Hexenverfolgungen als Thema der europäischen Geschichte«, in *Frankfurter Allgemeine Zeitung*, Nr. 190 v. 19. 8. 1987, S. 25f.
21 L. Leibrock, »Abtreibung in der Medizin der frühen Neuzeit«, in *Frankfurter Allgemeine Zeitung*, Nr. 252 v. 30. 10. 1987, S. 11
22 Zu diesem und dem folgenden Zitat vgl. K. Nemitz, »Julius Moses und die Gebärstreik-Debatte 1913«, in *Jahrbuch des Instituts für Deutsche Geschichte* (Universität Tel-Aviv), Jg. 2, 1973, S. 323
23 K. Riese, *In wessen Garten wächst die Leibesfrucht? Das Abtreibungsverbot und andere Bevormundungen – Gedanken über die Widersprüche im Zeugungsgeschäft*, Wien 1983, insbes. Teil I und S. 19, 43 (Zitate).
24 Vgl. näher zu dieser Entwicklung G. Heinsohn/R. Knieper, *Theorie des Familienrechts. Geschlechtsrollenaufhebung, Kindesvernachlässigung, Geburtenrückgang* (1974), Frankfurt/M. 1976, S. 91–108.
25 »Hexenjagd in Bayern. Der Abtreibungsprozeß von Memmingen«, in *Der Spiegel*, Nr. 38 v. 19. 9. 1988, S. 24–36
26 W. Behringer, *Hexenverfolgung in Bayern. Volksmagie, Glaubenseifer und Staatsräson in der Frühen Neuzeit*, München 1987, S. 15
27 P. Feyerabend, *Erkenntnis für freie Menschen. Veränderte Ausgabe*, Frankfurt/M. 1980, S. 182f.
28 Behringer, *Hexenverfolgung in Bayern*, op. cit., S. 132
29 G. Heinsohn/O. Steiger, »Die verbotene Verhütung. Dienten die Hexenverfolgungen der Bekämpfung der Geburtenkontrolle?«, in *Frankfurter Allgemeine Zeitung*, Nr. 232 v. 7. 10. 1987, S. 36
30 W. Behringer, »Die Drohung des Schadenzaubers. Von den Regeln wissenschaftlicher Arbeit / Eine Antwort auf Heinsohn und Steiger«, in *Frankfurter Allgemeine Zeitung*, Nr. 232 v. 7. 10. 1987, S. 37
31 In der Kontroverse, so heißt es im Vorspann der Redaktion (verantwortlich: Henning Ritter) zur Unterstützung von Behringers Untertitel, »geht es nicht nur um eine umstrittene Einzelfrage, sondern zugleich um die Regeln, ohne die gesicherte wissenschaftliche Erkenntnis nicht möglich ist.« Insofern soll die Abkehr von formal korrektem Zitieren offensichtlich nicht nur in der Hexenproblematik, sondern in den Geisteswissenschaften ganz allgemein auf Ermutigung durch diese Zeitung rechnen dürfen.
32 Dr. Paul C. Martin/Zürich sandte am 12. 10. 1987 folgenden Kommentar über »Schadenzauber und Kindestötung« an die *Frankfurter Allgemeine Zeitung (F.A.Z.)*, den die Redaktion uns zugänglich gemacht hat. Martin bezieht sich darin auf eine Vignette auf dem Titel der deutschen Ausgabe von Peter Binsfelds *Hexentraktat* (München 1591, lateinisch zuerst 1589), mit der die *F.A.Z.* Behringers Artikel illustriert hatte und die wir hier abbilden. Die von Martin aufgegriffene Beschreibung der Vignette durch die *F.A.Z.* (Behringer?) unterstreicht sehr beredt die Verdrängung des zentralen Motivs der Hexenverfolgung:

»Die Beschreibung der Vignette aus Binsfelds › Hexentraktat ‹ lautet: › Hinten sieht man (links) den Hexenflug und das Wettermachen (rechts), im Vordergrund (von links nach rechts) Teufelsanbetung, Schadenzauber und Teufelsbuhlschaft. ‹ Dem eigentlichen, von Heinsohn und Steiger in den Vordergrund gerückten Problem weichen Sie (die Redaktion? Wolfgang Behringer?) erneut aus: In der Mitte der Vignette (› Schadenzauber ‹) ist ganz deutlich zu sehen, wie eine Frau (Hebamme, › Hexe ‹?) ein Kind ertränkt, mit dem Köpfchen voran in ein Gefäß taucht, das auf dem Feuer steht. Deutlicher und zentraler kann man es doch nun wirklich nicht mehr darstellen, was die Heinsohn/Steiger-These besagt: Frauen werden verfolgt, weil sie Kinder töten.
Die › Interpretation ‹ des › Hexenhammers ‹ durch Behringer ist wissenschaftlich nicht zu akzeptieren. Sowohl das Original, diverse Male von Peter Drach, Speyer, aufgelegt (Hain 9238, Proctor 2383 und 2389) als auch die einwandfreie (erste) deutsche Übersetzung (Schmidt, Berlin 1906) machen dies deutlich. So heißt es bei Schmidt, I, 157 ff.: › Daß die Hexen-Hebammen die Empfängnis im Mutterleibe auf verschiedene Weisen verhindern, auch Fehlgeburten bewirken, und, wenn sie es nicht tun, die Neugeborenen den Dämonen opfern ... ‹ Sprenger/Institoris zitieren darin auch den bekannten Satz: › Niemand schadet dem katholischen Glauben mehr (!) als die Hebammen.‹
In der Tat ist also die ganze Hexenforschung auf dem falschen Weg, und Heinsohn/Steigers Verdienste, uns den richtigen Weg zu weisen, sind enorm.«

33 Wir wissen übrigens aus einer jüngeren schwedischen Untersuchung, daß Verkehr mit Tieren nicht nur den Fluch Gottes über das Land und den Täter in die Hölle bringen sollte, sondern daß zwischen 1634 und 1756 in Schweden mehr Menschen für diese Deliktvariante enthauptet oder verbrannt wurden als für direkte Hexereivorwürfe. Wie die jungen Frauen auf Schwangerschaften, die sie vielleicht unterbrechen könnten, belauert wurden, so richtete sich der entsprechende Sexualverdacht bei jungen Männern eben auf Tierverkehr. Wir dürfen sogar vermuten, daß analog zum Anstieg der Kindestötung als letztem Ausweg der nicht mehr verhütungsfähigen Frauen auch die Sodomie noch zunahm, nachdem eine folgenlose Genußsexualität unter schwerster Strafandrohung stand und bei

heterosexuellem Dochvollzug mit Schwängerung bedroht war. Vgl. J. Liliequist, »Tidelagstabuet i 1600- och 1700-talets Sverige« (Das Sodomietabu im Schweden des 17. und 18. Jahrhunderts), in *Historisk Tidskrift* (Stockholm), Jg. 105, 1985, S. 287-309.

34 Vgl. B. Ankarloo, *Trolldomsprocesserna i Sverige* (Die Zaubereiprozesse in Schweden; mit einer ausführlichen englischen Zusammenfassung), Stockholm 1971 (Reprint mit Nachwort, Stockholm 1984), S. 39.

35 Von diesen war deshalb leider nicht genug zu lernen. Insofern ist Behringers Unterstellung, daß wir »glauben machen wollen«, die allgemeine Hexenforschung beschäftige sich mit unserer Thematik, auf schon hübsche Weise absurd. Tatsächlich betonen wir doch gerade, daß die etablierte Hexenforschung nicht vorankommt, weil sie die von uns angegangenen Themen übersehen hat.

36 Vgl. etwa C. L. Thelen/J. H. Schröder, »Verhütung und Bekämpfung der Geschlechtskrankheiten«, in H. A. Gottron/W. Schröder, Hrsg., *Dermatologie und Venerologie*, Bd. V/2, Stuttgart 1965, S. 1188

37 W. Behringer, Hrsg., *Hexen und Hexenprozesse in Deutschland*, München 1988, S. 92-101 *(Hexenhammer)*, 161-65 *(Daemonomania)* sowie – für die folgenden Zitate – S. 8

38 H. Wunder, »Die komplexen Zusammenhänge der Hexenverfolgungen«, in *Frankfurter Allgemeine Zeitung*, Nr. 263 v. 12. 11. 1987, S. 11

39 G. Prause, »Kein Mitleid mit Hexen«, in G. Prause/T. v. Randow, *Der Teufel in der Wissenschaft. Wehe, wenn Gelehrte irren: Vom Hexenwahn bis zum Waldsterben*, Hamburg 1985, S. 10f., 62f.

40 B. P. Levack, *The Witch-Hunt in Early Modern Europe*, London 1987, S. 127. Prauses Nichtkenntnis der Hauptopfergruppe wird übrigens auch von dem Kölner Ethnohistoriker Thomas Hauschild geteilt, der uns eine »schlüssige Erklärung« bescheinigt, »die sowohl geistige wie soziökonomische Aspekte des Problems berücksichtigt«, gleichwohl aber »eine unbewiesene und absurde Behauptung« sei, solange der Beweis fehle, »daß die Mehrzahl der Ermordeten« aus der Gruppe der weisen Frauen stammte. Vgl. T. Hauschild et al., *Die alten und die neuen Hexen. Die Geschichte der Frauen auf der Grenze*, München 1987, S. 86ff.
Es sei zur weiteren Erhellung über die Opfergruppe hier noch angefügt, daß selbst die lange ausschließlich auf religiösen Wahn zurückgeführten Hexenverfolgungen in Neuengland (heutige Nordoststaaten der USA) zwischen 1620 und 1725 bei genauerem Hinsehen etwas anderes erbrachten: »Personen, die der wichtigsten weiblichen Funktion in der puritanischen Gesellschaft nicht nachkamen – nämlich Kinder auszutragen und den Männern zur Hand zu gehen – waren am ehesten in Gefahr, Opfer von Hexenprozessen zu werden«. Vgl. M. Kakutani, »Women as Witches«: Review of Carol F. Karlsen, The Devil in the Shape of a Woman. Witchcraft in Colonial New England (New York 1987), in *The New York Times*, 21. 11. 1987

41 H. Sebald, *Hexen damals – und heute?*, Frankfurt/M. 1987, S. 187 und 262f./ Anm. 35

42 H. Gerstenberger, »Vom Lauf der Zeit. Eine Kritik an Fernand Braudel«, in *Prokla. Zeitschrift für politische Ökonomie und sozialistische Politik*, Jg. 17, Nr. 67, Juni 1987, S. 133

43 Ganz ähnlich bezweifelt Fernand Braudel den Aussagewert der erhaltenen, vorwiegend *Schäden* dokumentierenden Geschäftsakten des 17. und 18. Jahrhunderts für den tatsächlichen, auf Kredit getätigten Handel jener Zeit, der »keine geschichtlichen Spuren hinterläßt«: »Und haben die in den Archiven gespeicherten Dokumente nicht tatsächlich den Pferdefuß, dem Historiker massiert Konkurse, Prozesse und Katastrophen vor Augen zu

führen, während ihm der reguläre Gang der Geschäfte verborgen bleibt?«;
vgl. F. Braudel, *Sozialgeschichte des 15.-18. Jahrhunderts: Der Handel* (1979), München 1986, S. 72

44 B. Benassar, *Inquisiçion española: poder politico y control social* (1979), Madrid 1981, S. 32

45 G. Heinsohn, »Hat Aufklärung überhaupt schon begonnen?«, Vorwort zu C. Blöss, *Maschinenkinder,* Berlin 1987, S. I-VI

46 G. Jerouschek, »Des Rätsels Lösung? Zur Deutung der Herxenprozesse als staatsterroristische Bevölkerungspolitik«, in *Kritische Justiz,* Jg. 19, H. 4, 1986, S. 443-59; vgl. dazu G. Heinsohn/O. Steiger, »Warum mußte das Speculum zweimal erfunden werden? - Eine Replik« (auf Günter Jerouschek), in *Kritische Justiz,* Jg. 20, H. 2, 1987, S 200-07

47 N. Ben-Yehuda, »Problems Inherent in Socio-Historical Approaches to the European Witch Craze« in *Journal for the Scientific Study of Religion,* Jg. 20, Nr. 4, 1981, S. 326 ff./S 336. (Der Hinweis auf diese wichtige, wenn am Ende um eine eigene Lösung auch verlegene Arbeit verdanken wir Laurel Whelton/Vassar College.)

48 C. Walker Bynum, »Disease and Death in the Middle Ages«, in *Culture, Medicine and Psychiatry,* Jg. 9, Nr. 1 1985, S. 98

49 W. Rudolph, »Geschlechterrollen im Kulturvergleich«, in N. Bischof/H. Preuschoft, Hrsg., *Geschlechtsunterschiede. Entstehung und Entwicklung. Mann und Frau in biologischer Sicht,* München 1980, S. 160f.

50 Vgl. V.-A. Giscard d'Estaing. *The Second World Almanac of Inventions,* New York 1986, S. 230

51 A. Kammeier-Nebel, »Empfängnisverhütung, Abtreibung, Kindestötung und Aussetzung im frühen Mittelalter«, in W. Affeldt/A. Kuhn, Hrsg., *Frauen in der Geschichte VII: Interdisziplinäre Studien zur Geschichte der Frauen im Frühmittelalter,* Düsseldorf 1986, S. 138 bzw. 147

52 E. Eyben, »Family Planning in Graeco-Roman Antiquity«, in *Ancient Society,* Jg. 11/12, Nr. 1, 1980/81, S. 74

53 H. J. Stammel, *Die Apotheke Manitous. Das medizinische Wissen der Indianer und ihre Heilpflanzen,* Reinbek 1986, S. 29; vergl. ausführlicher S. 116 ff.

54 M. Mamozai, *Herrenmenschen - Frauen im deutschen Kolonialismus,* Reinbek 1982, S. 75

55 H. Ploss/M.Bartels, *Das Weib in der Natur- und Völkerkunde. Anthropologische Studien* (1885), 2 Bde., hrsg. v. P. Bartels, Leipzig 1913 (10. Aufl.). Alle Zitate aus Bd. I, § 164 (»Das Ansehen, in welchem die Unfruchtbarkeit steht« und § 165 (»Die Verhütung der Befruchtung«), S. 775-86; vgl. auch Bd. I, Kap. XXXV, §§ 226-34 (»Die absichtliche Fehlgeburt oder die Abtreibung der Leibesfrucht«), S. 991-1019

56 Zur Widerlegung dieser Legende vergleiche H.-W. Goetz, *Leben im Mittelalter: vom 7. bis 13. Jahrhundert,* München 1986, Seite 62f.

57 J. Klaits, *Servants of Satan. The Age of the Witch Hunts,* Bloomington/Indiana 1985, S. 8 bzw. S. 76/79

58 L. Bauer/H. Mattis, *Geburt der Neuzeit. Vom Feudalsystem zur Marktgesellschaft,* München 1988, S. 298-314, insbes. S. 305f.

59 Inzwischen ist selbst Jerouschek in einer rechtsgeschichtlichen Studie über das Abtreibungsverbot aufgefallen, daß ein Zusammenhang zwischen Hexenverfolgung und Geburtenkontrollbekämpfung nicht völlig von der Hand zu weisen ist, auch wenn er vorerst nur recht vorsichtig einräumt, daß »im berüchtigten › Hexenhammer ‹ ... betont« werde, »daß Hexerei nicht nur Impotenz des Mannes hervorrufe, sondern auch bei der Frau die Empfängnis verhindere oder zur Frühgeburten führe«. Gleichwohl versteift er sich immer noch auf seine merkwürdige, von uns oben als

haltlos zurückgewiesene These gegen unsere bevölkerungspolitische Argumentation, daß »die Vorstellung eines Kalküls widersinnig an[mutet], das ein Vielfaches des Guten der Vernichtung preisgab, das es dadurch zu erlangen trachtete, nämlich Menschen«. Vgl. G. Jerouschek, *Lebensschutz und Lebensbeginn. Kulturgeschichte des Abtreibungsverbots,* Stuttgart 1988, S. 155 und 177

60 Vgl. den programmatischen Aufsatz von V. Sigusch, »Was heißt kritische Sexualwissenschaft?«, in *Zeitschrift für Sexualforschung,* Jg. 1, Nr. 1, 1988, S. 2 sowie G. Schmidt, *Das große Der Die Das. Über das Sexuelle* (1986), Reinbek 1988 (2. Aufl.), S. 31 (Foucault), und 33 (Elias)

61 Für dieses und die folgenden Zitate vgl. das Hexenkapitel (»Hexenverfolgung oder Über die Verstrickung von Rationalität und Wahn«), das Schmidt eigens für die 2. Auflage seines Buches verfaßt hat, S. 129–41, insbes. S. 136f.

62 Das Sexuelle gerät dabei nicht nur durch die Zerstörung der Verhütungskultur unter öffentliche Kontrolle, sondern erlebt auch durch den schlagartigen Rückgang der mittelalterlichen *Badehäuser* (s. o. S. 59ff.) und die Verwandlung ihres kümmerlichen Rests in staatlich reglementierte Bordelle eine empfindliche Einschränkung. So waren beispielsweise in Frankfurt am Main »von den 39 Bädern des Jahres 1387 im Jahre 1530 noch neun übrig«, wie Fernand Braudel bemerkt, dem darüber hinaus für die Zeit seit dem Beginn des 16. Jahrhunderts »eine bis dahin unbekannte Prüderie« aufgefallen ist; vgl. F. Braudel, *Die Geschichte der Zivilisation. 15. bis 18. Jahrhundert* (1967), München 1971, S. 355.

Das Verschwinden der Badehauskultur ist übrigens nicht erst durch die 1494 in Europa ausbrechende *Syphilis* verursacht worden, wie Braudel (ibid.) meint, sondern setzt bereits ab ca. 1480 ein, wie jüngst Jacques Rossiaud anhand seiner Geschichte der Prositution in den französischen Städten des Rhonetals im 14. und 15. Jahrhundert gezeigt hat; vgl. J. Rossiaud, *Medieval Prostitution,* Oxford 1988 und Ders., »Prostitution, Sexualität und Gesellschaft in den französischen Städten des 15. Jahrhunderts«, in P. Ariès/A. Béjin, Hrsg., *Die Masken des Begehrens und die Metamorphosen der Sinnlichkeit. Zur Geschichte der Sexualität im Abendland* (1982), Frankfurt/M. 1984, S. 97–120. Zur Kritik an Braudels Syphilis-These vgl. auch H. P. Duerr, *Traumzeit. Über die Grenze zwischen Wildnis und Zivilisation,* Frankfurt/M. 1978, S. 73 sowie Braudels eigene, bedeutend vorsichtigere Formulierung in seiner *Sozialgeschichte des 15.-18. Jahrhunderts: Der Alltag* (1979), München 1985, S. 352.

Im Umgang der staatlichen Autoritäten mit der Syphilis zeigt sich überdies eine interessante Parallele zum von ihnen verursachten Verfall der Badehauskultur. Wie die Schließung der Badehäuser im 16. Jahrhundert, so ist auch der Kampf gegen die Syphilis bis in unser Jahrhundert hinein nicht gesundheitspolitisch, sondern *bevölkerungspolitisch* motiviert. Jeder öffentliche Diskurs über diese Geschlechtskrankheit wird in der Absicht unterbunden, hier einen Bündnispartner für die mit der Hexenverfolgung begonnene Formierung der Sexualität zur nur noch ehelichen Fortpflanzung zu gewinnen. Erst als gegen Ende des 19. Jahrhunderts medizinisch verstanden wird, daß durch die Syphilis – und auch die Gonorrhoe – Frauen in großer Zahl steril werden und bereits der Nachwuchs schwere Schädigungen erleidet, diese Krankheiten also die Vermehrung gerade gefährden, wird mit einer öffentlichen Gesundheitsaufklärung begonnen, wie der Medizinhistoriker Allan Brandt am Beispiel der USA eindrucksvoll geschildert hat; vgl. A. H. Brandt, *No Magic Bullet. A Social History of Veneral*

Disease in the United States since 1880 (1985), Oxford 1987 (2. Aufl.), Kap. I, S. 7-51, insbes. S. 15f. und 24.

Die Existenz der mittelalterlichen Badehäuser im Sinne einer der Genußsexualität gewogenen Institution ist jüngst von Hans Peter Duerr entschieden bestritten worden, der in seiner *Traumzeit* die dramatischen Einschränkungen und Reglementierungen des Sexuallebens im Übergang vom 15. zum 16. Jahrhundert anhand des Niedergangs der Badehauskultur immerhin noch thematisiert, wenn auch lediglich als Rückdrehen eines »heftigen Aufflackerns der Sinnlichkeit« verstanden hatte (s. o. S. 64). »Sehr viele Kulturhistoriker«, die – wie insbesondere Norbert Elias – eine solche Rolle der Badehäuser behaupteten, hätten »den Bordellbetrieb der mittelalterlichen › Badepuffs ‹ mit den Zuständen in den ehrbaren Badestuben« verwechselt. »Die Schließung der Badebordelle und nach und nach auch die der übrigen Badestuben« sei vielmehr auf »die Zeichen der Zeit« in Gestalt von Reformation und Gegenreformation zurückzuführen, »und das, was heute meist als eine zunehmende Repression durch die Zentralgewalt beschrieben wird, war lediglich der Versuch, obsolet gewordene oder schwindende Formen der sozialen Kontrolle durch andere zu ersetzen«. Wiewohl Duerr darin zuzustimmen ist, daß nicht Elias' »Prozeß der Zivilisation« im 16. Jahrhundert zu einer veränderten Einstellung zu »Nacktheit und Scham« geführt hat (s. o. S. 251), so widerspricht seine These einer in Mittelalter und früher Neuzeit gleichermaßen »ehrbaren«, da allein durch »andere« Kontrollformen in Schach gehaltenen Sexualität doch allen bekannten Fakten dieser beiden Epochen, wobei die von ihm bereits für das Mittelalter behauptete, gleichwohl bis gegen Ende des 15. Jahrhunderts nicht existente Verachtung der Prostitution (s. o. S. 61) nur die auffälligste Verdrehung darstellt. Wie der Heidelberger Medizinhistoriker Heinrich Schipperges einprägsam illustriert hat, läßt sich vielmehr kaum ein größerer Gegensatz finden als der zwischen dem aufgeklärten Charakter der mittelalterlichen Sexualkultur und den »Verdunkelungsstrategien« über das Sexuelle im Zeitalter von Humanismus und Aufklärung – den »größten..., die die Menschheit je gekannt hat«. Duerrs These erweist sich somit einmal mehr als eine besonders entsetzliche Verharmlosung und Verdrängung all dessen, was mit der Vernichtung der weisen Frauen im Sexualleben tatsächlich verändert wurde. Vgl. H.P. Duerr, *Nacktheit und Scham. Der Mythos vom Zivilisationsprozeß,* Frankfurt/M. 1988, § 3 (»Die mittelalterlichen Badestuben«) sowie S. 58 bzw. 11 (Zitate) und H. Schipperges, *Der Garten der Gesundheit. Medizin im Mittelalter,* München und Zürich 1985, S. 50

63 Ganz ähnlich argumentiert der Evolutionssoziologe und Habermas-Schüler Klaus Eder mit seiner jüngst gegen uns gerichteten These, daß die »Hexen« – nicht anders als »Häretiker«, »Indianer« und insbesondere die »Juden« – »auf dem Altar der Modernisierung geopfert« wurden. »Um die wachsende Komplexität der Gesellschaft zu steuern und reproduzieren zu können«, habe »der *absolute Staat*« der »frühen Moderne« versucht, über die »Institutionalisierung einer › universalistischen ‹ Moral«, symbolisiert in der »Staatsräson«, »die Wissensproduktion zu monopolisieren«. Diese Institutionalisierung sei mit den Körpern derjenigen » ›Andersdenkende(r) ‹ « bezahlt worden, deren Wissen – das »andere › moralische ‹ ... *Wissen der Juden*« ebenso wie »*das Wissen der Frauen,* ... das Wissen der Natur« – »dem Monopolanspruch des modernen Staates auf Wissenskontrolle im Wege stand«, d. h. die »sich dieser [universalistischen] Moral nicht fügen« wollten. Dabei habe »der Gesellschaftsvertrag, der im griechischen Opfermahl geschlossen« und in dem »das Töten von Menschen zum Medium des Gesellschaftsvertragsschlusses« gemacht wurde, »das kulturelle Muster

jenes Gesellschaftsvertrages, das die moderne Gesellschaft begründet«, geliefert. »Hexen- und Judenverfolgungen« seien somit »das › logische ‹ Resultat einer Kultur, die – vermittelt über das Christentum und die Renaissance – die griechische Tradition des blutigen Opfermahls weitergeführt hat«.

Demgegenüber würde unsere bevölkerungspolitische These die neuzeitliche Hexenjagd »mit ökonomischen Erklärungen ... abtun«, indem wir sie »auf Unterpopulationsprobleme reduzieren«, d. h. »tiefer liegende, in der Logik der Kultur verankerte Wurzeln« der Hexenverfolgung nicht erfassen würden. Die von uns herangezogene bevölkerungspolitische *Begründung* der Hexenmassaker durch den »Vater der modernen Doktrin der Staatssouveränität«, Jean Bodin (s. o. S. 86ff.), möchte Eder lediglich als »rationale *Rechtfertigung«* (unsere Hervorh.) verstanden wissen, die von ähnlicher Qualität sei wie die häufige Begründung der Judenverfolgung »mit dem Argument der ökonomischen Macht der Juden«: »Es ist eher so, als ob die ökonomischen Erklärungen selber Teil der Ideologie sind, die benutzt wird, um diese Verfolgungen zu rechtfertigen«.

Wie wir bereits gegenüber Erika Wisselinck gezeigt haben, ist Eders Gleichsetzung der Juden- mit der Hexenverfolgung nicht haltbar. Die große Pest des 14. Jahrhunderts gebiert ihre eigene Judenverfolgung *jenseits* der Geburtenkontrollbestrafung für Frauen *und* Männer. Auch machen die Autoren des *Hexenhammers* mit der Gestaltung des Titels ihres Werkes deutlich, daß ihre Verfolgungskampagne einer *neuen* Gruppe gilt, indem sie in Analogie und gerade nicht als Imitation des *Malleus Haereticorum* – (Ketzerhammer) oder des *Malleus Iudeorum* (Judenhammer) den Titel – *Malleus Maleficarum* wählen (s. o. S. 29, 332/Anm. A 18). Judenverfolgungen existieren bereits seit der Antike, sind also – ebenso wie Häretikerverfolgungen – kein besonderes Merkmal der Moderne. Ganz anders verhält es sich mit der Jagd auf die als »Hexen-Hebammen« gebrandmarkten weisen Frauen, deren Verfolgung frühere Gesellschaften genausowenig kannten (s. o. S. 63, 326/Anm. A 125) wie die Bekämpfung des von diesen Frauen besonders beherrschten Geburtenkontrollwissens (s. o. S. 34ff., 48ff.). Dabei »mußte« der neuzeitliche Staat keinesfalls, wie Eder uns unterstellt, »die Hexen ausrotten, um den Populationsanstieg auch in Zeiten größerer Not (wo die Menschen in der Regel auf Nachwuchs verzichten) sicherzustellen«. In der von Bodin formulierten *Erkenntnis,* daß andere Maßnahmen, wie z. B. die vorwiegend erbrechtlichen Gesetze gegen den Bevölkerungsrückgang im Römischen Reich, sich als untauglich erwiesen hatten (s. o. S. 86ff., 99ff., 226ff.), zielten Kirche und Staat vielmehr auf die Vernichtung eines *Wissens,* das vor der Neuzeit zu den Gegebenheiten *der Kultur* (s. o. S. 48, 57f.) – nicht, wie Eder meint, »der Natur« – gehört und Menschen in allen bekannten Gesellschaften dazu befähigt hatte, den Nachwuchs – unabhängig von materieller Not – im wesentlichen auf die bloße Gattungsreproduktion zu beschränken (s. o. S. 38f., 41, 52). Dieses Wissen wurde vom Staat auch nicht »monopolisiert«, sondern – mit der Folge bis dahin unbekannter, extrem hoher Geburtenzahlen (s. o. S. 166f.) – weitgehend zum Verschwinden gebracht. Dabei stellte das Töten von »Hexen« lediglich eine besonders wirksame, keinesfalls eine notwendige Maßnahme dar, wie die Fortsetzung des Kampfes gegen das Geburtenkontrollwissen *nach* dem Ende der Hexenprozesse eindrucksvoll zeigt (s. o. S. 157ff., 248ff.).

Es sind dann auch nicht *»humanitäre Gegenbewegungen«,* die »der blutigen Modernisierung« ein Ende bereiten, wie Eder ausgerechnet mit der Nennung von Friedrich von Spee (1591-1635) suggerieren will, der – wie wir bereits gegenüber Jerouschek in Erinnerung zu rufen hatten – die »wirk-

lichen Hexen« und ihr Wissen, ihre »Geheimnisse«, weiterhin unbarmherzig verfolgen will (s. o. S. 131), sondern der endgültige Sieg des Verhütungs- und Abtreibungsverbots gerade im Zeitalter von *Humanismus und Aufklärung,* der weitere Massentötungen von nun nicht mehr weisen Frauen obsolet gemacht hat (s. o. S. 172f., 248ff.). An Eders Nichterklärung des Verschwindens eines so elementaren Wissens wie dem der Geburtenkontrolle, das er übrigens mit keinem Wort erwähnt, zeigt sich ein generelles Desinteresse dieses Evolutionssoziologen an zureichenden Erklärungen sozialer Evolution überhaupt.
Dieses Desinteresse wiederholt sich dann auch in Eders Diskussion der zur Zeit der Hexenverfolgungen bald 2000 Jahre alten Judenverfolgungen, die in der Tat keine »ökonomischen« Gründe haben, weshalb aber doch ökonomische Erklärungen für andere Gegebenheiten nicht einfach methodologisch ausgeschlossen werden können. Der Haß auf die Juden, über den Eder nicht einmal nachdenkt – das Wort *Antisemitismus* sucht man bei ihm vergebens – , heftet sich übrigens gerade an die *Überwindung* eines »griechischen Opfermahls«, d. h. des »Blutopfers«, von dem die jüdische Religion sich kein Heil erwartet, während unser in Habermas' »Theorie des kommunikativen Handelns« befangene Evolutionssoziologe zur Abschaffung dieses Opfers durch die Juden lediglich den blassen Gedanken zu formulieren weiß, daß bei ihnen »eine Rationalisierung hin in Richtung auf eine abstraktere Kommunikation« stattgefunden habe, wobei »an die Stelle des Opfers die rechtliche Regelung« getreten sei. Vielmehr bringt die jüdische Überwindung des Menschenopfers *erstmals* – was Eder nicht weiß, geschweige denn untersucht – eine *universalistische Moral* in die Welt: die des *Menschenrechts auf Leben,* für das die Juden sich ohne jedes fortpflanzungswütige Eiferertum einsetzen (s. o. S. 48). Der Kern des Christentums, das nur aus dem Jesusopfer Heil erwachse, bedeutet gerade den Verlust dieser universalistischen Moral in der abendländischen Geschichte. Ein bloß bevölkerungspolitisch interessierter – und gerade *nicht* universalistisch orientierter – Einsatz der Moral dient dann auch der Hexenverfolgung zu eifernder Rechtfertigung, wobei die sich dieser Nutzbarmachung widersetzenden weisen Frauen im Extremfall für die als gefährdet angesehene biologische Reproduktion der modernen Gesellschaft – nicht zur Steuerung und Reproduktion ihrer »wachsenden Komplexität« – getötet werden. Vgl. K. Eder, *Die Gesellschaft der Natur. Studien zur sozialen Evolution der praktischen Vernunft,* Frankfurt/M. 1988, S. 200–12 sowie G. Heinsohn, *Was ist Antisemitismus? Der Ursprung von Monotheismus und Judenhaß – Warum Antizionismus?,* Frankfurt/M. 1988, passim

Literaturverzeichnis
(für das Nachwort)

Ankarloo, B., *Trolldomsprocesserna i Sverige* (Die Zaubereiprozesse in Schweden; mit einer ausführlichen englischen Zusammenfassung), Stockholm 1971 (Reprint mit Nachwort, Stockholm 1984)
Backhaus, J., Review of G. Heinsohn/O. Steiger: Die Vernichtung der weisen Frauen (Herbstein 1985), in *The Wall Street Review of Books,* Jg. 15, Nr. 2, Frühjahr 1987
Bauer, L./Matis, H., *Geburt der Neuzeit. Vom Feudalsystem zur Marktgesellschaft,* München 1988
Behringer, W., *Hexenverfolgung in Bayern. Volksmagie, Glaubenseifer und Staatsräson in der Frühen Neuzeit,* München 1987
–, »Die Vernunft der Magie. Hexenverfolgungen als Thema der europäischen Geschichte«, in *Frankfurter Allgemeine Zeitung,* Nr. 190 v. 19. 8. 1987
–, »Die Drohung des Schadenszaubers. Von den Regeln wissenschaftlicher Arbeit / Eine Antwort auf Heinsohn und Steiger«, in *Frankfurter Allgemeine Zeitung,* Nr. 232 v. 7. 10. 1987
–, Hrsg., *Hexen und Hexenprozesse in Deutschland,* München 1988
Benassar, B., *Inquisiçion española: poder politico y control social* (1979), Madrid 1981
Ben Yehuda, N., »Problems Inherent in Socio-Historical Approaches to the European Witch Craze«, in *Journal for the Scientific Study of Religion,* Jg. 20, Nr. 4, 1981
Binsfeld, P., *Traktat von Bekanntnuß der Zauberer und Hexen* (Hexentraktat, 1589), München 1591
Bochnik, P.A., *Die männlichen Diener. Die Medizin und die Entwicklung von Frauenfeindlichkeit und Antisemitismus in der europäischen Geschichte,* Reinbek 1985
Bodin, J., *De la démonomanie des sorciers,* Paris 1580, Reprint Hildesheim 1988
–, *De Magorum Daemonomania. Vom Außgelasnen Wütigen Teuffelsheer/Allerhand Zauberern/Hexen und Hexenmeistern/Unholden/Teuffelsbeschwerern/ Warsagern/Schwartzkünstlern/Augenverblendern/etc.* (1580), übers., mit einer eigenen Vorrede und mit Marginalien versehen von J. Fischart 1581, Straßburg 1591[3], Reprint Graz 1973
Braudel, F., *Die Geschichte der Zivilisation. 15. bis 18. Jahrhundert* (1967), München 1971
–, *Sozialgeschichte des 15.–18. Jahrhunderts: Der Alltag* (1979), München 1985
–, *Sozialgeschichte des 15.–18. Jahrhunderts: Der Handel* (1979), München 1986
Brandt, A. H., *No Magic Bullet. A Social History of Veneral Disease in the United States since 1880* (1985), Oxford 1987 (2. Aufl.)
Ditfurth v., H., *So laßt uns denn ein Apfelbäumchen pflanzen,* Hamburg 1985
Duerr, H. P., *Traumzeit. Über die Grenze zwischen Wildnis und Zivilisation,* Frankfurt/M. 1978
–, *Nacktheit und Scham. Der Mythos vom Zivilisationsprozeß,* Frankfurt/M. 1988
Eder, K., *Die Gesellschaft der Natur. Studien zur sozialen Evolution der praktischen Vernunft,* Frankfurt/M. 1988
Eyben, E., »Family Planning in Graeco-Roman Antiquity«, in *Ancient Society,* Jg. 11/12, Nr. 1, 1980/81
Feigenwinter, G., »500 Jahre Recht auf Leben«, in *Streit. Feministische Rechtszeitschrift,* Jg. 3, Nr. 3, 1985

Flügge, S., Rezension von G. Heinsohn/O. Steiger: Die Vernichtung der weisen Frauen (Herbstein 1985) in *Feministische Studien*, Jg. 5, Nr. 1, Mai 1986

Feyerabend, P., *Erkenntnis für freie Menschen. Veränderte Ausgabe*, Frankfurt/M. 1980

Gerstenberger, H., »Vom Lauf der Zeit. Eine Kritik an Fernand Braudel«, in *Prokla. Zeitschrift für politische Ökonomie und sozialistische Politik*, Jg. 17, Nr. 67, Juni 1987

Giscard d'Estaing, V.-A., *The Second World Almanac of Inventions*, New York 1986

Goetz, H.-W., *Leben im Mittelalter: vom 7. bis 13. Jahrhundert*, München 1986

Graus, F., *Pest – Geissler – Judenmorde. Das 14. Jahrhundert als Krisenzeit*, Göttingen 1987

Hauschild, T. et al., *Die alten und die neuen Hexen. Die Geschichte der Frauen auf der Grenze*, München 1987

Heinsohn, G., »Hat die Aufklärung überhaupt schon begonnen?«, Vorwort zu C. Blöss, *Maschinenkinder*, Berlin 1987

–, *Was ist Antisemitismus? Der Ursprung von Monotheismus und Judenhaß – Warum Antizionismus?*, Frankfurt/M. 1988

Heinsohn, G./Knieper, R., *Theorie des Familienrechts. Geschlechtsrollenaufhebung, Kindesvernachlässigung, Geburtenrückgang* (1974) Frankfurt/M. 1976

Heinsohn, G./Steiger, O., »Die Kinder Europas. Von der gewaltsamen Menschenproduktion zur › menschlichen Springflut‹ «, in *Kursbuch*, Nr. 62, Dezember 1980

–, »Die Kriminalisierung der Geburtenkontrolle – Anmerkungen zum 500jährigen Jubiläum der Hexenbulle«, in *Der Monat* (neue Folge), Nr. 293, November 1984

–, »Antwort auf Gerd Schwerhoffs Rezension unserer Studie › Die Vernichtung der weisen Frauen‹ «, in *Geschichtsdidaktik*, Jg. 11, H. 4, 1986

–, »Warum mußte das Speculum zweimal erfunden werden? Eine Replik« (auf Günter Jerouschek), in *Kritische Justiz*, Jg. 20, H. 2, 1987

–, »Die verbotene Verhütung. Dienten die Hexenverfolgungen der Bekämpfung der Geburtenkontrolle?«, in *Frankfurter Allgemeine Zeitung*, Nr. 232 v. 7. 10. 1987

»Hexenjagd in Bayern. Der Abtreibungsprozeß von Memmingen«, in *Der Spiegel*, Nr. 38 v. 19. 9. 1988

Honegger, C., »Zehn Gebote für die Frauenforschung«, in *Frankfurter Allgemeine Zeitung*, Nr. 234 v. 9. 10. 1985

Horkheimer, M./Adorno, T.W., *Dialektik der Aufklärung. Philosophische Fragmente* (1944), Amsterdam 1947 (2. Aufl.)

Horsley, R.A., »Who Were the Witches? The Social Roles of the Accused in the European Witch Trials«, in *Journal of Interdisciplinary History*, Jg. 9, Nr. 4, Frühjahr 1979

Jacobi, C., *Uns bleiben 100 Jahre – Ursachen und Auswirkungen der Bevölkerungsexplosion*, Berlin 1986

Jerouschek, G., »Des Rätsels Lösung? Zur Deutung der Hexenprozesse als staatsterroristische Bevölkerungspolitik«, in *Kritische Justiz*, Jg. 19, H. 4, 1986

–, *Lebensschutz und Lebensbeginn. Kulturgeschichte des Abtreibungsverbots*, Stuttgart 1988

Kakutani, M., »Women as Witches«. Review of Carol F. Karlsen: The Devil in the Shape of a Woman. Witchcraft in Colonial England (New York 1987), in *The New York Times*, 21. 11. 1987

Kammeier-Nebel, A., »Empfängnisverhütung, Abtreibung, Kindestötung und Aussetzung im frühen Mittelalter«, in W. Affeld/A. Kuhn, Hrsg., *Frauen in der Geschichte VII: Interdisziplinäre Studien zur Geschichte der Frauen im Frühmittelalter*, Düsseldorf 1986

Klaits, J., *Servants of Satan. The Age of the Witch Hunts*, Bloomington/Indiana, 1985

Leibrock, L., »Abtreibung in der Medizin der frühen Neuzeit«, in *Frankfurter Allgemeine Zeitung*, Nr. 252 v. 30.10.1987

Levack, B. P., *The Witch-Hunt in Early Modern Europe*, London 1987

Liliequist, J., »Tidelagstabuet i 1600- och 1700-talets Sverige« (Das Sodomietabu im Schweden des 17. und 18. Jahrhunderts), in *Historisk Tidskrift* (Stockholm), Jg. 105, 1985

Mamozai, M., *Herrenmenschen – Frauen im deutschen Kolonialismus*, Reinbek 1982

Martin, P. C., »Schadenzauber und Kindestötung«, Ms. v. 12. 10. 1987, in *diesem Buch* (Nachwort), S. 416f./Anm. N 32

Nemitz, K., »Julius Moses und die Gebärstreik-Debatte 1913«, in *Jahrbuch des Instituts für Deutsche Geschichte* (Universität Tel-Aviv), Jg. 2, 1973

Noonan, J.T., *Empfängnisverhütung. Geschichte ihrer Beurteilung in der katholischen Theologie und im kanonischen Recht* (1965, 1967²), Mainz 1969

Ploss, H./Bartels, M., *Das Weib in der Natur- und Völkerkunde. Anthropologische Studien* (1885), 2 Bde., hrsg. v. P. Bartels, Leipzig 1913 (10. Aufl.)

Prause, G., »Kein Mitleid mit Hexen«, in G. Prause/T. v. Randow, *Der Teufel in der Wissenschaft. Wehe, wenn Gelehrte irren: Vom Hexenwahn bis zum Waldsterben*, Hamburg 1985

Riese, K., *In wessen Garten wächst die Leibesfrucht? Das Abtreibungsverbot und andere Bevormundungen – Gedanken über die Widersprüche im Zeugungsgeschäft*, Wien 1983

Rosenbladt, S., »Zu viele Menschen?«, in *Natur*, Nr. 8, August 1986

Rossiaud, J., »Prostitution, Sexualität und Gesellschaft in den französischen Städten des 15. Jahrhunderts«, in P. Ariès/A. Béjin, Hrsg., *Die Masken des Begehrens und die Metamorphosen der Sinnlichkeit. Zur Geschichte der Sexualität im Abendland* (1982), Frankfurt/M. 1984

–, *Medieval Prostitution*, Oxford 1988

Rudolph, W., »Geschlechterrollen im Kulturvergleich«, in N. Bischof/H. Preuschott, Hrsg., *Geschlechtsunterschiede. Entstehung und Entwicklung. Mann und Frau in biologischer Sicht*, München 1980

Schipperges, H., *Der Garten der Gesundheit. Medizin im Mittelalter*, München und Zürich 1985

Schmidt, G., *Das große Der Die Das. Über das Sexuelle* (1986), Reinbek 1988 (2. Aufl.)

Schormann, G., Rezension von G. Heinsohn/O. Steiger: Die Vernichtung der weisen Frauen (Herbstein 1985), in *Der Staat*, Jg. 25, H. 4, 1986

Schwerhoff, G., »Rationalität im Wahn. Zum gelehrten Diskurs über die Hexen in der frühen Neuzeit«, in *Saeculum. Jahrbuch für Universalgeschichte*, Jg. 37, Nr. 1, 1986

–, Rezension von G. Heinsohn/O. Steiger: Die Vernichtung der weisen Frauen (Herbstein 1985), in *Geschichtsdidaktik* Jg. 11, H. 1, 1986

–, »Erwiderung auf die Antikritik von G. Heinsohn/O. Steiger«, in *Geschichtsdidaktik*, Jg. 11, H. 4, 1986

Sebald, H., *Hexen damals – und heute?*, Frankfurt/M. 1987

Sigusch, V., »Was heißt kritische Sexualwissenschaft?«, in *Zeitschrift für Sexualforschung*, Jg. 1, Nr. 1, 1988

Sprenger, J./Institoris, H., *Malleus Maleficarum – Der Hexenhammer* (1487), übers. u. eingel. v. J.W. R. Schmidt, Berlin 1906, Teile I-III, Reprint Darmstadt 1974

Stammel, H. J., *Die Apotheke Manitous. Das medizinische Wissen der Indianer und ihre Heilpflanzen*, Reinbek 1986

Thelen, C. L./Schröder, J. H., »Verhütung und Bekämpfung der Geschlechtskrankheiten«, in H. A. Gottron/W. Schröder, Hrsg., *Dermatologie und Venerologie,* Bd. V/2, Stuttgart 1965

Walker Bynum, C., »Disease and Death in the Middle Ages«, in *Culture, Medicine and Psychiatry,* Jg. 9, Nr. 1, 1985

Wisselinck, E., *Hexen. Warum wir so wenig von ihrer Geschichte erfahren und was davon auch noch falsch ist. Analyse einer Verdrängung,* München 1986

Wolf, H.-J., *Hexenwahn und Exorzismus. Ein Beitrag zur Kulturgeschichte,* Kriftel/Taunus 1980

Wunder, H., »Die komplexen Zusammenhänge der Hexenverfolgungen«, in *Frankfurter Allgemeine Zeitung,* Nr. 263 v. 12. 11. 1987

Register

(A = Anm. Teil A
B = Anm. Teil B
C = Anm. Teil C
N = Anm. Nachwort)

A

Åkermann, S. 324 (A 56), 338 (A 447), 341 (A 501)
Aberglaube (s. Zauberei)
»Abgesehen ...« (s. »Malleus Maleficarum«, Unterscheidung...)
Abtreibung (s.a. Geburtenkontrolle) 15, 25, 31, 38, 43, 54, 56, 73, 86, 150, 175, 178f., 255, 276, 330 (A 211), 378ff., 387ff.,407ff.,413
- Abschaffung der Todesstrafe für Föten unter 40 Tagen 332 (A 297)
- als Hexerei 77, 79, 92ff., 115, 150, 238
- angeblich am liberalsten im Christentum 408
- Bestrafung in der nichtchristlichen Welt 330 (A 211)
- Bestrafung nach dem 40. Tag eines Fötus 332 (A 297)
- Gleichsetzung mit Mord 50, 112, 129f., 388, 407f.
- Liberalisierung des § 218 179, 388
- und Todesstrafe 115, 118, 129ff., 242f., 332 (A 297), 337 (A 420)
- Verbot des ambulanten Abbruchs 333 (A 303), 388
- Wiedereinführung der Todesstrafe im Nationalsozialismus 387
Adoption 99f.
Adorno, Theodor W. (1903-1969) 402
Aeromantie 27
Ärzte
- in der Antike 41ff., 48
- Neuzeit (s. männliche Ärzte)
Aetios aus Amida (6. Jh. u. Z.) 43
Affeldt, W./Kuhn, A. 419 (N 51)
Afrika 39, 328 (A 156), 409

Albertus Magnus (1206-1280) – unbekümmert über Geburtenkontrolle 56f., 386
»Aliquando« (Ehe und Begierlichkeit) – Buch gegen Geburtenkontrolle 51
Allison, A. 323 (A 45)
Alt, R. 346 (B 110)
Altersversorgung und Nachwuchs 231, 280
Altes Testament – Bedeutung der Forderung »Seid fruchtbar und mehret euch!« 48f.
Ambivalenzphase (de Mause) 287f., 291
Ambjörnsson, R. 341 (A 501)
Amendt, G./Schwarz, M. 347 (B 118)
Amerika 116, 259, 409
Amulette 43f.
Anal- und Oralverkehr 380
Anderson, M. 336 (A 408)
Ankarloo, B. 418 (N 34)
Anonymus (H.A.B.U.I.D., 16. Jh.) 327 (A 134), 331 (A 258)
Antisemitismus und Judenverfolgung 29, 65, 69, 71, 160, 243, 284, 322 (A 18), 375, 391, 401f., 421ff. (N 63)
Apokalyptik 49
Apotheker 125, 412
Arbeitskräftegewinnung 86, 91, 114, 126, 184ff., 230, 236, 270, 316f., 413f.
Arbeitskräftemangel 86, 106ff., 131, 236, 413
Ariès, P. 52, 285, 326 (A 118), 347 (B 114), 420 (N 62)
Ariolenkult 27
Aristoteles (384-322 v.u.Z.) 48
Armenfürsorge 187
Armut durch Menschenproduktion 186f.
Arndt, C. (SPD-Politiker) 332 (A 297)
Astolfi 330 (A 211)
Astrologie (Genealitiker) 27, 30, 32, 64, 69
Athenagoras (2. Jh. u. Z.) 50
»Aufklärung, Dialektik der« 402
Aufklärung, Epoche der sexuellen Unaufgeklärtheit 174, 248, 333 (A 302), 382, 395, 400, 421 (N 62), 423 (N 63)

428

»Aufklärungs-Polizey« 247f.
Auguren 27
Augustin (354-430 u. Z.) 51, 407
Augustus (römischer Kaiser,
 27 v. u. Z.-14 u .Z.) 99, 226,
 330 (A 211)
Auschwitz 158, 284
Außerehelicher Geschlechtsverkehr, Todesstrafe (s. Unzucht)
Australien (s. Ozeanien)
Auswanderung und europäische
 Bevölkerungsexplosion 18, 40,
 165, 186, 258f., 274
Avgar/Bronfenbrenner/Henderson
 348 (B 129)
Avicenna (980-1037,
 u. a. Autor des gynäkologischen
 Standardwerkes »Canones der
 Heilkunde«) 56, 381f.
Axelsson, S./Snickars, F. 351 (C 5)

B

»Babyboom« 198, 200, 206, 340
 (A 479)
– und Fruchtbarkeitspotential 198
Backhaus, J. 369, 415 (N 1)
Bacon, Francis (1561-1626) 174
Badehäuser 59ff., 420f. (N 62)
Bader, G. 142
Badinter, E. 345 (B 64), 349 (B 154)
Baeyer-Katte, W.v. 334 (A 341/
 A 345)
Baier, L. 331 (A 239)
»Bambergensis« (1507) 114f., 242f.,
 246, 254, 262
Barkai, H. 347 (B 123)
Baschwitz, K. 333 (A 318), 334
 (A 347)
Bauer, L./Matis, H. 411, 419 (N 58)
Bauer, M. 327 (A 133)
Bauernaufstände 16, 84, 95, 105,
 236
Baumann, J. 331 (A 260)
Becher, Johann J. (1635-1685) 185,
 339 (A 451)
Becker, G. u.a. 321 (A 1), 326
 (A 121/A 123), 327 (A 145), 328
 (A 170), 333 (A 304), 335 (A 369),
 344 (B 53)
Becker, G.S. 198ff., 207, 340
 (A 480/A 481/A 486)

Behringer, W. 385ff., 399, 413f.,
 416f. (N 20/N 26/N 28/N 30/
 N 31/N 32), 418 (N 35/N 37)
Beisel, B. 351 (C 6)
Béjin, A. 420 (N 62)
Bekker, Balthasar (1634-1698) 131,
 248f., 333 (A 302)
Beloch, Julius (1854-1929) 343
 (B 22)
Benandanti-Verfolgung (1575-1676)
 324 (A 70)
Benassar, B. 419 (N 44)
Benedict, Ruth (1887-1947) 323
 (A 45)
Ben-Yehuda, N. 403, 419 (N 47)
Berghofer-Weidner, M. (CSU-Politikerin) 395
Berkner, L. K. 341 (A 498)
Bérulle, Pierre de (1575-1629)
 174
Beschwörungs- und Fluchformeln
 44, 80
Bettelheim, B. 348 (B 126)
»Bettelschule« 233
Bettelprivileg im Mittelalter 233,
 264
Beuys, B. 325 (A 88), 343 (B 29/
 B 33)
»Bevölkerungsbombe« 259
Bevölkerungsentwicklung
 – Deutschland 98, 215ff.
 – England 96, 165ff.
 – England, 1086-1525 104
 – England, Geburten- und Todesfälle 1446-1541 135
 – England, Ersatzraten für Männer
 1265-1505 134
 – Europa 95, 163, 215f.
 – Europa und Vernichtung der
 weisen Frauen 157, 258f.
 – Frankreich 97
 – Ozeanien (Australien et al.) 38f.,
 164f.
Bevölkerungsentwicklungstheorie
 des relativen Einkommens 206f.
Bevölkerungsexplosion, Dritte
 Welt (s. Weltbevölkerungsexplosion)
Bevölkerungsexplosion, europäische (ab Ende des 18. Jh.) 12f.,
 16, 133ff., 163, 167ff., 209, 258,
 270f., 371f., 394f., 401

- als Folge der Geburtenzunahme und nicht des Sterblichkeitsrückganges 166f., 209, 371f.
- als angebliche Folge des Kartoffelanbaus 401
- Rätselhaftigkeit 12, 16, 133ff.

Bevölkerungsgesetz
- Malthus 189f.
- Marx 195f.

Bevölkerungskatastrophe, europäische (ab Mitte des 14. Jh.) 15, 47, 95, 104ff., 375, 394, 400, 404

Bevölkerungsmenge und Nahrung 187

Bevölkerungspolitik
- Abschaffung 318f.
- Bundesrepublik 298ff., 395, 414
- Feinsteuerung 248, 395
- Kirche 13, 74f., 77f., 110, 114, 130, 152f., 209, 237f., 394f., 399
- merkantilistische 184f., 413
- römische 50, 99ff., 184, 221, 226ff., 229ff., 422 (N 63)
- Staat 13, 18f., 23, 47, 113ff., 184f., 209, 211, 221, 240, 246ff., 263, 316ff., 394f., 411, 413f.

»Bevölkerungs-Polizey« 247f., 251, 411

Bevölkerungsrückgang, europäischer
- 14./15. Jh. 95, 104f., 236, 258, 404
- Ende durch steigende »Geburtlichkeit« Ende des 15. Jh. 133ff., 258, 372

Bevölkerungsrückgang, spätrömisches Reich 96, 101

Bevölkerungsstatistik 122, 182f., 198, 208, 338 (A 447/A 449)

Bevölkerungstheorie (s. a. Bevölkerungswissenschaft)
- der Vorteilhaftigkeit hoher Fruchtbarkeit in der Menschheitsgeschichte 211

Bevölkerungswachstum
- Mittelalter 103
- Nordwesteuropa 1450–1650 133ff.

Bevölkerungswissenschaft 10, 16, 184ff., 277f.
- und historische Demographie (s. Demographie, historische)
- und klassische Nationalökonomie 16, 187ff., 196, 208
- moderne Bevölkerungsökonomie 16, 183, 198ff.
- und Merkantilismus 16, 182, 184ff., 208, 237, 246, 394, 406
- und Neoklassik, Bevölkerung kein Gegenstand der Wirtschaftswissenschaft 197f.
- und Prämalthusianismus 186f.
- und wissenschaftlicher Sozialismus 194ff.

Bigamie und Todesstrafe 243
Bilsenkraut 65ff., 326 (A 131)
Binder, W. 330 (A 210)
Binsfeld, Peter (1540–1603) 31, 155, 416f. (N 32)
Biologismus in der Bevölkerungswissenschaft 16, 18, 187, 189, 197ff., 206f., 209
Bischof, N./Preuschoft, H. 419 (N 49)
Bitter, W. 334 (A 341)
Blasi, J. 348 (B 132)
Blocksberg (auch Brocken oder Blåkulla) 66ff., 70
Blöss, C. 419 (N 45)
Bochnik, P. A. 415 (N 12)
Bode 344 (B 43)
Bodin, Jean (1530–1596) 11, 24f., 44, 55f., 85, 86ff., 96, 142, 184, 187, 321 (A 5/A 7/A 9/A 10), 325 (A 99), 327 (A 134), 328 (A 174/A 176), 329 (A 177/A 178/A 179/A 182/A 183/A 185/A 189/A 191/A 195), 334 (A 343/A 362), 335 (A 376), 378, 387, 389, 394, 396, 422 (N 63)
»Bogenschützen-Hexer« 334 (A 362)
Borgström, G. 191
Boswell, J. 328 (A 158), 345 (B 67)
Bovenschen, S. 321 (A 1)
Brackert, H. 327 (A 145), 333 (A 304), 335 (A 369/A 372), 344 (B 53)
Brändström, A. 325 (A 94), 346 (B 99)
»Brandenburgensis« (1517) 243
Brandt, A. H. 420 (N 62)
Braudel, F. 418f. (N 43), 420 (N 62)
Braun, P. 341 (A 498)
Brenner, R. 330 (A 226), 344 (B 52)

430

Brentano, Lujo (1844–1931) 340 (A 480)
Brissaud, Y.-B. 337 (A 417/A 420)
Bromyard, Johannes (14. Jh.) 57
Bruder, K.J. 348 (B 127)
Bruttoreproduktionsrate
– Definition 336 (A 405)
– und Lebenserwartung 166f.
Buff, A. 344 (B 43)
Bulst, N. 330 (A 225)
Burckhard von Worms, »Decretum« von 1010 74, 112
Burke, P. 15, 336 (A 410)
Bußbücher, mittelalterliche – weniger gegen Geburtenkontrolle als gegen Sexualgenüsse 51, 230f., 326 (A 113), 407f.
Byloff, F. 142

C

Caldwell, J. C. 341 (A 500)
Calvin, Johann (1509-1564) 128
Campbell/Converse/Rodgers 353 (C 7)
»Canon Episcopi« (906) 74
»Canones der Heilkunde« (von Avicenna, 980–1037) 56
»Carolina« (1532) 68f., 115, 117ff., 242f., 246, 254, 331 (A 253), 408
Carpzov, Benedict (1595–1666) 138, 381
Chambers, J. D. 332 (A 286), 344 (B 43), 346 (B 87)
Checkland, S. G./E. O. A. 338 (A 444)
Chicago-Schule (der modernen Bevölkerungsökonomie) 201ff.
China 258, 308, 318
Chiromantiker 27
Christentum, Übergang zur Fortpflanzungswilligkeit 50
Cipolla, C. M. 323 (A 53), 329 (A 207), 330 (A 215/A 216/ A 227), 343f. (B 36)
Closmann, K. 337 (A 418)
Clough, S.B./Rapp, R.T 329 (A 207), 344 (B 50)
Coale, A.J. 339 (A 450)
»Codex Theodisianus« (438 u.Z.) 343 (B 27/B 28)

Cohn, N. 321 (A 3), 327 (A 135), 330 (A 225), 331 (A 229/A 230/ A 232/A 243), 333 (A 323), 334 (A 347), 335 (A 378), 381
Coitus interruptus 38, 42, 48, 57, 380, 384
– als Hexerei 75
Colemann, E. 325 (A 108), 344 (B 42)
Coloman (König v. Ungarn, 11. Jh.) 326 (A 125)
»Compendium Maleficarum« (1608) 63, 71, 74, 93, 321 (A 8)
Condorcet, Antoine (1743–1794) 193
»Corpus Iuris Canonici« 408
Cranach, Lucas (1472–1553) 220
Csillag, P. 330 (A 211), 343 (B 23)

D

Dähn, P. 331 (A 260), 344 (B 54)
Dämonenglaube, primitiver 68
Dämonenvorwurf (s. Teufels- und Dämonenvorwurf)
Dämonologische Werke, angebliche Bedeutung für Hexenverfolgung 395f.
Dammriß 221
Dänemark 128f., 141, 172, 175f., 178, 317f., 334 (A 340), 338 (A 434/A 449)
Dauerschwangerschaften, angebliche 36f.
Dayton, J. 344 (B 49), 346 (B 108)
»Decretales« (1230-1234) 112, 129, 407
Degn, C. 328 (A 167), 334 (A 340)
Deininger, D. 349 (B 164/B 169)
»De la démonomanie des sorciers« (»Daemonomania«) 55, 88, 321 (A 7/A 9/A 10), 325 (A 99), 327 (A 134), 329 (A 185/A 189/A 191/A 195), 334 (A 343/A 362), 335 (A 376), 378, 389, 394, 396, 418 (N 37)
Delumeau. J. 13, 327 (A 140), 333 (A 313/A 322), 334 (A 347)
Demographie, historische 208ff., 377

– Bestreitung des früheren Vorhandenseins von Geburtenkontrolle 34ff.

- Nichtnutzung der Geburtenkontrolle trotz Vorhandensein 34, 210f.
- These der Beschränkung der Geburtenkontrolle auf Prostituierte 35ff.
- These vom demographischen Übergang 36f., 208f.
Demographischer Übergang
- These vom Geburtenrückgang durch Sterblichkeitsrückgang 36f., 106, 200, 277
- Umkehrung der These zu Geburtenanstieg durch Sterblichkeitszunahme 39f., 210, 337 (A 423)
- und Bevölkerungspolitik 37
Deutschland 98, 114f., 119ff., 139f., 167, 176, 178f., 198, 215ff., 230f., 236, 242f., 255, 261, 269f., 273, 275f., 283, 298ff., 330 (A 209), 333 (A 302), 335 (A 370), 346 (B 88/ B 93), 349 (B 167), 351 (C 6), 381, 387f., 420 (N 62)
Devereux, G. 323 (A 43), 342 (B 17)
Dickeman, M. 342 (B 18)
Dieffenbach, Johann (Hexenforscher, 19. Jh.) 332 (A 288/A 291), 333 (A 312), 335 (A 366)
Dioskorides (1. Jh. u. Z.) 42f.
Ditfurth, H. v. 373
Dodson, B. 256, 345 (B 81)
Döbler, H. 333 (A 317), 335 (A 382)
Dollinger, H. 335 (A 394)
Dominikaner 110
Donar 5, 28, 70f., 327 (A 136)
Donnerbesen 71
Douglas, M. 328 (A 166)
Doré, Gustave (1832–1883) 180
Drehlade 234, 265
Dritte Welt
- Kinderelend 259
- Verbot von Geburtenkontrolle 211, 259f., 373
Drogen 15, 43, 49
Droß, A. 334 (A 354)
Duerr, H.P. 326 (A 128), 327 (A 141), 420f. (N 62)
Dufour, P. (19. Jh.) 324 (A 80), 343 (B 24/B 26)
Dupâquier, J. 336 (A 410/A 412/A 414), 337 (A 425)

E

Easterlin, R.A. 206ff., 340 (A 493/A 494)
Ebert, M. 342 (B 13)
Ebert, T./Egert, J. 349 (B 156)
Eder, K. 421ff. (N 63)
Edikt des Pertinax (198 u. Z.) 93, 229
Edikt Heinrichs II. v. Frankreich (1556) 337 (A 420)
»Effraenatam« (Bulle, 1588) 129, 240, 394
Ehe als »Schlinge« (Luther) 128, 241
Ehebruch
- als Hexerei 74f., 77, 91, 93, 115, 153f., 238, 391f.
- und weltliche Bestrafung 115, 117, 242f.
Ehegesetze des Kaisers Augustus 99ff., 226, 330 (A 211)
Ehelosigkeit 57, 103, 127, 186f., 198, 262, 274f., 336 (A 405)
Eherecht und Kirche 58
Eheschließung
- Erleichterung im Hochmittelalter 103
- Kibbutz 277
- Eheverbote 262, 270
Ehmke, H. (SPD-Politiker) 332 (A 297)
Ehrenreich, B. 328 (A 172/A 173), 373
Ehrlich, P.R. 259f.
Einwanderung als Alternative zur Bevölkerungspolitik 305ff.
Elias, Norbert (geb. 1897) 173, 245, 251, 345 (B 73), 411f., 420 (N 60), 421 (N 62)
Ellinger, K. 331 (A 238), 333 (A 315/A 316), 334 (A 342/A 346), 335 (A 387)
Elster, L. (19./20. Jh.) 339 (A 454/A 455)
Elternpflicht 263
Elternrecht 245, 262
Empfängnisverhütung (s. a. Geburtenkontrolle und Verhütungsmittel)
- Abschaffung der Todesstrafe 332 (A 297)
- als Hexerei 74ff., 79, 92ff., 115, 238, 393

- weltliche Todesstrafe 115, 118, 129f., 242f., 332 (A 297), 406, 408
Engelmacherin 32, 174
Engels, Friedrich (1820-1895) – gegen Geburtenkontrolle im Proletariat 194f., 208, 339 (A 467/A 471)
England 85, 96, 104, 116f., 121, 123f., 128, 134f., 140, 165ff., 178, 195, 331 (A 250), 334 (A 339), 336 (A 405), 337 (A 420)
English, D. 328 (A 172/A 173), 373
Ennen, E. 295
Entführung und Todesstrafe 243
Enthaltsamkeit, nichteheliche
– Zwang und Akzeptanz im 17. Jh. am stärksten 173
»Enzyklika Humanae Vitae« (1968) 126, 160, 240
»Erben für Hab und Gut«-Regel (bekämpft vom »Römischen Katechismus« und von Martin Luther) 127f., 241, 262f., 291, 294
Erbsöhne 41, 224, 271f., 281
Erhard, B. (CDU-Politiker) 332 (A 297)
Erntekrisen 14f., 82, 95f., 103f., 146, 236, 375, 394
Erzieherinnenfachschulen 271
Erziehung
– gewaltarme 18, 281
– Kibbutz 279ff.
Erziehungsgeld 299, 351 (C 3)
Erziehungspersonal 19, 234, 281, 302
– Abschaffung 319
Erziehungspolitik 18, 247
»Erziehungs-Polizey« 247f., 292
Erziehungsprobleme 18f., 179ff., 219, 222, 234, 296f.
– nicht gravierend im Kibbutz 280f.
– nicht gravierend vor der Neuzeit 219, 222, 231, 262
Erziehungswissenschaft 17, 19, 182f., 234, 246, 282
Eskimos (auch Grönländer) 279, 290, 410
– Kindesliebe neben Kindestötung 290
»Europäisches Ehemuster« 167f., 171ff., 337 (A 421)
»Evolution der Kindheit« 285ff.
Eyben, E. 419 (N 52)

F

Familienrecht 271
Familienrekonstruktion und historische Demographie 208
Febvre, L. 370
Feigenwinter, G. 374, 415 (N 6)
Feinsteuerung der Bevölkerung 248, 258, 395
Feminismus und Hexenforschung 13f., 23, 256f., 370ff., 399, 403, 413
Feudalismus
– Entstehung und Entfaltung 101ff., 229ff.
– Krise im 14./15. Jh. 95, 103f., 106
Feuerbach, Anselm (1774-1838) 333 (A 303)
Feyerabend, P. 388, 416 (N 27)
Findelhaus 233f., 235, 264ff., 338 (A 429), 344 (B 46), 347 (B 114)
Finnland 117, 178, 268
Fischart, Johann (1546-1590) 321 (A 7), 325 (A 101)
Flagellanten 107f.
Flandrin, J.-L. 326 (A 118), 336 (A 415), 345 (B 68), 347 (B 114)
Fleischverbrauch in Mittelalter und Neuzeit 231, 344 (B 37)
Flinn, M.W. 323 (A 33), 324 (A 46), 336 (A 409), 337 (A 422), 340 (A 496), 346 (B 94)
Flora, P. 347 (B 113)
Flügge, S. 370ff., 415 (N 3)
Forbes, T.R. 321 (A 8), 328 (A 169), 332 (A 273/A 274), 334 (A 336/ A 347/A 350)
»Formicarius« (1435-1437) 74, 392
Fortpflanzung, weibliche Souveränität 37, 277, 410
Fortpflanzungssexualität 248, 251, 255, 261, 333 (A 302)
Foucault, M. 115, 331 (A 248), 411, 420 (N 60)
Frankfurt, Johann von (14./15. Jh.) 29
»Frankfurter allgemeine geisteswissenschaftliche Methode in der Hexenforschung« 385, 389ff., 396ff., 416 (N 31)
Frankreich 25, 97, 117, 123, 140, 142, 178, 330 (A 209), 334 (A 334), 420 (N 62)

Frauen im Alten Testament 48f., 223, 242
Frauen, Mittelalter
- angeblich permanent schwanger 36
- berufliche Stellung 58, 61f., 375
- kräuterkundig 54
- weibliche Souveränität über Fortpflanzung und Sexualleben 37, 58ff.
Frauen, Neuzeit
- entsexualisiert 242, 275
- permanent schwanger 171f., 408
Frauen, Stammesgesellschaften
 - Souveränität über Fortpflanzung 39, 218, 410
Frauenbewegung 256, 274ff.
Frauenfeindlichkeit (s. Hexenverfolgung – gegen ein Wissen, nicht gegen ein Geschlecht)
Frauenkindbiertrunk 83f.
Freeman, W. 343 (B 18)
Freud, Sigmund (1856–1939) 253ff., 345 (B 75/B 79)
Fromann, J. C. (16. Jh.) 321 (A 8)
Frykman, J. 336 (A 416)
Fuchs, Eduard (19./20. Jh.) 59, 70, 78, 116, 123, 250 326 (A 120)
Funcke, L. (FDP-Politikerin) 332 (A 297)

G

Gaspari, A.C. (18. Jh.) 338 (A 434)
Gaunt, D. 323 (A 36), 324 (A 56), 341 (A 501)
Gebärprämien 318f., 351 (C 3), 352f. (C 7), 353 (C 8)
Gebärzauber 45, 83
Geburtenanstieg Ende des 15. Jh. 133ff., 372
- Rätselhaftigkeit 133
Geburtenkontrolle
- Abdrängung in die Heimlichkeit während der Neuzeit 175f., 385ff.
- als »alte Unsitte« 31, 337 (A 423)
- als Hexerei im besonderen von Hebammen 75, 79, 381f., 391f., 397
- als Hexerei von fortpflanzungsunwilligen Frauen im allgemeinen 10, 74ff., 91ff., 381f., 391f., 397

- Antike 12, 14, 34ff., 48, 223f., 409
- Auslöschung durch Hexenverfolgung 10, 13, 18, 32, 74ff., 115, 117f., 377ff., 385ff., 404ff., 412ff., 422f. (N 63)
- Kriminalisierung 18, 115, 119, 242f.
- Mittelalter 12, 14, 48ff., 57f., 221, 325 (A 110), 326 (A 113), 378f., 409
- Mittelalter, angeblich selten praktiziert, es sei denn als Coitus interruptus oder Kindestötung 58, 325 (A 112), 380, 384, 408ff.
- Nichterörterung durch Evolutionssoziologen 422 (N 63)
- Nichterörterung durch Kindheitshistoriker 288
- These ihrer Nichtnutzung trotz Vorhandenseins 34f., 210f.
- These ihres Verbots bei geringer Lebenserwartung 210f.
- These vom beiläufigen Verschwinden im »Sog der Hexenprozesse« 404
- These von ihrer Erfindung in der Neuzeit 34
- und Dritte Welt 165, 211, 259f., 373
- und Teufels- bzw. Dämonenvorwurf 26, 77, 79f., 92ff., 353, 392
- vermeintliche Entdeckung durch Neomalthusianer 12, 377
- Wiedergewinn eines verdrängten Wissens im 19. Jh. 34
- wird auch von Hexenverfolgungsgegnern bekämpft 131, 248, 333 (A 302), 395, 403, 423 (N 63)
Geburtenkontrolle, Stammesgesellschaften 12, 14, 34ff., 222f., 409f.
- Kindestötung 38f., 218f.
- lange Geburtenabstände der !Kung-Frauen 39
- Verfahren der Australneger (Aborigenes) 38f.
- Verfahren nordamerikanischer Indianerinnen 38, 342 (B 9), 409
- Verfahren von Völkern in ehemals deutschen Kolonien 409f.
Geburtenrückgang
- angebliche Anpassung an gesunkene Sterblichkeit 36

- Europa seit Ende des 19. Jh. 177f., 293
- Europa und Nordamerika seit 1960 200, 305
- Frankreich, 18. Jh. 347 (B 114)
- Probleme für Pädagogen 19
Geburtenrückgangstheorien 204ff., 347 (B 114)
Geißler, H. (CDU-Politiker) 351 (C 3), 351 (C 7)
Generationsbeziehungen 19, 210, 218, 228, 235ff., 271, 218ff., 309, 320
Genitaliensalben 48
Gentz, L. 326 (A 130), 327 (A 132/ A 140), 331 (A 234), 332 (A 280)
Genußsexualität 77, 79f., 115, 246, 248, 333 (A 302), 407, 413, 421 (N 62)
Geomantie 27
Germanische Gesetze 63, 114f., 218ff., 243
Germanische Volksmedizin 62
Gerson, M. 348 (B 128)
Gerstenberger, H. 399ff., 418 (N 42)
Geschichtsforschung (»Todsünde des Metiers«) 370, 377, 381
Gesinde (Mägde und Knechte) 103, 184, 261f., 270
Gesindeordnungen 270
Gifford, George (gest. 1620) 47
Gift (s. Veneficium)
Ginzburg, C. 324 (A 70)
Giscard d'Estaing, V.-A. 419 (N 50)
Glass, D.V./Eversley, E. C. 336 (A 411)
Glaubenseifer 29, 107f., 126
Gleichberechtigungsbewegung, Erklärung der 274ff.
Gleichgültigkeit (und Brutalität) gegenüber Kindern 18, 232, 268, 272, 281
Gloger, B. 326 (A 125)
Glückshaube (Heidenmütze) 83
Godelmann, Johann Georg (16. Jh.) 68
Goldscheid, Rudolf (1870–1931) 340 (A 495)
Golowin, S. 327 (A 136), 332 (A 282)
»Goslarer Stadtrecht« (14. Jh.) 115, 243

»Gotteslästereredikt« (1495) 396
Gottrom, H.A/Schröder, W. 418 (N 36)
Graus, F. 415 (N 11)
Gregor XIV. (Papst, 1590–1591) 332 (A 297)
Gregor IX. (Papst, 1227–1241)
- »Decretales« 1230–1234 112, 407
Gribbin, J. 343 (B 34), 344 (B 48)
»Griechische Mittel« 86, 91, 96
»Griechisches Opfermahl« und Evolutionsoziologie 421ff. (N 63)
Grien (= Hans Baldung, Maler und Gegner der Hexenverfolgung, 1484/85–1545) 5
Grigg, D. 325 (A 87), 333 (A 308), 335 (A 395)
Grillandus, Paulus (16. Jh.) 46
Grönland 231, 410
Grotius, Hugo (1583–1645) 174
Guazzo (auch Guaccio), Francesco-Maria (16./17. Jh.) 46, 63, 71, 74, 321 (A 8)
Gulag 158f.
Gustafsson, B. 349 (B 171)
Gynäkologie (Frauenheilkunde) 56, 175, 381f., 405, 412

H

Haag, H. 331 (A 238)
Habermas, J. 421/423 (N 63)
Häretiker (s. Ketzer)
Hagemann, H.-R. 342 (B 6)
Hajnal, J. 336 (A 411), 337 (A 421)
Hamilton, A. 323 (A 49), 343 (B 16)
Hamkens, F.H. 28
Hammes, M. 332 (A 289), 334 (A 352)
Hanley, S.B. 330 (A 211)
Hansen, Joseph (Hexenforscher, Ende 19. Jh.) 321 (A 2), 322 (A 14), 331 (A 243/A 254), 337 (A 423)
Haruspices 27
Hase, D.v. 349 (B 165)
Hassan, F.A. 323 (A 41)
Hatcher, J. 330 (A 222), 333 (A 306/A 309)
Hauschild, T. u. a. 54, 119, 239, 418 (N 40)
Haverkamp, A. 322 (A 18)

Hayden, B. 323 (A 44)
Hebammen, Mittelalter
- und Ärztinnen 30, 45, 62, 73, 375f., 384, 412
- Autorität und Macht 44ff., 81ff.
- Berufsgeheimnisse 45
- als Geburtshelferinnen und Spezialistinnen für Geburtenkontrolle 13, 44f., 381f., 388, 391f., 404
- Weise Frauen (s. diese)
Hebammen, Neuzeit
- dürfen keine medizinische Hilfe leisten 122, 125
- schaden dem katholischen Glauben 80, 108, 240, 417 (N 32)
- Schwangerenbespitzelung 118ff.
- überwachte Geburtshelferin und Hebammenordnungen 62, 114, 120ff., 143f., 380, 399, 412f.
- Qualifikationsverlust 173f.
Hebammenordnungen (ab 15. Jh.) 114, 120ff., 175
Hebammenordnungstheorie angebliche Überwindung mangelnder Berufsethik 124
Hebammenverfolgung 10, 13, 75, 91, 114ff., 143f., 149f., 380
- Bedeutung in der Hexenverfolgung 75, 143f., 379f., 383f., 391f., 397
Heberle, Rudolf (19./20. Jh.) 340 (A 495), 397
Heide, C. 351 (C 6)
Heiligkeit des Lebens 50, 130, 158, 235, 258, 267
Heilzauber (weiße Magie, weiße und wohltätige Hexe 15, 45ff., 85, 156
Heinsohn, G. 11, 323 (A 48), 324 (A 58/A 74/A 79), 325 (A 90), 330 (A 211), 332 (A 283), 333 (A 302), 338 (A 436/A 439/A 446), 339 (A 478), 340 (A 479/A 480/495), 342 (B 4), 343 (B 20/B 21), 344 (B 47/B 51/B 52), 345 (B 60/B 78), 346 (B 104/B 106), 347 (B 112/B 114/B 117/B 121/B 122), 348 (B 124/B 127/B 135), 349 (B 165/B 170), 351 (C 4), 353 (C 7), 369, 415 (N 1/N 3/N 5/N 7/N 15), 416f. (N 17/N 18/N 24/N 29/N 30/N 32), 419 (N 45/N 46), 423 (N 63)
Hemming, W. 344 (B 37)
Henningsen, G. 70, 327 (A 139), 334 (A 340/A 344)
Herlihy, D. 326 (A 114)
Hermanni, Nicolaus (schwedischer Bischof, 1370–1391) 392
Herold, L. 327 (A 136)
»Hexenbulle« (1484) 26f., 33, 77, 110, 132, 157f., 237, 246, 321f. (A 11), 322 (A 30), 374, 390, 393, 402
- nicht aus religiösem Fanatismus erlassen 33
- gegen traditionellen Schadenzauber *und* Geburtenkontrolle 33, 322 (A 30), 393
Hexenflug (auch Besenstiel) 15, 28, 65ff., 326f. (A 131)
Hexenforschung 12, 15, 23
- und Feminismus 13f., 23, 369ff.
- »Frankfurter allgemeine geisteswissenschaftliche Methode« 385, 389ff., 396ff., 416 (N 31)
- humanistische des 19. Jh. 23, 29f., 32
- professionelle 369f., 376ff.
- Quellenignoranz und -entstellung 31, 337 (A 423), 377ff., 388ff., 414, 415 (N 15)
- Quellenmanipulation und -fälschung (Behringer) 396ff., 414
- Uminterpretation der Empfängnisverhütung zu Schadenzauber 391f.
- und Rechtsgeschichte 369, 399, 402ff.
- und Sexualwissenschaft 369, 412ff.
»Hexenhammer« (s. »Malleus Maleficarum«)
»Hexen-Hebammen« 10, 25, 30ff., 73, 75ff., 143f., 237ff., 244, 321 (A 8), 327 (A 136), 379ff., 391f., 397, 399, 417 (N 32), 422 (N 63)
- Definition im »Hexenhammer« 30, 75, 397
»Hexenjagd in Bayern« (Memmingen 1988) 388, 395, 413f., 416 (N 25)
Hexenprozeß

- Bedeutung erhaltener Akten 72, 132, 135, 143, 147f., 383, 401, 418 (N 43)
- gegen Recht und Gesetz 90

Hexensabbat 15, 68ff., 141, 324 (A 70)

Hexensalbe 66ff., 92, 150f., 326 (A 131)

»Hexentat« (im »Hexenhammer«) 392f.

Hexenverfolgung
- eigentlicher Beginn nach 1360 15, 107, 112, 132f., 291, 330 (A 228)
- Eigendynamik 130, 394
- Einzugsbereich und Zeitraum 137
- Ende durch Übergang in staatliche Sexualüberwachung 131, 136f., 174, 176, 182, 248, 333 (A 302), 395
- Ende durch Übergang zu bevölkerungspolitischer Feinsteuerung 248, 395
- Gefährdung der Bevölkerungspolitik 145f., 371, 403, 419f. (N 59)
- gegen ein Wissen, *nicht* gegen ein Geschlecht 31, 55, 77, 94, 125, 144, 153ff., 372, 376
- Gegner 5, 25f., 55, 90, 130f., 333 (A 302), 395, 403, 423 (N 63)
- Männerverfolgung 144ff., 240, 328 (A 166), 334 (A 362), 372, 390f., 417f. (N 33)
- Motive jenseits der Bevölkerungspolitik (einschließlich traditioneller Schadenzauberbestrafung) 81f., 130f., 146f., 375, 394, 414
- Neuartigkeit 14, 75, 113, 377, 384, 393, 396, 402f., 406ff., 422 (N 63)
- ohne Todesstrafe 139, 381
- Rätselhaftigkeit 13, 15, 24, 72, 86, 107, 138, 377, 383f., 403f., 410f., 413
- Töchter mit den Müttern 154
- und Judenverfolgung 29, 322 (A 18), 375, 421ff. (N 63)
- unterschiedliche Interessen von Obrigkeit und Volk 11, 15, 383f.
- Veränderung im Sexualverhalten durch Zwangsmaßnahmen 411, 420f. (N 62)
- Verbrennung und Folterung von Kindern und Säuglingen 88, 155f.
- vor der Neuzeit 62f., 73, 81f., 322 (A 14)
- Zahl der Opfer (Schätzungen) 135ff., 240, 371, 380f., 403, 415f. (N 16)

Hexenverfolgungstheorien
- acht Erklärungsmodelle (Ben-Yehuda) 403f.
- Beseitigung der Gewinne aus Salben und Medikamentenhandel 125f., 332 (A 280)
- Dämonenobession des einfachen Volkes 394f.
- Dämonenobession der Mächtigen 23f., 108
- Erfindung für Fortbeschäftigung von Inquisitionspersonal 112f.
- Erntekrisen 1580–1620 bzw. 1560–1630 14, 82, 146, 394, 403,
- Erzielung ökonomischer, politischer oder persönlicher Vorteile 130, 403f., 414
- evolutionistische Erklärung 322 (A 14), 421ff. (N 63)
- Frauenfeindlichkeit 77, 372, 374, 376, 397f.
- gegen antisoziale Bewegungen aus sexueller weiblicher Frustration 107f.
- gegen »Aufflackern« weiblicher Sinnlichkeit 64, 422 (N 62)
- Glaubenseifer 107f.
- Hebammenkunstfehler-Theorem 32, 124, 384, 399
- Hebammenschwarzarbeits-Theorem 399
- heidnische geheime weibliche Fruchtbarkeitssekte 45f., 84, 324 (A 70), 374, 403
- Hexen als Verrückte 55, 403
- Hexenverfolger als Verrückte 23f., 29f., 86, 88, 374f., 403, 406
- Institutionalisierung einer »universalistischen« Moral 421ff. (N 63)
- Kampf gegen Drogenmißbrauch 64f., 403
- Ketzerei 29, 107
- Kuriosa 398ff.

- Modernisierungsprozeß des abendländischen Rationalismus (= Kampf gegen weibliche
- Monopolisierung der Wissensproduktion 421ff. (N 63)
- Privilegierung von männlichen Ärzten und Apothekern 125, 375, 382, 403f., 405, 412f.
Irrationalität 13f., 23f., 370, 404, 413, 421 (N 63)
- psychoanalytische (auch psychologische) Erklärungen 24f., 404, 407
- Unterstützung von Bauernaufständen 84
- Weiterführung des »griechischen Opfermahls« 421ff. (N 63)
- Widerwille gegen Erörterung der Geburtenkontrolle 31f., 337 (A 423), 373f., 377, 381, 384, 388, 390ff., 396ff., 404, 412f.
»Hexenwahn« 14, 23ff., 29f., 31f., 64, 86, 88f., 174, 406
Hexenzauber (»witchcraft«) 132
Hexer 31
Hexer
- als Incantator 31
- als Magus (weiser Mann) 31
- als Salbenhändler 126
Hexerei, siebenfache der Geburtenkontrolle (s. siebenfache Hexerei)
Hieronymus (345–419 u. Z.) 29
Hill, C. 339 (A 452)
Himes, Norman E. (19./20. Jh., Pionier der Geschichte der Geburtenkontrolle) 42, 323 (A 32), 324 (A 60/A 75), 339 (A 469), 343 (B 16)
»Himmelskörper« 48, 372f.
Himmler, Heinrich (1900–1945) 159
Hinduismus 260
Hirschfeld, Magnus (19./20. Jh.)/ Spinner, J. R. 331 (A 247), 344 (B 41), 345 (B 65), 346 (B 91)
Hitler, Adolf (1889–1945) 160, 335 (A 391)
Högemann, M./Kuhn, R. 349 (B 161/B 163)
Höjeberg, P. 295, 328 (A 163/ A 168/A 171), 332 (A 272), 337 (A 420/A 427)

Holbein, Hans der Jüngere (ca. 1497 – 1543) 105
Hole, C. 324 (A 71), 328 (A 162)
Holliger, E. 345 (B 86)
Homosexualität 18, 50, 77, 79, 242ff., 319, 405
- als Hexerei 77, 115, 238, 390f., 417f. (N 33)
- und weltliche Todesstrafe 115, 117, 243
Hongkong 255
Honegger, C. 87, 145, 321 (A 1/ A 4), 326 (A 125), 370
Hopkins, Matthew (gest. 1646) 140
Horken, H.K. 343 (B 35)
Horkheimer, Max (1895–1973) 402
Horsley, R.A. 383, 416 (N 19)
»Hospital für gefundene Kinder« (Paris 1670) 264f.
Hügel, F.S. 344 (B 44)
Humanismus 421 (N 62), 423 (N 63)
Humboldt, Alexander von (1769–1859) 343 (B 18)
Huren (s. Prostituierte)
Hurerei (Euphemismus für verhütungsangeleitete Genußsexualität) 94, 127ff., 170, 176, 244, 261
- als Hexerei 77, 94, 391
Huxley, Aldous (1894–1963) 157, 325 (A 384)
Hydromantie 27
Hygiene (Einfluß auf Geburtlichkeit) 36
Hygiene und medizinischer Fortschritt (Einfluß auf Sterblichkeit) 36, 53, 271, 371f.
Hysterie 68, 130, 254
Hysterieentstehung und Bevölkerungspolitik 253f.

I

Imhof, A. E. 323 (A 34/A 35/A 39/ A 59, 337 (A 423), 338 (A 434/ A 447/A 448/A 449), 340 A 496), 346 (B 96/B 101)
Impotenzerzeugung
- als Hexerei 74ff., 79, 115, 152, 238
- und weltliche Todesstrafe 115, 242f.
Impotenz und Maleficium 74
»Index librorum prohibitorum« 338 (A 432)

Indianer (Nordamerika) 409
Indien 258, 308
»Infant School« 271
Innozenz III. (Papst, 1198–1216) 234
Innozenz VIII. (1422–1492, Papst 1484–1492) 33, 77, 108ff., 157
Inquisition 107, 112f., 324 (A 70), 401f.
Institoris (Kramer), Heinrich (1430–1505) 26, 29, 64, 110f., 113, 321 (A 11), 322 (A 15/A 24/A 30), 327 (A 143/A 149), 328 (A 159), 331 (A 237/A 245/A 247), 334 (A 348/A 362), 335 (A 375/A 385), 344 (B 55), 345 (B 61), 393, 400, 417 (N 32)
Instrusionsphase (de Mause) 287f., 292
Inzest
- und Hexerei 92, 116, 156
- und weltliche Bestrafung 114ff., 117, 220, 243
Iran 260
Irrationalität (contra Rationalität in der Hexenverfolgung) 13f., 23f., 27, 29, 31, 55, 86, 256, 370ff., 374f., 403, 413f., 421 (N 63)
Islam 260
Island 172, 338 (A 449)
Israel 278

J

Jackson, H. 323 (A 42)
Jacobi, C. 373
Jacob (James) I. von England (1566–1625) 128
Janson, S. 329 (A 189)
Japan 255, 258, 320 (A 211)
Jaquier, Nicholas (geb. 1402, Inquisitor in Frankreich und Böhmen) 321 (A 8)
Jeier, T. 349 (B 150)
Jerouschek, G. 402ff., 412, 419f. (N 46/N 59), 423 (N 63)
Jevons, William Stanley (1835–1882) 197, 329 (A 476)
Jörs, P. 330 (A 211)
Johannes Paul II. (Papst, seit 1978) 126
Johann von Salisbury (ca. 1110–1180) 326 (A 125)

Johansen, H.C. 324 (A 56)
Johansen, S. 336 (A 416), 338 (A 433)
Jürgens, H.W. 351 (C 3)
Jugendhilfe 303f.
Jugendschutz (s. Kindesrecht, Schutzgesetze)
Jung, Johann Heinrich (1740–1817) 246ff., 291f., 345 (B 69) 346 (B 105)
Jungfrauenmoral 260
Jungwirth 322 (A 23), 324 (A 68)
Justinian (Kaiser, 483–565) 228

K

Kälvemark, A.-S. 340 (A 478), 351 (C 3)
Kahn, H. 336 (A 397)
Kakutani, M. 418 (N 40)
Kammeier-Nebel, A. 409, 419 (N 51)
Kapitalismus
- Entstehung im 14./15. Jh. 106
- und Sexualität 255f.
Karl d. Gr. (ca. 742–814) 63, 102, 231
Karl V. (1500–1558, Kaiser 1519–1558) 68, 115, 117, 242
Karlsen, C.F. 418 (N 40)
Karsten, M.E./Rabe-Kleberg, U. 349 (B 165)
Kastration
- als Hexerei 77, 115, 238
- weltliche Todesstrafe 115, 242f.
Katharer
- Geburtenkontrolle 52, 111ff.
- Kindesliebe und Geburtenkontrolle 52, 290
Katharerverfolgung 111ff., 407
- keine Vorstufe zur Hexenverfolgung 107, 112
Kautsky, Karl (1854–1938) 195
»Kein Land, keine Heirat!« (mittelalterliche Regel) 127, 261
Kellum, B. 325 (A 108), 344 (B 42)
Kelsal, R.K. 329 (A 208)
Kepler, Johann (1571 – 1630) 154
Ketsch, P. 326 (A 114/A 119/A 122), 331 (A 261), 332 (A 281)
Ketzer (Differenz zu Hexen) 29, 107, 117, 421f. (N 63)
Ketzerei 28f., 30, 32, 64
Keuschheitsüberwachung 259

Keynes, J.M. (1883–1946) 317
Kibbutz 277ff., 320, 348 (B 129)
Kieckhefer, R. 331 (A 229/A 230/
 A 243)
»Kindchenschema« 221
Kinder als inferiores Statusgut
 202ff.
Kinder als Investitionsgut
 (s. Kinderzahl und individuelles
 ökonomisches Interesse)
Kinder als Konsumgut 199ff., 340
 (A 482)
Kinder, Infantilisierung 220
Kinder und Einkommensquelle
 203f.
Kinderarbeit 271
– Verbot der 272f.
Kinderfeindlichkeit, angeblich bis
 1950 (de Mause) 52, 285ff., 292f.
Kinderfreundlichkeit (s. a. Kindesliebe) 222, 280
Kindergeld
– Antike 227f.
– Bundesrepublik Deutschland 299
Kindergarten 234, 300ff.
Kinderhäuser im Kibbutz 281
Kinderheime 234
Kinderkosten, Einkommenshöhe
 und 201f., 340 (A 482)
Kinderkrippe 234, 302
Kinderladen 302
Kinderlosigkeit 12, 113, 302, 410
Kinderscharen der Neuzeit 264
Kindersterblichkeit (s. a. Säuglingssterblichkeit)
– angeblich hoch in der Antike 40
– angeblich hoch im Mittelalter 36
– 17. bis 19. Jh. 40, 186, 270, 372,
 400
Kindertransportgeschäft 266
Kinderweggeben, Verschwinden
 des Schamgefühls in der Gegenwart 302
Kinderzahl
– Anstieg in der Neuzeit 167f., 171,
 217, 240f., 337 (A 423), 372
– Auseinanderfallen von individuellem und gesellschaftlichem
 Interesse 47, 184, 210, 226f., 235,
 245, 270, 372
– Desinteresse von Lohnabhängigen 12, 184, 218, 259, 275f.

– individuelles ökonomisches
 Interesse 12, 47, 53, 57, 99f., 113,
 198ff., 229f., 270, 280f., 290, 315,
 372
– Rückgang in der Gegenwart 178,
 275f.
– und »Unbesonnenheit« 189, 195
– vererbbares Vermögen 12, 99f.,
 127, 210
– Zusammenfallen individueller
 und gesellschaftlicher Interessen
 229f., 232, 280f.
– Zwei-Kinder-Regel der Besitzenden 270, 291
Kinderzahl, Antike 41, 224
Kinderzahl, frühe Neuzeit 167f.,
 372
Kinderzahl, Kibbutz 277
Kinderzahl, Mittelalter 16, 36, 52,
 58, 229ff.
– Vorstellung großer Kinderscharen als Projektion aus dem
 17.–19. Jh. 36, 52, 231
Kinderzahl, Stammesgesellschaften
 38f., 281, 409
Kinderzahl, Zufriedenheit 353
 (C 7)
Kindeshaß (angeblich natürlicher)
 292f.
Kindesliebe (s. a. Kinderfreundlichkeit) 52, 219, 231, 233, 235,
 242, 268, 281, 290, 347 (B 114)
– Ideologie ihrer Naturhaftigkeit
 293
– in Verbindung mit Geburtenkontrolle, Kindestötung und
 Wohlergehen der Eltern 290f.,
 372f.
Kindesmißhandlung 285ff.
Kindesopfer 48, 66ff., 70f., 73, 77,
 372
Kindesopferung als Hexerei 79f.,
 93, 417 (N 32)
Kindesqualität 277
– und moderne Bevölkerungsökonomie 200f.,
Kindesurlaub 219f., 243, 245, 262
Kindesrecht, Schutzgesetze 17, 216,
 220, 233, 262, 269, 272, 311ff.
Kindestötung (auch -aussetzung)
 38f., 41f., 48, 57, 72, 79f., 86, 88,
 92ff., 96, 99, 115, 194f., 218f.,

223f., 233f., 258f., 286, 288, 290, 330 (A 211), 343 (B 18/B 20), 408f. 410, 417 (N 32)
- als Hexerei 77, 79f., 92ff., 115, 150ff., 238
- Neuzeit 170f., 176, 410
- und weltliche Todesstrafe 115, 118, 243
- Vorhandensein schließt nicht Kindesliebe aus 290f.

Kindestötungsverbot
- China (1950) 258
- Indien 345 (B 82)
- jüdisches (6 Jh. v. u. Z.) 48, 343 (B 21), 372f., 423 (N 63)
- Konstantins d. Gr. (318 u.Z.) 50, 227f., 233, 235, 325 (A 81)
- Valentians I. (374 u.Z.) 228, 325 (A 81)

Kindesvernachlässigung (einschließlich Kindesmißhandlung) 16, 18, 52, 179ff., 185, 216f., 232f., 235ff., 260, 272, 282, 296f., 349 (B 167), 405
- Beginn nach 1360 291, 405
- für Mittelalter nur partiell nachweisbar 52, 232
- selten im Kibbutz 279

Kindesvernachlässigungstheorie
- Friedrich Engels 195
- Adam Smith 188f.,

Kindesweggabephase (de Mause) 286f.

Kindeswohl und existentielle Gewolltheit 228, 271, 280ff., 280f., 295f., 315, 320, 372

Kindeswunsch in Demographie und Ökonomie (Glaube an Naturhaftigkeit) 16, 18, 187, 194, 196ff., 199, 201, 207, 209, 340 (A 497)

Kindheit, Geschichte
- Antike 41, 24, 288ff.
- evolutionistische Theorie 18, 285ff.
- Mittelalter 18, 52f., 229ff., 268, 285ff.
- Neuzeit (Eigentumsklassen) 263
- Neuzeit (Lohnarbeiter) 18, 263ff.
- Stammesgesellschaft 18, 288
- Strukturbrüche 17

Kindheit, Institutionen 17, 232ff., 277ff., 300ff., 316, 349 (B 165)

Kindheit, Sinnlosigkeit 17, 234, 280f., 295f., 319f.

Kindheit, Trennung vom Erwachsenenleben 17, 234, 280

Kindheitstötungsphase (de Mause) 286f.

Kirche, Mittelalter
- Schädigung durch große Pest 108
- Wirtschaftsmacht 106, 108, 240

Kirche und Staat (Neuzeit, Bevölkerungskontrolle) 157ff., 240, 298f., 395, 422 (N 63)

Klaits, J. 411, 419 (N 57)

Kleinkindbewahranstalten 271

Klima
- kleine Eiszeit (1303–1880) 103, 270
- im Mittelalter günstig 102f., 231, 330 (A 214)
- Verschlechterung im 14. Jh. 103f., 235

Knapp, H. 337 (A 419), 344 (B 43)

Knaus-Ogino-Methode 126

Knieper, B.M.C. 348 (B 127) 349 (B 165)

Knieper, R. 11, 324 (A 79), 325 (A 90), 330 (A 211), 333 (A 302), 338 (A 436/A 439/A 446), 339 (A 478), 340 (A 479/A 480/ A 495), 342 (B 4), 344 (B 52), 345 (B 78), 346 (B 104/B 106), 347 (B 114/B 117), 353 (C 7), 416 (N 24)

Knodel, J./Kintner, H. 346 (B 103)

König, B.E. 334 (A 327)

Kohen-Raz, R. 348 (B 131)

Kohl, Helmut (Bundeskanzler) 276

Kohler, J. 329 (A 179/A 181/ A 187), 332 (A 278)

»Kolonen« (Leibeigene) 102, 229

Kompensatorische Erziehung 272

Konkubinat
- Ächtung in der Neuzeit 169
- als Hexerei 77, 391
- als Euphemismus für verhütungsangeleitete Genußsexualität 58f., 169, 193

Konstantin d. Gr. (ca. 288–337 u.Z.) 50, 57, 227, 235

Konzil von Gangra (341 u.Z.) 49

Konzil von Toledo (759 u.Z.) 61

Konzil von Trient (1545–1563) 126, 241, 338 (A 432)
Korea 255
Kors, A.C./Peters, E. 249
Kovács, Z. 333 (A 314)
Kräutertränke als Verhütungs- und Abtreibungsmittel 14, 31, 42ff., 48ff., 52ff., 56, 69, 79f., 118, 129f., 150f., 175, 218, 222, 230, 238f., 323 (A 42), 393, 405, 409f.
Krag, K. 323 (A 42), 342 (B 9), 343 (B 19)
Kuczynski, J. 197, 339 (A 475), 346 (B 107)
Kühner, H. 331 (A 236)
Kultur und Triebverzicht 255
Kummer, B. 324 (A 66)
Kunstmann, H. H. 334 (A 328), 335 (A 372)
Kuppelei (Leibesstrafe) 117, 243
Kursächsische Kriminalordnung (1572) 119

L

Lactantius (260–340 u. Z.) 50
Lallemand, L. 344 (B 46)
Lamb, H. H. 330 (A 214)
Langer, W. L. 343 (B 18)
Laslett, P. 326 (A 118)
Laster (Euphemismus für Geburtenkontrolle) 190, 193f., 251
»Lateinkenntnisse« der Hebammen 381f.
Lee, R. 329 (A 208)
Lee, R.B. 323 (A 46)
Lehmann, H. 328 (A 167)
Leibenstein, H. 202ff., 340 (A 485/A 488/A 490/A 491)
Leibrock, L. 385ff., 400, 416 (N 21)
Le Roy Ladurie, E. 325 (A 91), 346 (B 102), 349 (B 153)
Levack, B.P. 418 (N 40)
Levi, S. 343 (B 16)
Leviathan, U. 347 (B 120)
»Lex Burgundionum« (7./8. Jh. u. Z.) 243
»Lex Frisionum« (Mittelalter) 218
»Lex Riquaria« (6. Jh. u. Z.) 243
»Lex Salica« (5. Jh. u. Z.) 243
»Lex Saxonum« (8./9. Jh. u. Z.) 243
Lieberwirth, R. 333 (A 302)
Liliequist, J. 418 (N 33)
Liljeström, R. 336 (A 414)
Linné, Carl von (1707–1778) 268
»Lingköping-Statut« (14. Jh.) 392
Lipsius, Justus (1547–1606) 174
Lithospermum ruderale 323 (A 42)
Lochgefängnis für Hexerei 139, 381
Lohn als Familienlohn 188, 196f., Lohnabhängige und Ehelosigkeit 274f.
Louffenberg, Heinrich (15. Jh.) 232
Lorenzer, A. 321 (A 5), 411
Lundgren, P. 347 (B 113)
Luther, Martin (1483–1546) 127f., 241, 261, 332 (A 285/A 287), 345 (B 63)
Lutheraner (Kampf gegen Geburtenkontrolle) 119, 127, 241

M

MacFarlane, A.D.J. 327 (A 137)
Männliche Ärzte
– Ausschaltung der Quacksalber 125
– Keine Übernahme des Verhütungswissens der weisen Frauen 175, 382, 405, 412f.
– Schweigen zu Empfängnisverhütung in der Neuzeit 175, 382
– Überwachung der Hebammen in der Neuzeit 120f.
Magie 14, 34ff., 48ff., 54, 69, 156, 379, 407
– und Drogen 15, 43, 48ff., 69f., 129, 132
– und Geburtenkontrolle 34ff., 43, 54, 48ff., 73, 379f., 407
Maier, H. (CSU-Politiker) 339 (A 453)
»Maleficium« 90, 117
– als Geburtenkontrollhandlung 14, 31, 44, 54ff., 64ff., 129, 132ff., 141, 151f., 240, 379f.
Malinowski, Bronislaw (1884–1942) 18, 255
»Malleus Haereticorum« (Ketzerhammer, ca. 400 u. Z.) 29f., 422 (N 63)
»Malleus Iudeorum« (Judenhammer, 1420) 29, 422 (N 63)

»Malleus Maleficarum« (»Hexenhammer«, 1487) 14, 26, 29, 64, 75ff., 88, 91, 94, 108, 113ff., 143, 153f., 237f., 321f. (A 11), 331 (A 245), 374, 377ff., 383, 387ff., 402, 406, 415 (N 15), 417 (N 32), 418 (N 37), 419 (N 59), 422 (N 63)
- Beurteilung als »wirr« bzw. »bestinformiert« 388f.
- Grundanliegen 75, 79
- »Siebenfache Hexerei« 77ff., 153, 238, 327 (A 156), 373f., 377, 390ff., 402, 408, 415 (N 15)
- Sprengers »Apologie« 113
- Unterscheidung zwischen Geburtenkontrollhexerei und traditionellem Schadenzauber 14, 75, 322 (A 30), 377, 379, 384, 393, 396, 402f.

Malthus, Thomas Robert (1766–1834) 187, 189ff., 194f., 337 (A 421), 339 (A 460), 387, 395, 406
- Angst vor Verhütungsmitteln stärker als Angst vor zu vielen Menschen 190ff.

Malthusianismus 316
Mamozai, M. 419 (N 54)
Manichäer und Geburtenkontrolle 51, 111, 235
Manieren (»gute Sitten«) 245f., 251
Marcus (Pseudonym, 19. Jh.) 339 (A 468)
Mark Aurel (121–180 u. Z.) 50, 226
Marschalck, P. 323 (A 37/A 38/ A 54), 347 (B 119)
Martin, P.C. 335 (A 373), 416 (N 32)
Marx, Karl (1818–1883) 194ff., 278, 338 (A 445), 339 (A 472)
- Theorie der Fortpflanzung 196f.

Marxismus und Schwangerschaftsverhütung 194f., 274
Marzahn, C. 346 (B 92)
Marzell, H. 326 (A 131)
Massenaufzucht von Kindern 264ff., 279
Matrilinearität 218, 222f., 342f. (B 15)
Mause, L. de 18, 285ff., 342 (B 3), 343 (B 31), 348 (B 137)

Maximilian I. (Kaiser, 1493–1519) 114, 396
Mayo, K. 345 (B 82)
McEvedy, C./Jones. R. 330 (A 209), 336 (A 398/A 400/ A 404), 338 (A 442), 342 (B 1), 345 (B 85), 346 (B 109)
McLaughlin, M.M. 343 (B 31)
Mead, Margaret (1891–1978) 18
»Medicamenta«
- als Empfängnisverhütungs- und Abtreibungsmittel 15, 43f., 69, 118, 125f., 129, 175, 238f.
»Medicinische Polizey« 387
»Medizin« (s. »Medicamenta«)
Medizinischer Fortschritt 371f.
Medizinmann (»Zauberdoktor«) 69, 328 (A 166)
Mendels, F. F. 341 (A 498)
Menschenopfer (s. Kindestötungsverbot, jüdisches)
Menschenproduktion 16, 95ff., 114ff., 157ff., 216, 411
- als Warenproduktion 188
Menschenrecht auf Fortpflanzung 352f. (C 7)
Menschenrecht auf Leben (s. Recht auf Leben)
Merkantilismus (s. Bevölkerungspolitik sowie Bevölkerungswissenschaft)
Methorst, H. W. (19./20. Jh.) 36
Mettke, J. 335 (A 365)
Mexiko 328 (A 166)
Michelet, Jules (Hexenforscher, 1798–1874) 133, 326 (A 124)
Midelfort, H. C. E. 326 (120), 334 (A 353)
Mitterauer, M. 336 (A 414)
Möller, J. M. 350 (B 173)
Moheau (französischer Merkantilist, gest. ca. 1778) 246
Mombert, Paul (19./20. Jh.) 339 (A 451), 340 (A 480)
Monokausalitätsvorwurf 374, 404, 413
Monter, E.W. 329 (A 189)
Moor, E. 345 (B 82)
Moore. G. A. 329 (A 177)
Moral, universalistische 421ff. (N 63)
Moses, Julius (SPD-Reichstagsabgeordneter, 1920–1932) 387

Moslems, Verfolgung der
   401f.
Müller, Johannes (19./20. Jh.) 340
   (A 495)
Müller, Johannes von (1752-1809)
   345 (B 67)
Münder, J. 349 (B 155)
Mündigkeitsalter 219f.
Münz, R./Pelikan, J. M. 342 (B 5),
   347 (B 116)
»Mütter im Staatsdienst« 316, 351
   (C 3)
Murray, Margaret (19./20. Jh.) 45,
   324 (A 69)
Mutterliebe (im 18. Jh. erzwungen)
   292f.
- Stillpflicht für jede Mutter (im
   19. Jh. erzwungen) 268
Myrdal, Alva (1902-1985) 198, 339
   (A 477)
Myrdal, Gunnar (1898-1987) 198,
   339 (A 477)

N

Nähramme als Vorstufe der
   Pflegemutter 266, 338 (A 429),
   347 (B 114)
Naess, H.E. 334 (A 340/A 353)
Nationalsozialismus (Bevölke-
   rungskontrolle) 157ff., 198, 243,
   387
Natorp, K. 352 (C 2)
Naturwissenschaft, weibliche
   374ff.
Nawrocki, J. 351 (C 1)
Nemitz, K. 416 (N 22)
Neomalthusianer 12, 176, 269, 273,
   346 (B 104), 377, 386
»Nestelknüpfen« 91
Nettoreproduktionsrate 336 (A 405)
Neues Testament
- Askese und Ehelosigkeit 49
Newall, V. 327 (A 131)
Nichteheliche Sexualität
   (s. a. Hurerei, Konkubinat
   sowie Unzucht)
- strafbar bis in die 70er Jahre des
   20. Jh. 198
Nider, Johannes (ca. 1380-1438)
   27, 74, 392
Nissim, R. 73

Noonan, John T. (Pionier der
   Geschichte der mittelalterlichen
   Empfängnisverhütung) 15, 47,
   129f., 132, 323 (A 42/A 52), 324
   (A 57/A 59/A 61/A 73/A 76),
   325 (A 80/A 96/A 104/A 109/
   A 112), 326 (A 113), 331 (A 240),
   332 (A 279/A 284/A 295), 335
   (A 393), 338 (A 431/A 435/A 440),
   341 (A 497), 344 (B 59), 345
   (B 62/B 74), 378f., 382f., 407, 409
Nordamerika 259, 409
Nordberg, M. 323 (A 55), 325
   (A 89/A 95), 326 (A 114/A 115),
   330 (A 213/A 220/A 223), 331
   (A 233)
Norman, H.J. 327 (A 131)
Norwegen 141, 178, 334 (A 340),
   338 (A 449)

O

Ökologie 308, 316
Österreich-Ungarn 115, 387
Orgis, W. 342 (B 7/B 10/B 11)
Ohlin, G. 339 (A 450)
Oldenburger, Andreas (17. Jh.) 381
Onaniedebatte 253ff., 288, 333
   (A 302)
Onanieverbot für Unterbindung
   von Geburtenkontrolle 108,
   248ff., 288, 292, 333 (A 302), 371,
   380, 406, 413
- und Ende der Hexenverfolgung
   248, 333 (A 302)
Onanismus (Definition) 251f.
Orgasmus, Reduzierung auf Fort-
   pflanzung 248
Ortés, Giammaria (1713-1790) 339
   (A 454)
Orwell, George (1903-1950) 157,
   335 (A 384)
Ott, H. 323 (A 47)
Ott, U. 73
Ozeanien (Australien et al.) 38f.,
   164f., 258f., 409f.

P

Paczensky, S.v. 348 (B 135)
Pädagogisches Desinteresse 281,
   302

Pädagogisches Engagement 282f., 348 (B 130)
Palâtre, P. 345 (B 84)
Palladius, Petrus (dänischer Bischof, 16. Jh.) 128f.
Panigrahi, L. 345 (B 82)
Paramo, Inquisitor (13./.14. Jh.) 107
Parricidium (Verwandtenmord) 50
Parrinder, G. 327 (A 131), 328 (A 166)
Pascal, Blaise (1623–1662) 174
Patrilinearität 218
Patriarchat
– beseitigt weibliches Vorrecht der Kindestötung 41, 99, 223f.
– Entstehung und Entwicklung 224ff., 343 (B 20)
– familiale Ökonomie 96, 259f.
– und Sexualkontrolle 259
Paul VI. (Papst, 1963–1978) 126, 160, 240
Perkins, William (1555–1602) 47, 85
Pessare 48
Pest, große (1348-1352) 15, 96, 104f., 108, 184, 228, 236, 329 (A 207), 330 (A 209), 375, 400, 413, 422 (N 63)
Pflichtschulen 234
Pharmakeia (s. a. Veneficium) 43, 49, 55
Philantropen (Menschenfreunde) 16, 269
Piers, M.W. 343 (B 18)
Pille 42
Ping-ti Ho 345 (B 84)
Plautus (254–184 v. u. Z.) 99f.
Plinius der Ältere (ca. 23–79 u. Z.) 41, 43, 48, 226
Ploss, Heinrich (1819–1885)/Bartels, Max (Ende 19. Jh.)/Bartels, Paul (19./20. Jh.) 410, 419 (N 52)
Poliakov, L. 330 (A 228)
»Polizey« 88, 115, 246ff., 270, 387, 406, 411
»Polizey-Wissenschaft« 246ff., 253, 269, 333 (A 302), 395
»Populierung« 185, 374, 411, 413
Postan, M.M. 330 (A 219)
Postkoitale Körperhaltungen 48
Praetorius, J. (17. Jh.) 325 (A 98), 334 (A 360)

Pranger für Hexerei 139, 381
Prause, G. 399, 418 (N 39)
Priesterin und Hexe 71f., 327 (A 136)
Priskil, P. 321 (A 6), 335 (A 388)
Prostituierte
– und Geburtenkontrolle 35ff., 57
– Stellung im Mittelalter 61, 421 (N 62)
Prostitution (Bestrafung ihrer Förderung) 117
Protestantismus und Hexenverfolgung 119, 127ff., 411
»Prozeß der Zivilisation« 173, 245f., 421 (N 62)
Psychoanalyse (auch Psychologie) 24f., 253ff., 286, 292, 404, 406
Psychohistoriker 285ff.
Pyromantie 27

Q

Quacksalber (Salbenhändler, wie Hexen-Hebammen behandelt) 121, 125f., 332 (A 280)

R

Raab. T.K. 229 (A 189)
Rabin, A.J./Hazan. B. 348 (B 125)
Radbruch, G. 331 (A 253/A 255)
Randow, T.v. 418 (N 39)
Rassismus 181f., 338 (A 446), 373
Rationalität (s. Irrationalität)
Rauschmittel (Halluzinogene) 15, 64ff., 326f. (A 131)
Rauschmittelherstellung, Verschwinden der 64f., 405
Recamier (französischer Chirurg und Wiedererfinder des Speculums, 1812) 405
Recht auf Leben 48, 423 (N 63)
Rechtsgeschichte und Hexenforschung 369f., 399, 402ff.
Reich, Wilhelm (1897–1957) 255f., 345 (B 80)
Rehm, L. 346 (B 89)
Remy, Nicholas (1530–1612) 138
Renaissance 24, 174, 382, 422 (N 63)
Renggli, F. 343 (B 15)
Rentenkrise 316f.

Richter, A. 349 (B 158)
Riese, K. 387, 416 (N 23)
Riezler, Sigmund von (Hexenforscher, Ende 19. Jh.) 327 (A 146), 333 (A 303), 334 (A 349/A 351), 35 (A 373/A 380)
Ring, R. 325 (A 88), 343 (B 30)
Ritter, H. 416 (N 31)
Ritter, J. F. 333 (A 298)
Robbins, R. H. 141, 322 (A 25), 324 (A 72), 326 (A 127), 327 (A 142/ A 144/A 147), 328 (A 166), 329 (A 184/A 188/A 194), 331 (A 244/A 250/A 251), 332 (A 292), 333 (A 320/A 324), 334 (A 332/A 337), 381
»Römischer Katechismus« (1566) 126, 129, 160, 240f., 394, 408
Römisches Reich
- Bevölkerungspolitik 50, 99ff., 184, 221ff., 226ff., 229f.
- Bevölkerungsrückgang (200-700 u. Z.) 96, 101, 226
- Kinderzahl 41
- Menschenmangel 86
Rösslin, Eucharin (16. Jh.) 4
Rosenbladt, S. 373, 415 (N 5)
Roskoff, Gustav (1814-1889) 333 (A 311)
Rossiaud, J. 420 (N 62)
Rostowzew, Michail (1870-1952) 330 (A 212)
Rudolph, W. 419 (N 49)
Rueff, Jacob (16. Jh.) 84
Rüger, W. 346 (B 93)
Rühfel, H. 289, 349 (B 149)
Russel, J. B. 322 (A 19), 331 (A 228/A 231), 333 (A 321)
Russel, J. C. 330 (A 216/A 218)
Rußland 333 (A 314)

S

»Sachsenspiegel« (13. Jh.) 114f., 243
Saladin d'Auglure, B. 343 (B 18)
Salbenhändler (s. Quacksalber)
Samenverhaltung als Hexerei 75
Sanger, Margaret (1883-1966) 37, 323 (A 40)

Säuglingsernährung, Tier- statt Muttermilch 53, 172, 268
Säuglingspflege
- Mittelalter 52f., 172, 268
- Neuzeit 53, 172, 268
- Stammesgesellschaften 268
Säuglingssterblichkeit
- Mittelalter, angeblich hoch 52f., 216
- Neuzeit 40f., 53, 172, 266ff., 324 (A 56), 337 (A 423), 347 (B 114)
Sauer, R. 337 (A 420)
Scaliger, Julius Caesar (1484-1558) 174
Schadenzauber (auch schwarze Magie, schwarze Hexe) 14f., 27f., 47, 55, 62f., 74f., 81f., 92, 117, 146, 156, 322 (A 30), 377, 379, 384, 393f., 396, 402f.
- Unfruchtbarkeit 14f., 46f., 75, 94, 129, 393
Schäfer, H. 323 (A 47)
Scherpner, H. 344 (B 40), 346 (B 93)
Schieckel, H./Brandmüller, G. v. 349 (B 159)
Schilling, Diebold (15. Jh.) 239
Schipperges, H. 421 (N 62)
Schlesier, R. 321 (A 5)
Schlieben, E. 265
Schmerzmittel 65
Schmid, J. 337 (A 422)
Schmid, T. 348 (B 124)
Schmidt, G. 412ff., 420 (N 60/61)
Schmidt, Helmut (Bundeskanzler a. D.) 276
Schmidt, J.W. R. (19./20. Jh.) 322 (A 11), 331 (A 237), 344 (B 55), 345 (B 61), 417 (N 32)
Schnuller 268
Schöck, J. 334 (A 347/A 361/ A 363)
Schofield, R. S. 324 (A 56), 333 (A 310), 336 (A 405)
Schormann, G. 322 (A 29), 334 (A 364), 335 (A 386/A 389), 376, 383ff., 399, 416 (N 18)
Schottland 117, 128, 140, 331 (A 250)
Schubnell, H. 342 (B 2)
Schuldgefühl und Sexualgenuß 248
Schultz, Theodore W. (geb. 1902) 200, 340 (A 483/A 489)

»Schwabenspiegel« (ca. 1275) 114f., 243
Schwangerschaftsverhütung (s. Verhütungsmittel)
Schwarz, M. 337 (A 417), 346 (B 90)
Schweden 53, 117, 122f., 140f., 178, 182f., 268, 317, 331 (A 251), 334 (A 340), 337 (A 420), 338 (A 447/ A 449), 417f. (N 33)
Schweiz 142, 149, 154
Schwerhoff, G. 376ff., 384f., 405, 412, 415 (N 16/N 17)
Sebald, H. 399f., 418 (N 41)
Seckendorf, Veit Ludwig von (1626–1692) 186, 339 (A 453)
Seigel, J.E. 329 (A 189)
Selbstmordrate von Mädchen 283
Selbsttötung, Einführung ihrer Bestrafung 118
Selter, H. 337 (A 424)
Senior, Nassau William (1790–1864)/Chadwick, Edwin (1800–1890) 338 (A 444)
Septimus Serverus (römischer Kaiser, 193–235 u.Z.) 101
Sesamstraße (Kinderfernsehen) 348 (B 130)
Sexualerziehung, staatliche (Entstehung) 115, 247
Sexuelle Enthaltsamkeit
– als Geburtenkontrolle versus verhütungsmittelgesteuerte Genußsexualität 186f.
– Malthus' »moral restraint« 192f.
Sexualneurosen und Bevölkerungspolitik 253ff., 406
Sexualwissenschaft und Hexenforschung 369f., 412ff.
Shahar, S. 325 (A 112), 326 (A 116), 344 (B 38)
Sheehan, S. 348 (B 134)
Sherfey, M.J. 342 (B 14)
Shorter, E. 332 (A 277), 336 (A 409), 349 (B 154)
»Siebenfache Hexerei« der Geburtenkontrolle 74f., 77f., 82, 92, 110, 114, 152f., 209, 238, 327 (A 156), 373f., 377, 382, 384, 390ff., 399, 402, 408, 415 (N 15)
Sigusch, V. 420 (N 60)

Singapur 255
Sixtus V. (Papst, 1585–1590) 129, 332 (A 297)
Sklaven, Familienlosigkeit 96, 225f.
– Todesstrafen für Sexualverkehr mit Freien 243
Sklavenwirtschaft 96, 225, 229
Smith, Adam (1723–1790) 187ff., 339 (A 456), 406
Sodomie
– als Hexerei 75, 77, 115, 238, 390f., 417f. (N 33)
– weltliche Todesstrafe 115, 242f.
Soldan, Wilhelm Gottlieb (19. Jh., Begründer der Hexenforschung in Deutschland)/Heppe, Heinrich (gest. 1879) 109, 136, 327 (A 133), 331 (A 246), 332 (A 290/ A 293), 333 (A 303), 334 (A 331/ A 340/A 354/A 355), 335 (A 367/ A 371/A 374)
Solé, J. 334 (A 329)
Solschenizyn, A. 158ff., 335 (A 390)
Soranos (98–138 u.Z.) 41ff.
Sowjetunion 255
Sowjetkommunismus 157ff., 255, 317
Sozialamtsmütter 282f., 348 (B 134), 351 (C 3)
Sozialisationsphase (de Mause) 287f., 293f.
Sozialversicherung 259
Spanien 138f., 401f.
Speculum (Verschwinden in der frühen Neuzeit und Neuerfinden 1812) 405
Spee, Friedrich von (1591–1635) 130f., 333 (A 298), 403, 422 (N 63)
Spermatozide Mittel 48
Spermienabtötung als Hexerei 75
Spooner, B. 323 (A 46)
Sprenger, Jakob (1436–1495) 26, 29, 64, 110f., 113, 321 (A 11), 322 (A 15/A 24/A 30), 327 (A 143/ A 149), 328 (A 159), 331 (A 237/ A 245/A 247), 334 (A 348/A 362), 335 (A 375/A 385), 344 (B 55), 345 (B 61) 393, 400, 417 (N 32)
Stadtverweis für Hexerei 139, 381

Stammel, H.-J. 419 (N 53)
Steiger, O. 323 (A 48), 324
 (A 79), 325 (A 90), 330 (A 211),
 332 (A 283), 333 (A 302), 338
 (A 439/A 446), 339 (A 478), 340
 (A 479/480/A 495), 342 (B 4), 344
 (B 47/B 51/B 52), 345 (B 60/
 B 78), 346 (B 104), 347 (B 114),
 348 (B 235), 349 (B 170), 351
 (C 4), 353 (C 7), 369, 415 (N 1/
 N 3/N 4/N 7/N 15), 416f.
 (N 17/N 18/N 29/N 30/N 32),
 419 (N 46)
Steinhausen, G. 327 (A 136), 328
 (A 164), 335 (A 370)
Sterile Periode 42, 48
Sterilisation
 – als Hexerei 77, 115, 238
 – Stammesgesellschaften 38
 – und weltliche Todesstrafe 115,
 242f.
Sterilität 42f., 46, 115
Steuart, James (1712–1780) 339
 (A 455)
Stillen
 – Mittelalter 52, 172, 268
 – neuzeitlicher Rückgang bloß als
 »Unsitte« wahrgenommen 337
 (A 423)
 – Rückgang in der
 Neuzeit 53, 172, 268, 337
 (A 423)
Stillgeschäft 266f.
Stillperioden und Geburtenkontrolle 38
Stillpflicht
 – Mittelalter 172
 – Neuzeit 268
Strabo, Wahlafried (Hochmittelalter) 54
Stuard, S.M. 325 (A 108), 326
 (A 114), 344 (B 42)
Südafrika 328 (A 166), 409
Südamerika 259
Süßmilch, Johann Peter
 (1707–1767) 172, 337
 (A 422)
Summers, Montague (Hexenforscher, 19./20. Jh.) 327
 (A 131)
»Synagoge« 69
Syphilis 396, 420 (N 62)

T

Taeuber, J. B. 345 (B 83)
Taiwan 255
Tak, J./Haub, C./Murphy, E. 335
 (A 396)
Talmud 48f.
»Tametsi« (1563), Dekret gegen
 Konkubinat 169
Technischer Fortschritt
 – Mittelalter 102f.
 – Neuzeit 255, 277, 317
Tempelritter 107
Tennstedt, F./Sachse, C. 346 (B 92)
Teufel 29f., 44, 55, 70, 141, 321 (A 8)
 327, (A 136)
 – und Fortpflanzungsfeindlichkeit
 25f., 75, 91ff., 150, 153, 175f.
 – fördert Inzest 114, 116
Teufels- und Dämonenvorwurf
 154, 324 (A 70), 392f., 395f.
 – gegen Geburtenkontrolle 26, 77,
 79f., 92f., 153, 392
 – nicht gegen Aberglauben 26f.
 – und Hebammen 25, 77, 79, 383
Tertullian (160–230 u.Z.) 50
Thelen, C. L./Schröder, J. H. 418
 (N 36)
Thomas, K. 327 (A 138), 331 (A
 265), 337 (A 426)
Thomasius, Christian (1655–1728)
 131, 333 (A 302)
Thurnwald, Richard (1869–1954)
 342 (B 13)
Tilly, C. 341 (A 498)
Töchter 41, 224, 259
Tokugawa-Dynastie (Japan, 1600–
 1866) 330 (A 211)
Tollkirsche 62
Tranter, N. 336 (A 412), 340
 (A 497)
Treffer, G. 329 (A 182)
Trevelyan, G. M. (1876–1962) 338
 (A 446)
Trevor Roper, H. 321 (A 4), 326
 (A 125), 338 (A 430)
Tuchmann, B.W. 344 (B 39)

U

Überbevölkerungsthese fürs 16. u.
 17. Jh. 394, 413
Uneheliche Kinder

- Mittelalter 58f., 168, 326 (A 117)
- Neuzeit 168ff., 176, 262f., 371

Unfruchtbarkeit
- Menschen 14f., 27, 31, 46f., 51, 151, 393
- Tiere und Feldfrüchte 14f., 27, 46f., 74f., 393
- bei Menschen anders als bei Tieren und Feldfrüchten gewertet 14, 46, 393

Unterstützungsphase (de Mause) 287f., 294

Unverhau, D. 328 (A 161/A 167), 335 (A 364/A 383)

Unzucht (Ehebruch)
- als Hexerei 75,77, 91, 93
- und weltliche Todesstrafe 115, 117, 337 (A 420)

Unzuchtsverfolgung
- Neuzeit 168ff.
- spätrömisches Reich 101
- widerspricht nicht der merkantilistischen Bevölkerungspolitik 170, 371

USA (s. Vereinigte Staaten von Amerika)

V

Valentian I. (römischer Kaiser, 321-375 u.Z.) 228

Veneficia (Medizin- und Giftmischerin) 31

Veneficium
- als Mordgift 54ff.
- als Verhütungs- und Abtreibungsgift 43, 54ff., 69, 129f., 152, 338 (A 432), 407

Vereinigte Staaten von Amerika (USA) 176ff., 198, 200, 206, 282, 284, 418 (N 40) 420f. (N 62)

Vergewaltigung (Notzucht) und Todesstrafe 243

Verhütungsmittel (s. a. Empfängnisverhütung sowie Geburtenkontrolle) 15, 26, 31, 38, 42, 48ff., 54, 73, 222, 409f.
- Gleichsetzung ihres Gebrauchs mit Mord 50, 93f., 112, 129f., 160, 240, 294, 332 (A 297), 384, 407f.
- Kibbutz 277

Verhütungswissen
- angeblich in der frühen Neuzeit allgemein zugänglich 385
- angeblich zu allen Zeiten zugänglich 211
- Aufhebung der Strafbarkeit des Anbietens von Verhütungsmitteln 176, 276, 387
- heimlicher Restbestand in der frühen Neuzeit 175f., 386f.
- im Rahmen der Unfruchtbarkeitstherapie 386
- Kampf um das Recht auf Abtreibung 178f.
- Kampf um Wiederzulassung von Verhütungsmitteln 176f., 254, 276, 386ff.
- keine Übernahme durch männliche Ärzte, Apotheker oder Staatshebammen 173ff., 382f., 405, 412f.
- mündliche Überlieferung (Weitergabe ohne »Lateinkenntnisse«) 153, 381f.
- Rätselhaftigkeit des Verschwindens nach dem Mittelalter 12f., 174f., 382, 406f.
- Schweigen der Gelehrten in der Neuzeit 174f., 382
- Untergang im »Sog der Hexenprozesse« 404
- Untergang in der Neuzeit 173ff., 185, 377ff., 385ff., 405ff., 412ff., 422f. (N 63)
- Verharmlosung zu einem beliebigen Bereich der Volkskultur (Volksmedizin) 412
- Voraussetzungen für Trennung von Sexualität und Fortpflanzung in der modernen Bevölkerungsökonomie 199

Verlassene Kinder 264f.

Verzascha, B. (17. Jh.) 67

Voigt, G. Christian (18. Jh.) 135, 404, 415 (N 16)

Volksschulpflicht 272, 293

»Vom ausgelasnen wütigen Teuffelsheer« (s. »De la démonomanie des sorciers«)

Voodoo 14, 47, 75, 81f., 146, 379

Vorzeichendeuter 27

W

Wächtershäuser, W. 342 (B 10)
Waisenhäuser 232ff., 235, 264
Waisenkinder 219, 231ff., 264
Waldenser 107
Walker Bynum, C. 419 (N 48)
Walpurgisnacht 70
Wargentin, Pehr (1717-1783) 182
Weise Frauen 13, 30, 62f., 66, 73, 85, 121, 129, 155, 209, 218, 230, 381, 399, 421 (N 62), 422f. (N 63)
Weise Männer 85
Weiser-Aall, L. 322 (A 19), 326 (A 126)
»Welfare mothers« (s. Sozialamtsmütter)
Weltbevölkerung 161f., 211, 298, 306, 309, 316
Weltbevölkerungsexplosion 16, 161ff., 211, 256, 258ff., 373
– als angebliche Folge einer »uralten Sitte« 165
– und Verbot von Geburtenkontrolle 211, 259f.
Weltbevölkerungskonferenz, Genf 1927 36
Weltgesundheitsorganisation (WHO) 73, 341 (A 502)
Werwolf 63
West, E.G. 338 (A 443)
Wetterhexe 71
Weyer, Johannes (1515-1588) 25f., 55
Whelton, L. 419 (N 48)
Whitbread, N. 346 (B 111)
White Jr., L. 330 (A 215), 343 (B 36)
Widmann, Johann (15. Jh.) 120f.
Wilda, W. E. 342 (B 8)
Will (18. Jh.) 344 (B 43)
Winberg, C. 324 (A 56)

Wingen, M. 347 (B 119)
Winn, M. 348 (B 131)
»Wirtschaftsploetz« 323 (A 47), 330 (A 224), 333 (A 305)
Wisselinck, E. 374ff., 415 (N 8/N 14)
Wolf, H.-J. 415f. (N 16)
Wretholm, Karl Josua (19. Jh.) 268
Wrigley, E.A. 324 (A 56), 333 (A 310), 336 (A 405), 338 (A 437), 340 (A 498/A 499)
Wundarzneibücher 385
Wunder, H. 385, 398, 400, 418 (N 38)
Wunschkinder 217, 281, 294ff., 308f., 319f.

Y

Yengoyan, A. 343 (B 18)

Z

Zauberei
– Fauler Zauber 14, 26f., 29, 32, 64, 74, 117, 128
– Unterschied zur Hexerei 73, 128, 322 (A 14)
Zeller, F. 343 (B 25)
Ziegenbock 65, 71, 327 (A 136)
Ziegler, O. 344 (B 45)
Zölibat (s. Ehelosigkeit)
Zöllner, W. 326 (A 125)
Zucht- und Arbeitshäuser (Erziehung und Produktion) 263f., 269
Zwangsmutterschaft 37
Zwei-Kinder-Regel der Besitzenden (von der »Polizey«-Wissenschaft attackiert) 270, 291
Zwetsloot, H. 331 (A 249/A 259), 333 (A 319), 334 (A 330)

Verzeichnis der Abbildungen

1. »Hebammen und Schwangere«. Nach einem Holzschnitt aus: *Der Swangeren Frawen und Hebammen Rosengarten* von Eucharin Rösslin (1. Aufl. 1513) .... Titel
2. »Zwei Hexen« von Hans Baldung, genannt Grien, Straßburg 1523 (Städelsches Kunstinstitut, Frankfurt am Main) 5
3. »Nachtfahrende vom Schleswiger Dom« (um 1300). Aus F. H. Hamkens, »Heidnische Bilder im Dome zu Schleswig«, in *Germanien*, 1938, S. 178 28
4. »Kräuterkundige Frauen«. Titelbild des *Hortulus* von Wahlafried Strabo (Hochmittelalter), Kloster Reichenau (nach T. Hauschild et al., *Hexen. Katalog zur Ausstellung*, Hamburg 1979, S. 29) 54
5. »Badestubenleben«. Kupferstich von Aldegrever (16. Jh.) nach einer Zeichnung von Virgil Solis (aus E. Fuchs, *Illustrierte Sittengeschichte – Ergänzungsband Renaissance*, München 1909, Faltbl. hinter S. 144) 59
6. »Von Ärztinnen induzierter Heilschlaf«. Aus dem *Compendium Maleficarum* (Mailand 1608) des Hexenjägers Francesco-Maria Guazzo 63
7. »Bilsenkraut«. Aus B. Verzascha, *Neu vollkommenes Kräuter-Buch*, Basel 1678, S. 635 67
8. »Kindesopfer auf Hexensabbat an Donar, der christlich als Teufel dargestellt wird«. Stich (Ausschnitt) nach einer Federzeichnung des 17. Jh. (aus G. Henningsen, *The Witches' Advocate*, Reno/Nevada 1980, S. 77) 70
9. »Hexe in Priesterin- bzw. Wetterhexenimago auf Ziegenbock als Sinnbild von Donars blitzdurchzuckter Wetterwolke«. Aus dem *Compendium Maleficarum* (1608) des Hexenjägers Guazzo 71
10. Titelblatt des *Malleus Maleficarum (Hexenhammer)*. Ausgabe Lyon, 1669 76
11. »Unzucht«. Die erste der im *Hexenhammer* mit Todesstrafe bedrohten sieben Hexereien – nach einem Gebetbuch des 15. Jh. (aus E. Fuchs, *Illustrierte Sittengeschichte. Erster Band: Renaissance*, München 1909, S. 4) 78
12. »Frauenkindbiertrunk«. Titelbild des Hebammenbuchs von Jacob Rueff, *De Conceptu*, 1580 84
13. »Jean Bodin (1530-1596)«. Kupferstich des 17. Jh., F. Stuerhelt zugeschrieben (aus C. Honegger, Hrsg., *Die Hexen der Neuzeit*, Frankfurt/M. 1978, S. 98) 87
14. »Die im Kindestötungsvorwurf kumulinierende, zentrale Hexereianklage der Geburtenkontrolle«. Aus dem *Compendium Maleficarum* (1608) des Hexenjägers Guazzo 93
15. »Der Schwarze Tod«. Nach Hans Holbeins *Totentanz* von 1538 .. 105
16. »Innozenz VIII. (1484-1492)«. Aus W. G. Soldan/H. Heppe, *Geschichte der Hexenprozesse*, Berlin 1911[3], Bd. I, S. 266 109
17. »Vater-Tochter-Inzest als Werk des Teufels dargestellt«. Aus dem Volksbuch *Der Entchrist*, 1475 (nach E. Fuchs, *Ergänzungsband Renaissance*, S. 282) 116
18. »Freie Hebamme in Antike und Mittelalter«. Nach einem römischen Geburtshilfebuch (aus T. Hauschild et al., *Hexenkatalog*, S. 32) 119

19. »Domestizierte Hebamme«. Augsburger Holzschnitt (um 1540). Aus E. Fuchs, *Ergänzungsband Renaissance,* S. 166 123
20. »Hexentour«. Holzschnitt des 16. Jh. (Illustration zu Jules Michelet, *Die Hexe,* München 1974) 133
21. »Verbrennung von drei Hexen zu Derneberg in der Grafschaft Rheinstein am Harz im Oktober 1555«. Gleichzeitiger Holzschnitt (nach W. G. Soldan/H. Heppe, *Hexenprozesse,* Bd. II, S. 57) . . . 136
22. »Hängen der Hexen von Chelmsford/England im Jahre 1589«. Titelbild eines zeitgenössischen Pamphlets (aus R. H. Robbins, *The Encyclopedia of Witchcraft,* New York 1959, S. 93) 141
23. »Anne Heinrichs zu Amsterdam verbrent. A. D. 1571«. Ilustration von Jan Luyken zu einem Buch aus dem Jahre 1685 (aus C. Honegger, *Hexen der Neuzeit,* S. 266) 145
24. »Anna Schultzin in Eisen geschlagen«. Nach W. G. Soldan/ H. Heppe, *Hexenprozesse,* Bd. I, S. 330 149
25. »Drei Frauen werden lebendig auf dem Marktplatz von Guernsey verbrannt, das Kind wird ins Feuer zurückgestoßen«. Anonymer Stich des 16. Jh. (aus T. Hauschild et al., *Hexenkatalog,* S. 78) . . 155
26. »Von viel und schwerer Bürde der Kinder«. Holzschnitt des 16. Jh. (aus *Die Holzschnitte des Petrarcameisters,* Berlin 1955, S. 206) . . 169
27. »Nächtliche Straßenszene in London« von Gustav Doré, 1871 . . 180
28. »Thomas Robert Malthus (1766–1834)« (nach G. Borgström, *Malthus,* Stockholm 1969, Umschlagbild) 191
29. »Kinderraubsorge«. Holzschnitt von Lucas Cranach (1472–1553) . 220
30. »Kleinkindererziehung im Hochmittelalter«. Aus dem *Gesundheitsregimen* des Heinrich Louffenberg (1429) (nach P. Ketsch, *Frauen im Mittelalter,* Düsseldorf 1984, Bd. 2, S. 234) 232
31. »Hexenbrand«. Aus Diebold Schillings *Schweizer Chronik* (1484) (nach T. Hauschild et al., Hexenkatalog, S. 79) 239
32. »Balthasar Bekker (1634–1698)«. Nach dem Gemälde von Zacharias Weber, gestochen von Liebe (aus A. C. Kors/E. Peters, *Witchcraft in Europe 1100–1700,* Philadelphia/Penns., 1972, S. 362) 249
33. »Bauer aus der Zeit vor dem Onanieverbot«. Deutsche Holzskulptur aus einer süddeutschen Trinkstube (16. Jh.) (aus E. Fuchs, *Ergänzungsband Renaissance,* S. 213) 250
34. »Drehlade an Findelhaus«. Aus *Zeitschrift für Säuglingsschutz,* 1913 (nach E. Schlieben, *Mutterschaft und Gesellschaft,* Osterwiek/Harz 1927, S. 101) 265
35. »Antike Frauengemachszene (460/50 v. u. Z., Athen)«. Lekythos des Timokratesmalers (Detail) (nach H. Rühfel, *Das Kind in der griechischen Kunst,* Mainz 1984, S. 106) 289
36. »Mittelalterliche Kinderpflege«. Germanisches Nationalmuseum Nürnberg (aus E. Ennen, *Frauen im Mittelalter,* München 1984, S. 13) 293
37. »Domestizierte und hygenisierte Hebamme während des Babybooms«, Schweden 1948 (aus P. Höjeberg, *Jordemor,* Södertälje 1981, S. 230) 295
38. Vignette auf dem Titelblatt von Peter Binsfelds *Hexentraktat,* München 1591 417

Verzeichnis der Schaubilder

1. Darstellung des demographischen Übergangs (aus P. Marschalk, »Zur Theorie des demographischen Übergangs«, in M. Wingen et al., *Ursachen des Geburtenrückgangs*, Stuttgart et al. 1979, S. 45) ... 37
2. Bevölkerung in Frankreich von 400 v. u. Z. bis 1975 (aus C. McEvedy/R. Jones, *Atlas of World Population History*, London 1978, S. 57) ... 97
3. Bevölkerung in Deutschland (in den heutigen Grenzen von BRD und DDR) von 400 v. u. Z. bis 1975 (aus C. McEvedy/R. Jones, *Atlas*, S. 69) ... 98
4. Bevölkerung in England 1086–1525 (aus J. Hatcher, *Plague, Population and the English Economy 1348–1530*, London 1977, S. 71) ... 102
5. Mit Todesstrafen belegte Geburtenkontrolldelikte im Spätmittelalter und früher Neuzeit (nach M. Hirschfeld/J. R. Spinner, Geschlecht und Verbrechen, Leipzig und Wien 1930, S. 87 sowie J. Sprenger/H. Institoris, *Malleus Maleficarum – Der Hexenhammer* [1487, 1906], Darmstadt 1974, Teil I, S. 107) ... 115
6. Ungefähre Ausbreitung der Hexenverfolgung (aus H. Döbler, *Hexenwahn – Die Geschichte einer Verfolgung*, München 1977, 3. Umschlagseite) ... 137
7. Wachstum der Weltbevölkerung in absoluten Zahlen (aus *European Demographic Information Bulletin*, 1979, S. 164) ... 162
8. Wachstum der Weltbevölkerung in Prozent (aus H. Kahn et al., *The Next 200 Years*, New York 1976, S. 29) ... 162
9. Bevölkerung in Europa von 400 v. u. Z. bis 1975 (aus C. McEvedy/R. Jones, *Atlas*, S. 18) ... 163
10. Bevölkerung in Ozeanien von 400 v. u. Z. bis 1975 (aus C. McEvedy/R. Jones, *Atlas*, S. 43) ... 164
11. Bevölkerung in England und Wales von 400 v. u. Z. bis 1975 (aus C. McEvedy/R. Jones, *Atlas*, S. 43) ... 165
12. Bruttoreproduktionsrate für England 1551–1901 (nach E. A. Wrigley/R. S. Schofield, *The Population History of England 1541–1871 – A Reconstruction*, London 1981, S. 235 i. V. m. S. 231) ... 166
13. Lebenserwartung (bei Geburt) für England 1551–1901 (nach E. A. Wrigley/R. S. Schofield, *Population History*, S. 235 i. V. m. S. 231) ... 167
14. Zahl der Geburten auf 1000 französische Familien (um 1700 und 1970) (aus J. Dupâquier, »Population«, Kap. 4 in P. Burke, Hrsg., *The New Cambridge Modern History, Vol. XIII: Companion Volume*, Cambridge 1979, S. 84) ... 168
15. Geburten auf 1000 der Bevölkerung für England und Wales von 1855 bis 1965 (nach E. A. Wrigley, *Population and History*, London 1969, S. 194) ... 177
16. Kinder pro Frau in westlichen Staaten seit 1965 (aus *Befolkningsutvecklingen*, Denkschrift des Sozialausschusses des Schwedischen Reichstags, Stockholm 1977, S. B 109) ... 178
17. Die mit Todesstrafe belegten Sexualdelikte in Mittelalter und früher Neuzeit (nach M. Hirschfeld/J. R. Spinner, *Geschlecht und Verbrechen*, S. 87) ... 243
18. Johann Heinrich Jungs System der »Staats-Polizey-Wissenschaft« (aus J. H. Jung, *Lehrbuch der Staats-Polizey-Wissenschaft*, Leipzig 1788, S. 16) ... 245

Verzeichnis der Tabellen

1. Europäische Bevölkerung von 400 v. u. Z. bis 1970 (nach S. B. Clough/R. T. Rapp, *European Economic History,* New York et al. 1975, S. 52) 95
2. Englische Bevölkerung (einschließlich Wales) von 1250 bis 1973 (nach R. Lee, »Population in Pre-Industrial England: An Economic Analysis«, *Quarterly Journal of Economics* 1976, p. 606 und R. K. Kelsal, *Population,* London 1975^3, S. 16, 123) 96
3. Ersatzraten für Männer in England 1265–1505 (aus J. Hatcher, *Plague,* S. 27) 134
4. Geburten und Todesfälle in England 1446–1541 (aus E. A. Wrigley/ R. S. Schofield, *Population History,* S. 736) 125
5. Weltbevölkerungsanstieg von 14 u. Z. bis 1985 (nach D. Grigg, *Population Growth and Agrarian Change. A Historical Perspective,* Cambridge et al. 1980, S. 1) 161
6. Stillgeschäft einer französischen Nähramme des 18. Jh. (aus A. E. Imhof, *Die gewonnen Jahre,* München 1981, S. 64) 266/7
7. Noch nicht schulpflichtige Kinder nach Kindergartenbesuch in der Bundesrepublik Deutschland (1982) (aus D. Deininger, »Jugendhilfe 1982«, in *Wirtschaft und Statistik,* Heft 6/1984, S. 529)........................ 301
8. Maßnahmen der Jugendhilfe (BRD 1978–1982) (aus *Statistisches Jahrbuch 1984 für die Bundesrepublik Deutschland,* hrsg. vom Statistischen Bundesamt, Stuttgart 1984, S. 418) 303
9. Öffentliche Ausgaben für Jugendhilfe (BRD 1981/82) (aus D. Deininger, »Jugendhilfe 1982«, S. 530) 304

HEYNE SACHBUCH

Frauen-Leben
in Vergangenheit,
Gegenwart und
Zukunft

19/20

19/67

19/115

19/106

19/121

19/147

19/18

19/136

Wilhelm Heyne Verlag München

Heyne Sachbuch

Frauen im Islam

Erfahrungsberichte und Schicksale – authentisch erzählt

19/2008

19/106

01/8196

19/176

19/175

19/2009

Wilhelm Heyne Verlag München